Klartext

Biografische Notizen

Der Autor: *Roland Günter,* Jahrgang 1936, ist Hochschullehrer für Kultur- und Kunstgeschichte in Bielefeld und Hamburg. Er studierte in Münster, Rom, Istanbul und München. 1965/1970 arbeitete er als wissenschaftlicher Referent im Landesdenkmalamt Rheinland in Bonn und 1970/1971 in der freien Planer-Gruppe Quickborner Team. Er lebt seit 1974 in der Siedlung Eisenheim in Oberhausen.

Der Fotograf *Roland Göhre,* Jahrgang 1953, ist Rechtsanwalt in einer Anwalts-Sozietät in Oberhausen. Er studierte in Bielefeld und wohnt heute in Bottrop.

Der Fotograf *Günter Mowe,* Jahrgang 1948, ist Redakteur der Westfälischen Rundschau in Dortmund. Nach einer Lehre als Farben-Lithograph studierte er in Bielefeld Fotografie.

Buch-Publikationen des Autors im Handel:

Amsterdam: Die Sprache der Bilderwelt. Mediale und ästhetische Aspekte einer historischen Kultur. (Gebr. Mann Verlag) Berlin 1991.
Kulturelle Stadtutopien. Ein Ideen-Buch. (Klartext Verlag) Essen 1992.
Tonino Guerra/Roland Günter, Aufbruch in Troisdorf. Am Rhein begann das Werk des Dichters und Drehbuch-Autors Tonino Guerra. (Klartext Verlag) Essen 1992 (biographische Skizze des wichtigsten Mitarbeiters von Antonioni, Fellini, Taviani und Rosi)

Reise-Bücher des Autors im Handel:

Kunstwanderungen im Rheinland (Belser Verlag) Stuttgart 1975 und Neuausgaben.
Anders reisen - Amsterdam. (Rowohlt Verlag) Reinbek 1982 und Neuausgaben.
Toskana (anabas Verlag) Gießen 1985 und Neuausgaben.
Urbino. Mittelalter, Renaissance und Gegenwart einer berühmten italienischen Stadt (anabas Verlag) Gießen 1988, mit Gitta Günter.
Von Rimini nach Ravenna (anabas Verlag) Gießen 1988, mit Janne und Gitta Günter.

Roland Günter

Im Tal der Könige

Ein Reisebuch zu
Emscher, Rhein und Ruhr

Mit Fotos von
Roland Göhre und Günter Mowe

Klartext Verlag, Essen

Der Autor dankt Manfred Bourree, Ludger Claßen, Thomas Eifler,
Martin Einsele, Janne Günter, Bodo Herzog, Michael Peterek,
Judith Prieberg, Gerd Seltmann, Barbara Wameling und Marion Zerressen.

Der Verlag dankt der IBA Emscher Park GmbH.

Im Text verweisen die Ziffern in Klammern [ ] auf Text-Seiten
mit Bezügen zum Thema oder Objekt. Kursiv gesetzte Ziffern
in Klammern weisen auf Seiten mit Abbildungen hin.

Der Autor schreibt zusammengesetzte Worte absichtsvoll mit Binde-Strich.
Er hält dies für leichter lesbar und sieht es als einen Impuls an zum Nachdenken
über Wort-Bedeutungen. Auch Sprache ist gestaltbar.

CIP-Titelaufnahme der Deutschen Bibliothek

Günter, Roland:
Im Tal der Könige : ein Reisebuch zu Emscher, Rhein und Ruhr /
Roland Günter. Mit Fotos von Roland Göhre und Günter
Move. – Essen : Klartext-Verl., 1994
    ISBN 3-88474-044-X

3., durchgesehene Auflage Mai 1997 – 15. bis 17. Tausend
2., durchgesehene Auflage Juli 1995 – 11. bis 14. Tausend
1. Auflage April 1994 – 1. bis 10. Tausend
Graphische Beratung: Hans Andree
Umschlag-Gestaltung: Jörg Weusthoff
Graphische Gestaltung: Frank Münschke
Druck und Bindung: Fuldaer Verlagsanstalt
© Klartext Verlag Essen 1994
ISBN 3-88474-044-X

Inhalt

B. Industrie als Verbund-System und industrieller Wandel

C. Alltags-Leben zwischen Ruhr und Emscher: Geselligkeit, Freizeit und Kultur

D. Anhang

★ **Die Ortshinweise** schlagen jeweils eine Rundfahrt vor. Meist beginnt die Folge entweder im Westen oder im Osten der Region. Die Route läßt sich einfach umdrehen – oder man kann irgendwo einsteigen.

Zum Auffinden der Straßen-Angaben:
Städteatlas Großraum Rhein-Ruhr (Falk) Hamburg.

Vorwort

Die Lust am Lesen ist ungebrochen; dieser Eindruck drängt sich auf, wenn man über die Frankfurter oder Leipziger Buchmesse geht oder wenn man nur die Anzeigen zu Neuerscheinungen auf dem Buchmarkt verfolgt. Gelegentlich stellt sich bei näherem Hinsehen die Frage: Wer soll das eigentlich alles lesen – oder, manchmal auch: Warum soll man das eigentlich lesen?

Aber es gibt immer noch das wohltuende Erlebnis, ein einmal begonnenes Buch nur mit Mühe wieder beiseite legen zu können, wenn andere Verpflichtungen anstehen. Mit Roland Günters Buch geht es mir so.

Roland Günter aus Oberhausen, Hochschullehrer in Bielefeld und weitgereister Beobachter der Zeitläufe, hat etwas ganz Beonderes gewagt, einen Reiseführer für das nördliche Ruhrgebiet, wo sich in den letzten Jahrzehnten ein rasanter sozialer und kultureller Wandel vollzogen hat.

Roland Günter erklärt in seinem Buch mit großer Zuneigung zu den Menschen der Region Zusammenhänge.

Es beläßt es nicht bei der präzisen Darstellung der Vergangenheit, sondern erläutert die Gegenwart und erlaubt sich und seinen Lesern Ausblicke in die Zukunft.

So bietet dieses Buch eine Fülle von Überraschungen. Es ist geschrieben für die Bewohner des Ruhrgebietes selbst, denn jeder Einheimische wird viele neue Entdeckungen machen. Auch Einheimische werden erstaunt sein über die Vielzahl der touristischen Schauplätze, die uns hier nahegebracht werden.

Das Buch ist aber auch geschrieben für die Besucher des Ruhrgebietes, deren Urteile ins Wanken gebracht und hoffentlich auch verändert werden. „Im Tal der Könige" zeigt die Vielfalt einer Region, die ihre Stärke schon immer aus der Tatkraft, der Offenheit und dem Optimismus ihrer Menschen und ihrer Lage mitten in Europa geschöpft hat.

Roland Günter macht es dem Leser nicht immer leicht. Keine Arbeitersiedlung, keine Kirche, kein industrielles Bauwerk wird präsentiert ohne den Zusammenhang mit den gesellschaftlichen Entwicklungen über die Jahrhunderte hinweg. Aber ist es nicht wichtig, in einem Reiseführer auch Wissen zu vermitteln, ohne erhobenen Zeigefinger die Veränderungen einer Region nahezubringen? So können wir, die „Reisenden" durch das Ruhrgebiet, an jedem „Schauplatz" etwas lernen über die Erfolge und Probleme der Region, über die Notwendigkeit des Dialogs zwischen den gesellschaftlichen Gruppen und über die Unverzichtbarkeit demokratischer Spielregeln in einer Industriegesellschaft.

Im Ruhrgebiet begegnen mir oft Menschen, die es sich nicht vorstellen können, woanders zu leben. Und diejenigen, die die Region irgendwann einmal verlassen haben, erzählen mir oft und mit Wehmut über ihre Jahre im Ruhrgebiet. Mancher „Auswanderer" träumt insgeheim immer noch von einer späteren Rückkehr. „Im Tal der Könige" können wir nachlesen, warum das so ist.

Am Ende können wir nachempfinden, warum die Menschen auf das Ruhrgebiet stolz sind, auf ihre Stadt oder ihren Stadtteil. Ich wünsche dem Buch viele schmökernde und staunende Leser.

Johannes Rau
Ministerpräsident des Landes
Nordrhein-Westfalen

Einleitung

Mit 28 Jahren hätte ich in München eine Arbeit gefunden, aber ich wollte ins Ruhrgebiet. Warum? Als Junge war ich mit den Lastwagen-Fahrern einer Firma, die mich mitnahmen, wann ich wollte, durch das Revier der tausend Feuer gefahren und hatte im Kopf: ›Da knirscht es.‹ Schon lange gibt es diese in den Himmel zischenden Lichter von den Hochöfen alle halbe Stunde nicht mehr, aber bei der Arbeit an diesem Buch bin ich, nach vielen Fluchten, nach wie vor davon überzeugt: Für mich ist dies das interessanteste Terrain der Erde.

Das führte mich zu einer ›Theorie der Industrie-Stadt‹, die im Ruhrgebiet weitgehend pur vor uns steht: Hier treffen die Gegensätze aufeinander. Das erzeugt Reibung. Und Spannungen. Und gibt Stoff für Geschichten. Die Industrie erzeugt die industrielle Gemenge-Stadt.

Mitten in der Arbeit ging mir auf, daß das Wechselbad von Haß und Liebe zum Ruhrgebiet nichts anderes ist als der Sturm der Gefühle, mit dem sich die ganze Gesellschaft mit ihrer Industrie-Epoche auseinandersetzt. Nirgendwo wird ihr so deutlich der Spiegel vorgehalten wie im Ruhrgebiet. Dies erklärt die vielen Projektionen.

Zwar sehne ich mich immer wieder nach der kleinen Stadt Anghiari in der Toskana und nach Dambach im Elsaß, wo die Bilder abgestimmt zu sein scheinen, aber nach etwas Zeit in jenen alten Städten fahre ich dann kreuz und quer zwischen Emscher und Ruhr und staune über die aufregenden Spannungen dieser Vielfalt.

Eine Anzahl von Autoren, darunter Levin Schücking (1856), Paul Grabein (1910), Nathanael Wollenweber (1912), Hans Klose (1919), Alexander Graf Sten-bock-Fermor (1929), Heinrich Hauser (1930), Georg Schwarz (1931), Erik Reger (1931), Fritz Selbmann (1969)[1], haben ihr Erschrecken vor der Fremdheit der Industrie-Landschaft mit bewegten Worten ausgedrückt. Ihre Schilderungen treffen zu.

Was spiegelt sich darin? Differenz der eigenen Herkunft? Erschrecken über das Neue – über das Zeitalter der Maschinen? Etablierte im Adel und in Bürokratien sind mißtrauisch, wenn andere etwas anderes als sie selbst tun.

Herrschte nicht auch woanders Elend? Wandern die Menschen ohne Gründe?

Das Ruhrgebiet war nie ein Paradies. Aber in den Gartenstädten erhielten viele Familie statt zwei Zimmer vier. Und nutzbares Land.

Kohle, Stahl und ein zunehmendes Maß an Mitsprache füllten die Löcher der Infrastrukturen auf – und schufen in den 70er Jahren mehr Entfaltungsmöglichkeiten als anderswo. Im Vergleich gehört vor allem die Kultur zum Besten des Jahrhunderts. Theater. Musik. Reform-Hochschulen. Sozio-Kultur. Eine in der Welt einzigartige Kette der Treffpunkte in umgenutzten Fabriken. Ein großartiger Reigen von Industrie-Denkmälern. Städtebauliche Filet-Stücke: die Gartenstädte. Und auch in der Krise der 70er Jahre Impulse in Bürgerinitiativen.

Viele Sichten werden möglich. Man wird dem Ruhrgebiet nicht gerecht, nur eine allein zu haben. Meine Gäste sind stets überrascht, daß ich hier nichts entbehren muß, im Gegenteil: Das Leben könnte kaum voller sein. Ich wohne in einer ›Gartenstadt‹. Die Zeche ist geschlossen. Der Gasometer wird eine Ausstellungs-Stätte und einige Minuten weiter steht das stillgelegte Hüttenwerk wie ein

Straßburger Münster in der Nähe des Rheins.

Was kostete eine Pyramide im alten Ägypten? Wieviele Pyramiden wurden im Gebiet an Ruhr und Emscher gebaut – im Tal der Könige? Ich besteige die Stufen-Pyramide der Halde Beckstraße in Bottrop (›Halden-Ereignis Emscher-Blick‹). Hier stehen die Pyramiden nicht in der Wüste, sondern mitten unter dem Volk.

Vor dem Bahnhof erzählt mir an der Bus-Halte ein ›Kumpel‹ in zehn Minuten sein Leben. Und wir gehen auseinander, als würden wir uns seit der Kindheit kennen. Viele Leute sind zutraulich – das kommt aus der Straße, der Siedlung, vom Abenteuer auf der Brache, von der Arbeit, aus der Kneipe.

In einer Arbeitspause mache ich einen Spaziergang. Ich schwöre, er hält jeden Vergleich mit der Mittelmeerküste aus: Ich steige den Bahndamm zur Werks-Bahn hoch und laufe an den Gleisen entlang, pflücke am Rand in der Wildnis Brombeeren, überquere die Brücke über die Eisenbahn, dann über die Autobahn, dann über die größte Kloake der Welt, die Emscher, dann über den Kanal. Vor mir, über dem Wasser, kreuzen sich übereinander zwei Brücken mit atemberaubenden Gerüsten und mannshohen Rohren. Darüber steigt der Gasometer auf, der größte Europas, auch dies inzwischen ein Baudenkmal. Dann steige ich die Böschung hinab, komme durch einen Urwald und gerate in einen englischen Park mit englischen Villen.

Seit nun über 150 Jahren leben wir in der Industrie-Epoche, aber ich bin überhaupt nicht sicher, daß die Gesellschaft dies verarbeitet. Das ist auch nicht leicht, denn es irritiert, streßt, fordert heraus, ist unbequem zwischen den Requisiten der Bequemlichkeit, dem Fernseher im schönen Wohnzimmer, den wohlverdienten Produkten der Industrialisierung. Aber wer sich mit der Epoche auseinanderset-zen will, findet nirgendwo ein besseres Feld als im Ruhrgebiet: es ist ein Quer-schnitt, in dem alles nebeneinander steht – und in Spannung zueinander gerät.

Das Nebeneinander zeigt die Signale von gestern und morgen. Struktur-Wan-del? Die Pyramiden stiegen auf und ver-fallen. Zu meinen Füßen vor dem Bahn-damm nagen gerade die Bagger an einer davon. Und einige Kilometer weiter ge-lingt es der Schlitzohrigkeit, die gewaltig-ste Zeche der Welt zu erhalten – „sogar als Denkmal einer neuen Generation", sagt ein Historiker, „die wir noch nicht ausgelebt haben". Jetzt wird mit der Kul-tur, die aus 150 Jahren Industrie gewach-sen ist, ein Chance gebastelt. Mit den Ka-thedralen von Kohle und Stahl, von Ei-senbahn und Schiffahrt.

Struktur-Wandel gehört zum Wesen der Industrie-Epoche. Ich sehe ihn. Dies ist die Landschaft, in der sich immer schon die Gesellschaft mit dem Wandel auseinandersetzte. Nie gab es bloß Auf-stieg, nie bloß Abstieg. Alles hat Ober- und Unterseiten, und aus jeder Brache wachsen Bäume.

Ein Klischee verlernt hier jeder: daß ein Leben in der Industrie-Epoche sich in nur einer Welt abspielt. Hier läuft er durch mehrere Welten. Es war einer der folgenreichen Irrtümer, sie trennen zu wollen. Nein, sie gehören zusammen: hier steht immer noch und wohl auf ewig die Kuh neben dem Hochofen, die Trink-halle neben dem Rathaus, der Garten ne-ben dem Hochhaus-Bunker, der Wald ne-ben dem Wasserturm.

Wenn ich nach Mannheim oder Biele-feld, nach Mailand oder Amsterdam fah-re, ist das im Prinzip dort kaum anders. Aber im Ruhrgebiet ist es sichtbarer, dichter, auch grotesker – dies hier ist ein sinnenhaftes Theater des Lebens.

Was kehrt sich auf diesem Boden nicht alles um! Als Heinrich Böll hierher reiste, erwartete er gigantische Konstruktionen und fand, daß es in ihnen und dazwischen nach Menschen riecht. Gestern sah ich in Hamborn, wie eine Wohnungsgesellschaft die Häuser, mit denen hunderte von Fotografen den Haß auf die Arbeits-Landschaft ausgedrückt hatten, sauber gewaschen und akkurat gestrichen hatte. Sie standen mit Blumen da – und Leute grüßten mich freundlich.

Die Region hat generationenlang für den Aufstieg der Gesellschaft gearbeitet und leider auch – mit Ingrimm – die Preise für die Verbrecher gezahlt, die das Land zweimal in Schutt und Asche führten. Dies ist heute keine verlorene Region.

Ich wundere mich, daß die Leute, die hier großes Geld machen, oft nicht die gleiche Identifikation und Lust an dieser Region haben, als die Leute, die hier leben. Die Folgen sind nicht einfach. Daß sie in die Pflicht genommen werden und daß sie dann auch erkennen, wieviel sie selbst davon halten – dies ist die Aufgabe des gesellschaftlichen Gespräches. Es beginnt erst jetzt, nachdem die wechselseitigen Verdammungen nicht mehr funktionieren. Dieses Gespräch der täglichen Zukunft ist in vielen Ebenen zu führen – dann wird es schrittweise den Struktur-Wandel produktiv gestalten.

Die meisten Menschen haben längst gemerkt, daß Politik keinen Erfolg haben kann, wenn sie in Ebenen der ideologi-schen Besetzungen operiert. Die neue Qualität heißt, Probleme zu lösen. Die einzelnen wollen eine vernünftigere Struktur ihrer Lebens-Möglichkeiten.

Die Belohnungen mußten sich die Leute fast immer selbst bezahlen: sie wissen das und so sind sie hier stark aufeinander bezogen. Sie leben in vielen kleinen Netzen. So stärken sie sich, verschenken sich im Witz untereinander ihren Spaß.

Idealisiere ich? Manchmal scheint's mir so. Aber wenn ich von meinen vielen Reisen zurückkomme, sehe ich mit frischem Blick: Es stimmt! Nicht in jedem Fall, aber ich muß hier keine zwei Straßen weit gehen ...

„Na, laß' die Leute draußen sagen, daß im Ruhrgebiet die Briketts fliegen", meint treuherzig mein Gegenüber am Tresen.

Ich frage ihn nach den Königen. Ihm geht durch den Kopf: Kohlen-Barone – Schlot-Barone[2] – Alfred Krupp, der „Kanonen-König" – Nobelpreisträger – der unsichtbare Erzbischof von Köln – Löwen, die Wüstenkönige vor der Zeche Westerholt – August Thyssen – Albert Vögler – Adolf Winkelmann – Zaunkönige in der Politik – der Baron von Thyssen-Bornemisza, gibt's den eigentlich? – die Könige vom Borsigplatz ...

Wo sind die Könige? Er guckt mich an und sagt: „Die Könige? Das sind wir!"

Historische Skizze

Vor 150 Millionen Jahren: ein Urwald aus Bärlapp und Schachtelhalmen. Das Meer überflutet den Wald. Es schwemmt Sand an. Die schweren Schichten pressen die gewaltige Bio-Masse zusammen. So entsteht Kohle – das ›schwarze Gold‹ des Ruhrgebietes.

Das römische Kaiserreich legt am Rhein große Städte an: Bonn, Köln, Neuss und Xanten. Von ihnen aus überschreitet Militär den Rhein. Es legt große Lager an, unter anderem in Bergkamen-Oberaden und in Haltern, ist aber nicht in der Lage, sich dauerhaft festzusetzen. Daher entstehen im Ruhrgebiet keine antiken Städte. Denkspiel: Wenn sich hier eine hochentwickelte römische Zivilisation hätte halten können ...? Die nationalistische Geschichts-Schreibung verherrlicht den gelungenen Hinterhalt des Cherusker-Führers. Für wen ist das wirklich gut? Wem nutzt es?

Über Jahrhunderte ist die Region ein Land von Bauern – wie das Münsterland. Eine Straße vom Rhein führt in den Osten: der Hellweg. Nördlich der Emscher breitet sich eine Heide-Landschaft aus. In den Wellen des wirtschaftlichen Aufstiegs entstehen entlang der Flüsse, den wichtigsten Transport-Wegen, mehrere Ketten kleiner Städte. Höhepunkt der Stadt-Kultur ist das 16. Jahrhundert. Leitbild ist Antwerpen.

Der 30jährigen Krieg (1618-1648) wird zur größten historischen Katastrophe auf deutschem Boden: die Stadt-Kultur wird wirtschaftlich so ruiniert, daß sie für Jahrhunderte verarmt und verelendet (Lünen u.a.). Emotionaler Ausdruck dafür sind viele evangelische Kirchen-Lieder. Sie beschreiben die Erde als ›Jammer-Tal‹. Der pietistische Prediger und Lieder-Dichter Gerhard Tersteegen (* Moers 1697 – † Mülheim 1769), der die letzten 23 Jahre seines Lebens in Mülheim am Kirchen-Hügel lebt (Heimatmuseum Tersteegen-Haus), faßt die lang anhaltende Not in Worte.

An den Hängen des Ruhr-Tales graben Bauern und dann eine wachsende Zahl von kleinen Unternehmern nach der Kohle, die dort zutage tritt. Sie treiben Stollen in die Erde. Schiffer transportieren den Brenn-Stoff in Kähnen auf der Ruhr. Dieser heute stille Fluß ist ein Jahrhundert lang, zwischen 1750 und 1850, ein belebter Welthandels-Weg. Auf dem Rhein wird die Kohle nach Holland und an den Oberrhein gebracht. Mülheim entwickelt sich zur ersten großen Stadt.

1758 läßt ein Domherr in Münster, der Freiherr Franz Ferdinand zur Wenge, in der Heide am Elpenbach nördlich von Oberhausen-Osterfeld die erste Eisenhütte bauen: die St. Antony-Hütte. Sie ist die ›Wiege der Ruhr-Industrie‹ (Gutehoffnungshütte). Der Spediteur Franz Haniel in Duisburg-Ruhrort, der umfangreiche Markt-Verbindungen hat, kauft die St. Antony-Hütte und fusioniert sie 1810 mit der Gutehoffnungshütte (1782) in Oberhausen-Sterkrade und der Hütte Neu-Essen (1791) in Oberhausen-Lirich. Es entsteht die Hüttengewerkschaft und Handlung Jacobi, Haniel & Huyssen (1873 Gutehoffnungshütte Actienverein) – lange Zeit das größte Unternehmen in der Region.

Bis zum Auslaufen von Watts Patent werden Dampf-Maschinen in England gekauft. Dann baut Franz Dinnendahl in Mülheim eine Dampf-Maschine nach (1808 für die Zeche Sälzer-Neuack in Essen) – zum Abpumpen von Wasser. Sie ermöglicht eine folgenreiche Tat: 1832 gelingt es, die wasserreiche Mergel-Schicht im Bereich der Emscher zu durchstoßen. Nun entstehen Tiefbau-Schächte. Es sind riesige Betriebe in einer bis dahin ungeheuren Größe von vier- bis fünftausend Arbeitern.

1844 entsteht mit der Eisenbahn ein Transport-Mittel für die gewaltigen Mengen der zutage geförderten Kohle. Nun verbinden sich Kohle und Eisen. Das Industrie-Zeitalter beginnt. Unternehmer aus dem Bergischen und aus der Eifel verlagern ihre Betriebe (eine Katastrophe für das Bergische Land und die Eifel!) und bauen Hütten-Werke vor den Toren von Dortmund, Bochum und Essen auf.

Die meisten Werke nehmen auch unmittelbar an der Eisenbahn-Bau-Konjunktur teil: sie liefern Schienen, Waggons, Lokomotiven und eine Fülle von einzelnen Bestandteilen. 1852 wird im Krupp-Werk der nahtlose Radkranz entwickelt.

Die Revolution von 1848 mißlingt: die bürgerliche Emanzipation wird erheblich gebremst. Die Vermögenden schlagen einen anderen Weg an: sie passen sich an den alten Adel an und versuchen, sich mit ihm zu verbinden.

Der Bergbau löst die frühe Energie-Frage der Industrie-Epoche.

In die aufsteigende Region strömt viel Kapital aus dem Ausland und läßt große Werke entstehen: aus England (Mulvanys Bergwerke Erin und Shamrock), aus Belgien (Altenberg Zink), aus Frankreich (Phoenix).

Die Industrialisierung löst in Wellen gewaltige Wanderungs-Bewegungen aus. Es ist die größte Völker-Wanderung aller Zeiten. Im Ruhrgebiet entstehen Konflikte zwischen vielen alteingesessenen ›Pfahlbürgern‹ und den armen Zuwanderern. Viele Sprachen werden in den Häusern gesprochen.

Die Gußstahl-Fabrik von Alfred Krupp in Essen (1861 Hammer Fritz) wird mit der Produktion von Kanonen zum Rü-stungs-Giganten: für die drei Kriege von 1864, 1866 und 1870/1871.

Der Landschafts-Verbrauch ist riesig. Ein Beispiel: 1878 breiten sich westlich vor der Stadt Essen die Krupp-Werke doppelt so lang und viermal so breit wie der ovale mittelalterliche Stadt-Kern aus. Das Werk ist achtmal so groß wie die alte Stadt.

1870 führt der Sieg über Frankreich dazu, daß die preußische Führung das deutsche Reich errichten kann. Um die vielen Länder zusammenzuhalten, lernt Preußen von Frankreich: es heizt es den Nationalismus an. Und es läßt seine militärischen Muskeln spielen. Das Rheinland bleibt in Distanz: aus historischer Tradition des Anti-Militarismus und der Offenheit zu seinen Nachbar-Ländern.

1871 erpreßt das Reich von Frankreich ungeheure Reparations-Gelder. Sie führen zu einem Gründer-Boom. Aus dem eher liberalen Rheinland kommen die Bankiers.

Die Führung des Reichs versucht, die Arbeiter-Bewegung mit den Sozialisten-Gesetzen (1878/ 1890) auszuschalten und scheitert. Mit Verzögerung entstehen auch im Ruhrgebiet die ersten sozialen Auseinandersetzungen: Arbeiter formieren sich zu einer Gruppe, die Macht auszüüben versucht – 1889 im ersten großen Bergarbeiter-Streik. Preußen versucht nicht nur die Arbeiter-Bewegung, sondern auch den politischen Katholizismus auszuschalten, der im Ruhrgebiet auch einen Teil der Arbeiter organisiert. Aber dieser erweist sich im ›Kultur-Kampf‹ (1873-1880) als äußerst widerständig.

Um Arbeiter, vor allem in die ländliche Emscher-Zone, anwerben zu können, legen viele Zechen vernünftig organisierte Industrie-Dörfer an: Arbeiter-Siedlungen. In ihnen können die Familien in einem gewissen Umfang ihre agrarische Lebensweise weiterführen.

Von 1895 bis 1913 verdoppelt sich die Einwohner-Zahl der Region von 1,5 auf

3,3 Millionen Menschen. Krise und Aufstieg haben vielschichtige Wechselwirkungen.

Um die Industrie-Zuwanderer unterzubringen, legen viele Werke zwischen 1890 und 1914 Wohnbereiche an. So entstehen Ketten von Gartenstädten. Was bedeuten sie für die Struktur der Region? Und welche Rolle spielen die komplexen Infrastrukturen der Krupp-Planungen (Robert Schmohl, Georg Metzendorf)?

Eine Gemenge-Lagen-Struktur entsteht: die typische Industrie-Stadt. Sie durchläuft viele Phasen. Ist die Gemenge-Lage die Stadt-Entwicklungs-Form einer liberalen Industrie und einer gesellschaftlichen Demokratie? Ein Geflecht von wechselseitigen Herausforderungen? Ihre Ambivalenz führt zu vielen Diskussionen – bis heute. Arbeitet am Beispiel Ruhrgebiet die gesamte Gesellschaft ihre Bewußtseins-Prozesse in der Industrie-Epoche auf?

Die Wellen der Zuwanderungen machen die Wohnungs-Not zum Dauer-Zustand – soviel auch gebaut wird.

Selbst die Arbeiter-Dörfer werden unentwegt davon berührt: Um 1900 ist in jeder zweiten Familie ein lediger Mann untergebracht, ein sogenannter Schlafgänger – insgesamt rund 50.000 junge Bergarbeiter.

Die Frauen tragen die soziale Struktur der Industriearbeiter-Familie: sie organisieren eine große Familie und meist auch eine Art ländlichen Nebenerwerb – eine Mehrfach-Belastung.

Diese dichte Industrie kann nur produzieren, wenn in ihren Betrieben und zwischen ihren Werken technische und soziale Infrastrukturen entwickelt werden. Zunächst sind die großen Werke ihre eigenen Schrittmacher. Erst als das Problem der Zuteilung an eine immer größer werdende Zahl von Betrieben übermächtig wird, übernimmt staatliches Handeln die Entwicklung solcher Infrastrukturen. Zu den wichtigsten Leistungen gehören

die Versorgung mit Wasser und die Entsorgung von Abwasser. Dafür bilden sich Verbände: der Ruhrverband (1901) und die Emschergenossenschaft (1905).

Um 1900 verbreitet sich eine neue Energie: die Elektrizität. Im Ruhrgebiet wird sie vor allem von dampfmaschinengetriebenen Generatoren erzeugt. Sie ermöglicht kleinen Betrieben das Überleben, denn am Ende eines einfach verlegbaren Leitungs-Netzes können kleine Motoren aufgestellt werden, die einen zweiten breiten Schub an industrialisierter Produktion ermöglichen. Elektrizitäts-Paläste sind die Maschinen-Halle (1902 von Bruno Möhring) der Zeche Zollern 2/4 in Dortmund-Bövinghausen und später das Musik-Theater (1956/1959) in Gelsenkirchen.

Für die Zechen und Hüttenwerke entsteht das dichteste Eisenbahn-Netz der Erde.

Um 1900 beginnt das Volk, sich für ein Freizeit-Vergnügen zu begeistern: den Fußball. Ein Bergarbeiter-Vorort von Gelsenkirchen wird später zum Wallfahrtsort: Schalke 04.

Die Konjunkturen schwanken. Um die negativen Folgen abzufangen, schließen sich Unternehmer zusammen und bilden Kartelle. 1904 wird Mülheim Sitz des ›Kohlekontors‹. Die steigenden Gewinne nutzen die Unternehmen zu einem ungeheuren Schub an technologischer Entwicklung – in den Bereichen von Kohle, Stahl und Chemie. Den Auftrieb, den die Verbindung von Forschung und Industrie erhält, symbolisiert seit 1912 das Kaiser-Wilhelm-Institut (heute Max-Planck-Institut) für Kohleforschung in Mülheim.

Um das Jahr 1900 internationalisieren sich langsam einige wichtige Märkte. Dies führt zu heftigen Handels-Konkurrenzen der national geprägten Staaten.

Die Industrie verschafft zwar dem Reich einen ungeheuren Zuwachs an Steuern, aber sie wird als lästiges Übel angesehen. Vor allem die Gefüge, innerhalb derer sie produziert. Lange Zeit verweigert der Obrigkeits-Staat den neuen bevölkerungsreichen Industrie-Orten den Stadt-Status und verhindert damit eine wirksame Entwicklung der Verwaltungen.

Wo dies dann um 1910 unumgänglich wird, gewinnen die Städte Selbstbewußtsein und schaffen sich in kurzer Zeit Kristallisations-Bereiche. Diese widmen sich sowohl den wichtigen kommunalen Funktionen wie auch der öffentlichen Selbstdarstellung. Dies tun sie meist in einer Weise, die vom deutschen Adel nicht länger belächelt wird – mit einer Idee, die in der gesellschaftlichen Konkurrenz eine subtile Neuheit darstellt: Vom Mutterland der Industrialisierung (England) übernehmen sie für das Zentrum der neuen Stadt die Idee des Parks. In ihm entstehen die wichtigen Prestige-Bauten: Rathäuser und Schulen.

Die Reichs-Regierung führt 1914 in einem Handstreich von bodenlosem Leichtsinn und Verantwortungslosigkeit ein ganzes Volk, das sich wirtschaftlich und kulturell in einem bisher beispiellosen Aufstieg befindet, in den Abgrund: durch die militärische Auseinandersetzung des Ersten Weltkrieges.

1918 ist der Krieg verloren, in dem vor Verdun der größte gegenseitige Massen-Mord der Geschichte stattfand – mit Krupp-Kanonen auf beiden Seiten.

1919 revanchiert sich die französische Regierung im Versailler Friedens-Vertrag für den Ruin, den ihm der deutsche Kaiser 1871 zugefügt hatte. Sie vervollständigt die deutsche Niederlage mit ungeheuren Reparationen.

1920 putschen Kapp und Lüttwitz gegen die demokratische Regierung. Sie flieht. Die Gewerkschaften rufen den Generalstreik aus. Sie retten die Demokratie und die Regierung. Im Ruhrgebiet dringt die ›Rote Ruhr-Armee‹ darauf, die versprochene Sozialisierung einiger Industrie-Zweige, darunter Kohle und Stahl,

zu realisieren. Im Bielefelder Abkommen, vermittelt vom preußischen sozialdemokratischen Innenminister Severing, versprechen Ruhr-Armee und Reichswehr Abrüstung. Die Arbeiter geben die Waffen ab, aber die rechtsradikalen Freicorps rücken ins Ruhrgebiet ein und richten ein Blutbad an: ›Weißer Terror‹. Die Armee führt Krieg gegen Bürger. Enttäuscht über Sozialdemokraten wie Severing und Noske verliert die Sozialdemokratie im Ruhrgebiet in der Weimarer Zeit stark an Boden.

Nach dem Vertrag von Versailles (1919) soll das Deutsche Reich seine Reparations-Leistungen vor allem in Steinkohle erbringen – dem Rohstoff für industrielle Energie. Damit gerät der Bergbau erneut in eine Schlüssel-Rolle, aber in eigenartiger Weise.

Ein ungeheurer Druck lastet vor allem auf den Bergleuten: der Acht-Stunden-Tag wird wieder rückgängig gemacht, Rationalisierungen folgen. Die Produktivität wird so stark erweitert, daß 150.000 neue Bergleute (mit Familien rund 600.000 Menschen) angeworben werden müssen. Daher schaffen 1920 der Essener Oberbürgermeister (und spätere Reichskanzler) Hans Luther und der Beigeordnete Dr. Robert Schmidt ein Planungs-Instrument für die Region: den Siedlungsverband Ruhrkohlenbezirk (seit 1979 Kommunalverband Ruhrgebiet). Es ist der größte Planungsverband im Reich.

1923 stocken die Reparations-Zahlungen. Daher besetzt die französische Armee das wichtigste Wirtschafts-Gebiet des Reiches: das Ruhrgebiet. Viele Menschen entwickeln Formen passiven Widerstandes.

Die Besetzung führt dazu, daß die Regierung sich nur noch mit dem Druck von immer neuen Banknoten über Wasser halten kann. Rasch eskaliert die Inflation zur Katastrophe: ungeheuer viele Menschen, die durch Industrialisierung vermögend geworden sind, verlieren ihre

Vermögen, weil das Geld nichts mehr wert ist.

Kohle und Stahl werden für den Wirtschafts-Aufbau benötigt. Aber es fehlen Wohnungen für Bergleute. Um Mittel für weitere Siedlungen zu erhalten, wird die Hauszins-Steuer geschaffen. Viele Häuser entstehen nun in großstädtischer Form: als blockhaft gruppierte Wohn-Anlagen.

Zwischen 1918 und 1939 entwickeln sich neue Technologien: Kohlenwertstoff-Gewinnung, synthetische Stickstoff-Herstellung, künstliche Kautschuk-Herstellung.

Unter größtem äußeren und inneren Druck entsteht ein neuer Schub an Technologie-Entwicklung und Rationalisierung. Ausdruck dessen ist eine der „Pyramiden" im ›Tal der Könige‹: die Zeche Zollverein in Essen-Katernberg. Ihre wirtschaftliche Modernisierung drückt sie in der modernsten Ästhetik aus (Fritz Schupp/Martin Kremmer), wie sie seit 1919 von einer Avantgarde von Künstlern in und um das Bauhaus entwickelt wurde.

Auch der Staat rationalisiert: 1929 wird die größte Neugliederung in der Region durchgeführt.

Die Kehrseite der Rationalisierungen: Immense Abgas-Probleme. 1929 legt das Bergamt das Kohlen-Kraftwerk Herne-Sodingen schon nach einem Tag still, weil es soviel Flug-Asche ausstößt, „daß Sodingen nach wenigen Stunden wie eine Winterlandschaft aussah." Lange Zeit entscheiden Gerichte opportunistisch zugunsten der Stärkeren: man müsse sich „mit Dingen abfinden, die in ihm [dem Industrie-Gebiet] natürlich sind."³

Utopien sind Ausdruck von Hoffnungen. Sie verstärken sich besonders in Zeiten der Not. Die Zeit der zwanziger Jahre ist die kurze Epoche, in der unterschiedliche Utopien am stärksten miteinander konkurrieren. Zunächst sind es technische Utopien. Besonders spitzt sich der Gegensatz zwischen religiösen Utopien zu: zwischen Katholiken und Protestan-

ten. Hinzu kommen wirtschaftliche Utopien: Markt, Gemeinwirtschaft, Sozialismus. An der Grenze zum Bürgerkrieg stehen sich politische Utopien gegenüber: Konservative, Liberale, Sozialisten, Kommunisten, Nationalsozialisten. Kulturelle Utopien: konservative, liberale und linke Reform-Bewegungen.

Hitler treibt den Nationalismus auf die Spitze: er steigert den Mythos der Volks-Gemeinschaft zu einem religiösen Wahn. Aus ihm zieht er die ungeheuerlichste Aggression gegen alles, was anders ist, anders denkt und anders handelt. Viele Menschen im Ruhrgebiet setzen dem Nationalsozialismus Widerstand entgegen – in vielerlei Weise. Andererseits finanzieren Großindustrielle aus dem Ruhrgebiet den Diktator.

1933 erhält Hitler die Macht. Er läßt die Gewerkschaften zerschlagen, plündert und schließt die Gewerkschafts-Häuser, verbietet SPD und KPD und zwingt alle anderen Parteien sich ›freiwillig‹ aufzulösen. Vor allem Kommunisten und Sozialdemokraten kommen zu Tausenden in Konzentrations-Läger. War in einem halben Jahrhundert mühsam ein geringes Maß an gesellschaftlicher Pluralität erworben, so wird es nun im Terror der Gestapo erstickt.

Breite Bevölkerungs-Schichten machen, wenn sie unter sich sind, aus ihrer Einschätzung der Machthaber keinen Hehl.

Die Ruhe, die ins Alltagsleben einzukehren scheint, entspricht nicht der Wirklichkeit. Der NS-Staat stellt die Wirtschaft weitgehend auf Kriegs-Vorbereitung um: Seit 1936 lassen die Machthaber die Produktion für die Rüstung eskalieren. 1939 stürzt die Hitler-Regierung das Volk in den Abgrund – zum zweitenmal in einem Jahrhundert. In diesem Krieg deklariert Hitler die Bergleute zu ›Soldaten der Heimat‹.

An die Stelle der zum Militär abgezogenen Bevölkerung setzt das Regime die

Arbeits-Kraft von ›Fremdarbeitern‹ aus Polen, der Ukraine und anderen Ländern. Zu ›Untermenschen‹ gestempelt, sind sie zum langsamen Tod durch Arbeit und Hunger verurteilt.

1943/1945 vernichten die Alliierten durch Teppiche von Bomben, vor allem als der Krieg längst entschieden ist, nicht nur Produktions-Zentren, sondern zivile Wohn-Bereiche. Ohne militär-strategische Notwendigkeit wird ein erheblicher Teil der Kultur, der nicht nur dem Land, sondern auch der Menschheit gehört, unwiederbringlich zerstört.

1945 bricht das Dritte Reich wirtschaftlich und militärisch zusammen. Das Ruhrgebiet ist von der Hälfte seiner Bewohner verlassen. Wie schon 1918 wächst auch 1945 der sozialen Bewegung mit ihrer basisorientierten Organisationsfähigkeit eine wichtige Rolle zu.

Gewerkschaften entstehen. Im Chaos organisieren sie die Lebensmittel-Verteilung, die ersten Verwaltungen, den ersten Wiederaufbau von Wohnhäusern und Fabriken. 1947 wird die Unternehmens-Mitbestimmung in den entflochtenen Betrieben durchgesetzt.

Die Hoffnung, daß in der neuen Bundesrepublik nun Sozialdemokraten die Mehrheit erhalten, erfüllt sich nicht. Allerdings stellen Gewerkschaften und Sozialdemokraten seit dieser Zeit wichtige und nicht mehr zu übergehende Kräfte innerhalb der Struktur des Ruhrgebietes dar.

Um 1950 gewinnt die Sozialdemokratie im Ruhrgebiet zum ersten Mal die Mehrheit – und dann in allen folgenden Wahlen bis heute. Es ist unübersehbar, wieviel sie dazu beiträgt, daß sich die Lebens-Bedingungen ihrer Klientel schrittweise verbessern.

Zusammen mit den Gewerkschaften schafft sie eine Fülle eigener Strukturen und Institutionen. Sie nutzt dazu ihre originären Organisationen wie die Arbeiterwohlfahrt und die ihr zugewachsenen Instrumente, die öffentlichen Verwaltungen. Drittens schafft sie neue Instrumente, vor allem mit den Bildungs-Einrichtungen. Das drückt sich aus in den Schul-Reformen, in den berufsbildenden Schulen, in der Erwachsenen-Bildung (VHS) und schließlich in den Hochschulen.

Insgesamt wächst im Ruhrgebiet zum erstenmal eine Sozial-Kultur, die nach Jahrhunderten Vorherrschaft des Adels, des Katholizismus oder einer mental konservativen Wirtschafts-Oligarchie eine unangefochtene demokratische Führung besitzt.

Im Boom des Wirtschafts-Aufstiegs wächst die Verfügungs-Masse für den Verteilungs-Kampf erheblich. So erhalten die Massen mit starken Gewerkschaften (Mitbestimmung in Kohle und Stahl) zum erstenmal in der Industrie-Geschichte einen gewissen Wohlstand. Er steht auch im Zusammenhang mit der inneren Entwicklung der Industrialisierung: mit Rationalisierungen, Verbilligungen und Konsum-Güter-Ausweitung.

1958 erscheint die erste Krise. Nur teilweise sind billigere Energien die Ursache: das Erdöl und die amerikanische Import-Kohle aus dem rentableren Tagebau. Wenig später folgt die hochsubventionierte Atom-Energie. Hinzu kommen Mängel in der Energie-Politik: die Technologien und Strategien der Kohlen-Nutzung werden kaum verbessert. Dies alles bringt die führende Position der Kohle ins Wanken. Mit der Kohlen-Krise beginnt eine neue Phase des industriellen Struktur-Wandels für die Region.

In den sechziger Jahren erhalten auch die Massen das Privileg des individuellen Fortbewegungs-Mittels: das Auto. Politiker und Verwalter in den Rathäusern kommen ihnen entgegen: sie machen die Region autogerecht.

Mit den Ressourcen der sechziger Jahre schafft das Ruhrgebiet eine der dichtesten und vielfältigsten Infrastrukturen der Welt. Dazu gehört eine außerordentliche kulturelle Leistung: das Ruhrgebiet wird zur umfangreichsten Theater-Landschaft der Welt.

In einem beispiellosen Kraftakt entstehen Bildungs-Stätten: Schulen aller Art, die beste Erwachsenen-Bildung der Welt und eine Kette von neuen Hochschulen. Es sind die Universitäten, Gesamthochschulen, Fachhochschulen in Bochum, Dortmund, Duisburg, Essen, Hagen, Witten/Herdecke, Recklinghausen.

In der Stadtentwicklung aber schlägt der Fortschritt zum Wahn um: Die Absicht, eine neue und perfekte Welt zu bereiten, versucht aggressiv, sich aller Vergangenheit zu entledigen. Dies führt zu ungeheuren Gewalt-Akten: zum Kahlschlag ganzer historischer Stadt-Bereiche, zum Abriß von Arbeiter-Siedlungen, zur Zerstörung vieler Bau-Denkmäler, zur Mißachtung und Diskriminierung von historisch interessierten Menschen und Institutionen.

1975 ist der Siedlungsverband Ruhrkohlenbezirk umstritten – ihm droht die Auflösung. Die Landes-Regierung nimmt ihm die Planungs-Kompetenz und teilt sie in der ›Funktionalreform‹ den drei Regierungs-Präsidenten in Arnsberg, Düsseldorf und Münster zu. Als Kommunalverband Ruhr (KVR) werden seine Aufgaben neu definiert.

1972 bis 1980 organisieren Bürgerinitiativen in 50 Arbeiter-Siedlungen einen intelligenten und weitreichenden Widerstand gegen den Flächen-Kahlschlag ihrer Gartenstädte, wie er am umfangreichsten in Duisburg-Neumühl wütet. Auf ihre Anregung richtet die Regierung Rau ein Ministerium für Stadtentwicklung ein.

1981-1989 ›Zöpel-Ära‹. Christoph Zöpel leitet das neue Ministerium. Kein Bauministerium war erfolgreicher. ›Umsteuerung‹ aller Planungs-Projekte nach einer in den Konflikten entstandenen neuen Denkweise.

Auf die grobe Phase der Infrastruktur-Bildung folgt die differenzierte Phase.

Die noch übriggebliebene historische Substanz wird weitgehend erhalten. Die noch nicht abgerissenen Gartenstadt-Siedlungen werden erhalten und modernisiert. Straßen werden ›zurückgebaut‹. Mehr als anderswo erhalten Zeugen der historischen Industrie Schutz als Bau-Denkmal. Viele Fabriken werden umgenutzt und dienen der neuen kulturellen Bewegung als sozio-kulturelle Zentren.

Die Technologien vieler alter Wirtschafts-Zweige laufen aus. Viele Produktionen werden in Billig-Lohn-Länder verlagert. Eine große Zahl von Betrieben wird stillgelegt. Die Ökologie-Bewegung entwickelt sich. Dies und neue technische Möglichkeiten führen dazu, daß die Luft an der Ruhr sauberer wird. Altlasten müssen entsorgt werden. Dies fordert die Entwicklung eines neuen Industrie-Zweiges heraus: der Umwelt-Industrie.

In den 80er Jahren endet die Monopol-Stellung von Kohle und Stahl im Ruhrgebiet. Der Struktur-Wandel wird als Katastrophe aufgefaßt. Tatsächlich ist er Teil des industriellen Prozesses. Dies wird nur langsam begriffen. Punkt-Denken herrscht. Positionen werden verteidigt. Erst um 1985 lernen mitbestimmende gewerkschaftliche Aufsichtsräte, daß nicht die Stillegung von Werken das Problem ist, sondern der Abzug des Kapitals aus der Region. Ihr Versäumnis: sie hätten Stillegung und Reinvestition in der Region miteinander verbinden müssen.

1986 schließt die letzte Zeche in Essen, das einst die größte Zechen-Stadt auf dem Kontinent war: Zeche Zollverein in Essen-Katernberg.

1989. Mit dem Zusammenbruch des Staats-Sozialismus in den Ostblock-Ländern endet die polarisierte Auseinandersetzung gegensätzlicher kompakter Systeme.

Um 1995 ist das Emscher-Gebiet einer der wichtigen Bereiche, in denen neue regenerierbare Energien entwickelt werden. Eine Kette von Technologie-Zentren arbeiten an ökologischen Impulsen. „Das

Ruhrgebiet war und ist eines der entscheidenden Experimentierfelder moderner Industriegesellschaften".[4]

1989/1999 Internationale Bauausstellung Emscher Park (IBA). Waren einst Kohle und Stahl das Kapital des Ruhrgebietes, so ist sein Zukunfts-Kapital heute seine Verkehrs-Lage, die offene Mentalität seiner Bewohner, seine Geschichte, seine Bau-Denkmäler, vor allem der Industrie und der Siedlungen, seine Hochschulen, seine sozio-kulturellen Stätten, seine vielen Museen und seine Kette von Theatern.

A.
Stadtentwicklung

Vorindustrie: Bauern, Herren, Bürger

Freiheit Westerholt in Herten-Westerholt [63].

Schau-Plätze der Urgeschichte

Die Geschichte der Kohle. Kohle tritt nur im Ruhr-Tal an die Erd-Oberfläche. An der Lippe liegt sie 1.000 Meter tief unter dem Boden. Wenn wir ein Stück Kohle in die Hand nehmen, haben wir darin eine Wege-Strecke der Erd-Geschichte verkörpert – in einer für uns unvorstellbaren zeitlichen Dimension.

Vor 315-280 Millionen Jahren stehen hier überwiegend Schachtelhalme, Farne und Bärlappgewächse. Wenn sie abster-ben und sich überlagern, beginnt der sogenannte Inkohlungprozeß, bei dem durch die chemische Verbindung von Kohlenstoff, Sauerstoff und Wasserstoff einerseits und Druck und Temperatur andererseits Steinkohle entsteht. Sie lagert sich in rund 150 Schichten ab, die Flöze genannt werden. Das mächtigste hat über vier Meter Dicke[1].

Die Entstehung der geologischen Verhältnisse in der Region läßt sich am besten in einer Höhle anschaulich erleben: in der Dechenhöhle zwischen Letmathe und Iserlohn[2]. Sie ist Bestandteil eines ehemaligen Korallen-Riffs. Vor rund 370

Millionen Jahren bildete es sich hier in einem tropisch warmem Meer.

Im Tal der Ruhr treten die obersten, dünnen Flöze zutage. Nach Norden hin fallen sie ab und liegen im südlichen Münsterland liegen 1.500 Meter tief. Im weiteren verlaufen sie unter der Nordsee und kommen in England wieder an die Oberfläche.

Orts-Hinweise: Geologische und bergbaugeschichtliche Stätten. Eine Reihe von Museen erschließen diese Welt. Sie entstanden als Kultur des Bergbaues. Dechenhöhle zwischen Iserlohn und Letmathe. Museum Hohenlimburg in Hagen-Hohenlimburg (Alter Schloßweg 30), mit geologischer Sammlung (Nord-Süd-Profil des Hagener Raums). An der B 234 zwischen Wetter und Herdecke: Stollen-Mundloch der Zeche Vereinigte Eulalia (1858) mit Schlägel, Eisen und Eichenlaub. Lehrpfad zur Frühgeschichte des Bergbaus im Muttental[3] in Witten-Rauendal (Außenstelle des Deutschen Bergbau-Museums Bochum), mit 32 Stationen auf neun km Rundwanderweg: Herrensitz Steinhausen (Stollen der Gewerkschaft Jupiter und Stettin, Stollen-Zeche Maximus (1829), blechbeschlagene Holz-Schienen, seit 1838 gußeiserne Schienen, Schacht Juno/Renate mit hölzernem (rekonstruierten) Schacht-Gerüst, Dreibaum als ältestes Schacht-Gerüst, Gedenktafel für ein Gruben-Unglück (1950, 1951), Flöz Finefrau, (rekonstruierte) Göpel-Anlage, Pferde-Stall, trichterförmige Grabungs-Gruben (Pingen), letzte Kleinzeche Egbert (bis 1976), Wetterschornstein, Zechen-Gebäude Aurora, Flöz-Mulde, Mundloch Stollen Frielinghaus, Zeche Orion (1832), St. Johannes Erbstollen, Ruine Hardenstein, Vereinigungs-Stolle (1803), Herbeder Ruhr-Schleuse (1825) und Wärter-Haus (1835), geologischer Aufschluß Am Kleff, Steinbruch Muttental, Zeche Nachtigall (Außenstelle des Westfälischen Industriemuseums) mit Maschinen-Haus, Waschkaue, 180 m Stollen (nur mit Führung).

Heimatmuseum (1911) in Witten (Ruhrstraße 69), mit Mineralogie, Geologie, Paläontologie. Im Kleinen Steinbruch bei Kesper an der Insel Heven in Witten-Heven ist am oberen Rand ein Kohlenflöz sichtbar. Naturkunde-Museum (1910) Dortmund in Dortmund (Münsterstraße 271), Neubau 1976/1980. Deutsches Bergbau-Museum (1930) in Bochum (Am Bergbaumuseum 28), heute das größte der Welt. Geologischer Garten (1971) in Bochum-Wiemelhausen

(Am Dornbusch), in einem denkmalgeschützten Zechen-Steinbruch, in dem Kohle zutage trat; sichtbar wird, daß das Ruhrgebiet am einstigen Meeres-Ufer lag[4]. Geologische Wand in Essen-Heisingen (Wuppertaler Straße, westlich der Kampmannbrücke), ein Natur-Denkmal, mit einem Weg und Tafeln erschlossen; zwei Stollen-Mundlöcher. Geologischer Wanderweg am Nord-Ufer des Baldeneysees von Essen-Heisingen nach Essen-Werden (insgesamt 10 km lang) führt zu Stollen-Mundlöchern des frühen Bergbau und Steinbrüchen, mit Text-Bild-Tafeln. Mineralien-Museum (1984) in der ›Alten Hinsbeck-Schule‹ in Essen-Kupferdreh (Kupferdreher Straße 141), aus den Sammlungen Oswald Hanisch und Werner Busch (Oberhausen) entstanden, mit Bestand des Ruhrlandmuseums; die Mineralogie wird als Teil der Kulturgeschichte verstanden, das heißt die Darstellung folgt dem Prozeß der Entdeckung und Nutzung von Menschen. Rheinisches Industriemuseum, Filiale im Deilbachtal in Essen-Kupferdreh (Nierenhofer Straße 8); Stollen-Mundloch des Himmelskroner Erbstollen und Steinbruch. Bergbau- und Heimatmuseum Paulushof (1984) in Essen-Heisingen (Stemmering 20) – mit Geologie (geologische Wand an der Kampmanns-Brücke), Mineralien, Kohlen-Sorten und bergbau-geschichtlicher Sammlung zur Zeche Hundsnocken, später Carl Funke.

Ruhrlandmuseum der Stadt Essen in Essen (Goethestraße 41): sozialhistorischer Zusammenhang zwischen Erdgeschichte und industrieller Entwicklung, mit aussagekräftigen Ensembles. Archäologisches Museum Altenessen (1984) in Essen-Altenessen (Altenessener Straße 273), als dezentralisierter Teil des Ruhrlandmuseums, mit Fundmaterial aus dem germanischen Dorf in Essen-Überruhr, in dem Eisen verarbeitet wurde. Quadrat Bottrop, Museum für Ur- und Ortsgeschichte (1961) in Bottrop (Im Stadtgarten 20): Erdgeschichte und eiszeitliche Tier-Arten[5].

Emscher-Tal-Museum in Herne, im Haus Strünkede (Karl Brandt-Weg 5): Geologie, Flora und Fauna. Vestisches Museum (1988) in Recklinghausen (Hohenzollernstraße 12) mit mineralogischer Sammlung. Museum der Stadt Gladbeck in Haus Wittringen (Burgstraße 64): Darstellung des Geopotentials bis hin zur Berge-Halde. Haus Ruhrnatur (1992) an der Alten Schleuse 3 an der Ruhr, südlich vom Wasser-Bahnhof in Mülheim; 1926 als Schülerboots-Haus gebaut, auf Initiative des RWW Museum und ökologischer Stützpunkt. Geologischer Lehrpfad/Fossilien-Weg auf dem westlichen Ruhrufer in Mülheim (Landes-Gartenschau 1992). Mund-Loch der Zeche Hollenberg-Darmstadt in Mülheim (Rumbachtalstraße 35). Das Kötter-Haus des Stollen-Besitzers, der auch Landwirtschaft betreibt, ist zugleich das Betriebsgebäude. Naturwissenschaftliches Museum in Duisburg-Wedau (Am See 22), mit Mineralien, Flora und Fauna. Geologisches Museum (1987) in Kamp-Lintfort (Moerser Straße 167), entstanden aus einer Sammlung (1907 begonnen) von Schacht Friedrich Heinrich, 1986 von der Stadt übernommen.

Die Dörfer: Lebensverhältnisse der Bauern

Wälder. Die Qualität eines alten Waldes zeigt der Hiesfelder Wald an der nördlichen Grenze von Oberhausen/Bottrop/Dinslaken – vor allem am Rotbach. Die Bauern schätzen ihn als Nutz-Wald. Der heutige Spaziergänger sieht darin – mit einer anderen Zugangs-Weise – eine Fülle von Szenerien[6].

Orts-Hinweise: Wälder und Wald-Gebiete. Baerler Busch in Duisburg-Baerl. Rheinaue in Duisburg-Walsum (Kleine Wardtstraße). Hiesfelder Wald an der nördlichen Grenze von Oberhausen/Bottrop/Dinslaken am Rotbach und Kirchheller Heide in Bottrop-Grafenwald. Stadtpark/Stadtwald in Bottrop. Naturpark Hohe Mark nördlich von Dorsten-Wulfen und Haltern, mit einem 146 m hohen Berg. Die Haard zwischen Oer-Erkenschwick und Haltern (mit einer Anzahl Parkplätzen). Gysenberger Wald in Herne-Sodingen. Castroper Holz, Nierholz und Rieper Berg in Castrop-Rauxel. Grävingholz und Süggel in Dortmund-Lindenhorst, Kurler Busch in Lanstrop. Rahmer Wald westlich von Dortmund-Huckarde. Aplerbecker Wald in Dortmund-Aplerbeck. Im Süden von Dortmund gibt es ausgedehnte Wälder, vor allem den Dortmunder Stadtforst/Romberg-Holz in Dortmund-Bittermark. Weitmarer Holz südlich von Bochum-Neuling. Grafenbusch in Oberhausen. Huckinger Mark/Heltorfer Forst in Duisburg. Duisburger Stadtwald, östlich von Duisburg-Wedau. Broich-Speldorfer Wald südlich von Mülheim[7]. Kruppwald/Stadtwald/ Schellenberger Wald im Süden

von Essen. Schulenberg und Elfringhauser Schweiz südlich von Hattingen. Den ausgedehntesten Wald gibt es zwischen Witten und Herdecke. Kleff/Klusenberg/Fürstenberg-Holz in Herdecke/Dortmund-Syburg. Wälder zwischen Ruhr und Lenne.

Die Landschaften ergänzen sich. Einst ist die Hellweg-Börde reich an Getreide (Weizen, Roggen, Winter-Gerste, Hafer, später auch Hack-Früchte und Futter-Pflanzen), eine Korn-Kammer, aber arm an Vieh. Der Boden – „ein reich von der Natur gesegnetes Land ... eine breite Bank üppig-fruchtbaren Kleibodens, der sich vom Paderbornischen im Osten bis weit nach dem Rhein hin gen Westen zieht und, der Hellweg genannt, die gewerbstätigsten, wohlhabendsten Städte Westfalens trägt" (Levin Schücking, 1856)[8]. Seit jeher gibt es im Hellweg-Streifen kaum Wald.

Die Bauern siedeln seit 2.600 v. Chr. in Dörfern – einem „Ortstyp von mehr als 10 vollbäuerlichen Stellen, zwischen denen kleinere Betriebe (Kätner und Gewerbler) liegen, so daß die Hofplätze meistens eng aneinander rücken." Als eine Siedlung von Acker- und Korn-Bauern auf trockenen Böden „besitzt das Dorf eine große Ackerflur, die zahlreiche, streifig gegliederte Gewanne mit Besitzgemenge umfaßt."[9]

Südlich davon liefert das bewaldete Nieder-Bergische und Nieder-Sauerland, arm an Acker und Weide, viel Holz und Gewerbe-Erzeugnisse, vor allem Eisen (seit rund 300 v. Chr. von Wald-Schmieden mit Hilfe von Köhlern verarbeitet) und Textil (Kettwig, Werden, Langenberg, Hattingen, Witten, Hagen, Iserlohn).

Im Emscher-Gebiet staut sich das Wasser, ursprünglich ist es eine feuchte Bruch-Landschaft, mit Erlen-Bruchwald, als Schweine-Weiden. An Lippe und Emscher ist der ›Drubbel‹-Bauer vor allem Vieh-Züchter. „Der [frühgeschichtlich um 2.200 v. Chr. entstandene, wenig gewandelte] Drubbel besteht aus wenigen

(4-10) vollbäuerlichen Hufnerstellen. Die Hofgründe sind groß, unregelmäßig begrenzt, mit Gärten, Suhlweiden und Hofwäldern, ja sogar mit Heuerlings- und Leibzuchts-(= Altenteiler-) Kotten besetzt. Der Abstand der Hofstellen wechselt ... [Es] bilden die Höfe eine Gruppe, die Bauern eine Genossenschaft. Was sie bindet und orientiert, sind Ackerflur und gemeine Mark. Das Pflugland, ›Ech‹, ›Enk‹, ›Geest‹, ›Brede‹ oder auch bloß ›Feld‹ genannt, liegt meistens auf leicht zu bearbeitenden trockenen Bodenwellen"[10].

Nördlich lebt das Kern-Münsterland von der Vieh-Zucht. Das Kamp-Einzelhof-System ist dafür am besten geeignet. Einzelhöfe bilden sich erst nach 1200 in größerem Umfang durch Söhne von Altbauern. Um 1800 sind Einzelkotten im ganzen Drubbel-Gebiet an Lippe und Emscher verbreitet.

Die Überschüsse gehen vor allem in die reiche Städte-Kette der Niederlande. Von der beginnenden Industrialisierung profitieren viele Bauern, vor allem die Großvieh-Haltung, sehr stark, weil die Städte einen wachsenden Absatz-Markt bilden.

Das soziale Gefüge. Fast ausnahmslos begeben sich im frühen Mittelalter die Bauern – freiwillig oder mit einer der vielen möglichen Zwangs-Formen – in den Schutz der Mächtigen: in einen Vertrag auf Gegenseitigkeit. Ihr Land gehört ihnen dann nur noch in Form der Pacht-Nutzung. Diese Einzelhöfe sind in zwei Ebenen in sozialen Geflechten organisiert: Untereinander in Wasser- und Weide-Genossenschaften, in Nachbarschafts-Bezügen mit ungeschriebenen Rechten und Pflichten zu gegenseitiger Hilfe.

Besitzer und Besitzlose. 1660 gibt es in Gladbeck keine einzige freie Hof-Stelle. Alle Höfe gehören entweder den umliegenden Adels-Häusern, einer Pfarrei oder einem Kloster (Stift Essen, Abtei Werden, Abtei Hamborn u. a.). Einige sind Besitz von wohlhabenden Bürgern

aus Städten, die sie gekauft und verpachtet haben. Dieser Besitz ist keine Territorial-Herrschaft, sondern eine zersplitterte und oft weit auseinanderliegende Grund-Herrschaft; fast immer ein Streu-Besitz von Pacht-Höfen. 1734 gehören in der Bauerschaft Meiderich 2.123 holländische Morgen der Kirche oder der staatlichen Verwaltung. Nur ganz wenig ist bäuerlicher Besitz: 500 Morgen. Hinzu kommen 266 Morgen Allmende das heißt gemeinsames Eigentum der Bauern des Dorfes.[11] Es gibt also keine ›freien Bauern auf freier Scholle‹, wie es konservative Ideologen im 20. Jahrhundert verkündeten. Vielmehr sind die Bauern so gut wie besitzlos. Allerdings können sie nicht vom Hof gejagt werden – das verbietet das Lehns-Recht, das ein Vertrag auf Gegenseitigkeit ist.

Abgaben. Wem der Grund nicht gehört, muß dafür zahlen – zunächst in Naturalien und Arbeit (›Dienst-Leistungen‹). Mit der Entwicklung der Geld-Wirtschaft in den Städten werden auf dem Land zunehmend Natural- und Dienst-Leistungen in Geld-Abgaben umgewandelt, oder beides besteht nebeneinander. Als Pacht liefern Bauern den Zehnten ab – an ihren Zehntherren: ein Adelshaus, eine Abtei oder wer das Recht darüber besitzt [71]. Pacht ist ein festes, vererbbares Verfügungs-Verhältnis über eine Bauern-Familie. Bis zur napoleonisch-bürgerlichen Herrschaft besteht die grundherrliche Agrar-Verfassung: Eigenhörigkeit (an die Person gebundene Dienste, bis 1825), Grund-Zinsen, in festgelegtem Umfang einige Tage im Jahr Hand- und Spann-Dienste (bis 1829), Anerben-Recht, das heißt geschlossene Hof-Übergabe.

Der Oberhof. Das Zentrum eines Netzes von Pacht-Höfen ist der Oberhof (z. B. Oberhof Beeck in Duisburg-Beeck, Haus Oberhausen in Oberhausen [63]). Er ist das wirtschaftliche Zentrum eines Bereiches: das Lagerhaus, von dem aus der Guts-Herr die bäuerlichen Abgaben weiterverkauft. Wer mit einem Oberhof belehnt ist, muß in Konflikten die Funktion eines Regulativs übernehmen, das heißt, als Richter schlichten. Viermal im Jahr gibt es Termine: die Hofgerichts-Tage.

Vom Leben der Menschen erfahren wir wenig. Die meisten überlieferten Quellen besitzen juristischen Charakter: Einwohner werden registriert (Taufbücher), Besitz-Rechte festgehalten, Zahlungs-Verpflichtungen aus Pachten und Abgaben klargestellt. Gelegentlich lernen wir die Registratoren kennen: meist sind es Pfarrer. Denn Kirchen besitzen die wirksamste Verwaltung. Dies zeigt auch, wo der Ursprung der Verwaltung zu finden ist: in Ritual-Setzungen des Lebens wie Geburt, Hochzeit, Tod, Vererbung.

Wir erfahren so wenig von den Menschen, weil sie im kleinen Umkreis autark leben. Denn sie betreiben eine Subsistenz-Wirtschaft. Dies ist eine Wirtschafts-Form, in der das vielköpfige soziale Gefüge eines Haushaltes selbst herstellt, was es verbraucht. Die Frauen fertigen Lebens-Mittel und Kleidung, die Männer Arbeits-Werkzeuge, ausgenommen geschmiedete Waren. Diese Subsistenz-Wirtschaft steht in völligem Gegensatz zur Arbeits-Teilung und der daraus entstehenden vielschichtigen Abhängigkeit der industriell geprägten Existenz.

Das Bauernhaus – im sächsischen Typ – ist im Mittelalter eine Hütte mit einem Raum. In der Mitte: die Feuerstelle. Darüber im Ried-Dach: der Rauch-Abzug. Die Großfamilie schläft um das Feuer herum. Um sie herum lagert das Vieh. Es gibt keine Privatsphäre. Alles spielt sich vor den Augen der anderen ab. Wollen zwei allein sein, gehen sie ins Stroh.

Das Haus ist ein Holz-Gerüst: Fachwerk mit Weidenruten und Lehm: Im Sommer bleibt es innen kühl, im Winter warm – ist also eine vorzügliche Isolierung. Höfe in Meiderich (Duisburg) sind Gebäude aus Fachwerk. Vorn vier Sprossen-Fenster mit kleinen Scheiben, darüber ein Stroh-Dach, im 19. Jahrhundert auch rote Ton-Ziegel. Niedrige Räume. Die Lehm-Wände sind getüncht. Zur etwas erhöhten Schlafstube ("Upkammer") führen einige Stufen. Darunter liegt der einzige Keller-Raum. Dadurch ist der Schlaf-Raum weniger feucht, wärmer und deshalb gesünder. Das Inventar ist karg: eine gemauerte Feuer-Stelle, seit dem 18. Jahrhundert ein eiserner Ofen – eine Investition für Generationen, eine Ofenbank, ein Eck-Schrank für Porzellan und Gläser, ein eichener Tisch, einige Stühle. Im Hintergebäude ("Backes", Backhaus) wird Brot gebacken. Das Vieh lebt in einem eigenen Stall. Er ist mit der Scheune verbunden.[12]

Orts-Hinweise: Bäuerliche Lebens-Weise. Hofanlage Werth in Herne-Börnig (Dorfstraße 1), 1744, mit einer kieselgepflasterten ›Deele‹ (große Diele), Torhaus, Backhaus, Dörrhaus und Stallungen (18./19. Jh.)[13]. Vierständer-Haus Parkstraße 42 (1693) in Bottrop. Hof Bussmann (1769) in Bottrop-Feldhausen. Höfe Dickmann (1787) und Hackfurth (1790) in Bottrop-Kirchhellen. Heuerlings-Häuser in Bottrop Hemmers Pöhlken 24 und Im Breil 44. Oberhof Beeck in Duisburg-Beeck.

Reste der agro-pastoralen Gegenstands-Welt sind vor allem in Heimatmuseen erhalten. Heimatmuseum (1989) in Neukirchen-Vluyn (von der Leyen-Platz 1)[14], im Obergeschoß der Kultur-Halle, mit Vluyner Dorf-Drogerie (um 1900). Grafschafter Museum im gräflichen Schloß Moers (Kastell 9), Kaufladen aus Hörstgen. Ordensmuseum der Abtei Kamp in Kamp-Lintfort (Abteiplatz 24) zum bäuerlichen Wohnen und Wirtschaften. Heimatmuseum Schermbeck (Steintorstraße 17), im ältesten Haus (eingeschossig 1566, 1569 aufgestockt), mit hinterem Bussemraum mit Kieselstein-Fußboden (›Hochzeitsboden‹) und offener Feuerstelle sowie Acker- und Haushalts-Geräten.

Museum im Voswinckelshof (um 1700) in Dinslaken (Brückstraße 31), ein Landadels-Sitz, für regionale Volkskunde am bäuerlichen rechten Niederrhein: Getreide-Ernte, Spinnen, Weben, Bauernstube, Schlafraum. Heimatmuseum Alte Bergschule in Hünxe. Heimatmuseum Dorsten in der Alten Stadtwaage (1567). Stadtmuseum Marl in Marl-Altmarl (Am Volkspark 6 und Schule Opphofstraße), mit Wassermühle (17. Jh.).

Museum der Stadt Gladbeck in Haus Wittringen (Burgstraße 64): Darstellung der sozialen und Rechts-Verhältnisse. Heimatkabinett Westerholt in Herten-Westerholt (Freiheit 1) – mit religiöser Volks-Kunst und Heimatgeschichte. Privatmuseum Brauchtum zur Taufe der Sammlung Wolf-Eckardt Irmer in Herten (Hermannstraße 15). Emschertal-Museum in Herne, im Haus Strünkede (Karl Brandt-Weg 5), mit Geräten des agrarischen Lebens, Textilherstellung und Schmiede.

Heimat- und Naturkunde-Museum (1971) in Herne-Wanne-Eickel in einer Volksschule im Stadtteil ›Unser Fritz‹ (Unser Fritz-Straße 108), mit bäuerlicher, bürgerlicher und industrieller Alltags-Kultur. Museum der Stadt Lünen in Lünen-Horstmar (Schwansbeller Weg 32), mit landwirtschaftlichem Haus- und Arbeitsgerät sowie Arbeitsplätzen eines Flickschusters und eines Holzschuh-Machers. Hermann-Grochtmann-Museum (1988) in Datteln (Elisabethstraße 4), in einem dreischiffigen westfälischen Hallen-Haus (1809) zur Ortsgeschichte. Altes Amtshaus Karl Pollender-Stadtmuseum in Werne (Kirchhof 13). Stadtmuseum (1965, 1986) in Bergkamen (Jahnstraße 31), auch zur Siedlungs-Geschichte.

Gustav-Lübcke-Museum (1994) in Hamm (Museumsstraße 2), auch mit Kunsthandwerk des Mittelalters. Heimatstube Bönen im Kulturzentrum Alte Mühle, mit Heimatstube im Backhaus in Flierich. 1985 Städtisches Museum (1926, 1985) in Kamen (Markt 1), im alten Rathaus, agrarisches Leben.

Heimatmuseum Lütgendortmund (1990), im ehemaligen Gesinde-Haus von Haus Dellwig (Dellwiger Straße 13): Bauern in den 20er Jahren. Helfs Hof (1974) in Bochum-Wattenscheid (In den Höfen 37), ältestes Vierständer-Haus. Wasserburg Haus Kemnade in Hattingen (An der Kemnade 10), mit Bauernhaus-Museum im Vierständer-Haus (ursprünglich Meierei in Stiepel) und Schmiede [43, 44, 47, 58]. Heimatmuseum (1929, 1932) im Rathaus in Hattingen (Untermarkt 2).

Eine Differenzierung des Hauses erfolgt erst ziemlich spät – im allgemeinen nicht vor dem 16. Jahrhundert. Und mit dem Blick auf die Bürger-Häuser in der Hochblüte des Städte-Wesens. Nun entsteht die Trennung in einen Wohn-Bereich und einen Bereich des Viehs, Scheunen und Vorrats-Kammern. Die Küche bleibt der Mittelpunkt, aber es werden eine Stube und eine Schlafkammer abgetrennt. Die Küche bleibt bis ins

20. Jahrhundert eng der bäuerlichen Tätigkeit verbunden, weil sich in ihr ein wichtiger Teil der wirtschaftlichen Vorgänge abspielt. **Häuser von abhängigen Landarbeitern/Heuerlingen.** Wann erhalten Knechte ein eigenes Haus mit einem kleinen Terrain zur Eigennutzung? Ein kleines Haus mit einem Stück Garten – ein Bauernhof in Miniatur. Die Entwicklungen des Bauern-Hauses erscheinen darin mit Zeit-Verzögerung. **Die Festigkeit der Verhältnisse.** Jahrhundertelang sind alle Verhältnisse völlig fest. Jeder ist in seinen Stand hineingeboren. Daran ist nichts zu ändern – bis zur Französischen Revolution. Hin und wieder taucht der Gedanke an eine Gleichheit der Menschen auf – aber er ist nicht mehr als ein schöner Traum. Selbst der Himmel wird als ständisch organisiert vorgestellt. Nur die Mutigeren sagen gelegentlich, daß im Tod alle gleich sind. In diesen Verhältnissen kann es auch kaum eine Phantasie geben, die nicht mit den Verhältnissen übereinstimmt. Dies trägt dazu bei, daß es im Dorf eine einheitliche Prägung des Lebens-Stiles gibt – im Unterschied zur Stadt.

Ein Knecht und eine Magd dürfen nicht davonlaufen. Wer es dennoch wagt, wird vom Bürgermeister zurückgefordert und mit Sicherheit gefunden. Wo immer ein Fremder erscheint, muß er ausweisen, warum er reist. Frauen fallen noch stärker auf als Männer. Da ist eine vom Land rasch identifiziert, wird festgenommen und verhört – und dann wegen Herumstreunens für wenigstens ein Jahr ins Arbeits-Haus gesteckt. Anschließend wird sie – auch noch auf eigene Kosten – von Gendarmen ins Dorf zurückgebracht. Dort aber gilt sie lebenslang als Außenseiterin[15]. Also gibt es auch kaum jemanden, der versucht, seinen Verhältnissen zu entkommen. **Kleine Fluchten** für die Männer sind Wallfahrten – etwa zum heiligen Jakob im nordspanischen Santiago di Compostela. Auf der Reise ließ sich viel erleben: interessante Gesellschaft, viele Wirts-Häuser, auch Bordelle, fremde Landschaften, Städte und Menschen.

Große Fluchten führen einige junge Männer in Außenseiter-Berufe: als Schiff-Leute gelten sie wenig, als Soldaten sind sie offiziell geschützte Verbrecher.

wichtiges Motiv, das Land zu verlassen und in die Stadt zu gehen: dort gibt es nicht nur bessere Entlohnung in der Fabrik, sondern auch viele Freiheiten der Lebens-Weise [89]. Von dort holen sie oft die Mädchen aus dem Dorf in die Stadt. Andere Mädchen versuchen zu fliehen, indem sie in die ziemlich aufgeklärten holländischen Städte gehen – als Haus-

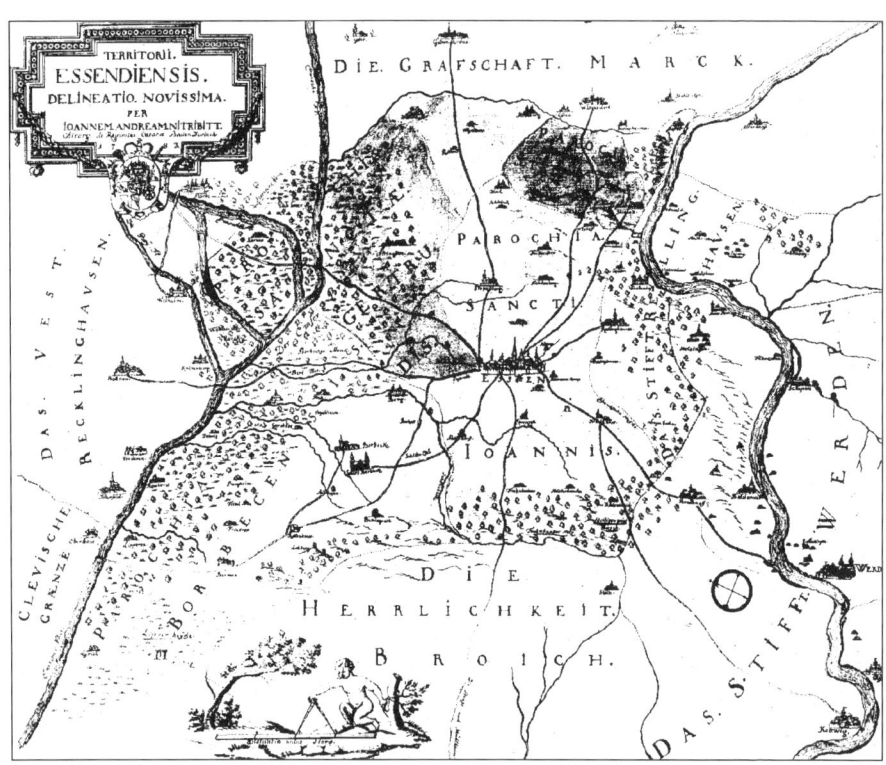

Das kleinfürstliche Territorium des Stiftes Essen (1783).

Land-Flucht. Als 1860 die Industrie durchsetzt, daß die gesetzliche Bindung der Menschen an ihren Geburts-Ort und an ihre Arbeit aufgehoben wird, hat sich bei vielen jungen Menschen einiges aufgestaut. Das Entkommen aus einem dichten Geflecht an Abhängigkeiten ist ein

Mädchen (›Holland-Gängerei‹). In Stadt und Land aber wettern die Pfarrer in ihren Predigten gegen die Verderbtheit der neuen Welt. In den meisten Dörfern wird die monarchische Gesinnung 1848 vom Pfarrer gestützt. Sie schimpfen gegen die demokratischen Versammlungen. Kluge

Zeitgenossen entgegnen, „daß sie die Welt mit ihren Predigten nicht besser gemacht, sondern lediglich die Verhältnisse angehalten hatten. So entwickelten sich die Geistlichen, die allzusehr von dieser Welt waren, durch die Industrialisierung immer mehr aus dieser Welt."

Siedlungs-Weisen und Siedlungs-Dichte. Das Gebiet an Emscher und Lippe ist dünn besiedelt. Wir können uns heute kaum eine Vorstellung machen, wie klein die soziale Gruppe der meisten Orte ist. Die Freiheit Westerholt [63] hat 1454 nur 34 Wohnstätten mit 300 Menschen. 1816 gibt es in Herten 14 Bauernhöfe mit 1.211 Morgen. Die Gemeinden um Herten haben geringe Einwohner-Zahlen: Ebbelich 94, Langenbochum 190, Scherlebeck 214, Backum 266. 1830 leben im Dorf Wanne 326 Menschen, in Crange 176 [62]. Im ganzen Amt Wanne gibt es um 1830 nur 800 Einwohner (62 auf einen km^2). Herne hat 1847 lediglich 999 Einwohner. Das Dorf Beeck (Duisburg) besitzt 1727 nur 50 Wohnhäuser, 1788 einige mehr, nämlich 64, 1819 ist die Zahl nur unerheblich gewachsen, auf 71.

Gemeinschaftlicher und privater Besitz. Über Jahrhunderte leben die Bauern in einer interessanten Mischform von Besitz: Es gibt privaten Besitz – das Haus, sein Umfeld als Garten und Felder. Und es gibt gemeinschaftlichen Besitz – vor allem für das Vieh: Wiesen und Wälder. Die Tiere, die dort von den Hüte-Jungen hinausgetrieben werden, sind durch Brand-Zeichen so gekennzeichnet, daß die Besitzer sie wiederfinden.

Die Allmende ist ein Teil der Lebens-Ressourcen: Weide-Recht, Schweine-Mast, Holz, Laub-Sammeln, Abstechen von Rasen (Plaggen).

In der Reform, der sogenannten Bauern-Befreiung, wollen die Grund-Herren ihren Land-Besitz nicht wirklich aufteilen. Daher wird – auch unter dem Einfluß einer bürgerlich-liberalen Vorstellung vom individuellen Eigentum – zwischen 1820 und 1830 das Gemeineigentum verteilt – die Allmende: zu Grundstücken für jeden der Bauern. 1845 wird die Hertener Mark vergeben: bis dahin in genossenschaftlichem Besitz, geht sie nun in den Privatbesitz der Mark-Genossen über (Marken-Teilung).

Jeder kennt jeden. In diesen kleinen und überschaubaren sozialen Gefügen kennt jeder jeden. Alle Lebens-Schicksale sind in den Köpfen von jedermann – er könnte einen Roman schreiben, wenn er mehr als das Notwendigste schreiben könnte. Aber es gibt nur die direkte Mitteilung: das Gespräch der Frauen und der Männer – morgens am Brunnen, tagsüber irgendwo bei der Arbeit im Dorf, abends vor dem Haus auf der Bank zwischen den beiden schattenspendenden Bäumen oder für die Männer in der Dorfkneipe. Das Gedächtnis überspannt Generationen. Was darin aufgespeichert ist, erlischt nur langsam.

Eine Kennzeichnung von Häusern ist nicht notwendig, weil jeder weiß, wo die anderen wohnen. Erst für eine Bürokratie an einem anderen Ort, wo die Beamten das Dorf im einzelnen nicht kennen, entsteht 1787 in den Dörfern eine Häuser-Numerierung.

Kleingewerbe. In einigen Dörfern gibt es Kleingewerbe: Müller, Schmiede, Schuster, Schneider und Wagenbauer. Viele Handwerker ziehen herum und arbeiten „von Hof zu Hof". Einen Teil ihres Lebens-Unterhaltes decken auch sie mit etwas Landwirtschaft. Diese betreibt zuhause die Frau mit den Töchtern.

Knappheit der Ressourcen und Regulative. In der vorindustriellen Gesellschaft gibt es nur schmale Ressourcen. Das Überleben wird mit außerordentlich viel Arbeit erkämpft. Die Chancen auf eine individuelle Entfaltung sind gering und werden daher auch nur selten gesucht. Es gibt viele Krisen der Versorgung. Die Menschen leben mit dem Hunger, mit vielerlei Nöten und mit der

Erwartung, daß der Tod stets vor der Türe steht und jederzeit anklopfen kann. Die Ressourcen sind ungleich verteilt. Die höheren Stände erhalten mehr. Dies gilt als unantastbar. Die Ungleichheit, so predigen die Pfarrer und die Wander-Mönche, ist gottgewollte Gerechtigkeit. Der Himmel sichert sie also ab.

Die Regulative dieser Gesellschaft sind als Gesetze, als Sitten und als Ehre festgeschrieben. Auf ihre Einhaltung achten der Guts-Herr, der Pfarrer, aber auch die einzelnen in wechselseitiger ›sozialer Kontrolle‹. Die Kontrollen kommen am stärksten von außen, sie sind aber auch verinnerlicht: über die Erziehung und die täglichen Gewohnheiten. Die Ressourcen wie Boden, Wasser, Holz sind genau aufgeteilt.

Der soziale Verband. Auf dem Land kann der einzelne nur im Verband überleben. Die wichtigste soziale Gruppe ist die Sippe. Dann folgt die Dorf-Gemeinschaft. In den Städten organisieren sich die Menschen eines kleinen Viertels zu Gemeinschaften um eine Wasser-Pumpe, den täglichen Treffpunkt. Auf dem Land und in der Stadt organisieren vor allem die Frauen ein dichtes sozial-kulturelles Geflecht für das gesamte Leben: durch viele Gespräche, gegenseitige Hilfe bei Geburt, Krankheit, Unglück und Tod, auch bei mancherlei Arbeiten. Und bei der Aufzucht der Kinder.

In der Stadt organisieren sich Handwerker in den Zünften, die weit mehr sind als Wirtschafts-Vereinigungen. Die Bergleute vereinigen sich in der ebenfalls weit ausgreifenden Selbsthilfe-Organisation der Knappschaften. Später werden viele Absicherungen übernommen von Vereinen zur gegenseitigen Hilfe, von Gewerkschaften, von Versicherungen und von den Einrichtungen des Sozialstaates.

Magisch-religiöse Versicherung gegen Unheil. Das Leben der Bauern ist tiefgreifend unsicher. Die Lebens-Zeit ist meist kurz. Schwere Krankheiten führen,

trotz der Kenntnisse kluger Großmütter, meist zum Tod. So geben sich die meisten Menschen mitsamt ihrer Existenz-Grundlage, den Feldern und dem Vieh, in die Hand der Heiligen. 1666 wird am Lindenplatz im Dorf Herten eine Antonius-Kapelle gebaut, denn Antonius ist der Schutzheilige für das Vieh der Bauern [67]. 1743 verschafft ein gewandter Pfarrer der Kirche aus dem fernen Rom gegen eine große Summe Geld eine Reliquie des mittelalterlichen Abtes Antonius.

Der Tod. Die Menschen sterben nicht einsam, sondern mitten unter der großen Familie und den Nachbarn. Dann wird der Tote kurze Zeit im Haus aufgebahrt – die Dorf-Bewohner kommen und sehen ihn ein letztes Mal. Im Zug führen sie den Sarg durch das Dorf zur Kirche. Dort wird er in unmittelbarer Nähe der Heiligen bestattet: unter dem Fußboden des großen Saales oder auf dem Kirch-Hof, der sich rund um die Kirche, von einer Mauer umgeben, ausbreitet. Dadurch bleiben die Gestorbenen in der Gemeinschaft der Lebenden. Wenn sie lange verfallen sind, sammelt der Toten-Gräber die Gebeine und legt sie in das Bein-Haus. Sie leben über Tod und Verfall hinaus – und auf diese Weise ›ewig‹.

Aus der großen und anonymen Stadt Paris stammt eine ganz andere Vorstellung vom Begraben, die mit der Französischen Revolution durch Europa verbreitet wird – bis in die Dörfer. Die Bauern in Herten (und anderswo) werden von ihrem Diktat 1828 gezwungen, den Friedhof rund um die Antonius-Kirche nach außerhalb zu verlegen – nun beginnt die Anonymisierung des Todes.

Mythen. Von Städtern wird das Land als unsicher angesehen. Schutz gibt es nur in der Stadt. Der Bauer hingegen ist den Natur-Gewalten, seinem Guts-Herrn und dem mordend-plündernden Militär ausgeliefert [48]. Ein Mönch im Kloster Werden (Essen-Werden) [60] schreibt für Germanen die Geschichte von Jesus, die er in die eigene Lebenswelt umsetzt: Jesus ist ein junger Herzog, der mit seinen Leuten aggressiv-militant, mit der Lust am Balgen und am Krieg, durch das Land zieht – und auf dem Land findet und jagt er den Teufel, der sich nämlich auf dem Land herumtreibt (›Heliand‹, altsächsische Bibel-Übersetzung 9. Jh., Abschriften in den Bibliotheken in Wolfenbüttel und Tübingen).

Die Katastrophen. Die Heere haben keinen Nachschub, sondern ernähren und finanzieren sich aus der Beute. In Kriegen werden die meisten wehrlosoffenen Dörfer erbarmungslos ausgeplündert.

Immer wieder kommen Hunger-Krisen (z.B. 1817 in Gladbeck). Oft machen dann armen Leute, kurz vor dem Verhungern, einen Hunger-Aufstand. Sie zwingen die reichen Bauern, Getreide und Brot herauszugeben. Dabei pochen sie auf ein altes Recht: Der Lehns-Herr hat für seine Vasallen zu sorgen – und bei Hunger die Scheune zu öffnen.

Die lange und tief verinnerlichte Tradition dieser sozialen Interpretation von Beziehungen, mit einer Wurzel im germanischen Stamm, reicht als mentale Prägung auch in die spätere Arbeiter-Bewegung hinein und ist einer der Impulse für den Sozialstaat.

Orts-Hinweise: Vorindustrielles Handwerk auf dem Land. Rheinisches Industriemuseum, Filiale im Deilbachtal in Essen-Kupferdreh (Nierenhofer Straße 8): Kupferhammer seit 1550, zum Hämmern und Walzen. Daneben ein Eisenhammer (Bau 18. Jh.)[16], für Kleingeräte aus Eisen für den bäuerlichen Betrieb (Schaufeln, Pflugscharen, Werkzeuge für die nahen Steinbrüche). Deilbach-Mühle (18./19. Jh.), mit Mahlwerk.

Jahrhundertelang ist die Mühlen-Technologie die entwickeltste und teuerste, die es gibt[17]. Ein Beispiel dafür ist die Tüshaus Mühle[18] bei Dorsten, am Hambach zwischen Forellenteichen und Äckern: eine Wassermühle, in der 1615 bis 1880 als Walkmühle rohes Wollgewebe gereinigt und zu Loden und Filz verarbeitet wird – für die Tuchherstellung in der Herrlichkeit Lembeck. Von 1754 bis 1948 arbeitet ein zweites Mühlrad für eine Ölmühle. Die Anlage zeigt Mühlen-Technik, auch die ersten Kleinstwasserkraft-Werke, mit einem Generator von 1908 zur Strom-Erzeugung (bis 1970). Gegenüber den Bauern-Häusern sind die Mühlen groß – aber dann werden sie gegenüber Industrie-Anlagen klein.

Das Westfälisches Freilichtmuseum Hagen, Landesmuseum für Handwerk und Technik in Hagen-Selbecke (Mäckinger Bach)[19], ist in Westeuropa das einzige Freilichtmuseum für vor- und frühindustrielles Gewerbe. Auf 2, 5 km Länge im Tal stehen in 47 Gebäuden 56 unterschiedliche Werkstätten vom 9. bis 19. Jahrhundert. Schwerpunkt: Eisen-Bearbeitung.

Königs-Güter am Hellweg

Der fränkische Oberherrscher läßt um 800 an seiner strategischen Straße vom Rhein in den Osten in regelmäßigen Abständen Lager anlegen. Weil es keinen Nachschub gibt, müssen sich die Leute in diesen Lagern selbst ernähren. So sind sie zugleich Krieger und Bauern in einem Königs-Gut. Die Organisation dieser Königs-Güter folgt römischen Erfahrungen, die nach der sogenannten Völkerwanderung nördlich der Alpen keineswegs untergegangen sind.

In einem System hängen eng zusammen: Territoriale Ausweitung des Reiches, territoriale militärische Sicherung, die Anlage einer Infrastruktur in Form eines Verkehrs-Weges mit befestigten Stationen und eine größere organisierte Landwirtschaft. In die militärischen Nutzungen sind die zivilen eingewoben. Religiöse Orte, zunächst einfache Säle, sichern sie magisch-ideologisch.

Schau-Plätze: Adels-Festungen

Wir wissen nicht genau, wie im frühen Mittelalter der Übergang von großen Bauern in den Stand des Adels vor sich

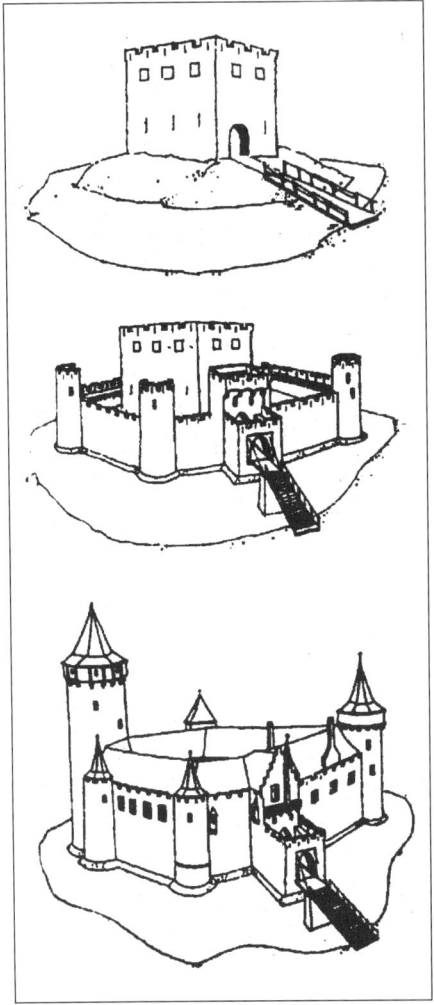

Von der Motte zur Burg: Ausbauphasen Burg in Krefeld-Linn um 1200, um 1300 und um 1400.

einer halbwegs gesicherten Insel. Dahinter legt er eine zweite Insel an. Auf ihr entsteht mit der ausgehobenen Erde ein kleiner Hügel (Motte[20]) und auf ihr ein hölzerner Zufluchts-Turm (Erdhügel-Burg). Später baut der Besitzer diesen Insel-Turm zu Wohn-Gebäuden für seine Familie aus. Die zweiteilige Wasser-Anlage hat im größeren Teil (Vorburg) den landwirtschaftlichen Betrieb, im kleineren Teil (Hauptburg) das Herren-Haus.

Strategische Sperr-Festungen. Ursprünglich vergibt der König das Recht des Burgen-Baues nur an Grafen. Diese eignen es sich im 13. Jahrhundert an und geben es an Bedienstete, die sie besonders begünstigen: adlige Ministeriale des Landes-Herren. Sie erhalten in den Auseinandersetzungen um die Bildung der Territorien die Pflicht, ihren Herren-Sitz auf ihrem Lehns-Gut auszubauen: als strategischen Punkt für den Landes-Herrn. Ähnlich wie Dörfer, die dadurch zu Stadt-Festungen werden.

Sperrfestung (nach 833) Schloß Broich bei Mülheim mit rundem Hauptturm (nach 1188).

ging. Hingegen ist der Prozeß der Bildung von Herren-Sitzen einigermaßen nachvollziehbar. In der Zeit nach dem Franken-König Karl verfällt die Sicherheit. Nach Anregungen aus Frankreich umgibt der Hof-Besitzer seine Gebäude mit einem Wasser-Graben und lebt so auf

Die große Festung Broich (Mülheim). Wahrscheinlich läßt Graf Heinrich das Lager Broich als Sperr-Festung an der Ruhr in großem Stil gegen die Normannen ausbauen, die 883/884 in Duisburg ihr Winterquartier haben (erstes schriftliches Zeugnis 1093). In armen

Gesellschaften erfolgen nur aus triftigen Gründen, meist unter dem Zwang von Katastrophen, große Investitionen. Die Burg Broich, größte Anlage in der Region, spielt in harten militärischen Auseinandersetzungen eine wichtige Rolle.[21] [49]

Wenn sich ein Adliger nicht sicher fühlt, begibt er sich in den Schutz eines mächtigeren: er wird bei ihm Dienstmann und gibt dem Territorial-Herrn das Offenhaus-Recht. Nun kann dieser zu Sicherung des strategischen Ortes eine kleine Besatzung in den Herren-Sitz legen.

Orts-Hinweise: Sperr-Festungen. Von der abgetragenen Motte der Grafen von der Mark in Hamm-Mark (Soester Straße, südlich Landesarbeitsgericht) gibt es auf ihrem Platz noch eine Markierung. Wasser-Anlage Burg Essen-Burgaltendorf (Burgstraße 2) mit Vor- und Hauptburg (12. Jh.), Sperrfestung des Kölner Erzbischof gegen die Grafen von der Mark und von Berg. Dazu erhält der Besitzer von seinem Auftraggeber einen erheblichen Finanz-Zuschuß. Dieser leitet daraus das Recht ab, dort Soldaten einzuquartieren. 1276 läßt Graf Adolf IV. von Berg gegen seinen Konkurrenten, den Kölner Erzbischof Siegfried von Westerburg, das Haus Landsberg ausbauen: am Ruhr-Übergang in Kettwig (Essen; 1282 Brücke). Er setzt dort eine Adels-Familie ein. Die Adels-Familie ist um 1300 wirtschaftlich so abgesunken, daß sie Raubritterei betreibt. Die Stadt Duisburg verhandelt mit ihr, daß sie ihre durchreisenden Kaufleute verschont: als Gegenleistung erhält die Adels-Familie 1308 die Pacht aus einem Lehen der Stadt [166]. Schloß Broich (um 880) in Mülheim-Broich.

Die doppelte Tradition. Die Herren-Sitze der Adels-Familien sind janusköpfig: sie haben eine zivile wie eine militärische Seite. In ihnen leben die Familien jahrhundertelang ihre traditionelle Position weiter, aus der sie ihre frühe Grund-Ressource schöpfen: sie sind große Bauern mit einer eigenen Landwirtschaft. Ihr Funktions-Bereich ist die wasserumgebene Vorburg: mit Vieh-Ställen, Speichern, Arbeits-Flächen und Wohnungen für die Familien der Knechte.

Das überschaubare soziale System jedes kleinen Land-Bereichs gipfelt beim adligen Herrn. Dieser macht sich anschaulich sichtbar: mit seinem Herren-Sitz. Über diesen kleinen Land-Adligen steht der Lehnsherr – ein Graf, Bischof oder Abt. Die Lehns-Pyramide gipfelt im König. Dauerhaft wird dieses Gefüge durch die garantierte Erb-Folge.

Aussehen. Jahrhundertelang sehen die meisten Herren-Sitze einfach aus. Von den Bauern-Häusern unterscheiden sie sich durch ihre Größe und den Charakter einer Festung. Hinter den dicken Umfassungs-Mauern stehen die üblichen Fachwerk-Häuser, mehr oder weniger vom Zahn der Zeit benagt: Stätten der Arbeit, des Viehs, auch des Schmutzes, der täglichen Mühe und des Einerlei, eines sehr kleinen Bezugs-Feldes, auch roher Leidenschaften, deren Konflikte mit groben Methoden geschlichtet werden.

Leben auf der Isenburg. „Das Tal weitet sich bei Hattingen, die Berge am rechten Ruhrufer werden flacher, hügelähnlicher, nur die Höhen der linken behalten steilere Wände; auf einer derselben, unterhalb der Stadt, liegt die Ruine der Isenburg ... Über die Beschaffenheit des Baues finde ich folgende Nachricht: Das Schloß bestand aus zwei Gebäuden; das erste, die untere Burg, hatte acht Türme mit breiten Stein-Mauern und Wohnungen für 400 reisige Knechte, Ställe für die Rosse usw. Von dieser Unterburg stieg man über fünfzehn Treppen durch einen gewaltigen Turm mit Zugbrücke und Fallgatter zur oberen Burg, der Wohnung des Schloßherrn, die vier Türme flankierten, einer vorn an der Fronte beschützte; dieser gen Norden gerichtet, deckte auch den einzigen Zugang, der über die Zugbrücke vor demselben führte; tiefe Gräben umzogen die Ringmauern. Auch in diesem Gebäude fanden über 400 Menschen Raum; aus seinen Hallen sah man über die ganze Ruhrgegend fort. In der Mitte zwischen den beiden Häusern lag der Brunnen, wie die Keller tief in den Felsen gehauen; trocknete anhaltende

Dürre ihn aus, dann mußte man 274 Stiegen von der untern Burg zur Ruhr hinab"[22]. [338]

Orts-Hinweise: Leben des Adels. Grafschafter Museum im Schloß Moers (Kastell 9) mit Möbeln *[78]*. Museum (1951) Schloß Lembeck in Dorsten-Lembeck, eine Wasserburg (1670, 1692 umgebaut), mit Park nach absolutistischem Leitbild. Im Inneren das Ambiente des Adels, mit Festsaal (1726 von Johann Conrad Schlaun)[23]. Emschertal-Museum Schloß Strünkede und Städtische Galerie in Herne (Karl Brandt-Weg 5), im Herren-Sitz Haus Strünkede (15. Jh., um 1664 *[41]*). Hermann-Grochtmann-Museum (1988) in Datteln (Elisabethstraße 4): Leben des Land-Adels und adlige Wohn-Kultur in einem Kamin-Zimmer. Museum für Kunst- und Kulturgeschichte (1983) in Dortmund (Hansastraße 3), zur adligen Wohn-Kultur. Museum Hohenlimburg im Schloß Hohenlimburg in Hagen-Hohenlimburg (Alter Schloßweg 30) mit umfangreicher Inneneinrichtung.

Weitere Museen in Herren-Sitzen: Heimatmuseum Lütgendortmund in Dortmund-Lütgendortmund (Dellwiger Straße 13), im ehemaligen Gesinde-Haus von Haus Dellwig (Wasser-Burg), in privater Trägerschaft.

Zweiteilige Wasseranlage Haus Bodelschwingh (Umbau 17. Jh.) in Dortmund-Bodelschwingh.

Ein Netz von Herren-Sitzen. Alle paar Kilometer begegnen wir auch heute noch einem Herren-Sitz oder zumindest seinen Überresten. Ebenso wie in allen anderen Regionen Europas überziehen sie die Landschaft wie ein Netz. In der Romantik wurden Burgen zu seltenen und geheimnisvollen Bauwerken hochsti-

lisiert. Tatsächlich sind sie funktionelle Bau-Werke.

Von den Pacht-Erträgen, später auch Holz-Exporten, können die wenigsten Herren-Sitze erneuert, vergrößert und mit mehr Prestige-Zeichen versehen werden. Wie in Italien verdingen sich die Besitzer oft als Militär-Führer irgendwo in Europa und investieren die mitgebrachte Beute zuhause. Außerdem verdienen sie, vor allem im 30jährigen Krieg, an Truppen-Anwerbungen [48].

Im 19. Jahrhundert gibt der Volksmund oder eine romantisierende Heimat-Forschung den Herren-Sitzen (dann oft auch Fabrikanten-Villen [161]) die Titel „Burg" oder „Schloß". Tatsächlich stehen sie nur den Festungen der Landes-Herren zu.

Orts-Hinweise: Herren-Sitze an der Ruhr[24]. Haus Styrum in Mülheim-Styrum. Schloß Broich in Mülheim-Broich. Haus Landsberg an der Ruhr bei Kettwig (Essen; seit 1975 zu Ratingen). 1903 an August Thyssen verkauft, der es umbauen läßt [166], einen Jugend-Stil-Garten hinzufügt[25] und hier bis zu seinem Tod 1926 wohnt (Grab im Bergfried). Haus Hugenpoet bei Essen-Kettwig (August Thyssen-Straße), aus Söldner-Führer-Gewinnen im 30jährigen Krieges neugebaut – nach niederländischem Leitbild. Kamine (um 1560) mit der aufregenden Kriegs-Katastrophe des brennenden Troja aus Haus Horst in Horst (Gelsenkirchen). Ruine Kattenturm an der Ruhr bei Essen-Kettwig (Ruhrtalstraße). Gegenüber auf der südlichen Fluß-Seite: Haus Oefte bei Essen-Kettwig (Werdener Straße). Haus Heck in Werden (Heckstraße), am Ortsrand. Haus Baldeney in Essen-Baldeney (Freiherr vom Stein-Straße). Seine Besitzer stehen in Diensten des Stiftes Essen und der Abtei Werden – als Erbkämmerer und im Marschall-Amt. Oberhalb des Baldeneysees steht die Ruine Neu-Isenburg in Essen-Stadtwald (Heisinger Straße/Bottlenberg). Haus Schellenberg in Essen-Rellinghausen (Renteilichtung), seit 1456 Erbdrosten-Amt des Stiftes Essen. Der Werdener Fürstabt kauft sich 1707 als Sommer-Residenz das Haus Heisingen in Essen-Heisingen (Geismarweg). Im Orts-Kern von Essen-Burgaltendorf steht die Ruine Burg Altendorf (städtisch). Die Wasser-Anlage (Burgstraße 2) mit Vor- und Hauptburg (12. Jh.) dient als Sperrfestung des Kölner Erzbischofs gegen die

Grafen von der Mark und von Berg. Dazu erhält der Besitzer von seinem Auftraggeber einen erheblichen Finanzzuschuß. Dieser leitet daraus das Recht ab, dort Soldaten einzuquartieren. 1276 läßt Graf Adolf IV. von Berg gegen seinen Konkurrenten, den Kölner Erzbischof Siegfried von Westerburg, das Haus Landsberg ausbauen: am Ruhr-Übergang in Kettwig (Essen; 1282 Brücke). Er setzt dort eine Adelsfamilie ein. Die Adels-Familie ist um 1300 wirtschaftlich so abgesunken, daß sie Raubritterei betreibt. Die Stadt Duisburg verhandelt mit ihr, daß sie ihre durchreisenden Kaufleute verschont: als Gegenleistung erhält die Adelsfamilie 1308 die Pacht aus einem Lehen der Stadt. Burg Blankenstein bei Hattingen (Burgstraße). Haus Kemnade[26] am Kemnader Wehr/ Kemnader See. Museum. Zwischen Ruhr und Ortskern steht Haus Herbede in Witten-Herbede (Wittener-/Schloßstraße). Burg-Ruine Hardenstein in Witten-Herbede (Hardensteiner Weg). Im Bergbau-Bezirk des Muttentales (Lehrpfad) liegt Haus Steinhausen bei Witten-Bommern (Muttentalstraße). Das Museum Witten (Ruhrstraße 69) zeigt das größte adlige Grab-Denkmal der Region: Conrad von Strünkede mit 12 Personen (A. 18. Jh., aus der Dornburger Grab-Kapelle der abgerissenen Dorf-Kirche in Herne-Eickel) *[41]*.

Nahe der Ruhr-Brücke gegenüber vom Stadt-Park steht Haus Witten in Witten (Bergerstraße). Haus Mallinckrodt nördlich von Wetter (Gedernerstraße). Burg Wetter in Wetter. Burg Volmarstein in Wetter-Volmarstein (Hauptstraße/Am Vorberg). Haus Werdringen in Hagen-Vorhalle (Brockhauser Straße), Umbau (1852).

Hohensyburg in Dortmund-Hohensyburg (Hohensyburgstraße): Altsächsische Wallburg, das heißt Volksburg, auf einem steilen Felsen, von Karl 775 erobert, magisch mit einer Peters-Kirche besetzt, 1287 als Raubnest zerstört; Kolossaldenkmal für Kaiser Wilhelm (1902). In Schwerte-Villigst stehen Gut Beckhausen (Beckhausweg) und Haus Villigst (Iserlohner Straße; ev. Akademie, Studienwerk Villigst), um 1830 modernisiert. Südlichwestlich vom Dorf Schwerte-Geisecke liegt Haus Rutenborn.

Orts-Hinweis: Herren-Sitze im Bereich der Emscher. Haus Oberhausen in Oberhausen (Konrad Adenauer-Allee), 1802/1818 Neubau von August Reinking. Nach 1858 ist der Herrensitz verlassen, aber die Gemeinde erhält den Namen Oberhausen. Seit 1911 städtisch. Im Weltkrieg zerstört, 1959 teilweise vereinfacht wiederaufgebaut, mit Mitteln der GHH. Haus Vondern in Oberhausen-Osterfeld (Schloßstraße): Vorburg (Ausbau 15. Jh.) und Hauptburg (17. Jh., die Fassade der zerstörten Hauptburg wird Rückwand). Haus Beck in Bottrop-Feldhausen (Schloßgasse), 1766 nach Zerstörung im 30jährigen Krieg von Johann Konrad Schlaun neugebaut. Haus Wittringen in Gladbeck (Burgstraße), im Stadtwald. Schloß Borbeck in Essen-Borbeck (Schloßstraße) ist Residenz der Fürstäbtissin von Essen.

Der Statthalter des kurkölnischen Vestes Recklinghausen, Rüttger von der Horst, läßt sich 1552/1572 eine Art Residenz ausbauen: das Haus Horst in Gelsenkirchen-Horst (Turfstraße) – für einige Zeit ist es ein künstlerisches Zentrum nach dem niederländischem Leitbild Antwerpen. Die Bau-Tätigkeit wird 1558/1567 vom Stadtbaumeister von Arnheim, Arndt Johannsen, geleitet, dann vom Franzosen Joist de la Court. Die Bau-Plastiken schaffen Laurenz von Brachum (Wesel) und Wilhelm Vernukken und Wilhelm Vernukken[27] (Kalkar), der größte Teil der Ausstattung befindet sich in Haus Hugenpoet bei Essen-Kettwig. Das Gebäude besitzt ursprünglich vier mächtige Ecktürme und einen Innenhof (nur teilweise erhalten).

Haus Berge in Gelsenkirchen-Buer (Aschebrock-Allee), ein Dienstmannen-Sitz, heute im Aussehen von 1785 (Engelbert Kleinhanz). Haus Hasselt in Herten-Bertlich (Arenbergstraße). Haus Westerholt (830 erneuert) in Herten-Westerholt, mit umfangreicher ›Freiheit‹. Haus Herten westlich des Stadt-Zentrums von Herten (Im Schloßpark) wird 1520/1530 zum modernen Standard um- und ausgebaut, mit englischem Park (A. 19. Jh. von Maximilian von Weyhe). Haus Crange in Wanne-Eickel-Crange (An der Cranger Kirche), eine Ruine, auch vom Umfeld mißhandelt. Haus Strünkede in Herne (Karl Brand-Weg), seit 1938 Emschertal-Museum.

Haus Bladenhorst in Castrop-Rauxel-Bladenhorst (Westring). Südlich der Altstadt von Castrop liegt Haus Goldschmieding bei Castrop-Rauxel (Dortmunder Straße), das Herren-Haus (1583/ 1585) zur Hälfte reduziert, bildhafter Kamin im Fest-Saal (1597). In Castrop-Rauxel-Dingen steht Haus Dorloh (Schieferbergstraße). Horneburg (Datteln) ist die Residenz des Kölner Erzbischofs für das Vest Recklinghausen (1646 vom französischen Heer niedergebrannt, nur die Vorburg wiederaufgebaut, nur reduziert erhalten).

Orts-Hinweis: Herren-Sitze im Bereich Waltrop/Dortmund/Unna. Ruine Haus Wilbringen östlich von Waltrop-Brockenscheid (Im Knäppen). Westlich der Altstadt steht Haus Buddenberg in Lünen-Lippoltshausen (Brunnenstraße/ Schloßallee). Haus Schwansbell in Lünen-Horstmar, Umbau (1872/1875), Museum. Abtei Cappenberg bei Selm-Cappenberg (Schloßberg).

Haus Heeren in Kamen-Heeren-Werve (Heerener Straße). Haus Wenge im Dorf-Kern von Dortmund-Lanstrop (Lanstroper Straße). Haus Bodelschwingh südlich von Dortmund-Bodelschwingh (Schloßstraße). Haus Westhusen östlich von Dortmund-Westerfelde (Schloßstraße/Westhusener Straße). Haus Dellwig zwischen Dortmund-Westrich und Dortmund-Lütgendortmund (Westricher Straße/Potthöferei). Haus Wischlingen am Südrand von Dortmund-Wischlingen (Wischlinger Weg).

Im Romberg-Park liegt Gut Brünninghausen östlich von Dortmund-Brünninghausen (Ruhrwaldstraße). Östlich von Dortmund-Wellinghofen steht Haus Niederhofen (Niederhofener Kohlenweg). Im Zentrum des alten Dorfes Dortmund-Aplerbeck: Haus Rodenberg (Rodenbergstraße). Haus Opherdicke in Holzwickede-Opherdicke (Dorfstraße). Haus Westhemmerde in Unna-Westhemmerde.

Orts-Hinweise: Herren-Sitze am linken Niederrhein. Burg Linn in Krefeld-Linn, größte niederrheinische Wasser-Anlage, Zollstelle am Rhein. Haus Dieprahm in Kamp-Lintfort-Geestfeld (Diepramsweg).

Orts-Hinweise: Herren-Sitze am rechten Niederrhein: In der Altstadt von Dinslaken steht die Klevische Landesburg. Haus Voerde in Voerde. Haus Wohnung in Voerde-Möllen. Haus Mehrum bei Dinslaken, Haus Gartrop östlich von Hünxe: 1609 Erbkammerherr des Hofes in Kleve; eine Generation nach dem schrecklichen Krieg wird 1665, nach niederländischem Leitbild und von niederländischen Architekten (Paul Heelen und Deliaentien Pannecoek) der Winkelbau zu einem Vierflügel-Bau erweitert, 1836 Umbau der Vorburg und der Schloßkirche in neugotischen Formen. Südöstlich von Hünxe liegt am Fockenberg die größte und besterhaltene Wall-Burg am Niederrhein.

Verkaufte Herren-Sitze. In Preußen dürfen seit 1806 Bürger sich ein Ritter-Gut kaufen. Im 19. Jahrhundert sind viele Adels-Familien nicht in der Lage, die Anzahl ihrer Herren-Sitze gleichermaßen zu unterhalten. Daher verfallen viele. Zunächst ist der Stolz der Adligen ungebrochen. Als der Unternehmer Krupp den Herren-Sitz Bergeborbeck (Essen) kaufen will, wird dies abgelehnt – es heißt, dem „Grobschmid aus Essen" verkaufe eine

anständige Adels-Familie keinen Herren-Sitz, auch wenn sie sich in finanziellen Schwierigkeiten befinde. Im 20. Jahrhundert kann ein großer Teil des Adels nicht mehr mit den Industriellen mithalten, verarmt und verkauft seine Herren-Sitze an Kaufleute, Unternehmen oder Städte.

Orts-Hinweise: Verkaufte Herren-Sitze. 1872 erwirbt der Ire Thomas Mulvany, der in Castrop 1866 die Zeche Erin (= Irland) anlegt, in Castrop Haus Goldschmieding. 1890 erwirbt August Thyssen das heruntergekommene Haus Styrum in Styrum (Mülheim) und läßt es als Wohnsitz für seine Generaldirektoren ausbauen (1959 der Stadt gestiftet, heute Altentages-Stätte, Restaurant, Künstler-Ateliers). 1903 erwirbt August Thyssen vom Freiherrn Ignaz von Landsberg die Burg und den Wald von Landsberg (Kettwig; seit 1975 Ratingen), läßt es tiefgreifend umbauen und wohnt hier bis zu seinem Tod 1926. 1916 kauft die Gewerkschaft Deutscher Kaiser in Dinslaken den Voswinkelhof. 1924 geht Haus Berge an die Stadt Buer (Gelsenkirchen).

Die Zechen-Gesellschaften kaufen auf, was immer sie bekommen können. Zum Beispiel erwirbt 1885 in Bottrop die Arenberg AG das Haus Knippenburg (Ministeriale der Essener Fürstäbtissin; im Krieg zerstört, dann abgerissen).

1920 kauft die Stadt Recklinghausen die kurkölnische Landesburg Horneburg (Datteln). 1922 kauft die Stadt Gladbeck Haus Wittringen. 1954 geht Haus Hugenpoet (Essen-Kettwig) in bürgerliche Hände über. Haus Dieprahm in Kamp-Lintfort wird von der Zeche Friedrich-Heinrich erworben. 1960 wird Haus Baldeney in Essen-Baldeney an einen Kaufmann aus Essen verkauft. 1980 ersteht die Stadt Hagen den Herrensitz Werdringen (Umbau 1872) am Südufer des Harkort-Sees, um hier einen Freizeit-Bereich zu schaffen.

Zufluchts-Türme für die Bevölkerung

Antike Zuflucht in Asciburgium. Soldaten ernähren sich vom Plündern, schlagen häufig die Ausgeplünderten tot, vergewaltigen oft Frauen und zünden ihre Hütten an. Wenn sich die Kunde von ihrem Nahen verbreitet, flieht die ansässige Bevölkerung in eine Zufluchts-Stätte. Diese zu errichten und den Leuten zu öffnen, ist Pflicht des Feudalherrn – eine Pflicht auf Gegenseitigkeit: denn sie kommt erst unter Mitwirkung der Bevölkerung zustande. Im Austausch zu den Hand- und Spann-Diensten, also einem Teil ihrer Arbeit, haben die Bauern das Zufluchts-Recht. Sie flüchten mit ihrer geringen beweglichen Habe und ihrem Vieh in den ›burgus‹.

Modell für diesen Bau-Typ sind die Wachtürme, die sich das antik-römische Militär an ihrer ›Mauer‹ (Limes) quer durch Deutschland am Rhein gegen die Germanen baut: eine Kette von Wach-Türmen aus Holz-Fachwerk. In den Auseinandersetzungen in der Spätantike werden solche Zufluchts-Türme auch im Landes-Inneren angelegt – nun oft in sehr großen Dimensionen.

Ein solcher Turm ist am linken Niederrhein im 4. Jahrhundert nachweisbar. Der Ort heißt ›Asciburgium‹ (heute Asberg, bei Moers). Eine Rekonstruktion dieser Zufluchts-Burg ist im Stadtmuseum Duisburg ausgestellt: im Prinzip ist es ein großer Hoch-Bunker: In den zwei Meter dicken Außenmauern aus einer Art Beton (opus caementicium), gibt es nur schmale Schlitzen für Luft und Licht, das Innere ist also ziemlich dunkel; dort lassen sich in vier Geschossen auf den Holz-Böden zwischen den Pfeilern viele große Bauern-Familien nieder und warten in Angst um ihr Leben und Sorge um ihre Häuser auf das Weiterziehen des heuschreckenartigen Heeres.

Zuflucht in den Territorial-Konfikten. In den Konflikten um die Territorial-Bildung entstehen, meist im 15. Jahrhundert, eine Reihe von steinernen Flucht-Türmen – auch Spieker und Berfes genannt. Sie sind Zufluchts-Orte für Menschen und Vieh bei Gefahren: wenn Feinde kommen, aber auch wenn Hochwasser droht[28]. Diese Flucht-Türme stehen oft in größeren Bauernhöfen. Vielleicht erhielt ihr Bau eine finanzielle Zuwendung des Landherrn. Sie folgen einem römischen Typ der Limes-Befestigung, dem burgus, und sind ein einfacher viereckiger Turm, meist nur zwei Geschosse hoch. Hier können sich eine Anzahl Menschen mit ihrem Vieh auf engstem Raum wenigstens so lange aufhalten, bis eine marodierende Soldateska weitergezogen ist.

Die Landwehr. Ein weiterer Not-Behelf entsteht, als Städte ihre Sicherung ausbauen: mit einer Land-Wehr. Der Bezirk, den sie umgibt, heißt Vest. Wie wichtig diese Verteidigung ist, zeigt die Tatsache, daß das kurkölnische Territorium um die Städte Recklinghausen und Horneburg als ›Vest Recklinghausen‹ bezeichnet wird. Die Bauern sind verpflichtet, bei der Verteidigung zu helfen.

Duisburg legt weit außerhalb der Stadt eine Land-Wehr an: einen Wall mit einer Dornen-Hecke gegen schwärmende Rotten von Soldaten, Landstreicher, fahrendes Volk, auch gegen Wildtiere. Sie ist Zugangs-Kontrolle im Umfeld der Stadt und ein gewisser Schutz für die stadtnahen Bauern.

Orts-Hinweise: Zuflucht-Burgen. Rekonstruktions-Modell der Zufluchts-Burg in Asciburgium im Museum für Stadtgeschichte in Duisburg (Johannes Corputius-Platz 1). Eine Tradition, die bis in die Zeit Kaiser Karls faßbar ist, besitzt der Wertschen Hof in den Rhein-Wiesen vor Duisburg-Rheinhausen (Friemersheimer Straße/Am Damm). Es ist ein reicher Hof, auf der Schwelle zum Adel: er ist in der Lage, sich zu verteidigen. Ein Turm dient als Flucht-Ort. Steinhof in Duisburg-Huckingen (Düsseldorfer Straße 300). Haus Mintard in Mülheim-Mintard (Mintarder Höfe). Stenshof im Gruga-Park Essen (Norbertstraße). Blücherturm an der Oberstraße in Essen-Rellinghausen. Eine fränkische Volksburg ist die Alteburg in Heidhausen (Essen-Heidhausen). Die Sachsen haben über dem Zusammenfluß von Ruhr und Lenne auf dem Bergsporn Hohensyburg (Dortmund-Hohensyburg) eine Volksburg, 775 wird sie von König Karl erobert.

Territorien-Bildung

Splitter-Besitz. Im frühen und hohen Mittelalter ist ein großer Teil des Besitzes Splitter-Besitz. Vor allem kirchliche Habe liegt weit verstreut auseinander. Die Abtei Werden (Essen-Werden) besitzt quer durch die Region Besitztümer. Der Königs-Hof Unna kommt 1032 an das Kloster Deutz (Köln). Der vor 971 erwähnte Hof Schwerte geht vor 1050 als Geschenk an das Stift St. Viktor in Xanten. Zur magischen Identitäts-Verbindung wird dem heiligen Viktor eine Kirche geweiht. Um 1200 ist der Hof im Besitz der Grafen von Altena-Isenburg – durch Verkauf?

Eine Territorial-Bildung, die feste Grenzen und eine Art Unterstaatlichkeit schafft, entsteht erst im späten 14. Jahrhundert: in den langen Kriegen der niederrheinischen Territorialherren von Kleve, Berg und Köln. Es ist eine Epoche von unerhörter Aggressivität [48]. Ein Beispiel: Um 1200 erwirbt Friedrich I. von Altena den Oberhof Mark an der Ahse (bei Hamm), sein ältester Sohn Adolf III. nennt sich Graf von der Mark, er kauft und erobert in außerordentlichem Maße. Aber 1391 fällt das Gebiet an Kleve und geht von dort 1609 an Preußen.

Wer zahlt die Preise? Wenn wir von Eroberungen und Plünderungen in den Bauernschaften (1443) lesen, sollten wir fragen: Wie überleben Bauern-Familien, deren Wintervorräte geraubt sind? Deren Häuser verbrannt, deren Tiere geschlachtet sind? Was ist Hunger? Wer hilft? Wie ist die Widerstandskraft gegen Krankheiten? Wer stirbt vor Entkräftung?

Fehden. Im 14. Jahrhundert gibt es viele Fehden der kleinen Landbesitzer untereinander. Der Territorialstaat ordnet und versucht, die oft wilden Leidenschaften einzudämmen. Es gibt sie im Adel nicht anders als bei den Bauern. Die einfachen Leute prügeln sich nach der Kir-

mes oder im Trunk in der Kneipe, die vornehmen schlagen sich mit Pferd, Lanze, Schwert und Feuer.

Territorien. Bis zur französischen Herrschaft besteht das Gebiet aus sechs Territorien: das Kurfürstentum Köln mit dem Vest Recklinghausen, die Grafschaft Mark (mit Residenz in Hamm, nach 1450 in Kleve), das Stift Essen (Residenz in Schloß Borbeck in Essen-Borbeck) und die Abtei Werden (Essen-Werden [61]), das Herzogtum Berg, seit 1446 mit der Unterherrschaft Broich mit Residenz in Broich (Mülheim), später in landgräflich-hessischem Besitz, und das Herzogtum Kleve. Durch Erbe fallen Mark und Kleve an Preußen (Haus Hohenzollern, endgültig 1666). Dadurch wird Preußen in der Region dominant.

Als Folge der französischen Revolution mit ihrer Ausprägung des Flächenstaates und der Begehrlichkeit großer deutscher Fürsten, auch zur Entschädigung von verlorenen linksrheinischen Besitzungen, werden im Reichsdeputationshauptschluß 1803 in Deutschland die kleinen Territorien, freien Reichsstädte und Reichs-Abteien sowie die geistlichen Fürstentümer in die Flächen-Staaten einverleibt. Am Ende dieses Prozesses steht auch die Auflösung des Deutschen Reiches. Der Wiener Kongreß 1815 spricht die gesamte Region dem Königreich Preußen zu. Napoleon läßt die kleinen Fürstentümer, insbesondere die sogenannten geistlichen, auflösen. 1803 wird – ebenso wie die Abtei Werden – auch das Stift Essen und seine Herrschaft aufgehoben. Die Abtei-Gebäude werden als Zuchthaus genutzt.

Territorial-Residenzen. Die Unterherrschaft des Grafen von Broich in Mülheim organisiert sich nach dem Leitbild der großen Höfe organisiert. Für die Repräsentation im Schloß Broich [34] entsteht 1644/48 ein großer Flügelbau. Der Graf erweitert seine Bürokratie und holt dafür Orts-Fremde.

Das Vest Recklinghausen wird von Horneburg (Datteln-Horneburg) aus verwaltet. Das ist heute ein kleiner Ort [64], den man kaum in einer Karte finden kann. Es zeigt ebenso wie andere Residenzen, daß die Territorial-Herrschaft über das Land jahrhundertelang eine ländlich geprägte und keine städtische ist. Mit der Industrie-Epoche ändert sich das: die moderne Staats-Verwaltung ist städtisch strukturiert.

Die Äbtissinnen des Stiftes Essen, die den Titel einer Reichs-Fürstin tragen und ein kleines Territorium besitzen [51], verlegen ihre Residenz nicht nur wegen der dauernden Konflikte mit den Bürgern der Stadt Essen aufs Land, sondern auch deshalb, weil die Territorial-Herrschaft in Deutschland – im Gegensatz zu Mittelitalien – mit der Vorstellung von Land verbunden ist. Nach dem Leitbild des Absolutismus residieren sie im Schloß Borbeck, zeitweilig auch in Altendorf (Essen-Altendorf) an der Ruhr, in Steele (Essen-Steele) und dort zuletzt im gigantisch repräsentativ gebauten Waisen-Haus, das Äbtissin Franziska Christina in Steele bauen läßt (1769).

Die Abtei Werden (Essen-Werden) verfügt in ihrem Territorium über keine einzige Stadt. Der Abt macht auch Werden nicht zur Stadt, sondern beläßt die Siedlung im Status der ›Freiheit‹ zwischen Dorf und Stadt.

Repräsentations-Kultur. Der Absolutismus entfaltet eine Kultur der Repräsentation. In der Region zwischen Ruhr und Emscher gibt es nur wenige Orte, wo dies eine gewisse Rolle spielt – sie bekommt vom Absolutismus sehr wenig mit.

Orts-Hinweise: Absolutistische Repräsentations-Kultur. Wasser-Schloß (um 1700/1730 von Gottfried Laurenz Pictorius, dann Johann Conrad Schlaun) in Nordkirchen bei Selm – das westfälische Versailles der Fürstbischöfe von Münster (heute Finanzschule des Landes). Das Vest Recklinghausen wird von Horneburg (Datteln) aus verwaltet (nach 1646 Vorburg wiederaufgebaut,

Adelsfamilie (A. 18. Jh. von Johann W. Gröninger) des Freiherrn von Strünkede-Dorneburg in der Schloß-Kapelle von Eickel (1891 abgerissen), heute im Märkischen Museum Witten [37].

zur Hälfte erhalten [64]). Die Äbtissin des Stiftes Essen mit dem Titel einer Reichs-Fürstin verlegt 1655 ihre Residenz aus der oppositionellen Stadt Essen ins Schloß Borbeck in Essen-Borbeck (um 1600, 1744, 1842). Demonstration der fürstlichen Macht ist das Waisen-Haus in Essen-Steele: das Franziska Christine-Stift (1764/1769). Heimatmuseum in Witten (Ruhrstraße 69), in der Fabrikanten-Villa Berger (Ruhrstraße 69) zur Geschichte der Grafschaft Mark. Der Absolutismus der Abtei Werden stellt sich im Tor-Haus (1744) und Hof (1794 vollendet) dar. Schloß Broich in Mülheim erhielt noch im Weltkrieg 1644/1648 einen großen Flügel-Bau.

Stadt-Gründungen

Die erste Phase der Stadt-Gründungen. Kaiser Friedrich I. Barbarossa hat vielleicht auch im Ruhrgebiet mit dem Städtewesen zu tun: Duisburg (um 1111/1125) und Dortmund (12. Jh.) sind in staufischer Zeit Reichs-Städte, das heißt sie beziehen sich wirtschaftlich und politisch unmittelbar auf den Kaiser.

Nachzügler dieses politischen Konzeptes ist Essen: 1282 gibt der Kaiser dem kleinen Ort Horst (Gelsenkirchen-Horst [62]) den Status einer reichs-unmittelbaren Stadt, aber das läßt sich gegen den Widerstand des Landes-Herrn, des Erzbischofs von Köln, nun nicht mehr realisieren. Ähnlich problematisch ist ein zweiter Fall: 1377 gibt Kaiser Karl IV. Essen, das seit 1243 Stadt ist, den Status der Reichs-Unmittelbarkeit – löst dadurch aber einen jahrhundertelangen und oft militärisch ausgetragenen Streit zwischen der Fürst-Äbtissin und der Stadt-Bevölkerung aus [52].

Die zweite Phase der Stadt-Gründungen. Landes-Herren mit größeren Territorien folgen dem kaiserlichen Vorbild: sie legen ebenfalls Städte an. Ihre Gründe sind ähnlich. Hinzu kommt jedoch vor allem die Strategie, den eigenen Einfluß-Bereich zu sichern. Die einzige Stadt-Gründung, die in dieser Phase zustande kommt, ist vielleicht Werne [70], das der Bischof von Münster im 12. Jahrhundert anlegen läßt.

Die dritte Phase der Stadt-Gründungen. Mit dem Verfall der Kaiser-Herrschaft nach 1230, besonders aber zwischen 1273 und 1356 im Interregnum mit seiner Friedlosigkeit und seinen vielen Rechts-Brüchen, verschärft sich der Wunsch der Territorial-Herren nach Eigenständigkeit. Damit werden – in einem Zeitalter mit sinkenden zivilisatorischen Ausgleichs-Bemühungen – die territorialen Konflikte erbitterter. Das Land gerät in einen lang andauernden Kriegs-Zustand.

Das Netz der 20 Städte. Nun legen die Landesherren jeweils ein Netz von Städten an: 1227 Hamm, 1232 Rheinberg, um 1236 Recklinghausen, vor 1243 Bochum, um 1243 Kamen, 1243 Essen, 1241 Wesel, 1242 Schwerte, kurz vor 1250 Unna, 1251 Dorsten, 1273 Dinslaken, 1277 Hamm, 1285 oder 1347 Orsoy, 1289 Haltern, um 1300 Moers, 1310 Holten (Oberhausen-Holten), 1340 Hörde (Dortmund-Hörde; nicht realisierbar), 1341 Lünen.

Strategische Stadt-Gründer. Die Grafen von der Mark gründen mit Abstand die meisten Städte: Vor 1243 Bochum, 1243 Kamen, *1248* Schwerte, kurz vor 1250 Unna, 1340 Hörde (Dortmund-Hörde; nicht realisierbar), 1341 Lünen. Die Grafen von Cleve schaffen sich in der Region 1241 Wesel, 1251 Dinslaken, 1285 (oder 1347) Orsoy (als Zoll-Stätte am Rhein), 1310 Holten (Oberhausen-Holten). Die Erzbischöfe von Köln lassen befestigen: um 1236 Recklinghausen, 1251 Dorsten, um 1280 Rheinberg (als Zoll-Stätte am Rhein), um 1275 Uerdingen (Krefeld-Uerdingen). Der Bischof von Münster legt 1289 Haltern an. Die Grafen von Neuenahr schaffen um 1300 die Stadt Moers.

Die Stadt-Gründungen werden ein wichtiger Ansatz zu einer Infrastruktur-Politik. Mit ihrer Hilfe versuchen die Höfe, ihre Ressourcen zu verbessern. In den Städten durch die Schicht der Handwerker und Händler, die allerdings in den kleinen und mittleren Städten klein bleibt, entwickelt sich die Geld-Wirtschaft. Sie soll dem Landes-Herrn neben den Pachten von seinen Bauern weitere Einnahmen liefern: zur Finanzierung seiner wachsenden Ausgaben für Rüstung und Hof-Haltung.

Vom Dorf zur frühindustriellen Industrie-Stadt. Im 18. Jahrhundert versuchen Landesherren, die sich am französischen Vorbild des Merkantilismus orientieren, ihr Territorium wirtschaftlich zu entwickeln. Sie erkennen zunehmend, daß durch allerlei Ausnahme-Genehmigungen auf dem Land wichtige Gewerbe entstehen, die von der Gunst des Standortes abhängen: vor allem von der Wasser-Kraft und vom Bergbau verschiedener Art. Ein Beispiel: In den Wäldern um Hagen arbeiten jahrhundertelang Eisen-Hämmer. 1661 läßt der Kurfürst Klingen-

Schmiede aus dem Bergischen Land nach Eilpe bei Hagen anwerben.

Weil der Absolutismus sich nicht an den schwach gewordenen Städten orientiert, löst sich deren Privileg für Handwerk und Handel langsam auf. Wo sich erhebliches Gewerbe entwickelt hat, erhalten Orte zuweilen den Status einer Stadt: Dazu zählen Herdecke (1739) und Hörde (Dortmund-Hörde; 1753).

Hagen. Das Dorf Hagen wird durch seine frühe Handwerks-Industrie (Klingenschmiede, Papier, Textil) bedeutend. Es erhält 1746 den Rang einer Stadt. Der Magistrat weist den Neusiedlern für die Tuch-Manufaktur Plätze zum Haus-Bau zu – und der Ort wächst.

Mülheim. Erst das frühindustrielle Mülheim (Kohle-Transport [355]) erhält den Rang einer Stadt – im Rahmen einer aufgeklärten französisch beeinflußten Verwaltungs-Reform (1808).

Witten. Der Name bedeutet ursprünglich ›Weideort‹. Vor einer Burg entsteht eine Siedlung: ein unbefestigter Stapel- und Umlade-Ort für den wichtigen Getreide-Transport am Handels-Weg Köln-Dortmund (Ruhr-Brücke schon vor 1500). Hier entwickelt sich einer der bedeutendsten Korn-Märkte Westfalens. 1824 wird der westfälische Provinzial-Landtag mit Sitz in Münster eingerichtet: die Vertretung von 20 Städten. Weil die Zahl nicht erreicht ist, wird Witten 1828 zur Stadt ernannt.

Orts-Hinweise: Frühindustrielle Industrie-Städte. Museum (1987) für Heimat- und Stadtgeschichte Hagen, im Landgericht (1865 von Carl-Ferdinand Busse; Hochstraße 71) – mit einer aufregenden Reform-Konzeption. Heimatmuseum in Witten (Ruhrstraße 69), in der Fabrikanten-Villa Berger (Ruhrstraße 69).

Leben in der Stadt

Stadt ist die Lebens-Form von ›freien Menschen‹. Im Prinzip sind alle Bürger gleich. Sie unterscheiden sich nicht nach ererbtem Stand, sondern nur nach Eigentum und Einkommen. Die Städter haben über sich nur den Landes-Herrn oder – in freien Reichsstädten – den Kaiser. Die städtischen Oberherren aber sind an Regelwerke gebunden: an die städtischen Statuten. Dies bedeutet Kalkulierbarkeit des Lebens. Stadt ist die Vorform des Rechts-Staates.

Die Städte haben Privilegien: Ihre Bürger dürfen Händler und Handwerker sein. Daher bedeutet Stadt: Produktion von technisch erzeugten Waren und Austausch-Platz. Alles, was über das Selbstversorgungs-System der Dörfer hinausgeht, spielt sich jahrhundertelang fast ausschließlich in den Städten ab.

Leben und Arbeit. In den Handwerker-Häusern ist die Produktions-Stätte ins tägliche Leben der Familie und der Umgebung eingebettet. Selbstverständlich. Allgegenwärtig. Es gibt keine zeitliche Trennung der Tätigkeiten. Die Frauen „schaffen" ebenso „rund um die Uhr" wie die Männer. Auch die Kinder werden mit Selbstverständlichkeit in das tätige Leben einbezogen.

Öffentlichkeit. Städtisches Leben bedeutet: mit vielen Menschen und in der Nähe zu ihnen zu leben. Dies schafft eine Sphäre der Öffentlichkeit, die sich als eine wichtige Dimension zusätzlich zur privaten herausbildet. In ihr entstehen – mehr oder weniger qualifiziert – der öffentliche Diskurs und die Politik-Fähigkeit der Bürger, also die Grundlagen der Demokratie.

Stadt ist Selbstorganisation der Bürger. Meist strukturiert sie sich von den Berufs-Gruppen her, die Zünfte bilden. Die Selbstorganisation stellt sich im späten Mittelalter oft auch in Gebäu-

den dar: in Zunft-Häusern und im Rathaus.

Die Acker-Bürger-Stadt. Weil die
Landesherren ihre Festungs-Städte nicht
allein mit Händlern und Handwerkern
füllen können, werden auch Bauern zu
Bürgern gemacht. Das mögen die Bauern. Denn sie werden dadurch persönlich
frei, müssen allerdings für ihre Felder an
einen Adels- oder einen Kirchen-Herrn
Pacht bezahlen. Vor allem aber können sie
sich im Schutz der Mauern sicher fühlen.
Daher sind die meisten Städte auch
Bauern-Orte. Viele ›Acker-Bürger‹ haben
ihre Felder vor der Stadt und in der Stadt
ihre Ställe und Speicher. Der Misthaufen
liegt vor dem Haus. Jede historische Karte zeigt, daß es in diesen Acker-Bürger-
Städten umfangreiches Garten-Land gibt
[55, 65, 68, 73, 77], in dem die Bäuerin-
nen viel Gemüse ziehen. So ist auch in
fast jeder Stadt auch das Land in der Stadt
anwesend – die Stadt hat bereichsweise
auch die Struktur des Dorfes.

**Zwischen Dorf und Stadt: die
›Freiheit‹.** Viele Orte leben in einem Zustand, der zwischen Dorf und Stadt schil-
lert. Ihr Status einer Freiheit ist mehr als
ein Dorf, weil es Markt-Recht und Handwerker gibt, und weniger als eine Stadt,
weil einiges an deren Unabhängigkeit
und die steinerne Festungs-Mauer fehlt.
Diesen Status der ›Freiheit‹ erhalten: Herdecke (13. Jh.), Hattingen, Werden (Essen-Werden), Kettwig (Essen-Kettwig),
Ruhrort (Duisburg-Ruhrort; 1437), Buer
(Gelsenkirchen-Buer), Crange (Herne-
Crange), Westerholt (Herten-Westerholt;
1421), Horneburg (Datteln-Horneburg;
1446), Waltrop (1428 genannt), Castrop
und Wattenscheid (Bochum-Wattenscheid; 1417).

Orts-Hinweise: Bürgerliches Leben in der
Stadt. Grafschafter Museum in Moers (Kastell 9)
zur Stadt. Museum im Voswinckelshof in Dinslaken (Brückstraße 31), zum bürgerlichen Leben
(Wohnstube, Schlafzimmer, Küche). Museum
(1935) in Dorsten (Markt 1), in der Stadtwaage

(1567), zum Wohnen und Handwerk (Holzschuh-Macher, Blaudruck, Schiffsbau). Vestisches
Museum in Recklinghausen (Hohenzollernstraße
12) zur Stadtgeschichte und zur Ackerbürger-
Stadt mit ihren Hallen-Häusern, mit Mobiliar
und Geräten zur bäuerlichen Tätigkeit und
Handwerk sowie zu Leben und Wohnen. Ein gu-
terhaltenes Ackerbürger-Haus von 1799 steht in
der Stadt-Mitte in Recklinghausen (Münsterstraße 26). Menschen und Vieh leben unter einem Dach – es überwölbt Wohnung, Stall und
Scheune (niederdeutsches Hallen-Haus). Museum der Stadt Lünen (Schwansbeller Weg 32): Arbeitsplätze eines Flickschusters und eines Holzschuh-Machers. Lünen: Bereich Roggenmarkt,
Silberstraße, westliche Mauerstraße). Altes Amtshaus Karl Pollender-Stadtmuseum in Werne
(Kirchhof 13): Stube, Schuster-Werkstatt. Städtisches Museum (1926, 1985) in Kamen (Markt 1),
im alten Rathaus, Schuhmacher-Werkstatt (19.
Jh.). Hellweg-Museum (1928) in Unna (Burgstraße 8), zum bürgerlichen Wohnen. Zur Musik:
Museum Bochum – Wasserburg Haus Kemnade
in Hattingen (An der Kemnade 10), mit Instrumenten-Sammlung. Kulturgeschichtliches Museum (1962) Bügeleisen-Haus in Hattingen (Haldenplatz 1), im Haus von 1611, mit Sammlung
zur Eisenverhüttung [29, 43, 47, 58, 338] und Bearbeitung in Hattingen (Isenburg-Grabung)[29].

Das einfache Bauen von Bauern, Adel und Bürgern

Bauern. Das Substrat der Gegend sind
jahrhundertelang – bis um 1900 – Häuser
aus Holz, zu Gerüsten gefügt, mit Weidenruten und Lehm geschlossen, mit
kleinen Fenstern, einer großen Tor-Ein-
fahrt.

Adel. Über Stein verfügen nur wohl-
habende Adlige. Ihre Häuser, Herren-Sit-
ze genannt, sind teuer, weil Steine und
Kalk oft von weither geholt werden. Das
Material bietet Schutz, Prestige und lange
Haltbarkeit *[36]*.

Bürger in den Städten, besonders
Acker-Bürger, bauen ihre Häuser wie
Bauern *[24, 60, 64, 71, 82]*. Wenn sie be-

sonders wohlhabend sind, wählen sie sich seit dem 14. Jahrhundert gelegentlich Ziegel – ein teures Material, weil das Brennen von Lehm Energie kostet.

Einfachheit. Jahrhundertelang geht es bei Bauern, Adel und Bürgern einfach zu. Schmuck ist selten und dann eine Zutat. Es gibt dafür keine Struktur. Er wird aufgesetzt wie eine Brosche auf ein Kleid. Was wir heute als ästhetisch ansehen, wurde vom verklärenden Blick des 19. Jahrhunderts und von Reisebüro-Prospekten geschaffen. Das Fachwerk-Haus ist ein reiner Nutz-Bau. Seine Wirkung bezieht es aus der menschlichen Dimension, aus dem geringen und dadurch wirksamen Spektrum von Materialien (Holz, Gefache aus überstrichenem Lehm oder aus Ziegeln, Dachziegel) und vor allem aus seiner interessanten, uns lebendig erscheinenden Konstruktion.

Repräsentation. Erst mit steigendem Wohlstand wird auch ein Anspruch eingearbeitet: Dann dient er fast immer der Repräsentation. Die Zeichen-Gebung verändert sich kaum. Denn sie bedeutet nicht Innovation, sondern Legitimation durch die Berufung auf lange Tradition. Erst in der Industrie-Kultur entsteht – bereichsweise – ein Verfallen von Zeichen und Innovation, parallel zum Ingenieur-Denken (Erfindung) und zur Mode (›Wechsel‹).

Schau-Plätze: Antike im Mittelalter

Nur an wenigen Bauten des Mittelalters erscheint mehr als die einfache Wand. Das Münster in Essen zeigt Würde-Zeichen, die in der Antike europaweit verbreitet sind und nun auch im nordalpinen Raum kursieren. Es geht nicht um Stil, sondern um Auszeichnung: um Würde.

Die byzantinische Kaisertochter Theophanu, von 1039 bis 1058 Äbtissin, läßt

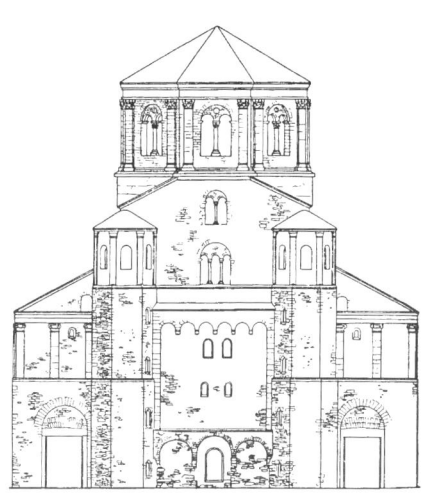

In der Tradition der Antike: Westbau (um 1039/1058) des Münsters in Essen (Rekonstruktion).

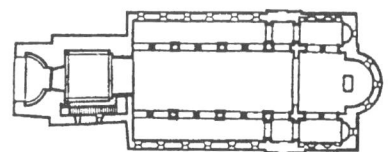

Luciuskirche (995/1063, Seitenschiffe 12. Jh.) in Essen-Werden.

das Münster als einen Nach-Bau anlegen. Hinter einem Arkadenhof (Atrium) entsteht das West-Werk. Es drückt außen durch Türme und innen durch die Herrschafts-Empore sein Prestige in imperialen Zeichen aus. Es zitiert in kleinerer und halbierter Form die Palast-Kirche Kaiser Karls in Aachen. Diese wiederum baut San Vitale in Ravenna nach – und San Vitale imitiert einen Bau des Kaisers in Konstantinopel. Konstantinopel bedeutet: Erinnerung an die Heimat der Prinzessin. König Karl setzt sich durch sein Zitat in Bezug zur kaiserliche Tradition von Konstantinopel. Die Bauherrin stellt sich mit Hilfe von Steinmetzen in eine lange Traditions-Kette. Solche Zitate sind nicht literarisch gemeint, sondern sie wollen in sinnlicher Weise Zugehörigkeit und damit Legitimierung vorzeigen.

Das Wort ›neu‹ ist fremd. Die germanischen und fränkischen Stämme haben für den Ausdruck von Würde keine eigenen Zeichen und bedienen sich daher eines mediterranen antiken Zeichen-Repertoires.

Das Eigene steckt in den Umformungen. Tatsächlich gibt es Unterschiede zwischen dem Werk und seinem Leitbild. Die Räume besitzen nicht die antik-mediterrane Weite, sondern sind eng. Hatte die Säule in der Antike die Dimension von Menschen mit großer Geste, so ist sie hier eher ein Schmuckstück, das eine kleine Dimension annehmen kann. Auf den Außenwänden der Türme sind sie klein: wie Abzeichen.

Mit solchen Würde-Zeichen werden die wenigen großen Bauten der Region bedacht. Die meisten sind verschwunden: Die Pfalz in Duisburg. Das Rathaus in Dortmund. Die frühen Kirchen in Duisburg und Dortmund. In Essen die Stifte Altenessen, Altendorf, Karnap, Heisingen, Fischlaken, Rellinghausen, Stoppenberg, Cappenberg.

Weniges blieb erhalten: Im Benediktiner-Kloster Werden (Essen-Werden), seit 877 Reichs-Abtei, erhält die Wallfahrt zum Gründer-Heroen-Kult, betreut vom Kloster, nach französischen Leitbild eine Hallen-Krypta und darüber ein monumentales Bauwerk. Das Wichtigste daran ist der ›Turm‹ (West-Bau; 875; 1256/1275). Die über hundert Schritte lange Basilika mit Emporen dient einer Umzugs-Liturgie an hohen Feiertagen.

Orts-Hinweise: Antike im Mittelalter. Lucius-Kirche (995/1063) in Essen-Werden: ein Saal. Zuwachs an Bedeutung (12. Jh.): der Saal wird zu einer Basilika erweitert. Der West-Turm symbolisiert Herrschaft. Die hochliegende Empore ist der Prestige-Sitz für den Kirchen-Besitzer. Der Wechsel von Stütze und Pfeiler reiht und dynamisiert Würde-Zeichen. Ein Nachhall der Antike:

die Stifts-Kirche in Herdecke [59], ursprünglich eine flachgedeckte karolingische Basilika (9. Jh., im 13. Jh. umgebaut). Eindruck-weckende Signale: Türme. Dorf-Kirche Kamen-Methler (Luther-Platz, M. 13. Jh.), mit Malereien, Westturm (12. Jh). Basilika St. Regina (13. Jh.) in Hamm-Rhynern. Marien-Wallfahrtskirche in Bochum-Stiepel (12. Jh.; Gräfin Irma-Straße), mit Wandmalereien; Ausbau zur Halle (13. Jh.), neuer Chor (um 1400). St. Johann Baptist in Dortmund-Brechten (Widumer Platz), eine frühe Hallen-Kirche (nach 1254), die in kleiner Münze den Dom von Münster zeigt. St. Georg in Dortmund-Aplerbeck, eine Basilika (12. Jh., Chor 13. Jh., Turm 14. Jh., mit Flachdecke wiederhergestellt). St. Peter in der Altstadt Recklinghausen, zweijochige Halle nach 1247.

Bürger-Kirche St. Marien (um 1160 Pfeiler-Basilika) in Dortmund (Ostenhellweg [56]). Daneben: Pfeiler-Basilika der Reinoldi-Kirche (um 1260/1280) in Dortmund (Kampstraße/Ostenhellweg [56]). St. Dionysius in Duisburg-Mündelheim (um 1220/1230, mit Resten der Ausmalung; Sermer Straße).

Schau-Plätze: Die zweite Umbildung der antiken Zeichen – das Stab-System der Goldschmiede

Um 1200 kommt aus dem Umkreis des französischen Königs eine Ausdrucks-Sprache nach Deutschland, die die antiken Würde-Zeichen ein weiteres Mal umbildet – nun aber in einer außerordentlich weitgehenden Weise. Die einst körperhaften Säulen werden zu dünnen Stäben.

Zwei Gründe gibt es: Die althergebrachte Tradition des Bauens mit Holz-Fachwerk und die Lust an der Artistik. Die Stäbe werden gestreckt und gebogen, gebündelt, oft außerordentlich lang und hoch gezogen, zu Baldachinen zusammengesetzt. Und weil dies kein räumliches Denken, sondern ein dinglich-kon-

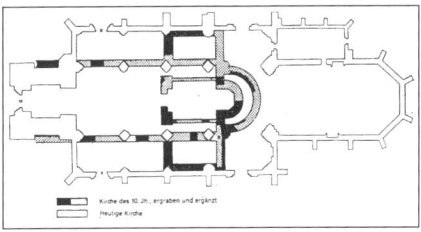

Reinoldikirche (gläserne Chor-Halle 1421/1440 von Meister Roseer) in Dortmund.

struktives ist, treten an die Stelle der antiken Raum-Weite steile, dramatische Schluchten.

Der Kern dieses Gestaltungs-Denkens ist die Goldschmiede-Arbeit. Sie stammt aus der Kunst des Umgangs mit dem teuersten Material der Zeit. Aus Konstruieren und Tüfteln. Wir haben den Konstruktions-Geist des Nordens vor Augen. In der Industrie-Epoche wird er zu einer Ingenieur-Kultur. Für sie gibt es im Gebiet zwischen Ruhr und Emscher viele Beispiele. Die Faszination des Besitzens von Edlem wird sichtbar: die Stäbe bestehen aus ausgesucht teuren Materialien, am deutlichsten sichtbar in der Abtei-Kirche in Essen-Werden [61].

Die regionalen Mentalitäten führten seit jeher zu Unterschieden in der Ausdrucks-Sprache – ähnlich Dialekten.

Schon in der Antike. Köln unterschied sich von Rom und von Mailand. **Bürgerliches Audrucks-Medium.** Die Ausdrucks-Sprache, die aus dem Seine-Becken kommt, mit der sich der französische König gegen den deutschen Kaiser kulturell profiliert, wird nach einigen Generationen auch in Deutschland heimisch. Städtische Kultur greift sie sich im 14. Jahrhundert überall als bürgerliches Ausdrucks-Medium. Die meisten erhaltenen Bauten stehen in den alten Bürger-Städten. Im Ruhrgebiet besitzt Dortmund die größte Zahl [57, 65].

Variable Verwendung. Die Zeichen-Gebung ist internationaler Stil. Diese Ausdrucks-Sprache läßt sich variabel verwenden – je nach Geld und Fähigkeiten. Die Saal-Kirche in einem Dorf kann sich nur einige Zeichen leisten. In kleinen Städten sind sie auf die alte, im Grunde immer noch antike Wand-Struktur aufgesetzt. Meist werden alte Fenster herausgerissen, neue und größere geschaffen und Maßwerk eingefügt: diese Fenster sehen dann aus wie eine Art Brosche aus goldschmiede-artigem Filigran-Werk. Häufig sind es also nur Bauteile, die als Ausweis einer Modernisierung dienen [71].

Chor-Bauten. In großen Bürger-Kirchen beginnt die Modernisierung mit dem lange Zeit wichtigsten Raum-Bereich, dem Chor (St. Marien in Dortmund). Die führende Reinoldi-Gilde läßt das größte Gebäude der Stadt (und weit und breit) in einer Konjunktur-Periode modernisieren – mit dem Filigran-Werk eines neuen Chores (1421/1440 von Meister Roseer [56]), der eine Art gläserne Halle ist: ein Wunderwerk an Virtuosität des Bauens, an Umgang mit edlen und seltenen Materialien und an Erlebnis-Reizen (Reste der Glas-Fenster in der Turm-Halle).

Hallen-Bauten. Der wichtigste städtische Bau-Typus ist die Halle. Sie drückt aus, daß in der städtischen Bürgerschaft keine prinzipiellen Unterschiede, also keine Hierarchie besteht. Sie steht auch Handels-Räumen wie den Tuch-Hallen nahe. Die Hallen sind jahrhundertelang Mehrzweck-Räume der städtischen Gemeinschaft, auch zu profanen Zwecken[30].

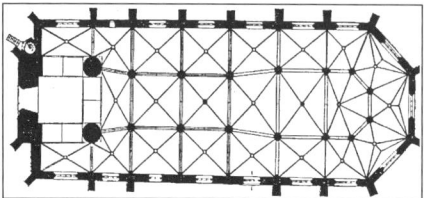

Bürger-Halle: Stadtkirche (nach 1322) in Unna

Stadt-Symbole. Nicht der Klerus baut die Stadt-Kirchen, sondern Bürger: vor allem zu ihrer eigenen Ehre, sprich Außen-Darstellung der Stadt. Diese Symbole stellen die Leistungs-Fähigkeit des Ortes dar – für ihr Umland und in den Standes-Konkurrenzen mit Adel und Fürsten. Sie können eine Art High-Tech-Show werden. [65]

Orts-Hinweise: Mittelalterliche Stadt-Kirchen. Hallen: Ev. Paulus-Kirche (nach 1275) in Hamm, nach dem Leitbild der Elisabeth-Kirche Marburg. Dorf-Kirche St. Pankratius in Hamm-Mark, in Kreuzform, mit Fresken (um 1450). Stadt-Kirche (nach 1322) in Unna (Kirchplatz). Petri-Kirche (1319 ff.) in Dortmund (Westenhellweg). Stadtkirche (um 1450 vom Stadtbaumeister von Dortmund, Meister Roseer) in Werne. Alte Stadtkirche am Markt (um 1364, nach Brand 1512/1521 umgebaut) in Lünen, mit Resten der Gewölbe-Ausmalung (nach 1512). St. Peter in der Altstadt Recklinghausen, 1519/1523 von Henrik de Suyr (Coesfeld) sterngewölbtes Querhaus, Apsis und Sakristei. Markt-Kirche in Essen (im 15. Jh. zu einer Halle umgebaut). Stadt-Kirche St. Vizentius (nach 1436) in Dinslaken.

Chöre: St. Marien (um 1360 Chor) in Dortmund. Daneben: Reinoldi-Kirche (1421/1450 Chor von Meister Roseer) in Dortmund. Willibrordi-Kirche in Wesel: Neubau 1424/1440 als dreischiffige, dann fünfschiffige Basilika mit Querhaus, langem Chor und Chor-Umgang – nach dem Quirinus-Münster in Neuß und dem Dom in Xanten die größte Kirche am Niederrhein.

Katastrophen für die Bürger

Stadt in Brand. Truppen des Erzbischofs von Köln erobern die märkische Stadt Unna 1250, 1263, 1303 und 1308 und setzen sie jedes Mal nach Ausplünderung völlig in Brand – eine sadistische Handlung [40]. 1283 brennt die halbe Stadt Duisburg ab [76]. 1498 brennt Werden (Essen-Werden) völlig nieder. 1517 ereignet sich in der kleinen Stadt Bochum eine ungeheure Katastrophe: am 25. April geht sie in Flammen auf. 20 Jahre dauert der mühsame Wiederaufbau. 1581 kommt es in Bochum erneut zur Katastrophe: nahezu alle Häuser – insgesamt 110 – gehen in Flammen auf. Beim Stadt-Brand 1586 in Werne bleiben ebenfalls nur wenige Häuser erhalten. 1586 und 1588 erlebt Wesel verheerende Brandschatzungen. Unna fällt 1723 einem gewaltigen Stadt-Brand zum Opfer. In Hamm gibt es in kurzem Abstand zwei große Stadt-Brände 1734 und 1741 [82].

Epedemien. Oft mitten in den Wohlstand brechen Epidemien ein und bringen den Tod. 1459 wütet in Dorsten die Pest. Weitere Pest-Jahre: 1587, 1589, 1599[31]. In Wesel rafft die Pest 1586 die Hälfte aller Einwohner hinweg. 1625 tobt die Pest im Stift Werden (Essen-Werden). 1634 bringen Soldaten die Pest ins Land. 1833 Cholera in Kettwig (Essen-Kettwig): 35 Tote.

Das Militär. Wenn ein junger Bauern-Bursche gepreßt oder freiwillig zum Militär geht, verläßt er sein soziales System und wird zum Feind der meisten Menschen. Jahrhundertelang sind vor allem Soldaten die natürlichen Feinde der Bauern und der Städter. Das übertüncht der Adel der Anführer [36]. Und im 20. Jahrhundert die Propaganda – obwohl das Militär die Grausamkeit noch zu steigern in der Lage ist. Der preußische Militarismus schafft etwas, das die meisten Menschen zuvor als pervers angesehen hätten: die wilhelminischen Krieger-Vereine.

Jahrhundertelang ist die Leidens-Geschichte der Bevölkerung ein Parallel-Katalog der kriminellen Delikte von Soldaten. Militär kann jeden Augenblick in Dörfern oder vor Städten auftauchen, vor allem das eigene. Da es keinen organisierten Nachschub gibt, organisiert es eine eigentümliche Weise der Subsistenz: Es verlangt Quartiere und Versorgung – zu Lasten des gemeinen Mannes [32]. Die erklärten Kriege sind nur die Höhepunkte der Unmenschlichkeit.

Im 9. Jahrhundert ziehen Normannen den Rhein und die Flüsse hoch. Sie plündern, was immer sie in die Hände bekommen und verbrennen vor dem Weiterziehen Häuser und Speicher. Den Winter 883/884 verbringen die Mordbrenner in der eroberten Burg der Franken von Duisburg [34]. Als sie endlich abziehen, ist die Bevölkerung bettelarm. 1598 marodiert ein spanisches Heer unter Mendoza durch das Ruhr-Tal. 1614 und in den folgenden Jahre verfluchen die Bewohner von Wesel vergeblich die Soldateska des Spaniers Ambrosius Spinola. 1633 ziehen die Schweden an Kettwig (Essen-Kettwig) vorbei. 1335 kommen die Hessen.

Erpressung. Als der Fürst Farnese von Parma 1586 nach Kettwig kommt, ist die Stadt ausgestorben: Die Bewohner halten sich in den Wäldern versteckt. Der Fürst erpreßt den Abt von Werden: „Wir sind heute abend mit Truppen in Kettwig [61] angekommen und haben hier niemanden gefunden. Schicke Du uns deshalb so bald als möglich ...“ – dann folgen Angaben zu Krügen Bier, Flaschen Wein, Broten und weiterem. „Und wenn Du dieses nicht so bald als möglich tust, werden wir das Dorf niederbrennen und auch Dich besuchen; wenn Du es aber tust, wollen wir gute Freunde sein.“ Der Abt beeilt sich; die Spanier richten keinen weitergehenden Schaden an. 1598 tummeln sich

30.000 spanische Söldner am Niederrhein und tragen auch dort den Krieg gegen die Vereinigten Niederlande aus. Sie belagern Rheinberg und Orsoy. Sie legen in Mehrum (Voerde-Mehrum) und Walsum (Duisburg-Walsum) Schanzen an. Mehrfach nehmen sie die Stadt Dinslaken ein und plündern sie. Admiral Mendoza erpreßt und räubert 1598 Wesel aus.

Schutt und Asche. 1663 läßt der französische Feldmarschall Turenne die vestische Residenz Horneburg (Datteln-Horneburg [64]) und die Stadt Unna erbarmungslos beschießen: in Unna fallen 220 Häuser in Schutt und Asche. Im siebenjährigen Krieg nimmt 1761 französisches Militär Dorsten ein. Preußisches erobert es zurück – mit sechs Stunden Bombardement. Der Schaden: dreißig abgebrannte Häuser und neun Scheunen. Jedesmal eine Katastrophe [70].

Eine unbeschreibliche Armut. Die Altstadt von Holten (Oberhausen-Holten) bringt das Schicksal an den Rand menschlicher Existenz-Möglichkeiten. 1631 brennt fast die gesamte Ackerbürgerstadt Holten ab: 62 Häuser, 41 Scheunen und 9 Brauhäuser. 1672 und 1679 erleidet der Ort in den Raubkriegen des absolutistischen französischen Sonnen-Königs Ludwigs XIV. mehrere Schatzungen (Geld-Tribute). 1699 ist die Gemeinde Holten so arm, daß sie alte Grabsteine verkauft, „ehe sie uns abgestohlen werden möchten“. Im 18. Jahrhundert: Mißernten. Sie bedeuten Hungersnot. 1758 und 1779 muß die Stadt, die ja schon bettelarm ist, hohe Kontributionen zahlen und wird besetzt. Das Geld muß geliehen werden – Zins und Rückzahlung machen die Armut dauerhaft. 1841 berichtet Bürgermeister Beudel, es herrsche in dem abgelegenen kleinen Städtchen Holten „über alle Beschreibungen große Armut“.

Orts-Hinweise: Brandwehr. Altes Amtshaus Karl Pollender-Stadtmuseum Werne (Kirchhof 13). Westfälisches Feuerwehrmuseum (1992) in Hattingen (Gottwaldstraße 17).

Die folgenreichste Katastrophe der Stadt-Kultur: der 30jährige Krieg

Können wir uns einen Krieg von 80 Jahren vorstellen? Den spanisch-niederländischen Krieg – 1581-1648? Welche Nachrichten erhalten die Leute an Ruhr, Emscher und Lippe? Und auf welchen Wegen? Welche Kommunikations-Stränge gibt es? Die Städte sind im Vorteil – sie erhalten mehr und verläßlichere Nachrichten. Händler und Schiffs-Leute berichten. Barden ziehen umher und erzählen. Flüchtlinge schildern die Greuel. Die Leute unterhalten sich am Brunnen und abends vor der Tür. Flugschriften werden von Hand zu Hand gereicht. Aber nur wenige können lesen. Noch weniger Menschen lesen wirklich. Mit welchen Befürchtungen, Ängsten und Sorgen leben sie? Wie sieht ihr Bewußtsein der Ohnmacht aus?

Spanische und niederländische Truppen machen den Niederrhein zum Schauplatz des Krieges. Sie versorgen sich unterwegs: durch Plündern und Rauben. Wie leben die armen Menschen dieses Landstrichs in vier Generationen Krieg: jeden Tag kann eine Räuber-Bande, ein staatlich verordneter und organisierter Terrorismus, über sie herfallen, um ihnen das wenige zu nehmen, was sie besitzen und das sie zum reinen Überleben benötigen.

Der spanisch-niederländische Krieg weitet sich zum 30jährigen Krieg (1618-1648) aus. Er wütet am Niederrhein und an der Lippe. Truppen jeder Partei beziehen Quartier und plündern die Gegend so aus, als sei die einheimische, arme Bevölkerung ihr Feind und nicht die andere Partei. Unbarmherzig geht es gegen die Armen, Schwachen, Obdachlosen zu, vor allem wenn sie kein Solidar-Netz der Großfamilie mehr besitzen[32].

Nach dem ›Frieden‹ dieses tatsächlich ersten Weltkrieges, der auch in Übersee geführt wurde, ist die blühende Stadt-Kultur Deutschlands zerschlagen. Dieser Krieg war die größte und folgenreichste Katastrophe, die es auf deutschem Boden je gab. Symbol für den Niedergang der Städte ist die Auflösung ihres wirtschaftlichen und politischen Bündnisses, des Hanse-Bundes. Nach dem Verfall des Städte-Bundes und dem stark gewordenen System der Flächen-Staaten verläßt Duisburg 1668 die Hanse.

Das Bürgertum in den Städten, an dem sich im 16. Jahrhundert sogar der Adel orientierte, ist verarmt – und wird dies noch über 100 Jahre lang bleiben. Auch die pluralistische Kultur mit einem weiten Beziehungsfeld, die eine liberale Mentalität bildet, ist weggeblasen.

Jahrhundertelang dauert die Nachkriegs-Zeit: Die Köpfe bleiben weiterhin auf den Krieg fixiert. Immer wieder kehren traumatische Erinnerungen zu den Bildern der Grausamkeiten zurück. Es herrscht die Mentalität des ›Jammertales‹. Alles bürgerliche Selbstbewußtsein, in langer Geschichte erworben, ist dahin. Tief stecken die Erfahrungen des der raschen Vergänglichkeit, der Abgründe, der Nichtigkeiten in den Menschen – sie fühlen sich minderwertig. Dies kultiviert sich ideologisch vor allem in Kirchen-Liedern, besonders im Pietismus. Die Stichworte sind Verzicht, Unterwerfung, Gefügigkeit. Der Umgang mit der Welt wird von tausenderlei Ängsten geprägt: Innerhalb des engen Rahmens kreisen die Gedanken überbesorgt um das Allernotwendigste. So verlängert sich die vom Krieg geschaffene mentale Struktur um die mehrfache Zeit über den Krieg hinaus.

Dortmund sinkt nach 1648 zu einer Acker-Bürger-Stadt herab. Noch 1788 wird es im Westphälischen Magazin ›beschrieben‹ „als ein großes Dorf mit Mauern, eine Stunde im Umkreis, worin alle Bürger Ackerleute sind.‹ Es gibt aber auch eine Schicht von ›Honoratioren‹.

1816 berichtet der preußische Staatsrat Kunth von einer Bereisung des Regierungsbezirkes Arnsberg über Dortmund: „Das überwiegend wichtigste Gewerbe des Ortes ist der Ackerbau; das Stadtfeld ist groß, von großer Fruchtbarkeit und sorgfältiger Kultur.“

In Wesel ist der Hafen versandet, der Wohlstand vernichtet, die frühere Großstadt öde und heruntergekommen, viele Häuser liegen in Trümmern – und ebenso arm ist das Umland. [67]

Die Gewinner des Krieges sind die absolutistischen Herrschaften. Nun haben sie die lange und lästige Konkurrenz der Bürger-Städte, die aufgrund ihrer starken Gewerbe immer unabhängiger, freier und selbstbewußter geworden waren, in die Knie gezwungen. Aber auch der Wohlstand von Stadt und Land, den es im 16. Jahrhundert – der Blüte der bürgerlichen Städte – gab, ist dahin. Die üppige Hof-Haltung der Fürsten, von der Konkurrenz untereinander geprägt[33], fordert den Untertanen viel ab und ist eine Schein-Blüte – oft mager und später verklärend überschätzt.

Schau-Plätze am Hellweg

Der Hellweg. Der Franken-König Karl legt um 800 die West-Ost-Fernstraße als strategische Militär-Straße an – für seinen Eroberungs-Krieg gegen die Sachsen. Sie führt nach Soest, Paderborn, über die Weser nach Magdeburg (heute Bundesstraße 1).

Die Christianisierung wird den Sachsen durch Militär-Gewalt aufgezwungen. Sie dient der kulturellen Assimilation und dem Aufbau einer hierarchischen Struktur. Und zur Verwaltung der magischen Bedürfnisse und dadurch zur ideologischen Beherrschung [61].

Nach antik-römischem Vorbild entstehen für die Tages-Märsche des Heeres in regelmäßigem Abstand Etappen-Stationen: die Königs-Höfe. Der Verfall der Sicherheit im 9./10. Jahrhundert führt dazu, daß diese Höfe zu Festungen ausgebaut werden. Vor ihren Mauern wachsen kleine Handwerker-und Händler-Viertel. Aus einigen davon bilden sich mittelalterliche Städte (Duisburg, Essen, Bochum, Dortmund, Unna).

Der Hellweg mit seinen Haufen-Dörfern und – in regelmäßigen Abständen – Städten[34] sieht um 1800 noch wie im Mittelalter aus. Dortmund und Essen haben rund 4.000 Einwohner, Bochum 2.000.

Duisburg. Ausgangsort der König-Straße ist Duisburg. Es wird in der Städte-Kette am Rhein unten besprochen.

Essen. An der Kreuzung zwischen Hellweg und der Straße nach Köln wird ein Hof errichtet (später zur Burg-Festung ausgebaut). Im Zusammenhang mit der ideologischen Unterwerfung und Einschleifung der Sachsen entsteht – ähnlich wie in Werden – eine Institution: in seinem Land-Gut gründet Altfrid[35], der später Bischof von Hildesheim wird, ein freiweltliches Damen-Stift [41] nach benediktinischer Organisations-Regel – für Töchter des hohen sächsischen Adels (um 852). Für die Versorgung von Töchtern des niederen Adels legt das Stift Essen zwei Filial-Stifte an: in Rellinghausen (Essen) und in Stoppenberg (Essen). Für die hochadligen Nonnen läßt Altfried ein Münster mit imperialer Zeichen-Gebung bauen. Die Nonnen aus dem niederen Adel erhalten Bauten mit weniger Prestige-Zeichen.

Unter einigen Äbtissinnen aus der kaiserlichen Familie gewinnt das Münster in Essen große Bedeutung. Ähnlich wie das nahe Werden ist es eine Reichs-Abtei, untersteht also nur dem König.

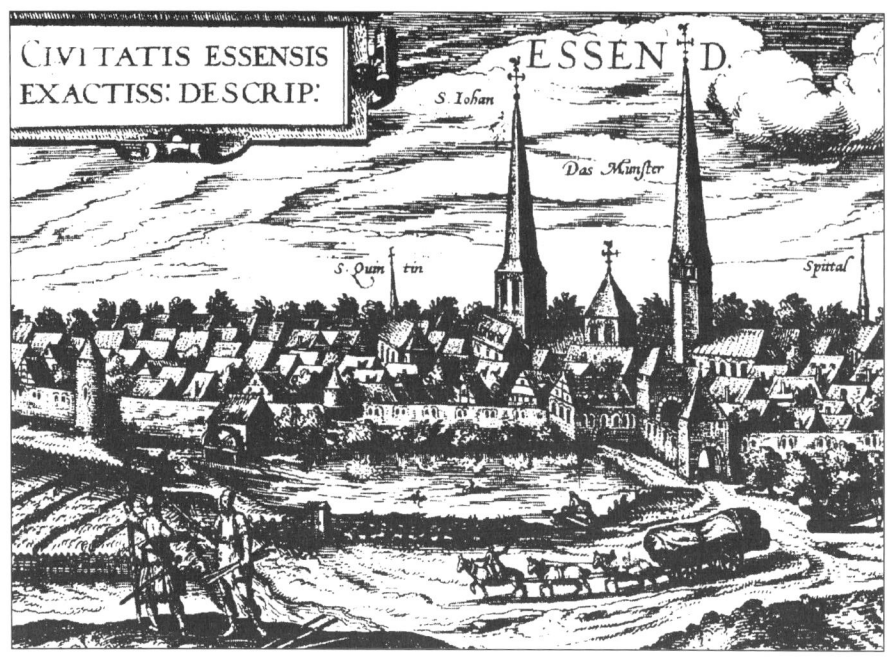

Ansicht von Essen (16. Jh.). (Ausschnitt)

Der älteste Kern von Essen ist der Königs-Hof: die Burg. Eine Mauer um-
schließt das Oval. Seine Achse ist die heutige Kettwiger Straße – bis zum heutigen
Markt. An drei Seiten um das große Oval
des Burg-Bereiches lassen sich um 1000
eine Anzahl Kaufleute nieder. Handwerke
entstehen. 1041 erhält der Ort das Recht,
Markt abzuhalten. Der Platz dafür entsteht unmittelbar vor dem Burg-Tor: der
Markt-Platz mit der Markt-Kirche für die
Bürger.

Die bürgerliche Stadt breitet sich sowohl nach Westen mit drei Straßen wie
nach Norden – hinter einer Gabelung –
mit zwei Straßen aus. Zur Sicherheit werden Stadt und Burg 1243 mit einer
Festungs-Mauer und vier Toren (Kettwiger, Limbecker, Viehofer, Steeler Tor)
umgeben. Es gibt mehrere Märkte:
Markt, Korn- und Flachsmarkt, Kopstadt-

platz. Gegenüber der Markt-Kirche entsteht das Rathaus (15. Jh.). Essen bleibt
eine kleine Stadt. Seit 1500 blüht das Gewerbe, das Gewehre herstellt und be-
schert Essen über Jahrhunderte eine gute
Konjunktur.

Eine Ansicht der Stadt zeigt – im Chor
der Münster-Kirche – der Maler Bartho-
lomäus Bruyn: in den Täfeln des Schrein-
Altars sehen wir in einer bewegten Szene,
in der der hingerichtete Jesus vom Kreuz
heruntergeholt wird (1522), im Hintergrund die Stadt Essen – mit Stadtmauer,
Steeler Tor, Markt-Kirche und Münster-
Kirche.

Endlos bemühen sich die Bürger um
die Unabhängigkeit von der Äbtissin, das
heißt um die Reichs-Unmittelbarkeit –
ohne Erfolg. Das 14. Jahrhundert ist voller Auseinandersetzungen. Überall in
Mitteleuropa versuchen Städte, sich von

ihrer Oberherrschaft zu befreien. Die Bevölkerung von Essen 1377 nutzt einen Besuch von Kaiser Karl IV.: sie bittet um die Übernahme in die Reichs-Unmittelbarkeit. Der Kaiser reagiert positiv. Kurz danach zwingt die Äbtissin die Bevölkerung jedoch erneut, ihr zu huldigen [42].

Es ist ein Dauer-Streit, ob die Stadt nun reichsfrei sei oder nicht. Mit der Reformation (1563) eskaliert er – und erhält nun auch eine ideologische Dimension. Der zur Reformation übergegangene Rat erklärt sich als evangelischer Reichs-Stand: als Stadt-Staat neben dem Landes-Staat der Äbtissin.

Mehrfach bedient sich die Äbtissin des grausamen spanischen Militärs und zieht damit Essen in den spanisch-holländischen 80jährigen Krieg (1581-1648) hinein. Kaum eine Stadt erlebt mehr erpresserische und ausplündernde Besetzungen: spanisch 1584, 1588, 1590, 1622/1624, 1625, 1626/1627, italienisch-spanisch 1627, burgundisch 1627, spanisch 1628, 1629 holländisch, 1631 kaiserlich, holländisch, 1636 hessisch). Nach dem Friedens-Schluß 1648 läßt die Äbtissin Essen von einem Salmischen Regiment beschießen und besetzen – bis 1650, wodurch Essen als letzte Stadt in den Genuß des Friedens kommt. Bettelarm ist sie: Bei 3.000 Talern Jahres-Einnahme hat sie 600.000 Reichs-Täler Schulden – eine Hypothek auf Jahrhunderte. Von 800 Häusern stehen noch 300. [48, 50]

Essen ist auch weiterhin Spielball eines Macht-Kampfes: auf Seiten der Stadt stehen das lutherische Kleve und seit 1609 Brandenburg, auf Seiten des Stiftes der katholisch-gegenreformatorische Kölner Erzbischof. 1662 und 1670 läßt die Äbtissin die Stadt erneut besetzen, ein letztes Mal 1730. Wie wenig wirksam Rechte sind, zeigt die juristische Auseinandersetzung: Der evangelische Stadt-Rat ruft das Reichskammer-Gericht in Wetzlar an. Nach 102 [!] Jahren Prozeß-Dauer (1568 bis 1670) fällt es einen schlitzohrigen

Spruch, der weder Kompromiß noch Stellungnahme ist: Essen ist eine ›Civitas mixta‹ – „wegen sonderbarer habender und hergebrachter Oberherrlich- und anderer Gerechtigkeiten denen Reichsstädten beinahe ähnlich zu schätzen." Die Berufung der Stadt gegen dieses Urteil dauert weitere hundert Jahre. 1655 verkündet die Stadt die freie Ausübung des Bekenntnisses – auch für Calvinisten.

Religion spielt für die Äbtissinnen keine große Rolle, aber Macht; denn als die Fürst-Äbtissin Maria Cunegunda beginnt, in ihrem kleinen Territorium die Erzeugung von Eisen aufzunehmen, engagiert sie 1790 für die Eisenhütte Neu-Essen in Lippern (Oberhausen) und 1799 nach dem Erwerb der St.-Antony-Hütte in (Oberhausen-Osterfeld) den evangelischen Hüttenleiter Gottlob Jacobi (1770-1823)[36].

Orts-Hinweise: Stadt-Geschichte von Essen. Domschatzkammer (1959, 1987) in Essen (Burgplatz 3). Ruhrlandmuseum der Stadt Essen (Goethestraße 41).

Wattenscheid (Bochum-Wattenscheid) entsteht um eine Kirchburg, erhält 1417 stadtähnliche Rechte und darf sich mit einem Erdwall sowie einem Wassergraben und vier Toren schützen. 1876 Stadtrecht.

Orts-Hinweise: Stadt-Geschichte von Bochum-Wattenscheid. Museum Bochum – Helfs Hof (1974) in Bochum-Wattenscheid (In den Höfen 37), ältestes Vierständer-Haus, Ausstellung zur Landwirtschaft und zur Stadtgeschichte.

Bochum ist in der Vorindustrie eine kleine Landstadt[37]. Es geht – ebenso wie die anderen Städte – aus einem der Königs-Höfe am Hellweg hervor (villa publica, Cofbuockheim, curtis Cobuchem, Reichshof). Vielleicht entstand er an der Stelle eines älteren sächsischen Oberhofes. Von ihm sind Bauernhöfe abhängig. 1041 gibt es 11 Bauernhöfe. Auf einem kleinen Hügel ist ein Bezirk ummauert. Er wird wohl auch als Fliehburg benutzt. In ihm steht die St. Peter- und Paul-Pfarrkirche (seit 1888 Probstei-Kirche) mit dem Friedhof. An der Nordseite (Kleine Beckstraße) liegt der Wirtschafts-Hof (später Schultheißen-Hof).

Die Kölner Erzbischöfe machen vom herzoglichen Recht auf Lanes-Befestigung gegen ihre Konkurrenten in umfangreicher Weise Gebrauch: sie befestigen wohl auch Bochum. Aus Geld-Mangel geschieht dies mit einem Erd-Wall, der von dichtem Strauchwerk besetzt ist, und einem Graben. Er wird niemals durch Mauern ersetzt – dies zeigt, welchen geringen Rang die Stadt jahrhundertelang besitzt. Den Leuten ist es wahrscheinlich egal – sie sind meist Acker-Bürger, das heißt Bauern, die in der Stadt leben. 1243 setzen sich die Grafen von der Mark in den Besitz von Bochum – das schafft ein halbes Jahrhundert Konflikte. Die Bürger werden gegen ihren Willen hineingezogen.

1298 sind Teile des Reichshofs-Bezirkes an Handwerker und Gewerbetreibende vergeben: zum Bau von Häusern in Erbpacht (Beckstraße, Brückstraße, Gerberstraße). Hinzu kommt – südlich vom Hügel – ein Markt-Platz.

Die Bezeichnung ›forum‹ für den Markt-Platz ist ein Index dafür, in welcher gedanklichen Abhängigkeit das aufblühende nordalpine Städte-Wesen von Italien steht, wo Städtisches einen langen Vorlauf hat. Aus den Markt-Umsätzen resultieren, ähnlich wie im italienischen städtischen Steuer-System, die öffentlichen Einnahmen. Sie werden an den fünf Toren erhobenen: Diese Akzise ist eine Art Mehrwert-Steuer.

1321 erhält der Ort das Stadt-Recht: die Selbstverwaltung. Erst spät setzt sich die kleine Stadt ein Bau-Symbol seiner Selbstverwaltung: 1526 das Rathaus an der Südost-Ecke des Markt-Platzes.

1522 hat Bochum 100 Häuser. 1765 gibt es in der Altstadt 343 Häuser mit 1406 Einwohnern. Indiz für den Zustand des Ortes sind auch einige weitere Daten. Nur 288 Häuser sind bewohnt. Davon gelten lediglich sechs als groß, 30 sind mittelgroß und 95 sind klein. 42 Häuser stehen leer, 5 sind Ruinen. Das Leben im Ort spiegelt die ›Jobsiade‹ (1784) des Bochumer Berg-Arztes beim Oberbergamt Wetter und Dichters C. A. Kortum (1745-1824), der vor allem in Mülheim lebte.

In der Agrar-Stadt, in deren Umkreis seit dem 16. Jahrhundert Steinkohle ergraben wird, läßt der preußische König 1738 ein Bergamt einrichten.

Orts-Hinweise: Stadt-Geschichte von Bochum. Museum Bochum – Wasserburg Haus Kemnade, Stadthistorische Sammlung in Hattingen (An der Kemnade 10), mit Stadt-Modell (um 1800) und Nachlaß Kortum.

Dortmund ist im Mittelalter die wichtigste Hellweg-Stadt in der Region – einige Zeit eine der bedeutendsten deutschen Städte und die einzige Reichsstadt in Westfalen.

Nach der Wahl des Sachsen-Herrschers Heinrich I. zum König (919) verlagert sich das Zentrum des Reiches nach Osten. Damit gewinnt der West-Ost-Weg ein weiteres Mal an Bedeutung. Heinrich I. läßt wohl den Königshof in Dortmund zur Pfalz ausbauen – für die typische Form des Verwaltens: das Regieren auf Reisen [74]. 928 feiert er hier Ostern, das höchste Fest des Kirchenjahres – ein politisches Symbol seiner Wertschätzung Dortmunds. In einem langen Prozeß entsteht eine Stadt – in staufischer Zeit eine der Großstädte des Reiches.

Die Staufer-Kaiser, unter denen Dortmund seine mittelalterliche Blüte erlebt, haben ihren wirtschaftlichen und politischen Schwerpunkt am Oberrhein. Auch Friedrich I. Barbarossa hält Dortmund für eine wichtige Stadt im Nordwesten. Symbol dafür: er läßt hier zwei Hoftage veranstalten. Unter den Staufern ist Dortmund eine der angesehendsten Reichs-Städte. Das zeigt die Reichs-Steuerliste des Jahres 1242: Dortmund zahlt 300 Mark, Frankfurt 250, Hagenau und Gelnhausen je 200, Duisburg 50 Mark.

Nach dem Stadt-Brand von 1232 bauen
die Dortmunder Bürger ihr Symbol der
Selbstverwaltung, das Rathaus[38], nicht
mehr im Bereich der Reinoldi-Kirche auf,
sondern verlegen es nun an den Markt
(Alter Markt).

Das italienische Leitbild der Städte-
Prägung nördlich der Alpen wird in den
Bezeichnungen deutlich: ›domus consulum‹, Haus des Rates, ›domus burgensi-
um‹ (Haus der Bürger). Das Rathaus ist
ein Mehrzweckbau – am wichtigsten
Platz des bürgerlichen Lebens, am Markt.
Es dient wirtschaftlichen, politischen,
verwaltungs- und gerichtlichen Funktionen. Im Keller gibt es ein Lager für
Wein.

Dies zeigt, daß eine bedeutende
Schicht an Bürger-Familien wohlhabend
ist. Es gibt einen verhältnismäßig mühe-
losen Handel auch über eine große Entfernung hinweg: zum damals wichtigsten

Rathaus (nach 1232) am Alten Markt in Dortmund (1955 abgerissen), um 1900.

Wein-Land für die Bereiche längs des
Rheines, ins Elsaß.

Dem Markt-Platz bietet das Rathaus –
nach italienischem Vorbild – einen über-
deckten und dadurch teilklimatisierten
Platz: eine offene Vorhalle, die Loggia. Sie

Kombinierte Stadtkarte (1611 von Detmar Mülker) von Dortmund: Grundriß und Ansicht [80].

ist auch der Ort der niederen Gerichtsbarkeit. Im Erdgeschoß betreten die Bürger eine Markt-Halle: einen geschützten Raum für den Handel mit kostbaren Gütern – mit Tuchen, das heißt mit teuren Stoffen, meist für die Festtags-Kleider.

Eine Treppe führt hoch zum multifunktionalen Versammlungs-Saal: für den Rat, für die wenigen und dann stets spektakulären Prozesse der hohen Gerichtsbarkeit und für die größten Ereignisse der Stadt – für die großen Feste, sowie die üppigen Hochzeiten wohlhabender Sippen.

Der Rat mit seinen 14 Herren (bis 1400) ist fast für alles zuständig. Voraussetzungen für die Mitgliedschaft: das volle Bürgerrecht, gebunden an Grundbesitz in der Stadt (Erbsassen-Stand) und an die Zugehörigkeit zur Reinoldi-Gilde der Fernkaufleute.

Diese Fernkaufleute sind auf gegenseitige Hilfe angewiesen – unterwegs und auch am Ort. Daher organisieren sie sich erste von allen Gewerben: zu einer Gilde. Sie versehen sich mit dem magischen Schutz eines Heiligen und nennen sich daher Reinoldi-Gilde. Sie wird wohlhabend, erringt die politische Führung in der Stadt und behauptet sie lange Zeit. Dann nimmt die Gilde auch wohlhabende Tuchhändler auf. Als sich dieser Beruf allmählich differenziert, entsteht daraus das Gewerbe der Gewand-Schneider. Als vierte Gruppe kommen die Wein-Händler in die Gilde. Diese Wirtschafts-Vereinigung ist auch ein soziales und kulturelles Netz. Es sichert sich die wichtigste Stelle für den Handel: das Erdgeschoß und die Loggia des Rathauses. Weil sich der Tuchhandel erheblich ausweitet, bauen die Tuchhändler später an der Ecke des Ostenhellweg ein eigenes ›Wandhaus‹.

Um 1350 ist Dortmund eine wohlhabende Reichs- und Hanse-Stadt. Hier leben 7.000 Einwohner. Der Handel mit Flandern läuft stark über Dortmund. Es gilt als ein wichtiger Hanse-Ort. Am Südrand der Stadt bauen Kaufleute ihrem Schutz-Patron eine eigene Kirche: St. Nicolai (1810 abgerissen). St. Marien (12. Jh. [46]) erhält im 14. Jahrhundert als Ausdruck städtischer Kultur einen neuen Chor. Im Chorgestühl steht eine Figur, die die Trink-Lust in der Stadt und das einträgliche Gewerbe, das daraus entsteht, symbolisch darstellt: der ›unmäßige Trinker‹. Diese Tradition führt in der Industrie-Epoche zur ›Bierstadt Dortmund‹.

Die Reinoldi-Gilde gibt der magischen Rückversicherung schon früh den deutlich sichtbarsten Ausdruck: sie läßt eine Kirche bauen (2. H. 10. Jh.), die Reinoldi-Kirche [46]. Mit diesem Gebäude verknüpft sie ihr Prestige. In einer Periode der Hochkonjunktur und des Wachstums um 1260/1280 genügt den Gilde-Mitgliedern der vorhandene Bau nicht mehr, daher verabreden sie sich zu einer finanziellen Großinvestition, die sie eine Generation lang engagiert. Sie lassen das größte Gebäude nicht nur der Stadt, sondern weit und breit errichten. Bewohner und Fremde wissen, daß es das Symbol für die führende Reinoldi-Gilde sein wird: die Hauptkirche der Stadt.

Am Eingang zum Chor (1421/1440 von Meister Roseer [47, 47]) sehen die Leute, die gelegentlich aus dem Umland in die Stadt kommen und dann auch ihren Glanz bestaunen, den sie in ihren Dörfern nur ›in kleiner Münze‹ haben, zwei lebensgroße Figuren (bemaltes Holz). Sie stehen für wichtige Bedeutungen. Kaiser Karl (um 1450), ein Mythos, gilt als Gründer der Stadt. Tradition und Alter bedeuten Legitimität. Sie verleihen Unantastbarkeit und Würde. Ihm gegenüber steht der ebenso magisch verstandene und zugleich elegante jugendliche Stadt-Patron Reinoldus (um 1410).

1444 wird der Signal-Charakter des Baues ein weiteres Mal gesteigert: Meister Roseer baut – in Konkurrenz zu St. Patroklus in Soest – einen Turm von 112 m Höhe (1611 eingestürzt, 1662/1671 in neuer Form von J. Degener wiederaufgebaut).

Im Laufe der Jahrhunderte entstehen in der Stadt mehrere Kirchen [47]. Jede einzelne spiegelt in ihrer Zeichen-Gebung symbolisch eine Gruppe von Menschen sowie das Prestige ihrer Finanziers. Ihr Spektrum zeigt, daß im Ort unter- oder oberschwellig Fraktionen bestehen.

Weil weitere aufsteigende Bürger von den etablierten Gruppen nicht aufgenommen oder ernst genommen werden, richten sie sich ihren eigenen städtischen Mehrzweck-Raum ein. Daher bauen sie am Ostenhellweg gegenüber der Reinoldi-Kirche eine ältere Kapelle um: 1150/1170 entsteht die Marien-Kirche. Sie erstreiten ihr das Recht, eine zweite Pfarr-Kirche zu sein. Ihr Aussehen zeigt die derzeit üblichen Prestige-Formen [46]. In einer weiteren Konjunktur-Epoche wird sie modernisiert: um 1340/1360 mit einem großen Chor. Um 1420 kaufen reiche Stifter von dem in Dortmund lebenden „Meister Conrad malere" (Conrad von Soest) ein Werk, das im 19. Jahrhundert berühmt wird: einen Marien-Altar mit drei Bildern.

Die Zünfte richten sich 1317 am Westenhellweg als vierte Pfarr-Kirche eine Mehrzweck-Halle ein: die Petri-Kirche. Sie erhält den höchsten aller Türme (1396 begonnen, 111 m hoch).

Südlich vom Westenhellweg entsteht in einer Gasse ein Kloster. Wie an anderen Orten (z.B. in Köln und Minden) entfaltet es sich zu einem Kristallisations-Ort der städtischen Intelligenz, die sich in dieser Zeit entwickelt – und zu einer Opposition gegen etablierte Verhältnisse und Denkweisen.

Sie nennen sich Minder-Brüder der Dominikaner. Weil sie weniger Zulauf von reichen Leuten haben, brauchen sie zwei Jahrzehnte, von 1331 bis 1354, bis ihr großer ›Fest-Saal‹ fertig ist (Probstei-Kirche, heute kath. Stadt-Kirche; Probstei-Hof).

Kurz vor 1250 gründen die Minderbrüder der Franziskaner ein weiteres Kloster: für eine Klientel, die wir mit modernen Begriffen zur Sozialdemokratie rechnen würden. 1521 holen sie aus Antwerpen von der Lukas-Gilde (Meister Gelisz u.a.) ein sehr teures Werk: einen Altar mit außerordentlich vielen Bildern: 30 geschnitzten und 54 gemalten – wir können dies Ereignis als einen Vorläufer des Films ansehen. Für die Schau-Lust in Stadt und Land eine Sensation. Vor den erstaunten Zuschauer entfaltet sich das Panorama des gesamten städtischen Lebens der damals wichtigsten Stadt der Welt, Antwerpen (heute in der ev. Petri-Kirche)[39].

Im 15. Jahrhundert geht die Bedeutung des Hellwegs als Fernstraße zurück, weil ein Teil des Handels sich verlagert: auf den Seeweg der nördlichen Meere. [239]

Hörde (Dortmund-Hörde). Vor dem wasser-umgebenen Sitz kölnischer Burgmannen entsteht ein Dorf. 1340 verleiht Graf Konrad von der Mark ihm das Stadt-Recht, nach dem Vorbild von Hamm. Offensichtlich entwickelt sich diese Stadt wenig, denn seit 1355 wird sie stets als ›Freiheit‹ bezeichnet. Erst 1753 erhält sie eine Verfassung, die ihr einen ähnlichen Rang wie Städten verleiht: die ›rathäusliche Verfassung‹. In diesem alten Gebiet der Eisenerzeugung und -verarbeitung stellen in vielen Werkstätten Nagelschmiede [29] eine Kostbarkeit her: eiserne Nägel. [347]

Unna ist im Mittelalter eine Mittelstadt[40]. Heute besitzt der Ort, ähnlich Hattingen, Langenberg, Kettwig und Werne, einen umfangreichen Bestand an alten Häusern.

Der Ort am Hellweg geht aus einem Königs-Hof (heute Hellweg-Museum) hervor. An der Kreuzung mit einer zweiten Überland-Straße läßt der Graf von der Mark kurz vor 1250 (Stadt-Recht) seinen Stützpunkt ausbauen. Eine bereits vorhandene Befestigung wird modernisiert. In bewußter Planung wird ein rechteckiger Markt-Platz geschaffen. An der Südseite des Marktes stehen die Leute vor dem Rathaus (nicht erhalten), auf der Nordseite vor dem Gilden-Haus (Versammlungs-Stätte einer Zunft), der Fleisch-Halle und der Waage (alle zerstört). Im Ort gibt es mehrere Häuser von Gilden (zerstört). Das Kramer-Amtshaus (zerstört) regelt die Abläufe der vielen Märkte in der Stadt. Die Leute laufen auf ungepflasterten Wege. Vor den Häusern der vielen Ackerbauern liegen Misthäufen. Hütejungen und Vieh trotten durch die Straßen.

Seit 1299 gehört Unna zur Hanse. Dieser Städte-Bund organisiert das Städte-Wesen, das sich stark entfaltet: Die Hanse verschafft ihm eine gewisse Infrastruktur und verbessert damit die Kommunikation für den Handel. Weiterhin gibt sie den Städten einen gewissen Rückhalt gegen die Landes-Herren. Die Städte entfalten sich zwar in deren Schoß, zum beiderseitigen Nutzen, aber ihre politischen Strukturen sind völlig gegensätzlich.

Die Handels-Bezüge reichen weit. Handels-Familien in vielen Städten arbeiten freundschaftlich zusammen. Kaufleute aus Unna leben auch in Antwerpen und in Brügge. Um 1430 wandert die Händler-Familie Gisze von Unna nach Danzig aus, wo es mehr zu verdienen gibt. 1532 entsteht eines der berühmtesten Bilder: der steinreich gewordene ›hansische Kaufmann‹ Georg Gisze läßt sich von Hans Holbein d. Jüngeren malen.

In der wirtschaftlichen Blütezeit zwischen 1350 und 1450 wird als Stadt-Symbol die Stadtkirche gebaut. [49, 254]

Unnaer Salz, nördlich vor der Stadt in Königsborn gewonnen und in der Saline verarbeitet, ist ein wichtiger Handels-Artikel: weißes Gold. Es macht Lebensmittel haltbar und würzt Speisen. Weiterhin brauchen viele Handwerker Salz: zur

Herstellung von Glas und Keramik. Und beim Bleichen und Färben sowie zum Stoff-Druck. Im 18. Jahrhundert übernimmt der Preußische Staat – mit einer merkantilistischen Konzeption – die Leitung über die Salz-Gewinnung. Er läßt die Saline Königsborn ausbauen (1873 von Friedrich Grillo für 1 Million Mark aufgekauft, 1818/1941 Sole-Bad; Grillo-Denkmal). Kurz vor 1828 entsteht eine Häuser-Zeile in Fachwerk: neun Mietwohnungen für Arbeiter der Saline.

Orts-Hinweise: Stadt-Geschichte von Unna. Hellweg-Museum (1928) in Unna (Burgstraße 8), zur Stadt-Geschichte und zum bürgerlichen Wohnen sowie zur Saline Königsborn.

Schau-Plätze entlang der Ruhr

Eine zweite Kette kleiner Städte entsteht im Tal der Ruhr. Im Gegensatz zu Emscher und Lippe läuft die Ruhr, die im Sauerland (Rothaargebirge) am Kahlen Asten (841 m) entspringt, weithin durch Bergland. Am Jahres-Ende hat sie meist Hochwasser. Bei Mülheim tritt sie ins Tiefland. Sie verlagert dort im Laufe ihrer Geschichte häufig ihr Bett. Im Mittelalter wird im Tal der Ruhr sogar Wein angebaut. Aus dem Wort Wingaren (Weingarten) entsteht der Orts-Name Wengern (Witten-Wengern). In der ersten Hälfte des 19. Jahrhunderts ist die Ruhr ein Welthandels-Weg [365, 370].

Schwerte wird 1242 in den Rang einer Stadt erhoben. Im Mittelalter ist es eine Stätte vieler Handwerker, die Eisen verarbeiten [29]. Hier lassen viele Adlige sich ihre Eisen-Panzer anfertigen, die zugleich Kriegszeug und Prestige-Signal sind. Der Ort ist Mitglied im Städte-Verbund der Hanse. 1447 baut sich die Bürgerschaft als Zeichen der Selbstverwaltung ein Haus des Rates. Es besitzt eine offene Gerichts-Halle (heute Ruhrtalmuseum). Die Bürger organisieren ihren Wohnbereich in kleine, überschaubare sozial-kulturelle Einheiten, in zehn Schichte (Nachbarschaften).

Herdecke. In karolingischer Zeit entsteht ein Kanonissen-Stift [46]. Es verfügt über das Dorf und die Mark-Genossenschaft. 1325 fällt das Gebiet den Grafen von der Mark in die Hände. Sie geben dem Ort 1355 das Markt-Recht, das heißt die Genehmigung, daß auf ihrem Terrain Waren aller Art ausgetauscht werden dürfen. Ähnlich wie in Witten entsteht ein wichtiger Korn-Markt[41]. Er ist ein Umschlagpunkt. Die Bauern aus dem Hinterland bringen ihr Getreide, die Aufkäufer lassen es auf der Ruhr zu den Städten am Rhein, vor allem in den Niederlanden transportieren. Der Status von Herdecke, das durch Tuchweberei wohlhabend wird, liegt zwischen Dorf und Freiheit. 1739 billigt ihm die preußische Krone eine Art Gleichstellung zu Städten, das ›rathäusliche Wesen‹, zu.

Umfeld des Stiftes, einst ein ummauerter Bereich [46], und Freiheit Herdecke (E. 18. Jh.).

Wetter besteht aus dem Dorf Wetter im Westen und der Landes-Burg mit seiner ›Freiheit‹ im Osten. Die Grafen von der Mark ließen im 13. Jahrhundert diese Festung bauen: in Konkurrenz gegen die Burg Volmarstein auf dem südlichen Ruhr-Ufer, dem kriegerischen Bollwerk der Kölner Erzbischöfe. ›Die Freiheit‹ besitzt, zusammen mit dem Dorf, eine ge-

wisse Selbstverwaltung. Der Kurfürst von Brandenburg betreibt gezielt eine Wirtschafts-Politik (Merkantilismus): er läßt 1661 zwölf bergische Klingen- und Messer-Schmiede ansiedeln.

1780 wird für den frühen Bergbau an der Ruhr in der Burg das ›Cleve-, Mörs- und Märkische Bergamt‹ eingerichtet. In einem der Fachwerk-Häuser der Freiheit (Nr. 18, Tafel) wohnt der Bergamts-Direktor. Dies ist von 1784 bis 1793 der Reichsfreiherr Heinrich Friedrich Karl Reichsfreiherr vom und zum Stein (1557-Cappenberg 1831). Stein ist fasziniert von England, dessen Industrialisierung er studiert. Hier leitet er 170 Gruben und die Ruhr-Schiffahrt. Seit 1794 als Präsident der Clevischen Kammer, seit 1796 als Oberpräsident von Westfalen teilt Stein nicht die Abneigung der preußischen Bürokratie gegen deren westliche Territorien, wo die Menschen nicht so fügsam sind wie ostelbische Untertanen. Es sind „eigenbrötlerische, selbstbewußte, dickschädlige Westfalen, die gegen die Obrigkeit aufmucken, nach Möglichkeit sich vor dem Militärdienst drücken und notfalls den Steuereinnehmer verprügeln" (Franz Herre). Aus dem Studium von vorabsolutistischen Überbleibseln der Selbstverwaltung im Ort und in Westfalen bezieht er viele Anregungen für seine spätere Reform der kommunalen Verwaltung in Preußen und der Bauern-Befreiung (1807)[42].

1804 wird das Oberbergamt nach Essen verlegt. Das Bergamt geht 1816 nach Bochum. Die leergezogene Burg kauft 1819 Friedrich Harkort aus Hagen und legt in ihr eine Maschinen-Fabrik an (später Demag). *[347, 254, 255]*

Orts-Hinweise: Stadt-Geschichte von Wetter. Denkmal für den Freiherrn vom Stein am Rathaus (Kaiserstraße). Harkort-Turm (1884; Harkortberg). Auf der östlichen Seite der Ruhr: Vom Stein-Turm auf dem Kaisberg in Hagen-Vorhalle.

Hattingen besitzt seit 1350 den Rechts-Status der ›Freiheit‹ das heißt es ist

„Bügeleisenhaus" in Hattingen, heute Museum [44].

– ähnlich wie Werden und Ruhrort – eine Minderstadt mit Rat und Bürgerrecht[43]. 1396 dürfen sich die Bürger einen Schutz mit Wall und Graben anlegen. Hartnäckig streben rührige Bürger nach weiteren Rechten – und sie erhalten sie: 1406 das Wein-Zapfen, 1407 das Wege-Geld, 1435 das Marktrecht – vor allem für den Handel mit Klingen und Tuchen. Seit 1412 gründen sich Gilden. 1420 entsteht am Untermarkt eine überdachte Markt-Halle für den Fleisch-Verkauf. 1576 wird sie aufgestockt: zum Rathaus. [255]

Orts-Hinweise: Stadt-Geschichte von Hattingen. Kulturgeschichtliches Museum (1962) Bügeleisen-Haus (1625) in Hattingen (Haldenplatz 1), im Haus von 1611, mit Sammlung zur Eisen-Verhüttung und -Bearbeitung in Hattingen (Isenburg-Grabung)[44]. Heimatmuseum (1929) in Hattingen (Untermarkt 2), im alten Rathaus.

Langenberg ist eine bäuerliche Siedlung, wo ein karger Acker-Boden die Bevölkerung neben der Landwirtschaft zu weiteren Gewerben zwingt. Erst spät (1652) erhält die Gemeinde die Erlaubnis, Großhandel mit Leinen zu betreiben. Nun entsteht innerhalb eines ländlichen Wirtschafts-Systems für den Nebenerwerb ein ansehnlicher Kristallisations-Punkt. Einige Kaufleute im Ort liefern den Heimweber-Familien auf dem Land Rohstoffe an und holen die Produkte ab. Sie lagern in den großen Häusern dieser Verleger. Sie verkaufen sie weiter in die großen Städte Europas, wohin sie viele Geschäfts-Verbindungen haben. Größter Verleger am Ort ist Peter Lukas Colsmann (1733 geboren). Er widmet sich vor allem der Seiden-Herstellung. Ihre Luxus-Stoffe bringen den größten Verdienst [257].

Steele (Essen-Steele). 938 hält Kaiser Otto I. hier einen Hof-Tag. Die Bauernschaft gehört dem Stift Essen. Der Wort-Stamm weist auf die uralten Eisen-Funde und die Eisen-Verarbeitung im Ruhr-Tal hin. 1457 erhalten die seit langem arbeitenden Schmiede [29] die Erlaubnis, in ihrem Dorf [!] sich zur Wirtschafts-Vereinigung einer Zunft zu organisieren. Diese Schmiede arbeiten seit jeher für die Rüstung und werden daher in Jahrhunderten von den Essener Fürst-Äbtissinnen gefördert, auch wegen einträglicher Abgaben. 1803 produzieren im Dorf 97 Familien Gewehre. Sie werden vor allem nach Amerika verkauft. Fürst Pückler-Muskau berichtet 1826 auf einer Reise von Steele: es ist ein „anmutiger Ort, so recht für den gemacht, der sich vom Getümmel des Lebens in heitere Einsamkeit zurückzuziehen wünscht". 1857 erhält die Ortschaft Steele das Stadt-Recht [255].

Werden (Essen-Werden) ist ein Vorort des reichen Benediktiner-Ordens[45]. Er gilt im Mittelalter als konservativ und ist ein ideologischer Referenz-Punkt der reichsten Etablierten.

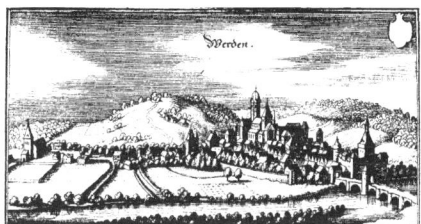

Abtei und Freiheit in Essen-Werden (Städtebuch 1572 von Braun/Hogenberg), links außerhalb des Ortes die Luciuskirche.

Um 800 legt der Bischof von Münster ein Männer-Kloster an. Vier Generationen später (871) kommt es in den Besitz des Königs. Es liegt in strategisch exponierter Lager: am Grenzfluß zwischen Franken und Sachsen. Als eine der drei wichtigsten Benediktiner-Abteien ist es ein logistischer und ideologisch-magischer Ausgangsort für die fränkische Expansion [32, 51] in das widerstrebende Sachsen-Land (1802 säkularisiert, heute Museum im Ostflügel und seit 1927 Musik-Hochschule Folkwang Essen).

In dieser Abtei übersetzt im 9. Jahrhundert ein Mönch die Bibel: für die Sachsen in die altsächsische Sprache (›Heliand‹). Jesus ist zeitgenössisch aktualisiert. Als junger Herzog zieht er, wie es für Herzöge üblich ist, mit seinen Kriegern durch das Land. Ihre wichtigste Beschäftigung ist die Jagd. Nun gilt dieses Abenteuer dem Teufel. Daraus folgt, daß sie überall Teufel sehen, mit ihnen kämpfen und sie umbringen – als gottgefälliges Werk.

Der Abt ist ein Mann der Macht: er regiert ein kleines geschlossenes Territorium und darüber hinaus viele Guts-Höfe und Kirchen, die über viele Tagereisen hin in der ganzen Region verstreut liegen [40]. 1159 wird der Abt als ›Reichs-Fürst‹ angesprochen, 1231 besitzt er das Fürsten-Privileg [47]. Das Territorium hat keine richtige Stadt. Es besteht aus der ›Freiheit‹ Werden, einem Dorf (Kettwig

mit dem Status der ›Freiheit‹) und 13 Bauernschaften (Honnschaften). [40, 49]

In der Grafenstraße (Nr. 59) blieb das Fachwerk-Haus einer Weber-Familie erhalten (1556) – mit großen Fenstern: die Weber brauchen Licht, wenn sie die Fäden verknüpfen.

Kettwig (Essen-Kettwig) im Territorium von Werden, ist zwar keine Stadt, besitzt aber eine Reihe von ähnlichen Rechten und Organisations-Formen. Im Gegensatz zum Land darf hier Handwerk ausgeübt werden. Seit 1317 gibt es einen Jahrmarkt, 1358 ein Obdach- und Armenhaus, zugleich Gasthaus für durchreisende Fremde, weiterhin das Brau-Recht, seit 1608 die Tuchmacher-Zunft und die Wollweber-Zunft. [49]

Schau-Plätze entlang der Emscher

Das Bruch. Den Tieflands-Fluß begleitet bis um 1900 ein weites sumpfiges Gelände: das Bruch – in der Sprache hiesiger Bauern das „Bruck". Davon leiten sich viele Namen von Bauernschaften ab: Bruckhausen (Duisburg-Hamborn), Averbruch (Dinslaken), Dinslakener Bruch, Emscherbruch (Herten).

„In die Niederwälder wurde auch das Hornvieh zu Laub und Gras getrieben. Die Gemeinheiten im Emscherbruch – die Heßler Mark und die 3 Sundern in der Braubauerschaft, die Horster, die Berger und die Resser Mark – durchtobten zahlreiche Treck- und Wildpferde. Mit dem Essener Marschallamt und den angrenzenden Rittersitzen war das Recht auf die Wildbahn und auf den Durchstrich verbunden. Die Dienstleute und die Pferdestricker durften das ganze zusammenhängende Markengebiet an der Emscher durchstreichen und Herden zusammenjagen, um Pferde mit Strick und

Nasenklemme oder Pram einzufangen und zu bändigen. Pram und Lasso sind in vielen Wappen der Ritter und Ministerialen wiederzufinden."[46] [371]

Holten (Oberhausen-Holten). Vor der Militäranlage der Landesburg Holten (1240 zuerst genannt) erhalten die Burg-Mannen für ihre Familien Bauern-Höfe. So entsteht ein kleines Straßendorf (Kastellstrasse). Trampelpfade kommen hinzu (Mittel-, Krumme und Mechthildstraße) und erhalten im Laufe der Zeit Häuser. Um den Militär-Stützpunkt zu vergrößern, wird dieses Dorf 1310 mit einer Mauer umgeben und in den Rang einer Stadt erhoben. Die Bevölkerung, meist kleine Bauern, sind in Kriegs-Zeiten zum Militärdienst verpflichtet. [49]

Horst (Gelsenkirchen-Horst). Die Freiheit Horst erhält vom Kaiser 1282 Stadtrecht, realisiert sie jedoch niemals [42]. Denn der Landes-Herr, der Erzbischof von Münster, hintertreibt diese Verselbständigung mit aller Energie.

Buer (Gelsenkirchen-Buer), eine mittelalterliche ›Freiheit‹ (Minderstadt), besteht aus drei Nachbarschaften. Sie stellen je sechs Ratsherren, die jährlich zwei [!] Bürgermeister wählen. Das italienische Leitbild des Städtewesens reicht also auch noch in der Bereich der Orte mit dem Status der ›Freiheit‹. Die Bewohner verschaffen sich einen gewissen Schutz: sie legen einen Wall mit einem doppelten Graben an. [187]

Crange (Herne-Crange) ist im 15. Jahrhundert eine Minderstadt, eine ›Freiheit‹ [31]. Bis um die Mitte des 19. Jahrhunderts werden jährlich Wildpferde eingefangen und dann verkauft: zum wichtigsten Pferde-Markt der Region – am St. Laurentius-Tag, dem 10. August. Bis heute gibt es immer noch ein Interesse an den Legenden um die wilden Pferde. Dies zeigt, wie tief die Erinnerungen nach vielen Generationen – über die Geschichten der Großväter transportiert – in den Köpfen haften. Der jährliche Pferde-

oben: Haus Horst (1558/1567 von Arndt Johannsen; 1567/1578 von Joist de la Court) in Gelsenkirchen-Horst.

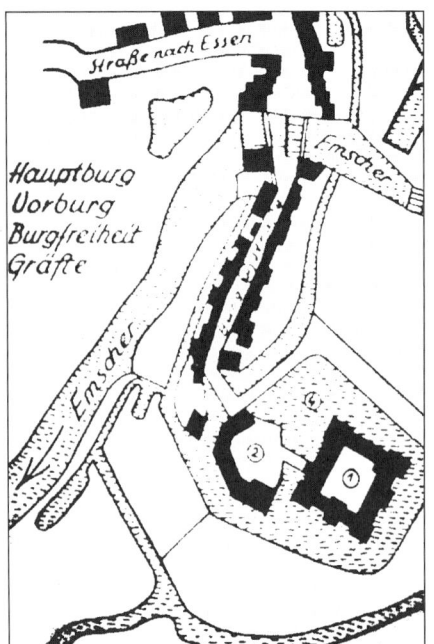

Schloß und Freiheit Horst (um 1780) in Gelsenkirchen-Horst. eine typische Wasser-Anlage: In einer Kette folgen hintereinander die Siedlung (›Freiheit‹) für Burgmannen, Bauern und Handwerker (3), die landwirtschaftliche Vorburg (2) und – am besten durch das Wasser geschützt (4) – die Hauptburg (1).

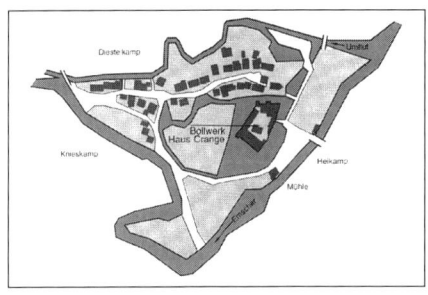

Haus Crange und Freiheit Crange in einer Em-
scher-Schleife.

den Ort zum Schutz mit einem Palisa-
den-Wall und einem Graben. *[24, 31]*
Recklinghausen entsteht aus einem
sächsischen Hof. Der fränkische König
Karl erobert ihn und wandelt ihn in einen
Reichshof um. Als Oberhof [27] sammelt
er die Abgaben der Bauern. 1170 kommt
der Oberhof in die Hand des Kölner Erzbischofs.

Der Hof ist inzwischen zur Festung
gemacht. Vor seinem Zugang entstand
eine Siedlung von Handwerkern und
Bauern [44]. Der Landes-Herr läßt auch

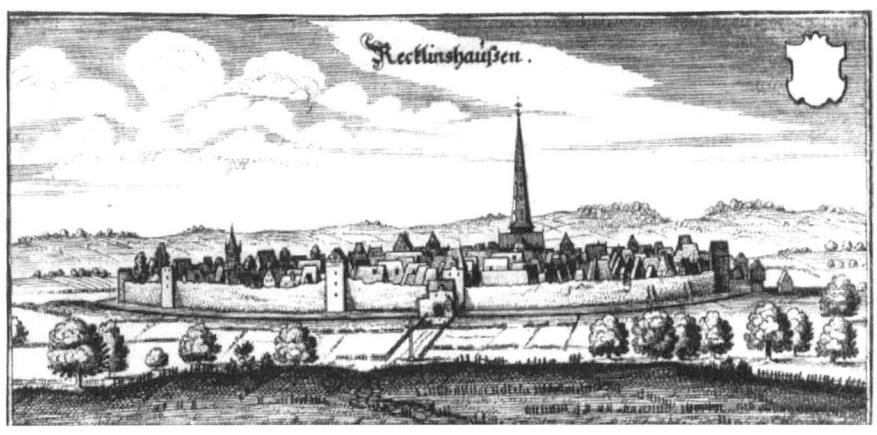

Recklinghausen (16. Jh.).

Markt ist mit einer vergnügungsreichen
Kirmes verbunden – bis heute eine der
größten in Deutschland. [408]

Westerholt (Herten-Westerholt) entsteht aus dem Herren-Sitz eines Ministerialen, der bei der kurkölnischen Verwaltung in Recklinghausen tätig ist. Mit Hilfe des Landes-Herrn baut er seinen Herren-Sitz aus: daher erhält diese Festung
als ›Offenhaus‹ eine kurkölnische Besatzung. Die Siedlung vor ihrem Zugang
wird 1421 als eine ›Freiheit‹ bezeichnet.
Sie besitzt eine beschränkte Selbstverwaltung: mit zwei [!] Vorstehern. Auch hier
klingt das ferne Vorbild der zwei antiken
Konsuln nach. Die Bevölkerung umgibt

sie zu einer Festung ausbauen (1236) –
zur Stärkung des strategischen Punktes
(Reste erhalten, heute Ringstraße). Damit
verleiht er ihr den Rang einer Stadt.

Sternförmig laufen aus dem Umland
die Wege auf die Altstadt zu (dies wird das
Muster für die städtische Expansion im
Industrie-Zeitalter). In Form eines Kreuzes treffen sich vier Straßen am Markt.
1236 wird ein Rathaus geplant (domus
publica). Im Ort leben und arbeiten viele
Handwerker-Familien, vor allem Ge-
wandschneider und Schmiede. Seit 1316
ist Recklinghausen Mitglied im Städte-
Bund der Hanse.

Orts-Hinweise: Stadt-Geschichte von Recklinghausen. 1925 Vestisches Museum (1925, 1988) Recklinghausen (Hohenzollernstraße 12), mit Stadtgeschichte, Leben in der Ackerbürger-Stadt.

Horneburg (Datteln-Horneburg). Die Landes-Burg ist die Residenz des Kölner Erzbischofs für das Territorium

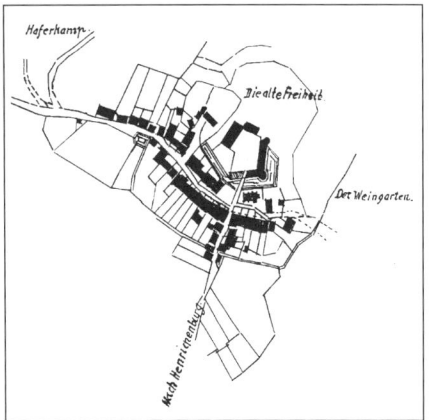

Struktur-Plan der Landesburg Horneburg mit Freiheit in Datteln-Horneburg.

Schau-Plätze entlang der Lippe

Die Lippe ist der längste Ruhrgebiets-Fluß. Von den vier Tieflands-Flüssen (Emscher, untere Ruhr, Rhein) ist die Lippe in einigen Bereichen der am ehesten erhaltene. Er schlängelt sich in vielen Windungen durch weite Fluß-Auen (vor allem zwischen Werne und Selm-Bork). Eigentlich ist es erstaunlich, daß die Lippe

Tieflands-Fluß Lippe

des Vest Recklinghausen [41]. Am Ende des furchtbare 30 Jahre langen Welt-Krieges läßt der französische General Turenne 1646 seine Soldaten die kleine Residenz gnadenlos niederbrennen [49]. Nachher wird nur die Vorburg wiederaufgebaut. Vor der Landes-Burg liegt ein Dorf, seit 1446 im Status einer ›Freiheit‹, mit zwei [!] Bürgermeistern. Ein Wall und ein Graben schützen die Bevölkerung, die weitgehend aus Dienstmannen der Residenz besteht.

Castrop (Castrop-Rauxel), ein Markt-Flecken, erhält von den Herren von Cleve den Status einer ›Freiheit‹ und schafft sich Schutz mit Wall, Graben und drei Toren. [246]

in vorindustrieller Zeit keine große Bedeutung erhält. Dies zeigt, daß die Region nicht vom Austausch geprägt ist. Die Bezüge gehen eher von Werne nach Münster und Dortmund als nach Wesel zum Rhein. Auf Veranlassung des Oberpräsidenten von Vincke wird zwischen 1820 und 1830 die Lippe schiffbar gemacht. [366]

Wesel ist im späten Mittelalter, aufgrund seiner Lage am Rhein und an der Mündung der Lippe, die wichtigste und größte Handels-Stadt der Region[47]. Sie ist die See-Stadt für Westfalen. Im 16. Jahrhundert liegt die Wesel nicht wie heute am Rhein, sondern mit der Haupt-Front an der Lippe, die damals unterhalb der Stadt in den Rhein mündet.

In ständigem Austausch mit niederländischen Städten, geradezu in Symbiose erhält der Ort ein weitgehend holländi-

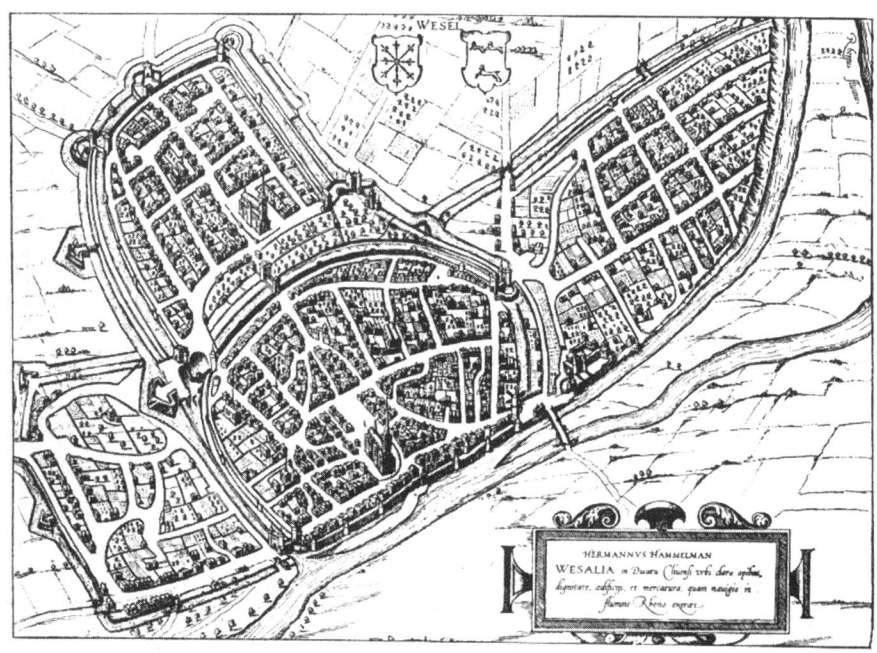

Wesel (kombinierter Ansichts- und Stadt-Plan 1572 von Hermann Hammelmann): Altstadt, landein-wärts ummauerte Vorstadt Matena, rechts Fischer-Vorstand, links eine weitere Vorstadt.

sches Gepräge. Der Graf von Cleve ver-leiht den 2.300 Einwohnern 1241 das Stadt-Recht. Italienisch beeinflußt ist das politische System: zwei Bürgermeister, zehn Schöffen, zwölf Rats-Herren. 1350 im Rheinischen Städtebund, 1407 in der Hanse, 1564 Veranstalter des Hanse-Tages.

Kulturell ist Wesel weit vor Dortmund die führende Stadt der Region: 1342 ent-steht eine ›Hohe Schule‹, eine Art Gym-nasium, das seinerzeit eine sehr an-spruchsvolle Bildungs-Einrichtung ist. An ihr lehren viele bedeutende Gelehrte, von denen eine erhebliche Zahl an nie-derländische Universitäten berufen wird. Konrad von Heresbach, ein Schüler von Erasmus von Rotterdam, vererbt dem Gymnasium seine große Bibliothek. Aus Wesel stammen der Anatom und Ent-decker des Blut-Kreislaufes Andreas Vesa-lius (Vesalia = Wesel), der 1564 in der

Universität Padua stirbt. Und der Erfin-der des Fernrohres: Hans Lipperhey. Aus Wesel stammt Peter Minuit, der Gründer von New York.

In Wesel leben am Ende des Mittelal-ters mehr Künstler als in der ganzen Re-gion zusammengenommen. Während sich in Kleve und Kalkar die meisten Werkstätten der Holzschnitzer befinden, führt Wesel im Bereich der Stein-Skulp-tur (Heinrich Blankebyl, Johann van Goch u. a.) und der Maler.

Kein Gebäude könnte ambitionierter, größer und reicher ausgestattet sein als die Stadt-Kirche. Bürgerliches Selbstbe-wußtsein [47] will sich mit den größten Bau-Werken Europas – mit Königen und Bischöfen – messen. Ebenso wie in den großen Bürger-Städten Europas ist nicht der Klerus oder ein Herrscher der Bau-herr, sondern der Magistrat der Stadt. Ge-

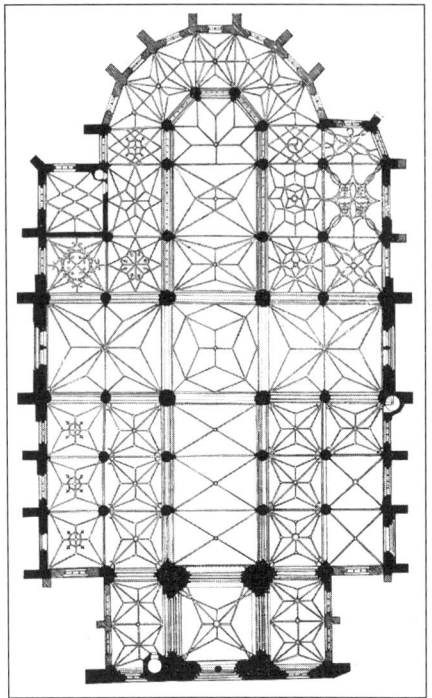

Willibrordi-Kirche (1424/1470) in Wesel.

tragen vom Geld und der Organisation von den Gilden, Zünften und Bruderschaften (sie lassen sich in den farbenreichen Decken-Malereien symbolisieren) wird 1424 der große Bau des 12. Jahrhunderts stückweise abgerissen und unter der Leitung des niederländischen Baumeisters Jan Cavelens stückweise neu gebaut.

Fünf Schiffe bilden weite Räume. Hinzu kommt ein Chor-Umgang. 38 Altäre gibt es (nahezu alle verloren), jeder hat einen eigenen Geistlichen. Das Mehrzweck-Gebäude dient vielerlei weltlichen Nutzungen. Generationen bauen an dem Riesen-Werk – erst 1470 ist der gigantische Turm fertig. Sein Block, der mit teppichhaft-textil erscheinendem Maßwerk überzogen ist, dient den Rhein-Schiffern und Bauern der Umgebung als Orientie-

rungs-Zeichen. Und er rivalisiert – wie dies ein Rats-Protokoll von 1470 ausdrücklich feststellt – mit Duisburg, wo ebenfalls ein solcher Turm steht.

Die weiträumige, ganz holländisch ausgerichtete Anlage ist weniger ein Zeichen für Frömmigkeit als ein Symbol der Selbsteinschätzung und der Selbstdarstellung von Bürgern: ein Stadt-Symbol, das an der Hauptstraße Europas, an der Wasser-Straße des Rheines, ähnlich wie Basel, Straßburg, Mainz und Köln eine Art High Tech seiner Zeit anschaulich vor Augen führt – den Höhepunkt seiner gesamtstädtischen Leistungs-Fähigkeit. Leitbild sind Bürger-Kathedralen wie sie s' Hertogenbosch und Arnheim errichten. Wie diese Räume erlebt werden, hat an ähnlichen Bauten der holländische Maler Pieter Saenredam (1597-1665) überliefert.

Immer noch wird gebaut – da kommt die Reformation. Eine aufgeklärte, auch pluralistische Bürgerschaft tritt – in Zusammenhang mit der Aufklärung in den Niederlanden – 1540 zur aufgeklärten Version der Religiosität über: zum reformierten Bekenntnis. Die Ziele verändern sich – und damit die Repräsentation. Nach niederländischem Vorbild wird im Hauptschiff gerade noch ein Gewölbe aus Holz eingezogen, dann wird die Bau-Tätigkeit eingestellt. Aber für den auf nicht mehr auf sakramentale Magie, sondern auf die Intelligenz der Predigt umgestellten reformierten Versammlungen wird die Atmosphäre wohnlich-licht gemacht: mit großen Leuchter-Kronen. [89]

Erst im Gefolge der Fertigstellung des Kölner Domes wird nach 1883 das Werk vollendet (Flügge/Adler, Essen) – und ideologisch zur Repräsentanz von Kaiser Wilhelm I. (Statue am Süd-Portal) genutzt, der auch an der Spitze der evangelischen Staats-Kirche steht.

Hinter dem Ost-Chor der Stadt-Kirche breitet sich der ›Große Markt‹ aus – der wichtigste Teil der Kette von Märkten: in der Nähe gibt es einen Fisch-Markt und einen Korn-Markt. Am Großen Markt steht bis 1944 das Rathaus (1390/1396 von Meister Geliß) – einer der virtuosesten öffentlichen Bauten seiner Zeit: Goldschmiede-Arbeit ist hier in gebautes Filigran-Werk übersetzt. Es gibt keinen Unterschied mehr zwischen der Virtuosität im Bau von Kirchen und diesem Profan-Bau. Leitbild sind Rathäuser der seinerzeit am meisten entwickelten Landschaft: Flandern. Zu den Statuen der Maria, die die vorchristliche Verehrung der ›Großen Mutter‹ fortsetzt (vor allem in den welt-offenen Städten, vgl. Straßburg), kommen die Vergewisserungs-Figuren des Antonius für die Bauern [32], des Christophorus für die Schiffer und des Willibrordus als Schutz der Stadt.

Die Kriegs-Zerstörung des Rathauses ist einer der größten kulturellen Schäden der Region, der Verzicht auf Wiederaufbau eine der größten Unterlassungen.

Wesel ist vom 14. bis zum 16. Jahrhundert eine Großstadt. Neben der Altstadt entstehen drei weitere Stadt-Bereiche, die insgesamt weit größer sind als der Kern-Bereich. Außerhalb der Mauern liegt an der Lippe flußaufwärts vor der Stadt der Bereich der eingeschossigen Fischer-Häuser (›Fischerdorf‹). Vor dem Vieh-Tor entsteht landeinwärts die Vorstadt Matena, im 16. Jahrhundert ummauert. An der Stelle einer Kapelle (1352) wird – zeitgleich mit der Stadt-Kirche – die große Matena-Kirche gebaut (1424, Turm 1470 [68]). Stromabwärts bildet sich eine dritte Vorstadt.

Zu seinem Unglück kommt Wesel 1614 unter die Oberherrschaft von Brandenburg-Preußen. An der Mündung der Lippe in den Rhein legt es 1680 eine Festung an, deren militärischer Sinn willkürlich ist. Ein anderer Platz hätte den gleichen Zweck besser erfüllt. Der Preis für die verfehlte Wahl ist hoch: die mitten im Frieden vom Militär getroffene Stadt Wesel wird völlig umstrukturiert. [51]

Für Preußen wäre Wesel eine Chance gewesen, die weiter entwickelten Niederlande als Partner für die eigene innere Entwicklung zu nutzen. Aber Preußen ist blind für westlich orientierte Interessen. Sein Absolutismus, der unfähig ist, eine Stadt-Kultur zu begreifen, setzt allein und mit ungeheurer Rücksichtslosigkeit auf das Militär – nach französischem Leitbild. So verliert Wesel durch den Ausbau zur Festung seine historischen und strukturellen Wurzeln. Für die Stadt ist dies eine Katastrophe. Darüber können auch die preußischen Triumph-Architekturen eines Tor-Baus und der Zitadelle nicht hinwegtäuschen. Um 1890 wird der innere Festungs-Ring abgerissen. An seiner Stelle entstehen Grün-Anlagen.

Letzter Akt der Tragödie durch ein mordendes Militär, das nicht einmal in der Lage ist, militär-strategisch zu denken und daher wahllos zivile Werte auslöscht: In einer einzigen Stunde vernichten 1945 rund 6.000 alliierte Flugzeuge die Stadt zu 95 Prozent [235].

Aber auch die Opfer lernen nicht: Kurzatmiger konnte eine Stadt nicht wiederaufgebaut werden. Fast alle noch erhaltenen Reste wurden zerstört und rücksichtslos das Straßen-Raster verändert. Für die Nachdenklichen ist die Stadt auch in ihrem heutigen Zustand ein Triumph des militärischen Wahnsinns.

Orts-Hinweise: Stadt-Geschichte von Wesel. Stadt-Kirche (Willibrordi-Kirche). Im neuen Rathaus: ›Gerichts-Bild‹ – vom Rat 1493 in Auftrag gegeben und vom Weseler Maler Derick Baegert für das alte Rathaus gemalt. Zu einem Hauptwerke der Bildhauer-Kunst in Wesel, den ›Drei Kreuzen‹ (1501) siehe Orts-Hinweise Dinslaken.

Berliner Tor (1718 vom Festungs-Baumeister Jan de Bodt) – als Triumph und Einschüchterung. Zitadelle (1687) als Teil der Festung, die auf Veranlassung des Großen Kurfürsten nach 1680 nach dem französischen System Vauban durch den emigrierten Ingenieur-Hauptmann Dupuy ausgebaut wird. Das Gelände zwischen Zitadelle und Stadt ist einst Esplanade das heißt Exerzier-Platz. Auf dem linken Ufer: Redoute, einst mit einer abreißbaren Schiffs-Brücke zugänglich. Dort ließ Napoleon für ein Fort (später in Fort Blücher umbenannt) das Dorf Büderich abreißen und landeinwärts in Richtung Alpen als eine regelmäßige Anlage wieder aufbauen.

Dinslaken liegt einst im versumpften Rotbach-Tal. Die Grafen von Cleve erwerben den Sitz der Herren von Dinslaken, um ihn für den Territorial-Krieg auszubauen: als rechtsrheinischen Vorposten und Ausfall-Stellung. Die Grenzfestung, geschützt von den Sümpfen des Rotbach-Tales, wird Stadt (1273). In der Landes-Burg, die einen riesigen Turm, vor allem für den Ausblick der Wächter erhält, residiert als Vertreter des Grafen ein Amtmann (später Drost). Er verwaltet das „Land Dinslaken".

Als im 14. Jahrhundert der Raum innerhalb der Mauern keinen Platz für mehr für weitere Zuwanderer hat, ergreifen Bürger im Verbund mit dem Landes-Herrn die Initiative: sie legen neben dem alten Dinslaken an der Straße nach Hiesfeld eine zweite Stadt an – die Neustadt. Sie ist ärmer als die Altstadt und erhält daher minderen Schutz: nur ein eine palisaden-bestückten Wall und Graben. Seit 1443 ist sie völlig unabhängig von der Altstadt: die Bürger wählen einen eigenen Rat und Bürgermeister[48].

Orts-Hinweise: Stadt-Geschichte von Dinslaken. Die reichen Weseler Bürger Hermann Sael und Tilman Haes genannt Elverich lassen nach ihrer glückliche Heimkehr von einer Pilger-Reise nach Jerusalem von der Matena-Kirche [67] zu einer Anhöhe vor der Stadt nach eigenen Maßen Kreuzweg-Stationen errichten (1501; vor der spanischen Belagerung 1587 in Sicherheit gebracht). Erhalten blieb nur die Skulpturen-Gruppe der schmachvoll-grausamen Hinrichtung von Jesus und zwei weiteren Männern auf dem Kalvarienberg (Meister N. des Berendonckschen Kreuzweges in Xanten) – aber in Dinslaken (›Drei Kreuze‹ an der Stadt-Kirche, Abguß am Rondell Walsumer-/Dinslakener Straße)[49]. Die Inschrift deutet auf eine heftige religiöse Auseinandersetzung hin. Die heftigen Bewegungen und der starke Gefühls-Ausdruck gehen auf Anregungen des niederländischen Theaters zurück, das für die Insze-

nierung der Bilder und Skulpturen, vor allem in den importierten flandrischen Schnitz-Altären eine fundamentale Rolle spielt.

Dorsten. Erneut geht es um Grenz-Sicherung für die Territorial-Bildung: der Erzbischof Konrad von Hochstaden, Landesherr des kurkölnischen Vest Recklinghausen, läßt ein 90 [!] Einwohner zählendes Dorf ausbauen: Dorsten. Eine Festungs-Stadt entsteht (1251 Stadt-Recht). Sie wird später ausgebaut.

Dorsten und seine Befestigung (1647 von Matthäus Merian).

Das Stadt-Statut (Liber statutorum) von 1432 zeigt eine frühdemokratische Struktur nach italienischem Leitbild: die sieben Gilden wählen jährlich zwei Bürgermeister, zwei Gildemeister, zehn Schöffen (Ratsmitglieder), zwei Rentmeister und zwei Kämmerer. In jedem fünften Haus wohnt ein Funktions-Träger. Wichtig für den Ort ist die Schiffahrt und der Schiffbau, der den Dorstener Aak herstellt. Im 14. Jahrhundert ist Dorsten im Städte-Bund der Hanse. 1457 wird eine Stadtwaage gebaut (von 1797 bis 1902 Rathaus). [89]

Orts-Hinweise: Stadt-Geschichte von Dorsten. Museum (1935) in Dorsten (Markt 1), in der Stadtwaage (1567), zu Stadtgeschichte, Woh-

Jahrhundertelang im größten Gegensatz: Stadt und Land. Stadt Haltern

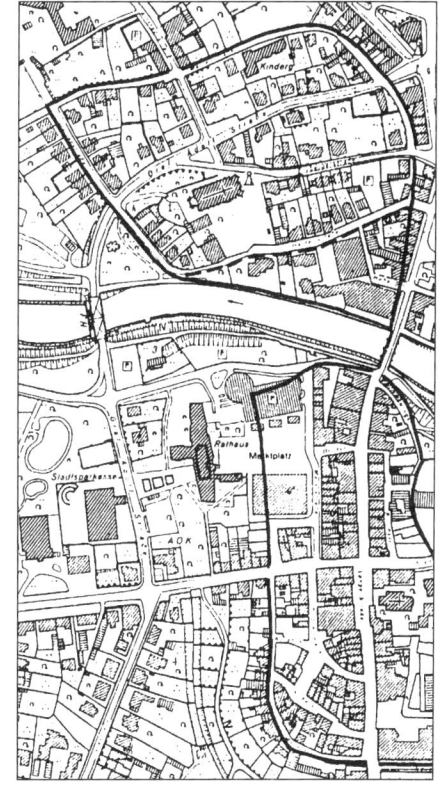

nen und Handwerk (Holzschuh-Macher, Blau-druck, Schiffsbau).

Haltern. Ausgangspunkt ist ein Amts-Hof des Bischofs von Münster. Die Brücke über die Lippe ist in gemeinsa-mem Besitz der Bischöfe von Münster und Köln. Das Dorf wird 1289 als Grenz-festung des Fürst-Bistums Münster zur Stadt ausgebaut (1502 Sieben-Teufels-Turm erhalten). In vielen Kriegen um-stritten wird die Festung im 15. Jahrhun-dert für die neue Kriegs-Technologie der Kanonen ›modernisiert‹ – eine große In-vestition.

Orts-Hinweise: Stadt-Geschichte von Hal-tern. Rathaus (1557/1577). Westfälisches Römer-museum (1989) des Landschaftsverbandes West-falen-Lippe, auf dem Terrain des römischen Mili-tär-Lagers, mit Rekonstruktionen sämtlicher La-ger längs der Lippe. St. Sixtus-Kirche: Gabelkreuz als Darstellung der armen, geschundenen, elend sterbenden Kreatur; Altar aus Antwerpen.

Lünen ist im 12. Jahrhundert ein Bau-ern-Markt am nördlichen Ufer der Lippe (Alt-Lünen). 1366 läßt Graf Adolf von der

Die Altstadt (oben) und die Neustadt (1366; un-ten) von Lünen im heutigen Straßennetz.

Mark den Ort ans südliche Ufer verlegen und gründet dort eine Stadt (1341 Stadt-Recht). Sie entsteht als eine bewußte Planung: ihr Festungswerk ist ein Rechtecks mit abgerundeten Ecken. Dazu gehört die Landes-Burg, in der eine Besatzung von Burg-Mannen liegt. Das Innere der Stadt durchquert als Rückgrat und Orientierung eine Nord-Süd-Achse (Langestraße). Sie verbreitert sich im Mittelpunkt zu einem langen Markt-Platz (an der Ostseite stand das Rathaus, heute ein Bau aus dem 20. Jh.)[50].

Lünen ist eine Stadt der Katastrophen [48]: 1366 Stadt-Brand, 1389 Stadt-Brand, im 15. und 16 Jahrhundert viele Brände, im 30jährigen Krieg (1618-1648) beutegierige Besatzungs-Heere: Spanier, Holländer, Soldaten des Bischofs von Münster – alle Soldaten sind gleichermaßen wild und grausam. Die Stadt erholt sich niemals mehr vom 30jährigen Krieg. Er wirkt jahrhundertelang nach. Um 1800 hat Lünen nur noch 800 Einwohner.

Nach der ›Umsteuerung‹ der Stadt-Sanierung 1981 blieb eine innerstädtische Rand-Zone erhalten [255] – ein Bereich mit Häusern kleiner Leute, der anderswo selten die Stadt-Sanierung überstand (Roggenmarkt/Silberstraße, vor allem westliche Mauerstraße), u. a. ein Acker-Bürger-Haus von 1664.

Werne liegt auf einer niedrigen Terrasse über früheren Sumpf-Wiesen am Zusammenfluß von Hornebach und Lippe[51]. Am Rande des Reviers, erst spät industrialisiert, ist es historisch stark nach Münster hin orientiert.

Vor einem bischöflichen Haupthof wird im 12. Jahrhundert eine Stadt angelegt, offensichtlich in absichtsvoller Planung [42]. Die Steinstraße ist die Hauptachse: einst der einzige gepflasterte Weg. Für Händler und Handwerker stellt er einen Ort des Prestiges dar. Der bewußt geplante Markt ist ein Rechteck-Platz. Seine Häuser sind größer: sie haben zwei Geschosse mit je drei oder vier Fenstern. Der Dimensions-Sprung zu Häusern aus der Industrie-Epoche läßt sich an einigen um 1900 eingefügten Bauten erkennen.

Der Mehrzweck-Bau des Rathauses entsteht 1512 in der Blüte-Zeit des mitteleuropäischen Städtewesens. Er dient im Erdgeschoß der öffentlichen Waage, nach der die Abgaben berechnet werden – die wichtigsten städtischen Steuern.

Arkade ist eine ähnliche Prestige-Form, wie sie die reichen (kriegszerstörten) Bogenhäuser in Münster besitzen. Leitbild sind Arkaden in italienischen Städten – aber in den Details gibt es keine italienische Räumlichkeit und keine menschliche Dimension, sondern die Säulen sind gedrungene kurze Stützen und der Raum ist eng. Vor dem Gebäude steht der Pranger. Daneben zeigt eine Plastik den mittelalterlichen Stadt-Boten in seiner Funktion als Ausrufer.

Der breitflächige, hochaufragende Staffel-Giebel präsentiert die seinerzeit größtmöglichen Fenster: mit hohen Kreuz-Balken und bunten Klappläden. Ursprünglich hatte die Bekrönung Stufen und – wie auch an Kirchen – Eck-Fialen das heißt schmale aufragende, mit Krabben besetzte Spitzen (vgl. das Torhaus in Wolbeck bei Münster), aber 1561 wird die Fassade nach dem niederländischen Leitbild modernisiert: zu einer großzügigen Fläche.

Die Leute erreichen über eine Holz-Treppe den großen Saal im Obergeschoß des Rathauses: er dient den Festen, Hochzeiten, den Versammlungen des Stadtrats sowie des Rats- und Schöffen-Gerichtes. Wie stattlich das Gebäude als Stadt-Symbol ist, läßt sich am Vergleich zu den üblichen zweigeschossigen Häusern an der westlichen Marktseite ablesen. Am Markt steht das Alte Brauhaus Moormann (Giebel um 1400, um 1560 erneuert).

Im Umfeld des Rathauses ist in einer Anzahl von Gassen, vor allem rund um den Kirch-Platz und um das Platanen-

Kirchplatz und Rathaus (1512) mit Loggia (im Hintergrund) in Werne.

Dach des Roggen-Marktes, erhebliche historische Substanz erhalten. Sie steht in beißendem Kontrast zu Scheußlichkeiten, deren Höhepunkte die Stadtsparkasse und die Volksbank bieten.

Die Wasser-Tradition von Werne[52] spiegelt sich in einem Brunnen mit Skulpturen der Tierkreis-Zeichen und in einem weiteren mit volkstümlichen Darstellungen menschlicher Charaktere: „Arm wie eine Kirchenmaus." „Eitel wie ein Pfau." „Ängstlich wie ein Hase." In weiteren Skulpturen zeigt sich in symbolischer Form die Tradition der kleinen Stadt, die jahrhundertelang der Focus-Punkt einer ländlichen Umgebung ist.

Hinter diesem szenen-reichen Höhepunkt städtischer Kultur deutet sich der Kirchen-Bezirk an. Die Kirche ist dem Heiligen gewidmet, der die Reisenden begleitet: dem Christophorus. Der Graf von der Mark zerstört sie, aber die Bürger lassen sie in modernisierter Form in den Konjunktur-Phasen der Stadt wieder auf- und ausbauen – ein Jahrhundert lang von 1446 (von Roseer, Stadtbaumeister von Dortmund) bis um 1530. Es dauert eine weitere Generation, bis der massige Turm 1555 fertig ist (um 1900 neugebaut). Der Innenraum dient ebenso den Stadtbürgern für Versammlungen wie dem Kult – ist also ein Mehrzweck-Bau. Die gleiche Höhe der Raum-Bereiche (Schiffe) zeigt

in ›überhöhter Weise‹, daß die Städter untereinander im Prinzip gleich sind – vor allem, wenn sie sich versammeln.

Kein mittelalterlicher Bau ist einheitlich. Jeder Bereich hat eine unterschiedliche Nutzung und Prestige. Es entsteht ein Konglomerat [47]. Alles dauert sehr lange. Langsam ändern sich Verhältnisse, Einstellungen und Ausdruck. Die Tätigkeit vieler Generationen ist innen und außen ablesbar: der Typus ist Tradition, trotzdem hat jede Generation eine leicht veränderte Vorstellung. Und oft einen Blick auf mehrere Leitbilder. Sie bieten sich in dieser Epoche plural an. Hier geht der Blick zunehmend zu den Niederlanden.

Unter dem Fußboden der Kirche und rundherum auf dem Kirchhof werden die Toten bestattet (bis kurz nach 1800) – und bleiben dadurch mitten im Ort.

Den Friedhof umgibt einst eine Mauer (abgerissen). An ihrem Weg stehen außen herum kranzförmig angeordnete Häuser. Wenn die Bauern aus dem Umland kommen, finden sie das sogenannte Wärme-Häuschen (um 1400). Es ist Art Garderobe und zugleich ein Raum, in dem sie sich aufwärmen können. Diese Bauern sind verpflichtet, zu den großen Festen zur Pfarrkirche zu gehen und nebenan ihre Zahlungen [27] abzuliefern (Spieker = Speicher). Das Amtshaus ist die Verwaltungs- und Zahlstelle für die Pächter kirchlicher Güter (um 1800 in den neuen Prestige-Formen modernisiert (Heimatmuseum). Das Haus Nr. 15 (1563) zeigt in den Fachwerk-Knaggen eine phantastische Vorstellungs-Welt: eine Vielzahl von Masken. [256]

Orts-Hinweise: Stadt-Geschichte von Werne. Markt. Rathaus (1512). Stadt-Kirche (1446 von Roseer, Stadtbaumeister von Dortmund, bis um 1530. Turm 1555 fertig, um 1900 neugebaut). Altes Amtshaus Karl Pollender-Stadtmuseum (1962, 1977; Kirchhof 13).

Kamen. Ein weiterer Ort, der innerhalb der territorialen Auseinandersetzungen vom Grafen von der Mark gegen den

Kölner Erzbischof zur Stadt ausgebaut
wird (1243). Viele Handwerker stellen
Schuhe her und lassen sie auf den Märkten der Städte-Kette verkaufen. 1400 entsteht als Ausdruck städtischen Selbstbewußtseins ein Rathaus.

Orts-Hinweise: Stadt-Geschichte von Kamen.
Städtisches Museum Kamen (Markt 1), im alten
Rathaus, mit Schuhmacher-Werkstatt (19. Jh.).

Hamm. Die Grafen von der Mark residieren ursprünglich in Mark, einer sehr
kleinen Stadt (heute ein Dorf südlich von
Hamm). Diese Residenz geben sie auf
und gründen auf einer militärisch günstigen sandigen Landzunge (Ham) in der
Mündung der Lippe und Ahse 1227 eine
neue Stadt: Hamm. Es ist eine planmäßig
entwickelte Anlage. Die Hauptstraße läuft
in Ost-West-Richtung. Es gibt parallele
Nebenstraßen. Sie werden von weiteren
parallelen Straßen geschnitten.

Hamm besitzt rund 600 Haus- bzw.
Hofstätten von fast gleicher Größe –
ebenfalls ein Ausdruck der Gleichheit der
Bürger. Die Bürger organisieren sich in
einer inneren Differenzierung zu vier
Stadt-Bereichen. Die Mitte besetzt der
Markt-Platz und zeigt sich damit funktionell wie symbolisch als wichtigste Stelle.
An seiner Westseite steht das Rathaus.
Die ellipsen-förmige Festungs-Anlage ist
stärker als andere Städte ausgebaut: sie
besitzt doppelte Gräben, einen Wall und
eine Mauer. In der Nord-Ost-Ecke breitet sich die Landes-Burg des Grafen von
der Mark aus.

Die ersten Bewohner sind Umsiedler.
Sie kommen aus der aufgegebenen Stadt
Mark und aus der Stadt Nienbrügge, die
der Kölner Erzbischof zerstören ließ. Politisch hat Hamm einen janusköpfigen
Charakter: Es ist sowohl Hauptstadt der
Grafen von der Mark wie eine Stadt mit
großer Selbständigkeit gegenüber ihrer
Oberherrschaft. Auch in der Stadt selbst
gibt es Spannungen. Im 15. Jahrhundert
stellen sich – in heftigen Auseinanderset-

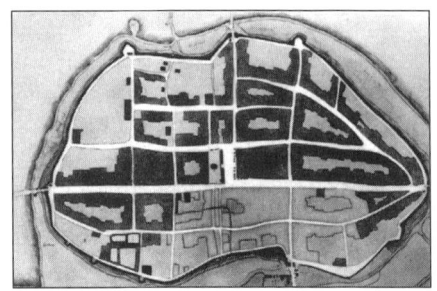

Hamm: Neuplanung nach den Stadtbränden
1734 und 1741 „auf holländische Art".

zungen – neben die Erbgenossen (Ritter-
bürtige und Kaufleute) die Zünfte.

Die weiträumige und in Details ausgezeichnet gestaltete Hauptkirche (ev. Paulus-Kirche) entsteht im Rahmen der
Stadtgründung um 1227 und zeigt den
hohen Anspruch des Grafen von der
Mark.

Die Kanzlei von König Friedrich Wilhelm I. ordnet an, daß Hamm nach den
flächenzerstörenden Stadt-Bränden von
1734 und 1741 nach dem Leitbild der seinerzeit entwickeltsten Städte in Europa
„auf holländische Art" angelegt werden
soll. [82]

Schau-Plätze rechts und links am Rhein

Ein wilder Strom. Bis um 1860 ist
der Rhein auch im Tiefland ein wilder
Strom. Häufig führt er Hochwasser. Gelegentlich entstehen daraus Katastrophen:
wenn die Gewalt des Wassers sich ein
neues Bett sucht. Dann durchbricht der
Fluß das Ufer und verlagert seinen Lauf.

Eine solche Verschiebung *[75]* kostet
Duisburg im Mittelalter die Chancen einer großen Stadt-Entwicklung. Nach einem Hochwasser liegt die Stadt abseits.
Dasselbe Schicksal erleiden Moers und

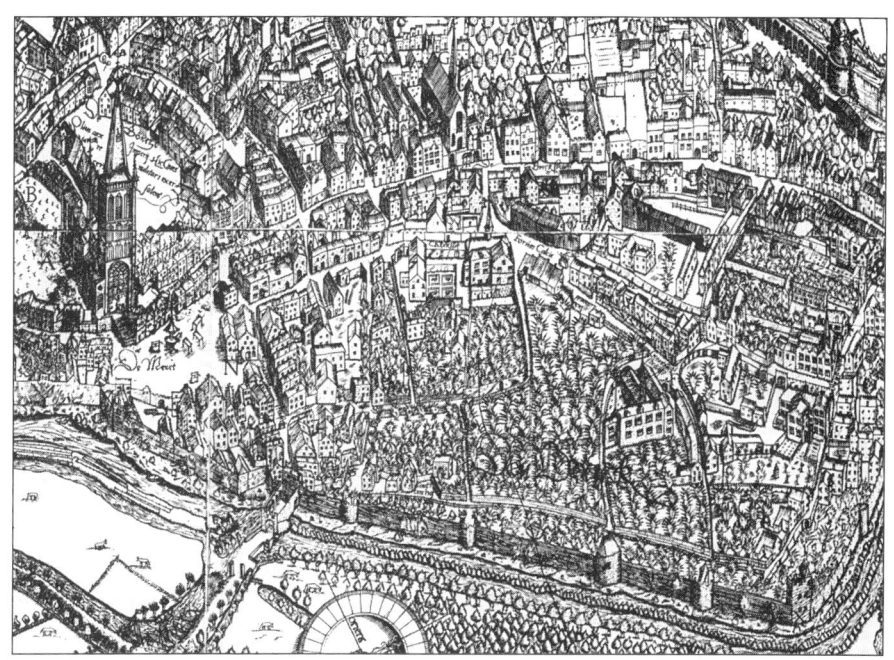

Duisburg (1566 vom Kartographen Johannes Corputius. Ausschnitt).

Rheinberg. 1571 wird in Beeckerwerth (Duisburg-Hamborn) das alte Haus Knipp weggespült. Wer Karten lesen kann, entdeckt ohne große Mühe die Überbleibsel alter Arme von Rhein, Emscher, Lippe und Ruhr.

Fisch-Fang. Für viele Fischer-Familien am Ufer ist der Strom jahrhundertelang ein Bereich, aus dem sie ›Lebens-Mittel‹ gewinnen: Fische.

Boote und Schiffe. Das Wasser erhält Balken, zunächst für Übergänge. Im Mittelalter bringt eine Fähre Reisende von Essenberg (Duisburg-Homberg) zum rechten Rhein-Ufer. Die frühen Schiffe sind Einbäume. In der Antike gibt es ganze Flotten von Schiffen auf dem Strom – zivile und militärische. Im Mittelalter ist der Rhein die wichtigste Wasser-Straße durch Mitteleuropa. Wer hier lebt, erhält die meisten Nachrichten – ist mit der

Welt verbunden und hat mehr Chancen, sich mental zu öffnen.

Duisburg hat die längste Tradition von allen Hellweg-Städten. Dies zeigt, daß der wichtigste vorindustrielle Entwicklungs-Impuls vom Rhein ausgeht. Vergangenheit erschließen, heißt Spuren-Suche. Die archäologische Forschung ist in Duisburg sehr entwickelt. In den achtziger Jahren nutzte sie vor allem den Stadt-Bahn-Bau (U-Bahn). Darstellungen der Grabungs-Ergebnisse präsentiert das Stadt-Museum in Duisburg – in anschaulichen Modellen *[84]*. Duisburger Archäologen ermittelten in mühsamer Kleinarbeit, daß in der Antike der Bereich, wo die Ruhr in den Rhein mündet, dicht besiedelt ist. Viele Menschen machen Schiffs-Transporte. Es gibt Fährleute, die Reisende über den Rhein setzen. Spuren von Händlern wurden gefunden.

Seit dem 5. Jahrhundert wohnen in Duisburg Franken. Auf einer Niederterrasse über dem damaligen Lauf des Rheins (später verändert) entsteht ein Stapel- und Handels-Platz: er ist der Verknüpfungspunkt des Wasser-Weges Rhein und des gut organisierten Land-Weges Hellweg. Duisburg ist der Aufbruchs-Ort für die Straße vom Rhein zur Weser.

Am Ende des 9. Jahrhunderts läßt die Kanzlei des Königs auf der Niederterrasse einen Königs-Hof anlegen und eine Generation später ausbauen: zu einer der vielen Reise-Residenzen des Königs, zu einem ›Palatium‹ (Pfalz). Denn das Regierungs-System ist ein Reise-System [54]. Unentwegt ist der König auf Reisen. Unter den seinerzeitigen Verhältnissen lassen sich nur ›vor Ort‹ Probleme lösen. Könige residieren hier für kurze Zeit in den Jahren 922, 927, 935, 945, 966, 973, 976, 085, 986, 992, 993, 1002, 1005, 1009, 1016, 1125, 1129.

Der Königshof Thusburg (heute Burgplatz vor der Salvator-Kirche) umfaßt eine große ovale Fläche von 125 x 180 Metern[53]. Das wichtigste Gebäude des ummauerten ›Castrum‹ ist ein Haus für den König (palatium, Pfalz). Mit ihm zieht ein umfangreicher Troß von Ministerialen und Bediensteten. Um sie zu beherbergen, wird auf der westlichen Terrassen-Kante eine Kette von Saal-Bauten in 100 m Länge angelegt. Weil sich Funktionen verändern, baut eine Kolonne von Handwerkern immer wieder um und erweitert (Grundmauern ausgegraben). Der magischen Versicherung aller Vorgänge dieser Welt dient eine Hof-Kapelle (Salvator-Kirche). Ein Burggraf verwaltet die Anlage. – Um 1000 wird die Königs-Halle neugebaut – nun aus Stein. Dadurch erhält sie eine Monumentalität, die sie von den Hütten abhebt[54]. Jetzt wird auch der Schutz des ovalen Bereiches, ein Erdwall und Holz-Palisaden, teilweise ebenfalls aus dem prestige-trächtigeren Stein neugebaut.

Die Häuser der vielen Bediensteten sowie die Ställe für Pferde und Nutz-Vieh unterscheiden sich kaum: Sie sind eingeschossige Hütten aus Fachwerk mit Stroh-Dächern. Weil kaum Ansprüche gestellt werden, haben sie keine Lebens-Dauer und verfallen rasch. Dann errichtet die Bau-Kolonne sie neu, meist in ähnlicher Weise.

In dem großen Gelände geht es zu wie in einem Dorf – das Alltags-Leben läuft ohne irgendeine Ritualisierung ab. Einige Meter entfernt am Rhein-Ufer gibt es Landungs-Stege aus Holz-Balken. Dahinter stehen die Schuppen und Hütten der Schiffer-Familien. In der Umgebung leben Bauern mit kleinen Feldern. Der Wald reicht fast an das Dorf heran.

Mit den Schiffen haben viele Leute zu tun: als Schiffer, Schiffs-Leute, Träger, Flößer, Schiff-Bauer und als Händler. Um das Jahr 1000 ist ihre Zahl gewachsen – und damit die Zahl der Wohnungen: östlich der Burg ist ein kleines Viertel mit einzeln stehenden Hütten entstanden.

Um die Burg herum wächst ein Wohnbezirk. Die Ansiedlung von Fernhändlern wird gefördert: für sie wird auf der Terrassen-Kante nach Osten eine Straße angelegt, an der ihnen Parzellen zum Haus-Bau angeboten werden (Niederstraße, später parallel dazu Oberstraße).

Das Schutz-Bedürfnis der anwachsenden Bevölkerung schafft sich nun eine ähnliche Vorrichtung, wie sie der König besitzt: eine Schutz-Mauer. So umfangreich und kostspielig ist die Investition, daß fast eine Generation lang an dieser halbkreisförmigen Anlage gebaut wird (um 1111/1125; Untermauer, Obermauer, Springwall; an der Wallstraße blieb ein Stück erhalten). Die Steine holen sich die Bürger, die zur Mitarbeit verpflichtet sind, aus dem Forst.

Die Tore haben Türme. Diese Vieltürmigkeit dient auch dem Ansehen der

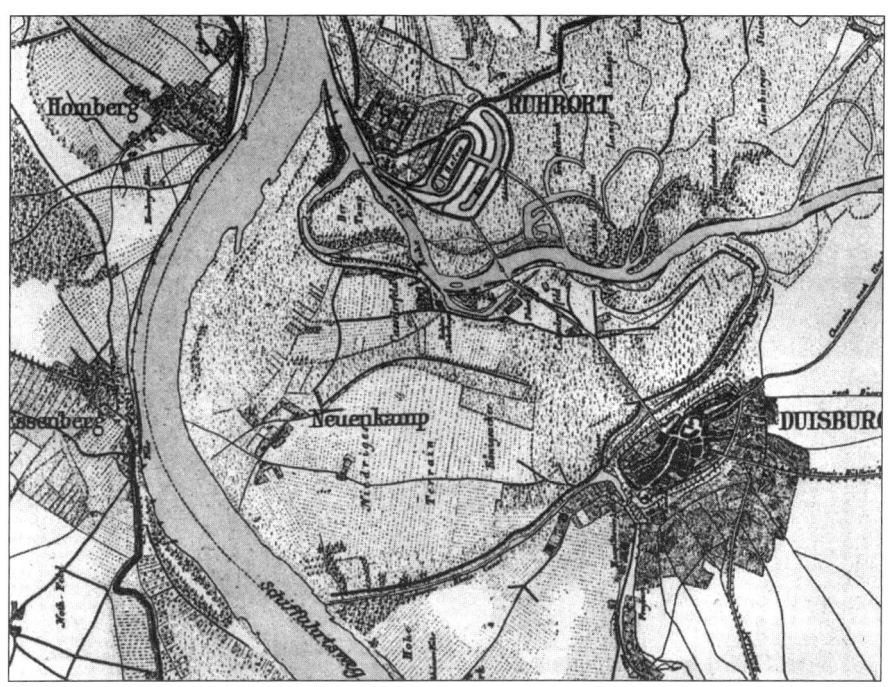

Nach dem Durchbruch des Rheins bei Essenberg verändert sich die Topographie einschneidend. Die
alte Rheinschleife ist noch zu ahnen: nördlich der Altstadt von Duisburg und im Bett der Ruhr südlich
von Ruhrort. Auf der Karte (1836) ist ein mäanderförmiger Stromlauf erkennbar. [72]

Stadt. Ihre Bezeichnungen gingen in die
moderne Straßen-Bezeichnung ein: im
Osten das Stapel-Tor, an der Königstraße
das Kuh-Tor, im Westen das Marien-Tor
und vor dem Hafen das Schwanen-Tor.

Im 12. Jahrhundert werden viele Familien wohlhabend: dies drückt sich in der
Wandlung der Bau-Weise aus: Viele bauen
ihre Häuser neu – und nun mit anderen
Standards. An die Stelle von Holz-Fachwerk und Lehm tritt der dauerhafte, teure
und prestige-trächtige Stein.

In der Staufer-Zeit wird Duisburg
Reichsstadt. Dieser Status bietet der Bevölkerung eine weitgehende Selbstbestimmung. Denn der König ist meist weit
entfernt. Nicht juristisch, aber tatsächlich
ist die Reichs-Stadt eine Art Stadt-Staat.

Um 1200 kommt es zu einer folgenreichen Katastrophe. Das gewaltige Hochwasser kann den Bewohnern zwar nicht
schaden, weil sie auf der Niederterrasse
leben. Und im Winter gibt es ohnehin
keine Schiffahrt. Aber die Bevölkerung
sieht entsetzt, daß der Rhein, von dem sie
lebt, sich mit wahnwitziger Gewalt ein
anderes Bett gegraben hat. (Heute, nachdem der Strom seit über 100 Jahren ein
Kanal ist [366], können wir uns das kaum
mehr vorstellen.)

Bis dahin lief der Rhein in Spitzkehren
an Duisburg vorbei. Im 1. Jahrhundert
verlagerte er sein Bett ein wenig. Aber um
1200 bricht er bei Essenberg ziemlich gerade durch. Nun fließt der Strom eine
halbe Stunde entfernt vorbei. Das bedeu-

tet nicht das Ende der Handels-Stadt, aber es erschwert den Transport. (Die Kanalisierung im 19. Jahrhundert verlegt den Rhein ein weiteres Mal: nun noch weiter nach Westen.)

Die Entfernung zum Rhein und dazu die große Brand-Katastrophe von 1283 [48] lassen das Interesse der Könige an ihrer Liegenschaft erlöschen. Sie trennen sich von ihr in einer ähnlichen Weise, wie heute oft Liegenschaften zu Geld gemacht werden – ohne Rücksichten auf die Interessen beteiligter Menschen. 1254 kauft sich der wohlhabend gewordene Deutsche Orden in Duisburg ein: er erwirbt vom Reich, das in Finanznot ist, die Pfalz-Gebäude. 1290 verpfändet Rudolf von Habsburg die Stadt an den Grafen von Cleve. Das bedeutet das Ende der Reichs-Freiheit. Die konkreten Auswirkungen? Eine erhebliche Verminderung der Selbstgestaltungs-Möglichkeiten. Es ist nicht überliefert, wie die Bürger den himmelschreienden Umgang mit dem Königs-Besitz aufnehmen: gewiß sind sie außer sich vor Empörung. Niemand hält die gesprochenen Diskussionen schriftlich fest.

Der Niedergang ist schrecklich. Ein Teil des Handels läuft an der Stadt vorbei. Duisburg verfällt zur Acker-Bürger-Stadt. Die Pfalz wird stückweise parzelliert und an Bürger verkauft. Wie sehr hingegen der magische Sektor wächst, zeigt der Funktions-Wandel der Burg: um 1200 nimmt er die Hälfte des Geländes ein – mit der nun großgewordenen Kirche und einem ausgedehnten Friedhof.

Der obrigkeitliche Bereich wird nun bürgerlich okkupiert. Die verfallenen Gebäude werden abgerissen. Ein Rathaus entsteht. Und ein bürgerlicher Markt-Platz. Seine Ränder bieten rundherum Bau-Grund für neue Häuser. 1274 hat Duisburg eine Ratsverfassung, in der die italienische Wurzel des deutschen Städte-Wesens deutlich wird: es gibt zwei Bürgermeister. Im 14. Jahrhundert entwickelt

sich die bürgerliche Stadt (Gerichts-Haus, Rathaus).

Die Waren werden mit Körben auf dem Rücken, mit Trag-Tieren und Wagen zum Rhein transportiert. Der Vieh-Markt verursacht Unflat und findet deshalb vor der Mauer statt. Der Hauptmarkt am Aufgang zur Niederterrasse ist nun in die Stadt-Mauer einbezogen – und heißt Alter Markt (heute Freiraum westlich vom Rathaus), im Unterschied zu weiteren Märkten. Die mittelalterliche Halle für die Stadt-Waage (um 1300) wird heute von einem Stahl-Gerüst symbolisch angedeutet (Ausgrabungen, Corputius-Plan 1566 [84]). Im Keller finden die Leute auf dem Markt eine öffentliche Latrine. Nach 1500 wird das Gebäude unterteilt: neben der Waage wird ein zweiter Raum dem Fleisch-Markt und ein dritter dem Burg-Gericht zugewiesen. 1560 wird die Nutzung völlig verändert: das Gymnasium, eine Latein-Schule zur Vorbereitung auf die Universität, zieht ein (1882 Abriß des Gebäudes).

Was bedeutet es, daß nicht einmal der Eintritt der Stadt in den großen Städte-Bund der Hanse im 14. Jahrhundert mit einem Datum überliefert ist?

Die Zünfte (elf im 18. Jh.) strukturieren und regulieren das Wirtschafts-Leben. Eine weitere Ebene der sozial-kulturellen Struktur sind Bruderschaften. Hinzu kommen Schützen-Vereinigungen. Sie sind über auch Gesellligkeits-Vereine.

In vier Stadt-Vierteln organisieren sich diese sozial-kulturellen Gemeinschaften, orientiert auf die Wachen und den Not-Dienst an den Toren. Ihre Netze sind – auch mit ihren Strukturen an Wirtschaft, Kommunikation, Kultur, Denkweisen und Ritualisierungen – über die Jahrhunderte hinweg, von Generation zu Generation, so stabil, wie wir es uns heute nur mit großer Mühe vergegenwärtigen können. Erst im 19. Jahrhundert, teilweise erst nach 1945, lösen sich diese sozialen Gebilde mit ihren von langer Erfahrung geprägten Mental-Strukturen langsam auf.

Von 1552 bis 1594, also 42 Jahre lang, lebt einer der wichtigsten Kenner der Erde in Duisburg: Gerhard Mercator (1512-1594). Geboren in Flandern,

Der Geograph und Kartograph Gerhard Mercator (1512-1594) lebt 42 Jahre in Duisburg.

Hochschullehrer in Löwen, wegen lutherischer ›Ketzerei‹ 1544 angeklagt, flieht er vor der Hinrichtung nach Duisburg und arbeitet hier als Lehrer am Gymnasium, vor allem aber als Geograph und Kartograph. Der bärtige Gelehrte perfektioniert Methoden, die Welt in Karten darzustellen: die ›Mercator-Projektion‹ – der winkelgetreue Kartennetz-Entwurf für die Schiffs-Navigation. Mit seinen Söhnen gibt er seine gesammelten Karten als Atlas heraus.

In dieser Zeit vollzieht sich auch eine Art Vermessung der Stadt: Johannes Corputius fertigt – eine lange und teure Aufgabe – einen Plan der Stadt an (1566 erschienen). [73, 239]

Orts-Hinweise: Stadt-Geschichte von Duisburg. Museum für Stadtgeschichte Duisburg (Niederstraße): sechs Stadtmodelle, ›Mercator-Sammlung‹. Ausgrabungen auf dem Alten Markt. Mercator-Brunnen (1878) vor dem Rathaus, entworfen vom Stadtbaumeister Hermann Schülke, Skulpturen Joseph Reiß (Düsseldorf). ›Dreigiebel-Haus‹ (16. Jh.; Niederstraße 30; heute Atelier-Wohnungen für Lehmbruck-Stipendiaten). Stadt-Mauer (1111/1125) an der Wallstraße.

Ruhrort (Duisburg-Ruhrort) hat den Status der ›Freiheit‹. 1437 wird eine Festungs-Mauer angelegt. Im 18. Jahrhundert gibt es in dem sehr kleinen Ort (1,57 ha), der in vier Stadt-Bereichen organisiert ist (Pump-Gemeinschaften), 95 Wohn-Häuser, eine Kirche und eine Schule. Weil es an Ackerland mangelt, wohnen hier nur wenige Bauern. Die meisten Leute haben mit der Schiffahrt zu tun. Ruhrabwärts liegen Schiffs-Zimmerplätze. Auf der Mühlen-Weide steht eine Windmühle (1531)[55]. [83, 358, 366]

Uerdingen (Krefeld-Uerdingen). Vor einer Landes-Burg des Kölner Erzbischofs (1325), die hoch über dem Rhein-Ufer aufragt (wegen dieser Lage 1838 von der Bürger-Familie zu einer Villa umgebaut) entsteht die Stadt Uerdingen. Der Landes-Herr läßt sie nach niederländisch-flandrischem Leitbild planen [82]. Am Anfang: eine rechteckige Festungs-Mauer – als Grundsicherheit des städtischen Lebens. Weil jeder Handwerker und Händler die gleiche Chance haben will, und

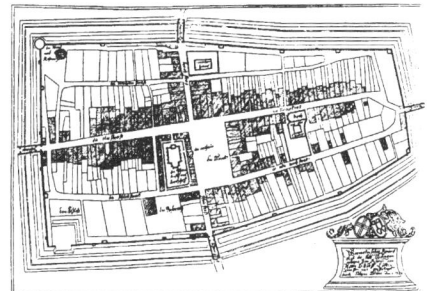

Nach flandrischem Vorbild: Stadtplanung (um 1325) von Uerdingen (Karte 1724).

weil Hoffnung auf Anwerbung besteht, werden neben der Hauptstraße zwei weitere Straßen angelegt. Die Hoffnung auf Ansiedlung erfüllt sich nicht. Viele Grundstücke bleiben bis ins 19. Jahrhundert unbebaut und dienen als Gärten. Diese parallelen Straßen schneidet in der Mitte der Stadt eine Querachse. Im Schnittpunkt entsteht ein weiträumiger Markt – ähnlich wie in flandrischen Städten (z.B. Brügge, Ypern, Kortrijk). Hinter der südlichen Häuser-Zeile liegt im geschlossenen Häuser-Carré die Stadt-Kirche und der ummauerte Friedhof.

Der Markt ist gepflastert. Bäume untergliedern ihn (Zeichnung von Jan de Beyer, um 1739). An der Südseite wird 1714 das Rathaus neu gebaut – als ein festlicher Bau. An der Westseite wohnt die reichste Sippe der Stadt, angeführt von den drei Brüdern Balthasar, Jacob und Joseph Herberz. Es sind Verleger, die die Produktion eines riesigen Netzes von zumeist ländlichen Heim-Arbeiter-Familien bündeln und rheinauf- und rheinabwärts vertreiben. 1832 lassen sie sich neue Häuser bauen, in Abstimmung miteinander.

Für diese ›Herberz-Häuser‹ engagieren sie wohl den seinerzeit bekanntesten Architekten des Rheinlandes: Adolph von Vagedes. An zentraler Stelle in der Stadt zeigen sie ihren Zeitgenossen, daß bürgerliche Produktivität – an der Schwelle zwischen Vorindustrie und Industrie-Epoche – zu Prestige führt. Im Vergleich mit der vorhandenen Stadt-Struktur läßt die Grandiosität dieser Großbürger-Paläste ahnen, welche neuen Dimensionen in den Städten entstehen werden – mit einer Ambivalenz von Möglichkeiten und Zerstörungen, deren Problem vor allem in den Größen-Ordnungen steckt.

Moers ist die Residenz der Grafschaft Moers. Ähnlich wie holländische Städte liegt es im wasser-reichen Bruchland. Um 1300 wird nördlich vor der Burg, zum damals noch vorbeifließenden Rhein

hin [72], nach den Erfahrungen der nahen niederrheinischen Stadt Kalkar eine ummauerte Stadt angelegt. Nicht mehr auf Zufall aufgebaut wie die Gemenge-Stadt, sondern durch Planung, entsteht eine klare, regelmäßige Grundform: ein Straßen-Kreuz (Steinstraße/Kirch- und Bruchstraße) – darin wird im Winkel ein Markt-Platz eingefügt.

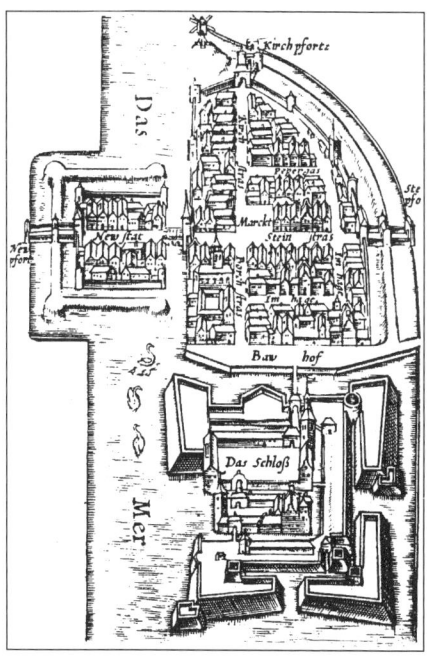

Drei Inseln: Altstadt (um 1300), Neustadt und Schloß in Moers (Mercator-Atlas 1591).

Westlich von der ersten Stadt entsteht eine zweite: die Neustadt. Obwohl jünger, erhält sie keine Planung wie die Altstadt, sondern besitzt die Struktur eines Straßen-Dorfes [81]. Dies zeigt, daß die geplante Stadt erheblich mehr Prestige besitzt als die Gemenge-Stadt. Im frühen 17. Jahrhundert bauen die niederländischen Oranier diese ›Agglomerations-Stadt‹ zu einer gewaltigen Festung aus (nach 1763 abgerissen).

Im 19. Jahrhundert werden die breiten Wasser-Flächen um die Stadt herum weitgehend zugeworfen. Zwischen Altstadt und Neustadt entsteht der Neumarkt. Die Stadt-Sanierung der 60er/70er Jahre (Harald Deilmann/Münster, dann Stadtverwaltung [253]) zerstört in kurzer Zeit, was Jahrhunderte schufen. Die Bereiche, die nach der Umsteuerung 1981 gerettet

Rheinberg: Rathaus (1449; links), Markt und Fabrikantenhaus Underberg (um 1900; rechts) im Stil von absolutistischen Wiener Palais.

werden, sind ein Stadt-Erlebnis – und zugleich als Kontrast ein ständiger Vorwurf an die zerstörenden Schöpfer von Nichtigkeiten.

Orts-Hinweise: Stadt-Geschichte von Moers. Grafschafter Heimatmuseum im Schloß Moers (Kastell 9), mit Stadtmodell von 1762[56].

Orsoy ist die südlichste Zoll-Station der Herzöge von Cleve: die Schiffer auf dem Rhein müssen für das Passieren des Territoriums bezahlen. Diese Stelle baut der Herzog von Cleve als Landes-Burg aus. Die Ansiedlung vor der Burg wird schon 1285 als Stadt bezeichnet. Dieser

Status scheint nicht gesichert, denn 1347 werden Orsoy erneut Stadt-Rechte verliehen. Dann erhält es eine Festungs-Anlage. Im 80jährigen spanisch-niederländischen Krieg (1581-1848) wird die Festung für die mörderischen Angriffs-Waffen modernisiert, aber das schützt sie nicht: 1586 legt das spanische Heer den Ort nach Plünderung in Schutt und Asche.

Rheinberg geht ebenfalls aus einer Zollstelle am Rhein hervor. Der Ort steht jahrhundertelang unter großer Kriegs-Gefährdung und wird oft besetzt, was immer eine ungeheure Katastrophe für das zivile Leben ist. 1232 macht der Kölner Erzbischof die Ansiedlung zur Festung und gibt ihr den Rang einer Stadt – eine Investition, die sich über viele Generationen hinzieht – bis nach 1400. 1293 läßt der Landes-Herr eine Landes-Burg (erhalten: das „vorderste Castel", heute Kellerei). Auf einem weiten Platz, der nach dem Vorbild von Städten in Flandern angelegt ist, entsteht 1449 das Rathaus als Ausdruck wohlhabenden, selbstbewußten Bürgertums (Umbauten im 19. Jh.).

Um den Transport auf dem Rhein von den Niederlanden zur Maas abzuleiten und die Holländer zu schädigen, läßt Spanien im 80jährigen spanisch-niederländischen Krieg 1628 einen Kanal graben: die ›fossa Eugeniana‹, genannt nach der spanischen Statthalterin. [365] Um 1714 verlagert der Rhein sein Bett zwei Kilometer nach Osten. Das Natur-Ereignis trifft den Handel der Stadt schwer. [72]

Städte-Typen. Antike Städte

Die germanischen Völker besitzen keine Städte. Was wir Stadt nennen, hat seine Wurzeln, Erfahrungen und Gestaltungs-Weisen südlich der Alpen. Seine lange Tradition erreicht Mitteleuropa mit den Römern. Sie legen am Rhein entlang

Städte an: Köln, Neuss und Xanten. Die antiken Städte in Deutschland werden im langen Prozeß des Untergangs des römischen Kaisertums von streifenden Stämmen überfallen, geplündert, in Brand gesteckt – sie verfallen. Am Ende ist Köln ein Trümmer-Haufen. Neuss und Xanten sind Dörfer. Das mittelalterliche Städtewesen entsteht unter dem Einfluß italienischer Städte. Diese transportieren allerdings die Antike weitgehend ungebrochen weiter.

Orts-Hinweise: Antike Geschichte. Xanten, römische Ausgrabungen und Rekonstruktionen römischer Gebäude (Archäologischer Park Xanten, Wardte Straße). Grafschafter Museum im Moerser Schloß (Kastell 9), zum römischen Lager Asciburgium (Moers-Asberg). Museum für Stadtgeschichte Duisburg, zu Asciburgium. Heimatmuseum Dorsten in der Alten Stadtwaage (1567), mit Archäologie. Archäologisches Museum Altenessen (1984) in Essen-Altenessen (Altenessener Straße 273), als dezentralisierter Teil des Ruhrlandmuseums. Museum (1935) in Dorsten (Markt 1), in der Stadtwaage (1567), mit römischen Grabungs-Funden. Westfälische Römermuseum (1907, 1989) in Haltern (Goldstraße 1), Landschaftsverband Westfalen-Lippe, auf dem Terrain des römischen Militär-Lagers, mit Rekonstruktionen sämtlicher Lager längs der Lippe[57]. Stadtmuseum (1965, 1986) in Bergkamen (Jahnstraße 31), vor allem zum Römer-Lager Oberaden (wohl 11 v. Chr.) für zwei Legionen. Gustav-Lübcke-Museum in Hamm, mit römischen Altertümern.

Die vorindustrielle Gemenge-Stadt

Das Dorf prägt die Stadt. Die Idee der Stadt stammt aus Italien. In ihrer einfachsten Form teilt sie einem Dorf den Rechts-Titel Stadt zu. Daher entsteht der einfachste Stadt-Typ aus dem Straßen-Dorf [55]. Dieses Dorf ist zunächst in einer elementaren Weise organisiert: längs des Weges stehen Häuser. Auf der Straße entsteht ein Markt. Muß dieser Markt mehr Raum erhalten, dann wird einigen Häusern etwas Terrain vor der Fassade weggenommen und zum Platz dazugeschlagen, so daß nun eine unregelmäßige Ausbauchung entsteht: der typische Straßen-Markt. Diese Ausbuchtung kann auch dadurch entstehen, daß jeder Neubau innerhalb seiner Parzelle ein Stück nach hinten rücken muß. Der Platz kann auch ein Anger sein: eine Wiese, manchmal mit einem Dorf-Teich, mit einem Brunnen und mit einigen Bäumen.

Seiten-Wege entstehen als Trampel-Pfade für Mensch und Tier. Sie nehmen Rücksicht auf die Grundstücke und auf die topografischen Vorgaben. Dies alles entwickelt sich folgerichtig – in kleinen Gesellschaften, die wenig Ressourcen besitzen, keine Leitbilder haben, ihrem täglichen Nutzen folgen müssen.

Erhebung des Dorfes zur Stadt. Ein solches Dorf wird zu einer Stadt, wenn der Landes-Herr ihm Rechte zuteilt. Dabei macht der Landes-Herr einen Handel mit der Bevölkerung: dafür daß sie ihm einen befestigten Stützpunkt bauen, erhalten die Bewohner Sicherheit für sich selbst und weitere Rechte wie einen Markt mit seinen Einnahmen sowie Selbstverwaltung. Die juristische Formel dafür heißt Stadt-Recht, die Status-Formel lautet Stadt-Erhebung.

Ausbau der Gemenge-Stadt. Nach der Stadt-Erhebung kann der Ort Menschen aufnehmen, zuwandern lassen, anwerben oder auf inneren Zuwachs hoffen. Dann werden die aus langer Gewohnheit funktionell entstandenen Trampel-Pfade bebaut: Das Netz der Wege wächst zu Straßen und Gassen. Aus einigen Restflächen entstehen weitere kleine Plätze, die den Handel verbessern.

Nach der ›städtischen Grundstücks‹he‹ werden Boden und Gebäude getrennt. Die Bebauung läuft entlang der Straßen: so entsteht ein geschlossener Straßen-Raum. Es gibt keine Sackgassen, die Erschließung ist ausgezeichnet. Hinter vielen Straßen liegen Gärten.

Von Planung kann keine Rede sein. Wir sprechen von einem Gemenge. Das historische Struktur-Modell dieser Städte ist also eine in langer Zeit ausgewachsene Gemenge-Lage, die sich – wegen des räumlichen Korsetts des Festungs-Ringes – durch allmähliche Verdichtung langsam zu einer geschlossenen Gemenge-Lage entwickelt. Aus dem Gemenge-Typ können sich auch größere Städte entwickeln.

Gemenge-Städte in der Region. Die meisten mittelalterlichen Städte des Gebietes zwischen Ruhr und Emscher (Duisburg, Essen, Bochum, Dortmund, Schwerte, Holten [Oberhausen-Sterkrade], Dinslaken, Wesel, Dorsten, Recklinghausen, die Neustadt von Moers[58] [81]) sind in dieser Weise entstanden.

Ausgangs-Punkte für die Hellweg-Städte sind Hof-Anlagen, die dem König gehören oder gehörten und die er oder ein ihn ablösender Landesherr, zu Burgen ausbaute (in Essen und im nahen Werden ein geistlich-weltliches Stift). Vor ihnen entsteht ein Dorf: das übliche soeben beschriebene Straßen-Dorf.

Die geplante Bürger-Stadt in antik-italienischer Tradition

Neben der Gemenge-Stadt gibt es in der Geschichte der mitteleuropäischen Stadt-Planung zwei klassische Planungs-Typen: den Typ der geplanten Bürger-Stadt antik-italienischer Tradition und einen jüngeren Typ der absolutistischen Fürsten-Stadt.

Die antik-römische Kolonial-Stadt. Der ältere Typ der Bürger-Stadt stammt aus der antik-römischen Tradition der Kolonial-Städte. Diese gehen aus dem straff organisierten Heerlager hervor

und werden von einer organisierten Planung zu einem Stadt-Typ umgearbeitet und verfeinert. Er besitzt eine Schachbrett-Struktur. In diese sind nach Gesichts-Punkten der Funktionen und der Bedeutung sowie der Annehmlichkeit der Bewohner die wichtigen Gebäude eingesetzt[59]. Die römischen Städte am Rhein entlang, in unserem Bereich von Bonn bis Xanten, erhalten sein Schachbrett-Muster.

Das deutsche Städte-Wesen entwickelt sich im 12. Jahrhundert – und bezieht dabei einen großen Teil seiner gedanklichen Mittel im Hinblick auf Organisation und Gestaltung aus Italien. Hier sind die antiken Städte erhalten geblieben. Ihre Stadt-Kultur überlebt. Sie liefert die Grundlagen und viele Details für das deutsche Städtewesen.

Vor allem fördert Kaiser Friedrich I. Barbarossa (1152-1190) das deutsche Städte-Wesen. Seine Gründe sind komplex und in sich widersprüchlich. Politisch und juristisch ist er keineswegs ein stadt-freundlicher Herrscher. Sein System ist vom System der Stadt völlig verschieden: eine Militär-Herrschaft, die aus der alten germanischen Stammes-Kultur hervorging. Andererseits ist des Kaisers Ideologie das antike Reich, das pathetisch ›heiliges römisches Reich deutscher Nation‹ heißt. Italien ist für ihn und den Umkreis des Reise-Herrschers kein Ausland, sondern ein selbstverständlicher Bereich des Reiches. Norden und Süden gehören zusammen.

Barbarossa versucht, dies zu sichern. Die Zeiten sind unsicher – voller zentrifugaler Kräfte großer Fürsten. Barbarossa will sein Heer ausbauen – aber dabei stößt an die Grenzen der üblichen Wehrpflicht des Adels. Deshalb will er das Heer erweitern: mit Söldnern. Für sie benötigt er Geld. Dies veranlaßt Barbarossa, nach antikem Muster eine funktionierende Bürokratie aufzubauen, die dieses Geld eintreibt, aber auch selbst Geld kostet.

Von den entwickelten oberitalienischen Städten, die am meisten Geld haben, verlangt Barbarossa mehr Abgaben – sie weigern sich. Barbarossa versucht, diese Steuern zu erzwingen – er beißt sich an den reichen und daher auch mächtigen Orten die Zähne aus. In dieser langen Auseinandersetzung lernt Barbarossa, wie das bewegliche Geld produziert wird: in der wirtschaftlich überlegenen ›sozialen Organisations-Form Stadt‹. Daher beginnt er, in seinen weit verstreuten Stamm-Landen selbst Städte anzulegen, um das Geldwesen zu fördern. Dies wiederum führt – nicht nur in Nachahmung, sondern auch in Konkurrenz – weitere Territorial-Herren dazu, das Gleiche zu versuchen.

Die rascheste Methode ist die Entwicklung von Dörfern: also die Gemenge-Stadt. Die geplante Anlage von Städten, die dann wie die italienischen organisiert sind und aussehen, ist kostspieliger, langwieriger, aber sie verheißt mehr Wirkung und auch mehr Prestige. Berühmt werden die Zähringer-Städte am Oberrhein. Dieser Stadt-Typ dient auch als ideologische Beschwörung der Einheit des römischen Reiches deutscher Nation.

Geplante Bürger-Städte. Zwischen Ruhr und Emscher sind nur wenige Städte geplant. Diese Planung beschränkt sich meist auf ein grobes Raster: eine Straßen-Kreuzung mit einem rechteckigen Markt-Platz und regelmäßigen Neben-›Straßen‹. Das Leben spielt sich hier nicht anders ab als in den ungeplanten Städten – aber es mag der Bürger das Gefühl einer gewissen disziplinierten Orientierung haben.

Elemente der antik-italienischen Tradition. Im Städtewesen finden sich viele italienische Elemente, die auf die Antike zurückgehen: Häufig hat eine Stadt zwei Bürgermeister, die in der lateinischen Kanzlei-Sprache ›consules‹ heißen (Duisburg, Wesel). In Dorsten gibt es daneben diese Zweizahl für Gilde-meister, Rentmeister und Kämmerer. Die

›Freiheit‹ Westerholt (Herten-Westerholt) besitzt zwei Vorsteher. Wie die antiken römischen Konsuln vertreten sie zwei innerstädtische Macht-Flügel und sind gezwungen, miteinander zu regieren, das heißt pragmatische Kompromisse zu schließen. Der Platz in Bochum ist das ›Forum‹, das Rathaus in Dortmund die ›domus consulum‹, in Recklinghausen auch ›domus publica‹. In Dortmund, Schwerte und Werne gibt es eine überdeckte Loggia, in Dortmund und Hattingen die antike Markt-Halle (Basilika). Antiker Herkunft sind auch die Zünfte. Italienisch ist die Organisation der Bürger zur Selbstverteidigung: nach Stadt-Vierteln um jeweils ein Stadt-Tor. Antik ist das Steuer-System: die Akzise, eine Art Mehrwert-Steuer auf Waren, die an den Stadt-Toren erhoben wird.

Die niederländische Variante der Bürger-Stadt

Leitbild Flandern. Die Stadt-Gründung von Uerdingen (Krefeld-Uerdingen; um 1325) hat ihr Leitbild in niederländisch-flandrischen Städten. [77] **Übersehen** wird häufig, daß das Gebiet längs des Rheines im Grunde ein Hinterland der niederländischen Städte-Kette ist. Am deutlichsten ist dies in Wesel. An vielen Stellen finden wir die kulturellen Muster, die in Holland entwickelt werden. Im 30jährigen Krieg können sich die nördlichen Niederlande als einzige Städte-Kette Europas retten und bilden dann, vor allem aufgrund ihrer Produktivität, ein bürgerliches Leitbild, das mit dem des Absolutismus konkurrieren kann.

Hamm. Nach den beiden großen Stadtbränden von 1734 und 1741 wird die Stadt Hamm großenteils neu gebaut [48].

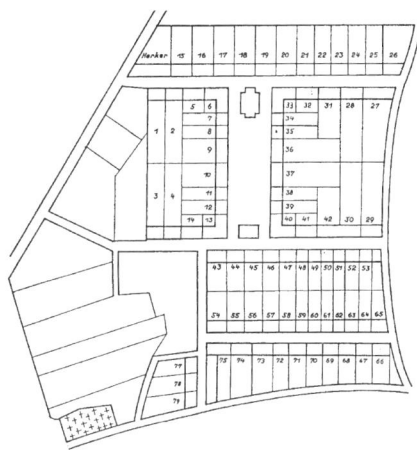

Erweiterungsplanung von Duisburg-Ruhrort nach holländischem Muster (nach 1782).

Die Kanzlei von König Friedrich Wilhelm I. ordnet an, daß sie nach dem Leitbild der seinerzeit entwickeltsten Städte-Kette in Europa „auf holländische Art" angelegt werden soll.

Zur Drehscheibe des Gebietes an Ruhr und Emscher entwickelt sich an der Mündung der Ruhr in den Rhein gelegene Ruhrort (Duisburg-Ruhrort). 1782 erhält der Landmesser Hoffele den Auftrag, einen Bebauungsplan zu machen: nun entsteht die Neustadt – mit vier Blöcken für insgesamt 80 Häuser und dem Markt-Platz, auf dem eine Kirche und ein Rathaus stehen soll. Wer ein Grundstück erwirbt, muß in zwei Jahren bauen.

Die Weise, ein Stück Stadt anzulegen, ist eine Tradition, die sich – in antiker Tradition – in Holland im Laufe vieler Jahrhunderte herausbildete. Sie wird vor allem von der Wasserbeherrschung geprägt, bei Einpolderungen für die Anlage eines neuen Stadt-Viertels benutzt, ist einfach begreifbar, kostensparend, übersichtlich und ganz auf den Verkauf von Grundstücken sowie funktionierende Grundbedürfnisse angelegt. Innerhalb bestimmter Vorgaben ist es den einzelnen

Bürgern überlassen, ihre kleine Welt nach innen und nach außen zu inszenieren.

Zweimal so groß wie die Altstadt soll in Ruhrort die Neustadt werden. Aber es dauert 30 Jahre, bis das Straßen-Raster gefüllt ist. Weil es offensichtlich drunter und drüber geht, entzieht die Regierung in Kleve der Kommune die Bau-Aufsicht und ordnet ein rationales Verfahren an. Eine Anzahl Kaufmanns-Häuser (Packhäuser) entstehen. Der weiträumige Markt wird erst seit 1800 allmählich bebaut. 1804 entsteht an der Fabrikstraße eine ›Kotton-Manufaktur‹. Die Zahl der Wirtshäuser wächst. 1798 gibt es insgesamt 16 Kneipen, aber meist in der kleinen Altstadt. Seit 1805 wird an der späteren Dr.-Hammacher-Straße gebaut. Erst ab 1802 werden Straßen befestigt. [77, *160, 358, 366*]

Orts-Hinweise: Niederländische Stadt-Tradition. Uerdingen (Krefeld; um 1325). Hamm. (1734/1741). Duisburg-Ruhrort (1782).

Die repräsentative Stadt

Ein dritter Stadt-Typ schafft eine weitere Traditions-Linie: Der absolute Fürst läßt sich vor seiner Residenz die repräsentative absolutistische Stadt anlegen. Dazu nimmt er den Typ der Bürger-Stadt und wandelt ihn so ab, daß es repräsentativ wird. Die Ordnungs-Muster schaffen sich die fürstlichen Bürokratien zunächst zur leichteren Verwaltung und dann zur symbolisch-repräsentativen Darstellung: wir sehen Zentralisierung, Hierarchisierung, Ähnlichkeit der Elemente, Uniformierung der Ausdrucks-Sprache, gleichförmige Anordnung und Kulisse für Aufzüge.

Die Pariser Version. Der repräsentative Stadt-Typ ging in die Planungen der Bereiche von Paris ein, die dann Leit-Bild für viele Stadt-Planungen im 19. Jahr-

hundert und darüber hinaus wurden –
und von dorther die Klischees vieler De-
batten und Urteile bestimmen.
In der Region findet der repräsentative Stadt-Typ so gut wie keine Aufnahme.
In der Zeit der frühen Industrie scheitert
1829 in Mülheim der ambitionierte Versuch eines Bürgermeisters, einen repräsentativen Stadt-Kern (nach Plan von
Adolph von Vagedes, Düsseldorf) zu
schaffen [97]. Das Pariser Leitbild findet
in den Stadt-Erweiterungen (Duisburg,
Dortmund) kaum eine ansatzweise
Nachfolge.

Vor dem Rathaus (1897/1902 von Friedrich Ratzel) in Duisburg: Ausgrabung und Umriß-Rekonstruk-
tion der Halle für die Stadt-Waage (um 1300), im Keller öffentliche Latrine. Nach 1500 dient ein Raum
dem Fleisch-Markt, ein weiterer dem Gericht. Nach 1560 Latein-Schule (1882 abgerissen).

Vom Dorf zur industriellen Gemenge-Stadt

Gemengelage in Gelsenkirchen-Bismarck um die Zeche Consolidation.

Veränderter Umgang mit dem Boden

Nach der Auflösung des Sicherheits-Systems der Städte mit Mauern oder Wällen ist die Lage außerhalb des Sicherheits-Gürtels nicht mehr benachteiligt, sondern gleichberechtigt.

Unbehinderter Land-Verbrauch. Vor allem muß der Nutzer nicht mehr – wie im engen Gefüge der alten Stadt – eine Fülle von Rücksichten auf die Knappheit der Boden-Ressourcen und das soziale Netz nehmen, sondern kann relativ unbehindert Land verbrauchen. Eine Grenze setzt zunächst nur der Geldbeutel. Dies erklärt den oft extremen Verbrauch an Land, der nun einsetzt. In der Industrialisierung und mit wachsender Ausbreitung des Wohlstands steigert er sich.

Ein großer Teil der Anlagen, die in der Industrie-Epoche entstehen, drückt bereits im Flächen-Bedarf für seine Produktions-Stätten eine elementare Tatsache aus: Gegenüber der vorhergehenden Handwerks-Epoche entsteht ein Vielfaches an Gütern. Bereits aus diesem Grund erhalten die meisten Fabriken die

Ausdehnung von Herren-Sitzen, die größeren sogar von Burgen und Schlössern. Großbetriebe übertreffen nun die größten älteren Repräsentations-Bauten. Dies führt dazu, daß auch ihre Besitzer sich ein Stück der Mentalität von Land-Besitzern aneignen.

Besonders groß ist der Flächen-Verbrauch der Eisenbahn [358], vor allem mit ihren Bahnhöfen. Das zeigt der Stadtbauplan von Dortmund von 1857/1858: ihr Gelände nimmt schon um diese Zeit nördlich vor der Altstadt ein Viertel von deren Fläche ein.

Die Menge des Güter-Umschlages wird in der riesigen Ausdehnung von Verschiebe-Bahnhöfen sichtbar (Duisburg-Mittelmeiderich, Oberhausen-Osterfeld, Essen-Westend, Bochum-Langendreer, Dortmund-Hörde). Auch jedes der großen Werke entwickelt für seinen Güter-Transport innerhalb seines Werksbahn-Systems einen Verschiebe-Bahnhof, vor allem die Zechen und Hüttenwerke.

Spezifisch für die Region von Ruhr und Emscher ist, daß der Bergbau große Flächen aufkauft, um die Ansprüche bei Berg-Senkungen minimieren zu können. Später sitzt er auf diesen Grundstücken und verkauft sie nur selten, auch wenn er sie nicht mehr benötigt. Dies schafft für die Stadtentwicklung große Probleme.

Riesige Flächen verbraucht die Chemische Industrie, die sich seit den 30er Jahren mit gigantischen Anlagen vor allem zwischen Emscher und Lippe (Gelsenkirchen, Marl-Hüls) entwickelt.

Einen Sprung macht der Land-Verbrauch mit der Welle der Zechen-Stillegungen nach 1959: Bis dahin nahmen die Zechen vergleichsweise geringe oberirdische Flächen in Anspruch, oft mitten in Korn-Feldern, sie waren stadt-weite unterirdische Arbeits-Stätten; an ihre Stelle treten nun – als Anreiz für neue Gewerbe – üppig ausgewiesene Industrie-Flächen. Nun entsteht die Zersiedlung, der Flächen-Fraß durch freistehende Einfamili-

en-Häuser und die Überauslegung von Auto-Straßen – also das Bild, dem wir heute häufig begegnen.

Orts-Hinweise: Größte Flächen-Verbraucher. Verschiebe-Bahnhöfe Duisburg-Wedau (Bissingheimer Straße), Duisburg-Mittelmeiderich (Sympherstraße), Oberhausen-Osterfeld (Hochstraße), Essen-Westend (Schederhofstraße), Bochum-Langendreer West und Ost (Bonackerweg), Dortmund-Hörde (Nordkirchenstraße), Hagen-Hengstey (Uhlenbruch). Hagen-Vorhalle (Nöhrstraße). Spinnen-Netze bilden die Güter-Abfertigungen in Duisburg, Wanne-Eickel (Herne), Dortmund-Nord in Dortmund-Huckarde und am Kanal-Hafen sowie Dortmund-Eving (östlich der innerstädtische ›Straßen-Spaghetti‹ Rüschenbrink-/ Brackelerstraße).

Werks-Bahnen der Zechen: vor allem Thyssen AG in Duisburg-Beeckerwerth, -Bruckhausen und -Marxloh (Kaiser Wilhelm-Straße) und Mannesmann-Röhrenwerke in Duisburg-Mündelheim (Ehinger-/Mannesmannstraße). Bayer AG in Krefeld-Hohenbudberg (Friedenstraße). Ruhrchemie AG in Oberhausen-Holten (Weißensteinstraße). Aluminium-Hütte in Essen-Bergeborbeck (Sulterkamp). VEBA-Glas AG in Essen-Karnap (Ruhrglasstraße). VEBA Oel AG Werk Horst in Gelsenkirchen-Horst (Johannastraße). Hüls AG in Marl-Hüls(Paul Baumann-Straße). VEBA Oel AG in Gelsenkirchen-Buer-Scholven (Dinslakener Straße). Chemische Werke Hüls AG Werk II in Herne-Holsterhausen (Holsterhausener Straße).

Auf dem Land entstehen Zechen

Aus den Wirtschafts-Prozessen leiten sich die Gesellschafts-Formen ab. Die Industrialisierung gibt der mitteleuropäischen Gesellschaft ein völlig verändertes Gesellschafts-Bild. „Die Sozialstruktur der industriellen Gesellschaft entwickelte sich aus der Fabrik. Die sozialen Rollen im Arbeitsprozeß schufen die neuen Klassen und Schichten" (Wolfgang Ruppert[1]). **Der Bruch der Kontinuität des Ansiedelns**. Im Gegensatz zum Handwerk verfügt die Industrie über Mittel, um mit der Kontinuität des Gewachsenen zu brechen und an anderer Stelle neu zu beginnen. Die Zechen orientieren sich nicht an den vorhandenen Siedlungen, sondern an der ›Unterwelt‹ – den unterirdischen Kohlen-Feldern. Ihr Erwerb bestimmt die Lage der Betriebe. Solange im südlichen Hügelland die Förderung in Kleinzechen organisiert ist, hat deren Lage keine besonderen städtebaulichen Auswirkungen. Sie stehen in der Streu-Siedlung – wie Bauern-Höfe. Erst mit der Vergrößerung der Zechen zu Großbetrieben, im Zuge der Nordwanderung zu den reicheren Kohlen-Flözen, hat die Industrie-Ansiedlung auf dem Land außerordentliche und bis heute nachwirkende Folgen.

Ein solcher Ansiedlungs-Prozeß ist in der Geschichte neu[2]. Bis dahin hat sich die Entwicklung von Produktions-Stätten weitgehend im Bereich der Städte entfaltet, also innerhalb eines kontinuierlichen Zusammenhanges von Arbeits- und Wohnstätten. Natürlich gab es auch in der Vorindustrie Produktionen auf dem Land, im Sauerland entstand eine ›Gewerbe-Landschaft‹, aber sie erhielten keine großen Dimensionen.

Zeche Graf Beust (1840) in Essen um 1850.

Der Verkauf des Erdinneren. Als 1840 die Anlage einer Tiefbau-Zeche (Graf Beust von Mathias Stinnes in Essen) gelingt, vergibt der Staat in kurzer Zeit zwischen 1840 und 1850 die Schürf-

rechte des gesamten unterirdischen Kohlen-Feldes der Region an Unternehmer. So rasch wurde in der Geschichte – abgesehen von Eroberungen – noch niemals Land verteilt.

Verkauft wird zunächst nicht die Erdoberfläche des Landes, sondern was darunter liegt: das Innere der Erde. Seit der Antike gehörten die geheimnis-umwitterten Schätze des Bodens dem höchsten aller Herrscher, dem Kaiser. In der Tradition dieser Rechts-Lage erfolgt die Vergabe der Kohlen-Felder. Diesen Vorgang, der nur selten wahrgenommen wird, hat Goethe im zweiten Teil des ›Faust‹ in seiner Spannung und Vielschichtigkeit mit einer Eindringlichkeit dargestellt, die Literaten oft Wissenschaftlern voraus haben.

Die Entwicklung beginnt damit, daß ein Unternehmer in ländlichem Gebiet Terrain kauft, vom preußischen Staat das Abbaurecht (Schürf-Recht) erwirbt, eine Versuchs-Bohrung niederbringt, auf ein Kohlen-Flöz stößt und einen Schacht anlegt. Nun entstehen im nördlichen Revier an Emscher und Lippe Betriebe, die für ihre Zeit gigantisch sind. Große Zechen benötigen innerhalb kurzer Zeit bis zu 5.000 Arbeiter. [318]

Gründer-Daten für Entwicklungen zur Industrie-Stadt. Löste im Mittelalter der Hoheits-Akt eines Fürsten eine große Baumaßnahme und eine strukturelle Entwicklung aus, so ist es in der Industrie-Epoche die Gründung einer Fabrik auf dem Land. Fast jeder Ort in der Region von Ruhr und Emscher hat sein industrielles Gründer-Datum. Den Fabriken folgt die Entwicklung von Städten.

Die erste Gründer-Phase beginnt mit der Eisenbahn-Konjunktur: 1842 verlegt Jacob Mayer sein Werk von Lendersdorf bei Aachen nach Bochum (1855 Bochumer Verein), 1837 richtet der Fabrikant H. D. Piepenstock aus Iserlohn auf der alten Burg in Hörde ein Puddel- und Walzwerk ein: die Hermannshütte. [343] Es

Sechs Hochöfen in Form rechteckiger Türme: Hermannshütte in Dortmund-Hörde um 1866 *[342, 343]*.

entstehen: 1847 Zeche Dahlbusch bei Gelsenkirchen, 1851/1871 Zeche Rheinpreußen von Franz Haniel in Homberg (Duisburg), 1853 Gußstahlwerk Witten, 1853 Eisenhütte Phoenix in Laar (Duisburg), 1853 Zeche Neumühl in Hamborn (Duisburg), 1854 Henrichshütte bei Hattingen, 1855 Zechen Hibernia und Shamrock (W. T. Mulvany[3]) bei Herne, 1856 Zeche Prosper I in Ebel bei Bottrop, 1858 Zeche Pluto bei Wanne, 1858 Zeche Hibernia (William Thomas Mulvany) in Gelsenkirchen. 1866 Zeche Erin in Castrop. 1869 Zeche Clerget (später ›Recklinghausen‹) in Recklinghausen. Von den ersten Bauten ist fast nirgendwo etwas erhalten.

Die zweite Gründer-Phase: die Sieges-Konjunktur des in kurzer Zeit gewonnenen deutsch-französischen Krieges. Es entstehen: 1871 Eisen- und Stahlwerk Leopold Hoesch in Dortmund. 1872 Zeche Ewald bei Herten, 1873 Zeche Graf Moltke in Gladbeck, 1873 Zeche Monopol I (Grillo I/II) bei Kamen. 1880 Königsborn bei Unna (Friedrich Grillo).

Die dritte Gründer-Phase folgt um die Jahrhundertwende. 1890 Zeche Monopol II (Grimberg) in Bergkamen, 1890 Thyssen-Hüttenwerk Bruckhausen in Hamborn, 1896 Krupp-Hüttenwerk und 1910 Zeche Diergardt und Mevissen in Rheinhausen, 1900 Zeche Rheinpreußen in Moers, 1906 Zeche Baldur bei Dorsten, 1906 Zeche Auguste Victoria in Alt-Marl (Marl-Hüls), 1906 Zeche Brassert in Marl-Hüls, 1907 Zeche Westerholt der Hibernia in Westerholt, 1907 Zeche Lohberg bei Dinslaken, 1907 Zeche Friedrich Heinrich in Kamp-Lintfort, 1912 Zeche Sachsen in Hamm-Heessen.

Wilde Kolonisierung

Das wilde Wachstum beginnt an der Wasser-Straße der Ruhr. Hatte um 1600 das ländliche Mülheim rund 2.000 Einwohner, so zieht es – mit der ersten Kohlen- und Transport-Konjunktur – viele Menschen an. Im Verstädterungs-Prozeß erreicht Mülheim bis 1792 die Einwohner-Zahl von 11.572. Eineinhalb Generationen später (1825) ist die Zahl um 50 Prozent auf 16.429 gestiegen, bis 1835 auf 19.409 und 1845 auf 25.088.

Nun wird Mülheim in der Umgebung nur noch von der Residenz- und Industrie-Stadt Düsseldorf und von der Industrie-Stadt Elberfeld übertroffen. In der Zeit der westdeutschen Frühindustrie ist es die größte Stadt im Ruhrgebiet. [189]

Der Vergleich mit Amerika. Nie zuvor in der Geschichte gab es so rasche Besiedlung in solcher Größen-Ordnung und mit solcher Komplexität. 1856 schreibt der Schriftsteller Levin Schücking: „Die Eisenbahn führt uns weiter nach Oberhausen, mitten in eine Landschaft, welche eine Staffage von nordamerikanischem Gepräge hat; wir befinden uns in ödester Sandgegend, die kaum dürftigen Fichtenausschlag nährt, in einer wahren Urheide; und mitten in ihr erblicken wir die Schöpfungen modernsten Kulturlebens, eben aus dem Boden gestiegne Stationsgebäude, Häuser, Hotels, Fabriketablissements, und ehe viel Zeit verfließt, wird mit amerikanischer Schnelligkeit eine Stadt aus diesem Sandhügel aufwachsen, das verbürgt der Knoten der Bahnlinien, der sich hier schürzt."[4]

Die auswuchernden Hellweg-Städte. Die wilde Kolonisierung spielt sich aber nicht nur auf dem Land ab, sondern auch in der Hellweg-Zone: in kleinen und mittleren Städten. Hier spielt sich seit 1850 und 1860 binnen einer Generation eine Entwicklung ab, die mit der bisherigen behäbigen historischen Struktur der Stadt nur noch wenig zu tun hat.

Die Schnelligkeit des Prozesses, der zudem in sich einen ständigen Struktur-Wandel besitzt, schafft bis heute immense Probleme und fordert zu Nachbesserungen und Weiterentwicklungen heraus.

Die immerwährende Völker-Wanderung

Vorindustrielle Zuwanderung in Städten. 1540 entscheidet sich Wesel für die Reformation [66]. Von 1544 bis 1583 nimmt die zum reformierten Bekenntnis übergetretene Stadt rund 8.000 wegen ihres Glaubens Verfolgte aus England, den Niederlanden und Wallonien auf und wird dafür ›Vesalia hospitalis‹ genannt – das gastfreundliche Wesel. 1792 lassen sich viele französische Emigranten in Dorsten nieder.

Freizügigkeit. Orts-Veränderung ist jahrhundertelang unmöglich. Bis 1860 müssen sich die Landarbeiter loskaufen, wenn sie in die Industrie-Städte gehen wollen. Meist sind sie dazu nicht in der Lage. Da die Industrie aber immer mehr Arbeitskräfte braucht, sie jedoch im bestehenden System nicht erhält, setzt sie durch, daß die preußische Regierung 1860 das ›Freizügigkeits-Gesetz‹ für Arbeits-Kräfte erläßt [30].

Die deutsche Binnen-Wanderung. Nach 1848 ist die Auswanderung ein Ventil für die Überbevölkerung eines Landes, für deren Ernährung die Ressourcen nicht ausreichen[5]. Dann aber werden weitere Ressourcen geschaffen, um mehr Menschen ernähren zu können: in den Industrie-Gebieten. Anton Stoike (1881-1981): „Kollegen haben mir erzählt, daß hier Geld verdient wurde. Da habe ich mir gesagt: da gehst du lieber da hin. Deswegen bin ich hierhingekommen [nach Oberhausen, später in die Siedlung Eisenheim]"[6].

Zwischen 1880 und 1900 kommen jährlich zwischen 14 und 20 Prozent der Bevölkerung neu nach Bochum[7]. „Die deutsche Binnenwanderungsbewegung in der Phase der Hochindustrialisierung war die größte Massenbewegung der deutschen Geschichte" (Wolfgang Köllmann[8]).

Einwohner-Zahlen des Gebietes an Ruhr und Emscher: 1816/18: 221.537; 1858: 474.416; 1871: 723.867; 1905: 2.613.897; 1933: 3.996.048; 1970: 5.123.843; 1987: 4.731.270; Essen vergrößert sich von 9.000 Einwohnern (1850) auf 295.000 (1910). Um 1800 ist Schalke eine ›Bauernschaft‹ mit drei Höfen, 17 Kotten und 129 Einwohnern. 1890 hat Schalke 15.000 Bewohner.

Herkunfts-Berufe. Zur industriellen Völker-Wanderung gehört nicht nur die Orts-Veränderung, sondern ein tiefgreifender Bruch der individuellen beruflichen Lebens-Geschichte. In der Eisenindustrie kommen die Leute vorwiegend aus dem Kreis der städtischen Handwerker. Aus dem Umland brechen junge Leute auf, die dort auf den Bauern-Höfen als Knechte arbeiteten, und Handwerker, deren Einkommen absinkt. Sie suchen Arbeit und Lohn in den wachsenden Gewerben und im Bergbau. Eine große Zahl von Frauen arbeiten als Dienstmädchen und in Läden. Unaufhörlich kehren Bauern dem Land den Rücken und gehen in die städtischen Fabriken. Schon um 1900 arbeiten von 67 Millionen Menschen im Reich nur noch 17 Millionen in der Landwirtschaft.

Nah- und Fern-Wanderung. Bäuerliche Tagelöhner kommen aus dem Münsterland und aus Ostwestfalen. 1870 beginnt die Fern-Wanderung aus Ostdeutschland. Zwischen 1910 und 1914 machen sich von dort rund 600.000 bis 800.000 Polen und Masuren auf den Weg. Nach 1871 werden junge Leute in den preußischen Ostprovinzen angeworben. [134]

Anders-sprachliche Deutsche. 1885 sind in Gelsenkirchen 14,8 Prozent der Bevölkerung in den Ostprovinzen geboren. Um 1890 stammt ein Viertel aller Bergarbeiter aus den Ostprovinzen. Die Zuwanderung wächst. 1914 leben innerhalb der Grenzen des Deutschen Reiches rund 4 Mio. Polen (in Posen, Oberschlesien, Ost- und Westpreußen)[9]. 1905 sind von den 280.000 Bergleuten des Oberbergamts-Bezirkes Dortmund 95.000 polnischer Herkunft. Um 1900 wird Bruckhausen (Duisburg-Hamborn) das Posen am Rhein genannt. 1910 sprechen in Herne 21 Prozent der Bewohner (von 22.000) polnisch. Viele Namen auf Klingel-Schildern zeigen noch heute Spuren der Herkunft: Endungen mit ski (sky), czak, iok (iak), alla (iella). Scherzhaft spricht der Volksmund gelegentlich von ›Bottropski‹.

Die Wanderer aus anderen Ländern[10]. 1855 arbeiten im Dorf Laar (Duisburg) an den zwölf Hochöfen der

französischen Phoenix AG 1.200 Mann, meist wallonische Arbeiter. Weitere Arbeiter werden aus anderen Ländern geholt: vor allem aus Österreich-Ungarn, zu dem damals auch das spätere Jugoslawien gehört. Der Rhein als Verkehrs-Achse führt zu einer Tradition der niederländisch-deutschen Wanderung – in beiden Richtungen. Zwei illustre Namen zeigen bis heute die niederländische Wurzel: Haniel und Thyssen. 1905 hat Hamborn 22,5 Prozent Ausländer. 1910 sind es 29,8 Prozent. Ausländer, vor allem Polen, betreiben Geschäfte mit ausländischen Aufschriften.[11]

Um 1900 kommen nach Bergkamen zur Zeche Grimberg (1890): Schlesier aus dem Waldenburger Bergbau-Revier, Ost- und Westpreußen, Polen, Bayern, Lipper, Österreicher, Ungarn, Italiener. 1898 werden auf der Zeche Graf Moltke in Gladbeck Bergleute aus 58 unterschiedlichen Provinzen und Ländern gezählt, besonders viele aus Polen, Ostpreußen, Schlesien, Steiermark, Kärnten, Krain, Holland und den Rheinlanden. Stefan Lichtrauter in der Siedlung Rheinpreußen: „1895 ist mein Großvater ins Ruhrgebiet gekommen. Mit einem Drei-Mark-Goldstück ist er angelockt worden. Er ist zusammen mit meinem Onkel gekommen. In Kärnten waren keine Verdienstmöglichkeiten. Damals sind 1.280 Österreicher hier gewesen“[12]. Während der Ruhr-Besetzung werben nordfranzösische und belgische Zechen planmäßig Polen ab.

Beispiel Neumühl (Duisburg). Georg Werner: „Zeche Neumühl liegt in Hamborn, einem Orte an der Mündung der Emscher in den Rhein. Hamborn setzt sich aus einigen Bauernschaften zusammen, deren eine ... Neumühl hieß. Hamborn hatte im Jahre 1890 zirka 8.000 Einwohner. Zu dieser Zeit begann der Großindustrielle August Thyssen in der Gemeinde die Schächte Deutscher Kaiser abzuteufen und erbaute das Hüttenwerk gleichen Namens. Die Familie Haniel errichtete von 1893 an die Schachtanlage Neumühl. Dies Bauten zogen riesige Arbeitermengen heran. Im Jahre 1900 war die Einwohnerzahl bereits auf 33.000 gestiegen, dann aber nahm sie jedes Jahr um circa 10.000 zu, bis mit der 150.000 diese wilde Entwicklung abschloß. Ein Muster dieser amerikanischen Entwicklung war die Zeche Neumühl. Im Jahre 1893 begann mit 28 Arbeitern das Abteufen. Die Zeche hatte 1895 69, 1900 1.872, 1902 3.520 und 1904 4.895 Mann Belegschaft. Mit zirka 5.500 Mann war sie dann auf dem Höhepunkt ... die größte [Zeche im Ruhrrevier]. [1904] setzte sie sich aus 3.108 Deutschen, von denen 1.340 aus den östlichen Provinzen stammten und polnisch als Muttersprache redeten, ferner aus 1.095 Österreichern aus Krain und Steiermark, Slovener oder Cuditsche genannt, 240 Holländern, 156 Italienern, 53 Russen, 33 Belgiern und vier sonstige Ausländern zusammen."[13]

Soziale Netze. Die Zuwanderer suchen und finden neue Bindungen und Identifikationen in Vereinen. Die Kulturen der Herkunfts-Bereiche erhalten sich – auch mit Hilfe von Vereinen – über lange Zeit.

Die Kirchen sind die ersten, die soziale Vereinigungen für die Zuwanderer schaffen. Beispiel Herten: 1893 gründet die katholische Kirche den Ostpreußischen Gebetsverein, seit 1898 mit eigenem Versammlungsraum (Sedanstraße). 1906 schließen sich Polen in Scherlebeck (Herten) zum 'Polnischen katholischen Verein der Heiligen Familie' zusammen. Jeden Sonntag um 9 Uhr liest ein polnischer Geistlicher die Messe in polnischer Sprache. (Die Gestapo löst den Verein 1934 auf.) Erst 1911 entsteht der Evangelisch-Lutherische Gebetsverein. Polen organisieren sich auch in der Kommunal-Politik: 1924 erhält die Polenpartei in Herten 3,5 Prozent Stimmen, 1926 4,1 Prozent.

Die Kartoffelzüge aus Ostpreußen. Der Schlosser Walter Brenk (Jahrgang 1909) in Gelsenkirchen-Ückendorf: „Wir sagten immer: ›Da ist ein Kartoffelzug gekommen‹. Die führten die Gans an der Leine mit. Ihre Habe war gebündelt in einem blau-weißen Bettbezug.

Es gab Familien, die Kostgänger aufnehmen mußten, um überleben zu können. Die ledigen jungen Zuwanderer kamen fast alle in die Kost. Und dann verheirateten sich viele mit deutschen Mädchen, die im Haushalt lebten. Die Kostgänger waren fleißige Kerle. Und stabil. Sie konnten malochen. Das zählte. Im Pütt waren sie gut angesehen."

Die einheimischen Schichten reagieren auf die Zuwanderer. Zunächst versuchen sie, die Arbeiter zu ghettoisieren und die Bergarbeiter-Siedlungen zu diskriminieren. Im Ruhrgebiet ist dies jedoch nicht ohne weiteres möglich, weil die Zahl der Einwanderer rasch die Zahl der Eingesessenen übersteigt.

Franz Rehberg (Jahrgang 1898): „Die Leute haben oft gesagt: ›Die ollen Polacken‹. Wenn der eine oder andere zu mir meinte: ›Der olle Polack da!‹ – hab ich zugetreten. Aber wir waren noch jung, da gab man nicht soviel drauf. Vor allem waren sie [die Polen] gute Nachbarn und Kumpels auf der Zeche." Stefan Lichtrauter (Jahrgang 1906): „Ob einer Tscheche, Pole oder was auch war, man hat hier keine Unterschiede gemacht, die waren alle egal." Paul Herold: (Jahrgang 1904): „In Oberhausen gab es damals gar nicht viel Deutsche. Die haben die Leute doch mit Waggons geholt aus Polen, aus Ostpreußen, aus Schlesien. Diese Siedlung hier [Mausegatt in Mülheim-Heißen] ist nicht für Deutsche gebaut worden, hier wohnten nur Ausländer. Im Priestershof [in Oberhausen] war das genauso. Die Eltern konnten kaum deutsch, aber ihre Kinder sprachen wie wir. Die Polen waren arme Leute, wurden aus der Bauerngegend hier hergeschleppt, aber die waren fleißig und die meisten Familien waren auch sehr sauber. Vor allem waren sie gute Nachbarn und gute Kumpels auf der Zeche"[14]. Unter dem Druck des Nationalismus stellen zwischen 1880 und 1935 viele Familien den Antrag, ihren Namen ›eindeutschen‹ zu dürfen – rund 30.000. **Die Anfänge einer pluralistisch-multikulturellen Gesellschaft.** „Es ist eine zusammengewürfelte Gesellschaft und zugleich eine junge Gesellschaft" (Barbara Wameling). Die unterschiedliche Herkunft und Vielschichtigkeit der Bevölkerung führt zu einer Lebens-Praxis, die eine hohe Toleranz erzeugt.

Die industrielle Urbanisierung führt einerseits zur desintegrierenden Veränderung der gewachsenen Lebensformen. Andererseits aber entstehen neue Werte in Verhaltensformen und Sitten. Eine faktisch pluralistische Lebens-Kultur wächst – mit wechselseitiger Herausforderung, Anregung, mit passiver Toleranz, aber auch mit aktivem Verständnis. [400]

Der Theatermacher Willi Thomczyk (Herne): „Das Preußische ist dem Ruhrgebiet ziemlich fremd und auch ziemlich zuwider. Das hat etwas mit der Bevölkerung zu tun, mit den vielen Polen, Italienern und anderen Fremden, die sich hier ansiedelten."

Nomaden-Leben im Ruhrgebiet. Die Zuwanderer haben ihre Wurzeln verloren und es ist nicht leicht, neue zu fassen – sowohl an den Arbeits-Stätten wie in den Wohn-Bereichen. Daher sind viele Menschen unentwegt auf Wanderschaft. Auf der Suche nach mehr Verdienst. Aber auch auf der Suche nach Heimat, als Flucht aus Konflikten, die sie selbst nicht lösen können. Um 1900 wechselt in Essen jedes Jahr ein Drittel der Familien die Wohnung. Die Daten zur Mobilität sind jedoch im Ruhrgebiet nicht ungünstiger als in anderen Industrie-Großstädten des Reiches[15]. Die Familie transportiert ihre geringe Habe mit einem Hand-

wagen. Viele Möbel sind zusammenklappbar.

Das Paradox: Der große Wachstums-Sprung geschieht nach der Gründung des Deutschen Reiches (1871). Die Führung des Reiches inszeniert einen militanten Nationalismus und bringt ihn propagandistisch in viele Köpfe, vor allem über die mittelständischen Krieger-Vereine, – zugleich aber erfordert die Industrialisierung, aus der das Reich seine finanziellen Ressourcen zieht, immer größere Zuwanderungen.

Orts-Hinweise: Zuwanderung von Arbeits-Kräften. In Bockum-Hövel (Hamm; nahe der katholischen Kirche) steht ein Denkmal (Müller, Braunschweig) mit den Namen der 350 toten Bergleute – 20 Prozent aus nichtdeutschem Sprachgebiet –, die 1908 in der größten Schlagwetter-Katastrophe in Deutschland auf der Zeche Radbod umkamen. 1927 Hermann-Grochtmann-Museum (1927, 1988) in Datteln (Elisabethstraße 4), zum Streit zwischen alteingesessenen „Poahlbürger" und zugewanderten „Pollaken" – die Krupp-Werks-Siedlung Beisenkamp ist so groß wie das alte Dorf. Größtes Krieger-Denkmal der Region in Gelsenkirchen-Buer (Zum Ehrenmal): mit vielen ausländischen Namen aus drei Kriegen (1870/71, 1914-1918, 1939-1945) [233, *234*]. Ähnlich an Zeche Hansemann in Dortmund-Mengede (Barbara-Straße).

1. Stadt-Typ: Der Rest vom alten Bauern-Dorf

Wer die ausführlichste aller Stadt-Geschichten in der Region, die zweibändige Geschichte Duisburgs vom Stadt-Archivar Günter von Roden[16] liest, ahnt im Labyrinth der interessanten Daten, wie eine wilde Kolonisierung die Dörfer in Duisburgs Norden frißt.

In Mengede (Dortmund) steht noch – um die mittelalterliche Dorf-Kirche – ein Kranz von Fachwerk-Häusern. In Lüt-

Der Kranz von Fachwerkhäusern um die mittelalterliche Dorfkirche in Dortmund-Mengede.

2. Stadt-Typ: die städtische Akkumulation als geschlossenes Gemenge rund um die Alt-Stadt

gendortmund gibt es einige alte Häuser. In Herne bildet der Rest des kleinen Dorfes (An der Kreuzkirche) den Gegenpol zum Bahnhof – beide verbindet die lange Bahnhofstraße. In Herne-Crange blieb die ›Freiheit‹ mit Fachwerk-Häusern erhalten, dann folgen unmittelbar hohe Stadthäuser. Weitere Reste vom Dorf: Castrop (Castrop-Rauxel) und Huckarde (Dortmund). Am alten Kirchplatz von Suderwich in Recklinghausen blieben eine Anzahl Fachwerk-Häuser erhalten. Am besten als Dorf erhalten blieb Polsum (Marl-Polsum): ein kleiner Kern mit rund 20 Häusern und einer Kirche. Meist überlebten vom alten Dorf nur verstreut das eine oder andere Bauernhaus, z.B. Ahlmannshof in Gelsenkirchen-Bismarck.

Orts-Hinweise: Alte dörfliche Siedlungs-Reste. Dorf Brechten in Dortmund-Brechten. Dorf Huckarde in Dortmund-Huckarde. Dorf-Kern in Dortmund-Lütgendortmund (Lütgendortmunder Straße). Dorf und Kirche in Dortmund-Mengede (Freiheit-/Williburgstraße). Fachwerk-Häuser um den Castroper Kirchplatz in Castrop-Rauxel. Fachwerk-Häuser in Recklinghausen-Suderwich (Am alten Kirchplatz). Dorf-Rest in Herne (An der Kreuzkirche). ›Freiheit‹ in Herne-Crange. Ahlmannshof in Gelsenkirchen-Bismarck (Erdbrüggen-/Evastraße). Dorf Polsum in Marl-Polsum.

Im Gegensatz zu den Zechen entwickeln sich die meisten Hütten-Werke zunächst in der Nähe der Hellweg-Städte (Thyssen bei Mülheim, Krupp vor Essen, Bochumer Verein bei Bochum, Westfalia und Union vor Dortmund). Diese Eisenhütten haben es leichter als die Zechen, Arbeiter zu gewinnen. Zunächst kommen die Arbeits-Kräfte aus den vorhandenen Städten. Dann aber ziehen Menschen ungezielt in die ungeplante Stadt – auf der Suche nach irgendeinem Arbeits-Platz.

Die Städte laufen durch den Zuzug rasch über. Folgen: Hausbesitzer teilen Wohnungen und vermieten sie an zwei oder mehr Familien, deren Wohn-Fläche nun ganz gering wird. Hintergebäude entstehen. Scheunen und Ställe werden umgebaut. Sozialgeschichtlich eindrucksvolle Beispiele dafür sind in Mülheim und in Kettwig erhalten.

In einer zweiten Phase entstehen vor der Stadt, meist an vorhandenen Wegen, Miets-Häuser. Meist bildet sich ein halbländlich offenes Gemenge. Von einem geschlossenen Gemenge sprechen wir, wenn sich an den Straßen die Häuser zusammenschließen.

Ohne Bauflucht-Linie oder auch mit einer solchen Vorgabe baut meist ein jeder, wie er will: niedrige und hohe Häuser, große und kleine, mit verschiedener Zeichengebung. So entsteht weithin das Bild, das für ruhrgebiets-typisch gehalten wird: das Nebeneinander des Unterschiedlichen[17]. Tatsächlich ist dieses Gemenge aber eine Struktur aller Industrie-

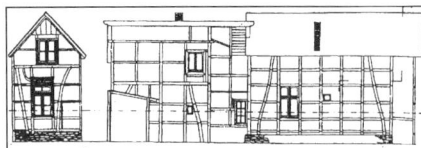

Hinterhof-Häuser mit kleinen Höfen in Mülheim (Kettwiger Straße 12).

Gemenge um den Stadt-Kern in Essen.

Gemenge vor der Altstadt von Essen (1875).

Gemenge in Dortmund.

Städte. Es prägt sich im Ruhrgebiet nur besonders häufig aus.

Orts-Hinweise: Hinterhof-Häuser mit kleinen Höfen. Mülheim (Kettwiger Straße 12) [366] und in Essen-Kettwig (Hinterhäuser Hauptstraße, zwischen Garten- und Ruhrstraße).

3. Stadt-Typ: Das Industrie-Dorf als Arbeiter-Siedlung

Infrastruktur Siedlung. Als 1871 der Schacht Minister Stein in Eving (Dortmund) abgeteuft wird, hat das Dorf kaum 400 Einwohner. Weitere Bergleute kommen mit langen Fuß-Märschen zur Arbeit. Damit jedoch ein Großbetrieb auf dem Land produzieren kann, muß er gewöhnlich für sein Arbeiter-Potential, das es hier nicht gibt und das er nur von außerhalb holen kann, in großem Umfang Wohnungen bauen: Siedlungen mit Infrastrukturen. Diese Konstellation löst eine der gewaltigsten und zugleich eigenartigsten Siedlungs-Bewegungen in der Geschichte aus. Wir können sie in ihrem Umfang nur mit der Kolonialisierung vergleichen, die Rom in der Antike in seinen eroberten Gebieten betrieb. Oder mit spanischen und portugiesischen Städten in Lateinamerika sowie mit Industrie-Städten in den USA.

Das Beispiel Gladbeck ist das deutlichste von allen bergbau-typischen Stadt-Entwicklungen in der Region von Ruhr und Emscher, denn hier finden wir heute noch am Rand des Ruhr-Emscher-Gebietes, im Übergang zum Münsterland, viel bäuerliches Land. Gladbeck zeigt, daß die Anlage von Industrie-Dörfern eine strukturelle Logik besitzt.[18]

In Gladbeck gibt es zunächst ein kleines Bauern-Dorf mit einer Dorf-Straße (Hochstraße)[19]. In einigem Abstand zum vorindustriellen Dorf entstehen frei im bäuerlichen Land und im Abstand zueinander Schacht-Anlagen. Jede entfaltet als Wohn-Siedlung ein in sich geschlossenes Industrie-Dorf: in Butendorf (1875 Graf Moltke), in Brauck (1902 Mathias Stinnes III/IV), in Ellinghorst (Luftschacht und Einfahrt), in Schultendorf (1899 Möller-Schächte von Thyssen) und in Zweckel (1908 staatliche Zeche Zweckel).

Das alte Dorf Gladbeck verändert sich um 1900 zu einem Geschäfts-Zentrum für das Netz der ›Trabanten‹, der Zechen-Siedlungen. Auf den Karten bis 1920 ist noch genau sichtbar, daß die Zechen-Dörfer in einigem Abstand voneinander liegen. Erst später wachsen die Zwischen-Bereiche zu. Dann bildet sich zwischen ihnen ein Gemenge. Am genauesten ist die Struktur des Industrie-Dorfes in Zweckel ablesbar. Östlich und westlich der Zeche entsteht im Auftrag der preußischen staatlichen Bergwerke 1908 und 1922 eine der größten Siedlungen für Bergarbeiter und Zechen-Beamte. Sie ist in sich differenziert. Westlich wohnen die höheren Chargen der Zeche, vor allem die Steiger (Uechtmann-Straße), östlich die Hauer, Handwerker und Schlepper.

Aber auch zwischen ihnen wird noch differenziert. Die großflächige Anlage unterteilt sich in kleine Einheiten: um Plätze und Anger. Das folgt historischen Erfahrungen in Dörfern und Städten (Pump-Gemeinschaften), in denen sich wichtige sozial-psychologische Bedürfnisse entfalteten. Dieses uralte Prinzip des Dorfes und der Nachbarschaft wird von den beiden Planern van de Sandt und Jäckel aufgenommen und unter dem Einfluß der englischen Gartenstadt-Idee intensiviert.

Die Bergwerks-Verwaltung wird in Zweckel nicht unmittelbar in die Zeche integriert, sondern im ›Dorf‹ um einen runden, mit Bäumen bestandenen Platz in einzelnen Häusern untergebracht. Diese Anlage folgt dem Leitbild französischer Jagd-Schlösser des 18. Jahrhunderts: um einen runden Platz stehen eine Anzahl

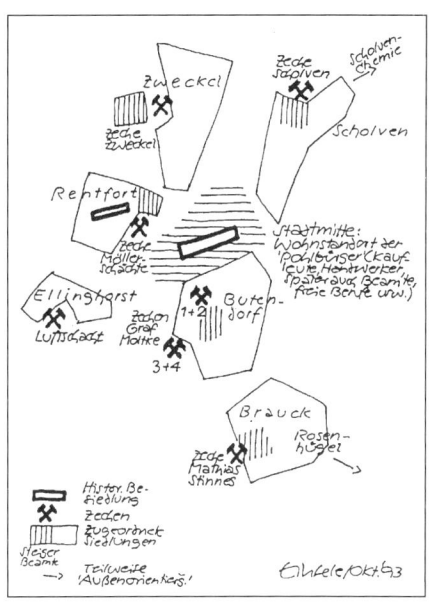

Gladbeck: sechs Zechen rund um das alte Dorf bilden neue Siedlungskerne mit Arbeiter-Siedlungen (Martin Einsele).

Lust-Häuser (Maison de Plaisance). In Schultendorf ›residiert‹ die Zechen-Verwaltung an einem runden Platz und in einer Art Schloß. *[148]*

Wer sich Karten aus der Zeit vor 1920 ansieht, kann quer durch die Region die Industrie-Dörfer der Zechen genau identifizieren. Aber auch heute sind sie in der Stadt-Gestalt erkennbar. Zum Beispiel lassen sie sich im Süden von Gelsenkirchen deutlich ausmachen: Ückendorf gehört im Nordwesten zur Zeche Rhein-Elbe, im Südosten zur Zeche Holland. Ähnlich entstanden in Bottrop die Stadtteile Eigen um die Rheinbaben-Schächte und in Welheim um die Zeche Welheim.

Ausblick: das weiterwirkende Potential. Die Zechen sind untergegangen, aber das historische Potential der Zusammenhänge in ihren Wohn-Bereichen wird – nach aller Erfahrung in der Stadtbau-

Geschichte – ›auf ewig‹ vorhanden sein, trotz mancher Veränderungen und Abschwächungen.
Orts-Hinweise: Industrie-Dörfer als Arbeiter-Siedlungen. Zechen-Dorf Bövinghausen in Dortmund-Bövinghausen: die Steiger wohnen am Gruben-/Rhaderweg, die Hauer an der Venus-/Mars-/Jupiterstraße (um 1900) sowie Bövinghausenstraße (um 1900) und Bennostraße (um 1905). Siedlung Zweckel in Gladbeck-Zweckel. Zechen-Verwaltung an der Arenberg-/Redenstraße. Steiger-Häuser um die Uechtmannstraße. Siedlung Schultendorf in Gladbeck-Schultendorf. Zechen-Verwaltung am Bernskamp. Ähnlich deutlich: Gelsenkirchen-Buer-Hassel. Die Zechen-Verwaltung steht an der Uhlenbrockstraße, die Steiger-Häuser stehen an der Bergmannsglückstraße. Die Bergarbeiter-Siedlung hat mehrere Kerne: Brennackerstraße, Gustavstraße (mit Kindergarten u. a.), August Schmidt-Platz, Körnerstraße. 1930 wird im Südwesten eine weitere Siedlung gebaut (von Josef Rings, Essen; Flachs-/Spindelstraße). Siedlung Vondern (um 1905) in Oberhausen – im Westen für Hauer, östlich von Haus Vondern für Steiger.

Früher ging der Bergmann von seiner Siedlung durch das offene Land zur Arbeitsstätte, heute sind die freien Flächen zwischen Siedlungen und Industrie-Anlagen weitgehend zugebaut. Unten: Arbeitersiedlung Rheinpreußen neben der Zeche Rheinpreußen (rechts angedeutet) in Duisburg Homberg, einst in freiem Feld. [340]

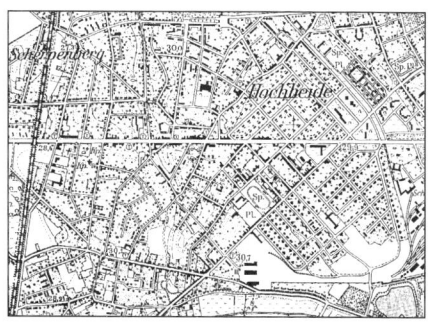

4. Stadt-Typ: das halbländliche offene Gemenge

Die erste Phase. Am Übergang zwischen den alten Stadt-Kernen und dem Land entstehen an den Straßen und Wegen verstreut Häuser und Gewerbe-Gebäude. Dasselbe geschieht zum Teil auch rund um die Industrie-Dörfer herum. Wir können diesen Vorgang als den Typ des halbländlich offenen Gemenges bezeichnen.
Er entwickelt sich je nach Situation. Zum Beispiel prägt er überall dort das Bild, wo es vor 1900 keine umfangreichen Arbeiter-Siedlungen gibt – in Borbeck und Altenessen, in Osterfeld und Oberhausen. Vor allem im Umkreis der Hüttenwerke an der Emscher. Dort wächst der Arbeitskräfte-Bedarf meist kontinuierlicher als in den Bergwerken,

die gezwungen sind, mit einer umfangreichen Bau-Maßnahme Arbeiter-Dörfer zu schaffen.
Um die Fabriken herum verwandeln sich die Feldwege in Straßen. An ihnen entsteht die charakteristische Fülle der kleinen Häuschen. Oft bauen Familien-Verbände und Nachbarschaften sie selbst. Dazwischen legen Wohlhabende ihr Geld in Mietshäusern an.
Der Vergleich der Gelsenkirchener Stadtkarten aus unterschiedlichen Zeiten zeigt, daß die ausufernde Bebauung der halbländlichen offenen Gemenge-Struktur nach 1908 und vor 1920 in Gang kommt. In anderen Bereichen der Emscher-Zone geschieht dies erst nach 1920.

Die zweite Phase beginnt Ende der sechziger Jahren. Mit der Schließung der Zechen entsteht Bedarf nach Ersatz-Arbeits-Plätzen. Obwohl die Zechen eine gigantische Masse an Menschen beschäftigen und riesige Bau-Komplexe sind, hatten sie einen erstaunlich geringen Flächen-Bedarf. Den größten Teil nahmen der Verschiebe-Bahnhof der Werks-Bahn sowie die Halden ein. Denn die eigentlichen Arbeits-Flächen der vielen Menschen breiteten sich unter der Erde aus.

Die Fabriken, die entstehen oder entstehen sollen, benötigen pro Arbeits-Platz große Grund-Flächen über Tage, vor allem aus technologischen Gründen: für Maschinen, für Lager, für LKWs und PKWs. Vor allem sind es Branchen, die aus Umstrukturierungen hervorgingen, und auf großer Fläche nur mehr wenige Menschen beschäftigen.

Eine Zeitlang gehen die Städte extensiv mit ihrem Boden um. Von 1976 bis 1987 gehen 18.000 ha Freifläche verloren. Dieses Auswuchern bestimmt heute weithin die Erscheinungs-Bilder der Region: Wo früher Förder-Türme über wogenden Korn-Feldern die Landschaft prägten, erstrecken sich vielerorts heute endlose und triste Hallen- und Lager-Areale, Abstell- und Park-Plätze.

In Gladbeck wird sichtbar, daß in den sechziger Jahren die Deutlichkeit der Struktur von kleinem Kern und in sich geschlossenen sechs Industrie-Dörfern [95] verschwindet. Denn das bäuerliche Land zwischen diesen Stadtteilen wird in eine Gemenge-Struktur umgewandelt: durch die Ausbreitung vieler neuer, vor allem flächen-verbrauchender Gewerbe. Hinzu kommen Wohn-Bauten unterschiedlicher Typen. Vor allem Geschoß-Bauten, die es früher nur im kleinen Zentrum gab.

5. Stadt-Typ: die repräsentative Stadt.

Ein früher Versuch spielt sich in Mülheim ab – in der ersten großen Stadt der Region. Beispielhaft zeigt sich, warum er scheitert.

Das östliche Ufer der Ruhr ist im 18. Jahrhundert ein großer Hafen für die Kohlen-Schiffe. 1808 erhält der Ort aufgrund seiner hohen Einwohner-Zahl (11.591) das Stadtrecht. Bis 1819 gibt es nicht einen Meter gepflasterte Straße[20]. Zwar bauen eine Anzahl von wohlhabend gewordenen Bürgern sich standesgemäße Häuser wie in Düsseldorf, Köln oder Krefeld, aber das Ambiente bleibt dörflich.

1817 schildert der Bürgermeister Lambert Maubach diese Dorf-Szenerie und gibt zugleich an, was für ihn als Leitbild gilt: „Mülheim ist bekanntlich sehr irregulär gebaut, indem früherhin jeder nach Belieben baute, ohne auf Simetrie Rücksicht zu nehmen. Zu dieser Unordnung gesellte sich auch noch die besondere Liebhaberey, vor den Häuser Bäume zu pflanzen, die durch ihr Heranwachsen und Alter vor manchen Häuser einem Wald ähnlich sind, wodurch den Nachbarn das Licht und die Aussicht benommen, des abends wenigstens eine Stunde vor der eintretenden Dunkelheit schon eine wahre Finsternis erzeugt, der Unzucht ein gleichsam verborgener Anlehnungspunkt verschafft ... In der hiesigen Hauptstraße, die Delle genannt, waren sonst auch fast vor jedem Haus derley hochstämmige Bäume, die aber durch das vor einigen Jahren angelegte neue Straßenpflaster hinweggeräumt worden sind, nur einige sind noch vorhanden, deren auch hie und da wieder angepflanzt werden, indem deren in den ohnehin engen Nebenstraßen noch vorhanden sind, wodurch zugleich die Passage erschwert wird.“

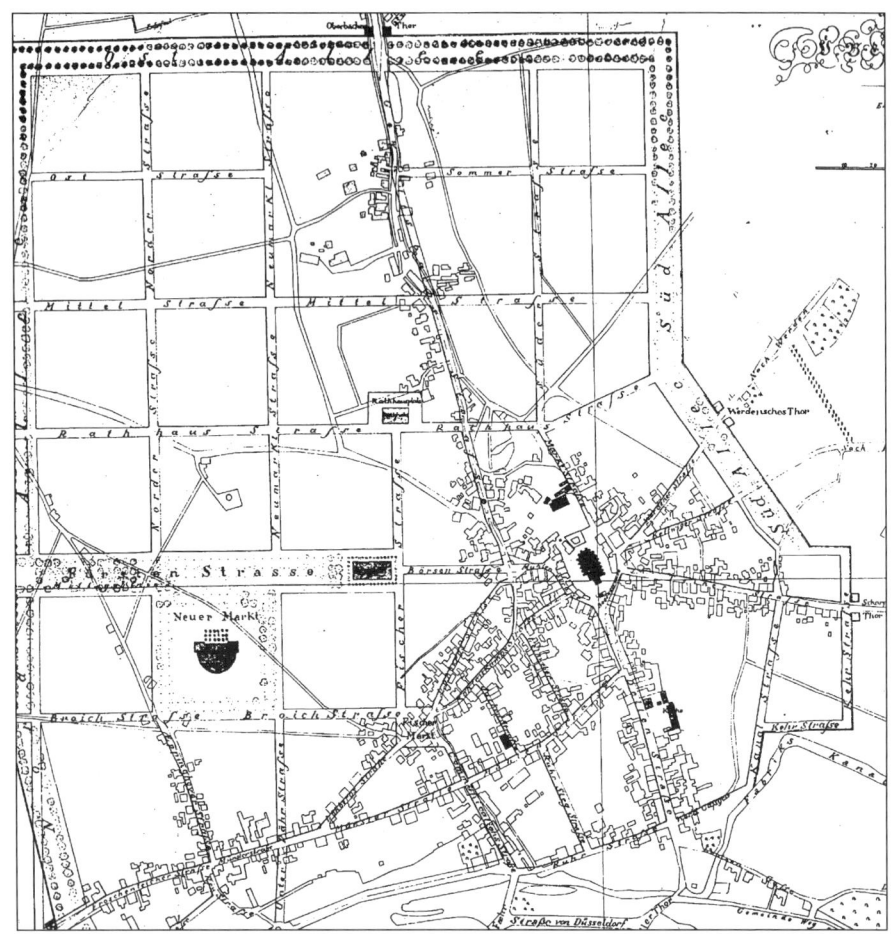

›Plan zur Vergrößerung der Stadt Mülheim‹ (1819 vom Düsseldorfer Baumeister Vagedes).

Städtebaulich leben die Menschen also auf den Trampel-Pfaden eines alten Dorfes, anderenteils aber auf dem neuen und ebenfalls dorfartig strukturierten Hafenbezirk, wo je nach Grundstücksgrenzen und engen Notwendigkeiten Wege und Häuser entstanden.

Als die Einwohnerzahl stark ansteigt (1822 bis 1846 um das Dreifache), ersucht Bürgermeister Weuste den Düsseldorfer Baumeister Adolf von Vagedes um einen ›Plan zur Vergrößerung der Stadt

Mülheim‹[21]. Kern des 1819 vorgelegten Planes ist ein origineller Gedanke: Ein dreieckiger Platz. Und nach französischem Vorbild ein Boulevard: in großzügiger Breite von 40 Metern – für Fußgänger und Kutschen. Baum-Reihen, das billigste architektonische Mittel, sollen unterschiedliche Raum-Erfahrungen schaffen. Der Boulevard erhält einen sichtbaren Zielpunkt: Point de vue ist eine Schiffer-Börse. Sie möge symbolisch für das wichtigste Gewerbe der Stadt stehen und von ihm eine ritualisierte Vorstellung vermitteln. So tritt die Schiffer-Börse an die Stelle von Schloß und Kirche.

Vom Platz und vom Boulevard aus sollen die Promenierenden ein romantisches Bild sehen: eine Stadtkrone in Gestalt des Kirchenhügels. Seine Pointe ist der Turm der Petrikirche. Das Mittelalter wird hier unalltäglich gemacht: zu einer exotischen Szenerie. Der Bruch der ›Moderne‹, der in den Verhältnissen angelegt ist, schafft sich eines seiner ersten Symbolbilder – und dies im stadtplanerischen Bereich. Doch der Plan des Düsseldorfer Baumeisters wird nicht einmal in Ansätzen realisiert. Wer wäre schon in der Lage, in einem städtischen Bereich, in dem alle Grundstücke in festen Händen und genutzt sind, die Verhandlungen mit den Eigentümern zu führen, eine Fülle von Konflikten durchzustehen, die Entschädigungen und den Abriß zu zahlen und die Anlage zu finanzieren?

Baumeister Vagedes hatte seinem Plan ein stadtplanerisches Denk-Modell zugrunde gelegt, das aus der Zeit der absoluten Fürsten stammte. Ähnliches konnte sogar in der Residenzstadt Düsseldorf nur vor der Mauer – auf unbebautem Gelände – realisiert werden.

Den ehrgeizigen Bürgermeistern Maubach und Weuste bleiben nur pragmatische kleine Schritte. Der größte davon ist die Verlegung des Marktes 1839 vom Kirchenhügel nach unten. Der neue Platz verschiebt den Akzent von der bisherigen Hauptstraße (Delle) an die Nordseite der Stadt – zum ›Alten Hafen‹. Zugleich mit dem Platz entsteht das erste Rathaus (1841).

Die Stadt der Repräsentation stammt von den großen Territorial-Herrn [83]. Die Traditions-Linie beinhaltet Nutzungen für Bürokratie und Hof-Staat sowie rituelle Staats-Darstellung und Aufzugs-Inszenierung von symbolischen Ereignissen: sie reicht von den römischen Kaisern zu den absoluten Fürsten, die

sich seit dem 16. Jahrhundert entwickeln. Aber diese Welt gibt es nicht im Gebiet zwischen Ruhr und Emscher. Daher begegnet uns der Typ der repräsentativen Planung nur in einigen wenigen und kleinen Bereichen. „Das Ruhrgebiet war zwar ein Zentrum, aber nicht der Macht und der Kultur. So fühlten sich die Leute. Sie wußten, daß sie Wichtiges taten – daraus konnte man nichts Großes herausziehen" (Willi Thomczyk).

Scheitern in Borbeck. „Der Bürgermeister selbst wollte 1893 im Osten des Zentrums die Erschließung betreiben; der Gemeinderat aber lehnte den Aufkauf der Grundstücke ab ... [Communalbaumeister] Voßkühler trieb unverdrossen ein Konsortium zusammen, hinter dem man das Kapital Grillos vermuten darf, half beim Bebauungsplan, zumal er bereits seine ... Villa an die geplante Hauptverbindung zwischen der vom Bahnhof und von Essen führenden Straße und den Germaniaplatz in der Ortsmitte gebaut hatte. Noch als Feldweg erhielt sie den Namen Kaiserallee, war hier doch eine ›Prunkstraße‹ mit vierfachen Baumreihen und 6 m tiefen Vorgärten vorgesehen." Der Plan scheitert aus vielerlei Gründen – nicht zuletzt daran, daß die „Trasse den Garten der Dienstvilla des Bürgermeisters kürzte."[22]

Die Fluchtlinien-Planung wird von der Regierung in Berlin seit 1875 als gesetzliches Mittel benutzt, um Innenstädten Repräsentation zu geben. Die Hellweg-Städte müssen für ihre Altstädte Fluchtlinien-Pläne machen: vorspringende Gebäude oder Gebäude-Teile sollen abgerissen werden[23]. Der Verkehr hat sich vermehrt, aber er zwingt in dieser Zeit weder funktional noch ideologisch zu dieser folgenreichen Vorschrift. Die Anordnung stammt aus der Hauptstadt und zielt auf die Herstellung repräsentativer Straßen und Viertel – mit breiten Straßen und großen Häusern. Bezeichnend für das Gebiet an Ruhr und Emscher ist die

Tatsache, daß die Behörden das Gesetz nur zögernd umsetzen – erst am Jahrhundert-Ende. Und auch nicht überall. **Bürgerliche Viertel der Jahrhundertwende.** Um 1900 zieht der in allen Metropolen Europas verbreitete Repräsentations-Stil im Revier in einige wenige Viertel ein. **Eine „absolutistische" Stadt-Gestaltung.** Im Jahre 1900 wird in Oberhausen im Anschluß an das Marien-Viertel östlich der Mülheimer-Straße ein weiträumiges Viertel angelegt: wie eine antik-römische Stadt – mit zwei sich kreuzenden Hauptachsen (Bismarckstraße/Liebknechtstraße). Im Detail werden sie wie Boulevards des feudalen Absolutismus gestaltet. Der Boulevard im Revier ist das Resultat der Blicke nach Paris und nach Wien. Die sich kreuzenden Bismarckstraße und Lipperheidstraße zeigen zwei Baumreihen zwischen den beiden Fahrbahnen. In allen anderen Straßen stehen die Baumreihen auf den breiten Bürgersteigen. Am Kreuzungspunkt der Achsen finden wir – wie in der Antike das Forum mit den Staatsgebäuden – eine große evangelische Kirche.

Die Straßennamen bringen bürgerliche Wert-Maßstäbe zum Ausdruck: die Hauptachse präsentiert den Gründer des Deutschen Reiches, den Kanzler Bismarck (Bismarckstraße). Ihn begleiten Schiller und Goethe (Schillerstraße und Goethestraße). Den östlichen Abschluß des Viertels bilden zwei weitere ›Heroen‹ der literarischen Bildung: Körner (Körnerstraße), der auch als Freiheitsheld gilt, und Uhland (Uhlandstraße)[24].

Orts-Hinweise: Repräsentative Stadt-Viertel. Marien-Viertel (um 1900) in Oberhausen (Sedanstraße/Elsa Brändströmstraße). Absolutistisches Viertel in Oberhausen östlich der Mülheimer-Straße: wie eine antik-römische Stadt – mit zwei Hauptachsen (Bismarckstraße/Liebknechtstraße). Viertel um die Friedrichstraße (um 1900) nahe dem Ruhr-Ufer süd-westlich der Mülheimer Altstadt. Moltke-Viertel in Essen (um 1900; um die

Moltkestraße). Das besterhaltene Viertel ist der Bereich um die Bahnhofstraße in Herne[25].

Alleen. Den deutlichsten Einfluß hat das Bemühen um den repräsentativen Stadt-Typ auf die Anlage von Alleen. Der Boulevard entstammt französischer Tradition: ursprünglich ist er eine Straße zum Exerzieren und zum Aufmarsch für Soldaten – seitlich von Bäumen begleitet, also eine Allee. Ihr Vorteil besteht darin, daß sie mit wenig Aufwand herstellbar ist. Daher findet sie in der Gemenge-Stadt eine ziemlich weite Verbreitung. Dies geschieht jedoch auf dem Weg über eine Synthese, die das Repräsentative relativiert: Sie formt es in Richtung der einheimischen und der naheliegenden Vertrautheit um. Es spielt eine Rolle, daß seit altersher viele Land-Wege von Bäumen gesäumt werden. Der zweite Impuls dieser Synthese stammt aus der englischen Gartenstadt-Bewegung: in der Industrie Region richtet sich der Blick nach England – daher hat die Gartenstadt hier einen besonderen Erfolg.

Orts-Hinweise: Alleen. Die Bahnhofstraße in Herne wird nach 1870 als Allee angelegt (1955 dem Autoverkehr geopfert). Oberhausen. Mit dem Raster-Plan des Essener Kreisbaumeister Kind (1865) werden eine Anzahl Alleen geschaffen (nördliche Paul-Reusch-Straße, nördliche Gewerkschaftsstraße und Düppelstraße). Um 1900 legt die Verwaltung gezielt Alleen an, vor allem im Viertel um die Lipperheidstraße . Das Programm grüner Strassen läuft drei Jahrzehnte lang. Um 1929 läßt die Verwaltung in Osterfeld über 6.000 Bäume (sowie ca. 1.000 ha Grünfläche) pflanzen. Auch Privatleute beteiligen sich, zum Beispiel die Familie Uhlenbruck auf dem Platz nahe der Zeche Concordia (1937 Uhlenbruck-Platz genannt). 1923/1925 werden in Bottrop an den Straßen 1.640 junge Bäume gesetzt: Platanen, Silber-Linden, Krim-Linden, Roteichen, Eschen und Silber-Ahorn. 1924 erhält sie 300 m lange Randebrockallee beiderseits Gehölz und Buchenhecken.[26] Die Arbeiter-Siedlungen, die unter dem Einfluß der Gartenstadt-Bewegung entstehen, erhalten fast immer Alleen. [126]

Der Mangel an repräsentativer Gestaltung wird häufig beklagt, vor allem von großbürgerlichen Zuwanderern und Reisenden, die ihre Maßstäbe aus Berlin beziehen. Der Essener Beigeordnete Paul Brandi (1899-1911 in Essen) hat in München, Straßburg, Berlin und Leipzig studiert; dort prägen sich seine Ansprüche und Maßstäbe; er schreibt in seinen ›Essener Arbeitsjahren‹: „Der äußere Eindruck, den Essen bei meinem Dienstantritt auf mich gemacht hatte, bestätigte den Ruf, in welchem Essen damals stand, das heißt den einer wenig anmutenden Industriestadt. Die Enge der Altstadt, deren Radius einen Kilometer nicht überstieg, einerseits und das überschnelle Anwachsen der Einwohnerzahl andererseits hatten bisher eine moderne und wenigstens sachgemäße Ausgestaltung des Stadtbildes unmöglich gemacht."[27]

6. Stadt-Typ: das rechteckige Straßen-Raster für den Grundstücks-Verkauf

Planung für den Grundstücks-Verkauf. Zum Eisenbahn-Bau und zur ersten geplanten Konjunktur führt eine vorausschauende Denk-Weise: die Gewinn-Erwartung. Sie breitet sich auch in der Stadt-Entwicklung aus: beim Grundstücks-Verkauf und bei der Haus-Finanzierung. Fast überall, wo Parzellierungen vorgenommen werden, ist das Ziel: Verkauf. Die Industrie-Stadt entsteht weithin auf der Grundlage der privaten Unternehmung.

In vielen Bereichen ist dies ein Gewerbe: es bilden sich Firmen – die Terrain- und Baugesellschaften (vor allem in Berlin). Hinzu kommen Bauunternehmer. Sie bauen und verkaufen bzw. vermieten Häuser. Oder sie kaufen Land, parzellie-

ren es, machen es baureif und verkaufen es weiter.

Für die Finanzierung wird das Hypotheken-Wesen übernommen, das Haußmann in Paris eingeführt hatte. Die Hypothek ist das Symbol der Spekulation: des Zusammenhangs zwischen Beleihung des Bodens (als Sicherheit für die Bank) und künstlicher Steigerung des Boden-Wertes. „Da die Hypotheken nach deutschem Recht nicht allein auf das Bauwerk, sondern auf Grund und Gebäude gegeben wurden, war die Bewertung der Grundstücke beeinflußt durch die zu erwartende Höhe der Hypotheken"[28].

In Dortmund beginnt der Terrain-Verkauf damit, daß zwischen 1840 und 1850 in den drei Bauerschaften vor den Toren das frühere Gemeinde-Land (Allmende) mit geraden Wirtschafts-Wegen versehen wird.

Die Krupp-Fabrik entsteht westlich von Essen an der alten Straße des Hellwegs in Altendorf. Die Stadt Essen stellt 1860 ihren ersten Erweiterungs-Plan auf: ein Raster-Netz rund um die alte Stadt, vor allem nach Westen. Wie hart dieser Verkaufs-Plan auf die Spekulation mit der letzten Wiese zielt, beweist die Tatsache, daß die Stadt sogar den Vorschlag des planungs-kompetenten und weitsichtigen Alfred Krupp ignoriert, der einen Grün-Gürtel um die Altstadt legen will.

Für das Terrain südlich des Bahnhofs Oberhausen (1846) entwirft 1865 der Kreisbaumeister Kind (Essen) einen Raster-Plan [102]. Der Bürgermeister lockt Interessenten [88] mit der Aussicht, daß die Bodenpreise steigen und daß Geld-Anleger – ähnlich wie in Berlin, Leipzig, Frankfurt – von spekulativen Wohnhäusern hohe Mieten erwarten können.

Ziele und Mittel der Raster-Planung sind uralt. Ähnlich wie der römische General seinem Militär-Lager auf einer umgrenzten Fläche eine zweckrationale Struktur für seine Organisation gab, wurden in römischen Kolonial-Städten und

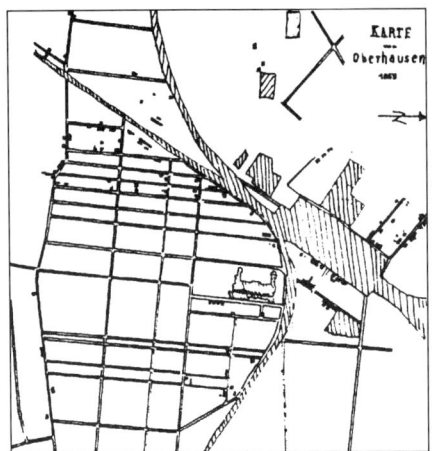

Rasterplan für Oberhausen (1865 vom Kreisbaumeister Kind).

Zusammentreffen von Unterschieden: Die Gemenge-Stadt

Die Mischung der Typen ist die Gemenge-Stadt. Vor allem das halbländliche offene Gemenge ist seinem Wesen nach bürgerlich-anarchisch. Das heißt: Herrschaft ist minimiert. Es gibt viele Freiräume. Je nach Macht-Position kommt es aber auch zu Konflikten. Es entstehen Nischen, in die sich vielerlei Nutzungen einnisten können. Der einzelne baut sich nach seinen Bedürfnissen und Finanzen seine ›Requisiten‹. Die ausdrückliche Darstellung, beispielsweise an den Haus-Wänden, aber auch in den Gestaltungsweisen des Frei-Raumes, hat die Wahl: zwischen mehreren Ausdrucks-Sprachen und Ausdrucks-Codes.

Wer durch das Gebiet zwischen Ruhr und Emscher reist, erlebt auffällig den ständigen Wechsel von unterschiedlichen typologischen Entwicklungs-Traditionen. Für den genauen Blick sind die einzelnen Typen gut unterscheidbar. Zur Struktur gehört aber auch ihr Zusammenhang: ihre raschen Folgen, die Spannungen, die im Zusammentreffen entstehen, und die Vielfalt, die sie schaffen.

Industrie-Dorf und halbländlich offenes Gemenge. Der Schlosser Walter Brenk (Jahrgang 1909) in Gelsenkirchen-Ückendorf schildert die beiden Grund-Typen der Region, das Industrie-Dorf und das langsam entstehende Gemenge: „Um 1920 und vorher war hier die Siedlung [Flöz Dickebank] und rund herum gab es keine Häuser. Von hier bis Aschenbruch bin ich, wenn ich nach Bünningfeld zum Turnen ging, nur durch Getreidefelder gelaufen. Im Herbst rannten die Hasen und die Rehe über die Felder. Das wurde im Laufe einer kurzen Zeit alles bebaut und zugebaut. Schon nach dem Ersten Weltkrieg und vor allem nach dem

später in Europa viele Städte oder Stadt-Bereiche aufgeteilt. Das Schachbrett-Muster stellt jedoch keine Hierarchie von Straßen und Grundstücken her, sondern dient anderen Maximen: dem rentablen Flächen-Verbrauch, der Überschaubarkeit, der Orientierung, der günstigen Verwaltbarkeit, weil alle Einheiten gleichartig sind.

Dem Projekt Oberhausen ist kein großer Erfolg beschieden. Hier gibt es wenig Investitions-Kraft. So bleiben lange Zeit viele Bau-Lücken. Die meisten Häuser entstehen erst im Bau-Boom zwischen 1900 und 1914. Bis heute sind immer noch Teile des Terrains unbebaut[29].

Orts-Hinweise: Rechteckige Straßen-Raster. Marktstraßen-Bereich (1865) in Oberhausen. Bereiche (1860) rund um die Altstadt in Essen, vor allem im Nord-Viertel (Altenessener Straße) und im Südviertel Huyssenstraße). Nord-Stadt (um 1850) in Dortmund (nördlich des Bahnhofs, Mallinckrod-/Schützen-/Bornstraße). Stadtteil Marxloh (um 1890) in Duisburg-Hamborn (Weseler-/Kaiser Wilhelm-Straße/August Bebel-Platz/Karl Marx-Straße) – eine Insel zwischen gigantischer Industrie. Stadtteil Obermarxloh (um 1895) in Duisburg-Hamborn (Körner-/Goethe-/Schiller-/Sterkraderstraße) – östlich vom ›Dorf‹ Hamborn langgezogen ausgedehnt.

Zweiten Weltkrieg. Nach 1918 gründeten sich große Siedlungs-Gemeinschaften". Hier wurde gearbeitet. Das war substantiell. Keine Repräsentation. Kein Militär-Spiel. Der Steiger war auch mal Bergmann, faßte selbst mit an. Es ist wichtig, daß einer, der kommandiert, selbst anpackt – er ist eigentlich auch nur Arbeiter. Das gab es ähnlich in der Eisen-Industrie. **Leben und leben lassen.** Der Theatermacher Willi Thomczyk, der in Wanne-Eickel aufwuchs und dort lebt, beschreibt die Gemenge-Stadt mit seinen Augen: „Das Ruhrgebiet setzte auch verschiedene Muster von Städten zusammen. Denn das Gebiet ist weitflächig. Es gibt keinen ›08/15-Plan‹, wie man bauen müßte. Nichts war militärisch durchschlagend gemacht. Es gibt unterschiedliche Leute. Auch Krupp baute immer unterschiedliche Siedlungen. Sie sahen zehn Jahre später anders aus.

Ich fahre viel mit dem Fahrrad, so lernst du das Ruhrgebiet am besten kennen. Du staunst, was es hier alles gibt. Ich verfahre mich gelegentlich sogar. Du kommst irgendwo hin und wunderst dich, wie unterschiedlich das alles ist – von den Häusern her.

In Berlin denkst du: Das hat ein und dieselbe Struktur – es gibt nur den Unterschied zwischen arm und reich. In Berlin siehst du deutlich die Strenge, die Militarisierung – die langen geraden Straßen, Schachbretter. Im Ruhrgebiet muß man die Schachbretter suchen, es gibt sie, aber eher in der modernen Zeit. Soviel krumme Straßen wie hier habe ich in keiner Stadt erlebt. Das Ruhrgebiet wurde nie als ein Ganzes begriffen. Hier hat was begonnen – dort etwas anderes. Und dann ist es zusammengewachsen – und da wird es dann an den Treffpunkten interessant.

Wenn ich an meine Kindheit denke, assoziiere ich: Abenteuer, Huckleberry Finn, viele Verbote, aber auch Enge, vor allem aber Wärme. Heute sehe ich: Individualität, eine Portion Frechheit, Derbheit, aber auch Mehr-wert-sein-wollen. Bei allen Widersprüchen fällt mir immer auf, daß im Ruhrgebiet immer der Satz gilt: Leben und Leben lassen. Dieses Gefühl hab ich im Ruhrgebiet mehr als in anderen Metropolen.

Das Ruhrgebiet ist nicht so eng wie Berlin – hier gibt es viel Verteilungsmöglichkeit. Wie breit ist das Terrain! Schon in Herne mit seinen 200.000 Leuten. Der Zentralismus lief nie so wie in den Metropolen. In New York gab es Chinatown, hier in der Region gab es immer Vermischung und Integration. Ich nehme mehr das Ruhrgebiet als Ganzes wahr – als die Stadt.

Hier verteilt sich auch die soziale Verelendung mehr, es gibt mehr Möglichkeiten zum Überleben, weil das soziale Geflecht hier noch gesünder ist. Wo Armut auf dem Haufen sitzt, in Teilen von Berlin oder in Belfast, in der Ghettoisierung ist jeder, der mit einem Auto durchfährt, ein Feind.

Das Ruhrgebiet ist eher konservativ. Bewahrend. Obwohl es auch viel zerstört. Wenn man sich die Umwandlung von Metropolen ansieht, wird hier viel weniger umgewandelt. Hier können sich Leute sehr lange halten – so Leute wie ich. Ja, doch, das Ruhrgebiet ist konservativ. Hier kommt immer alles ein bißchen später. Und nicht in der Vehemenz wie in den Metropolen.

Die Ruhrgebietler, die echten, sind absolut Anti-Reisende, sie bleiben am liebsten zu Hause. Und sind immer sehr froh, wenn sie nach dem Urlaub wieder zurückkommen können. Wie ist das Gebiet entstanden? Aus Menschen, die nicht reisen konnten. Sie machten keine Reisen. Sie wollten Heimat. Das hat mit Sicherheit und Geborgenheit zu tun. Das Ruhrgebiet verwöhnt Menschen. Es hat immer ganz gut aufgefangen. Das hat mit vielem zu tun, auch ein bißchen mit einer

Art Bequemlichkeit – du hast alles. Woanders mußt du entbehren.ɣ

Bodo Herzog, lange Zeit Archivar der GHH in Oberhausen: „Der Berkeley-Professor Gerald D. Feldman erklärte mir in den 70er Jahren, angesprochen auf seine orientierungssichere Fahrweise bei der Auffindung für ihn unbekannter Ziele im Ruhrgebiet: ›Da ich in New York in der Bronx aufwuchs, habe ich in dieser Region keine Problem, irgendwelche Orte exakt und sicher anzusteuern.‹"

Orts-Hinweise: Gemenge-Lage. Das ganze Revier ist Gemenge. Einige besonders charakteristische Bereiche: Aussicht von der Terrasse der Hohensyburg in Dortmund-Syburg (Hohensyburgstraße) über das Tal der Lenne mit Hagen. Dortmund-Derne (Altderner Straße): Zeche – Kolonie – Vorort-Kern. Dortmund-Mengede besitzt drei Kerne: Das Dorf. Den Markt-Platz (um 1900) mit dem Saal-Bau als neuen Kristallisations-Kern. Den Bereich zwischen Zechentor, mit drei Kneipen (um 1900) an der Hansemannstraße und dem Bahnhof.

Auch dies ist Gemenge: der Bereich zwischen Dortmund-Mengede und Castrop-Rauxel-Deininghausen: Bauern-Landschaft, VEBA-Kraft-Werk Ruhr, Beton-Kühltürme, gegenüber ein alten Bauernhaus, mitten in den Feldern ein Umspann-Werk und der Himmel voller Hochspannungs-Leitungen.

Gelsenkirchen-Bismarck (Bismarck-/Ahlmannshofstraße/Bickerer Höfe). Gelsenkirchen-Ückendorf (Bochumer-/Ückendorferstraße/Festweg) mit Siedlung Flöz Dickebank (Ottilienaustraße) und Zeche Holland (Ückendorferstraße um 219).

Gemenge-Struktur – 30 km lang – an der rechten Rhein-Seite in Duisburg – vom Norden zum Süden: Römerstraße (Walsum), Neue Schwelgerner Straße (Marxloh), Alsumer Straße (Bruckhausen), Friedrich Ebertstraße (Beeck), Eisenbahnstraße (Ruhrort), Hafen-/Ruhrorter Straße, Am Brink (Duisburg), Weerthhauser Straße (Hochfeld), Rheinhauser Straße, Wanheimer Straße, Kaiserswerther Straße (Wanheim), Ehinger Straße (Angerhausen), Mannesmannstraße (Mündelheim).

Freiheit und Regulierungs-Bedürftigkeit: Die Prozeßhaftigkeit der Gemenge-Stadt

Die Ambivalenz des Gemenges ist in der Fülle der Gespräche auf Platz und Straße und in der Ruhrgebiets-Literatur deutlich sichtbar. Daraus geht hervor, daß die Gemenge-Stadt mehr als andere Stadt-Typen zwei wichtige Charakter-Eigenschaften besitzt: Offenheit und Prozeßhaftigkeit.

Die Gemenge-Stadt kann sich in der einen oder in der anderen Weise entwickeln – je nach den Verhältnissen. Wer stark ist, kann strukturelle Gewalt ausüben und Schwächeren wenig Chancen lassen. Aber auch für Schwächere gibt es Freiheiten: denn im Gemenge reduzieren sich die Ansprüche und die Durchgriffs-Strategien von Starken auf bestimmte funktionelle Erfolge. Daneben aber gibt es eine Fülle von Frei-Räumen.

Daher steckt in diesen Verhältnissen stets eine Tendenz zur Abschwächung oder Entideologisierung – in unterschiedlichen Ebenen. „Nichts wird so heiß gegessen, wie es gekocht wird". Den Bewohnern bieten sich eine Fülle von Ausweich-Chancen in Frei-Räume.

Freiheit und Regulierung. In diesem offenen Prozeß spielt Steuerung eine große Rolle. Andererseits ist nicht einfach; denn die Gemenge-Stadt ist das Ergebnis eines historisch-gesellschaftlichen Paradoxes. Einerseits entstand Gemenge aus einem bürgerlichen Reform-Programm: Es reduzierte im 19. Jahrhundert den staatlichen Eingriff erheblich, oft auf ein Minimum, häufig schaffte es sich die Vormundschaft völlig vom Hals. Dafür entstand eine Welt der großen und kleinen Freiheiten.

Aus diesen Freiheiten entstehen jedoch Unterschiede, wie Schwächere und Stärkere an ihnen teilnehmen können. Oft beißen sie sich oft schon an der Haus-Grenze und auf der Straße. Daher benötigt das Gemenge-Terrain ein hohes Maß an Steuerung: um die Konflikte, die aus den Freiheiten entstehen, zu moderieren.

Nach dem Ende der Fürsten-Staaten schlichtet in vielen Feldern kein Dritter, sondern die Beteiligten müssen sich selbst über Regulative verständigen. Dies ist ein Prozeß informeller Demokratie. Je nach ›Parteien‹ und Prozeß kann er unterschiedliche Ergebnisse haben: eine verheerende Nivellierung oder eine hohe Komplexität, die aus der Vielfalt produktiv hervorgeht.

Daher besitzt der Stadt-Typ des Gemenges historisch seit jeher eine Dialektik: einer relativen Freiheit der einzelnen steht die Notwendigkeit gegenüber, immerzu Konsens-Bildungen herbeizuführen – als ein ständiger Prozeß.

Organisation der Mitsprache. Damit Bürger nicht dauerhaft erhebliche Nachteile erleben, sind die Schwächeren, auch wenn sie dies oft wenig wahrnehmen, gezwungen, sich zu organisieren. Damit können sie Übermacht schwächen oder paralysieren.

Die Zuwanderer sind jedoch lange Zeit ausschließlich beschäftigt mit ihren elementaren existentiellen Problem. Zunächst spielt darin auch der Katholizismus eine erhebliche Rolle. Weiterhin bestehen zwei bis drei Generationen lang mitgebrachte landsmannschaftliche Bindungen weiter. Politik dringt hier nur schwierig ein[30].

Die Bildung von Partizipations-Macht geschieht in einem langen, oft qualvollen Prozeß: mit Phasen des Mangels an Einsicht, der Unschlüssigkeit, von Versuchen und Irrtümern. Und schließlich mit ständigen inneren Problemen der Macht-Bildung in der eigenen Gruppe und in den Verwaltungen. Eine genaue Geschichte dieses spannenden Geschehens ist noch nicht geschrieben.

Im Laufe dieses historischen Prozesses ist in der Region an Ruhr und Emscher Wichtiges erkennbar: trotz aller Krisen werden durch Erhöhung der organisierten wie der individuelle Mitsprache die Lebens-Verhältnisse erheblich ausgeglichener gestaltet.

Der ideal-typische Charakter der Gemenge-Steuerung. Diese Steuerung hat einen besonderen Charakter. In idealtypischer Form sieht sie so aus: Es gibt keine gerasterte Vorgabe. Steuerung ist nur wenig autoritativ. Sie führt nicht zu dauerhaften Maßnahmen, sondern nur zu begrenzten. Sie rechnet also mit Flexibilität. Auch mit Zeitlichkeit. Der Prozeß muß angehalten werden können. Innerhalb des Prozesses versucht sie, von den Beteiligten herauszufinden, was für sie an Freiheit notwendig und an Abstimmung sinnvoll ist.

Verbesserungen leben in der Regel davon, daß im Prozeß-Verlauf eine langsame kulturelle Anhäufung geschieht. Ständig muß nachgebessert und weiterentwickelt werden. Viele Fortschritte bilden sich dann so aus, daß sie nicht mehr rücknehmbar sind und schließlich bei Freund und Feind zur Selbstverständlichkeit werden. Auch die konservativen Parteien vertreten heute nicht mehr die Positionen, die ihre Vorgänger um 1880 oder 1900 eingenommen hatten.

Oft werden Verbesserungen der Gemenge-Stadt auch auf dem Weg über technische Prozesse etabliert. Häufig stabilisieren sie sich innerhalb eines komplexen Gefüges, aus dem einzelnes nicht mehr herausgelöst werden kann.

Doch Geschichte verläuft nicht geradeaus. Das zeigt auch der unfaßbare und tiefe Fall von 1914. Vieles steht ständig auf schwankendem Boden: Stets besteht Gefahr, daß sich Übermacht bildet und die Verhältnisse sich noch weiter verschlechtern.

Die Ausbau-Phasen der Gemenge-Stadt

Im Land an Ruhr und Emscher gibt es im historischen Prozeß mehrere Phasen in der Ausbildung des Gemenge-Stadt-Typs. **Die erste Phase (bis um 1850/1860).** Die ländlichen Verhältnisse der Bauern werden kaum angetastet. Dörfliche Landwirtschaft und die neue, noch kleine Industrie leben nebeneinander, ohne sich zu stören. **Die zweite Phase (um 1860-1900).** Großbetriebe entstehen. Sie werden übermächtig. Ihre betriebswirtschaftliche Logik ist noch grob und egozentrisch: sie richtet sich ausschließlich und kurzatmig auf das eigene Interesse. Und sie leistet sich, was immer sie für nötig hält.

Diese ›Freiheit‹ ist in den staatlichen Rahmen-Bedingungen Preußens angelegt: 1808 wird die gemeindliche Selbstverwaltung etabliert. Innerhalb der Gemeinden herrscht einerseits öffentliche Armut, andererseits der Reichtum aufsteigender einzelner. Schon 1794 wurde in Preußen die Baufreiheit eingeführt (Allgemeines Landrecht). Der Hinweis auf das Gemeinwohl spielt meist keine Rolle.

Bis 1855 ist die Aufstellung von Bebauungsplänen Aufgabe des Staates, dann geht sie in die Aufgabe der Gemeinden über. Die Bau-Vorschriften beschränken sich auf Fluchtlinien, die die Straßen-Begrenzungen regeln. Seit 1838 können Grundstücks-Besitzer an den Straßenbau-Kosten beteiligt werden. Ein Gesetz von 1875 ermöglicht die völlige Abwälzung der Kosten bis zu einer Straßenbreite von 26 Metern. Jetzt weisen viele Gemeinden breite Straßen aus. Zum Ausgleich erhalten die Eigentümer extrem tiefe Parzellen. Insgesamt nimmt die Bau-Ideologie des Liberalismus nur Bezug auf das Grundstück, ist aber gesamtstädtisch ziellos und ungesteuert.

Im Ruhrgebiet vergrößert sich rasch die Schicht der Arbeiter: ›Massen‹ entstehen, „mit fremden Gesichtern!“ und auch häufig mit „fremden Verhaltens-Weisen“. Diese Erscheinungen sind bis dahin den einheimischen Bauern und „Pfahl-Bürgern“ unbekannt. Sie fühlen sich bedrängt – vom Neuen, das sie nicht verstehen. Und sie reagieren abweisend, hochmütig und diskriminierend.

Aber es gibt auch Gemeinsamkeit: Die Zechen auf dem Land ermöglichen vielen Arbeitern, die großenteils vom Land stammen, ihre gewohnte ländliche Lebensweise teilweise weiterzuführen. Häufig verbindet dies die Bergarbeiter mit den Bauern.

Weil aber die Arbeiter in großer Zahl zuwandern, können sich die einzelnen untereinander stabilisieren. Und es entsteht eine hohe Kommunikations-Dichte: In Zeche und Eisenhütte arbeiten viele Menschen auf engstem Raum miteinander. Die Wohnungen sind klein, daher stehen viele Leute „gern auf der Straße, im Hof, an der Hecke“. Die Wirtschaften sind voll. Und eine Fülle von Vereinen sorgt für Höhepunkte der Geselligkeit, vor allem für Feste.

Auf dem Weg zu neuen Lebens-Formen befinden sich Arbeiter unbewußt auch im Einklang mit bürgerlichen Unternehmern. Denn auch diese wollen ›alte Zöpfe‹ höfisch-bürokratischer Verhaltens-Weisen abschneiden. Bei aller Distanz zueinander, Mißtrauen und Wut, gibt es auch wechselseitige Hochachtung füreinander. Dies ist ein ungeschriebenes Kapitel der Ruhrgebiets-Geschichte. Es prägt sich vor allem im Verhältnis zwischen Kumpel und Steiger aus, oft auch noch zwischen Kumpel und Betriebs-Führer.

Viele Bauern verkaufen Land, werden dadurch reich, steigen auf oder dann mit dem letzten Grundstücks-Verkauf auch aus. Dadurch vermindert sich die Zahl der

Menschen, die eine ausschließlich ländliche Lebens-Weise leben. Hinzu kommt: ihre abhängigen Heuerlings-Familien wandern ab – in die Industrie.

Von der ländlichen Struktur bleibt nur ein Teil erhalten, dieser aber in erstaunlicher Überlebens-Fähigkeit: als halbbäuerliche Lebens-Weise vieler Industrie-Arbeiter. Ihre Stärke bezieht sie nicht nur aus ihrer Tradition, sondern auch aus dem halbländlich offenen Gemenge.

In dieser zweiten Phase der halbländlichen Gemenge-Lage entstehen große Konflikte, für die einige Zeit lang fast jedes Regulativ fehlt. Die detaillierteste Untersuchung zum konfliktreichen Prozeß des halbländlichen offenen Gemenges unternahm der Sozialhistoriker Lutz Niethammer am Beispiel des gescheiterten Communalbaumeister Heinrich Wilhelm Voßkühler (1852-1914) in Preußens größtem Dorf, in Borbeck im Essener Norden[31].

Die Land-Gemeinde Borbeck entsteht aus zwölf Bauernschaften. In einem Gebiet von 50 km^2 – fünfmal größer als Essen – leben hier rund 2.500 Menschen. Hingegen hat Essen 5.000 Einwohner und eine elfmal größere Dichte. In Borbeck entstehen nach der ersten Tiefbau-Zeche (1840 Graf Beust) in kurzer Zeit weitere dreizehn Zechen. Dadurch verdoppelt sich von 1850 bis 1861 die Bevölkerung auf 18.000 Einwohner.

Es gibt keine Standort-Planung. Die Unternehmer kaufen den grundbesitzenden Bauern den Boden ab, wo immer sie ihn benötigen. Viele Arbeiter-Familien bauen sich an den Landwegen in Nachbarschafts-Hilfe ihre üblichen eineinhalbgeschossigen Häuser (viele sind noch erhalten). Die Industrie geht mit ihren Abwässern und Abfällen um, wie es ihr paßt. Ein Umwelt-Bewußtsein gibt es nicht.

Alteingesessene Bauern werden durch Boden-Verkäufe reich und leben als Teilrentiers. Nach dem Gemeinde-Recht beherrschen diese ›Meistbeerbten‹ den Gemeinde-Rat. Dieser sorgt zunächst dafür, daß die Verwaltung, in der einzelne Beamte oft durchaus Ehrgeiz haben, machtlos bleibt. Die beiden einzigen Ziele dieses Parlaments von Besitzenden: Die Steuern sollen so gering wie möglich und der einträgliche Grundstücks-Handel möglichst interventionsfrei bleiben.

Aus diesem „Kuh-Handel" entsteht ein unbeschränktes und spekulatives Bauen. Wie lange dieser Zustand dauert, läßt 1921 der Beigeordnete der Stadt Buer, Dr. Große-Boymann, durchblicken: „Neben den einschlägigen reichs- und landesrechtlichen Bestimmungen sind maßgebende Vorschriften über die Bauerlaubnis ... in der Bauordnung für die Stadt Buer enthalten. Diese Ordnung galt ursprünglich für den Landkreis Recklinghausen und wurde von der Stadt Buer übernommen. Leider trug sie nicht zu der erwünschten Entwickelung der Stadt bei, da sie ohne Einschränkung eine allzu reichliche Ausnutzung der Baugrundstücke in horizontaler wie in vertikaler Hinsicht zuließ. Es entstanden trotz des reichlich zur Verfügung stehenden Geländes enge Bebauungen einzelner Stadtteile, die mehr eine spekulative Ausnutzung des Geländes als die für unsere schwer arbeitende Bevölkerung notwendige weiträumige Wohnungsmöglichkeit erzeugte. Eine Umarbeitung der Bauordnung ist im Gange."[32] Das Ausmaß dieses Bauens zeigen Zahlen von Buer (Gelsenkirchen). Hier werden von 1911 bis 1921 jährlich 10 km Bebauungs- und Fluchtlinien-Pläne gemacht. Erst 1912 entsteht eine ständige Bauberatung.

Der Kulturkampf in den 70er Jahren verzögert die „Organisation der Arbeiter am Ort für Jahrzehnte, indem die katholische Kirche für Arbeiter und bäuerlich-bürgerliche Führungsschicht zum gleichen, wenn auch nicht gemeinsamen Bezugspunkt wurde."[33] Es findet also fast keine ausgleichende Regulierung der

Konflikte statt, die sich angehäuft und verschärft haben.

In der dritten Phase (um 1890-1918) werden in Borbeck und in anderen Orten einige kommunale Infrastrukturen entwickelt. Meist hängen sie damit zusammen, daß die Industrie sie zu ihrer eigenen Entwicklung benötigt, vor allem zur Nutzung von technologischen Innovationen. Wenn sie selbst diese Schritte nicht mehr leisten kann, braucht sie die öffentliche Hand.

Zu diesen Infrastrukturen gehören in Borbeck die ersten Wasser-Leitungen zu den Werken und in bessere Viertel. Dazu eine fast-kommunale Aktien-Gesellschaft für Licht, Kraft- und Wasser-Versorgung. Dann eine Neuvermessung der Gemeinde als Grundlage für den Grundstücks-Handel, die Anlage viele neue Wege, die ebenfalls zur Erschließung von Grundstücken und ihrem Verkauf dienen. Und die erste elektrische Straßenbahn im Revier zwischen Essen und Borbeck (1893). Infolge der infrastrukturellen Dienstleistungen in Borbeck (und anderswo) expandiert auch die Verwaltung. Der Bau eines größeren Rathauses steht an.

Weil die Industrie erweiterte Qualifikationen benötigt, wird das Schulwesen auf niedriger Stufe reformiert. Auf gehobener Stufe versucht die Gemeinde, zwei höhere Schulen zu gründen. Als Maßnahme gegen ein wachsendes soziales Problem entsteht ein Armenhaus. Ordnungs-Instanz für das gewachsene Ausmaß sozialer Konflikten wird ein Amts-Gericht. Zur Verbesserung der Geld-Zirkulation wird eine Sparkasse gegründet.

Insgesamt „kontrastiert ein prestige-orientierter Grundzug mit einem Mangel an gleichmäßiger Entwicklung, an Grundlageninvestitionen, an Planung, an Sozialpolitik"[34]. Die Großunternehmen setzen unbehindert die ökonomischen und ›ökologischen‹ Rahmen-Bedingungen. Und die grundbesitzenden Alt-Ein-

wohner blockieren hierzu die reformerische Entwicklung der Verwaltung.

In dieser Konstellation der Macht werden in Borbeck notwendige Regulative unterlaufen – zumindest so lange es möglich ist, z.B. das Fluchtlinien-Gesetz (1875, erst um 1895 realisiert). Vergleichbares geschieht auch in anderen Orten. Erst 1886 macht Meiderich (Duisburg) ein Orts-Statut gegen wildes Bauen: mit Straßen- und Bauflucht-Linien. 1893 entstehen die ersten Bebauungs-Pläne in Hamborn (Duisburg), 1894 in Schmidthorst (Duisburg) und Bruckhausen (Duisburg).

Die etablierte Macht behindert auch die Entstehung von Gegen-Macht: Am 1. Mai dürfen die Arbeiter keinen öffentlichen Umzug machen. Unter Druck verschärfen die Etablierten die feinen und groben Repressions-Mittel. Die einschüchternde Wirkung zielt vor allem darauf, daß viele Bedrohte sie verinnerlichen. Tatsächlich beugen sie sich dann im Vorfeld von selbst. Dazu üben die Gebeugten auch noch Druck in der eigenen Umgebung aus. In Borbeck bildet sich erst 1901 ein sozialdemokratischer Ortsverein.

In allen Industrie-Bereichen gibt es nur wenige Oberschichten-Angehörige (vergleichbar den Vororten von Köln oder Mannheim). Die Wohlhabenden bevorzugen den Süden von Essen. Auch die Mittelschichten sind in Borbeck zahlenmäßig schwach. Daher gibt es nur wenige Dienst-Leistungen und Infrastrukturen, die mit mittelständischem Lebens-Stil zusammenhängen. Ein allgemeines Phänomen in dieser Epoche: die kulturelle Stagnation der breiten Massen.

Orts-Hinweis: Stadt-Entwicklung Essen-Borbeck. Essen-Borbeck-Mitte zwischen Reuenberg, Otto Brenner-Straße und Bocholter Straße.

Die vierte Phase (1918-1945) steht zunächst unter dem Einfluß der Makro-Struktur: Das Kaiserreich hat durch den angezettelten Krieg in einer äußerst leichtfertigen Weise alles aufs Spiel gesetzt

– und alles verloren. In den 20er Jahren werden einige verzögerte Infrastrukturen angelegt. Damit wächst zugleich auch der Mittelschichten-Anteil in der Bevölkerung.

Nun wird der Übergang von der Phase der ausschließlichen Organisation der Stärksten zu einer Organisation aller Beteiligter sichtbar. Dadurch entwickeln sich Anfänge einer tendenziell auf Ausgleich gerichtete Regulativ-Bildung. Zumindest in einigen Bereichen. Der NS-Staat läßt die Verhältnisse stagnieren. Er schreibt dies mit diktatorischen obrigkeitlichen Gewaltmitteln fest.

Die fünfte Phase (1945-1980). Nach 1945 werden durch den gewachsenen Einfluß der Sozialdemokratie die Mängel der Gemenge-Lage in vielen Bereichen behoben. Diese Phase ist in sich sehr vielschichtig. Es entstehen bedeutende Leistungen im infrastrukturellen Bereich. Aber Vorstellungen und Vorgehens-Weisen, vor allem im Bereich des Verkehrs und der Stadt-Sanierung, sind noch grob und führen daher zu erheblichen Substanz-Verlusten.

In den 60er Jahren wird der Versuch unternommen, die Gemenge-Stadt tiefgreifend umzuwandeln. Leitbilder sind stadtplanerisch ein repräsentatives Ordnungs-Muster und baulich eine reduktionistische ›Container-Architektur‹. Sie führen zu umfangreichen Stadt-Sanierungen. Die seinerzeitige Landes-Regierung lenkt sie durch ihre Mittel-Vergabe. Die neuen Leitbilder werden in Gestalt von Zukunfts-Utopien vorgeführt: Als Muster-Stadt. Als Reinigung der Hinterhöfe. Als technologische Zukunfts-Visionen.

Durchsetzungs-Mittel sind strukturelle Gewalt („Umsetzung") und ein großer Propaganda-Aufwand an inhaltsleeren Schlag-Worten („Urbanität", „Verdichtung", „Kommunikation", „Attraktivität des Zentrums"). Die Resultate: Flächen-Kahlschläge [253]. Viele Arbeiter-Siedlungen werden abgerissen [271], „die

Kumpels müssen Platz machen – wandern wie einst ihre Väter" (Grete Damberg)[35]. Monotone Hochhaus-Bereiche entstehen – mit schwierigen psychischen und sozialen Folgen für die Bewohner. Nach einigen Jahren werden diese Leitbilder von einem veränderten Bewußtsein, von Rezessionen, von Bürgerinitiativen und von Fachleuten als unsinnig, undurchführbar und teilweise menschenverachtend erklärt und bekämpft.

In der historischen Rückschau nach 15 bis 25 Jahren wird deutlich: Die Leitbilder hatten nur zu partiellen Verbesserungen, aber zu umfangreichen Zerstörungen geführt. Die Versprechen wurden nicht eingelöst. In allen Städten war ein ungeheurer Finanz-Aufwand für teilweise falsche Ziele verschwendet. Die Reparatur erfordert später ebenfalls hohen Aufwand.

Die sechste Phase (um 1980-1990). Mit den Stillegungen der Zechen, die unterirdische Arbeits-Plätze hatten, entsteht die Notwendigkeit, über Tage Ersatz-Gewerben Platz zu bieten. Dafür werden umfangreiche Flächen benötigt. Lange Zeit greifen Politik und Verwaltung nach jedem Arbeits-Platz – egal wieviel Fläche er verbraucht und wieviel Umwelt-Probleme er macht. Viele Jahre dauert es, bis die Einsicht sich verbreitet, daß dieser Flächen-Bedarf qualitativ gesteuert werden muß.

Typisch für den Prozeß der Gemenge-Stadt: In der Region drängen Parteien, seit 1972 freie Bürgergruppen und Einzelne, die Landes-Regierung und die Kommunen zu einer Ausbalancierung der Konflikte. In diesem schwierigen, auch konflikt-geladenen Prozeß [274, 281] erweist es sich als günstig, daß die Bundesrepublik keine zentral-staatliche, sondern eine föderale Struktur besitzt: sie erleichtert den Umgang mit Problemen.

Der regionalpolitisch/stadtplanerische Komplex wird in der Ära Zöpel (1980-1990) in einer Weise durchdacht, die für

die Bundesrepublik beispielhaft wird: sowohl durch Akzeptanz einer Vielzahl unterschiedlicher Interessen wie durch produktive Problem-Lösungs-Phantasie. Die
Struktur dieser Planung basiert auf dem
produktiven Umgang mit den vorhandenen Potentialen der Gemenge-Stadt. Dies
ist ihr Material – sie arbeitet, indem sie
damit gezielt plant. Planung erhält hier
eine neue Qualität. [258]

Hans Otto Schulte entwickelt in Oberhausen mit der ›Grünen Mitte‹ [294] zum
ersten Mal in der Planungs-Geschichte
eine ausdrückliche Planungs-Methode
für die Moderation der Gemenge-Struktur. Schulte: „Klassisch ist Gemenge-Lage
nicht planbar. Es gibt nur ein Gesamtbild
mit Bedingungen und Einfluß-Faktoren.
Der Planer muß sich Erfolgs-Möglichkei-
ten vorstellen und versuchen, zwischen
vielen Menschen zu vermitteln. Das ist
sehr komplex und daher nicht ungefähr-
lich. Er benötigt neue Logistiken. Er muß
mischen können. Die Gemenge-Lage
zwingt zu anderen Vorgehens-Weisen. Du
kannst nicht mit dem weißlackierten
Pferde-Koppel im Ressort bleiben und
dort im Ressort-Denken versacken."

Schulte beklagt die enge Ressortauftei-
lung und eine überhandnehmende Ver-
und Überbürokratisierung. „Auch als en-
gagierter Behörden-Leiter kann der Planer an der eigenen Behörde scheitern."
Seine Aufgabe: Schemen durchbrechen
und sich nach außen orientieren. Eine
mentale Frage? – Er nickt. „Du hast verloren, wenn du versuchst, möglichst risi-
ko- und konfliktfrei der Pensionsgrenze
entgegenzustreben – leider das übliche
Verfahren."

Die IBA Emscher Park erweitert
dieses Konzept eines kreativen Umgangs
mit der Gemenge-Stadt. „Eine Schluß-
folgerung aus den Chancen der unvoll-
endeten Urbanisierung ist, diese Städte-
landschaft nicht in erster Linie von den
Zentren her zu denken und zu gestalten,
sondern von den Rändern und Zwi-

schenräumen her" (Stephan Reiß-
Schmidt)[36].

Die IBA arbeitet aber nicht nur an der
Emscher mit den Potentialen des Gemenges, sondern sie entwickelt darüber hinaus Rat für andere Industrie-Bereiche im
In- und Ausland: Denn Industrialisierung
ist der krisenhafte Prozeß des Gemenges,
dessen Freiheit zugleich der ständigen
Moderation bedarf.

Daraus läßt sich für die Planungs-
Theorie ableiten: dieses Konzept dient
nicht nur dem auffangenden Sanieren,
sondern auch dem zukünftigen Planen in
der Industrie-Gesellschaft. Planung ist
darin prozeßhaft-produktive Moderation
der Gemenge-Stadt. [253]

Die Gemenge-Struktur prägt Mentalität

Otto Pankok (1893-1966), der Maler,
dessen Lebenskreis sich weitgehend zwischen Mülheim-Saarn, Düsseldorf und
Haus Esselt bei Hünxe-Drevenack am
Niederrhein bewegt[37], zeigt in vielen Bildern die Spannungen zwischen einer wilden Bäuerlichkeit, die er mit großer Intensität darstellt, und der Künstlichkeit
der Industrie, die er meist nur knapp an-
deutet. Dieser Gegensatz ist ein Teil der
Gemenge-Struktur. In ihm verbinden
sich im Individuum die entgegengesetzte
menschliche Erfahrungen.

Rund ein Jahrhundert lang strömen
Menschen aus einer agro-pastoralen Welt
in die Industrie-Bereiche. Im sogenannten Proletarischen des Ruhrgebietes, das
geradezu ein Mythos in Literatur und
Kunst wurde, steckt die uralte Schicht der
bäuerlichen Direktheit des Ausdrucks
und der Vitalität bestimmter Gefühle. An
die Stelle der Kartoffeln treten Kohle und
Eisen. Im Ruhrgebiet werden für ihr Wei-

terleben günstigere Bedingungen geboten als in Berlin oder Frankfurt. Am deutlichsten ist dies in den vielen Arbeiter-Siedlungen. Aber auch in den oft wilden Stadt-Bereichen, in denen vieles aufeinander prallt – und wo es überall Möglichkeiten gilt, sich in der einen oder anderen Weise auszubreiten.

Die Spannweite der Prägungen, die sich in der Gemenge-Struktur verbinden, wurde oft übersehen. Meist herrschte die Vorstellung, der Industrie-Arbeiter sei geprägt von ›Miets-Kasernen-Stadt‹ und Fabrik – er habe die bäuerliche Welt hinter sich gelassen. Tatsächlich aber berühren sich im Ruhrgebiet die Extreme – und laufen mitten durch die Personen. Dies gilt nicht nur für Arbeiter. Auch in vielen Angestellten und selbst in Top-Managern ist diese mentale Gemenge-Struktur in gewisser Weise ausgeprägt. Und sei es nur als Reaktion auf die vielen Menschen, mit denen sie umgehen.

In vielen kulturellen Ausdrucks-Formen zeigt sich Gemenge-Struktur.

Der Werkkreis Literatur der Arbeitswelt, die Bergarbeiter-Dichter[38], viele realistische Maler und Bildhauer interessieren sich für die Phänomenologie des elementar Menschlichen innerhalb der Industrie-Tätigkeiten – in ähnlicher Weise wie Otto Pankok. Im Ruhrgebiet ist dies stärker verbreitet als in anderen Regionen, weil die Kontrast-Spannung sehr groß ist.

Mehrere Sichten. Was denken die Ruhrgebiets-Bewohner, wenn sie die Reste der historischen Dorf-Kerne z.B. in Dortmund-Mengede oder in Dortmund-Lütgendortmund sehen? Die Ansichten gehen weit auseinander: „Eine untergehende Epoche!" – „Rückzugs-Gebiet." – „Exotisch." – „Sehnsucht nach menschlicher Dimension." – „Kontrast."

Die Gemenge-Struktur setzt neben jede Sicht sofort andere. Wer eine Meinung hat, muß damit rechnen, irritiert zu werden. Relativiert zu werden. In Diskussion zu kommen. Das schafft ein Klima des ständigen Miteinander-Redens. Auch des Streitens.

Die Umwandlung der Städte um die Jahrhundert-Wende: Wandel und Aufstieg

Brüche, Polarisierung, Widersprüche

Der Streit um die Industrie-Stadt eskaliert um 1900/1910: mit umfangreichen Abrissen und Neubauten[1]. Straßen werden ohne Rücksicht ›erweitert‹ und als ›Durchbruch‹ bezeichnet, Baudenkmäler ›freigelegt‹. In den Hellweg-Städten gibt es mehr Kaufkraft als im Bereich der Emscher. Die Folge: weitgreifende Abrisse und Neubauten in den Innenstädten. Das historische Erbe gilt fast nichts.

Die rasende Entwicklung bringt es mit sich, daß in der gleichen Zeit Reichtum und Katastrophen produziert werden. Oft ist das eine zugleich das andere – seine Unterseite. Die Vielschichtigkeit des industriellen Prozesses nimmt in einer Weise zu, daß viele Zeitgenossen mit Problemen nicht zurechtkommen. Die industrielle Moderne hat Brüche und unterschiedliche Aspekte. Dies gilt für alle Bereiche.

Polarisierung. Für ein einfach strukturiertes Verständnis, das gleichermaßen in allen Schichten verbreitet ist, entstehen ungeheure Irritationen. Daher werden die

Avantgarden, die Probleme vielschichtig sehen oder aggressiv formulieren, als ›Bürgerschreck‹ wahrgenommen und ziehen sich erbitterte Feindschaft zu[2].

Widersprüche. Alle wichtigen Impulse des Jahrhunderts entstehen im ersten Jahrzehnt. Gesehen werden sie oft erst nach dem Bruch von 1918. Das Jahrhundert besitzt eine ungeheure Dialektik. Beispiele: Einerseits eine außerordentliche Entwicklung und Verflechtung wirtschaftlicher, technologischer, wissenschaftlicher und künstlerischer Kräfte, andererseits das leichtfertige Verspielen durch einen vom Zaun gebrochenen Weltkrieg – mit tiefstem Absturz. Einerseits das Emanzipations-Versprechen für jüdische Mitbürger – andererseits ihr Holocaust in Gang gesetzt durch jahrhundertelangen christlichen Fundamentalismus, im Verbund mit säkularisiertempseudowissenschaftlichen Rassismus (oft nicht unterscheidbar). Das Feind-Bild der „Volksfeinde" wurde aufgebaut, um die „Volksgemeinschaft" einzuschwören. Einerseits das Versprechen auf Gleichheit der Menschen, andererseits (nicht nur im NS-Staat) gigantische grobe und raffinierteste feine Maßnahmen, das Versprechen nicht einhalten zu müssen. Einerseits Teilnahme-Chancen wie noch nie zuvor in der Geschichte, andererseits selbstauferlegte Verweigerung von Teilnahme. Zu jedem Impuls gibt es einen Gegen-Impuls.

Der Blick vom Jahrhundertende zurück läßt es als ein Jahrhundert größter Widersprüche erkennbar werden. Das Trugbild, alles sei getan, zerrinnt angesichts des Blicks in die Abläufe.

Duisburg. Um 1900 entwickelt sich die Industrialisierung der Gewerbe: in den historischen Städten geschieht sie weitgehend innerhalb der alten Stadt, vor allem in den Höfen. Sie nehmen nun eine Fülle von kleinen, manchmal auch größeren Fabriken auf. Dieser chaotische Prozeß trägt im Keim bereits seine eigene

Zerstörung mit sich. Denn die Gewerbe sind grob: sie machen Lärm, verunreinigen die Luft und erzeugen später auch immensen Verkehr. Mit ihrem Wachstum wächst der Ruf nach Sanierung. Am Ufer des Kanal-Hafens werden gigantische Speicher-Bauten und Großmühlen-Werke errichtet. Sie zeigen die Menge des Waren-Umschlags. Und auch den Umgang mit ihr durch Technologie.

Nutzen beherrscht in einer solchen Weise das Denken der Verantwortlichen, daß ein riesiges Speicher-Haus (heute das Stadtmuseum) auf zehn Meter an die Liebfrauen-Kirche herangebaut wird.

Dortmund. Der Wandel von der kleinen Acker-Bürger-Stadt zur Großstadt geschieht in rund hundert Jahren. 1815 hat Dortmund 4.300 Einwohner, 1915 220.000 – das ist eine Vergrößerung der Bevölkerung um das 51fache. Die Fläche wuchs von 80 ha auf 2.770 ha.

In Dortmund charakterisiert sich das Bau-Verhalten durch Sparsamkeit im öffentlichen und privaten Sektor. Was anderswo geschieht, übt keinerlei Zwang zur Nachahmung aus. Im Vergleich zu anderen Großstädten erhält Dortmund erst spät und nur in einigen wenigen Bereichen die Funktionen und das Aussehen einer Großstadt. Das Leitbild Paris und dann Berlin schlägt im wesentlichen erst in der Phase der gigantischen Industrie-Entfaltung von 1890 bis 1914 durch.

In der Altstadt von Dortmund wird 1873 das Hotel ›Römischer Kaiser‹ neu gebaut. 1902/1905 entsteht der ›Durchbruch der Hansa-Straße‹ als innerstädtische Nord-Süd-Verkehrs-Achse, 1911/1912 die Krüger-Passage *[125]* zwischen Reinoldi-Kirche und Hansa-Straße (Hugo Steinbach und Lutter/Dortmund). Zusammen mit dem Warenhaus Althoff (Architekt: Otto Engler; später Karstadt) als ›Palast des Konsums‹ bildet sich hier ein Ambiente, das die Vorstellung vom Lebens-Stil einer Großstadt realisiert: mit seinen Funktionen sowie seiner Zeichen-gebung. Promenieren und Bewundern, Waren-Präsentation und Schaufenster-Bummel, Treff-Punkt, Café, Theater, Konzert, Cabarett, Kino. Hier entsteht die Ausbreitung des Konsums, die später als ›Demokratisierung des Konsums‹ bezeichnet wird.

In Essen entwickelt sich ein solcher Bereich um die Kreuzung der Kettwiger und Limbecker Straße, vor allem mit dem Kaufhaus Althoff (1912), aus dem 1920 durch Fusion der Karstadt-Konzern hervorgeht. Zwei Jahrzehnte wirkt das Gestaltungs-Klischee für Kaufhäuser, das Alfred Messel in Berlin und Joseph Maria Olbrich in Düsseldorf entwickelten. Mehrere Kaufhaus-Bauten stehen für die ›Kathedralen des Konsums‹ – in einer Mischung von Ritualisierung, Monumentalität und Freiheit. Im Ruhrgebiet entstehen sie meist in den 20er Jahren.

Orts-Hinweise: Kaufhäuser. Kaufhaus ›Pollmans Eck‹ (1901) in Duisburg-Hamborn-Marxloh (Weseler-/Kaiser Wilhelm Straße). Warenhaus Tietz (1928 von Schneider, Köln) in Oberhausen (Breite Straße 19), heute Bert-Brecht-Haus (VHS, Stadtbücherei u.a.). ›F. R. Rüttgers, Spezialhaus in großem Stil für Konfektion, Kleiderstoffe, Kurz-, Weiß- und Wollwaren ... ‹, heute Kaufhaus Magis (1913, 1928 von Otto Engler) in Oberhausen (Marktstraße 43). Westfalen-Kaufhaus (1927 von Georg Schäfer, Düsseldorf) in Gelsenkirchen (Bahnhof-/Augustastraße), für die Gebr. Alsberg AG Gelsenkirchen[3]. Kaufhaus Weiser (um 1925 von Weber/Heide, Buer) in Gelsenkirchen-Buer (Springestraße)[4]. Geschäfts-Haus in Recklinghausen: Rochusstraße 3/5 im Jugendstil (1905). Karstadt-Haus (1929/1930 von Philipp Schäger, Chefarchitekt bei Karstadt) in Recklinghausen (Marktplatz/Schauburgstraße). Theodor Althoff-Haus (1910/1911 von Fritz Nebel, Düsseldorf) in Recklinghausen (Marktplatz/Große Geld-Straße). Kaiser-Passage (1905) in Herne-Wanne (Hauptstraße 293/295/Mozartstraße), heute mit zugemauerten Kopfstücken und ohne Überdachung, mit ovalem Platz (Nr. 7/8). Emschertal-Museum Schloß Strünkede und Städtische Galerie in Herne (Karl Brandt-Weg 5), im Herren-Sitz Haus Strünkede (15. Jh., um 1664), zur Stadtentwicklung von Herne und Wanne-Eickel. Kaufhaus Kortum (1911/1912 von Klo-se/Georg Schäfer) in Bochum (Kortumstraße), mit drei Licht-Höfen, einer noch offen (als einziger in Westdeutschland).

Die ›soziale Frage‹

Stichworte: 1863 Allgemeiner Deutscher Arbeiterverein von Ferdinand Lassalle. 1869 erste Gewerkschaften. 1869 gründen August Bebel und Wilhelm Liebknecht in Eisenach die Sozialistische Arbeiterpartei. 1875 Vereinigung der beiden Parteien und ›Gothaer Programm‹. Der Staat betrachtet die Arbeiterschaft als einen gefährlichen Fremdkörper. Gegen die „gemeingefährlichen Bestrebungen" werden 1878 die Sozialisten-Gesetze erlassen: Verbot aller Vereinigungen. Bismarck versucht, Arbeiter zu gewinnen: durch Sozial-Gesetze. 1883/89; Unfall-, Kranken-, Alters-, Invaliden-Versicherung. Der Kampf des Staates gegen die Organisationen der Arbeiter ist erfolglos. Er solidarisiert. 1890 werden die Sozialisten-Gesetze nicht mehr verlängert. Arbeiter feiern es als Sieg. 1890 ›Sozialdemokratische Partei Deutschlands‹ und ›Erfurter Programm‹. Trotz massiver Wahl-Beeinflussung erhält die Sozialdemokratie 1890 bei den Reichstags-Wahlen 19,8 Prozent (1,4 Mio.) Stimmen. Eine sozialdemokratische Subkultur entwickelt sich[5].

Am 18. August 1890 gründen 200 Delegierten von 66 Zechen und 44 Knappenvereinen im Gasthof Ziegler in Dorstfeld (Dortmund) eine Gewerkschaft: den ›Verband zur Wahrung und Förderung bergmännischer Interessen in Rheinland und Westfalen‹.

Weiterreichende Lösungen der ›sozialen Frage‹ stehen an, wie der Regierungspräsident von Düsseldorf, Freiherr Hans Hermann von Berlepsch, erkennt. Er führt im Bergarbeiterstreik 1889 die Verhandlungen mit den Vertretern der Arbeiter. Berlepsch, 1890/1896 Handelsminister, versucht, die Totalkonfrontation *[405]* zwischen Staat und Sozialdemokratie abzubauen: Arbeiter sollen grundsätzlich gleichberechtigt sein und die sozialen Reformen ausgedehnt werden (u.a. in die Arbeiterschutz-Gesetzgebung). Dies führt zu einer hitzigen Diskussion und zu reformerischen Impulsen, die jedoch stecken bleiben, weil Kaiser und Kabinett von der Totalkonfrontation nicht abgehen wollen[6]. Im Ruhrgebiet hat es Auswirkung: im Reform-Bemühen des Oberbürgermeisters von Essen, Ernst Zweigert.

„Die politische Entwicklung war in Dortmund bis zum Ersten Weltkrieg durch die Dominanz des Liberalismus, eine starke Stellung des Zentrums und durch ein ständiges Anwachsen der Sozialdemokratie charakterisiert, die jedoch wie fast in allen Städten des Ruhrgebiets bis 1933 nicht mehrheitsfähig wurde. Der Liberalismus dieser Zeit wurde von einer linken und einer rechten Variante repräsentiert. Die erster verkörpert durch die Fortschrittspartei (in der Weimarer Republik DDP), war vor der Jahrhundertwende stark vertreten, gestützt zumeist durch den protestantischen Teil der Arbeiterschaft. Mit dem Aufstieg der Sozialdemokraten schloß sich ein großer Teil der protestantischen Arbeiter dieser Partei an. Die rechte Variante des Liberalismus, weitgehend getragen von der gesellschaftlichen Oberschicht Dortmunds, organisierte sich in den Nationalliberalen, der Vorläuferorganisation der Deutschen Volkspartei (DVP) in der Weimarer Republik. Während das Zentrum vor 1914 und auch während der Weimarer Republik auf eine stabile Wählerschaft des katholischen Lagers rekurrieren konnte (“Milieu-Partei“), verloren die Nationalliberalen in der Weimarer Republik stark an Einfluß“.[7]

Bürgerliche Zeichengebung: Industrialisierung des Bauwesens und Ausdehnung der Zeichengebung

Bau-Gewerke. Die umfangreichen Bau-Arbeiten für die Industrialisierung führen dazu, daß sich die Bau-Gewerke ausdehnen. Rasch geraten sie unter den Druck industrieller Anforderungen: eine rationelle Massen-Produktion entsteht (Ziegel-Herstellung, Dampf-Ziegeleien mit Ringöfen).

Veränderungen im Bauwesen zeichnen sich um 1880 ab: verstärkte Arbeits-Teilung, teilmaschinelle Fertigung, vorgefertigte Teile. „Bis dahin war der Bau wirklich ein Gesamtwerk der Handwerker gewesen. Der Architekt kam eben erst auf, bisher hatten der Maurermeister oder der Zimmermeister das Ganze geleitet und sich mit dem Bauherrn verständigt ... Die neue Zeit kündigte sich auch darin an, daß die Fenster und Türen nicht mehr von Bautischlern ... angefertigt wurden, sie wurden vielmehr von einer großen Tischlerei mit Maschinenbetrieb bezogen, einer Fabrik ... Auch die Stuckornamente wurden nicht mehr mit der Hand angetragen, die Gesimse nicht mehr freihändig gezogen. Die Formen wurden in Steinpappe gepreßt, kamen aus der Fabrik fertig auf den Bau und wurden vom Stukkateur mit Schrauben an der Decke und an der Wand befestigt. Die Muster waren in Lagern vorrätig und wurden vom Architekten nach Proben ausgesucht“ (Karl Scheffler)[8].

Ein Kreislauf wird in Gang gesetzt: Die Kosten sinken, daher kann mehr gebaut werden, dies regt die rationelle Massen-Fertigung an, die die Kosten sinken läßt.

Haenel/Tscharmann 1907: „... und bald waren die Türmchen, Erker und Giebel, die Kartuschen und die Eisengitter so billig wie das tägliche Brot"[9]. Dies ist einer der Gründe für die auffällige Ausdehnung der Zeichen-Gebung. [112, 119]

Möglichkeiten der Industrialisierung. Was jahrhundertelang nur für die Wohlhabendsten erreichbar war, wird nun für viele Bauherren erschwinglich. Gottfried Semper formuliert ein Gemisch von Bewunderung, Irritation und Schrecken: „Die Maschine entfaltete ihre Macht: das Schwierigste und Mühsamste erreicht sie spielend mit ihrem von der Wissenschaft erborgten Mitteln; der härteste Porphyr und Granit schneidet sich wie Kreide, poliert sich wie Wachs, das Elfenbein wird weich gemacht und in Formen gedrückt, Kautschuk und Guttapercha wird vulkanisiert und zu täuschenden Nachahmungen der Schnitzwerke in Holz, Metall und Stein benutzt, bei denen der natürliche Bereich der fingierten Stoffe weit überschritten wird. Metall wird nicht mehr gegossen oder getrieben, sondern mit jüngst unbekannten Naturkräften auf galvanoplastischem Wege deponiert – Die Maschine näht, strickt, stickt, schnitzt, malt, greift tief ein in das Gebiet der menschlichen Kunst und beschämt jede menschliche Geschicklichkeit."[10]

Orts-Hinweise: Bauen in der Industrie-Epoche. Im Ruhrlandmuseum: Modell der Dampfziegelei Schröder in Hattingen. Doppelringofen (1897) in der Zeche Nachtigall in Witten (Mut-

tentalstraße). Villa Dickmann (1902) in Bottrop (Bogenstraße 40), Besitzer einer Sandgrube [169]. Villen an der Friedrichstraße in Mülheim.

Unterwelten

Die Industrialisierung läßt nicht nur eine Fülle von Türmen entstehen, die in den Himmel ragen und die oft die Kathedralen übertreffen, sondern schafft auch die ›Unterwelten‹. Vor allem der Bergbau schafft unterirdische Städte mit ausgedehnten Wege-Netzen. Der Bergmann ist der Pionier für die Tunnel-Bauten der europäischen Eisenbahnen sowie für die U-Bahn-Netze.

Hinzu kommt das funktionale ›Labyrinth‹ von Leitungen unter der Erde, das sich weitgehend dem menschlichen Blick entzieht: Transport-Wege für Wasser, Abwasser, Öl, Chemikalien – eine gewaltige und unaufhörliche Bewegung, voller Orte im Verborgenen.

Diese Unterwelten unterscheiden die vorindustrielle Stadt von der industriellen. Sie vergrößern das Volumen der Stadt. Und verlagern einen großen Teil der Transport-Bewegungen in zuvor nahezu unzugängliche Bereiche.

Transportable Architektur

Fachwerk in Eisen. Die Fachwerk-Bauten vieler Jahrhunderte bestehen aus Holz-Balken, die zusammengesetzt werden. Die Industrie-Epoche übersetzt diese Bau-Methode in ihre neuen Materialien: in Gußeisen und Stahl. Systematisch werden die Bau-Elemente standardisiert. Der Werkstoff Eisen erlaubt es, größere Spannweiten zu erzielen. Modern ist, daß nun berechnet wird. Seit etwa 1820 werden die Grundsätze der Statik und der

Gleichgewichtslehre in der Bautechnik angewandt. So entstehen Konstruktionen für Brücken, Dächer, ganze Werks-Hallen, Bahnhofs-Hallen, Förder-Gerüste *[321]*, Hochofen-Türme, Gas-Behälter, Strom-Masten, auch besondere Bauten wie das Schiffs-Hebewerk in Henrichenburg.

Was bedeutet die Bau-Konstruktion in Stahl? Zum Beispiel leben die Brücken jetzt nicht mehr von der Wucht konkreter körperlicher Stein-Massen, sondern – für die Zeitgenossen fast ein magisches Ereignis – von der Berechnung der Ingenieure. Sie wird anschaulich: der Charakter der gespinsthaft dünnen Stahl-Konstruktionen ist nicht Material, sondern Geist – geradezu traumhaft in die Luft geschrieben. Konkret gewordene Abstraktion. *[346, 371]*

Erster Großbau. Parallel zur Eisenbahnkonjunktur entsteht – nach englischem Vorbild – in Mülheim ein gigantisches Großprojekt, auch ein Prestige-Projekt ersten Ranges: die erste Hänge-Brücke in Deutschland, die Kettenbrücke (1842/1844 vom königlichen Baukondukteur Pickel; 1909/11 ersetzt, heute Schloßbrücke) – ein Ausdruck bürgerlichen Selbstbewußtseins.

Archiv der transportablen Architektur. Industrieller Pionier ist die Brückenbau-Anstalt der GHH in Oberhausen-Sterkrade. Der Besucher des Werks-Archive der heutigen MAN-GHH in der St. Antony-Hütte in Oberhausen-Osterfeld erfährt, daß es das wichtigste Archiv einer besonderen Architektur-Gattung ist: der ›Transportablen Architektur‹. Als der Rektor der Universität del Chopo von Mexico-City Näheres über einen dort berühmten Bau wissen wollte, der als Museum und Konferenz-Halle dient, fand die Archivarin Christa Kielczewske heraus, daß die GHH ihn 1902 für die Düsseldorfer Gewerbe-Ausstellung errichtet hatte. Anschließend wurde er zerlegt, über den Ozean transportiert und dort 1905 wieder aufgebaut. Emil Kirdorf, Generaldirektor der Gel-senkirchener Bergwerks-AG, war von dieser Ausstellungs-Halle so fasziniert, daß er sich 1904 einen ähnlichen Bau für seine Muster-Zeche in Dortmund-Bövinghausen herstellen ließ: den berühmten ›Elektrizitäts-Palast‹ *[212, 335]*. Beide Hallen wurden in der GHH Sterkrade konzipiert – kongenial vom Entwerfer Bruno Möhring und vom Konstrukteur Reinhard Krohn.

Die St. Antony-Hütte ist das wichtige Archiv dieser Architektur-Gattung, die spezifisch für die Industrialisierung ist und einen ihrer Höhepunkte darstellt. ›Transportable Architektur‹ bedeutet eine neue Logistik des Bauens – mit weitreichenden Folgen. Sie ist die Konsequenz der Industrialisierung, die natürlich auch das Bauen ergreift. Wer würde vermuten, daß ausgerechnet eine Ruhrgebiets-Großstadt das intellektuelle Zentrum dieser Architektur-Gattung ist? Eine Epoche lang wurde hier, oft mit bedeutenden Architekten, die Logistik für Hallen, Brücken *[118, 375]*, Förder-Türme, auch Schiffe und vieles mehr entwickelt. In den riesigen Werkstätten wurden die Elementen angefertigt, auf Eisenbahnen und Schiffen transportiert und schließlich vor Ort zusammengesetzt.

Die GHH baut 1887 die gigantische Bahnhofs-Halle in Frankfurt und 1902 eines der eigentümlichsten Transportmittel der Welt: die Schwebebahn in Wuppertal. Aus Sterkrade kommt der größte Teil der deutschen Rhein-Brücken[11]. Und weitere Brücken, die in aller Welt zusammengebaut wurden, u. a. 1893 die berühmte Norderelbe-Brücke in Hamburg, die Bogen-Brücke in Bern (1899), die große Brücke in Stockholm (1921), die Eisenbahn-Hubbrücke in Rotterdam (1927). Drei der vier gigantischen Hochbrücken über den Nord-Ostsee-Kanal stammen aus Oberhausen (1894 Levensau, 1910 Holtenau, 1913 Rendsburg).

Arbeiter und Ingenieure. Welche außerordentliche und neuartige Arbeit

Brücke über den Eisenbahn-Hafen (1854) in Duisburg-Ruhrort.

neben den Ingenieuren auch die vielen Menschen vollbringen, die die Teile zusammensetzen und vernieten oder verschweißen und dann wetterbeständig machen, zeigen alte Fotografien vom Aufbau des Gasometers in Oberhausen[12].

Es gibt Zweifel, ob die soziale Idee dieser Zusammenarbeit von Ingenieuren und Arbeitern produktiv bewußt geworden ist. Historisch bildeten sich unterschiedliche Wagen-Burgen. Ist die Auflösung solcher industrie-archaischer Verhältnisse eine Zukunfts-Perspektive?

Das läßt heute darüber nachdenken, ob industrielle Arbeit vielleicht ein Jahrhundert lang begleitet wurde von Regulativen, die keineswegs aus dem Geist der Industrie stammten, sondern unreflektiert weiterlaufendes Standes- und Militär-Verhalten waren.

Die Lektion Ruhrgebiet zeigt, daß in der Industrialisierung Zusammenhänge entstanden, wie sie nie zuvor existierten. Das Thema dieser Zusammenhänge sind die Balancen. Ist eine Logistik dieser Balancen in Sicht? Eine Kultur des Umgangs mit der Vielfalt?

Wartet auch die ökologische Idee dieser Ingenieur-„Pyramiden" darauf, begriffen zu werden? Die Gestaltung mit einem Minimum an Material? Kann Intelligenz den großen Aufwand ersetzen? Wird der Widerspruch der Industrie-Epoche ausba-

lanciert: daß einerseits mehr möglich ist als jemals zuvor – und daß es andererseits darauf ankommt, mit den Ressourcen intelligent umzugehen?

Orts-Hinweise: Brücken und Stahl-Konstruktionen. Kultus-Hafen in Duisburg (Wanheimer-/Kultus-Straße), mit Blick auf die Eisenbahn-Brücke und Brücken-Türme (1885 von der GHH[13]) Hochfeld-Rheinhausen, seinerzeit die zweite eiserne Bogen-Brücke über den Rhein. Haus-Knipp-Eisenbahnbrücke zwischen Duisburg-Beeckerwerth und Duisburg-Heide – eine Kasten-Brücke (Rheinstraße in Duisburg-Heide). Hochofen-Türme des Hüttenwerkes Meiderich (1902/1904, erneuert 1958/1964) in Duisburg-Meiderich (Emscher Straße) [316]. Werks-Archive der heutigen MAN-GHH in der St. Antony-Hütte (1758) in Oberhausen-Klosterhardt (Antoniestraße), erste Eisenhütte im Ruhrgebiet (später Gutehoffnungshütte). Gasometer (1928/1929) in Oberhausen (Am Grafenbusch) [319]. Strom-Masten entlang der A 42 von Oberhausen nach Dortmund.

Schiffs-Hebewerk Henrichenburg (1894/1899) in Waltrop-Oberwiese (Am Hebewerk) [270]. Bahnhof Dortmund-Mengede mit gußeiserner Überdachung. Maschinen-Halle (1902/1903 von Bruno Möhring/Reinhard Krohn) der Zeche Zollern 2/4 in Dortmund-Bövinghausen [267]. Wasser-Turm (1904) in Dortmund-Grevel (Fuhr) mit Barkhausen-Behälter. ›Jahrhunderthalle‹ (1902) des Bochumer Vereins in Bochum (Allee-/Gahlensche Straße), für die Industrie-Ausstellung in Düsseldorf 1902, dann transloziert und ohne steinerne ›Schau-Bereiche‹ auf dem Werks-Gelände als Gaskraft-Zentrale aufgebaut [346]. Hauptbahnhof Witten mit gußeisernen Bahnsteig-Hallen. Hochofen III (1940, 1959) und Gebläsehalle der Henrichshütte Hattingen (Außenstelle des Westfälischen Industriemuseums). Eisenbahn-Brücke in Kettwig. Industrie-Hallen S. 343/347. Förder-Gerüste siehe S. *332, 335, 336.*

Sichtbarer Aufstieg

Industrialisierung als Aufstieg. Industrialisierung bedeutet in vielen Bereichen eine Vermehrung der Produktivität, wie sie in der Geschichte weitgehend neu ist. An den Früchten partizipieren zuneh-

Die Neubauten der Industrie-Epoche erhalten die Zeichen des Aufstiegs. Eine Straße in Herne-Crange.

mend mehr Menschen. Im 19. Jahrhundert dienen nahezu alle unterschiedlichen Ausdrucks-Sprachen dem Aufstieg, der durch Industrialisierung ermöglicht wird.

Mehr als in irgendeinem anderen Sektor läßt sich an Bauten ablesen, welcher reale Wandel sich seit etwa 1850 in der Gesellschaft abspielt. Wer als Besitzer zuvor in einem Fachwerk-Haus oder schon in einem Haus mit einer bürgerlich-einfachen glattgeputzten Fassade gewohnt hatte, baut sich nun ein zunehmend üppigeres Gebäude. Dies wird in alten Fotografien z.B. von Dortmund gut sichtbar[14].

Der Wandel. Industrialisierung bedeutet die Krise des Vorhandenen: rascher Aufstieg der neuen Gewerbe und Abstieg vieler alter. Im Laufe einiger Generationen, oft aber auch in kurzer Zeit werden alte Gewerbe-Strukturen umgebaut oder radikal vernichtet. Mit ihnen verschwindet ein großer Teil ihrer Bauten.

Der Aufstieg. Breite Schichten steigen auf. In den neuen Städten an der Em-

scher ist dies noch deutlicher als am Hellweg. Einige Zahlen lassen den Sprung an Vermögens-Zuwachs abschätzen. 1895 wird das Gesamteinkommen in Deutschland auf 21 Milliarden Mark geschätzt, eine Generation später (1913) auf 40-50 Milliarden[15].

Der Bruch mit alten Strukturen ist im Stadtbild von Dortmund schon in den drei Jahrzehnten vor 1900 sichtbar. Vorher stehen dort an den Straßen Fachwerkhäuser, die nur wenige Zeichen besitzen und sich kaum voneinander unterscheiden. Die neuen Bauten sind meist doppelt so groß, bestehen aus neuen Materialien und zeigen den Zugriff auf historische Zeichen-Repertoires, wie er zuvor nicht möglich war.[16] *[112, 119]*

Orts-Hinweise: Wandel der Bau-Formen um die Jahrhundert-Wende. Dorf Huckarde in Dortmund-Huckarde. Dorf-Kern in Dortmund-Lütgendortmund (Lütgendortmunder Straße). Dorf und Kirche in Dortmund-Mengede (Freiheit-/Williburgstraße). Fachwerk-Häuser um den Castroper Kirchplatz in Castrop-Rauxel. Fachwerk-Häuser in Recklinghausen-Suderwich (Am alten Kirchplatz). Dorf-Rest in Herne (An der Kreuzkirche). ›Freiheit‹ in Herne-Crange.

Zeichen der Bürgerlichkeit

Der historische Adel spielt in der Region keine bedeutende Rolle. Er hat in der Industrialisierung kein Gewicht. Vor allem durch die gigantische Entwicklung von Kohle und Stahl entfaltet die Region eine bürgerliche und daneben eine proletarische Kultur-Schicht.

Renaissance. In der ersten Hälfte des 19. Jahrhunderts nehmen aufsteigende Bürger die Zeichengebung der toskanischen Renaissance wieder auf[17].

Die Orientierung an der ›Renaissance‹, auch auf Bildungs-Reisen nach Florenz entwickelt, drückt Einfachheit und in der Symmetrie Rationalität aus – eine gestaltete Vornehmheit, eine Disziplin in der Abstimmung der Bau-Details, eine Würde, die nicht auftrumpft, und Bildung.

Die Fassade, die von toskanischen Großbürger-Häusern des 15. Jahrhunderts stammt, ist die am weitesten verbreitete Selbstdarstellung von wohlhabenden Haus-Besitzern. Das Zeichen-Repertoire ist variabel: fein nuanciert kann es Zurückhaltung zeigen – oder einen gewissen Reichtum signalisieren.

Auch frühe Großzechen erhalten diese Zeichen.

Orts-Hinweise: Renaissance-Zeichengebung in Bauten der Jahrhundertwende. Schiffs-Hebewerk Henrichenburg (1894/1899) in Waltrop-Oberwiese (Am Hebewerk), Außenstelle des Westfälischen Industriemuseums. Ev. Gustav-Adolphs-Kirche (1847) in Recklinghausen (Herner Straße). Bahnhof Kamen. Ev. Stadtkirche St. Paulus (1844/1849 von Friedrich Wilhelm Bucholtz) in Kamen. Ev. Pfarrkirche (1846 von Friedrich Wilhelm Bucholtz) in Bönen.

Die Bergerstraße in Witten zwischen Stadt und Ruhrufer besitzt das umfangreichste Ensemble an Renaissance-Villen im Ruhrgebiet. Fabri-

Casino (1841 vom Kreisbaumeister Wilhelm Damen) in Mülheim (Delle 57) für die ›bessere Gesellschaft‹ – ein Renaissance-Gebäude mit Loggia.

kanten-Villa Berger (1835; Bergerstraße 69, heute Heimatmuseum Witten) und Bergerstraße 70, 78, 83. Zeche Nachtigall (zwischen 1833/1844) in Witten (Westfälisches Industriemuseum; Muttentalstraße). Landgericht (1863 von Carl-Ferdinand Busse) in Hagen (1865; Hochstraße 71). Malakoff-Turm (1875) von Schacht Julius Philipp der Zeche Prinzregent-Dannenbaum in Bochum-Wiemelhausen (Prinzregent-Straße) *[331]*. 1857/1858 Malakoff-Turm Zeche Hannover I/II/V in Bochum-Hordel (Hannoverstraße) *[330]*. Zeche Carl (1856) in Essen-Altenessen (Wilhelm-Nieswandt-Allee 110) *[296]*. Pfarrkirche (1829/1833 von Otto von Gloeden) in Kettwig, von Adolph von Vagedes und Karl Friedrich Schinkel überarbeitet. Scherrerei/Winderei Gebrüder Colsman (um 1820) in Velbert-Langenberg (Hauptstraße 14), in Haustein. Villa Textil-Fabrikant Eduard Colsman d. Ä. ›Im Neuborn‹ (1842) in Velbert-Langenberg (Hauptstraße 29). Villa Textil-Fabrikant Colsmann (1885) in Velbert-Langenberg (Hauptstraße 27), mit der besterhaltenen Original-Ausstattung im Ruhrgebiet, in italienischer Renaissance des 16. Jahrhunderts[18]. Casino (1841 vom Kreisbaumeister Wilhelm Damen) in Mülheim (Delle 57). Siehe auch S. 343.

Die philologisch orientierte Bau-Kultur

Die „antiquarische Idee". Alle Zeichengebungen sind mit Bedeutungen besetzt. Wie sind die unterschiedlichen Ausdrucks-Sprachen zu lesen? Haenel/ Tscharmann (1907) sprechen von einer „antiquarischen Idee der Architektur im 19. Jahrhundert"[19]. Das Interesse an unterschiedlichen Traditionen der Zeichen-Gebung „ist vor allem in der Tatsache zu suchen, daß der Entwicklungsgang der Architektur von der historisch-philologischen Tendenz aufs stärkste beeinflußt wurde, die einen der Hauptzüge in der geistigen Physiognomie dieser Zeit ausmacht."[20] Die Philologie im Bauen läuft also parallel zur Philologie in Literatur und Philosophie.

Zum ersten Mal in der Geschichte ist es möglich, daß sich eine privilegierte Schicht für die gesamte Geschichte interessieren kann, sie genauer studiert, an ihr lernt. Stil ist Bedeutungs-Träger (Ikonologisierung der Architektur).

Diese Zugänglichkeit wird durch Industrialisierung möglich: durch Eisenbahn- und Schiffs-Reisen sowie Druck-Medien (Zeitschriften, Zeitungen, Bücher). Die Folgen sind Reformen und Ausbau von Universitäten und Bibliotheken. Die Philologie des Bauens wird auch durch Bau-Schulen etabliert.

Ein Beispiel für den Erwerb mehrerer Ausdrucks-Sprachen und ihrer Kombination ist der Mülheimer Prominenten-Architekt Franz Hagen[21], der nach seiner Ausbildung an der Baugewerkschule in Holzminden um 1900 in Mülheim ein ›Atelier für Architektur und Kunstgewerbe‹ eröffnete und mindestens elf Villen baut.

Orts-Hinweise: Bauten von Franz Hagen. Villen in der Friedrichstraße in Mülheim (S. 162, 167).

Griechische Ausdrucks-Sprache. Die Eroberung Griechenlands (1821/ 1830), anschließende Ausgrabungen und Ausstellungen der Funde in die Museen fördern um 1830 sowohl für zivile wie für sakrale Bauten die Übernahme von antiken Zeichen: als Ausdrucks-Verstärkung der Einfachheit, Strenge und auch der Hoffnung auf Demokratie.

Die Korrekturen des preußischen Oberbaudirektors Karl Friedrich Schinkel in allen Plänen für öffentliche Bauten basieren auf „griechischen Grundsätzen".

Villa Feldhoff (1850) in Velbert-Langenberg (Hauptstraße 33) [162].

Orts-Hinweise: Griechisch-antike Zeichen-Gebung. Villen an der Bergerstraße in Witten. Villa Feldhoff (1850) in Velbert-Langenberg (Hauptstraße 33), neben der Bandwirkerei (Nr. 35). Der Kreisbaumeister Wilhelm Damen (Mülheim) entwirft 1835 das Haus des Posthalters und Gastwirtes Rosendahl Duisburger Straße 34 in Dinslaken[22]. Haus in Rheinberg (Orsoyer Straße 2), Fassaden-Verkleidung eines Hauses aus dem 17. Jahrhundert.

Gotische Ausdrucks-Sprache: Erste Version. Der englische Garten gilt als Symbol der Freiheit. Ähnlich der englische Stil – die Gotik. Die Sehnsucht nach einer Kunst des Empfindens führt zur Suche nach Referenz-Punkten: zu „Werken der Gotik mit ihren erhabenen, den empfindungsreichen Menschen in tiefster Seele ergreifenden Eindrücken ... nach Jahrhunderten der Vernachlässigung, ja Verachtung ..."[23] Es entsteht eine Kultivierung der Gefühle, die im intellektuellen Bereich mit Bildungs-Reformen und in Oppositionen entwickelt werden – eine Emphase der Romantik.

Orts-Hinweise: Gotische Zeichen-Gebung. Umbau (1852) des Herren-Sitzes Werdringen in Hagen-Brockhausen (Brockhauser Straße). Umbau (1872/1875) von Haus Schwansbell in Lünen-Horstmar (Schwansbeller Weg). Kapelle (1836 Umbau) von Haus Gartrop in Hünxe-Gartrop.

Zweite Version des Gotischen: die Formulierung einer gemeinsamen Identität. Ihre Zeichen werden zum deutschen National-Stil erklärt. Schlüssel-Bau: der Kölner Dom.

Orts-Hinweise: Gotische Zeichen-Gebung als National-Stil. Villa Grüneck (um 1900) des Kommerzienrat Münker in Langenberg (Groendelle), Kartonagen-Fabrik Laakmann, auch Lieferant der Eisenbahn-Fahrkarten, ein spätgotisches Schloß.

Dritte Version: Gotik wird zum Sakral-Stil deklariert und jahrzehntelang für Kirchenbauten verpflichtend ge-

Marien-Kirche (1891/1894) von Friedrich von Schmidt) in Oberhausen.

macht. Erlaß des Kardinals von Köln, Antonius Fischer: Neue Kirchen sind in der Regel nur im romanischen oder gotischen bzw. sogenannten Übergangsstil zu bauen.

Orts-Hinweise: Gotische Zeichen-Gebung in Kirchen-Bauten. St. Maximilian (1845/1847) in Duisburg-Ruhrort (Fabrikstraße) in bürgerlicher Renaissance wird 1867/1871 ein neugotischer Raum hinzugefügt. St. Georg (1856/1859 von Vinzenz Statz) in Marl-Hüls-Alt Marl (Schillerstraße), nach dem Vorbild der Minnoriten-Kirche in Köln. Turm (1903/1904) der Salvator-Kirche in Duisburg. Marien-Kirche (1891/1894 von Friedrich von Schmidt) in Oberhausen (Mülheimer Straße), innen als Zitat des Domes von Florenz. *[122]* Hallenkirche St. Mauritius (1858/1861 von Friedrich von Schmidt) in Hattingen-Niederwenigern (Mauritiusweg/Domplatz).

Vierte Version: die deutsche Backstein-Gotik gilt als preußischer Stil. Vor allem die Zeichengebung der Burgen des Deutschen Ritter-Ordens dient als Leitbild.

Orts-Hinweise: Backstein-Gotik. Wohlfahrts-Gebäude (1906) in der ›alten Kolonie‹ in Dortmund-Eving (Nollendorfplatz). Zeche Adolf

Backsteingotik als preußischer Stil: Wohlfahrtsgebäude (1906) in der ›Alten Kolonie‹ in Dortmund-Eving (Nollendorfplatz).

Hansemann (1899) in Dortmund-Mengede (Hansemannstraße) *[348]*, nach dem Vorbild des Uenglinger Tores in Stendal. Zeche Zollern 2/4 (1898/1902 von Paul Knobbe) in Dortmund-Bövinghausen (Grubenweg) *[344]*, nach dem Leitbild ostelbischer Ordensburgen. Hallen der Zeche Waltrop I/II (1903/1906) in Waltrop (Sydowstraße) *[345]*, IBA-Projekt im Gewerbepark Brockenscheidt. Konsumanstalt (1910) der Gutehoffnungshütte in Oberhausen-Vondern (Schloßstraße). Thyssen-Hauptverwaltung (1905) in Duisburg-Bruckhausen (Franz Lenze-Straße). *[170]*

Die deutsche Renaissance wird der zweite National-Stil („altdeutscher Geschmack", „teutsche Baukunst") 1870 bis 1914. Leitbilder: Schloß-Bauten deutscher Landes-Herren und Bauten der Stadt-Kultur: eine Mischung von deutschem Spätmittelalter und antik-italieni-

oben: Rathaus (1905/1908 von Otto Müller –
Jena, Köln) in Recklinghausen (Kaiserwall) in
deutscher Renaissance wie ein Fürsten-Schloß.

rechts: Deutsche Renaissance: Das Rathaus in
Duisburg am Burgplatz (1897/1902 von Friedrich
Ratzel).

schen Würde-Zeichen, über Antwerpen
nach Deutschland vermittelt. Vor allem
die Rathaus- und Behörden-Bauten zwischen 1900 und 1914, und auch noch in
der Weimarer Zeit, zeigen einen Reichtum der Gliederung und eine Beweglichkeit der Schmuckformen.
    Orts-Hinweise: Behörden-Bauten der deut-
schen Renaissance. Haus Hartenfels (um 1900)
für Klöckner in Duisburg-Stadtwald (Grenzweg),
ist eine gewaltige deutsche Renaissance-Burg.
Rathaus in Duisburg am Burgplatz (1897/1902
von Friedrich Ratzel, Karlsruhe) – es folgt dem
Erscheinungsbild von Rathäusern in Flandern, in
München (1867/1874, 1899/1909 von Georg
Hauberisser) und Hamburg (1886/1897 von Martin Haller) [123]. Rathaus in Hamborn (1902 von
Robert Neuhaus, Mönchengladbach). Amtsgericht (1907) in Oberhausen (Friedens-Platz).
Neues Rathaus in Recklinghausen (1905/1908
von Otto Müller-Jena aus Köln; Kaiserwall)
[123]. Amts-Verwaltung in Gladbeck (1908 von
Otto Müller-Jena aus Köln) [187]. Amts-Gericht
in Bottrop (1909). Rathaus (1903) in Wanne, wie
ein doppelt vergrößertes Patrizierhaus. Rathaus
(um 1910) in Hattingen (Roonstraße). Oberlan-
desgericht (um 1900) in Hamm (Werler-/Calden-
hofer Straße), seit 1959 Rathaus. Außenbau des
Osthaus-Museums (1898 von Carl Gérard, Berlin) in Hagen (Hochstraße).

**Ausdrucks-Sprache der mittelal-
terlichen deutschen Kaiser.** Der Blick
nach Speyer, Worms und Mainz spiegelt
das Pathos des wilhelminischen deutschen Kaiser-Reiches, das sich als Wieder-
geburt des mittelalterlichen versteht[24].
Evangelische Kirchen zeigen in solchen
Formen ihre Identifikation mit dem
Thron: der preußische König ist ihr
Oberhaupt (Landes-Kirche‹). Katholische
Kirchen im Rheinland zeigen jahrhun-
dertealte Bezüge zur Tradition der Kaiser-
Bauten am Rhein (sogenannte rheinische
Spätromanik).
    Orts-Hinweise: Spät-Romanik der Kaiser-
Bauten am Rhein. Sehr früh: Marien-Kirche
(1846 vom Kölner Dombaumeister Ernst Zwir-
ner) in Witten (Marienstraße), 1896 vergrößert
(vom Paderborner Dombaumeister Arnold Gül-
denpfennig). St. Joseph (1892 von Hermann Wie-
lers) in Bochum, mit Blick zum Limburger Dom
und zur Abtei-Kirche in Essen-Werden. Erlöser-
Kirche (1904/ 1909 von Franz Schwechten, dem
Architekten der Kaiser Wilhelm-Gedächtnis-Kir-
che, 1890, in Berlin und der Erlöser-Kirche in Jerusalem) in Essen (Friedrich-/Bismarck-/Goethe-
straße)[25]: auffällige Lage, eine Kaiser-Kirche
(Speyer, Worms) an der Ruhr, größte evangelische
Kirche in Essen, viele Stiftungen (Krupp, von

Waldthausen, Baedeker, Funke, im Inneren ein Kuppelraum nach dem Leitbild der Hagia Sophia in Konstantinopel.

Die Ausdrucks-Sprache des Absolutismus ist die Macht-Repräsentation der absolutistischen Fürsten-Staaten. Leitbilder: Versailles und Wien. In immer kleinerer Münze kommen die Zeichen

Leitbild Absolutismus: Emschergenossenschaft (1908 von Wilhelm Kreis) in Essen (Kronprinzenstraße 24.)

nach unten. Um 1900 wird diese Tradition genutzt, wenn Bau-Herren sich monumental darstellen wollen[26]: Rathäuser, Banken, Firmen-Verwaltungen, Fabrikanten-Villen.

Orts-Hinweise: Absolutistische Zeichen-Gebung. Amtsgericht und Gefängnis (1928) in Hamm (Borbeckstraße/Bismarckstraße 5), mit großer Ordnung, ein Kerker von ungeheurer Einschüchterungs-Macht. Gäste-Haus der Hoesch-Werke (1910 von Steinbach/Lutter, Dortmund) in Dortmund (Springorumstraße). Landesoberbergamt (1910 von Claren und Behrendt) in Dortmund (Goebenstraße 25). Verwaltungs-Gebäude (1916/1921 von Meyer/D. Schulze/K. Schulze) der Hoesch AG in Dortmund (Rheinische Straße 173). Emschergenossenschaft (1908 von Wilhelm Kreis) in Essen (Kronprinzenstraße 24) *[114]*. Königliche Baugewerkschule (1908 von Edmund Körner) in Essen (Robert Schmidt-Straße 2). Wohnhäuser (1912 von Georg Metzendorf) in Essen (Semperstraße 13/21). Kaiser-Wilhelm-Institut (Max Planck-Institut) für Kohleforschung (1913/1914 von Karl Helbing) in Mülheim (Kaiser-Wilhelm-Platz). Villa Joseph Thyssen (1898,

Kayser & von Großheim, Berlin) in Mülheim (Dohne 54) *[161]*. Rathaus in Mülheim (1911/1915). Ebertbad (1907 im Inneren umgebaut) in Oberhausen (Ebert-Platz). Rathaus (1914 von Ludwig Becker, Essen) in Bottrop *[184]*. Das Amts-Gericht (1915) in Gladbeck (Jovy-Platz): gigantische Fassade in Kolossal-Ordnung über drei Geschosse. Kath. Herz-Jesu-Kirche in Gladbeck-Zweckel (1912/1914 von Ludwig Becker, Mainz/Wilhelm Suder-Plaßmann, Münster; Feldhauser Straße). Rathaus (um 1910) in Gelsenkirchen-Buer *[187]*. Rathaus (1912 von Wilhelm Kreis[27]) in Herne *[188]*. Verwaltung der Gußstahl (um 1910) in Gelsenkirchen-Ückendorf (Bochumerstraße), mit Treppen-Halle, als IBA-Projekt Arbeits-Gericht. *[125, 157, 158, 162]*

Heimat-Stil. In England wird lokale Bautradition geschätzt. Alfred Krupp nimmt dies auf. Fachwerk bedeutet: sich in gewachsene Verhältnisse einzufügen. Hermann Muthesius 1907: „Man hat einerseits angefangen, auf England zu blicken, und andererseits ist man sich der Schönheiten des einfachen heimischen Bürger- und Bauernhauses bewußt geworden.“[28] Es ist derselbe Blick. [44]

1887 bestimmt Alfred Krupp auf dem Totenbett: Das kleine Fachwerk-Haus seiner Eltern (Stammhaus‹) soll Vorbild für Arbeiter-Häuser sein. Im wesentlichen entsteht der Heimat-Stil um die Jahrhundert-Wende im Zusammenhang mit dem Heimat-Schutz – dialektisch als ein Rettungs-Versuch: die Industrialisierung wandelt die Städte um, dies fordert heraus, Werte zu retten und neu zu formulieren.

Der Anwendung des Heimat-Stils kann mehrere und unterschiedliche Motive haben. Agrarier verwenden ihn auch gegen die Industrie. Nationalisten dient er als Signal.

Aus England stammt auch das Understatement: Reiche Leute verzichten auf Reichtums-Darstellung, sie bauen einfache ländliche Häuser. Architekten der frühen Moderne suchen darin das Ungeschminkte, das aus seinem Wesen heraus Charakteristische. So sucht jeder nach dem ›Kleid‹, von dem er glaubt, daß es ihn angemessen darstellt.

Orts-Hinweise: Heimat-Stil. Stammhaus Krupp (1818) in Essen-Altendorf (Altendorfer-/Westendstraße), ursprünglich Aufseher-Haus, seit 1826 Wohnhaus der Familie Krupp, einfacher Fachwerk-Bau [161]. Krupp-Kolonie Dahlhauser Heide (1907/1909 von Robert Schmohl) in Bochum-Hordel (Hordeler Heide/Muschelbank) [156]. Die Siedlung hat „aus der Landschaft heraus einen eigenen Charakter erhalten ... Vorbild für den Außenbau ist das altwestfälische Bauernhaus ... Reiche Fachwerk-Gliederungen haben nur die orientierenden Eckhäuser erhalten"[29]. Schievenfeld-Siedlung (1912/1914) in Gelsenkirchen-Erle (Cranger Straße/Rudelgasse), altdeutsch [125]. Siedlung für Leitende Manager Am Grafenbusch in Oberhausen (1910 von Bruno Möhring) [160]. Mannesmann-Stahlwerker-Siedlung Alt-Hüttenheim (1911/1913 von H. W. Eggeling) in Duisburg-Hüttenheim (Ungelsheimer-/Rosenbergstraße), Geschoßbau im altdeutschen Heimat-Stil. [166]

Altdeutscher Heimat-Stil: Schievenfeldsiedlung (1911/1914) in Gelsenkirchen-Erle (Cranger Straße/Rudelgasse). Es entsteht der Eindruck, daß die Bergmanns-Familien eine schöne alte, deutsche Stadt betreten und in ihr leben – eine wohlgemeinte Verbesserung innerhalb einer schwierigen Umwelt.

Krüger-Passage (1911/1912 von Steinbach/Lutter) in Dortmund zwischen Reinoldi-Kirche und Hansa-Straße (Westenhellweg/Kampstraße).

Städtische Arbeiter-Quartiere und ›dörfliche‹ Arbeiter-Siedlungen

Wohnungs-Not und Wohnungs-Spekulation

Die Industrie-Produktion wächst – die Fabriken ziehen Massen von Arbeitern an. Die Zuwanderer finden kaum Wohnungen – oder „die letzten erbärmlichen Löcher". Große Familien wohnen in zwei Zimmern. Der evangelische Hauptlehrer Adolf Feld in Oberhausen um 1860: „Es waren fast lauter unbemittelte Leute, die, solange sie gesund blieben ... Arbeit und Verdienst hatten, ... im Erkrankungsfall aber ... in die bitterste Armut und Verlassenheit geraten mußten ... Die Mietpreise

standen sehr hoch, ... Die Häuser waren bis zur Giebelspitze bewohnt ... Fand man doch bei einer Volkszählung in einem gewöhnlichen zweistöckigen Hause 117 Personen wohnend ...“

Meist leben die Familien etwas besser als in Berlin, Barmen, Magdeburg und Hannover[30]. Dort ist der Anteil der Ein-Zimmer-Wohnungen besonders umfangreich, an der Ruhr gibt es meist Zwei-Zimmer-Wohnungen.

Es gibt wenig Frauen-Arbeit, meist gehen die Frauen zum Putzen. Vor der Ehe miteinander zu schlafen, ist bei Arbeitern normal. Kommt ein Kind, wird geheiratet, meist früh. Groß ist die Zahl der ledigen Mütter. Viele Fehlgeburten werden durch Eingriffe herbeigeführt. Die Nachbarn haben dazu meist eine tolerante Anschauung. **In großem Umfang Wohnungen zu bauen**, wird unumgänglich. Daher entwickelt sich der Wohnungs-Bau im Kaiserreich zu einem der Leitsektoren. Er macht ein Drittel bis ein Viertel des -Netto-Investitions-Volumens aus[31]. Aber Bau-Konjunktur lindert nicht nur, sondern schafft auch neue Probleme. Rasch steigen die Boden-Preise. Das führt zu hohen Mieten. Niemals wird die Wohnungsnot beseitigt.

Die Ausbreitung des Wohlstandes. Die Möglichkeiten, an dieser Bildung von neuem Reichtum teilzuhaben, stellt sich am Ende des Jahrhunderts nicht mehr nur für eine kleine Elite von besonders Wohlhabenden, sondern erreicht jetzt eine breite Schicht von Menschen, die ein sogenanntes Start-Kapital aufbringen konnten. Das sind allerdings keine Kötter, Tagelöhner und Arbeiter, aber die Bauern, die Land verkaufen, Handwerker, deren Gewerbe an der Industrialisierung teilnehmen können und Kleinbesitzer. So entstehen innerhalb der Industrie-Stadt nicht nur breite Quartiere für mietzahlende arme Leute, sondern es breitet sich zusehends auch die Zahl der Wohlhabenden aus.

Das städtebauliche Gewicht verschiebt sich von den historischen Kernen in die sogenannten Vorstädte. Diese werden nun die eigentlichen Städte der Industrie-Epoche. 1855 leben in Dortmund erst 1.347 Menschen in den Vorstädten – in der Altstadt aber die zehnfache Zahl: 15.299. Dreißig Jahre später hat sich das Verhältnis umgekehrt: 1895 gibt es in den Dortmunder Vorstädten über 72.000 der 111.000 Einwohner.

Die räumlich-topografischen Entwicklungen dieses Prozesses sind unterschiedlich. In den Metropolen von Paris und Berlin kommt es in einer langen städtischen Tradition zu gemischten Verhältnissen: meist wohnen an der Straße die vornehmen Besitzer und in den Hinterhäusern die armen Leute. Diese Mischung gibt es im Gebiet an Ruhr und Emscher in einer Variante: Arme und Wohlhabende leben nebeneinander. Erst als es nach 1900 zur planmäßigen Erschließung von Wohn-Gebieten kommt, setzt – oft ohne Absicht, aber als Folge von Grundstücks-Preisen – eine soziale Trennung ein: Reiche wie Arme siedeln sich in eigenen neuen Vierteln an, bzw. werden auf bestimmte Viertel verwiesen.

Drei Ebenen. Im Gebiet zwischen Ruhr und Emscher hat der Wohnungs-Bau für die Massen drei Ebenen. Vielen gelingt es, auch mit Hilfe von Familie und Nachbarschaft, sich ein kleines Haus irgendwo in der Gemenge-Stadt zu bauen. Eine zweite Ebene sind die Miet-Häuser, die nun in großer Zahl, vor allem durch die neue Finanzierungs-Weise der Hypothek gebaut werden. Der dritte Bereich ist besonders typisch: die Arbeiter-Siedlungen der großen Werke – vor allem nach 1900 ein Netz von Gartenstädten.

Wilde Mietshaus-Viertel

Die Arbeiter-Bereiche wachsen im 19. Jahrhundert wie in einem Kolonial-Land – mit der Spekulation. Unaufhörlich entstehen wilde Viertel: ohne stadtplanerische Dramaturgie. Wohlhabende legen Geld in Miets-Kasernen an, oft gehören ihnen halbe Straßen. Meist bestehen sie aus dreigeschossigen Häusern: vorn verputzt, mit einigen historischen Zeichen der Vornehmheit, hinten mit unverputztem Ziegel-Werk[32]. Gering ist die Parzellentiefe. Daher gibt es meist nur wenige Schuppen für Handwerke. Fast nirgendwo entsteht eine Berliner Block-Bebauung mit Hinterhöfen.

Wo ein Besitzer guten Willens ein
Haus baut und vermietet, sind seine
Möglichkeiten von der geringen Finanz-
Kraft der Mieter bestimmt. In vielen Fällen wird nur dadurch Gewinn erzielt, daß
die Wohnungen klein und folglich über-
belegt sind. Üblicher Grundriß: Am
Treppen-Aufgang liegt pro Geschoß links
und rechts eine Wohnung (27 bis 25 m²)
mit je zwei Zimmern. Die Toilette ist auf
dem Hof[33].

In einem Essener Arbeiterviertel
wächst um 1870 in kurzer Zeit die Wohn-
Dichte pro Haus von 10-12 auf 20 Personen. Die durchschnittliche Miete für die
Zweiraum-Wohnung steigt von 24-30 Taler auf 35-50. Die hohen Wohn-Dichten
liegen bereichsweise an der Hellweg-
Zone – in den großen Städten. Im Emscher-Gebiet ist die Dichte vergleichsweise erträglich.[34]

Selten ist in den Quellen von dem die
Rede, was alltäglich ist: eine außerordentliche Grundstücks-Spekulation mit hohen Preisen und mit Folgen, die zu Miet-
erhöhungen, Verdrängungen, Um- und
Übernutzungen von Wohnraum führt.
Der Mülheimer Bürgermeister Maubach
notiert, wie gesundheitswidrig viele Häuser angelegt sind. 1832 tritt in Mülheim
die Seuche der Cholera auf. Die Som-
mer-Diarrhöe, auch Kinder-Cholera genannt, kostet viele Kinder das Leben. Das
Elend weiterer Volks-Krankheiten wie
Rachitis, Tuberkulose und viele mehr
geht im Schweigen der Geschichtsschreibung unter – man mag daran denken,
wenn man von Puccini die Oper ›La Bo-
heme‹ sieht. Der Bürgermeister von Borbeck spricht vom „still duldenden Volk",
das „dumpf vor sich hingrollt"[35].

Gärten haben eine lange Tradition,
auch für Bürger. 1811 verpachtet die
Stadt Essen Gärten. Viele Familien mieten Grabeland-Parzellen vor Zechen.
1895 entsteht die erste Kleingarten-Anla-
ge[36]: Die Stadt Essen legt an der Sege-
rothstraße 92 Kleingärten für Arbeiter an,
zur gleichen Zeit wie Krupp. Aus wilden
Gärten entsteht 1912 in Herne-Baukau
eine Kleingarten-Kolonie, zwölf Jahre
später ein Verein. 1906 entsteht in Dortmund der Schrebergartenverein e. V.
1906. Vor allem in der Not nach dem Ersten Weltkrieg erhalten Kleingärten
großen Wert. Und seit den 70er Jahren
nutzt ein großer Teil der türkischen Arbeiter-Familien das Land[37]. 1991 gibt es in
Bochum 4.269 Kleingärten.

Orts-Hinweise: Segeroth-Viertel in Essen. Vom
legendären Segeroth-Viertel (um die Segeroth-
straße)[38] blieb wenig erhalten (heute Universität).

Geplante Stadt-Viertel

Erste Planungs-Impulse. Da es in der ersten Phase keinerlei Planung gibt, drängt 1836 der Oberpräsident der Rheinprovinz in Abstimmung mit der Regierung in Berlin darauf, daß die größeren Städte nun Baupläne anfertigen[39]. Aber es zeigt sich, daß Verwaltung und Politik den Tatsachen nicht gewachsen sind. Die früheste öffentliche Planung läßt Ruhrort machen, vom Communalbaumeister Wilhelm Damen aus Mülheim. Die Gemeinderäte stimmen nicht zu. 1836 erneute Vorlage. 1838 lehnt die Berliner Oberbaudeputation ab. Endgültig genehmigt wird die Planung erst 1840. 1844 wird der erste Bebauungs-Plan in Kettwig aufgestellt.

Die geplanten Vorstädte[40] erreichen nicht die von der Regierung beabsichtigte Gestaltung, wie etwa in Köln oder Düsseldorf. In ihnen gibt es nur sehr selten repräsentative Elemente und inszenierte Folgen von Plätzen, Boulevards, Blickpunkten.

Die Neustadt in Duisburg. Die Bezirksregierung drängt Duisburg 1838 einen Erweiterungs-Plan auf. „Die Bezirksregierung sieht (und vertritt) ein allgemeines Planungsbedürfnis hinsichtlich der Neuordnung der Altstadt und der Ausweisung von Stadterweiterungsflächen, die Gemeinde dagegen setzt kein konkretes Planungsbedürfnis voraus und reagiert zunächst desinteressiert"[41]. Erst im dritten Anlauf genehmigt Berlin. Zwischen Altstadt und Bahnhof entsteht eine Neustadt – zwischen der ›Chaussee nach Mülheim‹ (heute Königstraße) und dem südlichen Bahnbogen (heute Plessing-/Kremer-/Mercatorstraße)[42]. Das Straßen-Raster dieses Viertels (heute rund um den Kant-Park mit Lehmbruck-Museum und den Dellplatz) versucht, so wenig wie möglich die vorhandene Parzellierung in Acker-Grund-Stücke zu stören. Daher

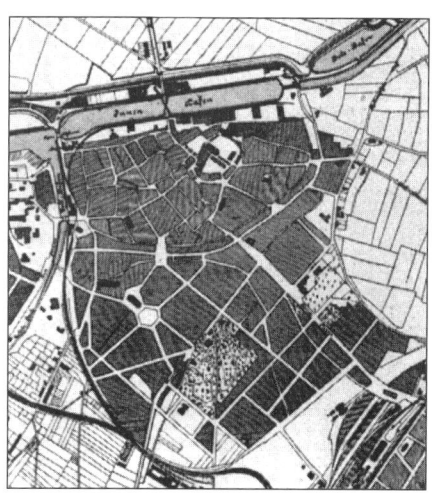

Südlich der unregelmäßig gewachsenen Duisburger Altstadt wird nach 1838 die Neustadt um das Rondell des Dellplatzes ausgebreitet – mit einem Straßen-Raster.

gibt es nur Ansätze zu einem Schachbrett (im nördlichen Bereich) und zu einer Stern-Form. Zwei solcher Sterne entstehen: der Neu-Markt (Dellplatz) und der Feldmarkt (verschwunden).

Die Nordstadt in Dortmund. Im Norden der Altstadt entstehen – angebunden an viele Bahn-Linien (seit 1899 auch an den Dortmund-Ems-Kanal) – hinter dem Bahnhof zwei Hütten-Werke, vor denen sich seit 1850 zwei Arbeiter-Vorstädte bilden: im Westen die ›Union-Vorstadt‹ (Unionstraße/Sunderweg) und im Nordosten die ›Hoesch-Vorstadt‹[43]. Der Wohnungsbau entwickelt sich in überschaubaren Abschnitten. Darin folgt er alter Tradition, die zu Identitäts-Bildungen in den Vierteln führen. Als Marktplatz für den gesamten Bereich, die Nordstadt, wird 1857 der heutige Freiherr-vom-Stein-Platz projektiert.

Der Bebauungs-Planer entwickelt ein regelmäßiges Straßen-Netz mit Plätzen und Sternen (nur vereinzelt realisiert). Geld-Anleger bauen: in großstädtischem

Maßstab vier bis fünfgeschossige Blöcke mit Miet-Wohnungen. In vielen Hinterhöfen arbeiten kleine Betriebe, mit einer Struktur zwischen Handwerk und Industrie. Bei den Wohlhabenden und in der Presse gilt es als ausgemacht, das Arbeiter-Viertel zu diskriminieren.

In den siebziger Jahren folgt die Bebauung der Burgmärsch nordöstlich des Steinplatzes längs der Leopoldstraße/Münsterstraße mit dem Nordmarkt. In diesem Viertel, das viele Kneipen hat, produziert die Dortmunder Actien-Brauerei (1872 als erste Kapitalgesellschaft im Dortmunder Brau-Gewerbe). Zu gleicher Zeit entsteht im Sunderholz um das damals größte Dortmunder Stahlwerk die Union-Vorstadt. Der Dortmunder Stadt-Hafen (1895/1899) benötigt weitere Wohnungen. Nordöstlich baut Leopold Hoesch 1872 im Oberholz ein Eisen- und Stahlwerk. Vor den Toren des Werkes entsteht seit 1895 das Hoesche-

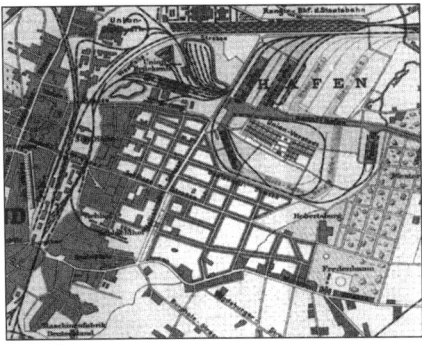

Bauen für die Hüttenwerke: In Dortmund entsteht nördlich des Bahnhofs nach 1850 die Nordstadt.

Viertel – mit dem legendären Borsig-Platz [403], wo viele Menschen vor allem „mit dem Fußball-Verein Borussia (seit 1909) leben und sterben".

Die Eisenbahn bildet für die Bevölkerung stets eine Verhinderung der Kommunikation zwischen Altstadt und Nordstadt. Meist sind die Schranken geschlos-

sen. Die erste Unterführung (1910) ersetzt eine physische Barriere durch eine psychische: einen langen dunklen Tunnel.

Die Essener **Oststadt**. In Essen wird unter Bürgermeister Ernst Heinrich Lindemann (1859-1868) ein Stadtbauamt eingerichtet. Es plant die Oststadt (um 1860): ein Straßen-Raster mit Rechteck-Netz.

Gelsenkirchen-Schalke, das in den 20er Jahren durch seinen Fußball-Verein berühmt wird, ist die wichtigste Stadt-Erweiterung von Alt-Gelsenkirchen. Für die Zeche Consolidation wird nördlich des alten Dorf-Kerns um 1860 ein Stadtteil angelegt – um den Alten Markt, die evangelische Kirche und den Neumarkt. Der Erschließungs-Plan ist ein Raster – mit der Kaiserstraße und – quer dazu – der Grenzstraße. Zur Infrastruktur gehören zwei Plätze mit Grün. Der Arbeiter-Stadtteil lebt vom Kolorit des Fußballs. [400] Die kleinen Jungen bolzen auf der Straße und in den Nischen der Gemenge-Struktur.

Gelsenkirchen-Horst. Kurz vor 1900 entsteht südlich von Schloß Horst ein Schachbrett-Viertel (Schloß-/Strundenstraße und Harthorststraße/Marktplatz/Markenstraße).

Gelsenkirchen-Überkendorf ist eine weitere raster-förmige Stadt-Ausdehnung, im Gefolge der Zeche Rhein-Elbe.

Die Neustadt in Gelsenkirchen entsteht 1873 südlich des Altstadt-Kerns und des Hauptbahnhofs als ein kleines Straßen-Raster. An einer boulevardförmigen Achse (Josefstraße/Wilhelm Busch-Straße) stehen repräsentative öffentliche Gebäude: die katholische und die evangelische Kirche mit ihren Schulen.

Bruckhausen in Hamborn (Duisburg). Die Gewerkschaft Deutscher Kaiser (Werk Hamborn der Thyssen Stahl AG) legt um 1890/1900 vor ihrem Hüttenwerk in Hamborn ein kleines Stadt-Viertel an. Achse ist die Dieselstraße. Einige Straßen führen direkt auf das Hüttenwerk zu. Dort stehen sechs Hochöfen.

Mietwohnung, Gaststätte (um 1900) und Hochofen: Gemenge in Duisburg-Bruckhausen (Kaiser-Wilhelm-Straße).

Leben im Arbeiter-Stadtteil

Die großen Unterschiede. Die Entwicklung ist auch geprägt von klaffenden Unterschieden zwischen Wohlhabenden und armen Leuten. Paul Herold (Jahrgang 1904) über die Mietwohnung in einem Mehrfamilien-Haus am Priesterhof in Oberhausen: „Drei Zimmer hatten wir insgesamt: eine Wohnküche, ein Schlafzimmer für die Mutter und die Schwestern und die Dach-Kammer für uns Jungens. Der Hauswirt ließ an der Wohnung nichts machen. Wenn wir morgens wach wurden, dann war oft das ganze Bett voll Schnee, weil es durch die Ritzen schneite. Nichts wurde repariert. Meine Mutter hatte aber auch nicht den Mut, sich dagegen aufzulehnen"[44].

Hauswirtschaft. Der Arbeiter hat keinen Besitz, kein Geld, keine Immobilien. Die Wohnung ist gemietet. Ein Tisch, einige Stühle, eine Bank, ein Herd, ein Geschirrschrank. Betten, Kleiderschrank, Truhe. Mitte Juli wird ein Schwein gekauft, für die Küchen-Abfälle; zu Weihnachten wird es geschlachtet. Arme Familien erwerben am Jahresende ein geschlachtetes Schwein, salzen es ein und verzehren es das Jahr über, eine Ziege, einige Hühner kommen hinzu. Bei den langen Arbeitszeiten hat der Mann kaum mehr Zeit für anderes. Die Frau versorgt den Haushalt, die Landwirtschaft und die Tiere. Die Jungen mähen Gras.

Ernährung: zum Frühstück Zichorien-Kaffee, Brot und Butter. Mittagessen mit gekochten oder geschmelzten Kartoffeln, Kohl oder anderem Gemüse. Zwei- bis dreimal in der Woche Fleisch oder Speck. Sauerkraut mit Speck. Am Sonntag zusätzlich Bouillon. Vesper am Spätnachmittag – wie das Frühstück. Abendessen mit Kartoffeln oder Mehlspeise, Butterbrot und Kaffee.

Das Einkommen wird ergänzt durch Garten und Vieh. In schlechten Zeiten gibt der Lebensmittel-Händler Kredit. Land und Vieh sind eine Art Versicherung. Die halbländliche offene Gemenge-Struktur bietet Vorteile gegenüber den reinen Miets-Kasernen ohne Gärten[45].

Die Kneipen vor dem Werks-Tor. Jakob Rheingantz, seit 1907 Arbeiter, Kutscher und Hausmeister in der GHH: „Ich erinnere mich noch heute sehr gut des Bier-Kellers, der sich unter der Wiege-Stube in der Nähe des heutigen Pförtner-Häuschens befand. Unten im Bier-Keller wurde Bier, das von drei Brauereien bezogen wurde, verabreicht. Der Bier-Konsum war stark. Es wurde Halb-Liter-Gläser für sieben Pfennige ausgeschenkt. Man saß einfach auf den vielen im Bier-Keller lagernden Bier-Fässern. Zum Mitnehmen (natürlich in die Betriebe) verkaufte ›Bier-Fritz‹ (Fritz Schroer), das war der bullige Zapfer, Ein-Liter-Flaschen zu 14 Pfennigen. Das Bier wurde direkt an Ort Stelle vom Faß abgezapft.

Mit dem Bier-Ausschank hatte die Hütte keine allzu guten Erfahrungen gemacht, den schon bald (Anfang September 1909) hatte sie das Ausschenken von Bier nicht nur auf WO, sondern auch in den übrigen Bier-Kellern der Oberhausener Hüttenbetrieben eingestellt. An Stelle des Bier-Ausschanks wurde ab Dezember 1909 Milch in Gläsern sowie auch Brötchen verabreicht und zwar in einem eigens dazu hergerichteten Milch-Häuschen am Feinblech-Walzwerk. An zwei Tagen in der Woche fand auch ein Verkauf von frischem See-Fisch statt. Milch, Brötchen und Fisch wurden besonders preisgünstig abgegeben. Ab 1. März 1910 erfolgte in einem ebenfalls an der Feinblech-Straße errichteten Tee-Häuschen der unentgeltliche Tee-Ausschank.

Noch mehr als heute bestand früher das Bedürfnis der Arbeiter, ihren Durst in den vielen in der Nähe der Werke gelegenen Gastwirtschaften zu löschen. Es gab deren auf der Essener Straße eine Unmenge, die alle in hoher Blüte standen und sämtlich gut von den Arbeits-Groschen der Arbeiter ihre Existenz aufrechterhalten konnten"[46].

In der Straßenbahn. Karl Grünberg in ›Brennende Ruhr‹: „Solche eigenartigen, ja verwegenen Arbeitertypen hatte er noch nirgends gesehen. Meist untersetzte, harte Gestalten mit oft geschwärzten Händen und ebensolchen Gesichtern, aus denen das Weiße der Augen unheimlich herausleuchtete. Durchweg in abgerissener Arbeitskleidung, den verbeulten Schlapphut tief im Gesicht oder die Schiebermütze verwegen auf einem Ohr. In der Hand den emaillierten ›Henkelmann‹ oder den Proviantkorb mit der Tageszehrung über die Schultern geworfen. Fast jeder rauchte nach der schweren Tagesfron seine Stummelpfeife oder Zigarette, so daß die Luft im Wageninnern

[der Straßenbahn] zum Schneiden war"[47].

Orts-Hinweise: Leben in Arbeiter-Stadtteilen. Hinterhof-Komplex in Mülheim (Kettwiger Straße 12 a) [94] und in Kettwig (Hauptstraße, zwischen Garten- und Ruhrstraße). Ruhrlandmuseum der Stadt Essen in Essen (Goethestraße 41): sozialhistorische, symbolische Ensembles zum Leben im Arbeiter-Viertel, Schlafgänger, vier Arbeiter-Küchen, Waschküche, Krämer-Laden, Metzgerei, Umzug. Emschertal-Museum, Heimat- und Naturkunde-Museum (1971) in Herne-Wanne-Eickel in einer Volksschule im Stadtteil ›Unser Fritz‹ (Unser Fritz-Straße 108), mit bäuerlicher, bürgerlicher und industrieller Alltags-Kultur; Trinkhalle (um 1900). Museum der Stadt Lünen in Lünen-Horstmar (Schwansbeller Weg 32): fünf komplett erworbene Zimmer zwischen 1840 und 1930 (Großbürger in Dortmund, Bürger in Lünen, Wohnküche einer Arbeiter-Familie in Lünen). Arbeitsplätze eines Flickschusters und eines Holzschuh-Machers. Museum für Kunst- und Kulturgeschichte (1983) in Dortmund (Hansastraße 3), zum Wohnen in der Mietskaserne. Mietshäuser (um 1900) in Dortmund-West, vor allem Heinrichstraße und Paulinenstraße. Museum für Heimat- und Stadtgeschichte (1987) in Hagen (Hochstraße 71), im Landgericht (1865 von Carl-Ferdinand Busse) – mit einer aufregenden Reform-Konzeption, Lebens-Verhältnisse im Gegenüberstellungen.

Geplante Arbeiter-Dörfer: Arbeiter-Siedlungen

Erste Ansätze zur Schaffung vernünftiger Lebens-Verhältnisse werden notwendig, als die Industrie spezialisierte Arbeitskräfte wie Meister, dann auch Arbeiter, nicht mehr in genügender Zahl gewinnen kann, ohne ihnen Wohnungen von einigem Standard zu bieten[48].

Die planerisch-produktive Antwort auf dieses Problem heißt schon früh: Siedlungs-Bau. „Die Arbeitersiedlungen sind keine Rand-Erscheinungen, sondern das wesentliche Element der sozialen und räumlichen Entwicklung" (Martin Einsele). Das geht sowohl aus dem Umfang hervor, in dem sie erscheinen, wie auch aus den sozial-kulturellen, planerischen und gestalterischen Qualitäten, die sie großenteils erhalten. Am deutlichsten ist dies in Gladbeck, Bottrop und in Gelsenkirchen-Buer erkennbar.

Siedlungen der Eisen-Industrie. Die Eisen-Industrie orientiert sich an den städtischen Agglomeraten und benötigt deshalb weniger Wohnungen. Der Bergbau hat einen weitaus größeren Bedarf, weil er sich in einem Gebiet mit geringer Siedlungs-Dichte entfaltet. Dennoch wird die erste Welle der Siedlungen von der Eisen-Industrie in Gang gesetzt.

Siedlung Eisenheim (1845/1903) in Osterfeld (Oberhausen). Nach ersten Überlegungen ihres Generaldirektors Wilhelm Lueg 1836 baut die (spätere) Gutehoffnungshütte, die keine Stadt neben sich hat, 1846 nahe dem Dorf Osterfeld (Oberhausen) die Siedlung Eisenheim[49]. Offiziell genehmigter Name: Eisenheim. Siedlung für Hüttenarbeiter. Lueg ist ehemaliger Lehrer, besitzt Bildung und Horizont, reist und vergleicht; er ist der erste großindustrielle Manager, der kein Betriebs-Eigentümer ist[50]. [274]

Kolonie Stahlhausen in Bochum. Zwölf Jahre nach Eisenheim errichtet 1857 der Bochumer Verein vor der Stadt Bochum die Kolonie Stahlhausen. Oscar Spetzler, der Baumeister des Bochumer Vereins, beschreibt 1879 die von ihm gebaute Siedlung: „Die Colonie Stahlhausen ist die älteste Colonie des Bochumer Vereins und nur für die Arbeiter der eigentlichen Gußstahlfabrik bestimmt. Bei der Ausführung wurden den Uebelständen und Gefahren, welche das Zusammenwohnen einer großen Menge von Leuten der arbeitenden Klasse unleugbar mit sich führt, durch eine gewisse Bauweise Rechnung getragen. Die Lage dieser kleinen Arbeiterstadt, ganz in der Nähe der Stadt Bochum an der Chaussee von Bochum nach Essen, gewährt den

Bewohnern die Vorteile einer ländlichen Bauweise in unmittelbarer Nähe der Stadt. Die Häuser bilden längst der Straße nicht dicht geschlossene Reihen, sondern sind in Abständen, welche etwa der Länge eines Hauses gleichkommen, aufgeführt.

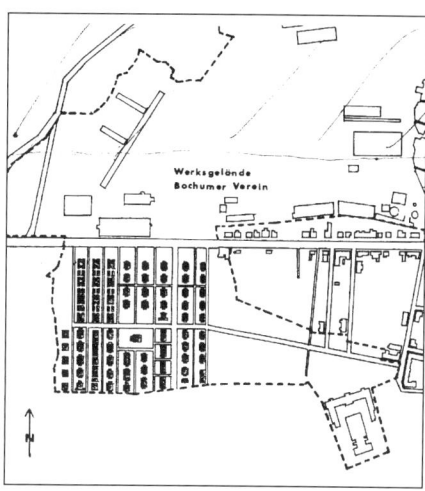

Kolonie Stahlhausen (1857 von Oscar Spetzler) in Bochum-Stahlhausen, rechts unten das Ledigenwohnheim.

Die Zwischenräume dienen zur Aufnahme der Ställe und Düngergruben, während der zwischen den Hausfronten und der mit Bäumen eingefaßten Straße liegende Raum als Vorgarten benutzt wird ... Charakteristisch für die Anlage ist es, daß die verschiedenen Bewohner nicht in Berührung miteinander kommen ... hat sich diese Trennung ... bewährt, namentlich auch beim Auftreten epidemischer Krankheiten gegenüber dem Zusammenwohnen vieler Familien in aneinandergebauten Häusern ... Allerdings steht dieses Prinzip im geraden Gegensatz zu der zweitwesentlichsten Bedingung möglichst billiger Anlagekosten und Mietpreise. Dieser Conflict zweier wesentlicher Bedingungen ist, wie bekannt, am besten bei den Bauausführungen in den cités ouvrières zu Mülhausen im Elsaß gelöst und sind die dort gemachten Erfahrungen auch bei den hiesigen Bauten benutzt. An dieser Hauptverbindungsstraße sollen auch vorzugsweise die größeren für das Allgemeinwohl bestimmten Anlagen errichtet werden, so eine Wasch- und Badeanstalt, eine Kinderbewahranstalt, Geschäftslokale des Konsumwesens u. dgl. mehr."[51]

Wohnungsnot. 1872 geht von den Stinnes-Zechen in Essen der erste große deutsche Bergarbeiterstreik aus. Zu den Forderungen gehört: Abhilfe der Wohnungs-Not. Der Streik geht verloren. Der Essener Oberbürgermeister Hache beklagt die fehlende Einsicht der Gewerke, die nichts dazu tun, „um die Wurzel der sozialen Calamität der Bergarbeiter durch Beseitigung der Wohnungsnot zu vernichten"[52].

Krupp-Siedlungen. Alfred Krupp kann die Expansion seiner Werke nur betreiben, wenn er genügend Wohnungen zur Verfügung hat – also läßt er bauen: nach Anfängen 1861 (Ledigenheim) und 1863 (Kolonie Westend) setzt er seit 1871 ein gigantisches Programm in Gang, jetzt auch mit entfalteten Infrastrukturen. Seit 1863 leitet Baumeister Gustav Kraemer (1828-1890) das Bau-Büro. 1871 besitzt Krupp schon 1.521 Häuser mit 6.772 Wohnungen – für immerhin 10 Prozent seiner Belegschaft. Krupp bevorzugt zwei Bauweisen: eine städtische (frühe Siedlungen, aber noch 1901 Cronenberg) und zunehmend eine dörfliche.

Der nomadisierende Wechsel unglücklicher Familien von Fabrik zu Fabrik[53] kostet – so finden viele Unternehmer heraus – auch die Unternehmen viel Geld. Also versuchen sie, Arbeiter an ihre Werke zu binden: mit attraktiven Wohnungen.

Bergarbeiter-Siedlungen. Im frühen Bergbau an der Ruhr führen die Beschäftigten ein ›Doppelleben‹ – als Bauern und als Bergleute. Im Bergbau, der sich nach Norden ausdehnt, wächst in den einzelnen Großzechen nach der Teufe in kurzer Zeit die Zahl der Beschäftigten oft auf mehrere tausend.

Der Krupp-Wohnungsbau seit 1861 beeinflußt die Ansprüche von Berg-Arbeitern. Großunternehmen können im ländlichen Raum nur entstehen, wenn sie Wohnungen anbieten. Daher nehmen einige Zechen nun den Wohnungs-Bau selbst in die Hand. So wachsen entlang der Emscher – oft in breiter Fläche, vor allem im Essener Norden – Bergmanns-Siedlungen.

Lebens-Qualität als Werbung. Solche Siedlungen sind ein Werbe-Argument [90]. Dies zeigt ein Plakat, das die Zeche Viktor bei Rauxel (Castrop) verbreitet (1908): „Masuren! In rheinländischer [!] Gegend ... liegt, ganz wie ein masurisches [!] Dorf ... eine reizende, ganz neu erbaute Kolonie der Zeche Viktor bei Rauxel. Diese Kolonie besteht vorläufig aus über 40 Häusern und soll später auf etwa 65 Häuser erweitert werden. In jedem Haus sind nur [!] vier Wohnungen ... Zu jeder Wohnung gehören drei bis vier Zimmer. Die Decken sind drei Meter hoch ... Jedes Zimmer, sowohl oben als auch unten, ist also schön groß, hoch und luftig, wie man sie in den Städten des Industriebezirks kaum findet. Zu jeder Wohnung gehört ein sehr guter, hoher und trockener Keller ... Ferner gehört dazu ein geräumiger Stall, wo sich jeder sein Schwein, seine Ziege oder seine Hühner halten kann ... Endlich gehört zu jeder Wohnung auch ein Garten von etwa 23 bis 24 Quadratruten [1 Rute = 14 m²] ... Die ganze Kolonie ist von schönen breiten Straßen durchzogen, Wasserleitung und Kanalisation ist vorhanden. Abends werden die Straßen elektrisch beleuchtet. Vor jedem zweiten Haus liegt noch ein Vorgärtchen, in dem man Blumen oder auch Gemüse ziehen kann. Wer es am schönsten hält, bekommt eine Prämie ..."[54]

Wohnungs-Bestand in Siedlungen. 1873 besitzen die Zechen rund 6.700 Zechen-Wohnungen, 1893 sind es 10.525 Wohnungen – bei insgesamt 154.000 Arbeitern. 1900 ist die Wohnungs-Ziffer auf 26.245 gestiegen. Während sich die Belegschaft verdreifachte, hat sich der Wohnungs-Bestand verfünffacht. Nun leben 21,1 Prozent der Bergleute mit ihren Familien in Zechen-Häusern. In der Phase der entfesselten Industrialisierung von 1901 bis 1914 wächst die Zahl der Siedlungs-Wohnungen fast um das Vierfache auf 94.027.

In einigen ›Revieren‹ leben über 40 Prozent der Bergleute in Siedlungen: im Revier Recklinghausen 44,7 %, im Revier Duisburg 66,6 %, im Revier Hamm 68,2 %[55]. Betrug der durchschnittliche Jahres-Zuwachs an Bergarbeiter-Wohungen im Revier zwischen 1873 und 1893 noch 204 neue Wohnungen, steigt er um 1900 auf rund 2.000 und bis 1914 sogar auf 3.500 und 4.000. Viele Städte sind von Arbeiter-Siedlungen geprägt: Bottrop, Gladbeck [95], der Norden von Essen, Gelsenkirchen, Herne (45 Bereiche), der Norden von Dortmund.

Die innere Organisation der Zechen-Siedlungen spiegelt das Drei-Klassen-System der Großbetriebe: 1. Leitung, 2. Beamte/Steiger, 3. Hauer/Hilfsarbeiter. Die sozialen Unterschiede drücken sich aus: in der Wohn-Lage, in unterschiedlichen Wohnungs-Größen und in der Zeichen-Gebung der Häuser. Gärten und Frei-Räume gleichen sich. Aber: „Bei den Steigern durften die Kinder nicht auf den Hof" (Willi Wittke, Jahrgang 1905).

Ein Beispiel: die Siedlung Vondern (1905) in Oberhausen-Vondern. Dort teilt der Herren-Sitz Haus Vondern den westlichen Arbeiter-Bereich vom östlichen Bereich der Steiger. In der Siedlung Gladbeck-Zweckel wohnen die Steiger im Westen der Zeche, die Arbeiter im Osten. Rhein-Elbe in Gelsenkirchen hat ihre Steiger im Bereich Rudolf-/Stephanstraße untergebracht und ihre Bergarbeiter östlich der Bochumer Straße (Siedlung Ottilienaue/Flöz Dickebank). In der Alten Kolonie (1895, ›Dreieck-Siedlung‹) in Recklinghausen-Hochlarmark, leben im Abstand die Zechenhandwerker, Steiger und Mitglieder der Gruben-Verwaltung.

Kasernen-Typ – im Volks-Mund „D-Zug": Am Holzgraben (1895) in Dortmund-Scharnhorst.

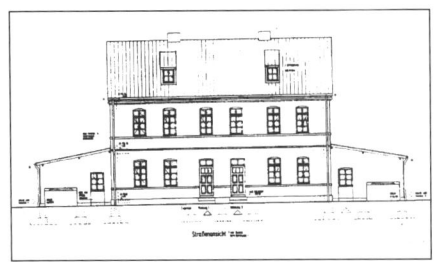

Reihenhaus-Typ: Siedlung-Eichenbusch/Am Hördeweg (1872) in Dortmund-Eving.

Der historische Wandel läuft vom Kasernen-Typ zur Gartenstadt, in den 20er Jahren zum Großstadt-Block und in den 60er Jahren zum Hochhaus. Innerhalb dessen gibt es einen Pluralismus, der zu jeder Zeit den Zugriff zu unterschiedlichen Traditionen und Typen ermöglicht. **Siedlungen im Kasernen-Typ/Reihen-Haus** stehen in städtischer Tradition, auch der Schnitter-Kasernen auf ostelbischen Gütern und Unterkünften für Zucker-Fabriken. Im Kasernen-System baut Krupp seine ersten Kolonien (alle zerstört): 1863 Westend (II 1871/1874), 1872/1873 Nordhof, Schederhof, Baumhof (II 1890) und Cronenberg (II 1901). Rasch entsteht Kritik: „unzweckmäßig", „erschweren das friedliche Zusammenleben".

Orts-Hinweise: Arbeiter-Siedlungen im Kasernen-Typ/Reihenhaus. Erste Häuser der GHH-Siedlung Eisenheim (1845) in Oberhausen (Kasernenstraße, seit 1929 Fuldastraße 5/7 und Wesselkampstraße 27/29, 31/33). Moltke-Siedlung (um 1895) in Gladbeck (Phönixstraße): zweigeschossige Miethaus-Blöcke bilden eine dichte Straße – dahinter ausgedehntes Freiland. Siedlung Eichenbusch/Am Hördeweg (1872) in Dortmund-Eving. Am Holzgraben (1895) in Dortmund-Scharnhorst[56] *[135]*. Kolonie Schlägel & Eisen (1897 und 1907) in Herten-Scherlebeck (Kaiserallee/Bismarckstraße).

Siedlungen im Typ Häuser-Kette. Weit verbreitet ist ein Haus-Typ, der aus der Tradition des städtischen Reihenhau-ses stammt, nun aber als Doppelhaus mit Abstand zum nächsten Haus erscheint.

Der Blick nach England. Krupps erstes Leitbild, das große städtische Miets-Haus, verändert sich. Krupps Neigung verstärkt sich auf seinen vielen England-Reisen auch durch seine intensive Beobachtung englischer Entwicklungen: dort ist das Cottage-System erfolgreich. Über Krupp erhält das englische Leitbild im Gebiet an Ruhr und Emscher einen starken Einfluß. Ausdrückliches Ziel: Alternativen zur Miets-Kaserne sollen entstehen. Dahinter steht eine bürgerliche Tradition der Entfaltung, Ungestörtheit und Selbständigkeit der einzelnen Familie.

Englischer Typ. In einem Ministerialbericht von 1875 heißt es: „In den großen Arbeiterkolonien ist man bestrebt, diesen Anlagen den fabrikmäßigen, langweiligen Eindruck zu nehmen und denselben mehr das Aussehen eines Dorfes zu geben ..."[57] Das kann mehrere Motive haben: Industrielle kommen den industriefeindlichen Agrariern entgegen. Vor allem aber ihren Arbeitern, die vom Land stammen. Der häufigste Typ ist das Vierfamilien-Haus im Kreuz-Grundriß[58] [140].

Krupp-Planer Robert Schmohl (zuerst Altenhof I, 1893) gibt vielen Häusern ein

Englischer Typ – nach romantischem Leitbild: Alte Kolonie Eving (1897/1906) in Dortmund-Lindenhorst (Friesen-/Körnerstraße).

oben: Siedlung in Herne (Mont-Cenis-Straße)
unten: Siedlung in Bottrop (Eichenstraße)

›malerisches‹ Aussehen. Gezielt werden in Spannung gesetzt: unterschiedliche Texturen wie Ziegel, Putz-Flächen, Ziegel-Pfeiler, Haustein und Fachwerk, dann große und kleine Elemente, u. a. große und kleine Fenster. Nun erhält die Vielfalt der Typen eine weitere Variante: die einzelnen Wohnungs-Typen werden durch Spiegelung, Drehung oder Versetzen so variiert, daß interessante Erscheinungs-Bilder entstehen [126, 137]. Die meisten Häuser zeigen dunkelroten Backstein und eine klassizistische For-

mensprache. Das bedeutet: Die Familien wohnen einfach und zugleich ansehnlich, sie können das Gefühl haben, daß sie in ordentlichen Häusern wohnen.

Orts-Hinweise: Arbeiter-Siedlungen im englischen Typ. Siedlung (1904/1905, 1913) in Moers-Meerbeck-Hochstraß [284]. Rheinpreußen-Siedlung (1890/1900) in Duisburg-Homberg (Rheinpreußen-Straße, Ehrenstraße, Hardenbergstraße, Adolfstraße) [96]. Siedlung Stemmersberg (1902) in Oberhausen-Osterfeld (Hügel-/-Aktien-/Industriestraße)[59], mit Wohlfahrts-Haus (1913 von Bruno Möhring, Berlin; Gute Straße). Kolonie Eisenheim in Oberhausen-Osterfeld, Häuser von 1865 an der Berliner Straße. Ripshorster Straße (1899) und Werkstraße (1922/1923) in Oberhausen-Osterfeld.

Stinnes-Siedlung (seit 1890) in Essen-Karnap (Bertramstraße/Spakenbroich), Typ Häuser-Kette. Lampferhof-Siedlung (1867) für Zeche Carl in Altenessen (Lampferhofstraße), Typ Häuser-Kette. Kolonie III (1883) Zollverein in Altenessen (Schlägel-/Eisenstraße) – detailreich mit Form-Steinen. Siedlung Hegemannshof (1860) für die Haniel-Zeche Zollverein in Essen-Katernberg (Plänkerweg/Meerbruchstraße), Typ Häuser-Kette, teils zerstört, teils entstellt. Siedlung Ottekampshof (ab 1873) in Essen-Katernberg (Josef Oertgenweg/Drokamp), Typ Häuser-Kette. Siedlung Stiftsdamenwald (1907) in Essen-Stoppenberg (Stiftsdamenwald) für Zeche Zollverein – mit Häusern im englischen, asymmetrisch-szenischen Typ.

Krupp-Siedlung Altenhof I (1893/100 von Robert Schmohl) in Essen-Rüttenscheid (Gußmann-Platz, Fragmente erhalten). Krupp-Rentner-Siedlung Altenhof II (1907/1913 von Robert Schmohl) in Essen-Rüttenscheid (von Bodenhausen-Weg) – 130 Häuser mit 369 Wohnungen. Krupp-Siedlung (1896, 1913 von Robert Schmohl) in Essen-Bredeney (Am Brandenbusch), für Arbeiter, die ›auf dem Hügel‹ mit Park und Villa von Krupp beschäftigt sind, 1909 mit Gemeinschafts-Einrichtungen (Dampf-Wäscherei, Spritzen-Haus, Räucher-Kammer) und Arbeiterlogierhaus erweitert[60]. Krupp-Kolonie Annen (1899/1909) in Witten-Annen.

Kolonie Stahlhausen (1857) in Bochum (Stahlhauser-/Gremmestraße), Reste erhalten [133]. Kolonie Ottilienaue (1868, Flöz Dickebank) für die GBAG-Zeche Alma (1862) in Gelsenkirchen-Ückendorf (Ottilienau-Straße), Typ Häuser-Kette [138, 281]. Auguststraße (1886) in Gelsenkirchen-Erle, städtische Blöcke, bekannt geworden durch Hausbesetzung. ›Dreieck-Sied-lung‹ Hochlarmark (1895) in Recklinghausen-Hochlarmark (Hüser-/Emil-Gustavstraße), Typ Häuser-Kette *[147]*[61]. Eickeler Kolonie (1864, 1900, 1907 von Robert Schmohl) in Herne-Eickel (Margareten-/Alfredstraße), mit unterschiedlichen Haus-Typen. Tremonia (vor 1873) in Dortmund-Tremonia (Tremoniastraße). Alte Kolonie Eving (1897/1906) in Dortmund-Lindenhorst (Friesen-/Körnerstraße), entworfen vom Regierungsbaumeister Hermann für die GBAG, in drei Bau-Abschnitten: 1897, 1899, 1906 (Wohlfahrtsgebäude Nollendorf-Platz). Siedlung (1901 von Paul Knobbe) vor der Zeche Zollern II/IV in Dortmund-Bövinghausen (Rhader Weg). An der West-Seite der Allee in Bezug zum Zechen-Komplex stehen die Steiger-Häuser – „Villen, um diese Zeit gibt es nichts Besseres, in originellen Formen", mit großen Netz-Fenstern, „eine reiche Gesellschaft präsentiert sich reich". Siehe weiterhin Gartenstadt-Siedlungen (S. 151/159) und Siedlungen der 20er Jahre (S. 201/205).

Leben in den Siedlungen

Die Erwerbs-Arbeit ist hart – im Bergbau wie im Stahlwerk. Erst in den siebziger Jahren wird sie leichter. Bevor die Jungen in der Zeche nach Untertage kommen, arbeiten sie „auf dem Leseband an der Kohle." Elisabeth Valtix in Eisenheim: „Abends waren die Männer fertig. Dann legten sie sich ins Bett und damit basta."[62]
Die Männer sterben häufig früh. Im Bergbau vor allem an Staub-Lunge (Silikose), im Hüttenwerk an Herz-Infarkten und Krebs. Otto Bohn (Jahrgang 1905) hat das Gefühl, daß „die Männer alle kurz hintereinander gestorben sind, mit 56 bis 60 Jahren. Fink ging weg im Mai. Im Juli ging der Knopke weg, dann im August Adamcak, im November Richard – alle innerhalb eines Jahres."
Erwerbs-Arbeit für Frauen. Die Frauen haben eine Doppel- und Dreifach-Belastung und arbeiten vielfach unter noch härteren Bedingungen als die Männer. Dies steht zudem in krassem Mißverhältnis zur Anerkennung ihrer Leistung. Fast alle Männer haben den ›Herr im Haus-Standpunkt‹. Der Hütten-Schmied Franz Rehberg: „Ich geb der Mutter die ganze Rente, aber die Mutter darf nicht machen, was sie will."
„Der Kaiser holte im Ersten Weltkrieg die Männer an die Front und die Frauen an ihre Stelle in die Fabriken." Frauen-Arbeit gibt es wenig. „Junge Mädchen gingen in Stellung, meist nach außerhalb, für Kost, Logis und fünf oder sechs Mark im Monat. In Holland, wo viele bis zur Heirat arbeiten, haben sie es erheblich besser."[63] Viele Frauen putzen, waschen oder nähen. Andere sind Serviererinnen in Kneipen und Verkäuferinnen, vor allem seit den 70er Jahren. Paul Andress: „Meine Schwester ging mit 14 in die Bierhalle. Da kriegte sie Essen, da schlief sie." Die ältesten Mädchen machen meist den Haushalt und verwahren die Kinder. Oft arbeiten die Frauen auch noch bei einem Bauern.
Selbstversorgung. Die Notwendigkeiten lassen die Selbstversorgung, die in der agro-pastoralen Gesellschaft notwen-

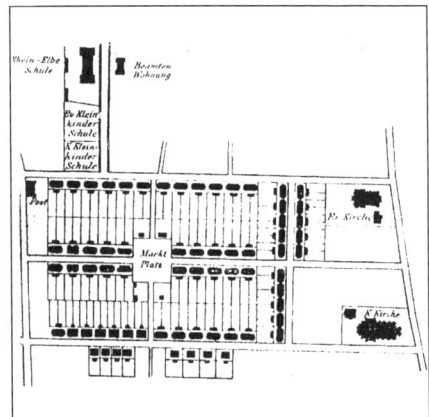

Siedlung Flöz-Dickebank (1868; Ottilienaue) in Gelsenkirchen-Ückendorf mit tiefen Gärten hinter dem Wohnweg. *[281]*

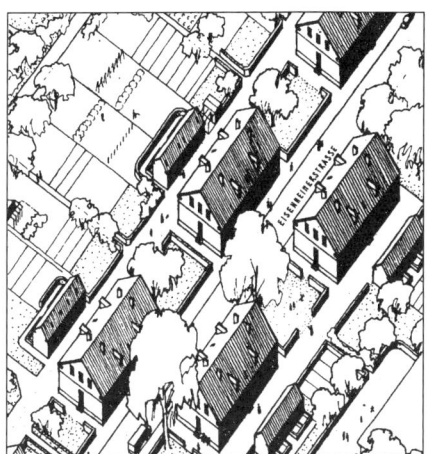

Viele Siedlungen hier Eisenheim in Oberhausen haben ein differenziertes Erschließungs-System: ein Wege-Netz vor, zwischen und hinter den Häusern sowie Ställen und durch die Gärten (Zeichnung Niklas Fritschi).

dig war, weiterlaufen: die Kleidung wird durch Nähen und die Nahrung durch Garten-Arbeit und Tier-Haltung hergestellt. „Alles, was eben ging, machten wir selber," berichtet Anton Stoike (Eisenheim, Jahrgang 1883). Genauer: weitgehend die Frauen und Mädchen.

Im Garten ziehen sie Kartoffeln, Steckrüben, Runkeln, Erbsen, Bohnen, Kohl, Tomaten. „Wir hatten Schafe, wir hatten Gänse." Die Jüngsten müssen sie hüten. Aus den Gänse-Federn werden Betten gemacht. Die Schafe geben Wolle. Stefan Lichtrauter: „Die Mutter hat das Vieh versorgt. Der Schweinekessel wurde in der Küche auf dem Ofen gekocht: Kartoffel-Schalen, Rüben. Das war ein Geruch wie bei den alten Bauern." Gelegentlich pachtet eine Familie von der Zeche für wenig Geld noch etwas Land und hat dann sogar eine Kuh oder ein Pferd.

Die Kindheit der Eltern in den armen Kotten auf dem Land, so erzählen später ihre Kinder, ist sehr viel schwieriger als in den Siedlungen, in denen das Leben als Aufstieg erlebt wird. Stefan Lichtrauter kommt mit 13 Jahren aus der Schule, kann aber erst mit 14 auf dem Bergbau anfangen. Daher arbeitet er ein halbes Jahr als Kuh-Hirt in Hamborn. Für fünf Mark im Monat und Schafwolle. „Hauptsache, ich war vom Essen weg hier!"

Wohnung. Wenn junge Leute heiraten, leben sie, weil sie so leicht keine Wohnung finden, noch eine Zeit lang, oft sogar mehrere Jahre, bei den Eltern: in einem Zimmer und im Haushalt. Oft ist Enge der einzige Auszugs-Grund. Zechen- und Hütten-Wohnungen sind weitaus besser als die herkömmlichen Mietwohnungen. Sie haben vier Zimmer mit rund 60 m², einen Eingang zu ebener Erde, einen Keller-Raum, einen Stall und Freiraum, vor allem einen Zier- und einen Nutzgarten. Die Miete ist niedrig. Zeche und Hütte reparieren prompt. Aber auch dort gibt es wenig Raum: in einer Wohnung leben sechs bis zwölf Personen. Oft kommt jedes zweite Jahr ein Kind. Keiner hat ein eigenes Zimmer und fast nie ist einer allein.

Die Wohn-Küche. Der wichtigste Lebens-Raum der Wohnung ist die Wohn-Küche. Sie ist vor allem der Arbeits- und Lebensraum der Frau und der Mädchen[64]. „Die Wärme gab's nur vom Herd" (Willi Wittke). Mobiliar: ein Waschbecken mit zwei Seitenbrettern, ein Herd, eine Holzbank, ein kräftiger „Tisch mit gedrehten Beinen", einige Stühle, ein großer Küchen-Schrank[65]. „Damals wurde alles gestrichen, die Wände und auch die Möbel" (Jan Kryniwicki, Jahrgang 1912).

„Die Wände waren gekälkt, weil wir Karbid-Lampen hatten oder Petroleum. 1925 hat man angefangen, hier elektrisches Licht zu legen. Das war etwas Wunderbares. Vorher waren die Zimmer durch die Karbidlampen immer schnell schwarz. Dann wurde über die Decken mal wieder drübergekälkt und unten herum ein Ölsockel gemacht, aber das hielt nicht lange an. Der Fußboden war aus Holz. Jeden Samstag wurde er weiß geschrubbt. Erst 1925 wurde er gestrichen" (Stefan Lichtrauter). „Die Wände in den Eisenheimer Wohnungen waren tapeziert, aber nicht ganz. Unten hatte man einen Ölsockel" (Willi Wittke). Bei schlechtem Wetter spielen die Männer am Küchentisch Skat. Die Frauen stricken und flicken.

Die Pumpe. „Alle hundert Meter stand eine Pumpe. Wenn eine Frau an der Pumpe stand, nahm die nächste den Eimer und ging auch dahin. Und dann standen sie auf einmal mit fünf, sechs zusammen. Mehrmals hat mein Vater einen Stuhl genommen, ist hingegangen und hat zu meiner Mutter gesagt: ›So, Alte, setz dich, jetzt kannst du weitertratschen‹. Die Frauen sind da hauptsächlich zum Quatschen hingegangen. Wenn keiner kam, hat die, die allein war, ganz langsam gepumpt, bis jemand dazukam" (Stefan Lichtrauter). Mit der Wasser-Leitung 1924 in Eisenheim werden die Brunnen abgebaut – das Leben verändert sich.

Das Essen. „Vor der Schule gab's Kaffee, schwarz, den sogenannten Muckefuck. Bohnenkaffee war unbekannt. Stückchen trocken Brot. Wenn es reichte, kam etwas Zucker drauf auf dieses trockene Brot" (Johann Grohnke). „Ich bin mit Kohl und Kartoffeln aufgewachsen. Hier im Ruhrgebiet habe ich gutes Essen gehabt. Ich hatte ein Stückchen Garten mit Gemüse" (Anton Stoike). „Wir hatten immer drei Schweine. Schmalz, Speck. Wir hatten auch selbst eine Räucher-Kammer. Und zwei Schafe. Wir haben nie Kohldampf geschoben ... Es gab viel Kappes, grobes Gemüse, kein Feingemüse, Grünkohl im Winter, Rotkohl" (Paul Andress). „Jede Mark mußte umgedreht werden. Essen war reichlich da, weil wir genug Landwirtschaft dabei hatten, Vieh im Stall, aber Geld war immer knapp" (Karl Andress).

Keller. „Wir haben 16 Zentner Kartoffeln eingekellert im Jahr. Die konnte man in einem halben Jahr [bei Krupp] abzahlen" (Paul Andress).

Stall. „Ja, wir hatten doch immer vier Schweine. Einmal hatt' ich sechs Schafe. Ich hab zuerst vier so Burschen gehabt, und die kriegten Junge, da hatt' ich sechs Stück. Da bin ich immer mit über die Chaussee gegangen. Das war schön, ach, das war so schön ... Ja, wenn man von der Landwirtschaft kommt, Enten, Hühner, Schweine ... Und deshalb kann man das ja auch nicht lassen. Ach, das macht Spaß, mit dem Viehzeug umzugehen" (Elisabeth Valtix).

Wohn-Zimmer. Vor 1900 gibt es kein Wohnzimmer. Dann wohnt meist die Oma in diesem Raum.

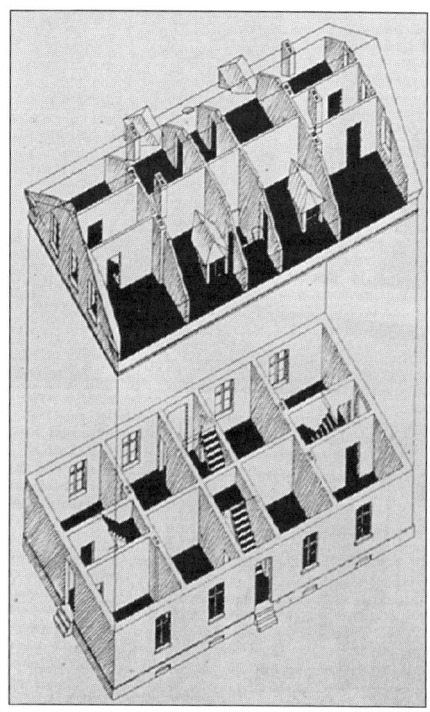

Haus im Kreuzgrundriß mit vier Wohnungen in der Siedlung Eisenheim in Oberhausen-Osterfeld (Zeichnung Niklas Fritschi).

Die beiden Schlafzimmer sind klein. Sie haben nur Platz für ein Bett und höchstens einen Kleiderschrank und zwei Stühle. Die Eltern haben das jüngste Kind in ihrem Bett. Die schmutzige Wäsche kommt in den Korb in der Ecke. Viele Menschen sagen später, daß sie Nähe als wohltuend empfanden. „Wir haben auf Strohsäcken geschlafen, jeden Monat wurde neues Stroh hereingetan. Dann kam der Strohhändler hier vorbei und hat neues Stroh gebracht. Die Säcke wurden aufgefüllt und das alte bekamen die Schweine. Stroh war damals nicht teuer. Weiße Überzüge hatten wir nicht. Es gab nur bunte oder gar nichts drauf, je nachdem wie die Finanzen lagen. Wir hatten alles in Blau-Weiß oder Rot-Weiß-kariert, aber erst 1927, als ich anfing zu arbeiten. Davor haben wir nur auf den roten Inletts geschlafen. Für Bezüge war das Geld nicht da. Ich kann mich entsinnen, daß ich da ganz gut drauf geschlafen hab, das war nämlich schön warm" (Stefan Lichtrauter).

„Wir Kinder schliefen in dem kleineren Zimmer in drei Betten und die Eltern im großen Zimmer. Die Betten waren 1 m bis 1,50 m breit, da schliefen wir zu zweit im Bett, das war kein Problem. Vorher in Posen ging es uns viel schlechter: da hatten wir mit 10 bzw. 8 Personen nur zwei Räume gehabt. In Posen gab es nur ein Schlafzimmer: da schliefen die Eltern mit ihren Kindern – zwei schliefen am Fußende in einem Bett und zwei oder drei am Kopfende, die Eltern hatten meist auch noch ein Baby bei sich im Bett" (Johann Kryniewicki). „Oben im Schlafzimmer waren die Wände gerollt, mit einem Muster" (Willi Wittke).

Liebe. Sonntag nachmittag schicken viele Eltern die Kinder „auf den Hof" oder „ins Kino". Dann sind sie miteinander allein. Für die meisten ist es das einzige Mal in der Woche, denn gewöhnlich sind beide nach zwölf und mehr Stunden Arbeit „hundemüde".

Kinderkriegen. „Den Leuten wurde eingebleut: ›Lieber zehn auf dem Kissen wie eins auf dem Gewissen‹" (Paul Herold). Die Frauen bekommen ihre Kinder im Haus. Nachbarinnen und die Hebamme, die 20 Mark auf Raten erhält, helfen. „Die Hebamme hatte eine Angewohnheit. Wenn es losging, sagte sie zu dem Mann: ›Komm her, du hast das gemacht, du bleibst dabei. Guck mal zu, wie das geht!‹ Das hat die verlangt" (Stefan Lichtrauter). „Wenn eine Frau ins Wochenbett kam, dann gab es ein stilles Gesetz: heute mußte die eine Frau kochen für die Familie, am andern Tag kochte die andere und brachte das Essen herüber" (Paul Herold).

Wohnungs-Vergabe. Ernst Honak in der Siedlung Neumühl in Duisburg-Neumühl: „Wenn ein Bergmann Nachwuchs hatte und wenn der nicht in den Bergbau ging, dann wurden die Eltern [wenn der Vater in Rente aufhörte oder starb] aus der Wohnung gewiesen. Und dafür waren mir meine Eltern zu schade. Da bin ich dann als ein Fremder in den Pütt gegangen."

Kolonie und Politik. Schon früh entsteht eine Diskussion über Versuche, die Bergleute psychisch zu vereinnahmen bestand. 1883 meint der Westfälische Gruben- und Hüttenverein, er könne Arbeiter von sozialdemokratischem Umsturz abhalten, wenn sie in Häusern vor dem Zechen-Tor wohnen[66]. „Es verbot z.B. die Gelsenkirchener Bergwerks-AG allen Unbefugten, namentlich „sozialdemokratischen Agitatoren", ausdrücklich das Betreten der Werkssiedlungen. In der Kolonie ›Landwehr‹ vor ihrer Musterzeche Zollern 2/4 in Dortmund-Bövinghausen überließ sie ein großes Gebäude der Gemeinde, die dort einen berittenen Gendarm stationierte und Arrestzellen einrichtete".[67]

„1905 kritisierte ein Bövinghauser Bergmann die ›Kolonien‹ als die Ruin für die Bergleute, doch sollten sie sich nicht bange machen lassen, evtl. auf die Straße gesetzt zu werden. Dieses sei nur ein Schreckschuß für die Kolonisten. Die Kolonien bedeuteten das reinste Zuchthaus. Die Gemeindevertreter sollten sämtlich dahin streben, daß keine Kolonien angelegt werden ...“[68]

Tatsächlich läuft das politische Problem nicht über die Zechen-Siedlung, sondern über das Werk. Wer dort aus politischen Gründen entlassen wird, muß auch die Werks-Wohnung räumen. Es gibt jedoch viele Aussagen dazu, daß aus politischen Gründen selten eine Familie die Siedlung verlassen muß. Johann Grohnke in Dunkelschlag (Oberhausen-Sterkrade), dessen Vater ein bekannter Kommunist war, und Willi Wittke in Eisenheim (Oberhausen-Osterfeld) können sich nicht erinnern, daß jemals ein tatsächlicher politischer Druck ausgeübt wurde.

Die Kostgängerei. Wer die schmale Haushaltskasse aufbessern will, vermietet ein Bett (nicht ein Zimmer) an einen ›Schlafgänger‹. Meist wird er in der Familie beköstigt. Walter Brenk: „Erstmal kamen die als junge Kerls hierhin. Sie standen gut im Fleisch. Die Mädchen doch auch. Au, Mann! Natürlich. Der Kostgänger hat manche Kinder gemacht, die Alten hatten so viele Blagen, da hat der Kostgänger noch eins dabei gemacht.“

Hof und Gärten. Gertrud Böke (Eisenheim, Jahrgang 1893): „Wir hatten eine Wasser-Rinne auf dem Hof. Da fing oben die Frau an zu fegen – samstags, 13 Uhr – dann kam jede Frau. Beis Neifers war ein Becken, da kam alles rein. Der Hof wurde samstags immer fein gefegt, der Stall geschrubbt, die Schlösser geputzt.“ Willi Wittke (Eisenheim): „Neben der Arbeit mußten wir noch unsern Garten bestellen, damit wir überhaupt auskamen. Der Lohn reichte doch nie. Wir hatten einen halben Morgen hinterm Haus. Das hat meine Frau alles mit der Grabschippe umgegraben“ (Paul Herold). Fast alle Familien bauen sich im Garten eine

Laube. „In der Laube haben die Leute gesessen und Karten gekloppt“ (Willi Wittke).

Wohnweg hinter den Häusern in der Siedlung Eisenheim in Oberhausen-Osterfeld. [275]

Körperpflege. „Samstags wurde im Waschfaß, in dem die Frauen auch die Wäsche wuschen, gebadet. Hintereinander. Allesamt. Das Wasser wurde im Waschkessel auf dem Herd heiß gemacht“ (Paul Herold).

Kleidung. „Es gab damals nicht viel Wäsche[69]. Eine Hose für Sonntags und eine für die Woche. Von Mai bis zum Herbst liefen wir mit nackten Füßen in die Schule. Wintertags hatten wir Holzschuhe. Wenn es kalt war, taten wir Zeitungspapier hinein, das wärmte die Füße. Lederschuhe habe ich erst mit siebzehn bekommen. Die durfte ich aber nur sonntags tragen. Ein oder zwei Hemden hatte ich. Ein Hemd trug man bestimmt eine Woche lang“ (Paul Herold).

Bei Krankheiten weiß die Großmutter und die Mutter Bescheid. „Wir hatten auch eine Kräuterfrau. Das war eine Ungarin. Sie hat die Salbe aus Kräutern gemacht und ihre Tochter hat das übernommen. So eine Kräuterfrau hat man in fast jeder Siedlung gehabt“ (Stefan Lichtrauter). Selten wird ein Arzt geholt. „Mein Vater hat es immer schwer mit der Wirbelsäule gehabt. Da hat meine Mutter ihn immer getreten. Wir konnten uns keinen Arzt erlauben und auch keine teuren Me-

dikamente. Aber wir hatten allerlei Haus-
mittel" (Paul Andress). „Früher haben wir
über Wunden immer drübergepißt. Das

Abends vor der Tür: Leben auf der Straße in einer
Siedlung (um 1955) in Dortmund.

war das beste Heilmittel. Lappen drum
gewickelt, ins Bett gegangen und am andern Tag hast du es nicht mehr gehabt.
Die meisten Sachen erfuhr man von den
Ungarn, auch von den Tschechen" (Ste-
fan Lichtrauter).
Die Straße in der Siedlung. Franz
Rehberg (Eisenheim): „1922 fuhren Pferdewagen, nur Pferdewagen. Da kamen jeden Morgen der Gemüsewagen und der
Kohlenwagen hier durchgefahren. Auch
der Milchmann kam mit seinem Pferd.
Wenn es geregnet hatte, blieben die
Räder von den Wagen bis zu den Achsen
im Sand stecken. 1951 ist die Straße as-
phaltiert worden." Die Leute gehen lange
Wege mit Selbstverständlichkeit zu Fuß.
Vor 1914 sind Fahrräder sehr teuer. Anton
Stoike: „Ich hab das aus Vergnügen ge-
habt. Wer ein Fahrrad haben wollte, der
mußte auch gut zahlen." Viele bauen es
sich aus Teilen vom Schrott zusammen.
Es dauert bis in die 20er Jahre, bis das
Fahrrad allgemein erschwinglich ist.
Unterhaltung. „Abends und am
Sonntag sitzen viele Leute auf der Haus-
Treppe zusammen, trinken ein Bier oder
ein Schnäpschen. „Einer wußte immer
was zu erzählen." Paul Andress: „Auf dem
Hof ließ es sich wunderbar sitzen. Da

wurde Musik gemacht und dann kamen
alle auf den Hof. Nach Feierabend ging
das los, so um sieben, acht Uhr. Nicht
lange. Nur bis neun Uhr. Die Leute gingen früh ins Bett."
Oft singen sie. Viele spielen ein Instrument: Mandoline, Bandoneum, Akkorde-
on, Mundharmonika. Johann Grohnke:
„Wir hatten in der Siedlung Dunkelschlag
[in Oberhausen-Sterkrade] viel Jugosla-
wen. Die waren sehr musikalisch." Manche tanzen zur Musik. „Das Bandoneum
hört sich schwermütig an und das kam
der Arbeit des Bergmanns im Pütt entgegen. Die Hüttenleute haben mehr Klavier
gespielt" (Paul Andress).
Das Tanzen ist eine Leidenschaft.
Überall wird getanzt: in der Wohnung,
auf dem Hof, in der Wirtschaft. Einer
bringt es dem anderen bei. „Schallplatte
drauf, 1-2-3, 1-2-3, 1-2-3, und dann immer rundherum" (Jan Kryniwicki).
„Tanzlokale waren überall. Da sind wir
auch oft hingegangen" (Stefan Lichtrauter).
Viele Männer spielen Karten. Manche
brüten still über dem Schachbrett. „Früher hatten viele Leute Tauben. Auf jedem
Dach waren bald Tauben" (Elisabeth Valtix). „Immer war irgendetwas los. Es war
so, daß die Leute sich immer irgendwie
selbst unterhielten. Durch das Fernsehen
ist hier eine Entfremdung eingetreten"
(Johann Grohnke).
Armut heißt nicht Elend. „Meine
Mutter," erzählt der Schlosser Walter
Brenk (Jahrgang 1909) in der Zechen-
Siedlung Flöz Dickebank in Gelsenkirchen-Ückendorf, „war bettelarm, als
mein Vater mit angebrochenem Kreuz im
Krankenhaus in Bochum lag. Da gingen
Leute aus der Siedlung rum und sagten.
›Hört mal, der olle Brenk liegt im Krankenhaus. Wir müssen für die Blagen was
zusammensuchen‹. Da haben die Geld
gegeben. Und die Sammler nahmen den
Leiterwagen, kauften in der Neustadt Le-
bensmittel und gaben sie meinen Eltern.

Man half sich untereinander. Es blieb ja nichts anderes übrig. Die anderen konnten ja am anderen Tag genauso auf der Nase liegen. Wenn einer krank war, dann gingen die Nachbarn sofort hin und versorgten die Kinder und alles. Man kann das nicht alles erzählen.

Als Kind rief mich abends meine Mutter: ›Walter, komm rein, es ist Zeit zum Schlafengehen!‹ Dann sagte einige Male die Frau Schwer, die neun Kinder hatte: ›Der liegt hier schon beim Otto im Bett‹. Am anderen Tag lagen bei uns fremde Kinder im Bett. Wir lagen quer. Ich habe oft bei Schwers geschlafen und bin da groß geworden. ›Setz dich hin!‹ sagte Frau Schwer. Dann kam der Teller und der Topf auf den Tisch – dann haben wir gegessen. Die Not schweißt die Menschen zusammen."

Das Netz der sozialen Beziehungen ist sehr dicht und intensiv. Aus Not, wegen der Nähe, aus Freundschaft und zur Unterhaltung. Bergleute lernen von vielen Handwerken etwas und helfen sich damit gegenseitig – vor allem im Wohnumfeld.

Bei der Oma Andress holt sich der Enkel einen Leckerbissen: Schmalz-Brot. „Wenn es Krach gab in der Familie," berichtet Stefan Lichtrauter in der Siedlung Rheinpreußen in Homberg (Duisburg), „erfuhren das natürlich alle in der Nachbarschaft. Da wurde nichts geheim gehalten."

„Wenn meine Mutter mal Krach mit der Nachbarin hatte, das dauerte nicht lange" (Stefan Lichtrauter). „Man hat sich immer viel ausgeliehen, je nachdem, was gerade fehlte: Mehl, Zucker, Butter, Brot. Das wurde aber alles wieder prompt zurückgegeben, sonst hätte man nichts mehr gekriegt" (Stefan Lichtrauter).

Der Schriftsteller Max von der Grün schreibt: „Wenn eine Mutter in der Siedlung nach ihrem Kind ruft, gehen die anderen Fenster auch auf und andere Mütter rufen auch nach dem Kind".

Stefan Lichtrauter: „Jeden Sonntag Morgen um zehn Uhr kam die Bergmannskapelle auf den Platz [in der Siedlung Rheinpreußen in Duisburg-Homberg], wo jetzt die Anlage ist. Früher standen dort Ahornbäume. Die Kumpels kamen da alle zusammen und der Generaldirektor, der ein Stück weiter wohnte, hat sich mit seiner Pfeife dazugestellt und mit den Kumpels gequasselt"[70].

„Unter den Leuten die Gemeinschaft – das war alles wie eins. Die Leute haben zusammengehalten. Alles Sozialisten. Auch Kommunisten. Die haben sich vertragen, die hielten zusammen. Das war, als wenn wir Brüder und Schwestern wären. Da waren wir alle eins" (Anton Stoike).

Ehrlichkeit. „Du konntest abends auf der Straße laufen. Einmal habe ich mein Fahrrad stehen lassen. Verdammt noch mal, an was für einer Kneipe hast Du das stehen lassen? Ich gehe in meine Kneipe: ›Habt Ihr mein Fahrrad gesehen?‹ Zwei Tage suchte ich. Dann kam ich zur Wirtschaft Büsing: ›Hast Du mein Fahrrad gesehen?‹ – ›Ja sicher, das steht schon ein paar Tage da draußen‹. Das nahm keiner mit. Es war auch nicht abgeschlossen. Es gab eine Ehrlichkeit: Ich hab mich so dran gewöhnt. Ich hab meinen Stall bis heute nicht abgeschlossen" (Walter Brenk).

Orts-Hinweise: Leben in Arbeiter-Siedlungen. Wohn-Bereiche der zitierten Zeit-Zeugen: Zechen-Siedlung Flöz Dickebank in Gelsenkirchen-Ückendorf, im Haus Ottilienaustraße 1 lebt Walter Brenk. Zechen-Siedlung Dunkelschlag in Oberhausen-Sterkrade, im Haus Dammstraße 11, lebt Johann Grohnke. Arbeitersiedlung Eisenheim in Oberhausen-Osterfeld. Hier leben an der Berliner Straße Anton Stoike, Franz Rehberg und Elisabeth Valtix, an der Werrastraße Willi Wittke. An der Berliner Straße: Volksmuseum Eisenheim (Rheinisches Industriemuseum Oberhausen). Zechen-Siedlung Mausegatt in Mülheim-Heißen, Heimat von Paul Herold. Krupp-Margarethen-Siedlung in Duisburg-Rheinhausen. Hier wohnten Karl Andress und Paul Andress. Die Zechen-Siedlung Rheinpreußen war das Lebens-Umfeld von Stefan Lichtrauter.

Ruhrlandmuseum der Stadt Essen in Essen, Goethestraße 41. Unter seinen drei Direktoren Walter Sölter, Heinz Reif und Ulrich Borsdorf wurde beispielhaft Sozial-Geschichte szenisch veranschaulicht. Ensembles zum Leben im Arbeiter-Viertel: Schlafgänger, vier Arbeiter-Küchen, ›Frauen bei gemeinsamer Arbeit in der Kolonie‹, Waschküche, Krämer-Laden, Metzgerei, Umzug. In der Krupp-Siedlung Margarethenhöhe in Essen-Holsterhausen (Freilicht-Abteilung‹ des Ruhrland-Museums) gibt es eine Muster-Wohnung (1909 von Georg Metzendorf).

Heimatmuseum Gladbeck in Haus Wittringen (Burgstraße 64), Arbeits- und Lebenswelt der Bergleute. Vestisches Museum (1988) in Recklinghausen (Hohenzollernstraße 12): ›Hochlarmarker Küche‹. Emscher-Tal-Museum in Herne im Haus Strünkede, mit einer Wohnstube einer Bergarbeiter-Kolonie. Heimat- und Naturkunde-Museum Herne-Wanne-Eickel, in einer Volksschule im Stadtteil ›Unser Fritz‹ (Unser Fritz-Straße 108). Kiosk (›Bude‹, um 1900), Bergbau-Geschichte mit Nachbau eines Flözes, eine Bergarbeiter-Küche, ein bürgerliches Schlafzimmer, eine ›gute Stube‹, Drogerie Klettmann in Röhlinghausen (Herne, 1905). Museum der Stadt Lünen in Haus Schwansbell (Schwansbeller Weg 32), mit einer Wohnküche einer Arbeiterfamilie. Museum für Kunst- und Kulturgeschichte (1983) in Dortmund (Hansastraße 3), zum Wohnen in der Kolonie.

Schule. In der Schule, „da war alles nur auf Gehorsam ausgerichtet, was andere kannte man nicht. Die Prügelstrafe war die Tagesordnung" (Jan Kryniwicki)[71]. „Es soll aber auch mal die andere Seite gezeigt werden. So ein armer Lehrer mußte mit 60, 70 Kindern herumexerzieren. Daß dem mal der Geduldsfaden riß, das kann ich heute verstehen. Die ganzen Umstände waren nicht in Ordnung. Zuhause hat sich doch kein Mensch um diese Kinder gekümmert. Die Mutter mußte arbeiten" (Johann Grohnke)[72].

Orts-Hinweise: Schul-Geschichte. Emscher-Tal-Museum in Herne, im Haus Strünkede (Karl Brandt-Weg 5): eine Arbeiter-Wohnstube. Hermann-Grochtmann-Museum in Datteln (Elisabethstraße 4) mit einer Rekonstruktion einer preußischen Amts-Stube, einem Klassenzimmer, einer Sanitäts-Stube einer Zeche und einem Kokerei-Labor. Vestisches Museum (1988) in Recklinghausen (Hohenzollernstraße 12): Nachbau eines Klassenzimmers der NS-Zeit. Westfälisches Schulmuseum auf der Wasserburg in Dortmund-Marten, mit einem Klassenraum von 1910 (Sammlung 1910 vom Lehrerverein begonnen), 1993 neueröffnet. Schulhistorische Sammlung Cruismannschule in Bochum (Cruismannstraße 2). Bergbau- und Heimatmuseum Paulushof (1984) in Essen-Heisingen (Stemmering 20), Entwicklung der evangelischen und der katholischen Schule. Grafschafter Museum im Moerser Schloß (Kastell): nachgestelltes Klassenzimmer.

Grete Damberg: Geschichte einer Arbeiter-Frau

Grete Damberg lebt in der Kolonie Holstein in Dortmund-Asseln – auf der Anhöhe, vor dem freien Feld, auf dem der Flugplatz Dortmund-Wickede liegt (Distelbrink 9). Sie ist hier 1913 geboren.

Jedes Kind hat seine Arbeit. Kohlen holen. Kartoffeln holen. Holz. In der Schule macht Grete Sport. 1925 gewinnt sie bei einem Schul-Turn-Fest eine Urkunde – mit der Unterschrift vom Reichspräsidenten von Hindenburg. Später hat sie keine Zeit mehr für den Sport. „In der Schule sollten wir schön kuschig sein." Eine Mitspielerin, die schlecht rechnen kann, löst mal eine Aufgabe – aber der Lehrer sagt: „Das hat die Grete ihr vorgesagt." Grete erwidert: „Nein, Herr Lehrer." Da schlägt der Lehrer zu. Grete hat eine Mords-Wut. Die Mutter schreibt einen Brief, gibt ihn der Tochter mit, sie ließe sich das nicht gefallen, die Grete sei keine Lügnerin. Der Lehrer sagt dem Mädchen: „Du hast 'ne schöne Mutter!" Grete antwortet: „Besser wie Sie!"

„Ich konnte es nicht haben, daß man mich beschuldigt oder als Lügnerin darstellt. Auch heute nicht. Die anderen Geschwister sagten meist: ›Ach, laß doch laufen!‹ Aber ich belüge oder betrüge keinen Menschen, ich mache keine krummen Sachen. Daher kann ich es nicht haben, wenn man mir etwas anhängt."

1928 kommt sie aus der Schule. Dann wohnt sie weiter bei den Eltern, auch nach ihrer Heirat. Sie hilft der Mutter im Haushalt.

„Der Vater ist in Litauen geboren, am 4. 2. 1871, kam als Junge hierher, als Soldat arbeitete er dann am Kaiser-Wilhelm-Kanal oben in Schleswig-Holstein. Heirat 1900. Auf der Zeche Holstein fing er an – als Schießmeister. Da konnte er ausfahren, sich aus der Wirtschaft eine Pulle Schnaps holen und wieder einfahren. Das machten alle so. Nachher gings im Garten weiter."

Die Familie hat einen großen Garten – über hundert Ruten. Aus der Jauchegrube wird in den Garten zum Düngen gefahren. Es gibt viel Vieh: Schweine, Ziegen, Kaninchen, Hühner. Sie schlachten jährlich drei, vier Schweine. Ein Metzger macht die Wurst. Die Mutter kocht ein. Eine Versorgung übers Jahr – „daß immer etwas da war. Wir litten keine Not, weil wir's selbst hatten. Aber dafür mußten wir hart arbeiten."

Die Mutter pflanzt viel nach dem hundertjährigen Kalender. „Wenn sie in den Garten ging, wußten die anderen: ›Oh, Frau Greulich pflanzt.‹" Auch Grete lernt, so zu pflanzen – nach dem ›hinkenden Boten‹ – ich beachte das heute noch." Sie pflanzt immer bei zunehmendem Mond. Und nach dem Sternenkreis. „Was in der Erde wächst, Kartoffeln oder Möhren, kann bei abnehmendem Licht gepflanzt werden, weil der Saft dann in die Frucht geht. Wenn an den Möhren kleine Wurzeln dran waren, dann waren sie unter einem Tierkreis-Zeichen gepflanzt worden, das Hörner hat."

Sie hungern nie, „selbst in der schlechten Zeit nicht. Meine Mutter tischte immer gut auf. Daher kamen auch mancherlei Leute." Das Kochen geht oft schnell. „Manchmal sagte ich: guck Heinz, vor 'ner Stunde stand da im Gar-

ten noch das Gemüse." Die Großfamilie hat alles – selbst Milch von den Ziegen. Es gibt viel Eintopf. Und Braten. Nicht alle Leute leben so. „Es gab Menschen, die nichts taten, sie lungerten in der Stadt herum und gingen ins Kino."

Nebenbei putzt Grete. Und macht Handarbeit: sie stellt alle Kleidung selbst her. „Das saß besser als das gekaufte. Die Stoffe waren nicht so teuer – ich bekam sie in einem Geschäft in Asseln oder in der Stadt. In meiner Jugend brachten auch ambulante Handelsleute Stoffe, Kurzwaren und vieles mehr." Grete ist handwerklich geschickt. „Als das Bügeleisen mal kaputt war, kostete es 12 Mark. Neu wickeln, sagte der Mann. Nachher sah ich, daß er nur zwei Drähte zueinander geschaltet hatte. Da ärgerte ich mich. Das nächste Mal sagte ich zu einem Nachbarn: Bring mal das Eisen mit, ich hab 'ne Spirale da – das kostete 60 Pfennige." Wenn Grete sich neue Schuhe kauft, macht sie sich sofort Sohlen und Absätze drunter – „dann gehen die Schuhe nie kaputt."

„Mutter war sehr fortschrittlich. Sie hatte rasch neue Geräte. Als sie einen Einkoch-Kessel kaufte, sagte sie: ›Jetzt wird nicht mehr gepökelt, sondern eingekocht.‹" Der Vater und der Ehemann meinen: „Wenn es Geld gibt, dürfen die Frauen auch darüber verfügen. Wenn du meinst, daß du das Geld hast, dann mach es doch, du mußt mich doch nicht fragen." Trotzdem hält Grete oft die Hand über die Preise, damit Heinz beim Einkaufen „nicht sieht, was es kostet. Er könnte sonst auf andere Ideen kommen."

1936 bis 1939 arbeitet Grete am Buffet in der Wirtschaft. Heirat. Gretes Mann hat Wechsel-Schicht auf der Bahn. Drei Schichten. Den Lohn holt Grete ab. Arbeit bei der Flak in den Kasernen – in der Küche. Anfang des Krieges ist sie zwei Jahre und sieben Monate bei der Straßenbahn als Schaffnerin. Da trifft ein Schlaganfall die Mutter: sie kommt nie mehr

auf die Beine. Grete versorgt sie. „Ich hab meine Mutter neun Jahre und sieben Monate geschleppt wie ein Kind."
Die Familie hat immer viel Besuch. Geschwister. Angehörige. Manchmal 30 Personen. Sie spielen Karten und machen Pfänder-Spiele. „Es wurde immer offen geredet. Das kannten wir nicht anders. Abends saßen wir in der Küche, das Herd-Feuer flackerte, wir erzählten uns Geschichten. Die Mutter sprach viel von der Heimat – von Gutsbesitzern und Freimaurern. Das mochte man nicht einfach glauben."
„Die Mutter kam als 16jährige von Ostpreußen. Sie interessierte sich immer für Politik. Morgens las sie die Zeitung vor. Sie stand zur SPD. Nicht als Mitglied, aber so. Das Zentrum war katholisch, dafür waren wir nicht. In einer Partei hätten wir Vorteile gehabt, zum Beispiel als die Schwester gern im Konsum angefangen hätte."
Zum Verreisen gibt es keine Zeit. Nur einmal fährt Grete zu einem siebzigsten Geburtstag einer Verwandten nach Bayern. Eine Schwägerin versorgt die Mutter.

1967 bekommt Heinz einen Herzinfarkt. Er stirbt 1976. „Ich hab dem Mann immer alles abgenommen. Ich wußte, er konnte es nicht. Ich sagte nichts, er auch nicht, da lief es."
Im Alter nimmt sich Grete noch eine Aufgabe: Sie rettet ihre Siedlung und arbeitet bei den vielen Bürgerinitiativen zur Erhaltung der Zechen-Häuser mit [275/ 283]. Viele Jahre lang. „Wenn ich was angefangen habe, hab ich nie einen Rückzieher gemacht. Wenn ich A sage, sage ich auch B."
Grete Damberg wohnt in der Kolonie Holstein in Dortmund-Asseln (Distelbrink 9). Zu den Nachbarn hat sie guten Kontakt. Die Nachbarin, jetzt 83, sagt: „Es ist nicht mehr wie früher. Die alten Leute sind meist weggestorben. Vor fünf Wochen starb der Älteste. Man kann's nicht ändern, man muß zufrieden sein." Am 31. Oktober 1993 wird Grete Damberg 80 Jahre alt. Sie feiert in der Kneipe des Westfälischen Industriemuseums in Dortmund-Bövinghausen. „Emanzipation war für mich nie ein Problem, auch heute nicht, ich setze mich durch."

›Dreiecks-Siedlung‹ (1895) in Recklinghausen-Hochlarmark [128].

Eine Landschaft von Garten-Städten

Garten-Siedlung (1913 von van de Sand) in Gladbeck-Zweckel mit Direktions-Schloß.

Die Tradition einer komplexen Neubau-Planung: Krupp

Ambivalenz. Levin Schücking 1872: „Ist aber die Ausbeutung des Kohlenreichthums der Gegend um Essen zu riesenhaftem Aufschwung gediehen, noch riesenhafter erscheint uns die Ausbeutung der Maschinenkräfte, welche mit dieser Kohle genährt werden – in dem weltberühmten Industrie-Colosseum, welches an der Westseite von Essen liegt, in der größten aller Fabriken, welche menschli-che Betriebsamkeit geschaffen hat – in dieser merkwürdigen Anstalt, wo ... die Fabrication sich auf's engste mit der Wissenschaft verbindet ... Wir brauchten den Namen des Schöpfers dieser Anstalt nicht zu nennen, die Welt kennt ihn ...: wo man die großen Namen von 1870 und 1871 nennt, da muß man auch den Namen Krupp's nennen; des Mannes, dessen Energie, Ausdauer und Scharfsinn es gelang, jene Waffen von Alles zerschmetternder Wirkung zu schaffen, welche die beispielloseste Heeresrüstung unseres Volkes so glänzend vervollständigte."[1]

Niemand im Ruhrgebiet ist vielschichtiger und zwiegesichtiger als der ›Kanonenkönig‹ Alfred Krupp (1812-1887). Er schafft tödliche Waffen – und macht als erster komplexe Planungen für das Leben vieler Menschen.

Stichworte dazu[2]: Seine besondere und ökonomisch risikoreiche Produktion benötigt aufgrund ihrer schwierigen Entwicklung und komplexen Qualität seit ihrer Frühzeit (1826) Arbeiter, die sich – autodidaktisch – im Betrieb gut ausbilden. Sie müssen engagiert und verläßlich sein sowie dauerhaft zur Verfügung stehen. Aufgrund dieser notwendigen und hohen Einschätzung des Produktions-Faktors Arbeit behandelt Alfred Krupp die durch Fähigkeiten ausgelesenen Arbeiter weit besser als üblich. Dabei geht er nach 1870 erheblich über das Kalkül hinaus, Arbeits-Kräfte zu gewinnen und zu halten, indem er an komplexe Lebens-Zusammenhänge denkt.

Als der soziale Konflikt wächst, kommt ein ideologisches Ziel hinzu: Krupp will eine Art Weltanschauung sein, die den drohenden Sozialismus zu vermeiden hilft[3]. Es wäre jedoch eine Verkürzung des Tatbestandes, wenn nur die patriarchalische Intention diskutiert wird. Zu ihrer Zeit ist sie zwar schon in Auflösung, aber eine demokratische Haltung des Freiraum-Lassens und der Mitsprache ist gesellschafts-geschichtlich noch kaum entwickelt. Bei allem, was rückwärts weist, ist Krupp weitaus fortschrittlicher als alle anderen Revier-Unternehmer.

Die Tatsachen wollen in ihrer Ambivalenz gesehen werden – etwa mit Heiner Müller: „Und von den Römern einer fragte die andern: / Wie soll der Horatier genannt werden der Nachwelt? / Und das Volk antwortete mit einer Stimme: / Er soll genannt werden der Sieger über Alba / Er soll genannt werden der Mörder seiner Schwester / Mit einem Atem sein Verdienst und seine Schuld. / Und wer seine Schuld nennt und nennt sein Verdienst nicht / Der soll mit den Hunden wohnen als ein Hund / Wer aber seine Schuld nennt zu einer Zeit / Und nennt sein Ver-

dienst zu anderer Zeit / Redend aus einem Mund zu verschiedner Zeit anders / Oder für verschiedne Ohren anders / Dem soll die Zunge herausgerissen werden.“

Industrielles Territorium. Alfred Krupp intensiviert die Siedlungs-Planung zu einer Stadt-Planung. Sein Leitbild ist der aufgeklärte Kleinfürst des 18. Jahrhunderts, der – im merkantilistischen Geist – sein Territorium zu entwickeln versucht. Seine Mentalität ist tief geprägt vom Geist des jahrhundertelangen Lehnswesens, das ein Vertrag auf Gegenseitigkeit war und Pflichten wechselseitig festlegte.

Diese Mentalität besitzt nicht nur der Unternehmer Krupp allein, sondern auch viele Arbeiter im Revier – verständlich aus den Traditionen ihrer ländlichen Herkunft, aus den sozialen Ansprüchen der Knappschaften und aus unterschiedlichen christlichen Wurzeln. Sie spielt bis heute in den Arbeits-Kämpfen eine Rolle, wenn Gewerkschaften an die Verantwortung von Unternehmern appellieren.

Alfred Krupp organisiert seine Villa ›auf dem Hügel‹ (Essen-Bredeney [163]) wie den Haushalt eines Fürsten-Hofes[4]. Als Chef stellt er 1874 den Schwaben Nusser ein, den er aus einer fürstlichen Finanzkammer abwirbt. Krupp liebt es, Vorgänge bis in Details mit ›Gesetzen‹ zu regeln. Von seinem Unternehmens-Umsatz steckt er ein Prozent in die Verwaltung des Villen-Komplexes, zwei Prozent in weitere Repräsentation.

Diese Vorstellung des Landes-Herrn in einem nun industriell geschaffenen Territorium – zehnmal so groß wie das alte Essen, also mit riesigem Grundbesitz ausgestattet – erscheint, im Verbund mit strengen patriarchalischen Zügen des Macht-Menschen Krupp, rückwärts gewandt[5]. Andererseits hält Alfred Krupp wenig oder nichts vom Adel[6]. In einer Zeit der Auflösung aller Verhältnisse, in der als einziges Band der Bezug von Lohn und Leistung gilt, ist Krupps Mentalität jedoch ein komplexer Entwurf vom menschlichen Leben. Daher bildet er auch Material für eine vorausschauende Utopie. Und schließlich ist Geschichte niemals abgeschlossen, sondern wirkt fort. Alfred Krupp schafft durchaus Bau-Steine für die Zukunft. Sie lassen sich – wie das Beispiel der Arbeiter-Siedlungen und der exemplarische Kampf um ihre Erhaltung 1972/1982 zeigt – auch mit anderen Intentionen handhaben.

Alfred Krupp kümmert sich um den ganzen Menschen – in eigentümlichen Widersprüchlichkeiten: Einerseits im freiheits-beraubenden, antidemokratisch-antisozialistischen Sinn[7] – andererseits im freiheit-stiftender Denkweise, die vernünftige Strukturen schafft. Diese führen später zum Sozialstaat: als Voraussetzung für die Produktions-Fähigkeit der Industrie-Gesellschaft.

„Der Krupp-Kosmos war bekanntlich mehr als nur eine Arbeitsstätte. Er war eine Lebenswelt von der Wiege bis zur Bahre, die oftmals die fehlenden kommunalen Leistungen ersetzte" (Detlev Peuckert)[8].

Krupp schafft Rahmen-Bedingungen für das Wohnungs- und Gesundheits-Wesen (Krankenkasse, Krankenhaus), für die Alters-Versorgung (Alters-Sicherung, Alters-Wohnung) und für den Dienstleistungs-Sektor. Ein Brief von 1871 belegt, daß Alfred Krupp unter Wohnungs-Bau mehr versteht als die bloße Unterkunft: er fordert „bessere Wohnungen", „Bade-Anstalten", eine „große Waschanstalt", „mehrere hotelartige ... Logierhäuser für Arbeiter besserer Klasse", „Speisesäle, Billardzimmer, Kegelbahnen, Garten-Anlagen ... mit Springbrunnen, so daß wir jedem billigst eine angenehme Existenz darbieten, welche anzieht. Auch Vergnügungslokale und Gebäude für Unterricht und Vorträge und dergleichen müssen in Aussicht genommen werden."[9]

Der englische Einfluß ist sichtbar. Er geht auch aus der biographischen Orientierung Alfred Krupps hervor. 1838/1839 lebt er mehrere Monate in England, sein Auftreten wird 1840 in Wien mit dem eines Lords verglichen[10]. 1865 formuliert Krupp seine Ideen zu einer komplexen Planung[11]. Vorbild sind englische Reform-Siedlungen, vor allem die Stadt Saltaire (1853) des Textilfabrikanten Titus Salt (noch im Kasernen-Stil), Bedford Park, Chiswick (1875 von R. N. Shaw), die Siedlung (1879) des Schokoladen-Fabrikanten Cadbury in Bournville bei Birmingham und das „Fabrikdorf" Port Sunlight (1887 ff.) des Seifenfabrikanten Viscount Leverhulme bei Liverpool[12].

Seit 1871 läßt Krupp Markt-Plätze[13] und Parks anlegen – gegen den Willen des Baubüro-Leiters Kraemer, der dies als Boden-Verschwendung ansieht. Persönlich entwirft, dirigiert und kontrolliert Krupp Konzeptionen und Details. Die große Siedlung Schederhof (1872/1873, zerstört) in Essen erhält umfangreiche Versorgungs- und Gemeinschafts-Einrichtungen: Markt-Platz, Kaufhaus (= Consum-Anstalt), Kohlen- und Kartoffel-Verkaufsstelle, Bäckerei, Bierhalle, Kegelbahn, Park mit Musik-Pavillon, öffentliche Toilette, evangelische und katholische Volks-Schule, Haushaltungs-Schule, Gärtnerei und Schreber-Gärten. Ähnlich die zeitgleiche Siedlung Cronenberg (zerstört).

Der Hütten-Arbeiter Karl Andress in der Krupp-Gartenstadt Rheinhausen (Duisburg): „Es war so: Hier lag die Kruppsche Siedlung, da lag das Kruppsche Werk, da die Kruppsche Bierhalle, da der Kruppsche Konsum und da die Kruppsche Sparkasse. Das war ein Kreislauf. Alles schön nah beieinander. Man kaufte im Kruppschen Konsum nur mit Kruppschen Ausweisen. Sehr preiswert.

Ein Beispiel: In der Kruppschen Bierhalle, da kriegte man damals ein Glas Bier 7/20 für 20 Pfennig. In anderen Wirtschaften 5/20 für 20 Pfennig. Dagegen hat sich die Allgemeine Wirtschaftsvereigung aufgelehnt und daraufhin mußte Krupp seine Gläser auf 6/20 herabsetzen. In der ersten Zeit kam kein anderer herein in die Wirtschaft. Kruppsche Schmelzer-Kehlen mußten mit Kruppschem Bier gelöscht werden. Man sagte: ›Ein Schmelzer, der nicht säuft, bei dem die Charge nicht läuft‹. Damals wohnten alle zusammen in der Siedlung: Arbeiter, Angestellte und Beamte. Die Beamten hatten größere Wohnungen, 5 und 6 Zimmer. Die Arbeiter 4 Zimmer."[14] **Erweiternde Strukturen**. 1901 besitzt Krupp 4.274 Wohnungen für 8.212 Beschäftigte mit ihren Familien – also Wohnungen für ein Drittel seiner 25.016 Mitarbeiter. Von 1900 bis 1913 wächst der Bestand von 3.869 auf 7.039 Wohnungen. Alfred Krupps Sohn und Nachfolger Friedrich Alfred Krupp erweitert die Konzeption, vor allem mit Hilfe eines äußerst qualifizierten Baubüros. Dessen Leitung übernimmt 1890 Robert Schmohl. Hier arbeitet 1916/1918, angezogen von Metzendorf, nach einjähriger Arbeit in England (mit Studium der Gartensiedlungen) der Schweizer Hannes Meyer (1889-1954)[15], der später (1928-1930) das Bauhaus in Dessau leitet. Friedrich Alfred fügt der Konzeption seines Vaters noch Freizeit, Bildung und Kultur hinzu. Nach dem Leitbild von englischen und später süddeutschen Kleinstädten erhalten seine Arbeiter-Siedlungen eine besonders weitgehende Infrastruktur[16].

Das entwickelste Beispiel für eine komplexe Stadtplanung ist die Siedlung Margarethenhöhe (1909 ff.) in Essen-Holsterhausen[17] *[155, 156]*. Der Darmstädter Architekt Georg Metzendorf entwirft sie für Krupp-Angestellte. Es entsteht geradezu eine kleine Stadt. Sie erhält nun neben der Infrastruktur auch eine vielseitige Szenerie. **Das städtische Symphonie-Orchester** in Essen wird 1899 gegründet. Friedrich Alfred Krupp unterstützt es durch einen jährlichen Betrag von 20.000 Mark,

stellt dazu die Bedingung: in den vier Sommer-Monaten soll es jede Woche einmal in einer Arbeiter-Siedlung spielen. 1900 erhöht er den Betrag auf 23.000 Mark: nun soll das Orchester zweimal wöchentlich in einer Siedlung spielen. Er legt den Ort und die Zeit genau fest.

Orts-Hinweise: Komplexe Krupp-Planung. Villa Hügel (1869/1872) in Essen-Bredeney (Haraldstraße). Die klassischen Krupp-Siedlungen rund um das Werk in Essen-Westviertel fielen dem Bomben-Krieg und Werks-Erweiterungen zum Opfer. Das beste Beispiel für komplexe Stadtplanung: Margarethen-Höhe (1909 ff. von Georg Metzendorf) in Essen-Holsterhausen *[155]*.

Schau-Plätze: Siedlungen als Garten-Städte

Kurz nach 1900 gelangt im Rahmen einer europa-weiten Reform-Bewegung die Gartenstadt-Idee ins Gebiet von Ruhr und Emscher. Es ist der Protest gegen die Folgen der städtischen Ballung: gegen Überlast und Mangel an Ambiente mit Lebens-Qualitäten.

Die Garten-Stadt hat ihre Wurzel im Dorf, aber auch ein wenig in den Asymmetrien der Gemenge-Stadt. Sie wird zu ihrem wichtigsten Korrektiv. Und sie arbeitet mit den positiven Möglichkeiten der ländlichen Gemenge-Stadt. Daher erhält sie für die Region eine große Bedeutung: Die VEBA Wohnen entwickelt für ihren Wohnungsbestand 1987 ein ›Gartenstadt-Programm‹. In der IBA Emscher Park ist die Gartenstadt sowohl eine Struktur des vorgefundenen Potentials wie eine wichtige Perspektive.

Die Gartenstadt-Idee stammt aus England und wird von Ebenezer Howard 1898 in einem aufsehenerregenden Buch formuliert: ›Gartenstädte für morgen – ein friedlicher Pfad zu einer realen

Reform[18]. Diese Idee fällt nicht vom Himmel, sondern wächst in einer Vorgeschichte und in einem Kontext: sie entsteht in der Krise der Stadt-Entwicklung, der Horror-Stadt, die vielen Menschen als ein Moloch erscheint – literarisch ausgedrückt von William Blake, Heinrich Heine (>Englische Fragmente<), Charles Dickens (>Hard Times<) und Rainer Maria Rilke. Howard hat vor allem das Ballungsgebiet rund um London vor Augen. Er entwickelt nicht nur eine Theorie, sondern auch ein Handlungs-Modell.

Ebenezer Howard knüpft direkt an Reform-Siedlungen[19] an: sie dienen ihm als begehbare und sichtbare Demonstrations-Projekte. (Eine ähnliche Rolle spielt seit 1972 Eisenheim in Oberhausen.) Der Projekte-Macher und >Prediger< Howard, der viele Vorträge hält, arbeitet bewußt synthetisch, er möchte ein Ganzes schaffen, den Schlüssel zu einer besseren Welt auf der Erde finden. Er gründet 1899 die >Garden City Association<[20].

Die Auswirkung der Idee ist eigentümlich. Im Hinblick auf die Auflösung der überfüllten Städte wie London, Manchester, Liverpool ist sie ein Mißerfolg. Viele Reform-Städte in einer Größenordnung von rund 32.000 Bewohnern sollen gegründet werden, aber nur zwei entstehen: Letchworth (1904), Hampstead Gardensuburb (1905 von Raymond Unwin/Barry Parker) und Welwyn (1918)[21]. Den weitreichendsten Erfolg hat sie nicht in ihrer zugespitzten Form.

In Deutschland bildet sich 1902 die Deutsche Gartenstadt-Gesellschaft mit ihren Propagandisten Hans Eduard Berlepsch-Valendas, Heinrich Hart, Bernhard und Hans Kampffmeyer[22]. Auch der Verein Reichswohnungsgesetz (1903) hat mit ihr zu tun. Zum Kontext gehört die Baugenossenschafts-Bewegung.

Zustimmung gibt es von vielen Seiten. Karl Liebknecht unterstützt 1912 die Bewegung: „Meine Herren, dazu gehört

eben, daß große Volksparks, daß große Spielplätze geschaffen werden, daß die Kinder in den Großstädten viel hinausgebracht werden in die Natur, daß die Städte selbst mehr zu Gartenstädten entwickelt werden, daß die Art der Bebauung, die gegenwärtig in den großen Städten leider noch üblich ist, aus dem Wege geräumt wird und daß auf diese Weise der so gefährliche Charakter der Großstadt als einer Erscheinung, die das Volk von der Natur losschneidet, nach und nach beseitigt wird"[23]. Gegner sind ideologisierte organisierte Haus- und Grundbesitzer.

Der Blick nach England. Im Ruhrgebiet gibt es einen frischen Blick zum Mutterland der Industrialisierung – nach England. Er äußert sich vielfältig. Alfred Krupp reist mehrfach nach England und schickt – wohl nicht nur – den Architekten seiner Villa Hügel (1869/1872) zu einer Studien-Reise dorthin. Diese bedeutendste Unternehmer-Villa des Reviers ist englisch. Krupps Siedlungen haben viele Zeichen aus England. Fritz Thyssen schickt ebenfalls seinen Architekten nach England. Emil Kirdorfs Muster-Zeche Zollern 2/4 in Dortmund-Bövinghausen erhält im zentralen Verwaltungs-Gebäude und in der Lohn-Halle Räume *[344]*, die englischer nicht sein könnten (1898 von Paul Knobbe, Gelsenkirchen). Vor allem Planer von großen Werken greifen die englischen Anregungen auf. Die Individualisierung der Häuser und die unsymmetrische Formung sind eine Reaktion auf die Reihen-Siedlung.

Beispiele für das englische Vorbild: Die Krupp-Rentner-Siedlung Altenhof I (1893/1900 von Robert Schmohl) in Essen-Rüttenscheid (Gußmannplatz, nur in Resten erhalten) erhält „malerisch gruppierte" Einzelhäuser, ab 1899 im Cottage-Stil. Die Krupp-Siedlung Friedrichshof (ab 1899, zerstört) besitzt Mehrgeschoß-Häuser in „aufgelockerter Gruppierung."

Das Gartenstadt-Konzept geht von der Vorstellung der Park-Landschaft aus.

Die Landschaft wird sichtbar im Bereich der Häuser als Gärten und Baum-Alleen. Das Wege-Netz vermeidet – in der traditionellen Opposition des englischen Landschafts-Parks gegen den französischen – die unterwerfende Achse; es entsteht aus der Morphologie der Landschaft. Im Ruhrgebiet nutzt Krupp-Planer Georg Metzendorf die Gelände-Profile, auch um Kosten für Erd-Bewegungen zu sparen, und gestaltet „architektonisch interessante Straßenbilder".

Im Bauen finden wir zwei Möglichkeiten: die Gruppierung von kürzeren Häuser-Zeilen (6 bis 14 Häusern) und die Gruppen-Bildung in Verbindung von Haus, Doppelhaus und Zeile, mit geheimen Fäden verbunden, und Hof-Bildungen in variabler Form.

In Deutschland werden die Gedanken von Ebenezer Howard in zwei Richtungen interpretiert. Die Versuche, die Gartenstadt als Stadt anzulegen, gibt es nur ansatzweise in der Theorie. Verwirklicht werden in Deutschland nur Garten-Vorstädte (zuerst 1906 Rüppurr bei Karlsruhe[24], 1906 Hellerau bei Dresden[25]).

Wortführer der Diskussion wie Hans Kampffmeyer erkennen sofort, daß die Einbettung in vorhandene Möglichkeiten und die pragmatische Anwendung vieler einzelner Gedanken die breiteste Wirkung haben wird. So entsteht eine weitgehende Umformulierung, die vom Ziel, kleine Städte zu bilden, abrückt: stattdessen entstehen Strukturen für Wohn-Bereiche und im Prozeß der Kristallisations-Bildung der Städte um 1910 die Struktur der Parkstadt. Obwohl die Gartenstadt Landschaft in sich aufnimmt, grenzt sie sich als Bereich gegen die offene Landschaft ab. Die Frei-Räume der Siedlung und der offenen Landschaft sind unterschiedlich ausgeprägt. Es gibt Straßen mit einem hohen Freiraum-Anteil, Garten-Land, Park und vor der Siedlung das offene Land.

Leit-Idee in der Region. Die englische Konzeption der Gartenstadt führt in breiten Bereichen der Region zu einer entfalteten Stadt-Planung. So prägen sich die Garten-Städte zwischen Ruhr und Emscher als eine große Anzahl von Siedlungen aus. Die psychologische Intention der Gartenstadt-Siedlung wird sowohl in der Anlage wie auch an der Gestalt der Häuser sichtbar. „Stadtmorphologisch bleibt das Ziel durchaus gültig, funktional in Deutschland jedoch nicht. Die Garten-Vorstadt folgt morphologisch dem Vorbild der Kleinstadt. Einschließlich dem damit verbundenen Anspruch auf ›Heimat‹-Bildung, Geborgenheit, soziale Ordnung und Überschaubarkeit. Dies zeigt sich auch in der traditionellen Gestaltung der Häuser" (Michael Peterek).

Gartenstadt als Korrektiv und Gestaltung einer halbländlichen Gemenge-Stadt wird zum Planungs-Konzept. Am deutlichsten wird es in der Stadt Buer (heute Gelsenkirchen). Der Magistrats-Assessor Dr. Große-Boymann formuliert 1925 das Stadtplanungs-Konzept: „Der staatliche Bergbau [die Zechen in Buer sind staatlich] wies der Siedlungspolitik neue Wege. In noch nicht zwei Jahrzehnten schuf er 4.000 Wohnungen, die unter Schonung des vorhandenen Waldbestandes und unter Vermeidung jedes baulichen Schematismus kleine Gartenstädte *[154]* in der Nähe des Stadtkerns entstehen ließen ... Der in dem Bereich der Berginspektion gelegene, von einem Turm überragte alte Rittersitz ›Haus Uhlenbrock‹ verleiht der Siedlung einen dorfähnlichen Charakter, der an anderen Stellen durch den allseitig geschlossenen Marktplatz mit Zweigpostamt, Gasthaus mit Saalbau usw. noch vermehrt wird. Die städtische Siedlungspolitik ist darauf gerichtet, die ›Trabantensiedlungen‹ organisch dem Stadtkern anzugliedern und dadurch eine glückliche Synthese zwischen Trabanten- und Radialstadt herbeizuführen."[26] Die Stadtplanung will einen grünen Ring-Gürtel zwischen Kern und Stadtteilen erhalten. Sie setzt dabei auch

Das englische romantische Haus: von links Vorderansicht – Seitenansicht – Hinteransicht. Entwürfe für die Gartenstadt (1905/1929 von Heinrich Müller) der Königlichen Steinkohlenbergwerke in Gelsenkirchen-Buer.

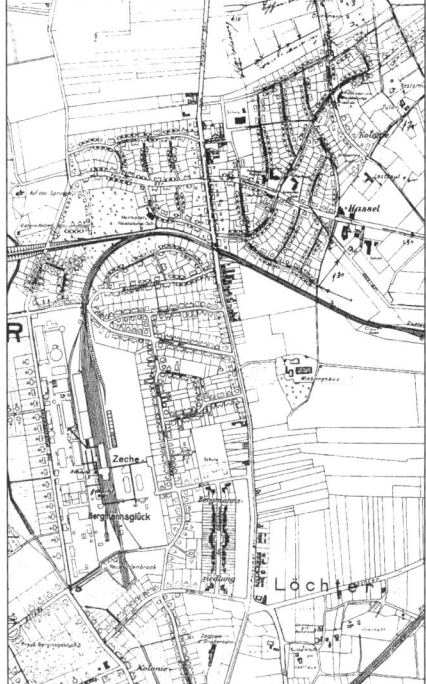

Gartenstadt (1903/1929 von Heinrich Müller) der Königlichen Steinkohlenbergwerke in Gelsenkirchen-Buer.

besitzt die Stadt 51 ha, 1919 93 ha, 1922 172 ha und 1924 274 ha.[27] Im Norden entsteht für die ›Königlichen Steinkohlen-Bergwerke‹ in mehreren Bau-Phasen eine ausgedehnte Gartenstadt (1903/1908; 1905/1910; 1910/1915; 1917/1922). Abgesehen von wenigen Bauten trägt sie eine einzige Gestaltungs-Handschrift: des Baumeisters Heinrich Müller[28].

Das Vorbild alter deutscher Städte. Ein Lern-Prozeß vom Alten entwickelt sich noch am Ende des 19. Jahrhunderts. Ihn formuliert als Exponent Camillo Sitte[29]: Er untersucht Stadt-Szenerien, beschreibt sie und macht sie damit als Lehr-Material für entwerfende Planer nutzbar.

Einen wichtigen Beitrag für die Diskussion leistet ein 1911 erschienenes Buch von A. E. Brinckmann[30]. Er kritisiert die bedingungslose Hingabe an das historische Vorbild, spricht von einem „kritischen Eklektizismus", fordert vor dem Entwerfen anstelle des „Instinktes" die Analyse und bietet selbst eine Anzahl von formanalytischen Kriterien. Diese lesen sich in ihrer Methode ganz ähnlich, wie sie die gegenstandslose Kunst entwickelt: „Verhältniswirkung", „Flächenbild", „Bühnenraum", „unterschiedliche Deutlichkeit", „Wechselbeziehungen", „Gegensätze räumlichen Volu-

auf den Park (um 1750) von Haus Berge sowie westlich davon auf den Volks-Park mit seinem künstlich angelegtem See.

Für eine solche gestaltende Politik betreibt die Stadt Buer seit 1908 eine städtische Grundstücks-Politik als „Preisregulator auf dem Grundstücksmarkt". 1912

mens", „Kontrast", „Einheitlichkeit", „Rhythmus des Raumes". Brinkmann wird vom Magistrat der Stadt Bochum beauftragt, den Platz zwischen zwei Gymnasien um ein Bismarck-Denkmal für Fest-Feiern zu gestalten (Jahn-/Scharnhorst-/Bismarckstraße)[31].

Gartenstadt-Architekten lernen in Deutschland. Im Arbeits-Prozeß der Gartenstadt-Idee lernen auch Engländer von deutschen Stadt-Architekten. Der für die Idee wichtigste Planer, Raymond Unwin (Hampstead Garden Suburb, Letchworth), studiert in alten deutschen Städten und schreibt ein Buch ›Städtebau‹[32], das eine Fülle von Beispielen aus alten deutsche Städten (u.a. Rothenburg) präsentiert. Direkt aus dieser Tradition schöpft das Bau-Büro von Krupp: 1891 wird Robert Schmohl (Isny 1855-1944) Leiter des Baubüros[33]. Und Krupp holt sich den Darmstädter Architekten Georg Metzendorf (1874-1934), der seit 1909 seine süddeutsche Tradition einbringt und sichtbar darstellt (1909 ff. Margarethenhöhe in Essen).

Insgesamt hat der Gartenstadt-Siedlungs-Bau einen erheblichen Anteil am Bauen im Gebiet an Ruhr und Emscher. Diese Wohn-Bereiche, die erheblich höhere stadtplanerische, bautechnische und ästhetische Qualität als die Arbeiter-Viertel und oft selbst Bereiche der gehobenen Mittelschichten haben, bilden eine mosaik-artige Netz-Struktur entlang der Emscher – bis heute. Etwa die Hälfte davon wird in den 60er Jahren abgerissen, die andere Hälfte kann in den 70er Jahren durch Initiative der Bewohner den Abriß abwenden.

Orts-Hinweise: Gartenstadt-Siedlungen. Szenenreiche Krupp-Rentner-Siedlungen Altenhof I (1893/ 1900 von Krupp-Planer Robert Schmohl; Gußmannplatz). Krupp-Siedlung Altenhof II (1894 mit geometrischen Straßenraster vorgesehen, aber 1907/1910 gartenstadtartig realisiert von Robert Schmohl) in Essen-Rüttenscheid (von Bodenhausen-Weg). Stadt in der Stadt: 1906 Margarethenhöhe der Stiftung Margarethe Krupp (1910/1917 von Georg Metzendorf) in Essen-Margarethenhöhe (Steile Straße). 1906 stiftet die Witwe Krupps 50 Hektar Land und 1 Million Mark „der Wohnungsfürsorge für die minderbe-

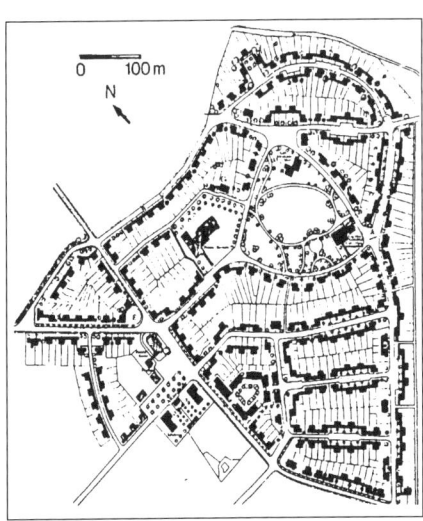

Gartenstadt Dahlhauser Heide (1907/1909 von Robert Schmohl) in Bochum-Hordel.

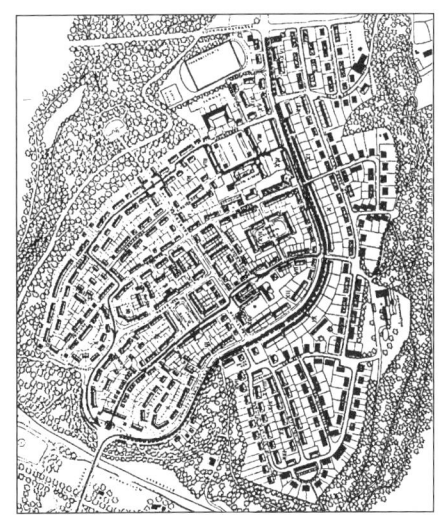

Margarethenhöhe (1910/1917 von Georg Metzendorf) in Essen-Margarethenhöhe [151].

Margarethenhöhe (1910/1917 von Georg Metzendorf) in Essen-Margarethenhöhe.

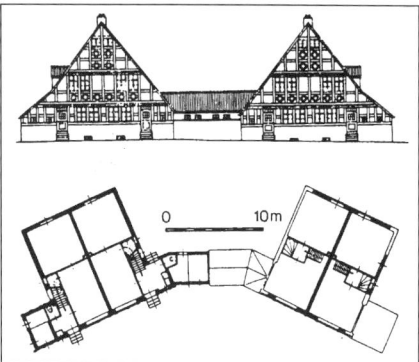

Krupp-Kolonie Dahlhauser Heide (1907/1909
von Robert Schmohl) in Bochum-Hordel.

mittelten Klassen"[34]. Wohnhof Dransfeld in Es-
sen-West (Bebauungsplan: Robert Schmidt, Architekt: Theodor Suhnel, Mülheim; Hirtsiefen-
straße). Zeilen bilden einen sehr differenzierten
Innenhof[35].

Krupp-Kolonie Dahlhauser Heide (1907/1909
von Robert Schmohl) in Bochum-Hordel (Hor-
deler Heide/Muschelbank): mit 715 Wohnungen
auf gewundenen Straßen, die der Topographie des
Hügel-Geländes folgen. Der Park des früheren
Guts-Hofes ist Dorf-Anger. Doppelhäuser im
›Heimat-Stil‹ mit großen Gärten (Volksmund:
„Kappes-Kolonie), ohne Wohnweg. [155]

Siedlung Teutoburgia (1909/1919) in Herne-
Börnig (Schadeburg/Teutoburgiastraße). Kolonie
Ickern-End (1911 von der Bauabteilung Gewerkschaft Viktor) in Castrop-Rauxel-Ickern (Uferstraße, Hombrink). Habinghorst und Ickern haben neben dem Norden von Gelsenkirchen die
größten Siedlungs-Flächen im Revier.

Alte Kolonie in Dortmund-Eving (Nollendorfplatz), mit Wohlfahrts-Gebäude (1906) als
Badeanstalt, Kinder-Verwahrschule und Haushal-

tungs-Schule; als IBA-Projekt 1992 neugenutzt:
Rundfunk-Bildungszentrum und Begegnungs-
stätte im Stadtteil. Kolonie Kirdorf (1912 ff. von
Gümbel, GBAG) in Dortmund-Eving (Wrangel-
straße), mit englischen Gruppierungen. Dortmund-Gartenstadt (1913 von Georg Metzen-
dorf/Hans Strobel/Paul Lutter u.a.; Hermann
Löns-Straße) in Dortmund-Gartenstadt (Freili-
grathplatz). Die Gartenstadt Dortmund GmbH
wird 1910 von Beamten gegründet, 1912 Bebauungsplan von Metzendorf mit Stadtbaurat Dr.
Cremer, mit differenziertem Straßen-Netz (15
und 10 m breit). Infrastrukturen: Markt, Verwaltung, Kaufhaus, Sparkasse, Apotheke, Arzt, Sparkasse[36]. 1959 löst sich die Genossenschaft auf. Die
Privatisierung verändert das Ensemble erheblich.
Schönaustraße (1912, 1922 von Dietrich Schult-
ze/Karl Schultze u.a.) in Dortmund-Barop[37].

Gartenstadt Hüttenau (1909 von Georg Metzendorf) in Hattingen-Welper (Bogenstraße),
1909 ›Gartenstadtgenossenschaft‹, mit 700 Wohnungen, Kirche, Schule, Stadion, Friedhof.

Krupp-Siedlung Heimaterde (1918) in Mül-
heim-Heißen (Sunderweg/Theodor Suhnel Stra-
ße), nach einem Bebauungsplan von Robert
Schmidt, dem Gründer des Siedlungsverbandes
Ruhrkohlenbezirk und Architektur-Planung von
Theodor Suhnel.

Siedlung Akazienhof (1906 von Wilhelm Wei-
mann) in Duisburg (Düsseldorfer-/Akazien-
straße), für Beamte, als erste Anlage dieser Art in
Duisburg, ein Wohnhof, mit Spiel-Platz. [158] Im
Pförtner-Haus: Wäsche-Rolle, Fernsprech- und
Marken-Verkaufsstelle[38]. Gartensiedlung Wedau
(1913/1914, 1921/1922 von Grod) in Duisburg-
Wedau (Kalkweg / Wedauerstraße / Masurenallee/

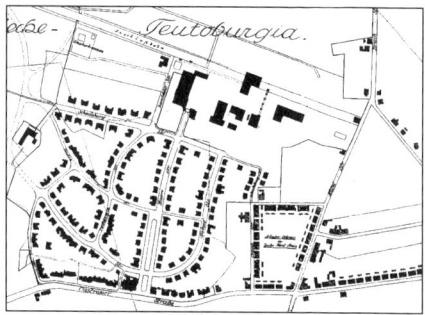

Siedlung Teutoburgia (1909/1919) in Herne-Bö-
ring, rechts eine Kolonie älteren Typs. [309]

Am See), für Eisenbahner des Rangierbahnhofes Wedau (1913), umfangreiche Anlage, zweigeschossige Gruppierungen, mit Plätzen[39]. Mannesmann-Stahlwerker-Siedlung Alt-Hüttenheim (1911/ 1913 von H. W. Eggeling, Essen) in Duisburg-Hüttenheim (Ungelsheimer-/Rosenbergstraße), nach abgewehrtem Abriß vorbildlich restauriert; ein Versuch, Geschoßbau im altdeutschen Heimat-Stil als Gartenstadt zu bauen.

mund: „Bullenkloster"). GHH-Zechen-Siedlung (um 1905) Vondern in Oberhausen-Osterfeld (Glückauf-Straße), mit Wohlfahrts-Haus (1912 von Bruno Möhring, Berlin). Kolonie (1912) der Zeche Mathias Stinnes III/IV in Gladbeck-Brauck (Oskar Neuhaus; Roßheide/Holbein-/Antoniusstraße) – im Dreieck angelegt.

Siedlung (1913) in Gladbeck-Schultendorf und Siedlung Zweckel (1908, 1922 von Regie-

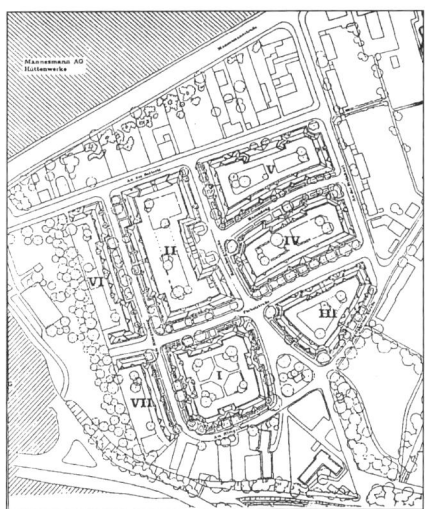

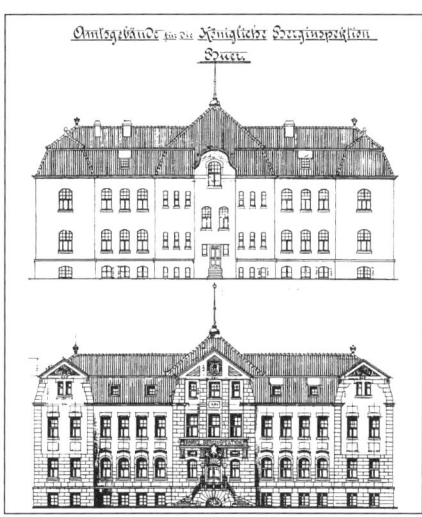

Unregelmäßig laufende Straßen bieten eine Vielfalt von Ansichten – überraschend und unterschiedlich. Eine Art Film-Blick in der Architektur: Gartenstadt Alt-Hüttenheim (1911/1913 von H.W. Eggeling) in Duisburg-Hüttenheim.

Königliche Berginspektion (1907 von Heinrich Müller) in Gelsenkirchen-Buer (Uhlenbrockstraße) im Habitus eines absolutistischen Schlosses mit Mittel- und Seitenrisaliten, oben: Hinteransicht, unten: Straßenansicht.

Krupp-Margarethen-Siedlung (1903 ff. von Robert Schmohl) in Rheinhausen (Duisburg). Altsiedlung (1910/30er Jahre) in Kamp-Lintfort für die Zeche Friedrich Heinrich.

Gartenstadt Lohberg (1907/1913) in Dinslaken-Lohberg, mit szenischen Plätzen und Höfen[40]. Arbeiter-Siedlung Wehofen (1912/1921) in Walsum (Duisburg; Baumeister Fettweiß). Bergarbeiter-Siedlung Fürst Leopold (1913 von H. W. Eggeling) in Dorsten-Hervest (Halterner Straße/ Glück-Auf-Straße), mit Plätzen, in der Mitte der Brunnen-Platz, einer der vorzüglichsten im Ruhrgebiet, und Torhaus.

Siedlung Welheim (1913, 1920) in Bottrop-Boy (Welheimer-/Gungstraße). Jacobi-Siedlung (1912) in Oberhausen-Osterfeld (Hugo-/Huyssenstraße) mit Schule und Ledigenheim (Volks-

rungsbaumeister van de Sand bzw. Jäckel) in Gladbeck-Zweckel (Arenbergstraße). Die räumlich größten Garten-Siedlung ist der gesamte Ortsteil Gladbeck-Schultendorf/Zweckel, der 1913 an der Schwelle zum Münsterland für die Zeche Zweckel entsteht. Seine Fläche ist dreimal so groß wie der historische Kern von Gladbeck und gleich groß wie Gladbeck-Mitte, aber weniger verdichtet. Die Siedlung besitzt alle seinerzeitigen Infrastrukturen. Kristallisations-Kerne bilden die Anger-Plätze (u.a. Arenberg-/Händelstraße), die Kirchen (Christus-König, Stephani) und die Pestalozzi-Schule (Gluckstraße), meist umgeben von Steiger-Häusern. Es gibt viele unterschiedliche Haus-Typen. (Was ästhetisch gemeint ist, wird seit 1970 durch Mangel an Pflege schlecht behandelt.)

Szenen-Reichtum auch für Arbeiter: Akazienhof (1906 von Wilhelm Weimann) in Duisburg.

Der zweite ähnlich große Bereich liegt östlich jenseits des Werkes Scholven und der Autobahn: fast der ganze Bereich von Hassel (Buer, später Gelsenkirchen) *[154]*. 1906 beginnt in Buer der Bergfiskus mit der Errichtung von 20 Arbeiterhäusern in der Mühlenstraße – 1921 sind über 4.000 Wohnungen vorhanden. „Vorbildliche Bergmannssiedlungen im Typ der Gartenstadt, denen kaum eine andere Stadt Ebenbürtiges zur Seite stellen kann. Auch der private Bergbau, vor allem die Gewerkschaft Bismarck, hat mustergültiges in der Errichtung von Arbeiterwohnhäusern geleitet[41]. Der Norden von Buer (Gelsenkirchen) ist das umfangreichste Garten-Stadt-Gebiet des Ruhrgebietes. Arbeits-Stätten sind drei Zechen: Scholven (heute unter der Halde), Bergmannsglück und Westerholt. Siedlung des Bergfiskus (1906/1921) in Gelsenkirchen-Buer (Körner-/Valentin-/August Schmidt-Platz). Zechen-Verwaltung an der Uhlenbrockstraße, Steigerhäuser an der Bergmannsglückstraße. Die Zechen-Verwaltung Bergmannsglück präsentiert sich mit absolutistischen Zeichen wie ein Schloß (Uhlenbrockstraße), umgeben von Oberbeamten-Häusern. *[148]* Rund um die Zeche gibt es eine Anzahl Siedlungen. Ihre Zentren sind platzartige Szene-

rien: der August-Schmidt-Platz, ein Markt mit einem großen Gasthaus, die Kreuzung Büscher-/Oberfeldingerstraße mit einem Kindergarten (Jugendheim), die Gustavstraße mit Kindergarten/Schule/Hauswirtschafts-Schule. (1930 kommt die Siedlung Spinnstuhl-/Brakestraße von Josef Rings, Essen[42] hinzu – im Bauhaus-Umkreis, als ›Neu Jerusalem‹ verspottet.)

Siedlung Schüngelberg (um 1910) in Buer-Beckhausen (Gelsenkirchen; Gertrud-/Holthauser Straße), mit Platz und Straßen-Überbauung an der Gertrudstraße; IBA-Projekt) [297]. Reitwinkel-Kolonie (1913, 1928 von H. W. Eggeling) in Recklinghausen-Grullbad (Blücher-/Bülow-/ Gneisenaustraße)[43].

Bergarbeiter-Siedlung (1910) Klein-Erkenschwick (Brinkmannstraße). Beisenkamp-Siedlung (1907 von Robert Schmohl) in Datteln (Castroper-/Beisenkampstraße/Löringhof) – eine Gartenstadt als Dorf – mit einfachen bauernhaus-artigen langen Spitzdächern, im Wechsel von Giebel und Traufe, durch Privatisierung stark entstellt [287]. Kolonie (1908 ff.) der Zeche Waltrop in Waltrop-Brockenscheidt (Kettelerstraße/Krusenhof). Siedlung am Kanal (1920/ 1922 von Rudolf Winzer, Dortmund) in Lünen

(Blücher-/Hue-/Liebknecht-/Schröderstraße), ursprünglich beiderseits des Kanals und mit Kaufhaus, Schule, Kindergarten, Gemeinschafts-Haus, Sport-Anlagen geplant; in halbrunder Form mit einem Tor-Haus gebaut – wie ein Kral, daher im Volksmund „Negerdorf" genannt. [285] Bergarbeiter-Siedlung Auguste-Victoria (1909/ 1912 von der Bauabteilung Auguste Victoria) in Marl-Hüls (Carl Duisberg-/Trift-Römerstraße). Wald-Siedlung für Bergarbeiter (1938, 1952) in Marl-Hamm (Merkelheider Weg). Kolonie Brassert (1911/1928) in Marl Brassert (Schacht-/Brassert-/Heinrich-/Rudolf Virchowstraße/Margarethenplatz), ausgedehnte Gartenstadt. ECA-Siedlung (um 1954) in Marl-Brassert (Schachtstraße). Gartenstadt-Arbeitersiedlung (1912 ff. von Alfred Fischer) Zeche Sachsen in Hamm-Heessen (Am Hämmschen/Vogelsang/ Mansfelder Straße/Bockelweg).

Schau-Plätze: Zwei Gartenstädte von Großbürgern

Die Broich-Speldorfer Wald- und Gartenstadt AG. Industrielle und die Stadt Mülheim gründen 1906 Broich-Speldorfer Wald- und Gartenstadt AG (insgesamt 1612 Morgen). Diese AG kauft Grundstücke auf, sie an Mitglieder und Interessenten weiterzuverkaufen – eine vorausschauende Boden-Vorratspolitik, die auch für andere Bereiche zu empfehlen wäre. Werbe-Broschüre von 1907: Sie will den Boden „... allen denen zum Wohnsitz anbieten ..., die an jedem Tage schnell – sagen wir innerhalb einer Stunde oder weniger – im arbeitsfrohen, aber russigen und ruhelosen Industrierevier sein müssen und die am Nachmittag und am Abend ihr Heim im stillen Waldesfrieden, in herrlicher gesunder Luft und inmitten prächtiger Naturschönheiten aufsuchen wollen"[44] Nur zwei Villen werden im Broich-Speldorfer Wald realisiert. Fritz Thyssen (1873-1951), Sohn von August Thyssen,

baut eine Art englisches Landhaus (1910, Johann Heinrich Oediger & Wilhelm Girmes, Krefeld).[45] Ebenfalls englisch beeinflußt läßt der Kommerzienrat Dr. Gerhard Küchen (1861-1932, Generaldirektor von Stinnes) bauen: ›Haus Uhlenhorst‹ (1913, Rudolf Tillessen, Mannheim [162])[46]. Im Grunde scheitert das Projekt einer Gartenstadt für Industrielle. In den 30er Jahren löst sich die Aktiengesellschaft auf.[47]

Die Gartenstadt-Siedlung Am Grafenbusch in Oberhausen. 1910 baut Bruno Möhring, neben Hermann Muthesius und Peter Behrens einer der wichtigen Architekten der frühen Moderne, eine großbürgerliche Siedlung für Top-Manager der GHH. In einer Art englischem Park stehen Landhäuser – jedes mit individuellem Ausdruck[48]. [160] Im einzelnen sind die Häuser geprägt von Privatheit und Understatement. Die Siedlung drückt mit ihrer Dreiteilung in Villa, Doppelhaus und Reihen-Haus Hierarchie aus. [225]

Orts-Hinweise: Gartenstädte von Großbürgern. Villa Fritz Thyssen (1910, Johann Heinrich Oediger & Wilhelm Girmes, Krefeld) in Mülheim-Speldorfer Wald (Großenbaumer Straße 250). Haus Uhlenhorst/Villa Küchen (1913 von Rudolf Tillessen, Mannheim) in Mülheim-Speldorfer Wald (Tannenstraße/Uhlenhorstweg 29). [162] GHH-Gartensiedlung Am Grafenbusch (1910/ 1922 von Bruno Möhring) in Oberhausen (Am Grafenbusch) [160].

Schau-Plätze: Unternehmer-Villen am Stadt-Rand

In den bürgerlichen Städten steigen Händler oder Handwerker zu Unternehmern auf. Zunächst wohnen sie unter einem Dach mit ihren Handels- oder Produktions-Stätten. Mit dem Aufstieg übernehmen sie Bau-Typen aus dem Adels-

Spediteur-Haus (1756; Packhaus) Haniel in Duisburg-Ruhrort (Hafenstraße 10) [83].

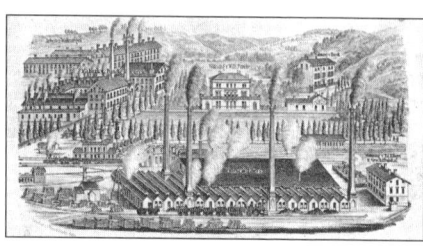

Der Brief-Kopf (1865, Lithographie von J. Peters & Schulte) der Schrauben-Fabrik Funcke & Hueck in Hagen zeigt den frühen Industrie-Komplex: Fabrik, und daneben rechts oben Fabrikanten-Häuser und links Arbeiter-Kasernen.

Bereich: die Villa, das Landhaus und das Landgut.

Verleger-Haus: ›Alles unter einem Dach‹. In Ruhrort (Duisburg) läßt sich der holländische Spediteur Willem Noot 1756 ein Haus bauen, das ›alles unter einem Dach‹ zusammenfaßt: links das Kontor, darüber der Speicher, rechts die Wohnung. Hier lebt auch sein Schwiegersohn: Franz Haniel, der Begründer der spätere Gutehoffnungshütte in Oberhausen.

abgehoben, das gefiel dem englischen Großbürgertum, in Deutschland wurde übernommen.

Das Aussehen des Hauses spiegelt das Selbstbewußtsein des in frühindustrieller Zeit aufgestiegenen Bürgertums wider. Es drückt sich einerseits in den modernen rationalen Formen des Klassizismus aus, andererseits aber in einer Übersteigerung der Dimension und einer abstrakten Glätte, die ihm – im Gegensatz zum ba-

Spediteur-Haus (um 1810) in Duisburg-Ruhrort (Hammacher-Straße 44) [83].

Manager-Siedlung Am Grafenbusch (1910/1922 von Bruno Möhring, Berlin) in Oberhausen.

Palladianische Häuser. Um 1810 entstehen weiter östlich Spediteurs-Häuser in palladianischen Formen, den Statuszeichen des Großbürgertums. Der Architekt Andrea Palladio hatte im 16. Jahrhundert mit einem eigenen Stil die venezianischen Großbürger vom Feudaladel

rocken Packhaus – nun ein ideal erhöhtes Erscheinungsbild verleihen.

Wohnen neben der Fabrik. Generationenlang wohnt die Führungs-Schicht der Unternehmen in einer Lage, die öffentlich und sichtbar Prestige ausdrückt: direkt neben der Fabrik, bei den

›Stamm-Haus‹ (1818) von Alfred Krupp in Essen (Altendorfer-/Westendstraße).

Zechen und Hütten-Werken vor dem Fabrik-Tor.

Alfred Krupp und seine Häuser. Alfred Krupp lebt Jahrzehnte in dem bescheidenen kleinen Fachwerk-Haus (›Stamm-Haus‹, 1818), in das sein Vater 1826 einzog, – neben der Fabrik an der Altendorfer Straße. 1872 stellt er es unter einen firmen-eigenen Denkmal-Schutz (nach Zerstörung im 2. Weltkrieg rekonstruiert). Das Garten-Haus (1862) in der Nähe des ›Hammer Fritz‹, ein Landhaus mit einem großen Garten in französischer Gestaltung, später mit einem vorgesetzten Glas-Haus ist nicht erhalten.

Lebensstil. Mathias Stinnes wohnt noch in einem bescheidenen Haus in Mülheim am Froschenteich 47 unter einem Dach mit dem Kontor. Maximilian Harden beschreibt den Lebensstil von Hugo Stinnes (1870-1924), des aggressivsten Firmen-Aufkäufer aller Zeiten: „... der Kleid, Speise und Trank im niederen Rang des unerläßlich Nothwendigen hält, ohne Diener reist, ohne Gemurr selbst seinen Handkoffer auf den Bahnsteig trägt, enger, viel dürftiger wohnt als in Berlin ein leidlich verdienender Warenkaufmann, in der ganzen Lebensführung dem deutschen Industriearbeiter näher ist als irgendein am Typus heute sichtbarer Großunternehmer. Diese Einfachheit

kam ihm nicht, wie anderen Reichen, aus der Sucht, ›ein Original‹ zu scheinen, aus Übersättigung mit Pracht ...“[49] Lange Zeit ist Bescheidenheit, ja englisches Understatement, eine bürgerliche Verhaltensweise. Hugo Stinnes wohnt bis 1910 an der Delle 38 und seit 1913 Auf dem Dudel 5 in Mülheim.

Die Villa: das Land-Palais in der Stadt. Großbürger übernehmen ländliche Bau-Typen in die Stadt [36]. Zunächst werden sie neben den Fabriken gebaut – wie Gutshäuser auf dem Land (Mülheim, Dickswall 56)[50]. Dann entstehen sie auf größeren Grundstücken am damaligen Stadt-Rand. Gustav Stinnes errichtet sich in Mülheim eine ›Maison de Plaisance‹ mit Gartenseite zum Fluß (vor 1857, Ruhrstraße 52, abgerissen). Als die Straßen noch nicht laut sind, bauen die reichen Leute noch an den Stellen, wo ihr Besitz gut gesehen werden kann.

Villa (1898 von Kaiser & Großheim, Berlin) Joseph Thyssen in Mülheim (Dohne 54)

Der nächste Schritt ist der Auszug aus der Stadt. 1904 verläßt Fritz Thyssen sein städtisches Bürger-Haus in Mülheim (Froschenteich 100) und kauft sich den Herren-Sitz Haus Landsberg bei Kettwig. Die Friedrichstraße wird zur Straße der Millionäre. Joseph Thyssen (1844-1915) läßt sich ebenso wie sein Bruder August erst im Alter eine großbürgerliche Villa (1898, Dohne 54) *[161]* bauen, nach einem Entwurf des routinierten großen Berliner Architekten-Büros Kayser[51] & von Großheim, das eine Fülle von Großaufträgen hat. Die Villa steht am Mülheimer Stadt-Rand – im Park, am Ufer der Ruhr. Das staunende Volk, in seiner Armut vom Reichtum himmelweit entfernt, nennt Fabrikanten-Häuser häufig „Schloß"[52].

Villen-Straßen und Villen-Viertel. In Langenberg entstehen Villen im Halbkreis um das Dorf. *[121]* In Mülheim wachsen Villen-Straßen: Delle, Ruhrstraße, Friedrichstraße und Dohne, mit dem Ausbau 1840 auch Eppinghofer Straße.

Im Süden von Mülheim werden ganze Viertel als Villen-Gegenden geplant: beginnend mit der Bleichstraße zum östlichen Ruhr-Ufer und auf den Kahlenberg (um den Margarethen-Platz)[53]. Kurz vor 1912 macht Franz Hagen ein Projekt für den Kahlenberg. Südwestlich der Stadt setzt sich das Villen-Gebiet fort: im Broich-Speldorfer Wald und mit der Villen-Kolonie Prinzenhöhe bis zum Duisburger Wald[54].

Die Anzahl der Reichen in Mülheim drückt sich in über 80 Villen aus. Ihre Entstehungszeit zeigt genau, wann Reichtum sich in Repräsentation umsetzt. Ein Viertel stammt aus der Zeit vor 1890. Im letzten Jahrzehnt ist der Aufstieg der Wirtschaft gut erkennbar: 17 Villen entstehen. Im ersten Jahrzehnt dieses Jahrhunderts spiegelt sich der Wirtschafts-Boom in 30 Villen. Von 1910 bis 1918 folgen 20 weitere – trotz allgemeinem Bau-Stop[55].

Landhaus (1913/1914 von Rudolph Tillessen, Mannheim) des Kommerzienrates Gerhard Küchen (Stinnes) in Mülheim (Uhlenhorstweg 29/ Tannenstraße) mit englischer Grundriß-Disposition in monumentalem Neubarock. [159]

›Hammer Fritz‹ und Wohnhauses (›Gartenhaus‹), beide 1860/1861 von Alfred Krupp selbst entworfen, lagen dicht beieinander.

Alfred Krupp läßt 1864 den Klosterbuschhof zur Villa mit italienischem Aussehen umbauen.

Landhaus Villa Hügel (1869/1872) von Alfred Krupp. Mit Gesundheit hat sein Rückzug in den Wald auf der Höhe über der Ruhr zu tun: „Als Mittel der Lebensverlängerung für mich und die Meinen [seine Frau und der junge Friedrich Alfred]" kauft er 1864 den Klosterbuschhof, einen alten Bauernhof, läßt ihn 1865 zu einer Villa umbauen und einen Turm als Belvedere hinzufügen (Regierungs-Baumeister Gustav Kraemer, Leiter des Krupp-Baubüro).

Als Krupp sich weitgehend aus der Alltags-Tätigkeit der Firma zurückzieht, läßt er nach englisch-palladianischem Vorbild neben dem Landhaus einen Park und die

Im Wald hoch über der Ruhr: Alfred Krupp entwirft selbst die Villa Hügel (1869/1872) in Essen.

gigantische Villa Hügel anlegen[56] – sowohl als Rückzug wie zur Repräsentation für große Gesellschaften und Feste. Das eigenartige Bauwerk wird in der Konzeption weitgehend von Alfred Krupp selbst entworfen – er ist „sein eigener Baumeister." Nicht zum erstenmal: er hat ein Faible für das Bauen[57].

Nun findet ein gigantischer Kampf statt: zwischen einem Bauherrn mit eigenen, praktischen, persönlich durchdachten und oft weit vorausgreifenden, aber nicht immer erfolgreichen Vorstellungen und mit Architekten, die ebenso eigensinnig an der Repräsentation und den Konventionen ihrer Zirkel festzuhalten versuchen.

Krupp betont „Einfachheit" und „Strenge". Ständig mißtraut er den Architekten, sie würden seinen Begriffen von Annehmlichkeit nicht folgen, sondern nur Luxus und Verschwendung betreiben. Immerzu mahnt er, gerät häufig in Zorn und kommandiert. Krupps Anteil liegt vor allem in der starken Rationalisierung und Logistik der Vorgänge. Bis in die Details des Küchen-Geruchs und der Toiletten. Die Mitarbeit des Ingenieurs Ludwig Klasen führt zu einer Fülle von Übernahmen aus dem Industrie-Bau[58].

Mehrere Architekten arbeiten mit. Anfangs der erste Leiter des Krupp-Baubüros Ferdinand Barchewitz. Fünf Jahre lang formuliert er mit Krupp das Programm. Ein Wohn-Haus und ein kleineres Logier-Haus (heute Museum). Beide haben eine Abfolge: Korridor – Halle – Tanzsaal, umgeben von Service-Räumen. Luft und Glas sind Zauber-Worte. Komfort bedeutet auch Hygiene. Die Bediensteten werden nicht unters Dach gesteckt, sondern einzigartig großzügig behandelt.

Krupp kritisiert Barchewitz heftig. Dann erscheint der zweite Leiter des Krupp-Baubüros, Gustav Kraemer. Ein renommierter Berliner Architekt wird zum Überarbeiten der Entwürfe gesucht – ohne Erfolg. Vielleicht hat Paul Emmanuel Spieker aus Berlin Anteil am Entwerfen. Laufend gibt es Auseinandersetzungen: Krupp entwickelt eigene Ideen. Architekten kritisieren Krupp: Das steht ihm nicht zu! Spieker empfiehlt einen Architekten aus dem Adel, aber Alfred Krupp lehnt ab. Dann schlägt Spieker Eduard Schwartz (Berlin) vor. Dieser ist kein Entwerfer, sondern weitgehend Bauleiter. Alfred Krupp tadelt ihn, weil er in einem Mahagoni-Bett statt in einem Bett aus Tannen-Holz schläft. Krupp will keine „Übertreibungen in kunstvoller Ausführung der Außenflächen." Spieker kritisiert Krupp: Die Architektur sei ins „Prokrustes-Bett" geraten – „so bleibt eben nichts von der Harmonie mehr übrig."

Nach einem Fundament-Bruch unter einem Erker wird Schwartz entlassen. Gustav Kraemer und das gesamte Krupp-Baubüro nehmen zu seinen Gunsten Stellung, protestieren, drohen mit Kündigung. Für Schwartz ist die Entlassung eine persönliche Tragödie: er stirbt ein halbes Jahr später in einer Irren-Anstalt. Über Nacht beruft Krupp den ›Neugoti-

Halle der Villa Hügel (1869/1872) in Essen.

ker‹ Julius Rasch von der Königlichen Eisenbahndirektion Hannover. Der Ingenieur Klasen wirft dem Sekretär von Rasch Bereicherung vor. Dieser fordert Klasen zum Pistolen-Duell. Klasen nimmt nicht an, sondern droht dem Sekretär mit Prügel.

Krupp gibt Rasch auf, noch mehr Ornamente zu sparen. Er wünscht „eine äußere Ordnung ..., um an eine innere zu glauben." Tatsächlich hält Krupp das

Haus für „ein Landhaus." Die aufwendige Ventilation funktioniert nicht richtig. Krupp klagt. Es ist kalt. Der technische Komfort erweist sich als Fehlschlag. Rasch will kündigen. Und Krupp argwöhnt, der Architekt habe ihn betrogen. Ventilation und Heizung lassen sich nicht richten. Bis zum Tod 1887 söhnt Krupp sich nicht mit seinem Hause aus. [149]

Alle nachfolgenden Umbauten arbeiten gegen die „Strenge" und „Einfachheit". 1888 wird die Galerie zwischen den beiden Bauten zu einem Raum mit großen Fenstern erweitert und 1900 erhält die Halle eine Vertäfelung aus Holz. 1912 entwirft der Hofarchitekt Kaiser Wilhelms II., Ernst von Ihne, die Holzverkleidungen der Halle. 1913 erhält die Ostseite eine Vorfahrt mit einem Portikus.

Hermann Muthesius, der Wohnformen des englischen Bürgertums nach Deutschland vermittelt, beschreibt 1907 die historische Dialektik der Erfahrungen und der Bedürfnisse: „Das moderne Landhaus ist ein Kind unserer Zeit, seine Entstehung hängt mit den sozialen Unbilden zusammen, die unsere Wohnverhältnisse in den letzten fünfzig Jahren durchgemacht haben. Man kann sagen, daß das Landhaus ein Erzeugnis der Stadtkultur sei. Der Drang in die Stadt ist einer der auffallendsten Züge des letzten Jahrhunderts gewesen. Der Städter überwiegt im Volksbild allmählich den Landbewohner, seine Empfindungs-, seine Denkweise wird die allgemeine. Mit dem Leben in der Stadt stellt sich aber auch die Folge von ungesund gesteigerten Lebensbedürfnissen ein, die die enge Zusammenscharung anregender Elemente und der gehobene geschäftliche Austausch mit sich bringen. Der Städter wird überreizt, nervös ...

Hier entspringt das Bedürfnis nach dem modernen Landhaus. Man verlangt Ruhe, ländliche Umgebung, gesunde Luft ... Und noch ein anderer Wunsch

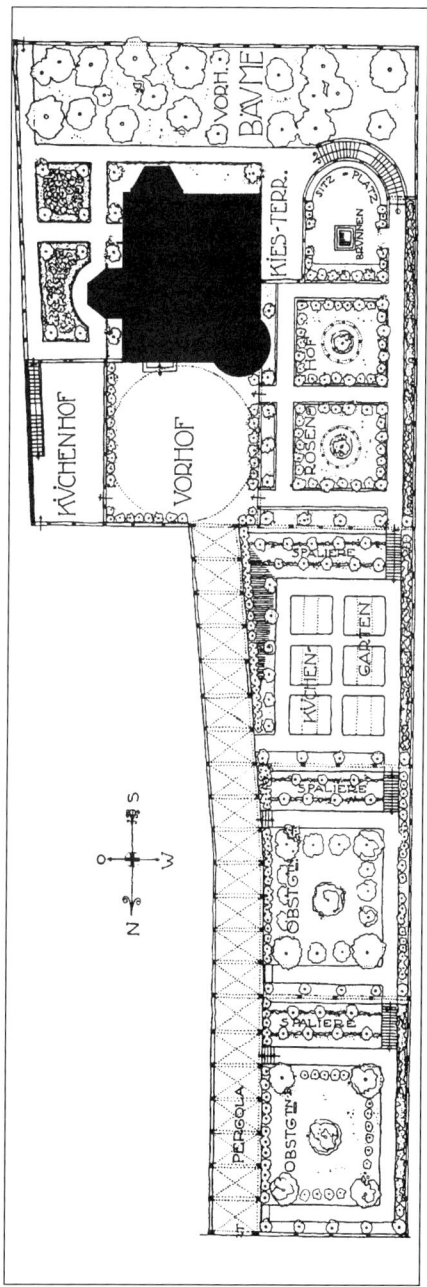

Villa (1910 von Hermann Muthesius) Friedrich Schönstedt in Mülheim (Duisburger Straße 443).

taucht auf: man will in seinen eigenen vier Pfählen wohnen. Man hat genug von dem Wechsel des Mietwohnungswesens ... Das alles drängt den Städter hinaus aufs Land. Mit vermehrter Liebe zur Natur geht er hinaus, mit jenem Heißhunger, den die lange Entbehrung erzeugt hat. Seine Stellung zur Natur ist eine neue und ganz andere als die des Menschen, der nie das Land verlassen hat ... er genießt nun ihre Schönheiten bewußt ... Der Widerspruch gegen das Wohnen in der Etage wächst in den breitesten Schichten der Großstadtbevölkerung.“[59] [165]

Auszug aus der Stadt. Vor 1850 wohnen nur adlige Territorial-Herren und Bauern auf dem Land. Der Bürger wohnt in der Stadt. In England beginnt eine Bewegung, in der wohlhabende Städter sich – nach dem Vorbild des Adels, mit dem sie sich dort sehr häufig verheiraten – Landhäuser kaufen oder bauen. „Der nationale Aufschwung Deutschlands von 1870 brachte mit der Vermehrung der äußeren Mittel auch eine Steigerung des Wohnbedürfnisses und mit dieser in der Umgebung eine vermehrte Landhausbautätigkeit.“[60]

Flucht vor Belastungen. Mit zunehmender Produktion verschlechtern sich durch Luft-Belastung und Verkehr die Lebens-Bedingungen in der Stadt, so daß die Führungs-Elite sich nach anderen Standorten umsieht: nach Lagen, die durch Natur, Ausdehnung und schließlich auch durch Nachbarschaft mit Gleichen oder zumindest Ähnlichen privilegiert sind. Dies gilt zum Beispiel in Gladbeck für die Bergwerks-Direktoren, die am Stadtwald bauen (Gildenstraße).

Verkehrs-Mittel. Das erste Transportmittel ist die Kutsche, dann folgt an vielen Stellen die Eisenbahn und schließlich für einige Privilegierte – um 1910 – der PKW. Der Ausbau der Verkehrsmittel ermöglicht den Auszug vieler Wohlhabender aus der Stadt.

Auch Nachrichten-Techniken ermöglichen die räumliche Distanz zur Fabrik. Hermann Muthesius 1907: „Post,
Telegraph und Telephon entstehen
schleunigst in jeder Neuansiedlung. So
gibt es keine Weltverlorenheit mehr, die
Technik setzt uns in den Stand, örtliche
Entfernungen zu mißachten, und raubt
dem städtischen Zusammendrängen –
dem ausgesprochenen Zug der letzten sozialen Entwicklung – seine Berechti-
gung."[61]

Nord-Süd-Unterschiede. Viele Bereiche, die durch Landschaft, Wald, Erho-
lungs-Möglichkeiten und bessere Luft
privilegiert sind, werden von Wohlhabenden erworben. So bleiben zwangsläufig
die Ärmeren in den schwierigeren Bezir-
ken zurück. Daher werden das Hügelland
des Südens und die Park-Landschaft des
auslaufenden Münsterlandes die Wohn-
sitze der Wohlhabenden und das Emscher-Gebiet der Bereich der Armen. So
erhält die Flächenverteilung der Wohn-
viertel ihre Charakteristik. Der Norden
ist von riesigen Arbeitervierteln geprägt.
Die Wohlhabenden sind in der Lage, sich
im Süden mehr Lebens-Qualitäten zu erwerben. Besonders auf den bewaldeten
Hügeln vor dem Tal der Ruhr und im
Wald von Mülheim und Duisburg läßt
sich seit 1900 die Funktions-Elite der
Wirtschaft nieder.

Industrie-Magnaten lassen sich –
ähnlich wie Alfred Krupp – im südlichen
Hügelland nieder und bauen sich Häuser
wie Herren-Sitze oder Villen[62]. August
Thyssen [35] erwirbt 1903 den Herren-
Sitz Landsberg im Süden von Mülheim.
Obergärtner Johann Behmenburg: „Herr
Thyssen war ja ein so einfacher Mann.
Mittags aß er immer im Beamtencasino
seiner Fabrik. Wenn er hier zu Hause aß
und der Koch mit den Zutaten zu üppig
umgegangen war, knurrte Thyssen, daß es
zuviel Fleisch gab. Er war sehr bescheiden. Er rauchte überhaupt nicht, ließ sich
oft Wasser ins Weinglas schenken ..."[63]

Thyssen läßt ein Türmchen für seine drei
Bernhardiner und für die heimische
Hühnerzucht bauen. Er legt Gemüse-
Beete an und erntet selber. In Landsberg
erholt sich Hitler nach seiner Ansprache
vor dem Industrieclub (1931), mit der er
sich die Finanzierung seiner Machtergrei-
fung sichert.

Der Streithof von Emil Kirdorf. Im
Süden von Mülheim kauft sich der Vor-
sitzende der Gelsenkirchener Bergwerks
A.G., Emil Kirdorf, 210 Morgen gekauft.
Kirdorf formuliert nach dem Bergarbei-
ter-Streik 1905 die Wahl dieses zurückge-

Bäuerliches Leitbild: Streithof (nach 1905 von
Wilhelm Zaiser) von Ernst Kirdorf in Mülheim-
Speldorfer Wald (Freundhofweg).

zogenen Wohnsitzes als einen ideologischen Protest gegen „sozialdemokratische
und ultramontane Verhetzung" sowie gegen die „unverständliche Haltung der Regierung ... die gänzlich verblendete öffentliche Meinung." In Streit mit allen
nennt er den Wohnsitz ›Streithof‹. Ausdrücklich bezieht er sich in der Gestaltung auf die bäuerliche Tradition, nennt
den Bau (nach 1905 wohl von Wilhelm
Zaiser, Düsseldorf) ein „Gehöft" – im
Gegensatz zu adelsorientiertem Verhalten.
1911 lehnt Kirdorf den Adels-Titel ab.
Regelmäßige Gäste im Streithof: Adolf
Hitler, Joseph Goebbels. [230, 267]
(Heute: Therapeutisches Krankenhaus
des Roten Kreuzes für Alkoholiker.)

Leitbild für Einfamilien-Häuser.
Das ›Landhaus‹ wird das Leitbild für das
freistehende Einfamilien-Haus. Die

halbländliche Gemenge-Lage im Gebiet zwischen Ruhr und Emscher gibt vielen Wohlhabenden die leichte Chance, am Rand oder in Zwischen-Bereichen ihrer Industrie-Dorf-Stadt sich ein solches Haus zu bauen.

Mit der Verbreitung des PKW nach 1960 entstehen ausgedehnte Bereiche solcher Häuser vor allem im Süden und dann auch im Norden, ins Münsterland hinein, wo sie jedoch rasch von der Expansion der Industrie wieder eingeholt werden. Die Erschließung für sie erfolgt planerisch auf einer wenig komplexen Stufe. Von der Gestaltungs-Kraft der Gartenstadt sind sie ausnahmslos weit entfernt.

Orts-Hinweise: Unternehmer-Villen. ›Packhaus‹ Haniel (1756) in Duisburg-Ruhrort (Hafenstraße 16/20; Zugang über Hauptverwaltung Franz Haniel-Platz 3), mit vorzüglichem Firmen-Museum. Spediteur-Haus (um 1810) in Duisburg-Ruhrort (Hammacher Straße 44) [160]. Im bedeutenden Textil-Ort Velbert-Langenberg (Bandwirkerei, Weberei): Verleger-Haus ›Planke‹ (18. Jh.; Hauptstraße 12), in bergischer Bauweise, vor Textil-Fabrik (um 1820; Hauptstraße 14). Verleger-Haus (1835) der Bandwirkerei Feldhoff & Co (Hauptstraße 35), Kontor, Lager und Wohnung, in bergischer Bauweise. Daneben Villa Feldhoff (1850; Hauptstraße 33), Renaissance und griechisch [121]. Villa Textil-Fabrikant Eduard Colsman d. Ä. ›Im Neuborn‹ (1842; Hauptstraße 29). Villa Textil-Fabrikant Colsmann (1885; Hauptstraße 27), mit der besterhaltenen Original-Ausstattung im Ruhrgebiet, in italienischer Renaissance des 16. Jahrhunderts[64]. Villa Grüneck (um 1900) des Kommerzienrat Münker (Groendelle), Kartonnagen-Fabrik Laakmann, auch Lieferant der Eisenbahn-Fahrkarten, ein spätgotisches Schloß. Villen in Mülheim: Villa Roesch (Weberei, Immobilien) 1904/1906 (Wilhelmstraße 22), italienischer Barock. Die Friedrichstraße ist die Straße der Millionäre. Weitgehend erhalten: Villa Bankier Heinrich Hanau (1902 von Franz Hagen, Mülheim; Friedrichstraße 54), italienische Renaissance (16. Jh.). Villa Notar Dr. Rudolf Schmits (um 1905; Friedrichstraße 52 a). Villa Julius Bagel, Groß-Druckerei-Besitzer (um 1910 von Franz Hagen; Friedrichstraße 62), klassizistisch-strenger Absolutismus. Villa Joseph Thyssen (1844-1915) (1898 von Kayser[65] & von Großheim, Berlin; Dohne 54), im Wiener Absolutismus [161]. Haus Urge (1913 von Franz Hagen; Bismarckstraße 28 für den größten Leder-Fabrikanten Jean Baptiste Coupienne, Vorbild: Wasser-Anlage Haus Blegge in Paffrath bei Bergisch-Gladbach (2. H. 18. Jh.).. Villa (Franz Hagen) Werdener Weg 4. Villa Leder-Fabrikant Wilhelm Rühl (1899; Düsseldorfer Straße 224), polychrom, italienische Burgen-Renaissance.

Villa der Textil-Fabrikanten Friedrich Schönstedt (1910 von Hermann Muthesius) in Mülheim (Duisburger Straße 443), Landhaus-Typ am Hang [165]. Streithof von Emil Kirdorf (um 1905 wohl von Wilhelm Zaiser, Düsseldorf) in Mülheim-Speldorfer Wald (Freundhofweg) [166]. Haus Hartenfels (um 1900) für Klöckner in Duisburg-Stadtwald (Grenzweg), ist eine gewaltige deutsche Renaissance-Burg. Landhaus (1913/1914 von Rudolph Tillessen, Mannheim) des Kommerzienrates Gerhard Küchen (Stinnes) in Mülheim (Uhlenhorstweg 29/Tannenstraße, heute Evangelische Akademie) [162].

Villa Zechendirektor Wilhelm Liebrich (1897 von der Bauabteilung Zeche Concordia) in Oberhausen (Grillostraße 34), Renaissance, mit umfangreicher Garten-Anlagen (heute Park). Am Markt und gegenüber vom Rathaus baut sich mitten in Rheinberg die Familie Unterberg neben ihrer Fabrik für Edelbitter-Liköre (1840 gegründet) um 1900 ein Palais im Wiener Stil. [79]

August Thyssen erwirbt 1903 vom Freiherrn Ignaz von Landsberg den Herren-Sitz und den Wald von Landsberg im südlichen Ruhrtal (August Thyssen-Straße, auf dem Gebiet von Ratingen). Flick-Villa Charlottenhof (1928 von Paul Schultze-Naumburg) in Essen-Kettwig (Charlottenhofstraße 61) – als sogenanntes Schloß auf dem höchsten Hügel an der Ruhr bauen – aus Trotz gegen andere Industrielle. Ehefrau Marie weigert sich einzuziehen. Daher vermacht Flick den Hof den Nationalsozialisten als Mütter-Erholungsheim[66]. Villen an der östlichen Hauptstraße in Kettwig.

Stammhaus Krupp (1818) in Essen (Altendorfer-/Westend-Straße), ursprünglich Aufseher-Haus [161], seit 1926 Krupp-Wohnhaus. Krupp-Villa Hügel (1869/1872) in Essen-Bredeney (Haraldstraße) [163]. Vor der Villa: die Siedlung (1895 von Robert Schmohl) für die Hausbediensteten Am Brandenbusch.

Fabrikanten-Villa Berger (1835) in Witten (Ruhrstraße 69), ein Renaissance-Palais (heute Heimatmuseum Witten). Villa Lohmann (um 1880) in Witten (Bergerstraße, heute VHS). Wei-

tere Villen in der Bergerstraße. Villen in der oberen Kaiserstraße in Wetter. Villa Robert Müser
(Generaldirektor der Harpener Bergbau AG) in
Herdecke-Wittbräuke (Ostender Weg 21; 25; heute Schule für Zivildienstleistende). Freigut der Familie Harkort in Hagen-Haspe (Harkortstraße),
wo seit dem 15. Jahrhundert die Familie Harkort
lebt; Wohnsitz des Industriellen und Sozialpoliti-
kers Fritz Harkort (1793-1880), in einem Park am
Ende einer Linden-Allee steht wie ein Herren-
Sitz ein bürgerliche Haus (1756/1767), mit Bau-
ern-Haus.

Bergisches Bürgerhaus: Haus Harkort (1756/
1767) in Hagen-Haspe (Harkortstraße).

Villen-Viertel in Buer (Gelsenkirchen) Terrain
zwischen Herrensitz Haus Berge und Rathaus-
Hügel. In Gelsenkirchen: Weststraße (Robert-
Koch-Straße) – beim ›Kaiser-Wilhelm-Garten‹
(1896 Stadt-Park). Direktoren-Villa Dahlbusch
AG (um 1900) in Gelsenkirchen-Rotthausen
(Steeler Straße). Bottrop: nördlich des Behörden-
und Schul-Viertels mit Villen der Bergwerks-Direktoren (Kirchhellener-, Gerichtsstraße) am
Stadt-Park. Villa Dickmann (1902; Bogenstraße
40), Besitzer einer Sandgrube *[169]*. Direktoren-
Villa der Preußischen Berginspektion (1910 von
van de Sand) in Waltrop Dortmunder Straße).
Haus Goldschmieding in Castrop-Rauxel (Heinrichstraße), 1872 vom Iren Thomas Mulvany erworben, der in Castrop 1866 die Zeche Erin (=
Irland) anlegt.
        Villen-Kette am Westfalendamm in Dort-
mund.

Reformen der Ästhetik um 1900

Höhepunkt und Einbruch. Die
Jahrhundertwende ist zugleich Höhepunkt der Repräsentations-Entfaltung in
der Architektur-Geschichte wie tiefgrei-
fendster Einbruch. Niemals werden mehr
Mittel zur Verfügung gestellt, aber zugleich wird mit vielen Gründen in Frage
gestellt.
Prestige-Verlagerung. In der Zeit,
wo sich jeder Fabrikant in der einen oder
anderen Weise sein Schloß bauen kann,
verlagert sich sein Prestige: In den großen
Betrieben anonymisieren sich die Besitzer
zu Aktionären, die Manager leiten sie auf
Zeit und wechseln, die Bezüge der ›Re-
präsentanten‹ lösen sich von ihrer unmit-
telbaren Umgebung und breiten sich in
Bereiche aus, wo die konkrete Darstellung durch einen Bau nicht mehr sichtbar
ist oder an den Rand gerät. Prestige verlegt sich in räumlich weit verstreute Insi-
der-Gruppen, in Börse und Banken, in
die Ziffer auf dem Konto. In Fusionen
werden Betriebe zu Filialen ohne Repräsentation. Später kommen andere Kanäle
hinzu, vor allem Medien.
**Von der konkreten Industrie-Ar-
chitektur zum Marken-Zeichen.** Auf
eine ähnliche Paradoxie steuert die Industrie um 1900. Auf Brief-Köpfen stellen
Firmen mit Stolz das Werk wie ein Porträt
dar. Architektur wird auch in der Industrie-Gesellschaft eine Zeit lang – in der
Tradition vieler Jahrhunderte – zum
Image des Besitzers gemacht, steht für
seine Identität. Aber das hält nicht lang,
sondern löst sich nach 1918, vom Schock
des verlorenen Krieges und dem Sturz eines Teils der alten Gesellschaft tief getroffen, brüsk auf. An die Stelle des Bildes einer konkreten Architektur tritt das abstrakte Marken-Zeichen.

Der Ästhetisierungs-Schub um 1900

Bürger lernen Umwelt zu genießen: Villa Dickmann (1902) in Bottrop (Bogenstraße 40).

Die Jahrhundert-Wende ist ein Kreuzungs-Punkt von Konzepten – teils miteinander, teils gegeneinander entwickelt. Eine wirklich tiefgreifende, zugleich paradoxe Zeiten-Wende. Ungeheurer industrieller Reichtum ist entstanden, der viel von dem ermöglicht, was Reichtum in alten Traditionen mit Reichtum anfängt. Aber zugleich entwickelt dieser Reichtum im eigenen Schoß Alternativen. Das wird am deutlichsten an einer schillernden Person wie Karl Ernst Osthaus in Hagen (1874-1922) sichtbar. Der reiche Bankiers-Enkel hat nicht nur für die Region wichtige Wirkungen, sondern ist auch für die gesamte ästhetische Moderne eine ihrer Schlüssel-Figuren [175].

Ästhetisierung des Ambiente. In einem Maße ästhetisiert sich bei einem Teil des wohlhabenden Bürgertums das Ambiente, wie es zuvor nur beim Hochadel der Fall war – und nur in begrenzten Bereichen. Nun dringt der Ästhetisierungs-Schub tief in das Alltagsleben der breit gewordenen Schichten von Wohlhabenden ein und erreicht auch die Viertel der Arbeiter, abgeschwächt sogar ihre Miets-häuser.

Die Stadt-Viertel um 1900 sind davon geprägt. Wir sehen die Raffinesse des Reichtums, Kombinatorik, oft eine Phantasmagorie, die zuvor nur in der Waren-Welt von Paris herrscht, kolonialer Luxus (in Brüssel von Victor Horta exzessiv formuliert), Szenerien (nach englischen Vorbildern).

Das Haus als Szenerie. Um 1900 entstehen überall große und hohe Bauten für eine oder auch für viele Familien, die szenischen Reichtum entfalten: Treppen-Aufgänge, Baldachine, Terrassen, Wintergärten, große Netz-Fenster, die wie Bilder

Hoffnungs-Utopie der Jahrhundert-Wende: die schöne Stadt. Bismarckstraße (1905) in Herne-Baukau.

auf der Wand aussehen, Erker, eingezogene und vorkragende Balkone, Giebel in Fachwerk und in üppig geschweiften Formen. Umfangreich werden Dekorationen aufgelegt – architektonische und bildhafte: Flache Pfeiler (Pilaster), Umrahmungen von Fenstern, vor allem der Bögen, Betonungen der vielen kleinen und größeren Giebel. An die Stelle der Symmetrie tritt eine prozeßhafte Dramaturgie der Szenen, angelegt auf Überraschung.

Szenische Dramaturgie der Straßen. Vor allem in den vielen Gastwirtschaften, die kurz nach 1900 entstehen, wird deutlich, daß Straße nun nicht einfach nur da ist, sondern ebenfalls theaterhaft szenisch erlebt und gestaltet wird. Die Schnitt-Punkte werden pointiert: durch Abschrägung der Ecken, Eingänge, Balkone, Erker, Gauben und Türmchen. Eine umfangreiche Diskussion über den Städte-Bau[67] führt zu Entwürfen für die Stadt als Szenerie: zu den Gartenstädten.

Der Schlosser Walter Brenk, Jahrgang 1908, antwortet auf die Frage, wie die Arbeiter-Bevölkerung die üppigen Architekturen der Jahrhundertwende gesehen hat: „So ganz dumm waren wir nicht. Wir hatten in Gelsenkirchen einen Bahnhof. Wenn wir alle loszogen bei Wind und Wetter – wo trafen wir uns? – im Bahn-

Städtischer Stolz: das Rathaus (1893) in Gelsenkirchen (abgerissen) in preußischer Gotik. [122]

hof. Der Bahnhof war schön. Und heiß. Da gab es Geschäfte, einen Friseur, den Wartesaal 1. bis 4. Klasse. Das war ein Treffpunkt – ein Bahnhof – das war eine Pracht! Dann unser Rathaus! Dahin kamen Leute aus ganz Deutschland – zum Fotografieren. Das Rathaus war im Jugendstil erbaut – mit Türmchen und allem. Das haben die Kultur-Banausen, diese Drecksäcke! alles abgerissen [1982] . Wir haben bald geweint, als sie das Rathaus und den Bahnhof abgerissen haben[68]. Beguck dir doch den neuen Bahnhof! Dann wollten sie noch die Post abreißen. Da gab es Stunk. Da sind wir auf

die Barrikaden gegangen. So dumm sind die Leute doch auch nicht. Sie hängen doch an so etwas. Das ist interessant. Damit ist man groß geworden. Zigarren-Kisten aus Beton – das kann jeder bauen. Den Beton hinknallen – wie sieht das denn aus? Die Leute sahen auch, daß der Zechen-Turm so aussah wie ein Malakoffturm. Das hat jeder gesehen."

Insgesamt entsteht um 1900 eine ›Bau-Kultur‹. Die Arbeiter-Bevölkerung fügt sich ein: an den Festtagen in Verhalten und Kleidung, in ihren Treff-Punkten, den Gaststätten. Dies trägt Zeichen des Aufstiegs.

Orts-Hinweise: Bau-Kultur um die Jahrhundertwende. (1905) Bismarckstraße in Herne-Baukau. Villa Dickmann (1902) in Bottrop (Bogenstraße 40) *[169]*. Äußeres des Hallenbades (1910) in Duisburg-Ruhrort Deich-/Apostelstraße), IBA-Projekt Museum der Deutschen Binnenschiffahrt.

Pluralismus – Mischung – Kombinatorik

Pluralismus der Zeichengebung. Je größer die Industrie-Städte werden, desto mehr breitet sich ein Spektrum an Möglichkeiten aus und damit der Auswahl – und somit der Pluralismus. Im Zentrum von Hagen stehen sich an der Hochstraße drei unterschiedliche Ausdrucks-Sprachen mit jeweils genauen Bedeutungen gegenüber: in toskanischer Renaissance das Landgericht (1865), gotisch die katholische Marien-Kirche (1893) und in deutscher Renaissance der Außenbau des Museums (1898). Auch die Fülle der industriell produzierten Materialien und Konstruktionen führt zur Erweiterung der Ausdrucks-Sprachen.

Demokratisierung von Zeichen. Die Industrialisierung bietet zunehmend mehr Menschen die wirtschaftlichen

Mittel, sich Lebens-Qualitäten, Bildung, Ansehen und Kommunikation zu verschaffen. Was zuvor nur wenigen vorbehalten war, wird nun für viele zugänglich. Zeichen werden aus alten Besitz-Gefügen gelöst – das ist ein Teil eines informellen Demokratisierungs-Prozesses. Aber: War es nicht auch das historische Vorbild meist das Resultat eines Aneignungs-Prozesses? Häufig einer ebensolchen Usurpation?

Neue Konstellationen. Wenn die neuen bürgerlichen Besitzer die alten Zeichen übernehmen, zerbrechen die Konventionen ihrer traditionellen Gefüge, ihre alte ›Grammatik‹ löst sich auf und es entstehen neue Konstellationen. Die Aufgabe der Symmetrie zeigt den Verlust bindender Normen an.

Die neue Freiheit öffnet strukturell das Verhaltens-Spektrum: Bauherren können sich eine Zeichen-Gebung für ihre Fassade aus unterschiedlichen Ausdrucks-Sprache aussuchen. Um 1900 wird dies in Bürger-Straßen und Arbeiter-Siedlungen sichtbar: Wir erkennen die Explosion einer gestaltenden Phantasie.

1899 etwa startet am Kopstadtplatz in Essen das ›Colosseum‹, das erste große Variété-Theater. In einem Bericht der Essener Volkszeitung (16. 1. 1899) heißt es darüber: „Das Äußere des Gebäudes fesselt durch die Kraft der Phantasie, durch die freie poetische Sprache der architektonischen und ornamentalen Erfindungen ...“[69]

Mischung von mehreren Ausdrucks-Sprachen. Viele Bauten sprechen buchstäblich mit zwei Zungen. Sie benutzen die Ausdrucks-Sprachen von mehreren Traditionen. Dies ist folgerichtig. Es drückt aus, daß der Bauherr sich mehreren Kultur-Strömungen zuwendet.

Häufig benutzen öffentliche Bauten die Ausdrucks-Sprache der alten deutschen Stadt-Kultur – nun aber mit gesteigerter Autorität. Dann erhält das Gebäude die großen Formen, vor allem in den Dä-

chern, die an absolutistische Schlösser erinnern.

Kombinatorik. Die Philologie, die sich die historischen Formen-Sprachen aneignet, geht nicht weit, ist nicht streng, ist eher enzyklopädische Philologie. Sie fragt nicht nach der Genauigkeit von Details und wie sie zusammenpassen, sondern sammelt und reiht nebeneinander. Sie versteht wenig von Struktur, weil sie ihr Finde-Verfahren nicht weit treibt. Dieser Mangel an Methode überläßt der Kombinatorik jedoch einen großen Spiel-Raum. Er nimmt mit der Ausweitung der Verfügbarkeit der Zeichen erheblich zu. Kurze Zeit später bewerten Avantgarden und ihr Umkreis die Brüche positiv: So entsteht entsteht dann sogar eine Ästhetik der Brüche.

Zunächst aber ist der Kölner Kardinal Antonius Fischer über die St. Nikolaus-Kirche (1904/1907 von Carl Moritz) in Essen-Stoppenberg so entsetzt, daß er sich eine Zeit lang weigert, die Kirche zu weihen[70].

Orts-Hinweise: Architektonische Misch-Formen um die Jahrhundertwende. St. Nikolaus-Kirche (1904/1907 von Carl Moritz) in Essen-Stoppenberg. Rathaus (1914 von Ludwig Becker) in Bottrop: wie ein absolutistisches Schloß und

Kombinatorik: Evangelische Auferstehungskirche (1911 von Arnold Eugen Fritsche) in Gelsenkirchen-Neustadt (Josefstraße).

ein stadtbürgerliches Renaissance-Haus *[184]*. Der Wuppertaler Architekt Arnold Eugen Fritsche baute 1911 die evangelische Auferstehungskirche (Neustadt-Kirche) in Gelsenkirchen (Josefstraße) als eine neue Zusammenstellung von traditionellen Elementen. Im Handels-Hafen Gelsenkirchen-Schalke-Nord stehen an der Werftstraße zwei Speicher-Häuser: ein Renaissance-Schloß und eines mit Kuben der zwanziger Jahre.

Tor (1898) der Firma Flottmann Herne beim Museum Schloß Strünkede in Herne, angefertigt zur Welt-Ausstellung 1900 in Paris.

Die Gestaltungs-Weise der neuen Freizügigkeit: der Jugend-Stil

Benannt nach der 1896 gegründeten Zeitschrift ›Jugend‹ entsteht eine neue Gestaltungs-Weise[71]. Am wichtigste wird sie in den angewandten Künsten. Der ›Jugendstil‹ löst am deutlichsten die Grammatiken der alten Stile auf. Er nimmt sich eine frappierende Freiheit: Ein breites Arsenal von Elementen wird fast bis zur Unkenntlichkeit verändert – durch Verkleinerung, auch Vergrößerung, Ironie, Verformung, Kombinatorik. Hinzu kommt die Erfindung einer Fülle von neuen Elementen. Kunst gilt nun als Freiheit. Der Jugendstil ist „ein Medium der Auseinandersetzung mit verkrusteten Strukturen der Kaiser-Zeit. Daher gilt er als ein Beginn für neues Denken" (Rüdiger Sareika). Über dem Sezessions-Haus in Wien hängt der Slogan von Hermann Bahr: „Der Zeit ihre Kunst. Der Kunst ihre Freiheit."

Bildhaftigkeit. Die Auflösung herkömmlicher Zusammenhänge führt zu radikaler Gestaltung: Die Wand wird zu einer abstrakter Fläche. Auf ihr schwebt Dekor oder ein hingehauchtes Bild. Dies ist eine ganz neue Auffassung von Architektur. Wand ist nun keine massige Struktur mehr, sondern eine imaginäre Projektions-Fläche. Zur selben Zeit entsteht der Film. Leit-Motive des Jugendstil: Die ge-

schwungene bewegte Linie zeigt den Fluß der Nerven[72] und Lebens-Kraft. Ein Parallel-Phänomen: Die Zeitgenossen sind auch fasziniert von der Elektrizität.

Diese Gestaltungs-Weise wird als Angriff auf die Architektur angesehen. Viele

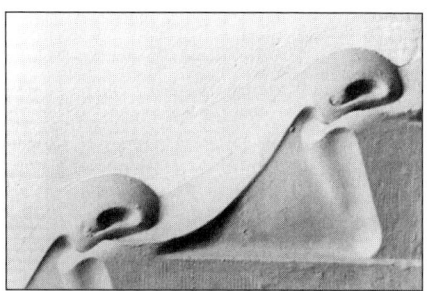

Henry van de Velde (1902): Aufsteigende Wellen-Bewegung der Treppen-Wange im Folkwang-Museum Hagen. Magie der Vital-Energie

Entwerfer wollen zu einer architektonische Gestaltung zurückkehren – aber genau gesehen, findet das nicht wirklich statt, sondern an die Stelle der beweglichen, meist von Pflanzen abgeleiteten Kraftlinien tritt lediglich die Strenge gerader abstrakter Linien.

Diese beiden Versionen des Jugendstils verbreiten sich im ersten Jahrzehnt. Als

Das Motiv der aufgehenden Sonne: Eingangs-Situation zur Maschinenhalle (1902/1993 von Bruno Möhring/Reinhold Krohn) der Zeche Zollern 2/4 in Dortmund-Bövinghausen.

Zeichen-Gebung an Geschäfts-Häusern, Gaststätten, Kinos dienen sie dazu, dem Publikum deutlich zu machen: Hier geht es unkonventionell, elegant, emotional, profan, auch fröhlich und beschwingt, lebensfreudig zu. Der Abstand zur herkömmlichen „steifen Repräsentation" wird manifest gemacht. Fabriken deuten damit ihre Absage an Tradition an.

Jugendstil ist der Ausdruck eines demonstrativen Abbaues von Konventionen, einer größeren Freiheit, des Bewußtseins für Neues, für Modernisierung in der Gesellschaft. Er ist ein Teil des Zeit-Geistes und besitzt daher viel Akzeptanz, deshalb verbreitet er sich weit.

Hier wird Mode vorgeführt. Ein Bedürfnis nach Abweichung macht sich sichtbar, das nicht weit geht und doch die Phantasie bewegt. Es ist kein steifer Stil mehr, sondern ein erzählender, oft lustig, mit Situationen. Rasch erscheint erneut die Gegenforderung: Strenge! In Stichworten wie Geometrie. In den 20er Jahren dominiert die Strenge erneut, vor allem in Gestalt von Monumentalität.

In evangelischen Kirchen-Fassaden wird eine Kontrastspannung gestaltet: riesenhohe abweisende Türme und kleine Eingangs-Szenerien sowie Szenen auf den Türmen.

Umgestaltung. Zu gleicher Zeit werden auch ältere Ausdrucks-Sprachen mit großer Freiheit umgestaltet. Beispiel dafür sind Kaufhäuser (Vorbilder in Berlin und Düsseldorf).

Orts-Hinweise: Jugendstil-Bauten. Stadt-Theater Hagen (1911 von Ernst Vetterlein, Darmstadt) [434]. Ev. Kirche (1906/1908 von Arno Eugen Fritsche) in Dortmund-Marten. Maschinen-Halle (1902/1903 von Bruno Möhring/Reinhold Krohn) der Zeche Zollern 2/4 in Dortmund-Bövinghausen (Grubenweg) [173, 212, 267]. Luther-Kirche (1910/ 1911 von Arno Eugen Fritsche[73]) in Bochum (Klinikstraße). Flottmann-Fabrik (1908 von Schmidtmann/Klemp) in Herne (Flottmannstraße 94), in der Mitte eine Ausstellungs-Halle (heute sozio-kulturelles Zentrum[74]). Schmiedeeisernes Tor (1898) der Flottmann-Fabrik, heute beim Museum Schloß Strünkede in Herne (Karl-Brandt-Weg 5). Kaiser-Passage (1904/1911) in Herne-Wanne (Mozartstraße; Überdachung zerstört). Geschäfts-Haus (1905) in Recklinghausen (Rochusstraße 3/5). Schlacht- und Viehhof in Gelsenkirchen (1908/1913 von Stadtbaurat Max Arendt). Maschinen-Halle der Zeche Oberschuir (1908 von der Bauabteilung Consolidation) in Gelsenkirchen-Feldmark (Boniverstraße[75]), Teil eines Schacht-Ensembles mit Wasch-Kaue, Verwaltung, Steiger-Wohnungen, strenger Stil. Ev. Auferstehungs-Kirche (1910 von Arno Eugen Fritsche) in der Neustadt in Gelsenkirchen (Josefstraße) [171]. Herz-Jesu-Kirche (1912/1924 von Ludwig Becker/Sunder-Plaßmann) in der Arbeiter-Siedlung Gladbeck-Zweckel (Feldhauser Straße/Dorstener Straße). Türme 1907 von Hermann Billing, Karlsruhe) der Rheinbrücke in Duisburg-Ruhrort. Bäckerei Paul Stöcker in Dinslaken (Duisburger Straße 47). [131]

Die gemäßigten und die energischen Reformer

Das ›**Eigene**‹ war im Laufe der Jahrhunderte keine Denk-Kategorie, weil es auf Anschluß und Gruppen-Zugehörigkeit ankam. Selbst wo das Wort ›inventio‹ d.h. ›Erfindung‹ auftaucht, ist damit nicht Neues gemeint, sondern Einfallsreichtum innerhalb des vorhandenen Repertoires. Erst das Ingenieur-Denken ist innovatorisches Entwicklungs-Denken. Seine Ambivalenz: jeder Schritt zerstört den vorhergehenden.

Hinzu kommt aus dem Bereich der Industrie die Neigung zur Distanz gegenüber der Repräsentation. Schon Krupp versuchte, ausdrücklich eine Ästhetik des Nutzens zu gestalten. [163]

Gemäßigte Proteste gegen Repräsentations-Stereotypen. Um 1900 kommt es in mehreren Schüben zu Protesten: Überdruß am Kaviar, weg von der Repräsentation, hin zur Genauigkeit im Inneren. Henry van de Velde, der von Osthaus nach Hagen geholt wird, stellt dem ›Repräsentieren‹ ausdrücklich das ›Präsentieren‹ gegenüber. Hermann Muthesius 1907: „Forderungen nach größerer Schlichtheit und Sachlichkeit ... der Punkt ..., an dem eine Reform zuerst einsetzen muß"[76].

Schelt-Worte tauchen auf: ›verlogen‹, ›Maskerade‹ und vieles mehr. Es sind Schelt-Worte, die dann unzulässigerweise in der Ebene der Analyse verwandt werden, weshalb ein großer Teil der Baugeschichte neu zu durchdenken ist.

Reform- und Veränderungs-Denken. Der Industrialisierungs-Prozeß programmiert ein Denken in Veränderungen. Dem Denken des Ingenieurs folgen viele Entwerfer. Innerhalb der vorhandenen Eliten entstehen vier wichtige Reform-Strömungen: gemäßigte (z.B. Bruno Möhring), energische (z.B. Henry van de Velde) und radikale (z.B. Bauhaus). Hinzu kommt in den 20er Jahren die Exzentrik der Expressionisten (z.B. Josef Franke)

Die erste gemäßigte Reform hält sich noch stark im Umkreis der eingefleischten Anschauungen auf: Sie gruppiert die eingefahrenen Konventionen der Zeichen um – und verändert sie dadurch. Im sogenannten Expressionismus läuft diese Gestaltungsweise weiter.

Mit den Zentren in Brüssel und in Wien versuchen Reformer neue Zeichen und neue Erscheinungs-Weisen für die Repräsentation zu schaffen: Materialien werden geradezu für eine Meditation präsentiert. Und mit byzantinischer Raffinesse verwandt – als neuer „Kultus des edlen Materials" (Fritz Schumacher[77]), in phantasmagorischer Kombinatorik. Auch die Industrie nutzt Materialien der Natur, untersucht sie, dringt in ihre Tiefen ein (Material-Prüfung), bearbeitet sie, bereitet sie auf, stellt sie in neue Zusammenhänge. Der Vorgang steht an einer Schnittstelle zwischen Wissenschaft und archaischer Magie. Ingenieure und die Künstler sind Parallelen – obwohl ein gesellschaftlicher Diskurs darüber noch lange nicht möglich ist.

Diese Gestaltungs-Weise verbreitet sich mehr in den privaten Bereichen der Innen-Einrichtung als in den eher auf den Konsens mit Gruppen orientierten der Fassaden. Daher konzentriert sich die Reform eher auf Produkte[78].

An vielen Häusern und öffentlichen Bauten im Ruhrgebiet erkennen wir die Lust an Materialien: Erdgeschoß-Rustizierungen mit fels-artigen Gesteinen *[183]*, oft bis zum Dach wuchernd. In den groß werdenden Fenstern wird Glas präsentiert, häufig auch farbig. Natur-Hölzer: als geradezu abstraktes Spiel von Maserungen und Texturen (gelegentlich ›Material-Stil‹ genannt). Hinzu kommen Gegenüberstellungen und Kontraste, häufig als demonstrativer Bruch.

Fritz Schumacher beschreibt in der Rückschau wichtige Charaktere – eine Phänomenologie im Zusammenhang mit Psychologie. Stichworte sind: Raffinement, Farbe, Verfeinerung, „überraschende Einfälle von manchmal bizarrer Grazie", „knorpelige Formen" als „plastischer Ausdruck von eigenartigem Gepräge: geschwungene Flächen fließen ineinander, jede mathematische Form ist verbannt, und nur die Gesetzmäßigkeit des Aufbaus verrät, daß doch ein mathematisch organisierter Geist dieses System von Schwellungen erdacht hat, „Einfluß eines Mannes, dessen ästhetische Philosophie vieles geistig klärt, womit die nächste Zeit in ihrem Schaffen ringt: es ist Theodor Lipps. Er ergründet physiologisch die Wirkung, die vom organisierten Linienzug auf den Menschen ausgeübt wird und kommt zu dem Ergebnis, daß die motorischen Anforderungen, die das Abtasten eines Linienzuges an unser Auge stellt, durchaus verschieden [sind] ..."[79]

Die energischen Reformer in Hagen, Weimar und Berlin bilden eine zweite Gruppe. Sie gehen von der Zuspitzung des Konfliktes zwischen dem historischen Adel und dem aufsteigenden Bürgertum aus. Dieser alte Adel sei eine Zuteilung durch Geburt, also durch ererbten Stand – hingegen sei es die Leistung vieler Bürger, durch Arbeit, Unternehmungs-Geist und neue Denkweisen Außerordentliches geschaffen zu haben. Die Konsequenz der Ablehnung des Geburts-Adels ist der Bruch mit ihrer Welt und mit ihrer Zeichen-Gebung.

Mit den Zentren in Hagen (Karl Ernst Osthaus), Weimar und Berlin suchen Reformer (u.a. Henry van de Velde[80], Lauweriks, Peter Behrens, Bruno Taut) nun nach neuen Zeichen und Kombinationen, die mit den traditionellen nichts mehr zu tun haben. Künstler wollen einen Boden bereiten, auf dem eine eigene Zeichen-Welt entsteht. Sie ändern ihre Orientierung: nicht mehr Prestige ist gefragt, sondern die Welt der Industrialisierung.

Orts-Hinweise: Gemäßigtes Reform-Denken. Baedeker-Haus in Essen (1927 Hochbauamt unter Ernst Bode), mit gigantischen Figuren in ägyptisierender Manier von Josef Enseling. Anschließend: Kaufhaus Loosen. Im Moltke-Viertel in Essen wird der ›Jugend-Stil‹ der Wiener Sezession von einem Schüler Josef Maria Olbrichs gebaut: von Edmund Körner, eine kurze Zeit auch Stadtplaner in Essen.

Schau-Platz Hagen: Avantgarde in Europa. Der ›Hagener Impuls‹ von Karl Ernst Osthaus

Die Region hat in den beiden ersten Dekaden des Jahrhunderts, von 1900 bis 1920, einen Glücks-Fall: Karl Ernst Osthaus (1874-1921)[81] in Hagen. Sein ›Hagener Impuls‹ zählt zu den Kern-Ereignissen der Ästhetik in der Industrie-Epoche. Niemand in der Welt fördert die moderne ästhetische Entwicklung derart existentiell, kenntnisreich, organisatorisch und mit immensen finanziellen Summen wie Osthaus.

Finanzielle Grundlage. Karl Ernst Osthaus stammt aus einer Wuppertaler Bankiers-Familie, der Vater betreibt seit 1867 ein Bankhaus. Er wächst auf im Spannungsfeld zwischen dem gebildet-interessierten Großvater und dem in Geld und Geschäften aufgehenden Vater, zu dem er ein gespanntes Verhältnis hat. 1896 sterben die Großeltern. Sie hinterlassen – die Eltern übergehend – dem zweiundzwanzigjährigen Enkel, dessen Neigungen ihnen sympathisch sind, im Bewußtsein, daß er damit sinnhaft umgeht, ein immenses Vermögen: drei Millionen Mark.

Vor diesem Finanz-Hintergrund investiert er in kulturelle Impulse. Zwei Drittel der Summe sollen dem Allgemeinwohl zugute kommen: der Volks-Bildung und der ›Hebung des Geschmacks‹. Osthaus setzt zeitlebens einen großen Teil seines Reichtums in soziale Kultur um und ist damit ein herausforderndes Beispiel für einen produktiven Zusammenhang von Wirtschaft und Kultur.

Er entwickelt die Rolle eines kulturellen Unternehmers für Werte-Wandel und Entwicklung. Dabei denkt er weit praktischer als die meisten zeitgleichen Reform-Höfe (Hessen-Darmstadt, Weimar u.a.). Seine Impulse sind nicht anti-industriell, sondern sollen „im Herzen des westlichen Industriebezirks" (Osthaus) gezielt die Entwicklung der Industrie-Region fördern. In Altena möchte er 1908 eine Technische Hochschule für das Ruhrgebiet gründen.

Velde (seit 1900)[82], Peter Behrens (seit 1904)[83], den Theosophen Johannes Ludovicus Matheus Lauwericks (seit 1906, Übersiedlung 1909), Johan Thorn Prikker (1910 Übersiedlung nach Hagen), Fritz Kalenbach, Bruno Taut (seit 1918 häufiger Gast, seine frühen Programm-Schriften erscheinen im Folkwang-Verlag von Osthaus: ›Alpine Architektur‹, ›Welt-

Programmatisches Fenster im Bahnhof Hagen von Jan Thorn Prikker: ›Der Künstler als Lehrer für Handel und Gewerbe‹ (1911).

Zwei frühe Vorkämpfer für ›Lebens-Reform‹: Karl Ernst Osthaus und Gerda Osthaus (um 1900).

Seine „Kunstmission" zielt, nach einer Jugend „mit Grauen und Bitterkeit" (Osthaus), darauf, „die Schönheit wieder zur herrschenden Macht im Leben" werden zu lassen. Aber es ist eine „moderne Kunst, die vom Luxus völlig getrennte Wege geht."

Daher holt er die wichtigsten Künstler seiner Zeit nach Hagen: Henry van de

baumeister‹, ›Auflösung der Stadt‹), Adolf Loos, August Endell, Richard Riemerschmid, die Bildhauerin Milly Steger (Umzug aus Berlin nach Hagen), Ludwig Mies van der Rohe, Le Corbusier und vor allem Walter Gropius, dem er in lebenslanger Freundschaft verbunden ist (rund 400 Briefe). Gropius soll Leiter des Projektes Gartenstadt Emst mit 2.500 Häusern werden. Osthaus vergibt eine Fülle von konkreten Aufträgen. Hat Hagen das jemals begriffen? 1914 fahren 400 Werkbund-Mitglieder in einem Sonderzug von der Kölner Werkbund-Ausstellung nach Hagen.

Vision. Dieses einzigartige Projekt ist eine der einzigartigsten Visionen im Industrialisierungs-Prozeß. Und Osthaus ist einer der Ideen-Geber für den Gedanken, im Industrie-Gebiet an Ruhr und Emscher in Zusammenhängen zu planen. Dies wird teilweise realisiert in der auch von ihm angeregten Gründung des ›Siedlungsverbandes Ruhrkohlenbezirk‹

(1920). Osthaus propagiert vor allem die kulturelle Dimension einer solchen Planung. Industrie und Kunst sind miteinander zu versöhnen. Kunst soll aus den Residenzen in die Industrie-Städte kommen und die Industrien durchtränken. Dieser Gedanke verbindet ihn mit vielen Personen, die sich 1907 im Deutschen Werkbund zusammenschließen. Osthaus ist dabei. Zu seinem wichtigsten Projekt schreibt er 1912: „Die Gartenvorstadt [Hohenhagen] an der Donnerkuhle in Hagen stellt den Versuch dar, die im Werkbund lebendigen Gedanken auf das Problem des Städtebaus zu übertragen ... so handelt es sich jetzt darum, Kunst zu schaffen, indem man Zusammenhänge und Beziehungen herstellt. Der Vorhang

Bebauungsplan der Gartenstadt Hohenhagen (1906/1907 von Henry van de Velde) in Hagen-Hohenhagen. In der Mitte der Hohenhof, das Wohnhaus der Osthaus. Oben der Bereich von Peter Behrens.

gewinnt einen neuen Wert durch seine Beziehung zur Tapete, der Garten durch seine Beziehung zum Haus, das Haus durch sein Verhältnis zur Straße und Stadt."[84]

Die Museen. Mit 24 Jahren (1898) gründet Osthaus eine Bildungs-Stätte: ein Museum für Naturwissenschaften (heute Karl Ernst Osthaus-Museum, Hochstraße

Bezüge schaffen: Eingangs-Halle (1901/1902 von Henry van de Velde) im Folkwang-Museum Hagen (heute Osthaus-Museum).

73) – parallel zu den technologischen Reformen. Als der Rohbau (Carl Gérard, Berlin[85]) steht, wechselt Osthaus das Konzept. In der Zeitschrift ›Dekorative Kunst‹ stößt er auf den belgischen Architekten, Gestalter und Theoretiker Henry van de Velde. Osthaus besucht ihn in Brüssel – dann entwickelt van de Velde die Innenarchitektur (1901/1902) und verändert die Museums-Konzeption: Ex-

zellente Beispiele reformerischer Kunst sollen Künstlern und Publikum als Anregung dienen. Die ›Halle des Volkes‹ (›Folkwang-Museum‹) ist der Welt erstes Museum moderner Kunst[86]. Zur gleichen Zeit untersagt Kaiser Wilhelm II. dem Direktor der Nationalgalerie Berlin, van Gogh auszustellen. „Byzantinismus" wirft ihm eine bürgerlich-liberale Kultur-Op-

Briefkopf (um 1910) des Deutschen Museums für Kunst in Handel und Gewerbe in Hagen.

position vor und spricht von Hurra-Patriotismus und Hof-Kult[87].

Osthaus sammelt in kurzer Zeit Werke von wichtigen zeitgenössischen Malern: Cézanne, Gauguin, van Gogh, Hodler, Manet, Matisse, Renoir, Rodin, Rohlfs, Seurat, Signac und andere. Emil Nolde feiert das Museum bei seiner Eröffnung 1902 als „Himmelszeichen im westlichen Deutschland".

Im Zusammenhang mit dem Werkbund (1907) gründet Osthaus 1909 in Hagen ein zweites Museums-Projekt: das ›Deutsche Museum für Kunst in Handel und Gewerbe‹ – das erste Kunstgewerbe-Museum der Welt. Es ist ein eigentümlicher Typ: aus einem Fundus werden Wander-Ausstellungen zusammengestellt, begleitet von einer Katalog-Publikation. (Nach seinem Tod gehen die Bestände 1922 zum Kaiser Wilhelm-Museum nach Krefeld, wo sie in Kisten verrotten – bis heute.) 1909 gründet Osthaus Bildungsstätten: das ›preußische Handfertigkeitsseminar‹ und die ›Hagener Silberschmiede‹, beide unter der Leitung von Lauweriks, den er aus Düsseldorf nach Hagen wirbt.

Ein Baustein der Reformen gilt dem Tod. Ein zweites Projekt versucht, der Kultur der Kirchen eine laizistische Kultur entgegenzusetzen: ihnen die Herrschaft über den Tod zu entreißen. Das Krematorium (1905) ist das erste in Preußen. Osthaus finanziert die Entwürfe von Peter Behrens. Sie erinnern an die Kirche San Miniato (11. Jh., Florenz).

Florenz an der Ruhr: Krematorium (1907/1908 von Peter Behrens) in Hagen-Delstern.

Modell. Osthaus kritisiert die Goldgräber-Mentalität, aus der auch die Zufälligkeit des Bauens hervorgeht. Als Gegen-Modell – mit strategischem Einsatz seines ererbten Geldes – entwickelt er in Hagen ein komplexes Projekt: einen Gesamtplan nach künstlerischen Gesichtspunkten – eine Siedlung als ein Experiment und als ein Vorbild. Vision: Umstrukturierung der Stadt und des Ruhrgebietes mit einem umfassenden Reform-Anspruch.

Hagen soll ein kulturelles Zentrum werden. Von Anfang an denkt Osthaus städtebaulich: er projektiert eine Garten-Stadt – mit drei Siedlungen: für Großbürger, für Künstler (Künstler-Kolonie Hohenhagen) sowie – ebenso mustergültig – für Arbeiter. Osthaus erwirbt ein großes Terrain und läßt von Henry van de Velde (1863-1957), dem belgischen Sozialisten [210], Sozialkritiker und Allround-Künstler in englischer Reform-Tradition, für die ›Gartenvorstadt an der Donnerkuhle‹ (ein alter Steinbruch) einen Bebauungs-Plan machen.

Im Zentrum steht die Vorstellung einer Wald- und Park-Landschaft: als Umgang mit dem Natur-Schönen. In seiner Werbung benennt Osthaus detailliert die Qualitäten, darunter die Tatsache der ›Rauchfreiheit‹. Van de Velde stellt sich eine neue konkret gelebte gesellschaftliche Orientierung als Lebens-Reform vor: die Umgestaltung einer habgierigen und oberflächlichen Gesellschaft durch Vernunft, Lebens-Freude, Heiterkeit und Harmonie. Auch im Sinne des Philosophen Friedrich Nietzsche, den Osthaus liest: Sich eine Welt gestalten, in der unsere Existenz ermöglicht wird.

Die Entwicklung der Qualitäten beginnt in der Nutzung der Szenerien, die die Natur des hügeligen Gebietes „eine Wald- und Parklandschaft" (Osthaus), anbietet. Durch den notariellen Vertrag werden die Käufer der Grundstücke auf den Bebauungsplan sowie seine leitende Prinzipien verpflichtet – und auf den jeweiligen Architekten. Die Verkehrsarten werden getrennt.

Eine Gartenstadt soll entstehen – ein Stadtbereich mit allen Lebens-Qualitäten, die unter den Verhältnissen möglich sind. Die Städtebau-Idee ist ein Gesamtkunstwerk. Henry van de Velde macht 1906 die Gesamtplanung. Drei Entwerfer sollen die Gartenstadt bauen: an der Ostseite Henry van de Velde, an der Westseite Peter Behrens (wichtiger Reformer in Darmstadt, Düsseldorf, seit 1907 bei der AEG in Berlin) und an der Nordseite der Holländer J. L. Mathieu Lauweriks. Weitere Entwerfer sind beteiligt: Adolf Loos, August Endell und Walter Gropius.

Die Stadt-Krone von Taut. Nach 1918 erhält die Utopie eine weitere Intensivierung. Als Zentrum der Anlage plant Osthaus an der höchsten Stelle der Hügel-Kuppe (östlich vom Platz; heute Wald in der Stirnband-Schleife) den ›Folkwang-Komplex‹. Bruno Taut (1880-1938) entwirft ihn: einen kubistischen ›Turm der Andacht‹ – als ›Stadt-Krone‹

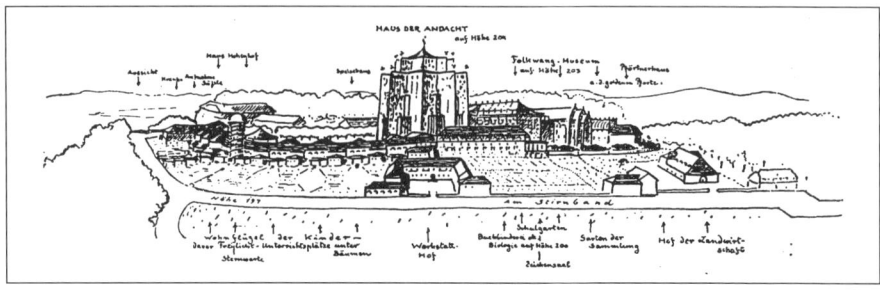

Gesamtansicht der Folkwangschule in Hagen-Hohenhagen. 1920 entwirft Bruno Taut diese ›Stadt-Krone‹ – anschauliche Zukunfts-Reform durch Bildung und Ästhetik.

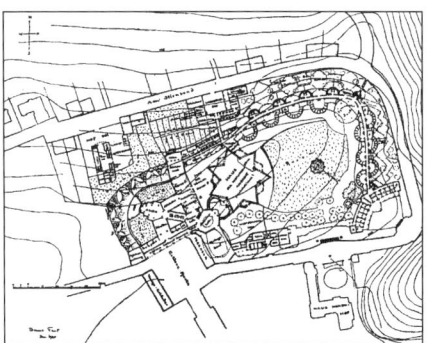

Bruno Taut (1920): Folkwangschule mit dem ›Haus der festlichen Andacht‹, den Wohn-Pavillons und der Sternwarte.

Bruno Taut (1920): Lageplan der Folkwangschule.

(1920)[88]. Ein ›Museum‹, eine ›Folkwang-Schule‹ als Reform-Schule, für die Lebens-Reform, sowie mehrere kleine Plätze (nicht realisiert). Ein gläserner Turm soll der Andacht dienen.

Am Ost-Hang sollen 13 Villen entstehen (keine realisiert; heute Autobahn). Die Häuser sind als Gruppe aufeinander abgestimmt und entwickeln zugleich innerhalb dessen eine Vielfalt. Daher, so schreibt Osthaus, „... war es nötig, sie in eine Umgebung zu stellen, die ihnen antwortete, ihr Raumgefühl ausbreitete, ihre Formenmusik weiterspann. Ihre Maße suchen Maße, die sie vorbereiten, steigern, rhythmisch erklingen lassen, ihre Simse und Firste heischen Leitlinien, die sie fortsetzen zu fließenden Perspektiven, ihre Wände wollen Flächen, die mit ihnen zusammenwachsen zu lebendigem

Raum." Osthaus, der auch ein brillanter Theoretiker ist, wünscht sich ein „Gepräge von starkem rhythmischem Leben." Erlebbar wird dieses Konzept an der großartigen Häuser-Gruppe des Holländers Lauweriks am unteren Stirnband. Nahe und weite Bezüge für den Blick sind geplant. Peter Behrens entwickelt einen Platz.

Der Hohenhof. Das erste Haus baut Karl Ernst Osthaus 1906 für sich selbst: den Hohenhof (Stirnband) ein Landhaus mit Neben-Gebäuden, als Krönung des terrassierten Ost-Hanges – mit Fern-Blick. Die Steine stammen aus den Bergen hinter dem Haus. Van de Velde entwirft auch das gesamte Interieur mit allen Möbeln. Weitere Künstler: Ferdinand Hodler (›Der Auserwählte‹), Henri Matisse (›Fliesen-Triptychon‹ im Wintergarten), Hermann Haller (Sandstein-Reliefs), Johan Thorn-Prikker (Ausmalung des Ar-

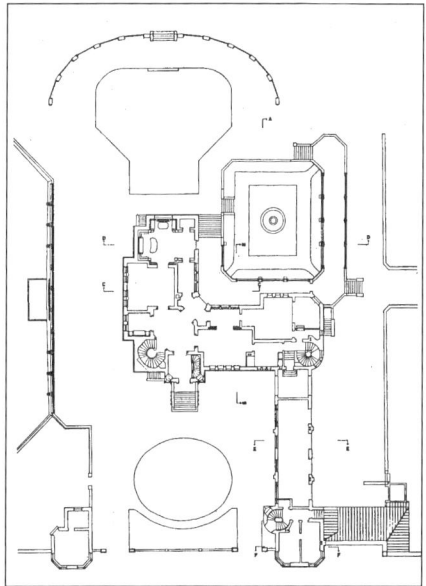

Hohenhof (1906 von Henry van de Velde).

zen, und eine Kunst-Ausstellung, die er häufig dem Publikum öffnet.

Die Behrens-Villen. Peter Behrens entwirft vier großbürgerliche Villen mit freierem Lebens-Zuschnitt: Das Haus Schröder (1908, im Zweiten Weltkrieg zerstört[89], Möbel z.T. im Hamburger Museum für Kunstgewerbe), das Haus Cuno 1908/1911, unter Assistenz von

Haus Cuno (1908/1911 von Peter Behrens/Walter Gropius) in Hagen (Haßleyer Straße/Stirnband).

beitszimmers) und nach 1913 Leberecht Migge (Modifikation der Garten-Gestaltung). Osthaus baut sich eine Villa für „ein exemplarisches Leben mit bildender Kunst" (Sebastian Müller). Sie ist zugleich ein kulturelles Kommunikations-Zentrum mit europa-weiten Fäden, auch mit umfangreichen Brief-Korresponden-

Fließende Raumbezüge im Hohenhof (1906 von Henry van de Velde) in Hagen (Stirnband 10).

Walter Gropius; Haßleyer Straße/Stirnband 5), mietet der linksliberale Oberbürgermeister Willhelm Cuno, später Reichskanzler. Das Haus Goedecke (1911, vor Kopf der Amselgasse), ist eine Zweiflügel-Anlage mit eingeschossigem Büro und Terrasse. Hinzu kommt die Villa Springmann (Christian Rohlfs-Straße 49).

Die Künstler-Siedlung. Am nördlichen Stirnband entstehen 1910/1914 neun Künstler-Häuser des Holländers J. L. Mathieu Lauweriks (1910/1914): eine abwechslungsreiche Szenerie, die großen Steine wirken fremd, sie erscheinen auch im Obergeschoß, es entsteht eine Spannung von Höhle und auswölbendem Erker. Die Bildhauerin Milly Steger bezieht das dritte Haus der Reihe. In der Ecke des Erdgeschosses trägt eine große weibliche Figur (Karyatide, von Milly Steger) *[434]* einen kleinen Eck-Balkon – es gibt eine große Diskussion in der Stadt. Der aus Krefeld übersiedelnde holländische Glas-

Individualisierung und Ordnung: Häuser (1910/1914, J.L.M. Lauweriks) am Stirnband in Hagen.

Maler Johan Thorn-Prikker-Haus bezieht das letzte Haus (Stirnband 9). Zahlen sind Grundlage seiner Proportionen. Am Giebel entsteht in Holz eine Art Labyrinth-Muster.

Die Arbeiter-Siedlung. Osthaus holt 1906 eine wichtige Konferenz zum Arbeiter-Siedlungsbau nach Hagen[90]. Dann

Arbeiter-Siedlung (1910/1912 von Richard Riemerschmid) für die Hagener Textilindustrie in Hagen (Walddorfstraße/Wasserloses Tal).

entsteht neben den beiden Siedlungen für Großbürger und für Künstler als dritte eine Arbeiter-Siedlung[91]: die Walddorf-Siedlung (Walddorfstraße/Wasserloses Tal). Richard Riemerschmid plant 87 Häuser für Textil-Arbeiter. Wegen Geldmangels wird nur eine Zeile mit sechs Häusern gebaut[92].

Ein Teil der Ideen scheitert. Zunächst interessierte Bauherren zögern: sie wollen weder die Architekten noch die Leitlinien akzeptieren. Daher suchen sie sich andere Grundstücke und bauen dort. Das Hagener Werk bleibt unvollendet: Osthaus stirbt 1921 mit 46 Jahren.

Nachhall: Auf Betreiben des Stadtbaurats Ewald Figge 1925 bemüht sich die Stadt Hagen, das in Weimar geschlossene Bauhaus nach Hagen zu holen. Weil Dessau bessere Bedingungen bietet, geht Walter Gropius dorthin. Es scheitert auch die

Initiative von Figge, für die Osthaus die Hälfte des Kapitals aufbringt: das Projekt Gartenvorstadt Emst (seit 1910). Am Ende entstehen Kleinhäuser in unzusammenhängender Struktur[93]. Über Mißerfolg und Erfolg ließe sich lange diskutieren. Der Fall zeigt, daß wichtige Impulse nicht verlorengehen, sondern immer wieder aufleuchten und herausfordern.

Orts-Hinweise: ›Hagener Impuls‹ von Karl Ernst Osthaus. Karl Ernst Osthaus-Museum (1898 außen von Carl Gérard, Berlin, 1901/1902 innen von Henry van de Velde, ein Teil von Peter Behrens; Hochstraße 73). Die Sammlung Osthaus bildet den Grundstock des Folkwang-Museums Essen (Verkauf der Erben 1822). Fenster im Bahnhof Hagen von Johan Thorn Prikker: ›Der Künstler als Lehrer für Handel und Gewerbe‹

(1911). Krematorium (1907/1908 von Peter Behrens) in Hagen-Delstern (Am Berghang 30).

Walddorf-Siedlung (1910/1912 von Richard Riemerschmid; Walddorfstraße/Wasserloses Tal). Haus Cuno (1909 von Peter Behrens, Assistenz Walter Gropius; Haßleyer Straße/Stirnband 5), Haus Goedecke (1911 von Peter Behrens; vor Kopf der Amselgasse). Villa Springmann (1911 von Henry van de Velde; Christian Rohlfs-Straße 49). Künstler-Siedlung mit neun Häusern (1910/1914 von J. L. M. Lauweriks; Am Stirnband), drittes Haus für Milly Steger, letztes Haus (Nr. 9) für Johan Thorn-Prikker-Haus. Hohenhof (1906 von Henry van de Velde; Stirnband), Wohnhaus von Karl Ernst Osthaus (Stirnband 10, heute Teil des Museum Hagen).

Die Gartenvorstadt Emst (ab 1910) in Hagen Emst scheitert an vielen Widerständen und erhält Kleinhäuser in unzusammenhängender Struktur.

Differenzierte Architektur: einfach, einheimische Materialien, Szenen. Garten-Seite des Hohenhof (1906 von Henry van de Velde) in Hagen, mit Skulptur von Aristide Maillol ›Sérenité‹.

Stadtbildende Kristallisations-Kerne in der Park-Stadt

Identitätsstiftende Architektur: Rathaus (1914 von Ludwig Becker) in Bottrop. [188]

Stadt-Recht und öffentliche Bauten

Leit-Bilder. Spät steigen Dörfer zu Städten auf[94]. 1899 beantragt Altenessen den Stadt-Status. Das Regierungspräsidium Düsseldorf rät 1898 ab und legt dabei Motive und Leit-Bilder offen: Als Industriedorf sei Altenessen „ein Konglomerat von weit über das platte Land hin verstreuten Zechen, Arbeiterkolonien, einzelnen Häusern von Gruben-pp. Beamten, kleinen Gewerbetreibenden, von Kirchen, Schulhäusern pp." Bislang gäbe es nicht mehr als bloß Ansätze zu geschlossener Bebauung, kaum eine gepflasterte Straße, keine „Bürgersteige" (!). Der Ort sei von landwirtschaftlichen Flächen durchzogen. Es gibt zwar 22.000 Einwohner, von ihnen sind aber 81 Prozent „stark fluktuierende Bergleute und andere gewerbliche Arbeiter". An Personen, die etwas gelten, gibt es nur 29 gewerbetreibende Unternehmer und 112 Bauern. Die 3.700 Kleingewerbe-Treibenden sowie Staats-, Gemeinde- und Privatbeamten hätten nur eine geringe Steuer-Kraft. Die Grundsteuer bringe nicht viel. Und zwei Drittel der Gewerbe-Treibenden zahle keine Gewerbe-Steuer. So gleiche Altenessen – ähnlich wie andere Industrie-Dörfer – „allem anderen eher als dem, was man mit dem Begriff einer Stadt gemeinhin verbindet"[95]. Das Urteil wird also vom Leitbild einer vorindustriellen Stadt bürgerlicher oder absolutistischer Tradition geleitet. Aus dieser Epoche hat sich die Ausgrenzung der Tagelöhner und schmutzigen Gewerke erhalten und bestimmt nun das Urteil über die Menschen, die neben den Unternehmern die Industrialisierung tragen. **Die Furcht vor der Arbeiter-Stadt.** Hinzu kommen „vor allem ... politische Gründe". Immer noch stehen der Kulturkampf und der erste große Bergarbeiterstreik von 1889 vor Augen: Das städtische Wahl-Recht werde zu ›ultramontanen‹ Mehrheiten in der Stadtverordneten-Versammlung führen und einen Zentrums-Kandidaten zum Bürgermeister wählen. In einer Stadt sei die Polizeibehörde der kommunalen Verwaltung (und nicht mehr dem Landrat) unterstellt: „Zu welchen Folgen dieser, eine straffe Staatsaufsicht ausschließende Zustand in der Zeit wirtschaftlicher Krisen oder politischer Gärung in dem dichtbevölkertsten Industriegebiet des Preußischen Staates führen könnte, liegt auf der Hand ..."[96]

Ähnlich lehnt der Landrat von Dinslaken den Antrag von Hamborn ab. Das größte Dorf des Reiches, mit über 100.000 Menschen, sei der gegebene Mittelpunkt und Ausgangsort für alle Arbeiterbewegung an der unteren Ruhr."[97]

1912 befürwortet der Landrat den Antrag von Sterkrade: die Bevölkerung sei „durchaus königstreu gesinnt" – „ein glänzender Beweis hierfür ist, daß die Sozialdemokratie in der industriell hochentwickelten Gemeinde keinen Fuß zu fassen vermag. Der patriotische Sinn kommt aber auch in einer großen Zahl der Kriegervereine und in der stets regen Beteiligung an den politischen Veranstaltungen zum Ausdruck."[98]

Kristallisations-Kern: das Behörden-Viertel. Im ländlichen Gemenge-Typ der Stadt entwickeln sich um 1900, verstärkt im Zusammenhang mit dem Stadt-Status, öffentliche Infrastrukturen. Ausgangs-Punkt ist eine Entfaltung der administrativen Infrastruktur: sie organisiert sich neben der Polizei-Funktion zu einer Dienstleistungs-Institution, welche nun die Aufgabe erhält, weitere Infrastrukturen anzulegen und zu verwalten. Nun beginnt sie, in gewissem Maße gesellschaftliche Koordinations-Funktionen zu übernehmen.

In der zunehmenden Konkurrenz der Städte wächst auch die Erkenntnis, seine Selbstdarstellung organisieren zu müssen. Dies führt zur Überlegung, sich eine Überhöhung zu schaffen. Wie kann der Vorteil der historischen Städte aufgeholt werden – ihre auffällig geprägte Struktur des Stadt-Kerns? Eine Lösung bietet sich an: Der wachsende Bau-Bedarf für städtische Infrastrukturen läßt sich architektonisch zur Stadt-Darstellung nutzen. So schaffen sich Industrie-Orte ihr Symbol: Das Behörden-Viertel wird der Kristallisations-Kern der Gemenge-Stadt. Es ist die typische Zentrums-Bildung längs der Emscher.

Das Behörden-Viertel in der ›Stadt als Park‹. Das Behörden-Viertel wird eingebettet in eine zweite Konzeption: die Stadt als Park. Diese Idee hat keine vorindustrielle Tradition; sie ist sehr jung. Zugrunde liegt nicht mehr die Vorstellung von zentralen Gebäude-Ballungen, sondern der großzügige Park. Seine Atmosphäre wirkt – im Gegensatz zur industriellen Umwelt – entspannend. Sie kann auch poetische Stimmungen und Nachdenklichkeit schaffen. In ihr entstehen monumentale Einzelbauten für Infrastrukturen.

Schau-Plätze: Öffentliche Bauten in den Emscher-Städten

Oberhausen. Besonders ausgeprägt ist die Kristallisations-Funktion von öffentlichen Bauten in Oberhausen, wo die Planung die Handschrift von zwei Männern trägt: des Oberbürgermeisters Otto Havenstein und des Stadtbaumeisters Ludwig Freitag (S. 224/228).

Der technische Beigeordnete Eduard Jüngerich 1925: „Ziel der Vergangenheit hätte bereits sein müssen, die zahlreichen, teils in sich selbst zusammenhanglosen siedlerischen Gebilde, aus denen Oberhausen entstand, zu einem verkehrstechnisch und künstlerisch befriedigendem städtebaulichen Ganzen zu gliedern. Das in Zeiten überstürzten Wachstums, aus mangelnder Erkenntnis und lauem Können Verabsäumte ist planmäßig und zielbewußt nachzuholen. Gerade das verhältnismäßig noch reichlich vorhandene Freiland kann und muß dazu dienen, einen gesunden Stadtkörper zu gestalten, seinem Organismus die markigen Verkehrsadern, die kraftvollen Lungen – ein Netz ausstrahlender Grünflächen – zu schaffen. Und schön gestaltet muß dieser Körper werden, aus Ungefügem, Ungelenken muß rhythmische Ebenmaß entstehen ... Viel noch bleibt zu tun für Oberhausens städtebauliche Vollendung."[99] [226]

Für dieses Stadtplanungs-Konzept werden die öffentlichen Infrastruktur-Bauten, deren Errichtung nun notwendig wird, genutzt. Weder vorher noch nachher setzen die Planer so stark auf deren ästhetische Gestaltung. Diese Bauten sind das Amtsgericht (1907), die Städtische Sparkasse (1911), das Staatliche Realgymnasium (1915/1916), das Polizei-Präsidium am Friedensplatz (1926), der gigantische Neubau des Rathauses (1927), der Bahnhofs-Neubau (1929) *[362]*, das gegen-

Symbol des Aufstiegs zur Großstadt: Rathaus (1927 von Ludwig Freitag) in Oberhausen. [221, 224, 225]

überliegende Hotel Ruhrland (1930), später noch das Finanzamt und eine Schule.

Im Rathaus-Viertel von Oberhausen entstehen viele Alleen (Danziger Straße, Grillostraße, Freiherr vom Stein-Straße). Der Bereich wird von 1900 bis 1933 systematisch zu einem Park-Viertel umgewandelt. Auch die großbürgerliche Siedlung für Top-Manager am Grafenbusch in Oberhausen (1910/1922 von Bruno Möhring) ist im Typus der Park-Stadt angelegt [159].

Hamborn (1929 zu Duisburg) orientiert sich an deutscher Renaissance und organisiert seinen neuen Kristallisations-Kern nördlich vom alten Dorf (um den Hamborner Altmarkt; verschwunden) und neben der Zeche (verschwunden) an der Hauptstraße von Duisburg nach Wesel (Duisburger Straße) um einen allerdings zerfließenden Platz mit einem riesi-

Vom Dorf zur Großstadt: Hamborn um 1930.

gen Rathaus (1902 von Robert Neuhaus), das wie ein deutsches Renaissance-Schloß aussieht, und einer langen Front des Amtsgerichtes (20er Jahre), in expressionistischer Backstein-Textur, sowie der Post. [271]

Buer (1929 zu Gelsenkirchen [62, 107]). 1911 hat Buer 88 Beamte, 40 Polizei-Beamte und 45 Angestellte. 1913 ist die Zahl auf 148 bzw. 57 gestiegen, 1917

Ensemble-Bildung: Gelsenkirchen-Buer: Rathaus, Turmplatz, Töchterschule (rechts).

auf 201 bzw. 73, 1920 auf 246 bzw. 163 und 1921 auf 279 bzw. 126[100]. Weithin sichtbar ist auf dem Hügel der Rathaus-Turm das Signal für Stadt. Eine zeitgenössische Aussage schätzt den Rathaus-Bau (1910/1912 von Regierungsbaumeister Heil) so ein: „In weiser Voraussicht hat hier die Stadtverwaltung ein großes, allen Anforderungen der Neuzeit entsprechendes Verwaltungs-Gebäude errichtet und damit schon damals den äußerlichen Grundstock der Entwicklung zur Großstadt gegeben. Ein schlichter, klarer Stil, einfacher Renaissance gleichend, drückt diesem Gebäude mit seinen viergeschossigen Bürofluchten den Stempel der zweckmäßigen Raum-Ausnutzung und der Sachlichkeit auf und hebt so die Monumentalität des Bauwerks doppelt hervor. Der 68 m hohe viereckige Turm ist von einem halbstumpfen Helm gekrönt." Es gibt über 100 Büro-Räume und 30 befinden sich als Reserve im

Dachgeschoß. Im Sockel-Geschoß erhält ein großer Ratskeller[101] die Funktion eines öffentlichen Treffpunktes.

Auf dem nördlichen Abhang wird ein Behörden- und Schul-Viertel gebaut. Wie in Herne stehen sich Rathaus und Polizei-Präsidium gegenüber und bilden einen Platz. Westlich entsteht ein Viertel für Schulen. Leitbild für die Gebäude sind deutsche Renaissance-Schlösser. Das Rathaus (um 1910) folgt dem Leitbild der absolutistischen Residenz. Neu ist, daß es auf Achsen verzichtet, aber immer noch autorität-geladen erscheint. Nach Norden besitzt es eine breite Schau-Seite: zu einer Park-Terrasse. An ihr liegen nach Osten repräsentative Gebäude. An der gegenüberliegenden Seite der Alleen-Terrasse stehen Villen. (Im Osten schließt die Terrasse ein Nachkriegs-Kirchenbau.) Die spannende Kette der drei Plätze wurde um 1960 vom Verkehr zerschnitten, ist jedoch wiederherstellbar, wenn der Auto-Verkehr herausgenommen wird.

In Gladbeck ist das städtebauliche Muster ähnlich angelegt und durchschaubar wie in Oberhausen. Das Dorf mit der

Wie das Schloß eines Renaissance-Fürsten: Rathaus (1908 von Otto Müller, Jena) in Gladbeck.

Dorfstraße (Hochstraße), dem Oberhof und dem Lamberti-Kirch-Platz erhält an seiner West-Seite 1908 das Rathaus der Amts-Verwaltung (Otto Müller-Jena aus

Köln)[102]. In ihm versinnbildlicht sich die Absicht, das Stadt-Recht zu erlangen. (1919 wird das Ziel erreicht.) Es ist der Ausgangs-Punkt für das Behörden-Viertel im Park: am grünen Jovy-Platz entstehen absolutistisch-monumentale, denkmalhafte Bauten: das Gericht (1915), das Finanz-Amt, das Polizei-Amt, dahinter die Aloysius-Schule. Später kommen die Stadt-Sparkasse und die Mathias Jacobs-Stadthalle (1987) hinzu (Stadt-Bibliothek, Jugend-Treff, Kultur-Zentrum).

Herne tendiert zum Leitbild der absolutistischen Schloß-Anlage. Vor allem das Rathaus (1912 von Wilhelm Kreis) sym-

Rathaus (1912 von Wilhelm Kreis) in Herne.

bolisiert eine Zeit der weitreichenden Macht-Befugnisse von Bürgermeistern. Das Ensemble entwickelt sich um einen Markt-Platz französischer Prägung mit mehreren Baum-Reihen. Seitlich erweitern es zwei raum-greifende Bauten: die Polizei-Hauptwache (1927/1929) und das Amts-Gericht (1920), das mit seinen runden Giebeln über hohen Pfeilern ebenfalls einen französischen Eindruck erweckt. Nach 1950 kommen weitere öffentliche Bauten hinzu.

Bottrop orientiert sich stärker an alten deutschen Residenz-Orten. *[184]* Nördlich vom Altmarkt (Osterfelder Straße) und dem alten Viehmarkt (nach 1945 zusammengefaßt) steht jahrhundertelang auf dem Hügel Vietors Mühle (teilweise

erhalten). Am Nordhang liegt der monumental gestaltete Rathaus-Platz. Das Amts-Haus (1914 von Ludwig Becker, nach 1919 Rathaus) mischt in seiner Zeichen-Gebung Elemente von unterschiedlicher historischer Herkunft: in der Großform assoziiert es ein absolutistisches Schloß, in den Details stadtbürgerliche Renaissance-Häuser. Über den Fenstern des Rats-Saales symbolisieren Statuen die wichtigen Berufe im Ort. Der hohe Turm hat eine weite Ausstrahlung als signalhaftes Wahrzeichen[103].

Ein Platz ist entstanden. Seine Südwand bildet das Mädchen-Oberlyzeum (Hans Petersen/Albert Lange). Das Ensemble greift aber weit darüber hinaus. Dem Lyzeum folgt das Finanz-Amt, dann – hinter dem Durchblick auf Vietors Mühle – das Polizei-Amt. Eine Wiese deutet den Park-Charakter an (später Saal-Bau, 1981 von Bernhard Küppers).

Einige Schritte weiter östlich steht das Amts-Gericht (1909) – wie ein deutsches Schloß des 16. Jahrhunderts. Westlich führt eine Reform der Bergaufsicht zum Bergrevier-Gebäude (1926; Moltkestraße).[104] Zu dem ausgedehnten Ensemble gehört schließlich noch westlich vom Rathaus die Jungen-Oberschule (von Bernhard Küpper 1990/1993 zum Kulturzentrum umgebaut).

1925 werden die Ideen reflektiert: „In den nächsten Jahren wird tatkräftig und planmäßig der städtische Kern gefestigt. Die öffentlichen Bauten im Stadtinnern reihen sich zur Bildung geschlossener Plätze aneinander. Was in den ehemaligen Bauerschaften, jetzt [!] den Siedlungen der Zechen, zu schaffen ist, wird so monumental gestaltet, daß die Häuser der Bergleute sich um einen Mittelpunkt scharen können. Die schwere Arbeit der Bevölkerung unter Tage, das Verschwinden von Wald und Feld steigern das Verlangen nach Erholung in der freien Natur: der Stadtpark wird geschaffen. Das heißeste Bemühen der Bürgerschaft gilt der Erhaltung des Köllnischen Waldes ...“105

In Mengede (1928 zu Dortmund) entsteht kurz nach 1900 zwischen den beiden Kernen, dem alten Dorf (Williburg-/Freiheitsstraße, mit Kirche) und der Zeche Hansemann/Bahnhof ein ›moderner‹ Kristallisations-Kern: um einen Markt-Platz herum. An der Südseite: der szenenreiche Saal-Bau – mit einem Turm. In der Ecke die Schule. Auf der Gegenseite: Geschäfts-Häuser. Und an der Nordwest-Seite der offene Park – mit Solitär-Bauten (Amts-Haus und Villen der Bergwerks-Direktoren).

Orts-Hinweise: Öffentliche Bauten als Kristallisations-Kerne der Stadt-Entwicklung. Duisburg-Hamborn: Platz (Duisburger Straße) mit Rathaus (1902 von Robert Neuhaus) und Amtsgericht (20er Jahre) sowie Post. Oberhausen: Amtsgericht (1907; Friedensplatz), Kgl. Realgymnasium (1915/1916 von Pützer/Freitag, Darmstadt; heute Elsa-Brändström-Gymnasium), Polizei-Präsidium, Finanzamt und Zollamt am Friedensplatz (1926 von Ludwig Freitag), Bahnhofs-Neubau (1929; Willy Brandt-Platz) *[362]*, gegenüber Hotel Ruhrland (1930), später Finanzamt Süd (50er Jahre; Schwarzstraße), Städtische Sparkasse (1911 von Pützer/Freitag, Darmstadt; Schwarz-/Grillostraße), Rathaus (1927; Schwarzstraße). Alleen und Parks im Rathaus-Viertel (Danziger-, Grillo-, Freiherr vom Stein-Straße). Großbürgerliche Siedlung für Top-Manager am Grafenbusch in Oberhausen (1910/1922 von Bruno Möhring; Am Grafenbusch) im Typus der Park-Stadt angelegt *[159]*.

Rathaus (1914 von Ludwig Becker) in Bottrop *[184]*. Südlich Mädchen-Oberlyzeum (Hans Petersen/Albert Lange). Es folgen das Finanz-Amt, dann das Polizei-Amt. Saal-Bau (1981 von Bernhard Küppers). Östlich Amts-Gericht (1909). Westlich vor ihm: Bergrevier-Gebäude (1926; Moltkestraße). Westlich vom Rathaus: Oberschule, heute Kultur-Zentrum (1990/1993 von Bernhard Küppers umgebaut). Gladbeck: Rathaus der Amts-Verwaltung (1908 von Otto Müller-Jena aus Köln) *[187]*. Am grünen Jovy-Platz Gericht (1915), Finanz-Amt, Polizei-Amt, dahinter Aloysius-Schule. Später Stadt-Sparkasse und Mathias Jacobs-Stadt-Halle (1987). Buer (Gelsenkirchen): Rathaus (1911/1912) *[187]*. Polizei-Präsidium. Westlich ein Viertel für Schulen. Nach Norden

Park-Terrasse mit Villen. Herne: Rathaus (1912 von Wilhelm Kreis) *[188]*, Polizei-Hauptwache, Amts-Gericht. Dortmund-Mengede: Markt-Platz, an der Südseite Saal-Bau, in der Ecke Schule. An der Nordwest-Seite Amts-Haus und Villen der Bergwerks-Direktoren.

Schau-Platz Mülheim: Eine Stadt-Mitte wie ein antiker Kaiser-Palast

In Mülheim verliert die Stadtmitte um 1850 ihre Umschlag-Funktion für den Wasser-Transport der Kohle [78]. Erst nach drei Generationen wird das verfallene Zentrum modernisiert. In zwei Hochkonjunkturen um 1909 und 1925/1928 entsteht eine städtebauliche Konzeption am Ufer der Ruhr, die in Deutschland ihresgleichen sucht.

Das Rathaus (1910/1915 von Arthur Pfeifer/Hans Großmann, 1962 erweitert) spiegelt in seiner Größe die Expansion des Verwaltungs-Apparates. Planerisch wird die Anlage so entfaltet, daß sie nun dem Stadt-Kern eine städtebauliche Struktur gibt, hauptsächlich im Hinblick auf den Markt-Bereich. Mit dem 58 m hohen Uhr-Turm entsteht ein profanes Wahrzeichen.

Ähnlich strukturbildend entsteht zwischen zwei Ruhr-Brücken ein zweiter Komplex: ein Wasser-Platz. Nördlich läuft der charakteristische Viadukt der Rheinischen Eisenbahn (1864/1866) *[375]*; östlich hat er nach Berliner Vorbild 31 gemauerte Ziegel-Bögen, ursprünglich zu Räumen für den Markt ausgemauert. An der Stelle der zweiten, südlichen Brücke stand 1842 bis 1909 die erste Hänge-Brücke Deutschlands und das erste spektakuläre Gußeisen-Bauwerk im Ruhrgebiet: die ›Ketten-Brücke‹ (1906 und 1958/1960 als einfache Brücke erneuert). Den Wasser-Platz umgeben mo-numentale Ufer-Paläste: an der östlichen Seite das Städtische Museum und das Stadt-Bad (1910 vom Leiter des Hoch-bau-Amtes Karl Helbing[106]), zum Teil von Thyssen finanziert, am westlichen Ufer für Feste und Theater die monumentale Stadt-Halle (1923/1925 von Hans Großmann/Arthur Pfeifer)[107].

Besonders repräsentativ ist die Pfeiler-Arkade der Stadt-Halle. Sie erinnert – auch in ihrer Wasser-Szenerie – an die Residenz, die sich der spätantike römi-sche Kaiser Diokletian kurz vor 300 an der Adria in Spalato (Split) errichten ließ. Das Ensemble wird ergänzt: 1928 wird als Gegenüber zur Stadt-Halle ein großes Mühlen-Gebäude zur Hauptverwaltung der Rheinisch-Westfälischen Wasser-werksgesellschaft umgebaut, mit einer hohen Arkaden-Halle.

Orts-Hinweise: Stadt-Mitte Mülheim. Rat-haus (1910/1915 von Arthur Pfeifer/Hans Großmann, 1962 erweitert). Viadukt der Rheini-schen Eisenbahn (1864/1866) [375]. Städtisches Museum und Stadtbad (1910 von Karl Helbing). Stadt-Halle [190], 1923/1925 von Hans Groß-mann/Arthur Pfeifer, Innenarchitektur von Emil Fahrenkamp (weitgehend zerstört), zwei Glas-Mosaiken von Johan Thorn Prikker (1926/1928). Hauptverwaltung der Rheinisch-Westfälischen Wasserwerksgesellschaft (1928 umgebaut), mit Arkaden-Halle, erweitert mit ›Wasserburg – Ruhr-kristall‹ (1991/1992 von H. H. Hofstadt/M. Schneider, Düsseldorf).

Wie der Ufer-Palast des spätantiken Kaisers Diokletian in Spalato (Split): Ufer-Front der Stadt-Halle (1925/1926 von Arthur Pfeifer/Hans Großmann) in Mülheim.

Weimarer Republik: Reform-Versuche

Ambivalenz der Weimarer Republik: Figuren vor der Berufsschule in Bottrop (An der Berufsschule).

Vom militaristischen Obrigkeits-Staat zu sozialen Reformen

Propagandistische Inszenierung. Stichworte aus dem Bericht der Verwaltung des Amtes Buer (Gelsenkirchen) 1895/1896: „Erinnerung der glorreichen Ereignisse des Jahres 1870/71". „Begeisterter Widerhall." „In erhebender Weise."

„Legt Zeugniß von der treuen vaterländischen Gesinnung" ab. „Sedanfeierlichkeiten." „Sedanjubiläum." „Feier des Kriegervereins." „Im Saale des Wirtes Sures wurden lebende Bilder aufgeführt, die einige Szenen aus der großen Zeit veranschaulichten." „Fackelzug."

Die Sprache des Militärs dringt in alle Lebens-Bereiche ein. Auch in die Betriebe – in ihre Umgang-Formen und in ihre Werbung. Selbst die verlorenen Kriege unterbrechen diese Tradition nicht (nach 1945: ›Stabs-Abteilung‹)[1].

Die Kriegs-Katastrophe. „1916 ist mein älterer Bruder eingezogen worden und direkt gefallen – innerhalb von sechs Wochen. Meine Mutter lag mit einer Gallen-Operation im Krankenhaus, sie fragte dauernd nach meinem Bruder. Eine Tante hat sich verplappert. Die Mutter hat sich dermaßen aufgeregt, daß die Wunde losgerissen ist. Lange Zeit lag sie auf Leben und Tod. Drei Kinder waren innerhalb von drei Jahren weg. Der Vater war zu der Zeit schon nicht mehr bei uns" (Paul Herold)[2].

Kriegs-Ende, November-Revolution und Republik. Im Massen-Sterben und im Hunger des Krieges wächst die Unruhe. Truppen wollen meutern. Die Sozialdemokraten, die den Kriegs-Krediten zugestimmt hatten, gehen mit Philipp Scheidemann immer stärker in Opposition. Bürger-Krieg droht. 1917 akzeptiert Wilhelm II. das allgemeine Wahlrecht für Preußen. Sozialdemokraten begrüßen die russische Revolution.

1918 ruft Scheidemann die Republik aus. Auch im Ruhrgebiet werden Revolution und Republik propagiert: u.a. auf dem Bahnhof in Gelsenkirchen und auf dem Rathaus-Platz in Buer [187]. „Eine merkwürdige Rolle spielte Haltern bei der Novemberrevolution von 1918. Der damalige Reichskanzler, Prinz Max von Baden, gewann, als er am 8.11. die Nachricht vom Ausbruch der Revolution in Haltern erhielt, die Überzeugung, daß das Ruhrgebiet an die Revolutionäre verloren wäre, und gab die – noch nicht erfolgte – Abdankung des Kaisers und den Verzicht des Thronfolgers bekannt" (Wilhelm Kohl)[3]. Im Saalbau in Essen steigt mitten im Symphonie-Konzert ein Mann auf das Podium und ruft: „Die Revolution ist eröffnet, es gibt keinen Militarismus mehr." Dann wird das Konzert weitergeführt[4].

Die Sozialdemokratie entscheidet sich rasch gegen die Revolution und für eine Evolution von Gesellschaft und Staat. Sie propagiert die Alternative: „National-versammlung oder Bolschewismus". Damit verschwindet die sozialistische Sammlungsbewegung der Jahre 1918/1919. Die zwanziger Jahre durchzieht nicht nur eine Polarisierung zwischen Rechts und Links, sondern innerhalb der Linken eine weitere schroffe Polarisierung zwischen SPD und KPD.

1918 bildet sich in Dortmund ein Arbeiter- und Soldatenrat (bis 1919). Er übernimmt die politische und militärische Gewalt. Eine Volks-Versammlung von 60.000 Menschen bestätigt ihn. Die Zusammenarbeit mit Magistrat und Rat verläuft ohne Schwierigkeiten.

Der übergreifende Zusammenhang. Der Krieg wirft Deutschland vom steilsten Aufstieg zum steilsten Abstieg zurück – und hat Folgen, die sowohl zu Hitler wie zum Zweiten Weltkrieg führen. Eine blühende Wirtschaft bricht zusammen – und mit ihr ein großer Teil des Wohlstandes breiter Schichten sowie die Möglichkeit der breiten Massen, aus der Armut herauszukommen.

Die neuen Mächte. Am Kriegs-Ende scheint die Macht des alten Regime gebrochen. Die Arbeiterschaft ist politisiert. Nun erhalten Einfluß: Sozialdemokraten[5] und Unabhängige Sozialdemokraten (USPD), dann auch Kommunisten (seit 1919[6]), und aufgeklärte Liberale in der Deutschen Demokratischen Partei (DDP, Nachfolgerin der Fortschrittspartei) sowie vor allem das Zentrum. Die Reichs-Regierungen werden bis 1930 von einer Allianz der früheren Opposition gebildet: SPD, DDP und Zentrum. Das Selbstbewußtsein in der Bevölkerung wächst. 1919 werden die Rathäuser in Gladbeck und in Buer gestürmt[7].

Notmaßnahmen und Reformen. 1918 Wahl-Recht für Frauen. Auch in den Notmaßnahmen stecken Reformen. Der Anstieg der Wohnungs-Not und das Desinteresse des Privatkapitals am Kleinwohnungs-Bau führen zu Reform-Maßnahmen[8]: Wohnungs-Zwangswirt-

schaft. 1919 Verbot des Baues von Hinterhäusern. 1922 Mietpreis-Bindung, sie verhindert unkontrollierte Miet-Erhöhung. 1923 Mieter-Schutz.
1918 legt das Preußische Wohnungsbau-Gesetz den Spitzen der Spekulation das Handwerk: in den Städten wird die Ausnutzung des Bodens verringert (geringere Bau-Dichte). Geradezu ein Schock für die alte Gesellschaft ist das Gesetz von 1918: zur Bauland-Beschaffung kann enteignet werden. Eine abgestufte Bau-Dichte wird vorgeschrieben. Um den Kleinwohnungs-Bau zu fördern, werden als ›Organe staatlicher Wohnungs-Politik‹ ›Heimstätten‹ ins Leben gerufen und Sonder-Steuern beschlossen: eine Wohnungsbau-Abgabe.

„Die nach der Beendigung des Weltkrieges eintretende Wohnungsnot, der Wechsel in der Kreisleitung [Hörde] im Jahre 1919 und das völlige Versagen des privaten Bauunternehmertums brachte die Kreisverwaltung [Hörde] dazu, die Errichtung von Wohnungen in eigener Regie zu betreiben.“[9] 1919-1922 entstehen in Essen 39 Wohnungsgesellschaften. Das ›Gesetz über die Erhebung einer Abgabe zur Förderung des Wohnungsbaues‹ verpflichtet die Städte zum Wohnungs-Bau. Die Finanzierung führt in den Kommunalparlamenten zu heftigen Konflikten[10].

Zuschüsse. Reine Werks-Wohnungen erhalten keine Zuschüsse, nur werks-geförderte Wohnungen. Die Firmen, die den Werks-Wohnungsbau nicht völlig aus der Hand geben wollen, gründen selbst Wohnungs-Gesellschaften, die dann Zuschüsse erhalten.

Die Kontinuität der Macht. Die Lage verändert sich jedoch nicht in dem Maße, wie viele Reformer es sich wünschen. Auch ohne Kaiser bleiben verkrustete Strukturen in Politik, Verwaltungen (der gesamte Beamten-Apparat, die alte Rats-Verfassung) und Justiz erhalten. Die Köpfe breiter Schichten sind unverändert, werden aber durch die Niederlage und den Einfluß der ehemaligen Opposionen noch militanter. Weithin ist „Demokratie“ ein Schimpf-Wort. Der kaiserzeitliche Militarismus der Rechten schlägt Wellen. Auch die Gefühle der Linken gehen hoch. Weil die neuen politischen Führungs-Eliten nicht sehen, daß es nötig ist, über den Tag hinaus eine eigene Kultur mit Mentalitäten und Institutionen zu schaffen, scheitert die Reform unter der Belastung der Weltwirtschafts-Krise.

Die Schlüssel-Rolle. Das Reich muß vor allem dafür zahlen, daß es 1871 Frankreich mit ungeheuerlichen Reparations-Summen wirtschaftlich ruiniert hatte. Fassungslos kann man auch angesichts der Umkehrung sein: eine Zwangs-Hypothek von 300 Milliarden Gold-Mark, alljährlich 2,4 Milliarden – das bedeutet: über hundert Jahre lang allergrößte Schulden und ein Leben in der Armut. Die Zahlungen geschehen vor allem in Gestalt von Kohle. Damit rückt das Ruhrgebiet in die Schlüssel-Rolle. Dafür benötigt der Bergbau weitere Arbeits-Kräfte und daher einen umfangreichen Wohnungsbau. Finanziert wird er von 1920 bis 1924 mithilfe eines Aufschlags auf den Kohle-Preis.

Eine frühe Mitbestimmung der Gewerkschaften und Sozialpartnerschaft kommt zustande: 1920 gründen – im Auftrag des Reichsfinanz- und Reichsarbeitsministeriums – paritätisch Unternehmer, öffentliche Hand und Gewerkschaften die ›Treuhandstelle für Bergmannswohnstätten im rheinisch-westfälischen Industriegebiet‹ mit Sitz in Essen[11]. Bis 1928 baut sie 21.500 Wohnungen. Sie sind nicht mehr an einzelne Werke gebunden und stehen allen Sozialversicherten offen. Zur gleichen Zeit (1920) wird eine Institution gegründet, die den gesamten Wohnungsbau städtebaulich koordiniert: der Siedlungsverband Ruhrkohlenbezirk (SVR, heute KVR), ein Zweckverband. [199]

Otto Pankok: Straßenecke (1921; Otto Pankok-Museum Hünxe-Drevenack).

Conrad Felixmüller: Ruhrrevier II (1920; Westfälisches Landesmuseum Münster.)

Ein Teufels-Kreis entsteht. Die bisherigen Oppositions-Gruppen übernehmen die Regierungs-Verantwortung und damit auch die Erbringung der Reparations-Leistung: vor allem in Form von Kohlen-Lieferungen. Folge: Die Rechte denunziert die Koalition als „Erfüllungs-Politiker" – als „nationale Verräter". Das eigene Umfeld wird stärksten Belastungen ausgesetzt, vor allem die Bergarbeiter, u.a. durch Rücknahme des zunächst zugestandenen Acht-Stunden-Tages. 1919 verspricht eine Mehrheit der National-Versammlung die Sozialisierung der Schlüssel-Industrien und schreibt dies auch in die Verfassung. Aber die Regierung rührt keine Hand, das Programm durchzuführen.

Es herrscht große Sorge um die Republik. „Die Lage ist ernst", schreibt die Zeitung des Deutschen Metallarbeiter-Verbandes 1919. „Die Reaktion beherrscht die militärischen Machtmittel. Sie kann damit rechnen, daß der größte Teil der Bürokratie sie unterstützen würde ... Unter diesen Umständen ist die Möglichkeit eines reaktionären Staatsstreiches durchaus gegeben."[12]

Der Kapp-Lüttwitz-Putsch 1920. Die Siegermächte fordern die Reichs-Regierung Bauer auf, die beiden Marine-Brigaden Ehrhardt und Loewenfeld aufzulösen. Die Reichsregierung toleriert den Einsatz von rechten Freikorps. Die Arbeiterschaft hält dies für einen „Verrat" an sozialistischen Zielen.

Die rechtsradikalen Soldaten unternehmen am 13. März einen Militär-Putsch, der auch die Monarchie wiederherstellen will. Ihr Anführer Wolfgang Kapp erklärt sich zum Reichskanzler. Kapp ist konservativer Reichstags-Abgeordneter, Gründer der Vaterlandspartei, General-Landschaftsdirektor und Vorstands-Mitglied der Deutschen Bank. General Walther von Lüttwitz ist Oberbefehlshaber der Reichswehr in Nord-, Mittel- und Ostdeutschland. Der Chef der Reichswehr weigert sich, der Regierung zu gehorchen und Truppen gegen die Putschisten einzusetzen. Die Regierung flieht.

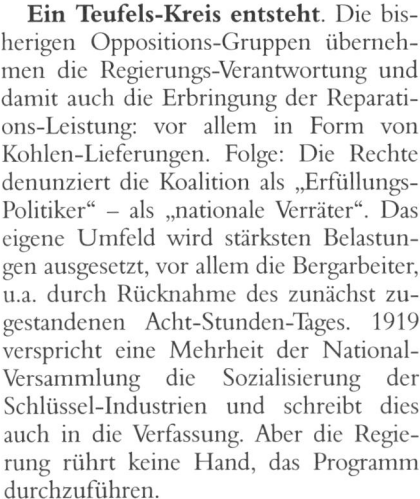

Die Gewerkschaften retten die Republik und die Regierung: durch den einzigen Generalstreik, den sie jemals machen. Alle Räder stehen still. Nach vier Tagen geben Kapp und Lüttwitz auf. Lohn für die Gewerkschaften gibt es nicht. Die Regierung setzt die Fortschritte in der Arbeits-Gesetzgebung durch Sonderverordnungen außer Kraft.

Der Ruhrkampf. Weil Ruhrgebiets-Arbeiter gegen das putschende Militär den Generalstreik nicht für ausreichend halten, greifen sie zu den Waffen: so entsteht der größte bewaffnete Aufstand in der Geschichte der deutschen Arbeiter-Bewegung[13]. Ruhr-Arbeiter vertreiben Truppen und schwerbewaffnete Polizei. Nachdem am 17. März Republik und Regierung gerettet sind, versuchen Arbeiter- und Vollzugsräte die versprochene Sozialisierung durchzusetzen und eine sozialistische Räte-Republik zu erreichen, wofür sich 1919 u.a. der Metallarbeiter-Verband[14] ausgesprochen hatte.

Die Koalitions-Regierung von Sozialdemokraten, Liberalen und katholischem Zentrum sieht darin jedoch nur Aufruhr. Nur 17 Tage lang herrscht die ›Rote Armee‹. Innenminister Gustav Noske (SPD) schickt Generalleutant Oskar Freiherr von Watter als Befehlshaber nach Münster. Am 23. März macht Reichskommissar Carl Severing im Bielefelder Abkommen den Gewerkschaften auf dem Papier erhebliche Zugeständnisse: Entwaffnung und Bestrafung der Putschisten, Straffreiheit für die Arbeiter, „sofortige Inangriffnahme der Sozialisierung der dafür reifen Wirtschaftszweige". Ein großer Teil der bewaffneten Arbeiter geht darauf ein. Der Bezirk Hagen streckt die Waffen, Mülheim macht weiter. Nach drei Wochen ersticken Reichswehr und Freikorps den Widerstand. „Zivilisations-Bruch": zivilisatorische Gewißheiten zerbrechen. Ein weißer Terror ungeheuren Ausmaßes setzt ein, die Regierung schaut zu, wie ohne Verfahren erschossen wird,

wer mit dem Ruhrkampf sympathisierte. Die Soldaten singen: „Die Brigade Ehrhardt schlägt alles kurz und klein, wehe dir, Arbeiterschwein!" Später wird kein Militär bestraft. Und es gibt keine Sozialisierung. Die Arbeiterschaft macht die SPD verantwortlich. In den Reichstagswahlen 1920 müssen die „Mehrheitssozialisten", auch „Regierungssozialisten" genannt, große Verluste hinnehmen und in den meisten Städten des Ruhrgebietes wird die bis dahin kleine USPD die stärkste Partei. Die SPD fällt im Revier von 37,9 Prozent auf 21,6 Prozent Stimmen.

Auf vielen Friedhöfen entstehen Gedenk-Stätten für die ›Märzgefallenen‹[15] und alljährlich geradezu Wallfahrten zu den Gräbern. Später läßt der NS-Staat den größten Teil von ihnen zerstören und baut Ehren-Male für die Freikorps. Die Erbitterung bleibt. Denn zur gleichen Zeit tragen die Ruhrarbeiter-Familien die Hauptlast der Kriegs-Entschädigungen.

Orts-Hinweise: Stätten des Ruhrkampfes im März 1920[16] (›Die vergessene Revolution‹). Zitadelle in Wesel: Stützpunkt des Militärs und Gefängnis für 500 Arbeiter. Lippe-Brücke zwischen Wesel und Friedrichsfeld: Hier scheitert die Rote Ruhr-Armee. Dorf Krudenburg bei Drevenack: Schlachtfeld. Friedhof Dinslaken (Wasserturmstraße): Gedenkstein für ein Massengrab von 113 Toten. Friedhof in Duisburg-Alt-Walsum (Königstraße): Grabdenkmal mit zwei Türmen[17]. März-Gefallenen-Denkmal auf dem Städtische Westfriedhof in Oberhausen-Lirich (Hamborner Allee). Westfriedhof in Bottrop (Westring): Gedenkstein. Wasserturm in Essen an der Steeler Straße: 1920 erstürmt die Rote Ruhr-Armee den Wasserturm (NS-Tafel für das Freikorps). Südwestfriedhof in Essen-Margarethenhöhe (Am Ehrenfriedhof): Gräber von Märzgefallenen und von 35 sowjetischen Zwangsarbeitern. Freikorps-Ehrenmal (1934) in Essen-Steele-Horst (Nikolaus Groß-Straße/Hösterfeld). März-Gefallenen-Denkmal (1929) auf dem Nordfriedhof in Dortmund-Eving (Osterfelder Straße), nahe dem Haupteingang, „gewidmet von der KPD"[18]. Denkmal (1921) auf dem Remberg-Friedhof in Hagen, vom Hagener Gewerkschafts-Kartell und den sozialistischen Parteien: Skulptur einer trauernden

Mutter mit Sohn[19]. Denkmal (1921) für die März-Gefallenen 1920 auf dem Friedhof Wiescherstraße in Herne.

Die Widersprüche. Die Widersprüche sind schreiend: in Essen tobt 1920 etwa zur gleichen Zeit am Wasserturm an der Steeler Straße der Bürger-Krieg und einige hundert Meter weiter entstehen ein Wohnungsbau-Programm für Bergarbeiter ›Treuhandstelle für Bergmannswohnstätten‹) sowie der größte deutsche Zweckverband (Siedlungsverband Ruhrkohlenbezirk).

Ruhr-Besetzung 1923. „Frankreich hatte den Rückstand von etwa zwei Millionen Tonnen Kohle und einige Tausend Kubikmeter Holz in den deutschen Reparationsleistungen zum Anlaß genommen, um endlich in das begehrte Industriezentrum einzumarschieren" (Friedrich Kassebeer). Die Bevölkerung wehrt sich mit passivem Widerstand. Dies legt die Ruhr-Wirtschaft lahm. Andererseits heizt die Ruhr-Besetzung den Nationalismus an. In den Volksschulen finden ›Vaterländische Festspiele‹ statt und die nach wie vor bestehenden Krieger-Bünde veranstalten Helden-Gedenkfeiern.

Inflation. Wegen der Reparationen dehnt die Regierung die Geld-Menge aus, ohne daß sie mit dem Waren-Umlauf Schritt halten kann. Lohn-Verhandlungen – alle drei Tage: der Stunden-Lohn steigt bis zu 680 Milliarden Mark. Die Währungs-Reform nimmt einem großen Teil der Besitzenden einen erheblichen Teil ihrer Geld-Vermögen. Dies führt zu erbittertem Haß und mündet in Rechtsradikalismus.

US-Kredite. 1924 werden in London die Reparations-Zahlungen neu festgesetzt: im Dawes-Plan. Die USA geben Kredite, die die Zahlungen ermöglichen. Kurze Schein-Blüte. Die höheren deutschen Zinsen schädigen andere Länder.

Reformen. 1924 legt die Koalitions-Regierung den Altwohnungs-Besitzern, die durch Krieg und Inflation verschont blieben, die Hauszins-Steuer auf. Diese Finanz-Quelle geht als Bau-Geld an die Gemeinden. Diese gründen gemeinnützige Bau-Gesellschaften und werden dadurch zu Trägern der Wohnungs-Politik. Über die Hauszins-Steuer, mit der endlich die Schicht der Privilegierten mithelfen muß, Unterprivilegierung zu vermindern, sind bis 1930 billige Mittel mit dem äußerst günstigen Zins von nur einem Prozent vorhanden. Aus dieser Quelle stammen ein Drittel des Kapitals, das in den Wohnungs-Bau investiert wird.

Da der Werks-Wohnungsbau keine öffentlichen Mittel erhält, gründet die Industrie gemeinnützige Wohnungs-Unternehmen und beteiligt sich an ihnen – mit 49 Prozent Kapital-Anteil. Im Revier entstehen die Ruhrwohnungsbau AG (1928 von den Vereinigten Stahlwerken, Hoesch, Klöckner und Krupp) und drei Wohnstätten Aktiengesellschaften. Sie spiegeln die Zusammenschlüsse der Werke.

Ein Bau-Boom entsteht. Eine Verwissenschaftlichung begleitet ihn: Forschungen zu Bau-Techniken und Baukosten-Senkungen, auch Ansätze zu einer Sozialwissenschaft des Bauens, vor allem unter dem Impuls der Gartenstadt-Idee. Gesundheits-Fragen werden erörtert. 1926 entsteht die Reichsforschungsanstalt für Wirtschaftlichkeit im Bau- und Wohnungswesen. Die Mitbeteiligung der Bewohner wird gefördert: in Genossenschaften[20]. Sie haben in dieser Zeit ihre größten Erfolge[21].

Stadt-Planung. Die Bindung von Werk und Wohnung ist gelockert. Neue Kolonien werden nun so geplant, daß sie Bezug zu mehreren Schacht-Anlagen haben. Stadtplanerisch finden wir zwei Traditionen: In der einen wirkt die Gartenstadt-Reform weiter. 1919 fördert die Regierung ausdrücklich die Dezentralisierung der Städte. Solange der Kohlenfonds (1920/1926) finanziert (Aufpreis auf der Kohle), entstehen Siedlungen mit Kleinhäusern: ländlichen oder kleinstädtischen

Doppelhäusern. Beispiel: In Dortmund wird innerhalb eines ausdrücklichen Konzeptes der Dezentralisierung (Südwest-Stadt, Ost-Stadt, nördlich der Nord-Stadt Lindenhorst, Eving und Kemminghausen, dazwischen breite Grünstreifen) wird die Sozialsiedlung an der Kemminghausstraße gebaut (1925 von Stadtbaurat Hans Strobel[22]) – um eine grüne Mitte 268 Wohnungen mit 106 Kleingärten[23].

Unter Kosten-Druck erscheint eine zweite Tradition: großstädtischer Einfluß, vor allem aus Berlin, in Form der Block-Bebauung mit Geschoß-Wohnungen. Sie wird allerdings von Reform-Gestaltern erheblich modifiziert[24].

Ambivalente Reform: der Süd-Nord-Gegensatz. Industrie und Wohnen sollen entflochten werden, um die Bevölkerung von einem Teil der industriellen Umwelt-Störungen zu entlasten. Tatsächlich kommen jedoch nur die wohlhabenden Schichten in diesen Genuß: im Ruhrgebiet wird das ›bessere Wohnen‹ dem Süden zugewiesen[25], das Industrie-Wachstum zum Rhein-Herne-Kanal hin orientiert. So entsteht – mitten in der Demokratie der Weimarer Zeit – aus einem kurzatmigen Reform-Verständnis nicht die tendenzielle Aufhebung des Klassen-Gefälles, sondern seine Verschärfung.

Vielleicht hätten die landschaftlichen Qualitäten der Süd-Bereiche in dieser Zeit ohnehin viele Wohlhabende angezogen, aber die Planung verstärkt das ›Image‹ des ›Essener Südens‹ und schädigt das ›Image‹ des ›Essener Nordens‹. Ähnliches spielt sich auch in anderen Städten ab, vor allem in Duisburg, Mülheim, Bochum und Dortmund. (Erst um 1990 entstehen durch die IBA Emscher Park Impulse, dieses Image-Gefälle aufzuheben.)

Macht-Kontinuum. Alte Verhaltens-Weisen wuchern fast ungehindert weiter. Die Republik steht auf dünnstem Fundament. Attentate erschüttern sie. Eine komplexe literarische Darstellung der Machenschaften in und um die Stadtplanung von Essen und Bochum gibt der 1932 veröffentlichte Roman von Erik Reger ›Das wachsame Hähnchen‹[26]: Wir erfahren, wie gekungelt, gemauschelt, hin- und hergeschoben, intrigiert, verhindert oder großmanns-süchtig aufgebauscht wird.

Orts-Hinweise: Republikanische Denkmale. Obelisk (1927) in Dortmund-Grävingholz (Kemminghauser Straße), gebaut vom Bezirksamt Eving, im Grävingholzer Wald. Die Nazis zerstören die Tafel „Den verdienstvollen ersten republikanischen Staatsmännern Ebert, Erzberger, Rathenau". 1956 neuer Text: „Den großen Republikanern Friedrich Ebert (1871-1926), Mathias Erzberger (1875-1921 [ermordet]), Walter Rathenau (1867-1922 [ermordet])." Friedrich Ebert-Denkmal in Dortmund-Hörde (Friedrich Ebert-Park), 1928 vom Reichsbanner (Bildhauer: Bernhard Hoetger, Dortmund), ursprünglich vor der Synagoge in Dortmund-Hörde, 1933 zerteilt, 1984 rekonstruiert. ›Stein der Republik‹ in Essen-Stoppenberg (Hallostraße): 1929 vom ›Reichsbanner‹ für Mathias Erzberger, Walter Rathenau und Friedrich Ebert (1933 entfernt, 1988 nach Original-Modell rekonstruiert).

Die Not. Der Teufels-Kreis löst sich nicht auf. Um die Förder-Leistungen in Bergbau und Stahl zur Erfüllung der Reparationen zu steigern, wird ein technologischer Innovations-Schub in Gang gesetzt. Dafür steht als anschauliches IBA-Denkmal heute die Zeche Zollverein XII in Essen-Katernberg.

Aber diese Innovationen führen zu Massen-Entlassungen und damit zu einem sozialen Schock, denn im Ruhrgebiet gab es bis dahin stets Arbeit. Der Ruhreisen-Streit 1928 eskaliert zur Aussperrung. Die Unternehmer radikalisieren ihre Feindschaft gegen den Sozialstaat, der sich gerade erst entfaltete. „Die Kosten der öffentlichen Fürsorge haben [in Gelsenkirchen] im Rechnungsjahr 1928 eine Höhe erreicht, die zu Beginn des Jahres nicht erwartet werden konnte. Die Lastensteigerung ist zurückzuführen auf den allgemeinen Rückgang der Konjunktur in Deutschland, im hiesigen Bezirk aber insbesondere auf die Rationalisierungsmaßnahmen des Bergbaues und der übrigen Großindustrie. In den modernen Großindustrie-Betrieben bedeutet Rationalisierung im wesentlichen, daß Menschenkraft durch Maschinenkraft ersetzt wird. Solche Maßnahmen wirken sich natürlich in den Industrie-Zentren, in denen die werktätige Bevölkerung weniger bemittelt und zum Erwerb ihres täglichen Unterhaltes auf ihrer Hände Arbeit angewiesen ist, am stärksten aus. Besonders tritt diese Erscheinung an solchen Standorten der Produktion hervor, wo die Erzeugung von gewerblichen Rohstoffen und Halbfertigfabrikaten vorherrscht. Hier hat die Maschinenkraft überall mühelos Einzug gehalten und arbeitsfähige Menschen aus ihrer lohnenden Beschäftigung verdrängt." 1927 gibt es 719 Wohlfahrts-Erwerbslose, 1918 steigt die Zahl um 569 Prozent auf 4.077, davon die Hälfte im Bergbau[27]. 1928 sind in Gelsenkirchen insgesamt 10.998 Wohnungsuchende eingetragen[28].

Notstandsmaßnahmen. Auch nach 1918 gelingt es den kurzatmigen besitzbürgerlichen Interessen, ihren Einfluß in den Kommunal-Parlamenten aufrecht zu erhalten – gegen SPD, USPD und KPD. Großbürgerliche und eher liberale Oberbürgermeister setzen sich mit Hilfe ihrer starken Stellung durch. Denn das Leitbild der Bürokratie ist weithin ein ›Ministerialbeamten-Absolutismus‹ (Wilhelm Treue). Und das Instrument der Oberbürgermeister weder die Gemeinde-Finanzen noch sozialorientierte Mehrheiten, sondern das plötzliche Geld, das ihnen zur Arbeits-Beschaffung zufällt. Viele nutzen mitten in der Not die Chancen. Je nach persönlichem Profil schaffen sie in ihren Städten wichtige Infrastrukturen. So entstehen vor allem Grün-Anlagen und Stadien. Daher sind die 20er Jahre die Ära der Bürgermeister: In Essen Dr.

Hans Luther (1918/1922)[29], in Duisburg Karl Jarres[30] und in Oberhausen Otto Havenstein. [225]

Gemeinschafts-Unternehmen. Die Hauszins-Steuer läuft 1930 aus. Damit versiegt die wichtigste Finanz-Quelle für den Wohnungs-Bau. Die preußische Regierung regt an, ein Gemeinschafts-Unternehmen zu bilden: aus sieben Firmen, aus Kommunen und Wohnungsgesellschaften entsteht 1928 die ›Ruhrwohnungsbau AG‹. Bis 1931 läßt sie 3.827 Wohnungen bauen.

Die Weltwirtschafts-Krise. Der Kurs-Sturz an der New Yorker Börse im Oktober/November 1929 löst die bisher latente Weltwirtschafts-Krise offen aus. Von 1929 bis 1932 sinkt die deutsche Industrie-Produktion um 43 Prozent. Die Koalitions-Regierung Müller fällt 1930 über ihre Sparmaßnahmen. 1930 zieht die NSDAP[31] mit 107 Sitzen (18,3 Prozent) in den Reichstag ein – als zweitstärkste Fraktion nach der SPD.

Der christliche Gewerkschafts-Sekretär Heinrich Brüning (Zentrum) regiert mit Hilfe des Reichspräsidenten mit Notverordnungen. SPD und Gewerkschaften tolerieren ihn als „kleineres Übel." Die gerade erst angelegten sozialstaatlichen Strukturen werden wieder abgebaut.

1929 gibt es im Reich 1,8 Millionen Arbeitslose, 1932 über 6,1 Millionen. In Dortmund mit seinen 210.000 Erwerbstätigen steigt die Zahl von 9.125 auf 75.602 – also auf 33 Prozent. Die Zechen vermindern die Beschäftigten von 41.000 auf 18.000. Die Hütten entlassen 40 Prozent der Arbeiter.

Die Verelendung begünstigt die NSDAP. 1932 erhält sie in Dortmund, wo sie bislang nie einen Stadtverordneten durchbrachte, 17,7 Prozent der Stimmen (im Reich 33 Prozent). Städtische Finanz-Not, Hunger-Demonstrationen, Krawalle. Immer wieder wird die SPD verantwortlich gemacht. Lokal und im Reich wirkt sich die Polarisierung zwischen

Kommunisten und Sozialdemokraten verheerend aus.

1932 sieht Dortmund über 2.000 Versammlungen: die SPD veranstaltet 237, die KPD 407, die NSDAP 470. Joseph Göbbels notiert 1932: „Eine Fahrt ins Ruhrgebiet ist mit Lebensgefahr verbunden."[32]

Wahn-Vorstellungen. „Nicht nur die demütigende Erfahrung von Elend und Not hinterließ ihre Spuren in den Gemütern, sondern auch die komplette Verwirrung über den Ablauf und das Ausmaß des Währungsverfalls ... Hoffnungen auf Wunder und Heilslehren waren ebenso verbreitet wie der zynische Gleichmut, mit schäbigen Tricks und Schiebereien Tag für Tag über die Runden zu kommen ... Größenwahn und Gefühle der Minderwertigkeit gediehen zum idealen Nährboden für Chauvinismus und Antisemitismus" (Lionel van der Meulen).

Die Großindustrie verachtet die Nazis, doch als sie zu einer Macht werden, versucht sie, ihre Politik gegen Demokratie, Sozialismus und Gewerkschaften als Werkzeug für eigene Interessen zu nutzen. Fritz Thyssen arrangiert die Einladung Hitlers in den Industrieclub in Düsseldorf. Dort sagt am 27. Januar 1931 Adolf Hitler: „Wenn ich mit meiner nationalen Partei die Macht habe, wird es in Deutschland für die nächsten 10 Jahre, wenn nicht für die nächsten 100 Jahre keine freien Wahlen und keine Streiks mehr geben." Einige Industrielle treffen sich einen Tag später mit Hitler, Göring und Röhm. Im Haus des Kölner Bankiers Curt von Schröder, eines Vertrauten von Albert Vögler (Chef der Vereinigten Stahlwerke), unterhandeln Papen und Hitler mit Vögler, Kirdorf, Thyssen und Flick. In der Folgezeit erhält Hitler von Schwerindustrie-Betrieben umfangreiche Spenden. Ein Kreis von Industriellen fordert Hindenburg auf, Hitler zum Reichskanzler zu ernennen.

Alle Probleme münden in einem Staats-Streich für ein ›Tausendjähriges Reich‹. Legal daran ist nur die Mehrheits-Bildung – alles Folgende ist eine zwölfjährige Kette von Verfassungs- und Rechts-Brüchen.

Die Gründe für das Scheitern. Die Republik scheitert nicht allein an ihren Feinden, sondern auch daran, daß die Demokraten es nicht verstanden, eine eigene demokratische und sozial-orientierte Kultur aufzubauen und mit praktischen Fähigkeiten, wendig in vielerlei Situationen meterweise Boden zu gewinnen. Sie folgen unbewußt und naiv einer uralten Tradition der Polarisierung, die die Reformer atomisiere, durch Maximalismus meist handlungsunfähig macht, in den eigenen Feldern das schrittweise Handeln diskreditiert.

Der erste deutsche Kommunalverband für eine übergreifende infrastrukturelle Planung

Robert Schmidt (1869 in Frankfurt geboren), Bauingenieur-Studium an der Technischen Hochschule Hannover, 1902 vom reform-orientierten Essener Oberbürgermeister Ernst Zweigert ins Bauamt geholt und 1907 zum Technischen Beigeordneten gewählt. Dort entwickelt er Strategien für kommunal-übergreifende, regionale Lösungen von Problemen. 1910 beruft der Düsseldorfer Regierungspräsident eine Kommission: sie beauftragt Robert Schmidt, für das westliche Ruhrgebiet eine ›Denkschrift zur Sicherung der Grünflächen‹ zu erarbeiten, die der Prozeß der Zersiedlung aufzufressen droht. Schmidt erweitert den Auftrag und publiziert 1912 die ›Grundsätze zur Aufstellung eines General-Siedlungsplans für den Regierungsbezirk Düsseldorf‹.

Politische Ikonographie der jungen Demokratie und Industrie-Ästhetik: Verwaltungsgebäude (1927/ 1929 von Alfred Fischer) für den Siedlungsverband Ruhrkohlenbezirk in Essen (Kronprinzenstraße 35); oben Wettbewerbsentwurf von Alfred Fischer(1927); unten Grundriß des ersten Obergeschosses. [233]

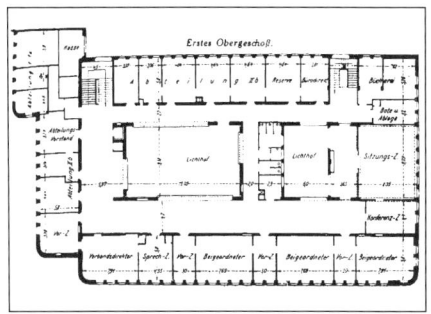

steuern. Zu den Aufgaben zählen die Sicherung und Entwicklung überörtlich bedeutender Freiräume (Schaffung und Sicherung großer bebauungsfreier Flächen, Ansiedlungsgenehmigungen), die Landschafts-Pflege, die Landschaftsplanung und Freizeit-Anlagen. Hinzu kommen Abfall-Entsorgung, Vermessungs- und Liegenschaftswesen, Karthographie, Luftbild, Öffentlichkeits-Arbeit sowie eine große Anzahl von fachlichen und organisatorischen Dienst-Leistungen für die kommunalen Verwaltungen.

Robert Schmidt entwickelt ein Leitbild, eine Methode und Instrumente der Raumordnung und Regionalplanung. Von hier gehen Impulse in viele Ballungsräume Europas und der Welt.

Orts-Hinweis: Kommunalverband Ruhr. Verwaltungs-Gebäude (1927/1929 von Alfred Fischer) des Kommunalverbandes Ruhr in Essen (Kronprinzenstraße 35). Zu den Instrumenten des SVR/KVR siehe S. 382. Zu den Revier-Parks siehe S. 399.

Kommunalverband. Nach dem Ersten Weltkrieg steigert sich der Druck auf die Revier-Städte (siehe oben). Zusammen mit dem Essener Oberbürgermeister Dr. Hans Luther überzeugt Robert Schmidt 1919 die Städte, Landkreise und die Wirtschaft, einen Zweck-Verband zu gründen: 1920 entsteht der ›Siedlungsverband Ruhrkohlenbezirk‹ (seit 1979 Kommunalverband Ruhr) mit Sitz in Essen. Es ist der älteste und größte unter allen deutschen Regionalverbänden.

Aufgaben. Mit dem Verband beginnt die Epoche der planerisch-politischen Versuche, die Entwicklung der Region zu

Das Metropolen-Muster: Block-Bebauungen

Kosten-Druck verändert die Bau-Weise. Die Bau-Kosten-Steigerung erzwingt nach 1926 die Abkehr vom Einfamilien-Haus und den Geschoß-Bau[33]. Dies senkt die öffentlichen Kosten für die Erschließung. Eine größere Blocktiefe verringert die Zahl der Straßen. Die Straßen werden enger, ihr Ausbau vereinfacht. Vorgärten entfallen. Die Häuser werden schmaler, aber tiefer angelegt. Straffe Ausbildung von Typen. Weitgehende Normierung von Einzelteilen.

Im Inneren führt dies zur Verkleinerung von Möbeln, die oft durch Wandschränke ersetzt werden. Da sich das Leben hauptsächlich in der Küche abspielt, wird sie vergrößert. Über die Industrialisierung des Bauens wird viel diskutiert – aber ohne Ergebnis. Weitreichendstes Resultat: Bau-Normen werden entwickelt.

Obwohl die Block-Bebauung das Muster der Metropolen-Städte ist, gibt es davon im Ruhrgebiet nicht viele Viertel.

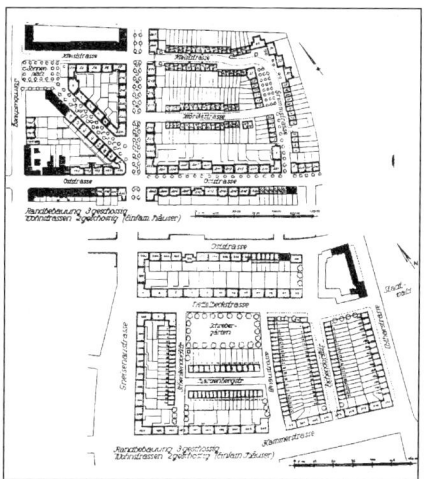

Siedlung Neudorf (1907/1936) in Duisburg.

Städtische Stockwerks-Wohnungen gelten bei der ›Treuhandstelle‹ als Ausnahme[34].

Orts-Hinweise: Blockbebauungen nach Berliner Leitbild. Eine Anzahl von Vierteln in Hagen. Siedlung Elbersufer (1922/1925 von Woltmann) in Hagen (Elbersufer 18/39)[35]. Wohnblock am Steinplatz (1901/1907 von Lippner/Wilge) in Hagen (Am Steinplatz), für Spar- und Bauverein[36]. Althoff-Block (1913/1914, ab 1924) in Dortmund (Althoff-/Sonnen-/Studtstraße), für den Spar- und Bauverein von Düchting & Jänisch, Strunck & Wentler, Carl Lieberwirth, Friedrich Lessing[37]. Block-Siedlung Borsigplatz (1897/1912) in Dortmund (Osterholz-/Wambeler Straße u.a.), vom Spar- und Bauvereins, in deutscher Renaissance, wie Rathäuser dieser Zeit, mit Ecktürmen und Giebel-Turm[38]. Viertel Liebigstraße (um 1918/1936) in Dortmund. Allensteiner/Huckarder Straße (1904) in Dortmund-Huckarde (Haarbeck)[39].

Viertel Heerstraße/Friedenstraße (um 1910) in Duisburg. Siedlung Neudorf (1907/1936) in Duisburg (Heine-/Händel-/Mörike-/Klöckner-/Nettelbeck-/Schenkendorf-/Hardenberg-/Lenau-/Eichen-/Andersen-/Kammerstraße), von Tafel, Fischer, Puin, von Cube, Buchloh, Cornelius, Dahlhaus, Hecker, Caspar Maria Grod (Köln), Weimann, in Block-Bebauung, pluralistisch teils mit Treppen-Giebeln, teils kubisch[40].

Gruppen-Siedlung. Gegen das rein grundstücksbezogene Bauen entwickeln viele Entwerfer – reich an Ideen – städtebauliche und räumlich differenzierte Konzepte. In der Gruppen-Siedlung sind die Häuser zusammengefaßt und versetzt gruppiert – mit eingeschossigen Verbindungen (meist Toilette und Stall), als Reihen-Häuser, in Blöcken oder in Zeilen. Mit Block-Öffnung oder Eingangs-Toren oder Straßen-Überbauungen, Höfen, gemeinschaftlichen Freiflächen als Anger oder Platz[41]. Hier wird eine bereits in vielen Siedlungen und Gartenstädten breit angelegte ›Bau-Kultur‹ in faszinierender Weise weitergeführt.

Orts-Hinweise: Wohnhof-Gruppen. Siedlung Auf dem Krahenbrink (1927 von E. Friedrich, O. de Berge, F. Sackermann) in Hagen (Krähenbrinkstraße), expressionistisch spätgotisch[42]. Siedlung (1928 von Toelle) auf'm Steinbrink in Hagen (Auf'm Steinbrink), dreiseitig um einen großen Anger[43].

Nach Amsterdamer Vorbild läßt in Dortmund 1929 die Gemeinnützige Siedlungsgesellschaft die Präsidentensiedlung in Dortmund Ost angelegen (Ludwig Feldtmann, Dortmund; Kaiserstraße/von der Tannstraße)[44]. Sommerberg-Winterberg (1914

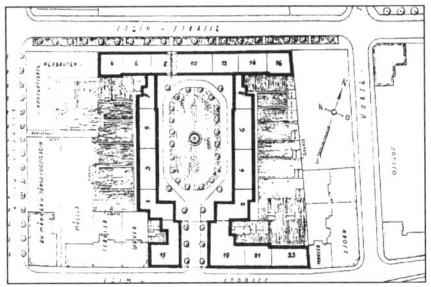

Wohngruppe Auf'm Steinbrink (1928 von Toelle) in Hagen.

Düchting & Jänisch, Strunck & Wentzler, Carl Lieberwirth, Friedrich Lessing) in Dortmund-Tremonia[47].

Siedlung Wiemelhausen in Bochum-Wiemelhausen (1923/1927 von Mebes/Emmerich, Berlin; Brinkmann- / Kampmann- / Grolmann- / Mulderpasstraße), für den Gemeinnützigen Wohnungsverein Bochum, mit mittelalterlichen Treppen-Giebeln[48]. Häuser-Gruppe Rautenberg (1927 von Alfred Fischer) in Bochum-Brockhausen (Rautenbergstraße)[49]. Siedlung Freies Heim (1930) in Bochum-Wattenscheid (Heim-/Hohensteinstraße)[50]. Siedlung Ottostraße (1926/1927) in Gelsenkirchen-Bismarck, mit Tor-Szenerie. Wohnhof (1924 von Fritz Schupp) Heinrich-Lersch-Platz in Essen-Katernberg (Dirschaustraße) – mit einem monumentalen Torbau. Baugruppe ›Große Wiese‹ (ab 1901) in Essen-Kray (Große Wiese 1/9, 11, 13), erstes Projekt des Bau- und Sparverein für Beamte und Arbeiter in Essen, nahe Zeche Bonifacius, im Jugendstil, mit Aufschriften „Ehret

Gruppierte Zeilen der Thyssen-Siedlung Beeckerwerth (1922/1932) in Duisburg-Beeckerwerth.

von Karl Pohl) in Dortmund-Hörde[45]. Apfelbaumweg (1919 von Dietrich und Karl Schultze, Emil Pohle) in Dortmund-Wambel[46]. Siedlung zur Sonnenseite (1925/1926 von Hans Strobel) in Dortmund-Eving (Kemminghausen-/Württemberger-/Bayrische-/Waldecker Straße), exemplarische Reform-Siedlung für Tuberkulose-Kranke, Schwerbeschädigte und kinderreiche Familien. Althoff-/Roseggerstraße (1913, 1924, 1936 von

den König", „Fürchtet Gott", „Habt die Brüder lieb"[51].

Wohn-Anlage am Ruhr-Ufer (20er Jahre) in Mülheim (Schleusenkanal/Trooststraße). Platanenhof-Siedlung in Duisburg (Heerstraße/Platanenhof). Johannenhof (1913 von Valentin) in Duisburg-Homberg, 100 Wohnungen; den Abriß wehrte eine Bürgerinitiative mit Siegfried Baumeister ab. [279]

Orts-Hinweise: Zeilen-Bauten. Thyssen-Siedlung Beeckerwerth (1922/1932) in Duisburg-Beeckerwerth, mit expressionistischen Details. *[202]* Siedlung Danziger-Straße (1926 von Mebes/Emmerich, Berlin) in Bochum (Danziger-/Dortmunderstraße)[52]. Siedlung zur Sonnenseite (1926/1927 von Hans Strobel) in Dortmund (Kemminghauser- / Bayrische- / Osterfeld-/ Württembergische Straße), für die Dortmunder Gemeinnützige Siedlungsgesellschaft (1918), regelmäßig, quer zur Straße gestellt[53].

Avantgardistische Siedlungen.
Nach 1918 läßt ein erheblicher Teil der Gemeinnützigen Wohnungs-Gesellschaften ihre Wohnsiedlungen und Wohnanlagen in Ausdrucks-Sprachen der Avantgarden bauen, meist in gemäßigter, aber doch deutlich erkennbarer Weise. Für Innovationen in dieser Ausdrucks-Sprache ist der Massen-Wohnungsbau, obwohl finanziell durch das „Minimum" angekettet, deshalb geeignet, weil er nur wenig mit Vorstellungen von Repräsentation besetzt ist. Das ›Bauhaus‹ regt die Gestaltung mit kubischen Elementen an – nicht als Selbstzweck (wie später mißverstanden), sondern mit dem Ziel differenzierter, rhythmischer, spannender Raum-Bildungen.

Der leidenschaftlichste, und zugleich wissenschaftlichste aller Architekten ist Josef Rings (Essen)[54]. Ausdrücklich betont er seine Zusammenarbeit mit vielen Industrie-Firmen. „Der einfachste und klarste Baukörper ist zum Ausdruck städtebaulicher Gedanken der geeignetste, und der geringste Material- und Funktionsaufwand fordert wiederum klare Gebilde. So unterstützt eins das andere und führt durch die in der Zeit und in den Verhältnissen begründete Richtung zu modernen Lösungen ... Trotz der beschränkten Zahl der verschiedenen Haustypen ist reiche Abwechslung in den Straßenbildern vorhanden ... farbige Behandlung [nach Anregungen von Bruno Taut] ... Während für die Siedlung Feldhaushof die Haupttöne gelb für die Hausflächen und orange für Portale und andere Architekturteile sind, ist bei der Siedlung Essen-Stadtwald für die Hausflächen Hellgrün und für die Portale und Architekturteile Gelb verwendet worden."[55] Aber 1922 scheitert Rings für viele Jahre bei seinen ersten Auftraggebern: Avantgarde mit Einfachheit wird als Armut ausgelegt.

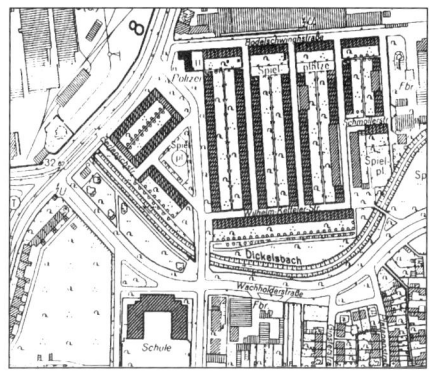

Avantgardistische Dickelsbach-Siedlung (1925/ 1927) in Duisburg-Wanheimerort (Düsseldorfer-/ Wilhelm Kettelerstraße).

Orts-Hinweise: Avantgardistische Siedlungen der 20er Jahre. Im Hochbauamt Duisburg (Heinrich Bähr/Hermann Bräuhäuser) entstehen die Entwürfe für mehrere Siedlungen: Dickelsbach-Siedlung (1925/1927) in Duisburg-Wanheimerort (Düsseldorfer-/Bodelschwingh-/Friedrich Naumann-/Wilhelm Ketteler-Straße), von Heinrich Bähr/Hermann Bräuhäuser (Hochbauamt), Gewinner eines beschränkten Wettbewerbs 1926, unter Leitung des Beigeordneten Pregizer. Nur ein Haustyp: zweigeschossige, verklinkerte Reihenhäuser in Zeilen, dazwischen Garten-Wege.

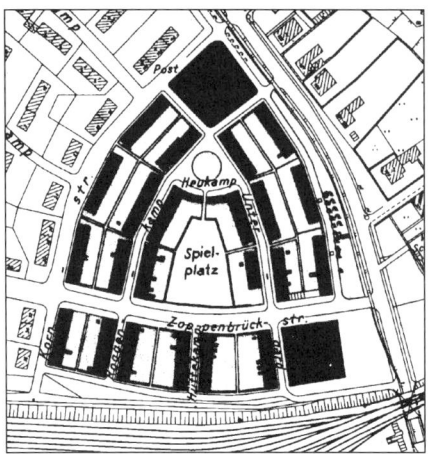

Avantgardistische Siedlung Ratingsee (1927/1928) in Duisburg-Mittelmeiderich (Zoppenbrück-straße).

Südlich des Dickelsbaches: Volksschule (1927/1929 vom Hochbauamt; heute Karl Lehr-Real-schule). Von Bruno Taut gelobt, in Duisburg um-stritten: „Schandmal der Architektur" und „Bo-chumer Zentralgefängnis"[56]. Städtische Siedlung Ratingsee (1927/1928) in Duisburg-Mittelmeide-rich (um die Zoppenbrückstraße), von Heinrich Bähr/Hermann Bräuhäuser (Hochbauamt)[57]. Städtische Siedlung am Parallelhafen (1927/1928) in Duisburg-Neuenkamp (Diergardt-/Kalkarer-/Xantener-Straße/Im Bovefeld), von Heinrich Bähr/Hermann Bräuhäuser (Hochbauamt)[58]. Einschornstein-Siedlung (1927/1930) in Duis-burg-Neudorf (Kortum-/Mozart-/Wildstraße)[59], nach Wettbewerb von Johannes Kramer, Walter Kremer und Stadtbaurat Hermann Bräuhäuser [201]. Ursprünglich mit 441 mittelständischen Wohnungen und Infrastrukturen. Mischung von zwei- und dreigeschossigen, raffiniert gestellten kubischen Blöcken, mit einem Farb-Konzept. Geschoßbau (Balkon-Loggien) und zweigeschos-sige Einfamilien-Häuser, die aus städtischen Ty-pen-Häusern entwickelt wurden. [224] Weite In-nenhöfe mit Spiel-Plätzen. Gemeinschafts-Gebäu-de mit Heizwerk, Autogarage, Werkstatt, Wasch- und Bade-Haus, Gaststätte, Fest-Saal, Kinder-Gar-ten. Eingeschossige Laden-Zeile. Vorbild für alle vier Bereiche: Siedlungen Kiefhoek in Rotterdam und Hoek van Holland von J.J.P. Oud.
    Bau-Gruppe (um 1928) in Mülheim-Saarn (Straßburger Allee 60/62, 68/70, 63/67/Lohner

Im Umfeld des Bauhauses: Vittinghoff-Siedlung (1927 von Alfons Fels) in Gelsenkirchen-Schalke (Wilhelminen-(Grillostraße).

Straße), gestufte Kuben von drei und fünf Ge-schossen mit einer Eck-Kneipe. Siedlung Hei-matdank (1921/1930 von Josef Rings/A. Farmers) in Essen-Haarzopf-Fulerum (Fulerumstraße/Hei-matdank), für handwerkliche Berufe[60]. Stadt-wald-Siedlung (1920/1921 von Josef Rings) in Es-sen-Rellinghausen (Grünhof)[61]. Stadtwald-Sied-lung Eyhof (1919/1921, 1924/1926 von Josef Rings) in Essen (Angerstraße/Waldsaum), für Ge-meinnütziger Bauverein AG Stadtwald und Mit-telstand (teilweise entstellt)[62]. Siedlung Feldhaus-hof (1919/1921 von Josef Rings) in Essen-Hut-trop (Schwanenbuschstraße/Feldkamp), für ›All-bau‹, zweigeschossig (nur teilweise und entstellt erhalten)[63].
    Wohnanlage Altenessen (1928/1931) in Essen-Altenessen (Welbeck-/Mevissenstraße/Strünks-/Bilsteinweg/Erbcbank), für Ruhrwohnungsbau AG, nach dem Leitbild des Bauhauses[64].
    Siedlung (1930 von Fritz Schupp) in Glad-beck-Butendorf (Horster-/Glückauf Straße). Drei- und zweigeschossige Zeilen bilden Räume. Das Erdgeschoß aus Backstein, mit textur-um-

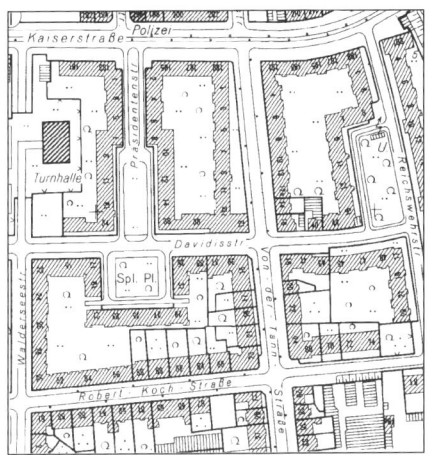

Vorbild Amsterdam: Präsidentensiedlung (1929/1932 von Ludwig Feldmann) in Dortmund-Ost (Kaiser-/von der Tann-Straße).

rahmten Eingängen, das Obergeschoß im Kontrast flachgeputzt. Siedlung (1929/1930) von Josef Rings, Essen) in Gelsenkirchen-Buer-Hassel (Flach-/Brakestraße), vom Volksmund ›Neu-Jerusalem‹ genannt. Vittinghoff-Siedlung (1927 von Alfons Fels, Gelsenkirchen) in Gelsenkirchen-Schalke (Wilhelminen-/Grillostraße, für die GGW).[65] Hier mischen sich die Ausdrucks-Sprachen des Expressionismus und des Bauhauses.

Siedlung (1920 von Josef Rings) der Baugenossenschaft Bochum in Bochum (Oskar Hoffmann-Straße), parallel zur sozialen Bauhütte Bochum, in „geschwisterlicher" Zusammenarbeit[66]. Siedlung Kaiserstraße (1929/1932 von Ludwig Feldmann) in Dortmund (Kaiser-/Davidis-/Präsidenten-/von der Tann Straße), von der DoGeWo, mit und 900 Wohnungen, Kuben, mit Flachdach[67] *[205]*. Beamten-Siedlung (1930 von Ludwig Feldmann) in Dortmund (Reiner Daelen-/Niederhofener Straße), für Beamten-Wohnungs-Verein Hörde[68].

Cuno-Siedlung (1926/1929 von Ewald Figge) in Hagen-Kuhlerkamp (Albrechtstraße), mit 121 Wohnungen, Küche nach ›Frankfurter Modell‹ und Gemeinschafts-Einrichtungen (Wäscherei, Bade-Anstalt), differenzierte Blöcke[69]. Siedlung (1930 von Ewald Figge) in Hagen (Am Rastebaum), freie Gewerkschaften, mit Ideen des ›Hagener Impulses‹, sechsgeschossiger glatter Halbrundbau[70].

Lebens-Verhältnisse und öffentliche Auseinandersetzungen

Tier-Haltung. Innerhalb der Industrie-Stadt sind Spuren der bäuerlichen Herkunft erhalten. „In der Großstadt bleibt häufig die Notwendigkeit bestehen, diese ländliche Subsistenz-Wirtschaft wenigstens teilweise weiterzubetreiben. Dies vertritt auch die Gartenstadt-Bewegung" (Michael Peterek). Es manifestiert sich in Gärten und Kleintier-Haltung – nicht nur in den Industrie-Dörfern, sondern eigentlich überall.

Die Not des Ersten Weltkrieges fördert erneut das Interesse an Gärten und an Kleintier-Zucht. 1921 sind in Buer in Vereinen: 1.718 Ziegen-, 830 Geflügel-, 542 Kaninchen- und 660 Brieftauben-Züchter[71].

Unterhaltung. Walter Brenk in Gelsenkirchen-Ückendorf: „Hier hat fast jeder Musik gemacht. Viele spielten Bandonion. Es gab die polnischen Vereine. Die Pollacken hatten alle hübsche Weiber. Da sind wir immer hingegangen, als wir jung waren, bloß konnten wir nichts verstehen, wenn sie am Erzählen waren. Wir haben uns da nur die Weiber rausgeholt – zum Feiern. Die Musik-Kapelle hörte gar nicht zu spielen auf. Dann haben alle an der Theke ein paar gesoffen, dann gingen sie wieder zum Weitertanzen. Die Pollacken vor allen Dingen. Das waren die Fidelsten. Wo wir Bier rausgetrunken haben, da haben sie Schnäpse rausgetrunken. Die konnten am tollsten feiern. Sie sprachen perfekt: waren hier geboren, gingen hier in die Schule. Wir machten keine Unterschiede."

Liebe. „Wir sind mit 16, 17 oder 18 Jahren mit Mädchen spazierengegangen – bis nach Steele zum Frei- und Strandbad, und haben sie wieder zu Hause abgeliefert. Da passierte nichts, abgesehen von einigen Ausnahmen. Das gilt für alle meine ganzen Freunde. Engel waren wir nicht. Wir hatten unser Alter" (Walter Brenk).

Räumliche Bezüge. „Wir waren im Glück-Auf-Keller, standen alle an der Theke, haben uns einen getrunken. Wo gehen wir heute hin? Heute nach Stoppenberg, da ist Kirmes. Dann sind wir dahingelaufen. Zu Fuß. Von hier bis nach Witten. Von hier bis nach Linden. Bis nach Henrichenburg zum Schiff [269]. Alles zu Fuß. Den ganzen Tag waren wir unterwegs. Hier nebenan wohnte eine Familie Schnepel. Der Junge, der hat mir immer leid getan. Der mußte noch zu Fuß unterwegs Geige spielen.

Nach dem Ersten Weltkrieg gründete sich überall der Wander-Verein. Wir Kinder wanderten, wenn wir große Ferien hatten: von hier aus an der Zeche Rheinelbe vorbei, am Glück-Auf-Keller vorbei, an der Kokerei, an Schulte-Kemna vorbei, am Wasserturm runter, über den Ruhr-Höhenweg oben bis nach Heisingen – zu Fuß. Den ganzen Tag rumgetobt und rumgesprungen – und abends wieder nach Hause. Auf dem Rückmarsch lagen wir alle am Wasserturm und warteten: Dann kam der Mandolinen-Club zum Spielen – und wir alle hinterher – mit der Musik – daß wir nach Hause kamen" (Walter Brenk).

Beamte. „Die Kumpels gingen in den Pütt malochen – sie haben Geld verdient. Aber die Lehrer waren ganz arme Schweine, sie konnten vor Hunger kaum in den Schlaf kommen. Eisenbahn-Beam-te, Post-Beamte, Lehrer – die haben doch kein Geld bekommen! Mein Vater sagte immer: Der Eisenbahner kriegt kein Geld, der bekommt nur die blanken Knöpfe auf seine Uniform, damit bezahlen sie ihn.

Ich hab mich immer gewundert. Früher waren die Eisenbahner erst links, liefen in der ersten Reihe, dann kamen die Nazis, da hatten alle Hakenkreuze. Manche wechselten ihr Parteibuch wie ihr Hemd" (Walter Brenk).

Religion und Politik. Die GHH-Arbeiter-Siedlung Dunkelschlag (1904) in Oberhausen-Sterkrade (Dammstraße) galt als „radikales Nest". „Im Wohnzimmer hing das Bild von Bebel. Bei meiner Kommunion trug der Vater das Abzeichen der Kommunistischen Partei. Der Pastor Horstmann hat immer gesagt: ›Kolonie, Kolonie, ich warne dich! Auch du wirst eines Tages in die Kirche gehen!‹" (Johann Grohnke).

Politisieren. Paul Herold: „1928 wurde die Zeche Roland stillgelegt. Wir wurden erwerbslos. Alle. Durch die Ereignisse wurden die Leute wach. Es gab viel Diskussionen. Wir hielten immer Versammlungen ab, Stubenversammlungen, bei Nachbarn. Dann kamen alle zusammen. Einer, der ein bißchen reden konnte, hat die Sache geleitet. Er hielt eine kleine Rede und anschließend wurde diskutiert. Zweimal stempeln mußten wir in der Woche. Unterwegs haben wir manchmal mit den Nazis eine Klopperei gehabt. Die Politik auf der Straße wurde aus der Not geboren. Abends saßen wir oft zusammen auf der Treppe und haben politisiert"[72].

Sozialisten. Walter Brenk: „Als ich 1922 in die Lehre ging, kamen die Matrosen alle wieder, die Revolution gemacht hatten. Im Gegensatz zu ihnen war mein Vater deutsch-national – bis auf die Knochen. – ›Walter, wo gehst du heute abend hin?‹ – ›Wo soll ich schon hingehen?‹ – ›Komm doch mal mit in die sozialistische

Jugend!‹ Dann schleppten sie mich mit. Zu meiner Jugendzeit waren die Leute hier meistenteils links: Kommunisten und Sozialdemokraten. Da gab es die USPD."

Deutsch-National. „Wenn mein Vater gewußt hätte, daß ich zur sozialistischen Jugend ging – er hätte mich verhauen! Der hatte in jeder Ecke Bilder hängen: Männer mit langen Bärten, der olle Bismarck und der Kaiser. Mein Vater in einer Uniform, mit Schnüren und einem Totenkopf dran. Er kam direkt aus Königsberg und das steckte da drin – zwei Brüder waren in Königsberg bei der Polizei. Er ist mit seinem Schwager hierhin abgehauen. Aber die Einstellung brachten sie mit. Sie waren stolz. Sie sahen sich nicht als Deutsche, sondern sagten: ›Wir sind Preußen!‹ Oh, sie hatten kein Schwarz-Rot-Gold, sondern sie hatten schwarz-weiße Fahnen – echte Preußen, echte Hohenzollern. Oh, Mann! Kerl! Diese Bilder habe ich nach 1945 alle kaputtgehauen: Ich hing sie in der Laube auf und dann machten wir daraus Zielscheiben – froh, daß die ollen Kappesköppe da weg waren" (Walter Brenk).

Mit dem Rathenau-Attentat 1922 [197] beginnen an Oberhausener Höheren Schulen nationalsozialistische Aktionen[73].

Hand-feste Auseinandersetzungen. „Insgesamt hatten wir 38 Parteien. Ich hab erlebt, wie sie sich gegenseitig bekämpften. Es gab hier eine Aufmarschiererei: da kamen die Kommunisten, dann die Wehrwölfe und Wikinger, da gab es noch keine Nazis, aber die Wehrwölfe und Wikinger und die Deutsch-Nationalen oder wie sie sich alle nannten. Und immer Kloppereien und Schlägereien.

Ein Freund von mir wohnte ein paar Häuser weiter, sein Vater war ein Führer der sozialistischen Jugend, hatte die Uniform an und sagte: ›Walter, komm mit nach Bochum! Hindenburg spricht im Stadt-Park‹. Wir liefen zu Fuß nach Bochum. 1928 haben diese Wehrwölfe und Totenköpfe mit den Fahnen noch Schläge

gekriegt, wie sie da alle die Straße runterzogen. Wir kesselten sie ein. Und dann gab's Schläge" (Walter Brenk).

Der Schulter-Schluß von Deutsch-Nationalen und Nazis. „Nachher, als kein Mensch Arbeit hatte, ließen sich Menschen für einen Teller Suppe bei der SA aufnehmen. Mein Schwager hatte 5 Jahre keine Arbeit gehabt und drei Kinder. Der hätte keine Arbeit gekriegt. Dafür mußte er sich beim Stahlhelm aufnehmen lassen – auf der Zeche Bonifatius. Jeder, der beim Stahlhelm war, kriegte Arbeit – sonst keiner.

Bei Brauckmann in der Wirtschaft war ein ›Deutscher Tag‹. Ich komme als 18jähriger Junge vorbei, da sagt der Alfred Dressel, ›Schau mal, Walter, da ist was los. Komm wir gehen mal rein und gucken!‹ Drinnen spielte der Gardeverein Musik, dann standen alle auf und sangen ›Deutschland, Deutschland über alles‹. Wir beide blieben sitzen. Am anderen Morgen mußten wir sofort zum Betriebs-Führer. In dieser Ebene war bei uns alles deutsch-national. Hat der uns angeschrien! ›Seit wann wird beim Deutschlandlied nicht aufgestanden?‹ Ich sagte: ›Wir haben uns einen getrunken‹. – ›Das heißt doch nichts! Es ist laut gesungen worden.‹ – ›Wir haben nichts gehört‹.

Die Leute, die auf der Arbeit meine Gesinnung kannten, sagten immer: ›Walter, bei dir sitzt son Kreuz hinter! Wir wissen, daß du ein roter Bruder bist‹. – Ja, hör mal, du mußt vorsichtig sein. Ich war ein guter und fleißiger Arbeiter.

Alles junge Kerls. Wir kommen – kurz vor 1933 – nachts aus der Kneipe raus, alle hatten einen gesoffen. Hier auf dem Marktplatz war immer Treffpunkt, nachts wurden ein paar Lieder gesungen, bis wir die Leute alle wachgemacht hatten, und dann ging man nach Hause. Da kommt einer: hohe Mütze, dicke Binde, Hakenkreuz und Stiefel. Ich sag: ›Wie siehst du denn aus? – wie ein Clown! Wo kommst du her, Kerl? Was hast du für einen Frack an?‹ Er schreit: ›Pack meine Uniform nicht an!‹ – Ich hol die Hand aus, will ihm eine vor die Schnauze hauen, da hält mein Kollege mich fest. – Einen anständigen Bürger wie den Hoffmann schlugen sie im SA-Lokal zusammen" (Walter Brenk).

Die Polizei. „Hier im Revier sagten die anständigen Schutzleute, die blauen: ›Wir haben nichts mehr zu sagen‹. Die SA hatte die Polizei verdrängt. Und die Firmenleitung und alles, was oben war, steckte unter einer Decke, wenn du etwas gegen die Nazis sagtest. Die anständigen Bürger schlugen die Nazis halb tot" (Walter Brenk).

Die volkstümliche Siedlung Dunkelschlag hat in Oberhausen-Sterkrade viele originelle Bewohner. „Einer von ihnen, in der Zechenstraße 16 c, war Bolek, eigentlich Boleslaus Fritza. Er arbeitete als Maschinist unter Tage. Der pfiffige Mann unterhielt die Siedlung mit Ferbeleien. Ein Spaßmacher. Junggeselle. Lebenslustig. Trank gerne. Hielt mit seinen letzten Groschen die Leute frei. Warf oft aus Spaß Geld in die Luft und unter die Kinder. Der Arbeiter-Münchhausen erzählte die tollsten Geschichten, wie er als Pastor, Hilfsschul-Lehrer, Skilehrer, Parkwächter, im Moskauer Zirkus und als städtischer Angestellter gearbeitet hatte. Das schilderte er mit dem treuesten Gesicht. Nichts davon ist wahr" (Johann Grohnke).

Ästhetik der Industrie

Zechen-Konstruktionen aus mehreren industriellen Epochen: Zeche Ewald in Herten.

Die radikalen Reformer: Ästhetik aus Industrie-Phänomenen

Zunehmend radikalisiert sich die um 1900 aufbrechende ästhetische Reform-Bewegung. Diese Phase läuft parallel zu einer radikalen Grundlagen-Untersuchung in den Natur-Wissenschaften (Relativitäts-Theorie, Quanten-Mechanik) und in der Psychologie (Tiefen-Psychologie).

Die Industrialisierung der Energie (Dampfkraft, Elektrizität, Verbrennungs-Motor) schafft hohe Geschwindigkeiten.

Diese verändern die Wahrnehmungs-Weisen. Von der Eisenbahn, Straßenbahn und vom Auto aus werden im raschen Vorbeigleiten nur noch Großformen sichtbar. Details verlieren an Bedeutung.

Eine Theorie einer Phänomenologie der Industrie-Epoche formuliert der belgische Universal-Künstler Henry van de Velde (1863-1957), durch Aufträge von Karl Ernst Osthaus in Hagen [176] eng mit dem Ruhrgebiet verbunden: „Diese Schöpfungen von Männern einer neuen Berufsart: den Ingenieuren, bilden eine Welt neuer Formen ... Alle diese Schöpfungen verdanken ihr Ansehen einer absolut vernünftigen Auffassung; und sie wurden so ... erdacht in der Absicht, sich unseren Bedürfnissen so unmittelbar wie möglich anzupassen ..."

Kunst soll nicht mehr einigen wenigen dienen, sondern „... ich erwarte es [das Wunder] ... von jener Offenbarung, die eines Tages jeden Arbeiter unwiderstehlich dahin treiben wird, daß er es ablehnt, alle seine Zeit hinzugeben, alle seine Kraft zu verkaufen an die Erzeugung von Dingen, die seine Vernunft kränken, und die keinerlei Daseinsrecht haben."[74] [179] **Industrie bringt eine Ästhetik hervor**: es gibt sie bereits; und zugleich wird sie als Vision vorgestellt. Henry van de Velde beobachtet das Industrie-Gebiet an der Ruhr: „Nichts ist häßlich in dieser Welt der technischen Erfindungen, der Maschinen und der tausend Gebrauchsgegenstände, die ebenso wichtigen Zwecken dienen, wie Architektur und Kunstgewerbe. Ja, ihre, durch Wahrheit und Kühnheit erschütternden Formen haben all jene, die der neuen, der zukünftigen Schönheit leidenschaftlich entgegenharrten, zu Ausbrüchen höchster Bewunderung hingerissen. J.-K. Huysmans, Emile Zola, Octave Mirabeau und andere haben Bauwerke verherrlicht, wie Forth-Brücke, die Maschinenhalle der Pariser Ausstellung von 1889, den Eiffelturm, die großen Maschinen der Krupp-Werke und die Hochöfen von Oberhausen, die sich im Grunde, gleich apokalyptischen Tieren, auf die Erde niedergelassen zu haben schienen ..."[75] [342] Die industrielle Herstellung von Glas führt zur Vergrößerung von Fenstern – um 1900 in den Bürger-Häusern auffallend sichtbar [169, 215]. Vor allem in Fabriken. Eisen-Träger und Beton schaffen Erweiterungen der Statik und der Bau-Konstruktionen. Dadurch erhalten die tragenden Elemente, die klimatisierenden Raum-Abschlüsse und Decken Leichtigkeit. Gegen die schwere Materie wird Raum gesetzt: er besteht aus Licht [212]. **Abstraktion**. In den industriellen Vorgängen gibt es Ebenen der Abstraktion. Dies übersetzt sich auch in die ästhetische Symbol-Ebene: nun entwickeln sich

Künste, die ebenso wie der Ingenieur vor allem an Abstraktem interessiert sind – nicht nur in der Malerei, sondern auch im Bauen. Dies führt zu einer radikalen Ästhetik, deren Grundlage eine Phänomenologie der Industrialisierung ist. **Den Geist der Mathematik** formuliert Le Corbusier (1920): „Der Ingenieur, beraten durch das Gesetz der Sparsamkeit und geleitet durch Berechnungen, versetzt uns in Einklang mit den Gesetzen des Universums. Er erreicht die Harmonie ... Die Ingenieure verwenden, da sie auf dem Wege der Berechnung vorgehen, geometrische Formen und befriedigen unsere Augen durch die Geometrie und unseren Geist durch die Mathematik. Ihre Werke sind auf dem Wege zur großen Kunst."[76] **Das Paradox: Stringenz und Freiheit**. Die Struktur des ›neuen Bauens‹ beinhaltet zwei Ebenen: Die industriell möglichen Konstruktionen erfordern einerseits wegen des Kalküls mehr Stringenz und bieten andererseits mehr Freiheiten für unterschiedliche Gestaltungen. Stichworte von Fritz Schumacher: „... das Eisenwerk [wird] von jeder Verzierung freigehalten", „›Logik‹ des Gefüges", „›Schnittigkeit‹ der Form", „›Eleganz‹ der Linie", „schmucklose Energie."[77] [211, 222] **Industrie schafft Ästhetik**. Der Berliner Architekt Erich Mendelsohn, der 1932 das Jugendheim[78] der Synagogen-Gemeinde Essen baut (1938 zerstört), in einem Vortrag 1919: „Soviel ist klar: aus der Bauspezialität des reinen Zweck- und Industriebaues scheint entscheidende künstlerische Leistung heranzureifen." „Die Apostel gläserner Welten." „Gesellschaftsklassen im Banne der Tradition werden diese Zeit nicht heraufführen." „Symbole schaffen, nicht Formen." „Absolute Einstellung."[79] **Symbol-Ebene**. Mendelsohns Philosophie über Vertikale und Horizontale ist die Symbol-Ebene einer kritischen gesellschaftlich-industriellen These: „Die verti-

kale Trustbildung schafft an der Spitze das Vakuum des Nutzens, im Fundament einen unerträglichen Druck der Fron. Das Hintereinanderschalten solch widerstrebender Elemente erzeugt naturgemäß revolutionäre Spannungen und weicht allmählich der Horizontaltendenz der nebeneinandergeschalteten Elemente im künftigen Produktionsorganismus." „Der Mensch unserer Zeit, aus der Aufgeregtheit seines schnellen Lebens, kann nur in der spannungslosen Horizontalen einen Ausgleich finden." *[200, 213, 222, 362]*
Ein Katalog der neuen Ästhetik findet sich in Mendelsohns Formulierungen: „Konstruktive Tat." „Entscheidenden Merkmale des neuen konstruktiven Prinzips immer wieder aufgedeckt werden müssen." „Konstruktive Leistungen entstehen, die unser technisches Staunen schon zu ästhetischer Bewunderung erheben." „Gitterhafte Erregung des Eisens." Die „Eisenspannung" bedeutet ein „erlöstes Gefühl." „Dynamische Spannung der Eisen-Betonkonstruktion." „In Werkzeug und Maschine unbewußt Energiezentren der kommenden Form ..." „Überschneidungen und Durchdringung."
„... Damit erhebt es sich zum eigensten Ausdruck, ermöglicht Aktivität, große Sprache und Übersinnlichkeit. So entstehen Innenräumlichkeiten, vor deren Formunruhe das Geräusch der Webmaschinen in sich selbst zu rhythmischem Fluß zurückfällt." „Aber noch wartet der Baustoff auf die absoluten Begabungen, die aus Bedürfnis und Mittel, aus Zweck und Material die konstruktiven Gesetze der Architektur auch im Außenbau mit neuem Leben füllen."
„Lichtbewegung." „Die Glasringe der Türme sind Lichttore." „Fernwirkung." „Kontur ist nicht mehr lineare Beweglichkeit, sondern nur Element der Massenbewegung." *[362]* „... spielt die verhaltene Energie solch utopischer Raumphantasie mit den Gebilden der organischen Natur."

Das Hans Sachs-Haus (1925/1927 von Alfred Fischer) in Gelsenkirchen *[222, 260]* bildet nach zwei Seiten sechsgeschossige Fassaden mit einer feinen Backstein-Textur und kleinteiligen Formen, die in dieser Textur ornamental wirken. Große Gesten mit weitem Atem sind die total durchlaufenden Gesimse unter und über den Fenstern sowie die flache Dach-Linie, in der Vertikalen das Treppenhaus-Fenster sowie der westliche Eckturm, der in die Luft ragt.

Die ›Moderne‹ zieht in den Kirchenbau ein: Marienkirche (1928/1929 von Emil Fahrenkamp) in Mülheim auf dem Kirchenhügel.

Orts-Hinweise: Ästhetik der Industrie der 20er Jahre. Marien-Kirche (1928/1929 von Emil Fahrenkamp) in Mülheim (Althofstraße) auf dem Kirchen-Hügel[80] *[211]*. Ev. Auferstehungs-Kirche (1929 von Otto Bartning) in Essen (Kronprinzenstraße), Stahlskelett mit einer Beton-Ummantelung. St. Engelbert (1934 von Dominikus Böhm) in Essen (Kronprinzenstraße, nach Nr. 70). Deutschlandhaus (1929 von Jakob Körfer, Köln) in Essen (Wiener Platz), unter Einfluß von Mendelsohn. Zeche Zollverein XII (1928/1932 von Fritz Schupp/Martin Kremmer in Essen-Katernberg (Gelsenkirchener-/Drostenbusch). Hans Sachs-Haus (1924 von Alfred Fischer) in Gelsenkirchen (Vattmannstraße) *[216]*[81]. Schaltanlagen-Gebäude des VEW-Kraftwerks (1927/1928) in Dortmund (Weißenburger Straße). Recklinghausen (Bochumer-/Uferstraße), nahe dem Stadthafen, „AEG-Kirche" (›Projektmuseum‹).

Schau-Plätze des industriellen Leitsektors Elektrizität: die Faszination der Kraft und des Lichtes

Seit 1880 läuft die zweite Industrialisierungs-Phase. Sie wird geprägt von der Elektrotechnik. Elektrifizierung des öffentlichen Nahverkehrs (U-Bahnen, Straßenbahnen). [364] Fernsprecher. Seit 1890 verbreitet sich der Elektromotor[82]. Das Antriebssystem verändert sich: Übergang vom zentralen Antrieb durch eine Dampfmaschine zu Einzel-Antrieben. Dies ermöglicht eine sprunghafte Ausweitung der Industrialisierung – nun auch in die früheren Handwerks-Produktionen.

Die Kraft-Übertragung durch Leitungen führt zu stark veränderten Fabrik-Hallen. Die immensen Konstruktionen mit Wellen und Treib-Riemen verschwinden. An die Stelle dieses Labyrinthes von bewegten Teilen tritt Durchsichtigkeit und Überschaubarkeit. Diese Kraft-Übertragung läßt die Räume nun auch sauber erscheinen.

Die Glühlicht-Beleuchtung verändert die Lichtgebung: auf den Straßen, in Fabriken, wo größere Mengen an Licht für Arbeits-Prozesse benötigt werden, und schließlich in Wohnhäusern[83]. Elektrizität bedeutet industrialisiertes Licht in großer Fülle und Leuchtkraft. Dies fasziniert viele Zeitgenossen. Es gestaltet die sinnlichen Erscheinungen eines Teils des Tages um und gibt ihnen ein ›künstliches‹ Aussehen.

Die Licht-Gestaltung von Bauten. Parallel-Phänomen in der Architektur: Vergrößerung von Fenstern, vor allem stark durchlichtete Erker – vergrößert und mit breiten Fenstern versehen, so daß es keine Wände mehr gibt, sondern nur noch relativ dünne Stützen. Weitgehende Verglasung der Decken – in Fabrik-Hallen und zentralen Hallen von Verwaltungs-Bauten[84], vor allem von Firmen, auch in Schalter-Hallen. Ebenso gehört zur Licht-Gestaltung die Vorhang-Fassade.

Sauber und transparent – der Elektrizitäts-Palast: Maschinen-Halle (1902/1903 von Bruno Möhring/Reinhard Krohn) in der Zeche Zollern 2/4 in Dortmund-Bövinghausen (Grubenweg).

Elektrizitäts-Palast. Im Zusammenhang mit der Faszination der Elektrizität entsteht eine Halle für eine Ausstellung in Düsseldorf, die Bruno Möhring mit der Gutehoffnungshütte Oberhausen entwickelt. Emil Kirdorf holt sie sich 1902 als Maschinen-Halle in die Zeche Zollern 2/4 in Dortmund-Bövinghauen: als ›Elektrizitäts-Palast‹.

Hier sind zum ersten Mal alle Energie-Bereiche in einer Zentrale zusammengefaßt: Energie- und Druckluft-Erzeugung, Fördermaschine und Hilfsaggregate. Die Architektur[85], die in Dortmund-Bövinghausen die elektrischen Anlagen umgibt, interpretiert die technische Innovation in der ästhetisch-symbolischen Ebene. Sie verklärt auch die Sauberkeit der neuen Energie – im Gegensatz zu Kohle und Dampfkraft.

Als ein Parallel-Phänomen zur Erzeugung von viel Licht durch Elektrizität führt das Eisengerüst-Fachwerk mit seiner Verglasung immens große, teilweise auch farbige Licht-Flächen auf. Gestalterisches Glanz-Stück ist der Haupt-Eingang, einst mit einem muschel-förmigen ausschwingenden Vordach. [266] Orts-Hinweise: Elektrizität und Licht. Kraft-Zentrale (1932/1933 von Ludwig Mies van der Rohe) der Vereinigten Seidenwebereien in Krefeld (Girmesgath), mit Vorhang-Fassade. IBA-Halden-Ereignis Emscher-Blick (Mediastadt, Darmstadt/Drecker, Bottrop) in Bottrop-Batenbrock (Beckstraße): begehbare Stahlgerüst-Pyramide und nächtliches Licht-Band. [315] Verwaltungs-Gebäude (1927 von Alfred Fischer) des Siedlungsverbandes Ruhrkohlenbezirk in Essen (Kronprinzenstraße 35), mit verglaster Decke. *[200]* Licht-Regie mit Laternen in der Zeche Zollverein XII (1928/1932 von Fritz Schupp/Martin Kremmer, in Essen-Katernberg (Gelsenkirchener-/Drostenbusch) *[218]*. Volkshaus (1914/1920 von Alfred Fischer) in Gelsenkirchen-Rotthausen (Grüner Weg 3), mit futuristischer Licht-Symbolik im Eingangs-Bereich. *[228]* Lohnhalle Zeche Holland (1923 von Fritz Schupp/Martin Kremmer) in Bochum-Wattenscheid (Lyrenstraße), mit verglaster Decke. Ventilatoren-Haus (1925 von Fritz Schupp/Martin Kremmer) in der Zeche Holland in Gelsenkirchen-Ückendorf (Ückendorfer Str. um 219) *[351]*. Maschinen-Halle (1902/1903 von Bruno Möhring/Reinhard Krohn) der Zeche Zollern 2/4 in Dortmund-Bövinghausen (Grubenweg), ein ›Elektrizitäts-Palast‹ *[202]*.

Elektro-Zentrale (1902) der Zeche Maximilian in Hamm-Werries (Grenzweg 76), im Maximilianpark (1984). Turbinen-Haus (1931 von Bruno Taut) Harkort-See in Wetter (Schönthaler Straße/Obergraben). Harkort-See (1931). Kraftwerk an der Ruhr (1922/1925; 1927/1928 Wohngebäude) südlich vor Witten (Wetterstraße 30 b). Säle mit Oberlicht (1902 von Henry van de Velde) im Osthaus-Museum in Hagen (Hochstraße), symbolisch verstärkt. Erker-Schlafzimmer und Laternen im Hohenhof (1902 von Henry van de Velde) in Hagen (Stirnband 10). Panorama-Erker (1903 von Peter Behrens[86]) in Gut Schede nordwestlich von Wetter (Zufahrt Gederner Straße). Laufwasser-Kraftwerk Bamenohl an der Lenne (1921/1922).

Schau-Platz: Industrie-Ästhetik von Peter Behrens

Kurz nach dem Krieg gewinnt 1920 Peter Behrens, von Walther Rathenau und Paul Jordan (AEG) an Generaldirektor Paul Reusch empfohlen, einen beschränkten Wettbewerb der Gutehoffnungshütte für einen riesigen Bau-Komplex an der Essener Straße: das Lagerhaus, die Hauptverwaltung III und ein Tor-

Dynamik und Sachlichkeit verbinden sich: Lager-Haus (1920 von Peter Behrens) der Gutehoffnungshütte in Oberhausen (Essener Straße; Rheinisches Industriemuseum), Entwurf.

haus[87]. Aufschlußreich ist der Auswahl-Prozeß. Die Konkurrenz ist hochkarätig: Prof. Bruno Möhring (1863-1929), Entwerfer der Bonner Rheinbrücke und der Maschinenhalle der Zeche Zollern II in Dortmund-Bövinghausen, Oberbaurat Carl Weigle (Werks-Casino und Zeche Jacobi in Oberhausen) und der Architekt Grunitz.

Das Gutachten des Direktors Hofmann und des Architekten Fritz Sonnen von der Gutehoffnungshütte (1920) betrachtet die (nicht erhaltenen) Entwürfe als gleichwertig. Funktionellster und kostenmäßig günstigster: Bruno Möhring. Erhebliche Kritik an Behrens Entwurf, vor allem in funktioneller Hinsicht. „Anhand der skizzierten Ideen" könne ein Auftrag nicht ohne weiteres erteilt werden. Die Gutachter schlagen vor, „die Vorzüge aus den vorhandenen Entwürfen herauszuziehen und einem neuanzufertigenden Entwurf zugrunde zu legen" – ein überraschend aufgeschlossenes Verfahren. Die Hauptverwaltung solle einen neuen Architekten bestimmen.

Auch ein zweites Gutachten placiert den Behrens-Entwurf nicht an erster Stelle. Kritik an Weigle: das „Lagerhaus, das einem Hafenspeicher gleicht, [ist] weniger ansprechend". Kritik an Grunitz: eine „großzügige Linie der Architekturwirkung" fehlt. Bei Möhring wird die „wuchtige Höhe" anerkannt. Bei Behrens „steht die Fassadenarbeit ... auf hoher künstlerischer Stufe", auch das „Turmartige" der Treppen-Häuser findet Billigung.

Der Auftrag an Behrens 1920 zeigt, daß der Industrie-Bauherr sich monumental darstellen will. Dies belegt auch die Tatsache, daß Mehraufwendungen von 400.000 Mark für Spezialziegel als Außenverkleidung schon bei der Entwurfs-Besprechung ohne weiteres genehmigt werden. Darstellung der Industrie-Macht – nach dem verlorenen Krieg! Carl Duisberg: Die Junker haben den Krieg verloren, die Industrie hat ihn gewonnen.

Der Gebäude-Komplex ist als geschlossener Innenhof geplant, aber nur an der West- und Nordseite realisiert. Zechen-Architekt Gustav Herzog sichert ihn gegen Berg-Schäden: er steht auf drei Beton-Platten, die in sich horizontal verschiebbar sind. Drei mächtige Blöcke bilden das Lagerhaus. Glatt und scharfkantig sind die Wände. Steiles steht in Kontrast zum Lagernden, kleinteilige Bau-Motive im Gegensatz zu großformigen. Die Bänder bilden lineare Charaktere gegen flächige und plastische. Geschlossenes stellt sich in Spannung zu Räumlichem. Das Torhaus ist durch seine große, weit ausladende Dachplatte eine offene und spannende räumliche Form. Die Kategorien Fläche, Linie, Plastik, Raum werden in reiner Form gegeneinander gesetzt. Die großen Baukuben und die Rampenüberdachung sind wie körperlose, abstrakte, stereometrische Formen ineinandergesteckt, sie überschneiden sich.

Eingangs-Halle im Verwaltungsgebäude (1920 von Peter Behrens) der Gutehoffnungshütte in Oberhausen (Essener Straße) (nicht erhalten).

Der Baukomplex gehört zu den hervorragenden Fabrikanlagen des 20. Jahrhunderts. Anreger war die holländische Gruppe des „Stijl" (vor allem J. Wils). Die weiten plattenförmigen Dachformen übernimmt Behrens von dem Amerikaner Frank Lloyd Wright (Kaiserliches Hotel in Tokio, 1916/1922)[88].

Der Eingang des Verwaltungs-Gebäudes liegt ursprünglich an der Essener Straße (zugemauert). Ihm folgt eine Halle. Die Seitenwände besitzen Inkrustierung aus verschiedenartigen Stein-Materialien (nicht erhalten). Ihre harten, rechteckigen Formen zeigen Einflüsse der frühen gegenstandslosen Bilder von Theo van Doesburgs[89], des Begründers des ›De Stijl‹. Die Glasbilder im Treppenhaus sind gegenstandslose Kompositionen von Johan Thorn Prikker (nur Zeichnungen von 1924/25 erhalten). Die Entwürfe für das Inventar fertigt Peter Behrens an.

Haus Lange (1928 von Ludwig Mies van der Rohe) in Krefeld (Wilhelmshofallee 91).

Schau-Plätze im Umkreis des Bauhauses

Schon vor 1914 findet eine starke gesellschaftliche Emanzipation vieler Menschen statt, in der die gestaltenden Kräfte von Individuen auch mit unterschiedlichen Resultaten freigesetzt werden. Einen weiteren Auftrieb geben der Bruch von 1918 und die ungeheuren Hoffnungen[90] auf die neuen politischen Kräfte: auf die Liberalität (die sich dann jedoch niemals profiliert) und auf die soziale Bewegung (die sich untereinander zerreibt und eher antikulturell verhält).

Besonders radikal ist das Bauhaus (1919/1925 in Weimar, 1925/1932 in Dessau, 1932/1933 in Berlin). Impulse gibt die holländische Gruppe des ›De Stijl‹ (van Doesburg, Oud, Wils, Rietveld, van Eesteren u.a.). Walter Gropius [176] holt mit seiner offen moderierenden Regie avantgardistische Künstler, die oft – mit schlechten Manieren – untereinander verfeindet sind, und bringt zustande, daß sie miteinander arbeiten. In diesem Bauhaus entwickelt sich die wichtigste Werkstatt für forschende Untersuchung, Experiment, Kreativität und praktische Anwendung. Das Bauhaus ist keine Schule, sondern ein Forum für Überlegungen, die nun in internationalen Bezügen laufen: Wie kann sich Industrie in ästhetischer Gestalt ausdrücken?

Im Bauhaus konzentriert sich eine Tradition der Moderne, die auf die Faszination der Verstandes-Kräfte setzt. Im Gegensatz zu späteren Reduktionen wird die ›ratio‹ in den 20er Jahren in ihrer Vielschichtigkeit entdeckt. Dabei entsteht ein erstaunlicher szenischer Reichtum.

Im Sinne der sozialen Bewegung geht es um ›Einfachheit‹[91] – aber um ›Einfachheit mit Geist‹. Die ›weiße Wand‹ schafft Raum und Konzentration auf die wichtigsten Darsteller: auf Menschen.

Als eine konservative Regierungs-Mehrheit 1925 das Bauhaus in Weimar schließt, bemüht sich Ewald Figge, Bau-Beigeordneter der Stadt Hagen und Freund von Karl Ernst Osthaus, das Bauhaus nach Hagen zu holen. Weil die Stadt Dessau mit den aufstrebenden Junkers-Werken bessere Bedingungen bietet, nimmt Walter Gropius deren Angebot an.

Die Brüche sind tiefgreifend, die Leidenschaften in Bewegung und trotz großen Elends entfalten sich ungeheure Energien. In Deutschland bleiben die vorauseilenden Avantgarden jedoch Minderheiten. Konservative führen einen Bürger-Krieg gegen die ›Kultur-Bolschewisten‹. Die „Hinrichtungen" werden oft von den Nazis nur noch exekutiert. Für diesen Prozeß ist die dreimalige Schließung des Bauhauses (1925, 1932, 1933) exemplarisch[92]. Im Ruhrgebiet verliert der Architekt Prof. Alfred Fischer seinen Tätigkeits-Bereich [222].

Das günstigste Feld findet das Bauhaus in den Bereichen der Industrie, wo man zumindest ahnt, welche entwickelten Problem-Lösungen es anbietet. Dies ist ambivalent und hat Brüche. Es macht aber verständlich, warum zum Beispiel Fritz Schupp seine Entwurfs-Tätigkeit in unterschiedlichen Jahrzehnten ausüben kann – von 1920 bis 1970.

Orts-Hinweise: Umkreis des Bauhauses. Haus Hermann Lange und Haus Joseph Esters (1928 von Ludwig Mies van der Rohe) in Krefeld (Wilhelmshofallee 91, 97), Industriellen-Wohnhäuser, auch für ihre Kunstsammlungen [215]. Kraftstation (1932/1933 von Mies van der Rohe) der Vereinigten Seidenwebereien in Krefeld (Girmesgath); der Entwurf 1937 für das Verwaltungsgebäude wurde nach seiner Emigration nicht ausgeführt. Arbeitsamt (1930 von Ludwig Freitag) in Oberhausen (Danziger-/Düppelstraße) [226]. Kleiner Tor-Bau (20er Jahre) an der Essener Straße in Oberhausen. Hauptlagerhaus und Hauptverwaltung III der Gutehoffnungshütte (1920 von Peter Behrens) in Oberhausen (Essener Straße) [213]. Herz-Jesu-Kirche (1928/1929 von Josef Franke) in Bottrop (Brauerstraße 55). Städtisches Gymnasium (1929/1929 von Alfred Fischer) in Essen-Bredeney (Grashofstraße 55/59). Lagerhaus im Stadthafen Essen (Hafen 1934 eröffnet; Ostufer-Straße). Zeche Zollverein XII (1928/1932 von Fritz Schupp/Martin Kremmer) in Essen-Katernberg (Gelsenkirchener Straße/Drostenbusch) [218, 321]. Speicher-Haus im Handels-Hafen Gelsenkirchen-Schalke-Nord (Werftstraße). Einfamilien-Haus (1928 von Perpeet für Artur und Grete Voigt) in Castrop-Rauxel (Bahnhofstraße 222)[93]. Eingangs- und Betriebsgebäude (1932 von Haverkamp, Bauabteilung) in der Zeche Auguste Victoria 4 in Marl-Drewer (In den Kämpen)[94]. Zu den Siedlungen siehe S. 203/205.

Schau-Platz: Zollverein XII in Essen-Katernberg, größte und ästhetisch anspruchsvollste Zeche Europas

Zeche Zollverein in Essen-Katernberg ist die größte Zeche, die jemals in Europa gebaut wurde: 1928 – in der Phase einer großen Kapital-Konzentration und eines außerordentlichen Technologie-Schubes. In der Bergbau-Geschichte entsteht eine einmalige Architektur. Als die Zeche 1986 stillgelegt wird, sind die Gebäude zunächst vom Abriß bedroht, aber Denkmalschutz und IBA Emscher Park retten sie 1989 – die Erhaltung ist eine ebenso einzigartige Leistung wie der Bau der Zeche. [320]

1926 entstehen zur Rationalisierung – als Gegenstück zum US-Konzern ›United Steel‹ – die ›Vereinigten Stahlwerke‹. Dieser Zusammenschluß von Thyssen, Rheinelbe-Union, Phoenix und Rheinischen Stahlwerken wird von Albert Vögler geleitet und ist der zweitgrößte Stahl-Konzern der Welt.

Größte Einzelinvestition: In der Zeche Zollverein soll in Schacht XII die Förder-Leistung von zwölf Schächten[95] – Fettkohle für hochwertigen Hochofen-Koks (bis 1.000 m Tiefe) – in einem Schacht zusammengefaßt werden: zu einer Verbund-Anlage. Innerhalb von zwei Jahren soll an dieser Stelle die Förder-Tätigkeit von 3.000 t Tages-Leistung auf die bis dahin unvorstellbare Menge von 12.000 t wachsen. Und dies lediglich mit dem Prinzip der Maßstabs-Vergrößerung. Schacht XII dient lediglich der Förderung, die Bergleute fahren auf anderen Schacht-Anlagen ein. So entsteht eine hochgradig von Maschinen bestimmte

Industrie-Anlage mit 20 Gebäuden und Türmen. Dies drückt sich auch in der ästhetischen Gestalt des Neubaues aus: in ihrer geradezu rituellen Stille.

Zum Ensemble gehören die Aufbereitungs-Anlagen, die die Kohle vom Gestein trennen (Sieberei), die Kohlen-Wäsche (Trennung der Kohlen-Sorten), Kessel-Haus und Kompressor-Gebäude für die Preßluft der Abbau-Hämmer vor Ort, das Schalt-Haus für die elektrische Energie, umfangreiche Werkstätten.

Architekten des Industrie-Baues. Sie leben davon, daß sie die technischen Notwendigkeiten vorzüglich kennen, mit den Ingenieuren ausgezeichnet umgehen und auf dieser Basis Freiheit für den Ausdruck gewinnen[96].

Schupp und Kremmer entwickeln in besonders starkem Maße die Alternative zum Massiv-Bau: das Fachwerk. Dies hat eine uralte Tradition – die Industrie setzt sie nun mit industriellen Materialien fort.

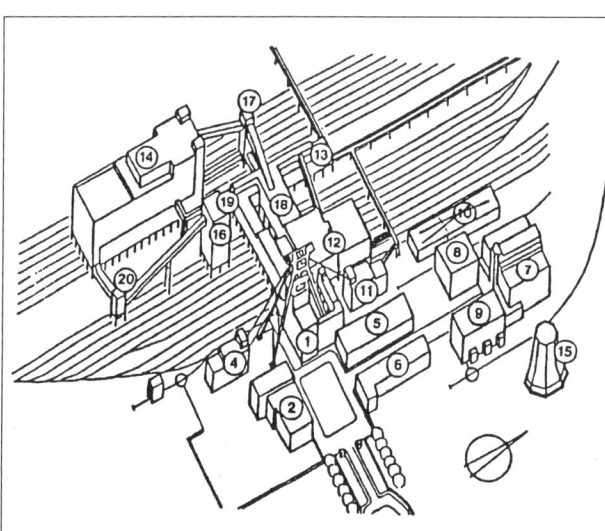

(1) Schachthalle
(2) Schalthaus
(4) Fördermaschine Süd
(5) Werkstattgebäude 1
(6) Werkstattgebäude 2
(7) Kesselhaus
(8) Hochleistungs-
     kompressorenhaus
(9) Turbrokompressorhaus
(10) Werkstattgebäude 3
(11) Fördermaschine Nord
(12) Lesehalle, Wipperhalle
(13) Bergebunker
(14) Kohlenwäsche
(15) Kühlturm
(16) Kokskohlenbunker
(17) Turm zwischen Brücken
(18) Wagenumlauf
(19) Eckturm zwischen
     Brücken
(20) Eckturm zwischen
     Brücken

Zusammenarbeit von Ingenieur und Gestalter. Von Anfang an sind Fritz Schupp und Martin Kremmer [350] an der Planung (1927/1932) beteiligt. In engster Zusammenarbeit mit den Ingenieuren der Zeche lösen sie zunächst die Ablauf-Vorgänge. Dann geben sie dem Neuen einen sichtbaren Ausdruck: sie stellen die ›neue Macht‹ dar. Dazu wird ihnen ein einzigartig großzügiger Umgang mit der Architektur erlaubt. Unter anderem dürfen sie die Nutz-Räume insgesamt um 20 Prozent Luft-Raum erweitern.

Schupp und Kremmer sind die künstlerisch wichtigsten und konsequentesten

Dieser Fachwerk-Bau, der nun Skelett-Bauweise heißt, besitzt funktionell eine hohe Gebrauchs-Fähigkeit. „Die Überlegung, daß eigentlich alle Zechengebäude die gleichen Forderungen an den Konstrukteur und Architekten stellen, die Überbrückung großer Spannweiten bei hohen vertikalen Lasten an den Kranbahnen, führte [im inneren Kern] zur konsequenten Anwendung der Skelettbauweise mit [außen] vorgehängter Fassade. Nur so ließen sich die Forderungen der Betriebsingenieure nach Flexibilität, leichter Erweiterbarkeit und auch leichter Demontage bei einheitlicher Gestaltung eines Zechenkomplexes verwirklichen" (Wilhelm Busch[97]). An die schwere Unterkonstruktion wird eine Membran-Umhüllung gehängt: aus schlanken T-Profilen mit einer 1/2-Stein-Ziegel-Ausmauerung und dünnen Stahlfenstern.

Der Industrie-Bau ist nun kein Schloß mehr, sondern wird aus seinen eigenen Möglichkeiten von Funktion, Technik und Ausdruck entwickelt. Schupp und Kremmer schaffen Umhüllungen, die flexibel sind. Folgerichtig endet nun auch der Dualimus, der im 19. Jahrhundert entstand. Jetzt macht der Ingenieur nicht mehr die technische Konstruktion und der Architekt setzt seine Fassade davor, sondern die beiden Entwerfer entwickeln mit den industriellen Möglichkeiten eine industrie-immanente Ästhetik.

Industrie muß nicht länger verborgen werden, muß sich nicht verstecken. Sie benötigt auch keine zusätzlichen Status-Zeichen. Fritz Schupp und Martin Kremmer schreiben 1929: „Wir müssen erkennen, daß die Industrie mit ihren gewaltigen Bauten nicht mehr ein störendes Glied in unserem Stadtbild und in der Landschaft ist, sondern ein Symbol der Arbeit, ein Denkmal der Stadt, das jeder Bürger mit wenigstens ebenso großem Stolz dem Fremden zeigen soll wie seine öffentlichen Gebäude"[98].

Monumentalität wird nicht mehr an einzelnen Bauten entwickelt, sondern am ganzen Ensemble[99] – in Zusammenhang mit der Technizität des Komplexes. Das Doppelbock-Fördergerüst (55 m hoch) ist ein Wahrzeichen des Ruhrgebietes. Über einen grünen Rasen-Teppich und zwei kleine, maßstabsetzende Pförtner-Häuschen hinweg steigt der Blick an ihm hoch.

Vor dem Turm erhält die Anlage überraschend eine Wendung: Ein langer Hof schluchtet in die Tiefe zur angedeuteten Pyramide der Kessel-Hauses. Über ihm schnitt einst ein 106 m hoher Schornstein (abgerissen) wie eine Nadel in den Himmel.

Kein Industrie-Bau in der Region ist bis in alle Details derart abgestimmt wie dieser.

Hof in der Zeche Zollverein XII (1928/1932 von Fritz Schupp/Martin Kremmer) in Essen-Katernberg (Gelsenkirchener Straße/Drostenbusch). (Der Schornstein auf dem Mittelbau wurde abgerissen.)

Schau-Plätze des Expressionismus

Die Reform-Ästhetik der Industrialisierung entwickelt sich in zwei Richtungen: Im Umkreis von ›De Stijl‹ (vor allem in Holland) und Bauhaus breiten sich die stärker rationalen Interessen aus, im sogenannten Expressionismus (keine glückliche Bezeichnung!) entfaltet sich ein Treibsatz der Gefühle.

Klinkerbau. Alfred Fischer *[200, 222, 228]* und Fritz Schupp (bis 1928) arbeiten mit Ziegel-Texturen. Fritz Schumacher beschreibt 1917 die Ausdrucks-Möglichkeiten[100]: Einfachheit. Auch Monumentalität. Kontrast mit anderen Materialien – mit Hau-Steinen und mit Putz. Gliedernde Streifen. Ziegel-Ornamente. Widerstandsfähigkeit, lange Lebensdauer. Unterschiedliche Charaktere von Texturen: durch Größe, Lage, Schichtung, horizontal und vertikal. Häufig werden Ziegel mit Noppen eingesetzt. Und im Wechsel springen Ziegel-Lagen vor und zurück. Eine teppichhafte Textur entsteht. Sie kann über die ganze Wand gezogen werden. Fischer und Schupp gestalten unter dem Eindruck des Bauhauses die unterschiedlichen Texturen als Flächen und setzen sie in Spannung zueinander.

Die dramatische Ecke. Der Expressionismus[101] entwickelt eine starke Dramatik. Nicht zufällig ist das wichtigste Motiv die spitze Ecke[102] *[220, 221]*. Sie symbolisiert Energie, dynamische Zuspitzung, aber auch Bruch, Ausgreifen. Aggression. Es entstehen an Straßen-Gabelungen eine Reihe von Bauten mit interessanten Formungen. Auch Erker können die Aufgabe dieser Dramaturgie übernehmen.

In der katholischen Kirche wächst im Rheinland – gegen die Orthodoxie der verordneten Gotik (1912 Erlaß des Kölner Kardinals Antonius Fischer) – eine Reform-Bewegung. In ihr spielt der Gladbecker Krankenhaus-Pfarrer Johannes van Acken 1914 und dann mit seinem

›Spitze Ecke‹: Haus ›Ringeck‹ (1927 von Josef Franke) in Gelsenkirchen (Ring-/Weberstraße).

Geschäfts- und Wohnhaus (1926/1927 von Theodor Waßer) in Gelsenkirchen (Haupt-/Bismarckstraße).

Börse (1922/1924 von Edmund Körner) in Essen gegenüber vom Hauptbahnhof.

Gigantische Heilig Kreuz-Kirche (1926/1929 von Josef Franke) in Gelsenkirchen-Ückendorf.

Warenhaus Tietz (1928 von Schneider, Köln) in Oberhausen (Paul Reusch-/Langemarckstraße), heute Volkshochschule(Bibliothek).

Buch ›Christozentrische Kirchenkunst‹ (1922) eine wichtige Rolle[103]. Vom Reform-Impuls angeregt entsteht eine Reihe von expressionistischen Kirchen, vor allem in Gladbeck, Bottrop und Gelsenkirchen.

Ambivalenz. Auch der Sturm der Gefühle ist ambivalent. In Bereichen laufen alte Traditionen weiter. Sie führen in neuem Gewand zu Anti-Rationalem, zu einer Über-Ich-Monumentalität und zu verschlingenden Großformen. Expressionismus kann auch der Protest gegen die pure Funktionalität sein. Oder eine Religiosität der Technisierung.

Josef Franke (1876-1944) entwirft 1926/1929 die Heilig Kreuz-Kirche in Gelsenkirchen-Ückendorf[104] *[220]*. Es entsteht um einen engen Hof eine dramatische Inszenierung. Im Inneren: ansteigende Hyperbel-Tonnen-Gewölbe

Expressionistischer Wasserturm (1925 von Edmund Körner) in Essen-Frillendorf. [371]

und indirektes Licht, Zuspitzung durch Farben.

Orts-Hinweise: Expressionismus der 20er Jahre. Bergmanns-Siedlung Linker Niederrhein (1922/1923 von Paul Schmitthenner) in Moers-Hochstraß (Peter Zimmer-Straße). ›Tausend-Fenster-Haus‹ (1928) in Duisburg-Ruhrort (Ruhrorter Straße), geplant als Sitz des Stahltrustes Vereinigte Stahlwerke.

Warenhaus Tietz (1928 von Schneider, Köln) in Oberhausen (Paul Reusch-/Langemarckstraße), heute Volkshochschule/Stadtbücherei, mit einer ›spitzen Ecke‹ [220]. Rathaus (1928 von Ludwig Freitag) in Oberhausen – eines der spannendsten Rathäuser in der alten Bundesrepublik [176]. St. Michael (um 1928 von Fritz Sonnen, GHH) in Oberhausen (Falkensteinstraße 234). In Bottrop baut in den 20er Jahren Josef Franke (Gelsenkirchen) fünf der sechs neuen katholischen Kirchen[105]. Spektakulär: die Herz-Jesu-Kirche (1929; Karl-Englert-Straße): Kuben, Ziegel-Textur, schmale steile Glasbänder, gewaltige Westfassade, gigantischer Turm.

Haus der Technik ›Börse‹ (1922/1924 von Edmund Körner) in Essen (Hollestraße 1) [220]. Zu den heiligen Schutzengeln (1923/1928 von Edmund Körner) in Essen-Frillendorf (Auf der Litten 69). Wasser-Turm (1925 von Edmund Körner[106]) in Essen-Frillendorf (Ernestinenstraße) [221]. VEW-Umspannwerk (1927/1928) Recklinghausen (Bochumer-/ Uferstraße), „AEG-Kirche" genannt, Klinker-Textur.

Gelsenkirchen ist die ›Stadt des Expressionismus‹, vor allem durch den einheimischen Architekten Josef Franke (1876-1944). Nahe beisammen liegen im Viertel die folgenden Gebäude: Wohn- und Geschäfts-Haus (1927/1929 von Josef Franke) in Gelsenkirchen (Ring-/Weberstraße)[107]: die Spitze durchschneidet einen Block [219]. Wohn- und Geschäftshaus (1928 von Adolf Lauterjung) in Gelsenkirchen-Bulmke (Bismarck-/ Wanner Straße)[108], mit zwei Erker-Folgen. Wohn- und Geschäfts-Haus (1926(1927 von Theodor Waßer, Gelsenkirchen) an der Ecke Hauptstraße/Bismarckstraße[109]: eine „Stadt-Krone" [219]. Straßenbahn-Depot (1925 von Josef Franke) in Gelsenkirchen (Hauptstraße 55)[110]. Ricarda-Huch-Gymnasium (1930 von Josef Franke) in der Altstadt Gelsenkirchen (Schultestraße 50)[111]. Wohn- und Geschäfts-Haus ›Ringeck‹ (1927 von Josef Franke) in Gelsenkirchen (Ring-(Weberstraße). Hans Sachs-Haus (1924 von Alfred Fischer) in Gelsenkirchen (Vattmannstraße), mit Klinker-Textur [222]. Heilig Kreuz (1926/1929 von Josef Franke) in Gelsenkirchen-Ückendorf (Bochumer Straße 113) [220].

Ventilatoren-Haus (1925 von Fritz Schupp/ Martin Kremmer) in der Zeche Holland in Gelsenkirchen-Ückendorf (Ückendorfer Str. um 219). Heilig-Kreuz-Kirche (1927/1929 von Josef Franke) in Gelsenkirchen-Ückendorf (Bochumer Straße)[112], das exzellenteste Werk von Franke. Volkshaus (1914/1920 von Alfred Fischer) in Gelsenkirchen-Rotthausen (Grüner Weg 3) [229]; mit einer Siedlung (1921/1922 Alfred Fischer) verbunden (Schubertstraße). Postamt (1927) in Gelsenkirchen-Buer (Königswiese) – vom Amsterdamer Expressionismus beeinflußt[113].

Christus-König-Kirche (1928/1929 von Josef Franke) in Oer-Erkenschwick (Hünenplatz). St. Antonius-Kirche (1922/1925 von Alfred Fischer) in Castrop-Rauxel-Ickern (Ickerner Straße; 1970 stark verändert). St. Marien (1932/1933 von Josef Franke) in Waltrop.

Ev. Nikolaikirche (1929/1930 Karl Pinno/Peter Grund) in Dortmund, in Sichtbeton. St. Ludger-Kirche (1928/1929 von Josef Franke) in Bottrop (Birkenstraße 73), parabelförmig. Bergbau-Beam-

ten-Siedlung (1922 von Fritz Schupp) in Dortmund-Neuasseln (Am Knie), zweigeschossige ex-
pressionistische Reihen-Häuser, mit einem Platz,
für Zeche Schleswig.

Polizei-Präsidium (1926/1927) in Hamm
(Hohe Straße). Turbinen-Haus (1931 von Bruno
Taut) am aufgestauten Harkort-See in Wetter
(Schönthaler Straße/Obergraben). Kraftwerk an
der Ruhr (1922/1925; 1927/1928 Wohngebäude)
südlich vor Witten (Wetterstraße 30 b): eine Insel
als Szenerie – mit Terrassen, einem Haus, einem
Aussichts-Punkt.

Schau-Plätze des Industrie-Gestalters Alfred Fischer

Hans Sachs-Haus (1921/1924 von Alfred Fischer)
in Gelsenkirchen (Vattmannstraße), einst auch
Hotel. [211]

Neben dem Zechen-Baumeister Fritz
Schupp ist in den 20er Jahren Alfred Fi-
scher (Stuttgart 1881-1950) der wichtigste
Architekt im Ruhrgebiet.
Stichworte zu seinem Werk: Studi-
um bei Theodor Fischer. Arbeit in Berlin

Innengestaltung (1927 von Max Burchartz) im
Hans Sachs-Haus (nicht erhalten), unter Mitarbeit von Studenten der Folkwangschule Essen
(u.a. Anton Stankowski). Gegenüber von Raum
172 ist ein Teil der ursprünglichen Fassung wiederhergestellt.

›Konstruktion mit zwei Röhren‹ von Max
Burchartz (1887-1961). Befreundet mit Kurt
Schwitters, Dadaist, Manifest der ›Konstruktivisti-
schen Internationale Schöpferische Arbeitsgemeinschaft‹ (1922), seit 1923 angewandte Kunst,
1927 Professor an der Folkwangschule Essen für
Typographie, später Fotografie, 1932 durch
Brünings Notverordnungen entlassen, 1949/1961
erneut Lehrer an der Folkwangschule.

beim Stadtbaumeister Ludwig Hoffmann. 1908-1911 Dozent an der Düsseldorfer Kunstgewerbeschule. 1911 Leiter der Kunstgewerbeschule Essen (später Folkwang-Schule). Professur. 1911 zweiter Preis beim Wettbewerb Stuttgarter Hauptbahnhof (Gewinner: Paul Bonatz). 1912 Schachtanlage Emil in Essen-Frillendorf – leitet die Moderne ein. 1912 Entwurf für die Schacht-Anlage Jacobi in Oberhausen (nicht gebaut). 1913 Entwurf für ein ›Vaterländisches Denkmal‹. 1913 Schacht-Anlage Emil in Essen. 1913/1925 Zeche Sachsen in Hamm-Heessen (weitgehend abgerissen, außer Maschinenhalle). 1912 ff. Gartenstadt-Arbeitersiedlung östlich der Zeche Sachsen in Hamm-Heessen. 1914/1920 Volkshaus in Rotthausen (Gelsenkirchen, Grüner Weg 3). 1921/1924 Hans Sachs-Haus in Gelsenkirchen[114]. Innengestaltung von Max Burchartz – wohl das erste Farbleitsystem der Welt[115] [222]. 1922/1925 St. Antonius in Castrop-Rauxel-Ickern, erste Parabel-Kirche. 1927 mit Richard Speidel 2. Preis im Wettbewerb um das Völkerbund-Gebäude in Genf. 1933 von den Nazis amtsenthoben [216]. 1950 erscheint sein Buch ›Wohnhausform‹ (Ravensburg). **Die weitgespannte Kuppel-Halle**. Mehrfach verlegt die Emscher ihren Lauf. Dann wird sie künstlich verlegt. Weil der Rhein durch seine Kanalisierung höher liegt als die Emscher, deren Gebiet durch Berg-Senkungen abfällt, läßt die Emschergenossenschaft 1914 das ältestes Pump-Werk an der Emscher in Duisburg-Beeck bauen *[373]*. Für die Dampf-Maschinen, die die Pumpen treiben (später Diesel-Motoren) entwirft Alfred Fischer eine der weitestgespannten Stahl-Kern-Strukturen: eine 24,5 m hohen Kuppel mit 41 m Durchmesser – vergleichbar der Jahrhundert-Halle in Breslau. **Förder-Logistik**. Weil die Förder-Menge an den Großanlagen steigt, wird in der Zeche Sachsen in Hamm (1922/1927) [346] eine Logistik der Ver-

teilung entwickelt: zur Mengen-Disposition und zur Speicherung. Zwischen Schacht und Wäsche entstehen gigantische Kohlen-Bunker (abgerissen) – ein Parallel-Phänomen zu den Gasometern. **Verwaltungs-Ikonologie.** Der Sitz des Siedlungsverbandes Ruhrkohlenbezirk ist eines der wenigen durchdachten Gebäude (1927) demokratischer Kultur. [200] Die Kuben haben menschliche Dimension. Das Ziegel-Werk ist als Textur geformt. Bei der Innengestaltung wirkt Max Burchartz mit. Das Eingangs-Foyer zeigt auf einem wandhohen Relief aus Schiefer (Entwurf: Hermann Schardt, Ausführung: Herbert Lungwitz) das Verbands-Gebiet, wichtige Bauwerke und vier typische Berufe (Bergmann, Stahlkocher, Bauer, Obstpflückerin). Es folgt ein breiter Licht-Hof – mit raumüberspannender Licht-Decke. Ursprünglich sind die Seitenwände des Licht-Hofes verglast (nicht rekonstruiert). Der dritte Raum ist der Plenarsaal (152 Plätze) mit einer Empore (36 Sitz-Plätze). Zur Straßen-Seite liegt einst die Bibliothek. In den Obergeschossen arbeitet die Verwaltung[116]. **Der kubische Turm**. In der Zeche Königsborn Schacht 3/4 in Bönen-Altenbögge entsteht der erste Förder-Turm (1928), der nicht mehr einen Hammer-Kopf besitzt, sondern ein Kubus ist[117]. In avantgardistischer Zeichen-Gebung erhält er steile Fenster-Bänder. Sie brechen seine Mitte und vor allem seine Ecken auf (vergleiche das Motiv der ›offenen Ecke‹). Diese Gestaltung gibt dem Turm eine große Geste, eine gewaltige Dynamik und eine Ausstrahlung in den Luft-Raum.

Orts-Hinweise: Bauten von Alfred Fischer. Pumpwerk ›Alte Emscher‹ (1914) in Duisburg-Beeck (Alsumer Straße/neben A 42) *[373]*. Städtisches Gymnasium (1929/1929) in Essen-Bredeney (Grashofstraße 55/59). Verwaltungs-Gebäude (1927) des Siedlungsverband Ruhrkohlenbezirk (heute Kommunalverband Ruhr) in Essen (Kronprinzenstraße 35) [200, 223]. Häuser-Gruppe Rautenberg (1927) in Bochum-Brockhausen (Rautenbergstraße)[118]. Volkshaus 1912/1920) in

Gelsenkirchen-Rotthausen (Grüner Weg 3) *[228]*; mit einer Siedlung (1921/1922) verbunden (Schubertstraße). Hans Sachs-Haus (1921/1924) in Gelsenkirchen (Vattmann-/Ebertstraße). *[222]* St. Antonius-Kirche (1922/1925) in Castrop-Rauxel-Ickern (Ickerner Straße; 1970 stark verändert). Verwaltungs-Gebäude (1923) der Emschergenossenschaft in Dortmund (Königswall 29). Abwasser-Pumpwerk (1926) der Emschergenossenschaft in Dortmund-Huckarde (Parsevalstraße 107)[119]. Kubischer Förder-Turm (1928) in der Zeche Königsborn Schacht 3/4 in Bönen-Altenbögge (Zechenstraße) *[335]*. Zeche Sachsen in Hamm (1922/1927) in Hamm (Sachsenweg), Maschinen-Halle *[346]*. Östlich davon liegt die Gartenstadt-Arbeitersiedlung (1912 ff.) Zeche Sachsen in Hamm-Heessen (Am Hämmschen/Vogelsang/Mansfelder Straße/Bockelweg).

Die Mischung der Ausdrucks-Sprachen

Für welches Ziel steht die Form? Die Mischung der Ausdrucks-Sprachen ist häufiger als die radikale Anwendung einer einzigen Ausdrucks-Sprache. Dies kann eine Anpassung an das Publikum mit seinen unterschiedlichen Einstellungen ausdrücken. Aber auch das Bedürfnis, sich auf Unterschiedliches einzulassen.

Die avantgardistischen Architekten Fritz Schupp und Martin Kremmer wenden sich gegen alte und neue Orthodoxien, die die Architekten an bestimmten Form-Symbolen wie Flachdach und Eckfenster „kontrollieren" wollen. Sie teilen nicht die Radikalität, alles Alte abzuräumen. Das Kommende sehen sie in einer Synthese von Altem und Neuem, von Eigenem und von Traditionen.[120]

Der Stadtbaumeister von Oberhausen, Ludwig Freitag, beherrscht virtuos mehrere Ausdrucks-Sprachen: er folgt keiner bestimmten Tradition, sondern steht vielen Bedürfnissen offen und versucht, daraus eine Synthese zu bilden. So nimmt er im Rathaus (1927/1930) *[186]* zwar die avantgardistische Formensprache des

Hauptlagerhauses von Peter Behrens (1920) *[213]* auf, reichert sie aber an, um das Rathaus zu einem vielschichtigen Publikum hin zu vermitteln: mit Szenerien und vielen symbolischen Zeichen. Dies zeigt, daß es einen gesellschaftlich begründeten Pluralismus gibt, der sich in der Architektur sichtbar macht. Auch Alfred Fischer [222] arbeitet in mehreren Ausdrucks-Sprachen – oft im selben Bau.

Orts-Hinweise: Pluralismus der Bau-Stile. Vittinghoff-Siedlung (1927 von Alfons Fels, Gelsenkirchen) in Gelsenkirchen-Schalke (Wilhelminen-/Grillostraße, für die GGW) *[204]* – Bauhaus und Expressionismus. Rathaus (1927/1930 von Ludwig Freitag) in Oberhausen (Schwartzstraße) *[186]*. Siedlung Neudorf (1907/1936) in Duisburg (Heine-/Händel-/Mörike-/Klöckner-/Nettelbeck- / Schenkendorf- / Hardenberg- / Lenau- / Eichen-/Andersen-/Kammerstraße), von den Architekten Tafel, Fischer, Puin, von Cube, Buchloh, Cornelius, Dahlhaus, Hecker, Caspar Maria Grod (Köln), Weimann – in Block-Bebauung, pluralistisch teils mit Treppen-Giebeln, teils kubisch[121] *[204]*.

Schau-Plätze eines stadt-prägenden Stadtbaumeisters: Ludwig Freitag

Exemplarisch für Stadtplanung und Stadtgestaltung in der ersten Hälfte des 20. Jahrhunderts ist die Tätigkeit des Stadtbaumeisters von Oberhausen[122]. **Prägung**. Der Dorfjunge Ludwig Freitag (1888-1973) aus Eschollbrücken bei Darmstadt erhält nach Maurer-Lehre, Handwerker- und Baugewerkschule seine Prägung 1907/1908 bei dem in Darmstadt lebenden holländischen Architekten Johann Christoph Gewin. Und nach seiner Militärzeit 1910/14 im Büro von Friedrich Pützer (1871-1922), Professor an der Technischen Hochschule Darmstadt, einem seinerzeit hochangesehenen Entwerfer. Seine Arbeitsstätte befindet sich in der großherzoglichen Künstlerkolonie Mathildenhöhe – mitten in einem beispielhaften Projekt. Dort suchen viele Künstler (Olbrich, Behrens, Metzendorf, Gewin, Pützer u.a.) nach einer neuen architektonischen Ausdrucks-Sprache.

Zur Person. Freitag heiratet in Oberhausen in die ›Pfahlbürger‹-Familie Stöckmann ein – eine alte bäuerliche Grundbesitzer-Sippe. Trotz dieser verwandtschaftlichen Beziehungen und einer guten Karriere bleibt er in der Ruhrgebiets-Stadt zeitlebens ein zurückgezogener Mann. Er spricht wenig und schreibt noch weniger. Arbeitsbesessen ist er am liebsten allein tätig – und ohne Ambition auf Publizität und Ehren. Freitag ist ein manischer Fußgänger und unternimmt weite Wanderungen, oft zu interessanten Neubauten in den Nachbarstädten.

Die Zusammenhänge: Produkt-Kultur Darmstadt – Berlin – Oberhausen. Ludwig Freitag wird im seinerzeit wichtigsten Zentrum der bürgerlichen Reform geprägt. Der Großherzog von Hessen verfolgt mit der ›Mathildenhöhe‹ in Darmstadt ein Konzept der Gewerbeförderung: die Anreicherung von industriellen Produkten durch eine neue kulturelle Dimension. Ähnliche Reform-Gedanken entwickeln sich in Berlin. Sie kristallisieren sich in der Gründung des Deutschen Werkbundes (1907). Dieser regt eine Synthese von Industrie und Kultur an.

Oberhausen steht gleichzeitig mit Darmstadt und mit Berlin in Verbindung: über einen der drei wichtigsten Entwerfer der sogenannten ›frühen Moderne‹ (Hermann Muthesius, Bruno Möhring, Peter Behrens). Bruno Möhring führt in Oberhausen Aufträge aus: die Wohlfahrts-Häuser in Vondern (1912) und Stemmersberg (1913) sowie die Manager-Siedlung ›Am Grafenbusch‹ (1910/23). [159]

Auch die Darmstädter Tradition erhielt ihren Ableger in Oberhausen. Prof. Friedrich Pützer, der – als Freund des Groß-

herzogs und als Planer – an der ›Margarethenhöhe‹ mitwirkte, gewinnt unter 101 Einsendungen den Rathaus-Wettbewerb (1910) und bekommt sogleich zwei Aufträge: die Sparkasse am Grillo-Park (1911/12) und das Kgl. Realgymnasium (1914/1916, heute Elsa-Brändström-Gymnasium). Sachbearbeiter, d.h. Mitentwerfer, ist jedesmal Ludwig Freitag. Pützer empfiehlt ihn der Stadtverwaltung, um die Schiene Darmstadt-Oberhausen langfristig zu etablieren. So übersiedelt Freitag nach Oberhausen.

Die 20er Jahre. Prof. Pützer, damals Rektor der Technischen Hochschule Darmstadt, stirbt überraschend 1922. Die wirtschaftlichen Schwierigkeiten verhindern lange Zeit den Rathaus-Bau. Neue Gedanken entstehen. Die Krise wird genutzt. Durch kluges und energisches Management des Oberbürgermeisters Otto Havenstein (1867-1945). Er tritt die Flucht nach vorn an: Was er anfaßt, erhält auch einen kulturellen Anspruch.

Die neue Infrastruktur des Bildungswesens. Die wirtschaftlichen und demokratischen Veränderungen erfordern eine verbesserte Struktur des Bildungswesens. [413] Sie prägt sich sichtbar in einigen Schulbauten aus (1921/2 Gewerbliche Berufsschule, 1925 Turnhalle Havensteinstraße, 1926 Havenstein-Schule in Dellwig, Bismarck-Schule in Alstaden, 1927 Turnhalle Blücherstraße , 1928 Umbau der beispielhaft reform-orientierten Dümpter-Schule). Stand das Kgl. Realgymnasium für eine Verbesserung des Bildungswesens der alten Elite, so bedeuten die neuen Schulbauten eine Qualifizierung der neuen Eliten, nun vorwiegend in der mittleren Mittelschicht und im Kleinbürgertum.

Gesundheitlich orientierte Freizeit. Zur Bildungs-Infrastruktur kommen Forderungen nach Verbesserung der Lebens-Qualitäten hinzu. So entsteht in Oberhausen seit 1925 eine Grünflächen-Politik für die Erholung. [186] Im Zusammenhang damit, auch als Arbeitsbeschaffung für Arbeitslose, werden das Niederrhein-Stadion und das Sommer-Bad (1926/1927) angelegt.

Großstädtisches Bewußseins. In dem schwierigen Prozeß der Großstadtwerdung innerhalb einer industriellen Landschaft sind erhebliche finanzielle und gestalterische Anstrengungen notwendig, damit die neue Ebene der Stadt-Entwicklung auch mit Symbolen merkbar wird. Im Verwaltungs-Bericht 1928 weist der Oberbürgermeister auf die Schwerpunkte der Stadtplanung hin: Ausbau der Abwässer-Kanäle [373], Straßen-Pflasterung, Verbesserung des Stadt-Bildes durch schöne Plätze, Freilegung des Bahnhofs-Vorplatzes, Bahnhofs-Umbau, Neubau des Rathauses *[186]*.

Drei Komplexe stehen symbolisch für die Ausbildung des kommunalen Selbstbewußtseins: der Bereich Friedensplatz (1926/28 Polizeipräsidium, Finanz- und Zollamt), das Rathaus (1927/30 mit Grillo-Park) und der Hauptbahnhof (1929/30 von Reichsbahndirektor Hermann, Essen[123]) *[362]* mit dem städtischen Hotel Ruhrland (1931).

Ratsprotokoll Oktober 1927: „Die Verhandlungen über den Neubau des Rathauses eröffnete der Oberbürgermeister mit dem Hinweis, daß man vor einer wichtigen Entscheidung stehe, die nicht nur einen kraftvollen Schlußstrich unter die Entwicklung der Stadt [!] setze, sondern auch die Tür öffnen würde zu einer neuen glückverheißenden Zukunft. Alles Große muß aus tiefer Notwendigkeit hervorwachsen und sich so darstellen[!], daß es nicht anders geht. Das sei hier der Fall. Seit langen Jahren sei nun ein neues [!] Projekt der heutigen Zeit entsprechend [!] aufgestellt. Man glaube, daß es gut, schön und nützlich sei. Unter Erhaltung [!] und Weiterbenutzung des alten Rathauses solle auf dem besten und schönsten [!] Platz der Stadt das Werk entstehen, das für lange Jahre den Bedürfnissen

der Stadt genügen werde. Man habe sich bemüht, etwas zu schaffen, von dem es nicht heißen werde, wenn es in Benutzung genommen, daß es zu klein sei [!]. Es fordere Opfer von der Bürgerschaft [!], einen Betrag von 2,8 Mio. als Schulden zu tragen. Den städtischen Finanzen werde diese Summe aber nicht das Rückgrat brechen. Sie können ihr Rathaus dann ruhig neben den Rathäusern der Nachbarstädte nennen, und Oberhausen kann sich selbst als Großstadt fühlen [!]".

Arbeitsamt (1930 von Ludwig Freitag) in Oberhausen (Danziger Straße 11) – im Umkreis des Bauhauses. [216]

Leistungsverwaltung. Als dritte Struktur-Ebene werden Behörden zu Dienstleistungs-Verwaltungen ausgebaut (Rathaus, Polizei, Finanzen, 1930 Arbeitsamt). Dies hat untereinander Bezüge. Dem verdankt Oberhausen, daß es sich nun stadtplanerisch ausprägt: so entsteht das „Behörden-Viertel", anknüpfend an das Amtsgericht (1907), vom Friedensplatz bis zum Rathausbereich auf dem Galgenberg – und zum Stadt-Theater (1938/1939, ursprünglich anstelle der späteren Stadt-Halle geplant). Der Stadtbaumeister Ludwig Freitag, von dem alle hier genannten Bauten entworfen bzw. mitgestaltet wurden, verleiht damit – wie kaum einer seiner Kollegen in der Weimarer Republik – einer jungen Großstadt sichtbare Züge.

Die Qualitäten des Entwerfers. In der kurzen Reform-Periode von 1925 bis 1932 steht dem Rathaus mit Ludwig Freitag ein Architekt zur Verfügung, wie ihn in dieser Qualität in der Republik nur wenige öffentliche Verwaltungen besitzen. Und mit dem Oberbürgermeister Havenstein ein Mann, der diese Qualitäten schätzt, gegen Widerstände fördert und vertritt. Havenstein, dessen Management-Fähigkeiten die Reformen der öffentlichen Verwaltung in den 20er Jahren prägen, läßt Freitag für das Rathaus in genau fünf Wochen Pläne und Modelle anfertigen.

Das Rathaus wird ein Gesamtkunstwerk: von der Tür-Klinke über den Fußboden bis zur Lampe an der Decke, vom Stuhl über die Verkleidung der Heizung bis zur Uhr.

Stadtplanung. In der Stadtplanung führt Freitag die vorzügliche Planung der Jahrhundertwende weiter: Alleen und Plätze mit einer Grün-Struktur.

Die neue Infrastruktur des Krieges. Nach jahrelangem Ausfall an Entwurfs-Aufgaben wird Ludwig Freitag in der Kriegs-Zeit zu gigantischen Maßnahmen abgeordnet: von 1940 bis 1943 entstehen in Oberhausen 21 (!) ungeheuer aufwendige Großbunker, die er ingenieurtechnisch planen und mit Maskeraden in der NS-Signalsprache zu versehen hat. Es ist bezeugt, daß ihm die Aufgabe unangenehm ist.

Der Theater-Bau. In der Flaute der Nazi-Zeit kann Ludwig Freitag einen Anspruch auf Architektur-Kultur einzig am Theater-Bau (1938/1939 Umbau, faktisch ein Neuentwurf) verwirklichen. Freitag hält sich in der Ausdruckssprache seiner Ideen von der gängigen nazistischen Architektur fern und orientiert sich weiterhin an den Avantgarden der 20er Jahre. Dies ist wohl deshalb möglich, weil sich das Theater damals einer historischen Tradition verpflichtet – auch als Distanzierung zur NS-Ideologie und NS-Szene.

In der Fassade schließt es sich an neugotische Umformungen an. Und im oberen Teil nimmt es die Tradition der Avantgarde wieder auf, die im Hauptlagerhaus der GHH an der Essener Straße, unter Einfluß von Wright, sichtbar ist.

Wiederaufbau. Nach dem Zweiten Weltkrieg gibt es erneut eine Fülle von Entwurfs-Notwendigkeiten: für den Wiederaufbau. Brücken, Schulen, Stadttheater (1949), das Hofgebäude von Schloß Oberhausen (1953). Und das neue Gesundheitsamt (1952).

Orts-Hinweise: Stadtbaumeister Ludwig Freitag in Oberhausen. Rathaus (1927/30; Schwartzstraße), mit Grillo-Park (1927/1930) [186, *186*]. Sparkasse (1911/12 von Friedrich Pützer/Ludwig Freitag; Schwartzstraße 62/Grillostraße 6). Gesundheitsamt (1952; Tannenbergstraße). Hauptbahnhof (1929/30 von Reichsbahndirektor Hermann, Essen) [362, *362*]. Städtischen Hotel Ruhrland (1931). Bauten am Friedensplatz (1926/28 Polizeipräsidium, Finanz- und Zollamt). Kgl. Realgymnasium (1914/1916 von Friedrich Pützer/Ludwig Freitag), heute Elsa-Brändström-Gymnasium (Christian Steger-Straße). Turnhalle (1925; Havensteinstraße). Arbeits-Amt (1930; Danziger Straße 11). Stadt-Theater (1938/1939). Hofgebäude von Schloß Oberhausen (1953; Konrad Adenauer-Allee). Niederrhein-Stadion (1926; Lindner-Straße). Sommerbad (1926/7; Lindner-Straße). Havenstein-Schule (1926) in Oberhausen-Dellwig (Karl Peters-Straße).

Schau-Platz der sozialen Bewegung

Die soziale Bewegung entwickelt sich in einer Struktur, die nur selten eine Darstellung in baulichen Zeichen erforderlich oder möglich macht. Sie vermag lange Zeit nicht zu bauen, weil sie dazu kein Geld hat. Als sie bauen kann, hat sie für die symbolische Dimension der Aufgabe keinen Diskurs geführt – also auch kein Vorstellungs-Vermögen. So erfüllt sie funktionelle Notwendigkeiten und benutzt dafür die Ausdrucks-Mittel, die auch in anderen Bereichen verwandt werden. Zu den wenigen Zeugnissen eines eigenen Ausdrucks gehört das Volks-Haus in der damaligen Gemeinde Rotthausen (Gelsenkirchen)[124]. Alfred Fischer plant es 1914 als Jugend-Haus und Feuerwehr-Depot. Der Bürgermeister verwendet 1919 in einer Hand-Notiz zum erstenmal das Wort Volks-Haus. Der Haus- und Grundbesitzer-Verein beschwert sich bei der Regierung in Düsseldorf über die „unvernünftige Baumaßnahme". 1920 ist das Volks-Haus ein interessanter Mehrzweck-Bau: Versammlungs- und Theater-Saal für über 1.000 Personen, Sport-Halle und Rathaus. Im Eingangsbereich fasziniert eine futuristische Licht-Symbolik.

Die wichtigsten Leistungen der sozialen Bewegung sind eine Fülle von Siedlungen, vor allem genossenschaftliche Projekte[125]. Siehe S. 201/205).

Orts-Hinweise: Volkshäuser. Volks-Haus (1914/1920 von Alfred Fischer) in Gelsenkirchen-Rotthausen (Grüner Weg 3)[126]; mit einer Siedlung (1921/1922 Alfred Fischer) verbunden (Schubertstraße). Zu weiteren Volks-Häusern und Volks-Häusern der Bürgerinitiativen nach 1972 siehe S. 411/413.

Aufbruchs- und Zukunfts-Symbolik in der Architektur: Volks-Haus (1914/1920 von Alfred Fischer) in Gelsenkirchen-Rotthausen (Grüner Weg 3)

NS-Zeit und Welt-Krieg

Der Anfang: Sportfest des Reichsarbeitsdienstes (RAD) in der Vestischen Kampfbahn Gladbeck – und das Ende: Bomben 1943.

Stagnation und Kriegs-Vorbereitung

Wirtschaft für den Krieg. Nach dem steilen Absturz des industriell weit entwickelten und wohlhabenden Landes im Ersten Weltkrieg setzt der NS-Staat das Land ein zweites Mal aufs Spiel. Ein zweites Mal setzt er in archaischer Mentalität Wirtschafts-Erfolg mit Militär-Erfolg gleich – ein Irrtum mit wahnwitzigen Folgen. So zählt für die Führungs-Schicht die Militarisierung zur selbstverständlichen Dimension. Schon rasch nach der Macht-Ergreifung 1933 bereitet Adolf Hitler den zukünftigen Krieg vor und setzt auf Kriegswirtschaft.

Erneut wird das Revier zur Waffenschmiede der Nation gemacht. Hitler ernennt die Bergleute zu ›Soldaten der Heimat‹. Die Industrie zwischen Ruhr und Emscher boomt[1]. Die Chemie aus Kohle führt zur Herstellung von Benzin: zur ›Kohle-Verflüssigung‹. [338]

Verlust des Pluralismus. Im städtischen Leben zerschlägt der NS-Staat die Pluralität. Vom ersten Tag an ist das Land ein allumfassendes Gefängnis. Das öffentliche Leben in der Stadt wird zu einem Bündel von Ritualen geformt – „damit Sitte und Anstand" die „Volksgesundheit nicht mehr untergraben." Die Nazis verbieten die Parteien, die Gestapo steckt ihre Funktions-Träger zur Einschüchterung ins Gefängnis, oft als Schutz-Haft getarnt. Der Widerstand[2], den es in der ganzen NS-Zeit gibt, ist ständig vom Tode bedroht. Gustav Streich, Essener Sozialdemokrat, über das Verhör im Polizeipräsidium 1935: „Nach fünf Minuten hatte ich zwei Zähne verloren."

Widerstand und Lager. Die KZ unterhalten Außenlager. Hinzu kommen Lager für Zwangs-Arbeiter. Oft sind es zwei Bezeichnungen für denselben Sachver-

halt. Die Rüstungs-Betriebe erhalten In-
haftierte als Arbeitskräfte. Sie leben unter
unmenschlichen Bedingungen. In Essen
gibt es über 300 Lager: Fremdarbeiter-,
Zwangsarbeiter-, Umerziehungs-, Straf-
Kriegsgefangenen- und zwei Außenstel-
len vom KZ Buchenwald (Schwarze Poth
13 und Humboldtstraße). Sammel-Lager
für die Deportation ist Holbeckshof.

Gestapo-Terror. Das Dortmunder
Polizei-Gefängnis Steinwache (1928) ist
eine Folter-Kammer: „die Hölle West-
deutschlands." In 50 Zellen werden
30.000 Frauen und Männer inhaftiert.
Für viele ist es eine Station auf dem Weg
ins KZ und in den Tod. Waleri, ein
Zwangs-Arbeiter aus Rostow (heute Part-
ner-Stadt Dortmunds) schreibt an die
Wand: „Es ist traurig für mich, der ich
noch nicht gelebt haben, mich vom Leben zu verabschieden ... ich habe 26 Jahre
und 3 Monate gelebt." Als das Gestapo-
Gefängnis an der Steinstraße um 1985 abgerissen werden sollte, forderten zahlreiche Gruppen seine Erhaltung. 1987 be-
schloß der Stadt-Rat: Es wird eine zugängliche Gedenk- und Tagungs-Stätte
mit einer ständigen Ausstellung.

Kurz vor Kriegs-Ende verhaftet die
Gestapo rund 300 Frauen und Männer
aus dem Widerstand (vor allem aus der
KPD), Kriegsgefangene und ausländische
Zwangsarbeiter, bringt sie nach der Folter
in den Rombergpark und in die Bittermarck und ermordet sie (Mahn-Mal).

Kirchlicher Widerstand. Dortmund
gilt als eines der Zentren der evangelischen ›Bekennenden Kirche‹. Sie wider-
setzt sich der Absicht der Nationalsozialisten, die Kirche gleichzuschalten – in den
›Deutschen Christen‹.

Der kleine Widerstand. Walter
Brenk: „Die Nazis mit den dicken Kreuz-
hacken-Binden kannten mich. Wenn der
Ortsgruppenleiter ›Heil Hitler!‹ sagte,
antwortete ich ›Guten Abend!‹ Wenn die
Nazis sammeln kamen, eine Spende für
den Kampfschatz, sagte ich: ›Ich habe

kein Geld‹. So wütend war ich, daß ich bei
einer Kleider-Sammlung zu meiner Frau
sagte: ›Gibst du einen einzige Stoff von
unserem Jungen, dann kriegst du keinen
Pfennig mehr und kannst den Kitt von
den Fenstern fressen‹. – Sie wird manchmal was gegeben haben, wovon ich nichts
von wußte. Nazis hatten an meine Haus-
tür ein Schild angeklebt: ›Willst Du ein
Deutscher sein, so soll Dein Gruß Heil
Hitler! sein‹. Abends kam der Ortsgrup-
pen-Leiter bei Hobel in die Wirtschaft, ich
hab da mein Glas Bier getrunken: ›Herr
Brenk, haben Sie den Kindern gesagt, die
sollen den Zettel abreißen?‹ Ich antwortete: ›Die Kinder können nicht lesen‹".

**Generaldirektor Emil Kirdorf
(1847-1938).** Walter Brenk: „Hitler kam
zu Kirdorfs Beerdigung. [166, 267] Das
war er ihm schuldig. Ich sagte zu meiner
Frau: ›Wenn der Hitler kommt, geh du
nicht mit dem Jungen raus!‹. Sie fragte:
›Warum?‹ – ›Ich sagte, du gehst da nicht
zum Gucken hin!‹ Der Hitler kam nicht
die normale Straße, sondern hinten durch
den schwarzen Weg – mit seinem schwarzen Mantel. Hintenrum. Im Ruhrgebiet
haben sich schon die Geister bewegt. Er
hatte Angst vor Attentaten – besonders
hier. Im Sauerland hackten sie wohl alle
Bäume ab und pflanzten sie auf den rie-
sengroßen Zechen-Platz. Da schwirrte
die Gestapo. Ganze Züge von Nazis kamen, auch in Salon-Wagen, vom Gleis
vom Hauptbahnhof aus. In der Festhalle
gab es einen großen dicken Sessel, darin
saß der Führer. Darüber hing ein lebens-
großes Bild vom Hitler und dem Kirdorf.

Als die Beerdigung vorbei war, wurde
alles abgebrochen: die Bäume und Sträucher; da stellten sie den Sessel und die
Bilder ins Kabel-Lager oben auf den Boden. Immer wenn ich da hinkam, wegen
des Rohr-Lagers, dann setzte ich mich in
den dicken Sessel, wo der Hitler drin gesessen hatte. Wir hatten unseren Spaß.
Aber es war ein gefährliches Spiel. Du
mußtest deine Zunge hüten."

NS-Bauten

Die Ressourcen werden auf die Rüstung konzentriert. Eine Verbesserung von Infrastrukturen ist kein Thema. Auffallend wenig neue Siedlungen entstehen[3]. Die größten entstehen für die Buna-Werk der Hüls AG in Marl-Hüls. [338]

Orts-Hinweise: NS-Bauten. Siedlung Sydowstraße (1935/1936) in Bottrop (Treuhandstelle), mit Mülhauser Typ. NS-Siedlung in Bottrop am Nordring/Im Schleierbruch/Alsenstraße mit monumentalen Arbeiter-Häusern, wie absolutistische Bauten. Bereitschafts-Siedlung (1938) in Marl-Drewer (Kamp-/Hiberniastraße). Wald-Siedlung für Bergarbeiter (1938, 1952) in Marl-Hamm (Merkelheider Weg), zwischen zwei Schacht-Anlagen der Zeche Auguste Victoria. Siedlungen um die Rapaport-Straße in Marl Hüls, im ›Dr. Ley-Stil der Deutschen Arbeitsfront (inzwischen weitgehend individuell umgewandelt); Rappaport macht 1938 den Stadtentwicklungsplan. Siedlung (1935/1938 von Friedrich Goebel) in Dortmund-Eving (Giltschiner-/Grazstraße) Ruhr-Lippe-Siedlung (1937 von Hermann Kettemeier) in Dortmund-Eving (Steiermarck-/Kärntnerstraße).

In der Architektur[4] sind die Architekten gezwungen oder fühlen sich verpflichtet, auf die Ausdrucks-Sprache der ›Moderne‹ weitgehend zu verzichten und konventionelle Zeichen-Gebung zu benutzen. Eine Ausnahme macht bereichsweise der Industrie-Bau. Im wesentlichen bleibt das Ruhrgebiet in der Aufmerksamkeit der Machthaber abseits.

Bunker als Anti-Architektur. Die größte Bau-Tätigkeit des NS-Regimes zielt auf den Bau von Bunkern – mit Stahl, eingelagert in zwei bis drei Meter Beton und meist 30 bis 40 Meter hoch. Bis 1938 werden im Reich über 6.000 gebaut, bis 1939 13.700.

Orts-Hinweise: NS-Bunker-Bauten. Bunker an der Autobahn-Kreuzung A2/A3 in Duisburg. In Oberhausen: Ebertplatz, 1987 bemalt. Südmarkt, um 1985 von Wohnungen umbaut (von Walter van Lom, Köln). [296] Ebert-Platz (bemalt). Eisenheim (Werrastraße). Bunker neben dem Bahnhof in Wanne (Herne-Wanne-Eickel,

Berliner Straße), aufwendig ausgestaltet: wie ein italienischer Renaissance-Burgturm. Bunker (1941/1942) am Hauptbahnhof Recklinghausen, 1949/1950 zur Kunsthalle umgebaut. In Witten: Augusta-Straße (heute mit Bemalung). Bemalter Bunker in Hamm (Vorheider Weg). Bunker an der Ecke des Kur-Parks in Hamm (Fährstraße/Osten Allee).

Die Auslöschung eines Teils der Deutschen

Juden-Verfolgung. Das preußische ›Gesetz über die Verhältnisse der Juden‹ bestimmt 1847: Juden sind grundsätzlich gleichgestellt; die Gewerbe-Beschränkung wird aufgehoben[5].

Die Gewerbe-Freiheit löst eine Wanderungsbewegung aus: vom Land in die Städte, besonders in die Ruhrgebiets-

Synagoge (1911 von Edmund Körner) in (Steeler Straße), 1938 angezündet, seit 1980 Dokumentations-Forum.

Städte. Jüdische Familien sind hier vor allem im Handel und im Gewerbe tätig. 1910 gibt es in Witten 521 jüdische Personen (0,7 Prozent).

Das ländlich geprägte Dorstfeld (1914 zu Dortmund) hat eine große jüdische Gemeinde: Händler, Trödler, Metzger. Die Familien entwickeln eine starke Identifikation mit dem Wohn-Ort. Eine ›Kul-

232 NS-Zeit und Welt-Krieg

tursteuer‹ finanziert den Synagogenbau. In Essen entsteht die größte Synagoge nördlich der Alpen (1911 von Prof. Edmund Körner). Um 1900 ist die Synagogen-Hauptgemeinde Dorsten, die Gladbeck, Bottrop, Buer, Horst, Resse, Osterfeld, Marl, Lembeck, Wulfen, Altschermbeck und Erle umfaßt, nach Berlin in räumlicher Ausdehnung die zweitgrößte Gemeinde in Deutschland. Sie hat rund 1.000 Gläubige. In Hamborn besitzt 1926 die jüdische Gemeinde 766 Mitglieder. Die jüdische Gemeinde in Gladbeck umfaßt rund 250 Personen. Viele Mitglieder der jüdischen Gemeinde haben ein großes soziales Engagement.

Der jüdische Emanzipations-Erfolg ist brüchig. Der Berliner Hofprediger Stöcker, Vorsitzender des antisemitischen ›Deutschen Reichsvereins‹, reist mit Vorträgen durch die Lande – 1886 redet er in Witten. Er appelliert vor allem an den Wirtschafts-Neid. In vielen Bereichen bleib die uralte Diskriminierung bestehen. 1913 schreibt Werner Sombart, daß sich „in jenen Kreisen des sinkenden Handwerks ein ... Antisemitismus entwickelt hat, der sich, wie es solchen blinden Volksbewegungen eigen zu sein pflegt, an die greifbare Form [das Judentum] statt an den inneren Kern [den Kapitalismus] hält."

Schon in den zwanziger Jahren sinkt die jüdische Bevölkerungszahl durch Auswanderung. 1933 setzt eine organisierte Juden-Verfolgung ein[6]. Wilde Aktionen. Boykott am 1. April 1933. Der NS-Staat macht die Juden-Emanzipation rückgängig. NS-Ziel: „Deutschland muß judenfrei sein." Die Nürnberger Rassen-Gesetze (1935) treffen nicht nur den jüdischen Glauben, sondern auch die jüdische Abstammung. Der Rat in Gladbeck verabschiedet 1935 ein ›11-Punkte-Programm zur Bekämpfung des Judentums‹. Schubweise verstärken sich die Verfolgungen. Das Reichssicherheits-Hauptamt in Berlin beansprucht die Zuständigkeit.

1937 wandern 23.000 Menschen aus, 1939 sind es 78.000 Menschen. Von 1933 bis 1939 geht die jüdische Bevölkerung von 502.799 auf 213.930 zurück. Es ist schwierig, Asyl zu erhalten, weil viele Staaten im Land einen eigenen Antisemitismus haben und auf Hitler politisch Rücksicht nehmen (u.a. Schweiz, Niederlande).

1938 brennen die Nazis sämtliche jüdischen Synagogen ab und vandalieren alle jüdischen Geschäfte. In Dortmund wird die Synagoge (1900, an der Stelle des heutigen Theater-Vorplatzes, seit 1988 Platz der alten Synagoge) zerstört, ein gewaltiger Bau an bester Stelle der Stadt (heute Theater). Ebenso die Synagogen in Hörde, Witten (1885), Oberhausen, Essen. In dieser Nacht nimmt in Dortmund die Gestapo rund drei Viertel aller männlichen Juden in „politische Schutzhaft". Über die „Steinwache" werden sie ins KZ Sachsenhausen verschleppt.

Von 1942 bis 1945 ermorden die Nazis in den Vernichtungs-Lagern zur „Endlösung der Judenfrage" aus Dortmund über 2.400 Juden und aus Essen 2.500 (55 Prozent der 1933 hier lebenden). Orte der Massen-Vernichtung: Theresienstadt, Riga, Lodz, Minsk, Piaski, Auschwitz, Majdanek, Sobibor.

„Die Mitglieder der Wittener jüdischen Gemeinde rückten in diesen Jahren [nach 1933] enger zusammen, und in ihrem Kreis traf man immer häufiger Menschen, die sich längst von den Bindungen an das Judentum gelöst hatten und seit den Nürnberger Rassegesetzen als ›Personen jüdischer Herkunft‹ galten. Von wenigen Ausnahmen abgesehen, lösten sich die Beziehungen zu nichtjüdischen Bekannten und Freunden allmählich auf. Man kaufte nicht bei Juden, man mied sie in der Öffentlichkeit, bald dann auch im privaten Leben. Obwohl das Anlegen des ›Judensterns‹ erst 1941 vorgeschrieben wurde, bedeutete jüdisch zu sein in dem mittelstädtischen Milieu Wittens bereits in den dreißiger Jahren ›einen unsichtbaren Stern zu tragen‹. Strenggläubige Juden hatten als Menetekel der Emanzipationserfolge das Ende der jüdischen Geschichte in Deutschland vorausgesagt, weil die für die jüdische Tradition typische Einheit von Glaubensbekenntnis und Abstammung zunehmend an Bedeutung verloren hatte. Innerhalb kurzer Zeit führte die nationalsozialistische Judenpolitik dazu, daß das im Assimilationsprozeß sich verflüchtigende Bewußtsein, „Jude zu sein", wieder schärfere Konturen erhielt ...

Die in den dreißiger Jahren noch in Deutschland ausharrenden Juden wiegten sich ... in der trügerischen Sicherheit, daß die gerade von ihnen idealistisch überhöhte deutsche Kulturnation zwar antisemitische Ideologien hervorgebracht habe, aber eben keine mit den Pogromen Osteuropas vergleichbaren Täter. In welchem Ausmaß man sich getäuscht hatte, wurde in der Nacht vom 9. auf den 10. November 1938 deutlich, als auch in Witten die Synagoge von SA-Trupps in Brand gesetzt wurde, jüdische Geschäfte und Wohnungen demoliert und jüdische Menschen brutal drangsaliert wurden ...

Nach dem Beginn des Zweiten Weltkrieges kommt es für die deutschen Juden zu der lebensentscheidenden Frage des ›Ob man geht‹ die nicht weniger lebensentscheidende Frage des ›Wohin man geht‹ hinzu."[7]

In Witten überlebten nur einige wenige jüdische Bewohner. Die Stadt bemüht sich, Verbindung zu den in alle Welt Versprengten aufrechtzuerhalten. Essen, Dorsten und Witten sind die Vororte der Pflege und Reflexion des jüdischen Erbes im Ruhrgebiet.

Absturz in die Katastrophe: Holocaust für alle

Industrialisierter Massen-Mord. Die beiden Weltkriege führen zu Massen-Morden und Massen-Sterben, wie es die Geschichte bisher nicht kannte – gleichermaßen für Soldaten und Zivilisten jedweden Landes.

Rüstungs-Arbeiter. Walter Brenk: „Als ich eines Abends in die Kneipe kam wurde ich gefragt: ›Waren Sie schon zu Hause, Herr Brenk? Sie haben einen Bescheid gekriegt: Sonntagmorgen Panzer-Faust schmeißen!‹ Dann kam ich nach Hause. Richtig: ›Sonntagmorgen Panzerfaust schmeißen! Antreten! Pflicht!‹ Unten drunter stand: ›Der Schein ist dem Betriebsführer vorzulegen‹. Da gab ich meinem Chef den Brief. Er trat darauf und sagte: ›Arbeiten!‹ Ich mußte wie üblich auch diesen Sonntag malochen, Tag und Nacht, es gab kein Weihnachten, kein Ostern, kein Pfingsten, keinen Karfreitag, nichts. Es waren doch keine deutschen Arbeiter da, bloß ein paar Russen."

Wer schießt auf wen? Westlich vom Haus Berge in Buer liegt an der Straße Zum Ehrenmal das größte Krieger-Denkmal der Region. Eine gespenstische Inszenierung: am Ende eines Viertels mit Villen für alles gute Leben dieser Welt, nahe einem Hochbunker, in einer Park-Anlage nach dem Leitbild des Versailler Schlosses, mit breiten grünen Teppichen und einer Achse, die als ausgedehnte Rampe zu einer Wasserfläche führt, über dem immerwährenden Lärm der nahen Autobahn.

Aus Backsteinen recken sich drei gewaltige Wände in die Höhe – zu einem rituellen Zeichen. Auf Tafeln lesen wir die Namen von ungeheuer vielen Toten aus drei deutschen Kriegen: 1870/71, 1914-1918 und 1939-1945. Dieser Katalog zeigt, daß die jungen Leute, die für den Nationalismus verheizt wurden, aus vielen Ländern der Erde kamen.

Nirgendwo läßt sich deutlicher erkennen, daß in Kriegen der Bruder gegen den Bruder gehetzt wird und sie sich gegenseitig töten müssen. Der menschheitsgeschichtliche Mythos von Kain und Abel steht vor uns. Ausgeweitet: denn es waren gigantische Systeme, die hier aufeinanderprallten und den Jastrembowsky gegen den Kalinowsky sterben ließen. Es ist nicht schwer, dieselben vielen fremden Namen sich auch für die Opfer des Nationalismus der anderen Völker vorzustellen.

Todes-Urteil durch Arbeit und Hunger: Zwangsarbeiter. Walter Brenk: „Wenn ich abends eine große Reparatur hatte und ins Maschinen-Haus kam, liefen die Maschinen noch. Hinten gab es ein Russenlager – mit Leuten, die schon den ganzen Tag Kohlen gehackt hatten, in der Grube, elend von der Brennessel-Suppe – ich hätte weinen können, ehrlich. Da hat der Betriebsführer sich mit dem Knüppel so 20 Mann rausgehauen, damit sie bei mir oben arbeiteten – zum Beispiel Rohre durchstoßen. Ich hab geweint, ich sagte: Mensch Kerl.

Ein paar Leute hatten wir noch, ein paar Deutsche. Einer hat dem armen Russen die Haare geschnitten, einer hat ihm eine blaue Jacke gegeben, einer ein

Handtuch, einer ein Stück Seife. Einen Samstag später kam er wieder – zerlumpt. Da hatten ihm die anderen alles weggenommen. Da fragte ich meine Frau: ›Was ist denn noch im Schrank?‹ – ›Alte Zwiebeln und Kartoffeln und altes Brot‹. Wir hatten doch selbst nichts zu fressen. Dann hab ich das unten auf die Richtplatte hingeschmissen, die Russen sind drüber hergefallen."

Verweigerung. Walter Brenk: „Mein Frau war evakuiert – weg. Die Bude war kaputt. Das Wasser lief die Wände runter. Ich hatte meine Couch in der Küche stehen, oben eine Kabellampe eingehängt, unten im Keller angeklempt – ich hause wie ein Indianer.

Auf einmal nachts: Klopfen an der Jalousie. Ich war das schon gewohnt. Das hieß: ›Arbeiten!‹ Ich machte die Tür auf: Da stehen drei Mann, in Uniform und mit Gewehren. Wie ein Blitz ging mir durch den Kopf: Was hast Du jetzt gemacht? Ich fragte: ›Was ist los?‹ – ›Du mußt sofort mitkommen, wir liegen in allerhöchster Alarm-Bereitschaft, wir rücken heute Nacht zum Volkssturm aus‹. Ach, dachte ich, mit Euch werde ich schon fertig. Ich sagte: ›Jetzt mal ganz ruhig!‹ Ich machte meine Klamotten fertig. Dann ging ich mit nach Zeche Holland in die Turnhalle. Da lag ein Haufen Gewehre in der Ecke – wenn Bombenangriff war, mußten die Männer mit den Gewehren in den Stollen laufen.

Die Männer saßen da wie die Spatzen auf der Latte. Ich treffe den Otto Klein vom Turnverein, Meister auf ›Ruhr-Stahl‹, ich sagte: ›Otto, was machst Du hier?‹ Er antwortete: ›Walter, hier ist es tofte. Komm Karten kloppen, ich bin schon die ganze Woche hier. Malochen? – ist doch sowieso alles im Arsch‹. Otto Klein war auch ein ›roter Bruder‹. ›Sie schießen dich zwei Minuten vor Schluß kaputt‹."

Die Verbrechen der Kriegs-Zerstörungen. Der Krieg verroht alle kriegführenden Regierungen in unbeschreiblicher Weise. Auch die Alliierten begehen – das wird nach dem Weltkrieg absichtsvoll tabuisiert – gigantische Kriegs-Verbrechen. Sie unterscheiden nicht mehr zwischen Nazi-Regime und deutschem Volk, zwischen Kriegs-Produktion und Zivil-Bevölkerung[8]. [397] Zur Abschreckung der Bevölkerung gedacht, erzielt eine mangelhafte Psychologie in der Kampf-Führung genau das Gegenteil: die Solidarität oder zumindest das Stillhalten für ein verbrecherisches Regime.

Die Zerstörung der Stadt- und Kultur-Landschaft hat fast nirgendwo strategischen Sinn, schon gar nicht in den letzten Kriegstagen[9]. Sie richtet sich bewußt und geplant gegen zivile Bereiche. Als die Alliierten längst den Krieg entschieden haben, streuen sie im letzten Jahr ihr ganzes Bomben-Potential über die Städte aus und zerstören damit mehr als in den vorhergehenden Kriegs-Jahren. Die Zerstörung immenser und unwiederbringlicher Kultur-Schätze[10] hat offensichtlich ein Tiefenschicht-Motiv: eines der kulturell wichtigsten Länder der Welt soll unwiederbringlich auch kulturell im Mark vernichtet werden – ein kultureller Holocaust. Die Zerstörung des NS-Regimes wäre auch ohne diese in alle Ewigkeit bleibenden Zerstörungen erreicht worden.

Essen erlebt 272 Luft-Angriffe. Ein Großangriff am 5. März 1943 tötet fast 500 Menschen. Der schwerste Angriff wird geflogen, als der Krieg längst entschieden ist – am 11. März 1945: weitere 897 Menschen kommen um. Am 11. April wird die Stadt den Alliierten übergeben. Insgesamt sterben in Essen im Krieg 34.470 Menschen, jeder zwanzigste Einwohner: 18.945 beim Militär, 6.384 als Opfer der Luftangriffe sowie 2.500 Essener jüdische Mitbürger in Vernichtungs-Lagern. 1945 sind in Essen[11] von 190.000 Wohnungen nur rund 6.500 unbeschädigt. Die Innenstadt ist zu 80 Prozent vernichtet.

In Oberhausen sind 1945 18 Prozent aller Wohnungen total zerstört, 36 Prozent schwer und 39 Prozent leicht beschädigt. 2.203 Menschen fielen den Luft-Angriffen zum Opfer. Widerstands-Kämpfer verhinderten durch Verhandlungen mit den Amerikanern einen Artillerie-Beschuß der Stadt. Bottrop beklagt 3.500 Todes-Opfer.

1945 sind in Bochum von 93.699 Wohnungen nur 10.501 unbeschädigt. Von den 312.933 Menschen, die 1939 in Bochum lebten, sind noch 161.590 in der Stadt. Das Zentrum ist fast völlig zerstört und wird in anderer Form wieder aufgebaut. Luft-Angriffe zerstören die Altstadt von Dorsten zu 80 Prozent, von Gelsenkirchen zu 72 Prozent. Witten wird 1944/1945 zu 80 Prozent zerstört – 600 Zivilisten verlieren das Leben.

Dortmund erlebt 1943 durch zwei Großangriffe neuntausend Brände. Die Folge sind 130.000 Obdachlose und 1.400 Tote. Der erste Angriff trifft Baudenkmale: Rathaus, Propsteikirche, Stadt- und Landes-Bibliothek. Der zweite die Reinoldikirche. [237] 1944: zwei weitere Großangriffe. „Der schrecklichste aller Bombenangriffe wurde wenige Wochen vor Kriegsende [!] am 12. März 1945 auf Dortmund geflogen: In der Zeit zwischen 16.27 Uhr und 17.07 Uhr warfen über 1.000 Flugzeuge fast 5.000 Tonnen Bomben über der Stadt ab ... Der Bezirk Innenstadt ... war zu 95 Prozent zerstört ... über 6.000 Menschen waren innerhalb der Stadt umgekommen"[12]. Duisburg erleidet 299 Luftangriffe. Es wird zur Hälfte vernichtet: 5.630 Tote.

Wesel, die Stadt mit der reichsten spätmittelalterlichen Kultur, ist der am meisten betroffene Ort – mit 97 Prozent Zerstörung. Es gibt tatsächlich Überlegungen, die Stadt an anderer Stelle neu zu gründen[13] [67].

Hamm wird zu 40 Prozent vernichtet, ähnlich Gladbeck (44 Prozent). Bergkamen ist von rund 5.600 Bomben-Trichtern übersäht. Nahezu jeder siebte Einwohner stirbt[14]. Die Möhne-Talsperre (1908/1913) wird 1943 durch eine englische Rollmine getroffen: die sechs Meter hohe Hochwasser-Welle (6 m/sec) bringt 1.200 Menschen um. Bis 1950 werden 3.500.000 m³ Schutt weggeräumt. Ein großer Teil der Arbeiter sind die legendär gewordenen „Trümmerfrauen". Das ›Große Deutschland‹ sucht in den Ruinen alles noch irgendwie Verwertbare.

Dieser Krieg schafft es, daß nahezu die letzten Reste der Altstädte im Hellweg-Bereich vernichtet werden. In Witten gibt es westlich vom Rathaus rund um die Kirche noch nach 50 Jahren Trümmer-Grundstücke – eine „Wüstenei".

Orts-Hinweise: Juden-Verfolgung und Kriegs-Zerstörungen. Der Holocaust war universal. Wesel – mit 97 Prozent zerstört – sichtbar am Wiederaufbau. Ähnlich fast völlig neugebaut: Hamm, Dortmund, Bochum, Essen und Duisburg.

Jüdisches Museum Westfalen (seit 1982) in Dorsten in einer Villa am Südwall (Julius Ambrunn-Straße), Dokumentations-Zentrum mit Mediothek, Bibliothek, Archiv, Galerie, Julius Ambrunn-Skulpturengarten (Tisa von der Schulenburg, Säule ›Jüdisches Leben‹), Lehr-Haus für Seminare, Begegnungs-Stätte[15]. Museum Haus Wittringen in Gladbeck (Burgstraße): Abteilung ›Gladbeck unterm Hakenkreuz‹. Baracken für Zwangsarbeiter in Bottrop-Eigen (Rippelbeckstraße). Synagoge (1868) in Oberhausen-Holten (Mechthildstraße 7a), 1938 angesteckt, heute Wohnhaus. Die Dunkelschlagsiedlung In Oberhausen-Sterkrade (Dammstraße) war das bekannteste Arbeiterviertel: 1932 Arbeiter-Selbstschutzstaffel, 1933 Razzien und 15 Verhaftete, ›Sparclub Altpreußen‹ als Deckmantel[16]. Jüdischer Friedhof im östlichen Teil des Friedhofes in Oberhausen-Lirich. Friedhof in Oberhausen-Lirich: Gräber von 737 Zwangsarbeitern aus vielen Ländern. Niebuhrstraße in Oberhausen: eines der Zentren der KPD und des Widerstands. Privat-KZ-Schulte-Kulkmann (Friedensstraße 57): neben dem Wohnhaus leer-stehende Fabrikgebäude der nationalistischen Familie Schulte-Kulkmann. Gedenk-Tafel an der Turn-Halle des Elsa Brändström-Gymnasium in Oberhausen (Christian

Steger-Straße): für die Massen-Verhaftungen nach dem Reichstags-Brand am 27.2. 1933 Gefängnis und Hinrichtungs-Stätte der beiden Kommunisten Leo de Longueville und Konrad Klaas. Haus Grenzstraße 184 in Oberhausen: 1945 Unterschlupf der Agentin Karin (Deckname), versorgt von Antifaschisten um Hans Althoff. Aufgrund ihrer Informationen stoppen die Amerikaner den Artillerie-Beschuß. Illegaler Treffpunkt Styrumer Allee/Akazienstraße für Antifaschisten, getarnt als Skat-Club. Im Pfarrhaus St. Marien in Oberhausen (Elsa Brändströmstraße 82) wirkte bis 1932 der Kaplan Dr. Rossaint, der in Oberhausen die Sturmscharen, eine Unterorganisation des katholischen Jugendverbandes, aufbaute und ihnen eine politische Ausrichtung gab. 1937 wurde er im sog. 'Katholikenprozeß' in Berlin zu 11 Jahren Zuchthaus verurteilt. Gedenkhalle am Schloß in Oberhausen (Konrad Adenauer-Allee/Wilhelm Bettinger-Weg): Gedenkstätte für die Opfer von Verfolgung und Widerstand.

Gedenktafel gegenüber dem Essener Hauptbahnhof neben dem Hotel Handelshof: „In der Zeit vom 27. Oktober 1941 bis zum 9. September 1943 wurden vom Essener Hauptbahnhof und vom Güterbahnhof Segeroth aus mit 9 Transporten mehr als 1.200 Essener Juden in die Ghettos und Vernichtungslager in Osteuropa deportiert. Nahezu alle wurden dort ermordet. Der Abtransport der Essener Juden fand tagsüber statt, vor den Augen von Passanten und Reisenden. Bewaffnete Posten machten die Flucht unmöglich. Der normale Zugverkehr wurde nicht unterbrochen." Synagoge (1911 von Prof. Eduard Körner) in Essen (Steeler Straße), 1938 angezündet, seit 1980 politisches Dokumentations-Forum mit Ausstellungen zur jüdischen Geschichte sowie zur Aufarbeitung der NS-Gewalttaten[17] [231]. Gerlingplatz in Essen (zuvor Platz der Republik): Stätte von Arbeiter-Versammlungen, dann NS-Bücher-Verbrennung (21.6. 1933). Jüdischer Friedhof (1885) in Essen-Nordviertel (Assmannweg). Außenstelle des KZ Buchenwald ›SS-Arbeitskommando Fried. Krupp, Essen‹ in Essen-Fulerum (Humboldtstraße/Regenbogenweg), vor allem für Frauen. Terrassen-Friedhof in Essen-Schönebeck (Kaldenhoverbaum 55): Gräber für 1.698 Kriegsgefangene und Zwangsarbeiter. Sammellager für die Essener Juden 1942/1943 in den Baracken Holbeckshof/Aronweg in Essen-Steele. Lager (1941/1942) für galizische Kriegsgefangene in Essen-Vogelheim (Hafenstraße/Wildstraße). „Von 500 ... waren noch ca. 150 übriggeblieben, die anderen waren alle wegen Hunger und schlechter

Behandlung gestorben. Schon morgens beim Antreten gab es Schläge ..."[18] KZ Außenlager in Essen: Schwarze Poth 13 und Humboldtstraße.

Krieger-Denkmal in Gelsenkirchen-Buer (Zum Ehrenmal) *[234]*. Vestisches Museum (1988) in Recklinghausen (Hohenzollernstraße 12): Nachbau eines Klassen-Zimmers der NS-Zeit, Lebenslauf eines jungen Soldaten und einer jüdischen Bürgerin. ›Russen-Friedhof‹ in Bergkamen-Weddinghofen mit Gräbern von ermordeten Zwangsarbeitern.

Synagoge in Bork (Lünen), nachdem lange an Abriß gedacht wurde, 1994 restauriert, mit dem ursprünglichen Aussehen des Innenraumes: einem Sternen-Himmel an der Decke.

Krieger-Denkmal an der Zeche Hansemann in Dortmund-Mengede (Barbarastraße), ähnlich wie in Gelsenkirchen-Buer. Borsig-Platz in Dortmund, Stätte der Edelweiß-Piraten. Mahn- und Gedenkstätte (1992) Steinwache (Gestapo-Ge-

fängnis) in Dortmund (Steinstraße 48), zur Geschichte des Terrors[19]. Museum am Westpark in Dortmund (Rittershausstraße 34): Widerstand und Verfolgung 1933-1945. Juden-Friedhof in Dortmund-Dorstfeld. Mahnmal (1954/1960 von Will Schwarz/Karel Niestrath) im Staatforst Bittermarck in Dortmund-Bittermarck: zur Erinnerung an ermordete Zwangs-Arbeiter und Widerstands-Kämpfer und für alljährliche Gedenkfeiern (Karfreitag), organisiert vom Rombergpark-Komitee.

Museum für Heimat- und Stadtgeschichte (1987) in Hagen (Hochstraße 71), im Landgericht (1865 von Carl-Ferdinand Busse) – mit einer aufregenden Reform-Konzeption, Lebens-Verhältnisse in Gegenüberstellungen. In Witten gibt es westlich vom Rathaus um die Kirche noch heute Trümmer-Grundstücke. Das Stadtarchiv Bochum in Bochum (Kronenstraße) zeigt wechselnd Ausstellungen.

Bis alles in Scherben fiel: Dortmund 1945 um die Reinoldi-Kirche.

Die zweite Hälfte des Jahrhunderts

Vielschichtigkeit der Nachkriegs-Zeit: Theater (1956/1959 von Werner Ruhnau) in Gelsenkirchen. [429]

Wiederaufbau in militärischen Strukturen: Alte und neue Fäden

Skizze. Das Reich wird aufgeteilt: in Besatzungs-Zonen der westlichen Alliierten und der Sowjetunion. Kalter Krieg. 1946 Wiederaufbau der Gewerkschaften. 1948 Währungs-Reform. Gespartes Geld ist zu 93,5 Prozent verloren. Soweit der Krieg sie nicht zerstörte, bleiben jedoch die Sachwerte in der Industrie erhalten. Die Inflation löscht 90 Prozent der Indu-strie-Verschuldung. Aktien werden 1 zu 1 umgestellt. Hinzu kommen steuerliche Begünstigung von Investitionen, degressive Abschreibung und das Investitionshilfe-Gesetz.

Die CDU sammelt die Potentiale des katholischen Zentrums und der Nationalliberalen. Unter dem Eindruck von Gleichheit in Not und Armut macht sie 1949 das sozial-orientierte Ahlener Programm. 1950/1951 erstreiten Gewerkschaften die paritätische Montan-Mitbestimmung in den Konzern der Eisen- und Stahlindustrie sowie im Bergbau und 1956/1957 die Gleichbehandlung der Arbeiter mit den Angestellten bei Krankheit. 1959 macht die SPD das Godesberger

Programm: Absage an den ›Klassen-Kampf‹ und Anspruch auf Integration aller Schichten.

Dortmund ist das sprechendste Beispiel für den Wiederaufbau der meisten Städte: 1947 beschließt der Stadtrat einstimmig: „Der starke Zerstörungsgrad der Innenstadt bietet die einmalige Gelegenheit weitgehender baulicher Auflockerung und Sanierung. Die Stadtvertretung hält es für notwendig, das gesamte Stadtgebiet zum Neuordnungsgebiet zu erklären." Abgelehnt: Wiederaufbau bzw. Rekonstruktion beschädigter Fassaden. Auch der Markt soll nicht wiederhergestellt werden – die groteske Begründung: das passe nicht zu einer „repräsentativen Gestaltung des Stadtmittelpunktes"[1].

Der Neuordnungs-Plan (1949) schafft ein neues Straßennetz. Süd-Nord-Achsen durchqueren die Altstadt. Unter dem Ge-

folgende Stadt-Planung. Die Stadtverwaltung meint, sie könne den Wiederaufbau auf einer grünen Wiese beginnen. Restlos kahlgeschlagen wird der gesamte Altstadt-Bereich. Übrig bleiben nur detektivisch erschließbare Spuren. ›Großzügig‹ setzen ›moderne Architekten‹ ›moderne Gebäude‹ auf ›weite Flächen‹. Vor allem zwischen Obertor- und Gutenbergstraße.

Orts-Hinweise: Wiederaufbau. Niederrheinisches Museum Duisburg (Brüderstraße 9), mit vier eindrucksvollen Stadt-Modellen. Museum der Stadt Gladbeck in Haus Wittringen (Burgstraße 64): Wohnzimmer der 50er Jahre. Vestisches Museum (1988) in Recklinghausen (Hohenzollernstraße 12): Die Not der frühen Nachkriegs-Zeit wird in Gestalt einer Not-Unterkunft aus Wellblech (›Nissen-Hütte‹) gezeigt; Ruhrfestspiele entstehen unter dem Motto „Kunst für Kohle"; erster Wohlstand in den 50er Jahren symbolisiert sich in Nierentisch und Fernseher. Stadtarchiv Bochum – Bochumer Haus der Geschichte in Bochum (Kronenstraße 47): wechselnde Aus-

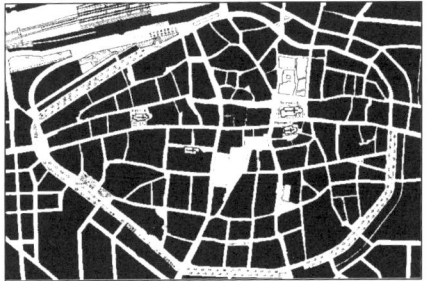 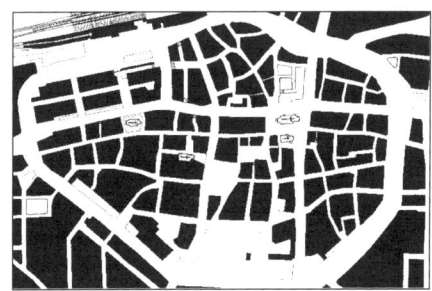

Vervielfachung des Flächen-Verbrauchs für Straßen vor (links) und nach 1945 (rechts) in Dortmund.

sichts-Punkt der profitabelsten Nutzung werden 1.800 Grundstücke zu 800 zusammengelegt. Bedeutende Bau-Substanz, die wiederherstellbar ist, wird abgerissen[2]. Aus heutiger Sicht ist an dieser Planung nahezu alles kurzatmig und falsch.

Duisburg. Bis 1945 besteht in Duisburg noch weitgehend der mittelalterliche Straßen-Zuschnitt. Die Kriegs-Zerstörung geht nirgendwo so weit, daß der Umbau der Stadt zwangsläufig ist. Aber nun wird das alte Straßen-Netz ignoriert. Was der Krieg nicht zerstörte, zerstört die

stellungen. Museum für Heimat- und Stadtgeschichte (1987) in Hagen (Hochstraße 71), im Landgericht (1865 von Carl-Ferdinand Busse): eine anregende Reform-Konzeption; unterschiedliche Lebens-Verhältnisse stehen sich gegenüber.

US-Investitionen. Die US-Regierung erkennt rasch, daß der von den West-Alliierten kontrollierte Teil Deutschlands die besten Voraussetzungen für eine Re-Industrialisierung bildet (Fachleute, Arbeits-Einstellung, Organisations-Fähigkeit) – im eigenen Interesse: Land und Leute erscheinen ihr als Unterpfand für Investitionen, d.h. für Geld-Anlagen (Kredite) und Industrie-Beteiligungen. Marshall-Plan-Gelder schaffen erste Konjunktur – oft ›Wirtschafts-Wunder‹ genannt. Nach US-Vorbild bauen in Essen schon um 1950 Großfirmen Hochhäuser (1949 Ruhrkohle-Haus, 1952 Ferrostahl, 1952 AEG-Haus). *[356]*

Die Wiederaufbau-Leistung von vielen einzelnen und von Gruppen, vor allem der Gewerkschaften, die in den ersten Jahren eine geradezu unternehmerische Rolle in der Organisation der Lebens-Bedingungen und der Fabriken spielen, zählt zu den großen Taten des Jahrhunderts. Sie ist rasch vergessen. Ihre Geschichte ist noch nicht geschrieben.

Im Gegensatz dazu steht die konzeptionelle denkerisch-planerische Enge beim Wiederaufbau der Städte. Noch gibt es keinen Auto-Verkehr unserer Größenordnung. Er ist auch nicht das Motiv für die krasse Veränderung des Straßen-Netzes: der Neuordnungs-Plan Dortmund (1949) verdoppelt die Verkehrs-Flächen.[3] In späteren Diskussionen erhält dieses Beispiel eine negative Berühmtheit. *[239]*

Die Innenstädte von Dortmund und Duisburg zeigen – exemplarisch für viele weitere –, daß die historische Substanz den Verkehrs-Flächen in einzigartig unbedenklicher Weise ›geopfert‹ wird.

Die Ursache dafür ist das Syndrom der Kriegs-Mentalität: die Expansions-Wut. Werner Durth[4] hat Entstehung, Kontext und Planungs-Folgen analysiert: die Konzeption für den Wiederaufbau der Städte wurde schon während des Krieges von einem Stab um den NS-Rüstungs-Minister Albert Speer entwickelt. Zugrunde liegt die Vorstellung einer engen Rationalität: Militär-Kaserne, soldatische Einfachheit auf genügsamem Existenz-Minimum, Not und knappste Ressourcen, einfache Verfügbarkeit und Verwaltung, strategische Übersicht, Aufmarsch, Produktion mit geringsten Mitteln. Werner Durth

weist detailliert nach: diese Militarisierung des Lebens in einer Art Kasernen-Denken (die den NS-Staat strukturierte) wird unbewußt und unreflektiert auch für das zivile Leben zum Leitbild und dient ihm als mentales Muster.

Von Albert Speer aus Arbeitsgründen meist vom Partei-Beitritt abgehalten, kommen die Mitarbeiter seines Stabes nach 1945 sofort in Schlüssel-Positionen und bilden ein auch emotional von „alter Kameradschaft" geprägtes Netz. Derweilen „residiert" – von Werner Durth überhaupt nicht ironisch gemeint – der heimliche Wiederaufbau-Minister im alliierten Militär-Gefängnis in Spandau: Albert Speer.

Militärische Mentalität und Denk-Muster bestimmen die Planung in der ganzen Bundesrepublik und daher sind die Städte an Ruhr und Emscher keine Sonderfälle. Schon während des Krieges bereiten die Planer den zweiten Krieg vor: das Zerstören der Städte. In Oberhausen findet 1945 einer der führenden NS-Architekten aus dem engsten Kreis um Albert Speer unbehelligt Unterschlupf als Baudezernent und wird sogar 1953 nach Wuppertal „hochbefördert": Friedrich Hetzelt[5].

Mit der expansiven Produktion des Autos nach 1955 verschafft sich diese Planungs-Mentalität lediglich eine weitere Legitimierung: nun kann sie sich auch unter sich wandelnden Verhältnissen funktional als scheinbar unumgänglich notwendig darstellen. Und ideologisch präsentiert sie sich als Signal für ›Modernität‹. Der Verkehrsplaner Rudolf Menke hat darauf hingewiesen, daß die Priorität des Auto-Verkehrs so hochideologisiert wird, daß die Nicht-Motorisierten überhaupt keine Rolle mehr spielen[6]. Dies ist ein Fanal einer Gewalt-Tätigkeit, deren Struktur den faschistoiden Futuristen der Zeit des Ersten Weltkrieges und der rigiden Macht und Unterwerfung brutalen Militärs nicht unähnlich ist[7].

Für die Architektur gilt in der Nach-kriegs-Zeit weithin ähnliches. Werner Durth weist nach, daß die Architekten, die die 20er Jahre mitliquidiert hatten, nach 1945 nahtlos weitermachen, während die Verfemten keine Aufträge erhalten[8].

Wirtschafts-Aufstieg: Der Planungs- und Bau-Boom

Skizze. Um 1955 ist ein gewisses Lohn-Niveau erkämpft worden. Die Gewerkschaften versuchen nun, mit den Massen-Einkommen den Preis-Anstieg zu übertreffen. In Stufen wird die Verkürzung der Wochen-Arbeitszeit erreicht: 1956 von 48 auf 45 Stunden, 1957 auf 44, 1959 auf 40. Die Gewerkschaften legen sozialistische Grundprinzipien ab und orientieren sich darauf, den Anteil der Arbeiter am steigenden Wohlstand zu erweitern.

Der Wirtschafts-Aufschwung nach 1945 findet zunächst in den Industrie-Zweigen statt, die Energie und Investitions-Güter produzieren. Davon profitieren besonders die Schwerindustrien des Reviers. Knapp 15 Jahre lang ist das Revier die unumstrittene Kern-Landschaft des ›Wirtschafts-Wunders‹. Öfen und Schlote rauchen, die D-Mark rollt. In den 50er Jahren entstehen 3 Millionen neue Arbeitsplätze. In den 60er Jahren weniger, aber immer noch 600.000. Die innerbetriebliche Rationalisierung schlägt sich noch kaum in Arbeitslosigkeit nieder, sondern wird durch Wachstum aufgefangen.

In diesen Jahren kommt es zur Demokratisierung des Luxus-Konsums. Zum erstenmal in der Industrie-Geschichte haben breite Massen eine Partizipation an der Produktivität, die einen gewissen

Wohlstand in der Lebensführung bringt. Und die Steuer-Einnahmen aus dem Boom ermöglichen in einer zweiten Ebene die Partizipation der Massen an den Früchten der Industrialisierung: nun entstehen Infrastrukturen in Bereichen des sozialen Lebens, der Bildung, der Freizeit und der Kultur.

Neue Wohn-Viertel. Mit Mitteln des Marshall-Planes werden für den raschen Bevölkerungs-Anstieg, auch für Zuwanderer aus dem Osten, umfangreiche Wohn-Siedlungen gebaut – meist nach demselben Schema: Lange Zeilen-Bauten mit Satteldach, quer zur Straße, in den Zwischen-Räumen glatte Rasen-Flächen. Erst zwei Geschosse, dann drei und vier – immer stärker setzt sich ein altes Miets-Kasernen-Schema durch. *[243]*

Raum-Auflösung. Im Gegensatz zu den Block-Bebauungen und Wohn-Höfen der 20er Jahre bagatellisieren Planer die räumliche Gestaltung. Freiraum wird diffus und beliebig. Die rein grundstücks-bezogenen Bau-Programme tendieren zur Raum-Auflösung. Planer reduzieren auch die Zeilen-Struktur: auf das Äußerste an banalem Schema. Ebenso räumlich diffus: die viel zu ausgedehnt das Bauland verbrauchenden ›Einfamilienhaus-Weiden‹ der Vorstädte. Am Ende wird sogar der Zeilen-Bau aufgegeben: das Punkt-Hochhaus entsteht[9].

Bauboom in Gladbeck um 1958. Der Leiter des Planungs- und Bauordnungsamtes (bis 1964 Martin Einsele) entwirft eine Schule und den neuen Bahnhofs-Vorplatz; er genehmigt viele Wohnungsbau-Projekte (u.a. der Rheinischen Wohnstätten AG, Neue Heimat, Rote Erde), acht Kirchen und Gemeinde-Zentren, das Kaufhaus Karstadt, viele Geschäfts-Häuser, mehrere Schulen, Sparkassen-Neubauten, Tennis- und Reit-Halle. „In den 60er Jahren ist die Innenstadt von Gladbeck eine einzige Baustelle. Die fragwürdigen Sanierungspläne, lange Zeit von einigen ›Pohlbürgern‹ bekämpft, werden mit Hilfe der Städtebau-Förderung und von Sonderprogrammen durchgesetzt. Vierspurige Tangenten ... umschnüren den Stadtkern" (Martin Einsele[10]). **Wohnungs-Bau für breite Volks-Schichten.** Eine Wohnung ist für breite Bevölkerungs-Schichten nicht bezahlbar, bis heute nicht. Die Beteiligung breiter Volks-Schichten wird an der Einführung der öffentlichen Wohnungsbau-Förderung (1949) sichtbar – und an ihrem immensen Umfang bis zum Abbau in den 80er Jahren. Im Wirtschafts-Boom entsteht für die Arbeits-Kräfte, die knapp werden, ein umfangreicher Wohnungsbau, besonders für die Schlüssel-Industrie Bergbau[11].

Orts-Hinweise: Bau-Boom der 50er Jahre. Landwehr-Siedlung und Heide-Siedlung (1952) in Weddinghofen (Bergkamen). Friedrichsberg-Siedlung (1960) in Bergkamen. Siedlung Aapwiesen (50er Jahre) in Castrop-Rauxel (Recklinghauser-/Lange-/Borghagener Straße), zweigeschossige Zeilen, großer Abstand, ohne Gärten. In Essen-Altendorf entstehen 1952 nördlich der Altendorfer Straße auf einem Trümmer-Gelände 4.600 Wohnungen. MSA-Siedlung (um 1955 von Konstanty Gutschow[12]) in Essen-Schonnebeck (zwischen Portendiekstraße/Op Hofes Feld/Ramachersfeld). Seit 1955 werden in Essen eine Zeit lang jährlich über 10.000 Wohnungen gebaut, später 5-6.000. Im Stadtteil Holsterhausen: 540 wiederaufgebaute und 8.300 neue Wohnungen. Siedlung am Park-Friedhof in Essen-Huttrop. Margarethenhöhe II in Essen-Margarethenhöhe. Auf der grünen Wiese entstehen Bergmannsfeld und Hörster Feld sowie die Ost-stadt mit 9.000 Wohnungen.

Walsum (seit 1975 Duisburg) verdankt seine Expansion dem Aufstieg der Kohle. In den 50er Jahren entstehen große Siedlungen: zweigeschossige Zeilen mit breiten Grün-Flächen (Franz Lenze-/Herzogstraße). Siedlung (1952) im Kuhlenkamp in Bochum-Weitmar (Neuhof-/Schulte Straße/Im grossen Busch). Siedlung (1952/1954) der Zeche Germania in Dortmund-Marten (Schäfer-/Kaspar Schulte-Straße).

Das Ergebnis der Wohnungs-Politik in 40 Nachkriegs-Jahren ist – bei aller notwendigen Kritik – die Tatsache, daß

keine Arbeiter-Familie mehr in zwei Räumen leben muß, sondern daß ihre Wohnung Größe und Standards der Mittelschichten-Familien aufweist.

Dies verdankt sie der Tatsache, daß in einem demokratischen Prozeß das Gefälle zwischen den Privilegierten und den Massen erheblich reduziert wird. Beteiligt daran sind viele Faktoren. Zunächst gibt es in der Region mit den Arbeiter-Siedlungen eine von der Industrie selbst gelenkte Reform-Tradition mit erkennbaren Maßstäben. Weiterhin besteht seit der Weimarer Zeit eine – auch vom NS-Staat nicht angetastete – Tradition der Regulativ-Setzung für öffentliche Wohnungsbau-Mittel. Vor allem aber wächst nach 1945 der Einfluß der Sozialdemokratie und der Gewerkschaften erheblich. Viertens führt die Nachfrage aus der Bevölkerung in gewissem Maße auch zu einer Steigerung der Angebot-Qualität für die Wohnung. Aber nicht für den Außenraum. In den 70er Jahren kommen Bürgerinitiativen mit neuen Ideen. [274]

Großwohn-Anlagen. In den 60er Jahren werden Großbau-Anlagen aus der Erde gestampft. Auf der grünen Wiese entsteht ein geschlossener Neubau-Stadtteil in Castrop-Rauxel-Deininghausen für die Zeche Victor III/IV. Die Elemente: eine Erschließungsstraße im Rund. Stich-Straßen. Zwei- und viergeschossige Zeilen-Bauten. Mit einer Wiese zwischen den Riegeln. Weitere Haus-Typen, bis zum Bungalow. Eine Kirche.

Viele Anlagen sind stereotype Schubladen-Entwürfe, weniger von Architekten als von Bau-Ingenieuren. Manche Entwürfe sind anfangs besser, werden aber banalisiert. Eine große Zahl an Firmen geht bankrott. Zunehmend wachsen Baukomplexe in die Höhe. Aber zugleich wird ein Widerspruch sichtbar: Im Wohnungs-Bau gibt es keinen wirklichen Zwang zur Dichte. Jeder weiß, daß Dichte und Höhe mit der Abnahme von Lebens-Qualitäten bezahlt werden. Dichte

Großwohnanlagen [241, 242]

und Höhe nutzen nicht den Bewohnern, sondern den Investoren. Daher wird in den 60er Jahren mit ideologischer Starre Geschoßbau betrieben.

Widersprüche: Das Minimum der Sozialwohnung wird weiter minimiert, aber immer größere Flächen werden für Verkehr und Industrie verschwendet. Wohnungs-Gesellschaften machen große Gewinne und setzen sie in Expansion um (Volksmund: „Neue Heimat interplane-

›City-Haus‹ (1973 von Ewald Baumeister) in Gelsenkirchen (Overwegstraße 24).

tar"). Das System wird auch durch Zuwendungen an Personen und Parteien aufrecht erhalten, knapp an der Grenze Legalität, oft auch jenseits.

Bürgermeister machen mit Projekten politische Karriere. Manchen umgibt ein Ruch von Skandal und Filz. „Dieser Günter Kalinowski, schon mit 38 Jahren Bergbauinvalide, verdiente sich zu seiner Knappschaftsrente durch viele Posten Landtagsdiäten und Aufwandsentschädigungen hinzu. Wie ein ›kleiner König‹ regierte er in seinem überschaubaren Reich [Gladbeck]"[13] – bis er der Justiz in die Arme fällt.

Klischees. Im Gegensatz zu den Werks-Siedlungen und den gemeinnützigen Initiativen vor 1933 finden sich nur selten Gestaltung-Ansätze. Das Thema des Jahrhunderts – billige Arbeiter-Wohnungen – wird im Stil der Speer-Kasernen verwirklicht, darüber können auch neue Bau-Technologien nicht hinwegtäuschen. Die Normen des sozialen Wohnungsbaues werden rigider angewandt, als sie wirklich sind. Geistige Unbeweglichkeit herrscht. Angesichts der Nachfrage und der leichten Verfügbarkeit der öffentlichen Mittel haben die Planungs-Büros der großen Wohnungs-Gesellschaften „eine unerträgliche Leichtfertigkeit, das seit jeher Gängig-Klischierte fortlaufend und ohne Bedenken bei jedem Neubau aus der Schublade zu ziehen" (Bewohner-Zitat).

Aufgezwungener Lebens-Stil. Durch umfangreiche Kahlschläge und vor dem Hintergrund der Wohnungsnot wird mit der Bau-Form auch ein Lebens-Stil aufoktroyiert. Die von Politik und Verwaltungen gefeierten Großwohn-Anlagen sind rasch Zielscheiben der Kritik. Bitter sagt ein Betroffener: „Diese ›neue Welt‹ ist gut, besser, am besten, bestialisch." Die Bevölkerung organisiert sich häufig in Bürgerinitiativen.

Orts-Hinweise: Großwohn-Anlagen in den 60er/70er Jahren. Clarenberg in Dortmund-Hörde (60er Jahre); mit 1.000 Wohnungen. Hannibal I (1972; Günther Odenwaeller/Heinz Spieß) in Dortmund (Bornstraße). Ähnlich von denselben Architekten: Hannibal II (1973) in Dortmund-Dorstfeld (Vogelpothsweg) – hügelartig angelegt, aus massigen Beton-Fertigteilen zusammengesetzt, mit wabenartigen Balkonen.

Neubau-Stadtteil (60er Jahre) in Castrop-Rauxel-Deininghausen (Leipziger Straße) für die Zeche Victor III/IV. In Herne errichten zwei Investoren als Teil einer Umlegung ›südliche City‹ 1974/1976 drei Punkt-Häuser (Gerald Baschek) an der Sodinger Straße. Gigantisches Wohn-Hochhaus (1965/1969 von der City-Bau KG Leverkusen) in Marl (Adolf Grimme-Straße 5/14). Brunnen-/Tunnelstraße Gladbeck-Zweckel, mit einem Markt.

Nördlich vom Rathaus in Gelsenkirchen-Buer ein Mittelschichten-Viertel (Lindenstraße). Nordöstlich ein Viertel mit der typischen Polarisierung der 60er Jahre: rechts der Straße erhalten die Arbeiter eine Kette von Hochhäusern und die Besserverdienenden Flachbauten (Bungalows). Östlich Park. Die Nutzung dieser ›Filet-Lage‹ für

Hochhäuser wird als Aneignung einer privilegierten Stelle für Sozialwohnungen angesehen. Die Phantasie ist jedoch in die Innenräume der Bungalows verbannt. Nach außen hat sie einzig das Bauwerk der Stephans-Kirche. Großwohnanlage (1974 von Niko Jürgensen, Gelsenkirchen) in Gelsenkirchen-Buer (Cranger Straße 37). Großwohnanlage (1976 von Albert Luggenhölscher) in Gelsenkirchen-Buer-Erle (Schweidnitzer Straße), östlich vom Park-Stadion.

Gigantisches stacheliges ›City-Haus‹ der Landesbausparkasse (1973 von Ewald Baumeister, Münster) *[243]* gegenüber vom Musik-Theater Gelsenkirchen (Overwegstraße 24/32)[14]. Wohnanlage Burgerspark (1970 von Duve/Klement/Kreuz, Gelsenkirchen) in Gelsenkirchen-Tossehof (Ravenbusch)[15], ein klotziges Hochhaus mit 20 Geschossen. In Herne-Wanne wird in die Hauptstraße eine sieben-geschossige Wohn-Anlage aus Beton eingesetzt (Hauptstraße 360).

Der Universität Bochum ordnet sich das neue Viertel Bochum-Hustadt zu. Hochhäuser in Essen-Steele (rund um den Steeler Platz). Vier ›Iduna-Hochhäuser‹ (1968) in Mülheim (Hans Böckler-Platz) *[245]*. In Oberhausen entsteht mit viel Konflikt-Potential die City West (Bebel-/Luisenstraße), das Renommier-Projekt der Stadt; im Volksmund auch „Teure Heimat" der „Neuen Heimat".

Die vier größten Wohnbau-Bereiche im Revier sind das Ergebnis des Kahlschlages von Zechen-Siedlungen: die Kun-Hochhäuser in Duisburg-Homberg [280], Duisburg-Neumühl mit Neubau Hagenshof (Wiesbadener Straße) [273], Essen-Bergmannsfeld und Dortmund-Scharnhorst.

Schau-Plätze: Stadtmitte-Bildungen, ›Zukunfts-City‹ und neue Städte in den 60er Jahren

Walsum (seit 1958 Stadt; 1975 zu Duisburg), eine aufstrebende Stadt, versucht, sich in der Tradition der Emscher-Städte mit öffentlichen Infrastruktur-Bauten eine Kristallisations-Bildung zu gestalten. Es entstehen gleich drei solcher

Kerne: Am Friedrich Ebert-Platz wird das Rathaus ausgebaut (erster Teil 1924, mehrfach ausgebaut[16]); hinzu kommen Platz, Post, Hallenbad, Stadtbücherei und Volkshochschule. Einige Schritte entfernt werden am Park des Driesenbusch Infrastruktur-Bauten für Schulen und Sport sowie die Stadt-Halle (1974 von Josef Wissenberg, Hochbauamt) gebündelt. Der dritte Bereich ist weiter nördlich der Franz Lenze-Platz (1950 Wettbewerb, 1955 Ausbau Garten-Architekt Corall). Ein multizentrales Konzept.

In Rheinhausen (seit 1934 Stadt; 1975 zu Duisburg) hat ähnliche Absich-

Bezeichnung ›City‹. Neben dem Bahnhof in Mülheim werden 1968 die vier ›Iduna-Hochhäuser‹ (1968) gebaut. Ursprüngliche Planung: 1.000 Wohnungen, 8.000 m^2 Fläche für Geschäfte, 2.500 Parkplätze. Im Stadt-Film ›Marl 1969/1970‹ (1971) ruft der Kommentator emphatisch: „Das ist die Zukunft ... ein Kaufhaus ... noch ein Kaufhaus ... der Wechsel in die Zukunft ...“ Eine Zeit lang heißt der Schlachtruf für Stadt-Entwicklung „City“.

Marl-Hüls. 1936 wird Marl-Hüls Stadt. 1938 gründen nördlich der Lippe im Dorf Hüls die IG-Farben und die Bergwerksgesellschaft Hibernia eine Fa-

Marienkirche (1928/1929) und die vier Iduna-Hochhäuser (1968) in Mülheim.

Fotografische Technokratie als Zukunftsmodell-Propaganda: City-Center in Mülheim (um 1968).

ten und legt um 1960 auf freiem Feld zwischen den früheren Dörfern Friemersheim und Hochemmerich ein Zentrum an: mit Rathaus, Hauptbahnhof, Amts-Gericht, Hauptpostamt, Kirchen, Schulen sowie Wohn-Blocks für 20.000 Menschen – mitten in Grünanlagen und einem Volks-Park.

Neue City-Bildung. Unter amerikanischem Einfluß und mit großem Propaganda-Aufwand entstehen in den 60er Jahren riesige ›Kauf- und Freizeit-Zentren‹ und als spektakuläre Worthülse die

brik: die Chemischen Werke Hüls (CWH) – zur Veredelung minderwertiger Kohle und zur Nutzung von Abgasen der Hydrier-Werke Scholven und Gelsenberg, die bis dahin nicht verwertbar waren, sowie zur Herstellung von synthetischem Kautschuk. Nach 1950 entsteht eine der größten Kunststoff-Produktionen, u.a. von Polyvinylchlorid und Polystyrol. 1955 kommen die Bunawerke Hüls hinzu (50 Prozent CWH und Hoechst, Bayer, BASF), 1956 eine hochrationell organisierte Fabrik für Reifen-Kautschuk. [231, 338]

1990 stehen auf 6 km² Fläche 900 Gebäude, in denen 13.000 Menschen arbeiten. Das Planungs-Raster hat 55 km Straße, 90 km Schienen, 1.000 km Rohr-Leitungen und 27 Rohr-Brücken. Das Werk stellt einen Verbund von Kohle, Raffinerien, Schiene und Straße dar. Ein Netz von 350 km Rohr-Leitungen verbindet mit Betrieben, die Nebenprodukte liefern (Dorsten, Castrop-Rauxel, Erdgas von Bentheim), und dient als Transport-Leitung zu Absatz-Betrieben – vor allem zur Waschmittel-Industrie in Düsseldorf.

Für solche Industrie-Standorte sollen regionale Muster-Städte angelegt werden: Marl, Wulfen (Dorsten-Wulfen) und Bergkamen. So entsteht in Marl-Hüls in den 60er Jahren dort, wo es zuvor nur Einzelhöfe und Drubbel (Kleindörfer mit rund 4 Höfen) [26] gab, die Stadt Marl (92.000 Einwohner) – und in ihrem Kristallisations-Kern symbolisch eine Park-Anlage und ein Rathaus.

Das Rathaus Marl (Wettbewerb 1958, Bau 1960/1967 von Johan Hendrik van den Broek/J. Berend Bakema, Rotterdam) ist das ambitionierteste von allen Nachkriegs-Rathäusern in der Region. Ein außerordentlich ehrgeiziger Bürgermeister mit dem missionarisch klingenden Namen Heiland will dieser aus dem Boden gestampft Stadt im Wirtschafts-Boom ein baukünstlerisches Profil geben. Dafür holt er sich entsprechende Architekten: das Rathaus, gestaltet von den Rotterdamern van den Broek und Bakema, wird weltweit berühmt. Architektur dient – in langer Tradition und im Gegensatz zu den Rathäusern in Lünen, Dortmund, Bergkamen, Essen – der Zeichen-Gebung der Stadt.

An den Bau-Funktionen lassen sich die Entwicklungs-Schwerpunkte und an den Daten ihr Prozeß in der neuen Stadt gut ablesen: 1951 entsteht das Amtsgericht. Dann folgt die berufliche Bildung (Berufsschul-Komplex; 1. Bauabschnitt 1950/ 1953, 2. Bauabschnitt 1957/1961) [413].

Kurz danach wird die Oberschul-Bildung in naturwissenschaftlicher Hinsicht ausgebaut (1954/1958 Max Planck-Gymnasium; Gebrüder Conle, Duisburg). Marler Besonderheit ist die Erwachsenen-Bildung: die >Insel< (1954 von Günter Marschall) ist das erste eigene Volkshochschul-Haus in der BRD [415]. Es folgen Sport und Kultur (1958/1964 Hallenbad; Skulpturen-Museum, 1959/1964 von Heinz Burbaum/Hans Joachim Thielke/Günter Marschall/Heinz Kiesler). Der Bedarf an Sozialwohnungen steigt: dafür entsteht ein gigantisches Wohn-Hochhaus (1965/1969 von der City-Bau KG Leverkusen). Den Konsum-Boom bezeichnet das Einkaufs-Zentrum Marler Stern (1974). Auch die Benennung ist symbolisch: Mittel-Punkt eines Autostraßen-Systems (mit Bus-Bahnhof).

Die Bedeutung der Medien zeigt das Adolf Grimme-Institut (1973 von Günter Marschall, Marl). Dieses zentrale Medien-Institut des Deutschen Volkshochschul-Verbandes verleiht jährlich die Adolf Grimme-Preise für Fernseh-Produktionen [440]. Die Arbeitslosigkeit der 80er Jahre symbolisiert – nicht nur hier – der Neubau des Arbeits-Amtes (1987/1990 von Heinz Burbaum/Hans Joachim Thielke).

In diesem Kontext fügen sich in Marl weitere interessante Bau-Aufträge ein: Hauptschule Westfalenstraße (1964 von Hans Scharoun), Wohn-Hügelhaus (1966 von Faller/Schröder, Stuttgart¹⁷) sowie die Paracelsus-Klinik (1952/1953 von Hebebrand/Schlemp, Frankfurt).

Castrop-Rauxel. Ein ähnlich ambitioniertes Unternehmen zur Stadtmitte-Bildung [64] findet in Castrop-Rauxel statt: nach einem Gutachter-Verfahren 1966 bauen 1971/1985 auf der Wiese zwischen den beiden Ortsteilen und neben der geplanten Autobahn die Dänen Arne Jacobsen und Otto Weitling ein breites Stadtmitte-Plateau: mit einem Rathaus, einer Stadt-Halle, einem Rats-Saal/Aus-

Rathaus-Platz (1971/1985 von Arne Jacobsen/ Otto Weitling, Kopenhagen) in Castrop-Rauxel.

stellungs-Halle, Studio (1975), Europa-Halle (1984), Gastronomie und Schulen[18].

Dorsten-Wulfen. Für die Zeche Neu-Wulfen wird seit 1967 die ›neue Stadt Wulfen‹ geformt. An ihr sind neue Erkenntnisse und Erfahrungen ablesbar: eine sorgsame Einbindung in die Landschaft (See) und ein gestuftes Straßen-Netz. Es werden nicht mehr alle Straßen gleich belastet und damit entwertet, sondern differenziert angelegt: als eine Hierarchie von Durchgangs-, Erschließung-, Anlieger-Straße mit einem Fußwege-Netz.

rüst in flexibler Weise Wohnungen und Szenerien einzufügen. Die technischen Probleme waren jedoch nicht gelöst, so daß der hoffnungsvoll-spektakuläre Bau-Komplex abgerissen werden mußte.

In den 70er Jahren verringern sich die Wachstumsraten. Es gibt einen deutlichen Konjunktur-Einbruch und eine intensive Rationalisierung. In Wulfen wächst die Zeche nicht mit. Im Anger-Bogen südlich von Duisburg (für 50.000 Menschen, 150 E/ha) bleiben um 1974 ebenfalls Investitionen aus: von Mannesmann und von Thyssen. Die großen Industrien schrumpfen oder verlagern sich nach außerhalb – oft kaum bemerkt. Endlich genügt für die Wohnungs-Bedarfspläne nicht mehr der Daumen als Planungs-Instrument, sondern sie werden seit 1981 genauer geprüft. Die Euphorie eines linearen Wachstums läßt nach. Wulfen wird nicht weiter ausgebaut.

Verfalls-Beispiel: Bergkamen. Im Gegensatz zu den baukünstlerischen Ambitionen von Marl, Dorsten-Wulfen und Castrop-Rauxel steht eine banale und vielleicht auch deshalb erfolglose Pla-

Nordwanderung des Kohle-Abbaues: Neue Stadt Wulfen in Dorsten-Wulfen.

Einkaufs-Galerie in Wulfen, nach amerikanischen Vorbild (›Mall‹).

Das Experiment der ›Meta-Stadt‹ nimmt einen unglücklichen und wohl auch unverdienten Ausgang: Als Protest gegen die mangelnde Wohn-Qualität der Großwohn-Anlagen versucht Richard Dietrich (München) in einem Stahl-Ge-

nung. Die Stadt Bergkamen, 1966 aus mehreren Gemeinden entstanden, schafft sich buchstäblich ›auf dem Acker‹ einen Mittel-Punkt: Auftakt ist ein Gymnasium (1968/1979), dann folgt das City-Geschäfts-Zentrum (1971/1974) mit einem

Ärzte-Haus, der Sparkasse und der Hauptpost (1976). Darin integriert wird ein Nachweis sozialer Orientierung: ein Hochhaus im sozialen Wohnungsbau – als ein weithin sichtbarer ›Wohnturm‹. 1974 folgen das Rathaus, 1982 die Kirche und das Gemeinde-Zentrum der Friedenskirchen-Gemeinde[19].

Das ›Große‹ verbraucht sich rasch, wenn es planerisch nicht sorgfältig und komplex alle Komplikationen mitdenkt. Der Musterfall für den Absturz eines ambitionierten und propagandistisch als Zukunfts-Modell apostrophierten Projektes ist die City in Bergkamen (1971). Ökonomisch gesehen ist es eine Investitions-Ruine. An ihr wird der Zusammenhang zwischen Unwirtschaftlichkeit, undifferenzierter Stadt-Planung und Mangel an psychologisch-ästhetischen Qualitäten greifbar deutlich. Daß diese City auf die Monostruktur der Zechen von Bergkamen angelegt ist, dürfte nicht der einzige Grund des Mißerfolges sein.

Eine planerische Philosophie der Funktions-Trennung führt dazu, daß es nur wenig Spannendes, schon gar keine Überlagerungen mit ihren interessanten Berührungen gibt, die wir in alten Städten erleben. Der Funktionalismus ist zu kurz gedacht, wo er planerisch lediglich für das reibungslose Funktionieren des Auto-Verkehrs sorgt, dabei die Psychologie der Benutzer jedoch außer acht läßt.

Für eine solche City kann ein Supermarkt nicht genügen. 1993 gibt es hier nur noch Sparkasse, Post, Apotheke, ›Spiel-Höllen‹ und Video-Shop. Dazu zwei Treff-Punkte von Türken, die anderswo Miet-Schwierigkeiten haben, und eine Eis-Diele. Das Bild wird bestimmt durch geringe Ansprüche an das Aussehen von Fußböden und Fassaden. Die Wohnungen selbst mögen ansprechend sein, aber ihr äußeres Erscheinungs-Bild weist die Vorstellung, dort zu wohnen, zurück. Himmels-Richtungen sind nicht bedacht, Süd-Seiten nicht genutzt, die

lange Rampe läuft auf der Ostseite der Blöcke, Balkone stecken in kaminartigen Nischen, hohe glatte Flächen aus unsinnlichem Material, nicht durchgeformte Ecken und Nischen lassen erschrecken. Die Materialien können nicht mit Charme altern. Mangel an Umsicht: in der Pflege (Reinigung und Reparaturen). Dies alles mindert Wert und Prestige. Die Summe der Mängel führt dazu, daß die City nicht angenommen wird und im wahrsten Sinne des Wortes so verödet, daß um 1990 die meisten Läden schließen müssen. Altstädte hingegen sind unverbraucht. Es ließe sich nachweisen, daß eine komplexe und ästhetisch ansprechende Gestaltung weniger gekostet hätte. Es wären die Werte erhalten und nutzbar gemacht. [311]

Orts-Hinweise: Stadtmitte-Bildungen, neue Städte und City-Center. Vier ›Iduna-Hochhäuser‹ (1968) in Mülheim (Hans Böckler-Platz) [245]. In Gladbeck das City-Center. Duisburg-Rheinhausen: Rathaus, Hauptbahnhof, Amts-Gericht, Hauptpostamt, Kirchen, Schulen sowie Wohn-Blocks, Grün-Anlagen und Volks-Park. Duisburg-Walsum: Rathaus (Friedrich Ebert-Platz), Post, Hallen-Bad, Stadt-Bücherei, Volkshochschule, einige Schritte entfernt am Park des Driesenbusch (Beekersloh) Infrastruktur-Bauten für Schulen und Sport sowie Stadt-Halle (1974 von Josef Wissenberg, Hochbauamt). Dorsten-Wulfen (seit 1967) [247].
Marl: Rathaus (1960/1967 von Johan Hendrik van den Broek/J. Berend Bakema, Rotterdam) in Marl-Hüls (Creiler Platz). Skulpturen-Museum (1959/1964 von Heinz Burbaum/Hans Joachim Thielke/Günter Marschall/Heinz Kiesler; Creiler Platz 1). ›Insel‹ (1954 von Günter Marschall) in Marl, erstes eigenes Haus der Erwachsenen-Bildung in der BRD. Adolf Grimme-Institut (1973 von Günter Marschall, Marl; Eduard Weitsch-Weg 25). Hallenbad (1958/1964; Eduard Weitsch-Weg 27). City-Center (1965/1969) in Marl-Hüls (City-Bau KG Leverkusen; Adolf Grimme-Straße 5/14). Amtsgericht (1951; Adolf Grimme-Straße 3). Neubau des Arbeits-Amtes (1987/1990 von Heinz Burbaum/Hans Joachim Thielke; Adolf Grimme-Straße 2). Gigantisches Wohn-Hochhaus (1965/1969 von der City-Bau KG Leverkusen; Adolf Grimme-Straße 5/14). Einkaufs-Zentrum Marler Stern (1974; Bergstraße 230). Be-

rufsschul-Komplex (1. Bauabschnitt 1950/1953, 2. Bauabschnitt 1957/1961; Hagenstraße 28/Kampstraße 8). Naturwissenschaftliche Oberschul-Bildung: Max Planck-Gymnasium (1954/1958 Gebrüder Conle, Duisburg; Max Planck-Straße 63). Hauptschule Westfalenstraße (1964 von Hans Scharoun). Paracelsus-Klinik (1952/1953 von Hebebrand/Schlemp, Frankfurt). Wohn-Hügelhaus (1966 von Faller/Schröder, Stuttgart[20]; Kreuzstraße 289/299).

City-Center in Gladbeck. ›City‹ in der Stadt-Mitte in Herten, als Resultat eines umfangreichen Flächen-Kahlschlags. City-Geschäfts-Zentrum (1971/1974) und Rathaus (1974) in Bergkamen. Stadtmuseum (1965, 1986) in Bergkamen (Jahnstraße 31), auch sozialgeschichtlich zur Stadt-Geschichte. In Bergkamen entsteht 1982 die letzte neue Schachtanlage: Zeche Neu-Monopol, Farbgebung von Dieter Magnus. Rathaus-Plateau in Castrop-Rauxel (1965/1985 von Arne Jacobsen/Otto Weitling, Kopenhagen) mit Rathaus, Stadt-Halle, Rats-Saal/Ausstellungs-Halle, Studio (1975), Europa-Halle (1984), Gastronomie, Schulen [247].

Automobile Städte: Utopie Auto

Signal einer Modernisierung aus Kriegs-Mentalität: Verkehr. Die Ausbreitung des Autos[21] geschieht in Parallele zur Wirtschafts-Entwicklung nach 1945. Naiv und unbedenklich. Das NS-Versprechen auf einen Volks-Wagen wirkt weiter und wird populistisch genutzt. Hitler läßt grüßen: er hatte jedem Arbeiter einen Volks-Wagen für weniger als 1.000 Mark versprochen – dafür klebten viele Menschen Marken. Nun fließen ungeheure Infrastruktur-Mittel in den Straßen-Ausbau. Ein parodistischer Spruch über die Bau-Schilder: „Hier asphaltiert der Bundesminister für Verkehr der Bundesrepublik Deutschland den Rest derselben."

Mangel an integrierter Verkehrs-Politik. Es findet sich nicht die geringste Reflexion darüber, das im Prinzip notwendige und unabweisbare Mobilitäts-

Mittel in eine komplexe Konzeption einzubinden: in einen respektvollen Entwurf, in dem andere Fortbewegungs-Weisen Raum finden und die Verkehrs-Infrastruktur Eisenbahn, Straßenbahnen und Busse nicht ruiniert wird. Die Allianz aus Auto-Industrie, Mineralöl-Herstellern, Bau-Industrie – im Schulter-Schluß mit populistischer Parteien-Politik: CDU-Minister Seebohm läßt so umfangreich bauen, wie SPD-Minister Leber verspricht, daß jede Stadt nach allen vier Himmels-Richtungen nicht weiter als 20 Kilometer von einer Autobahn entfernt liegen soll.

Der ›Spaghetti‹ am Kaiserberg in Duisburg.

Flächen-Fraß. Den ersten der vielen landfressenden Verkehrs-Knoten, geradezu ein Leitbild für die ganze Republik, bezeichnet der Volksmund als ›Spaghetti‹: das Kreuz am Kaiserberg in Duisburg (A 2 Köln-Oberhausen/A 40 Venlo-Essen).

Besonders Absurdes ist in Dortmund-Wambel zu sehen: der Verkehrs-Knotenpunkt B 236/Brackeler Straße (1980 nach Entwurf des Landesstraßenbauamtes Gelsenkirchen): „Warum muß sie [die B 236] innerhalb Dortmunds ein autobahn-ähnliches Gebilde werden? Brauchen wir wirklich für die Kreuzung zweier Straßen mitten in der Stadt eine ›Lösung‹, die eine Fläche einnimmt, fast so groß wie der Stadtkern Dortmunds ... Straßenbaube-

hörden, die sich in unserer Zeit in un-
glaublicher Weise verselbständigt haben,
überziehen die Städte mit millionenver-
schlingenden Ungeheuern ..." (Hans Ma-
goley/Norbert Wörner[22]).
Ressourcen-Verschwendung. Ein
riesiger Teil der öffentlichen Mittel fließt
in den Straßen-Ausbau. Zu den Investitionen kommen die jährlichen Unterhal-
tungs-Kosten: Sie sind in zehn Jahren so
hoch wie die Bau-Summe. Organisiertes
Interesse dringt darauf, daß das Ge-
schwindigkeits-Potential der Autos auch
realisiert wird. Die Verkehrs-Investitio-
nen geschehen in zwei Bereichen: in den
großen Achsen durch die Flächen-Städte
(Essen hat eine Ausdehnung von 20 x 17
km) und in den historischen Innenstädten.
Verhaltens-Steuerung. Breite Straßen rufen beim Autofahrer ein mechanisch ablaufendes Reiz-Reaktions-Sche-
ma hervor: schnelles Fahren. Damit ist
eine Struktur der Rücksichtslosigkeit vor-
programmiert, die sich in andere Bereiche fortsetzt. Da andererseits Geschwindigkeit begrenzt wird, führt der Widerspruch dazu, daß soziale Normen bagatellisiert werden. So schaffen breite Straßen
gepanzerte Geschosse.
Schulterschlüsse. Diese Verkehrs-
Struktur trägt Gewalt in dichtere städtische Bereiche – in die Kerne. Hier gilt
mehr als ein Jahrzehnt lang die „unaus-
weichliche Notwendigkeit" des Autos.
Seine Propagandisten: eine dumpfe Mischung ortsansässiger Geschäfts-Leute,
gut organisiert in institutionalisierten
Lobbys; naive, selbst-süchtige Auto-Besit-
zer mit einem Schein-Prestige; Parteien-
Opportunismus. Hinweise auf Komplexi-
tät und Abwägung ernten in diesen Jah-
ren Hohn-Gelächter.
Utopie Auto. Wie in allen anderen
Regionen vertrauen Bürgermeister und
Räte unreflektiert dem Versprechen auf
Modernisierung. „Fortschritt", „Utopie".
Das Resultat ist das Gegenteil: Alexander

Mitscherlich bringt das Syndrom 1965
gedanklich und sprachlich auf den Punkt:
„Der Verkehr mordet die Städte"[23].
   „Das gesellschaftliche Heil, das in der
Technik gesehen wurde, wuchs schon
bald ins Irrationale an und verselbständig-
te sich schließlich im Science-Fiction. Die
technischen Utopien der Moderne sind
oft nichts anderes als eine mit sozialen
Argumenten rationalisierte Regression in

Automobile Städte: Bismarckstraße in Essen.

die Wahnvorstellungen einer vollautoma-
tisierten Welt. In panischer Reaktion hier-
auf und auf das, was in dieser technischen
Welt inzwischen Realität ist, entstand bald
schon die Gegenreaktion: die negativen
Utopien" (Gerd de Bruyn).[24]
   Yonah Friedmann entwirft das Modell
einer Stadt, deren Erdboden nur noch
den Automobilen gehört – die Bewohner

leben über Gerüsten in der Höhe. Diese Vorstellung wird im Ruhrgebiet ausgestellt und kurze Zeit utopisch propagiert. 1968 möchte der Planer Eckhardt Schulze-Fielitz „der Ruhr ein Rückgrat, eine Art Bandzentrum einziehen"[25]. Kosten? Folgen? Machbarkeit? **Die Utopie ist banal.** Der Kristallisations-Kern von Buer wird in den 60er Jahren autogerecht ausgebaut. Das Opfer ist die interessante Platz-Bildung vor dem Rathaus. In Bottrop läuft mitten durch das Stadt-Zentrum am Altmarkt eine vierspurige Straße. In Gladbeck wird die Anpassung an das Auto in ein amerikanisches Extrem getrieben: außerordentlich viel Raum wird dem Fetisch Auto geopfert, selbst das Terrain vor dem Rathaus und ein Teil des Jovy-Platzes. **Fußgänger-Zonen und Verkehrs-Ringe.** Als Antwort auf Opponenten bieten Städte eine autofreie Fußgänger-Zone in ihren Altstadt-Kernen an (als eine der ersten in der BRD die ›Einkaufsstadt Essen‹, 1970 Hermannstraße in Herten). Zugleich nehmen sie dies aber als Rechtfertigung, weitere Straßen zu verbreitern und vierspurige Altstadt-Ringe anzulegen. In Herten klingen die Straßen-Namen nach Allparteien-Koalition: Kurt Schumacher-, Adenauer-, Theodor Heuß-Straße (1965/1966). Große Flächen werden kahlgeschlagen, um Park-Plätze oder Park-Häuser zu bauen (in Herten 1970 Parkhaus Blumenstraße). **Auf dem Weg zur Gleichheit der Lebens-Verhältnisse.** Die Landwirtschaft schrumpft, Haupterwerbszweig wird die Industrie. In den Städten verringert sich die Kinderzahl. Die Stadt bietet Bildungs-Chancen und Aufstieg. Nach 1960 gleichen sich Stadt und Land-Gefälle an. Weitverzweigte Verkehrs-Systeme entstehen – und ermöglichen Mobilität (im Revier seit 1965 strukturell entwickelt). Neue Formen des Massen-Konsums bilden sich heraus: Warenhäuser und Ladenketten.

Am Ende des 19. Jahrhunderts erreicht die Volksbühnen-Bewegung eine Ausweitung des Theater-Besuches. Der ›normale‹ Arbeiter geht noch lange nicht ins Theater. Neue Medien verbreiten sich: Zeitung, Zeitschrift, Film, seit 1925 Rundfunk und seit 1954 Fernsehen. Weil der Zugriff auf Radio und TV ziemlich einfach ist, ebnen sich in diesen Teilnahme-Bereichen die sozialen Unterschiede ein. Radio und Fernsehen vermitteln den Obersten wie den Untersten das gleiche Programm. Urbanität ist nicht mehr auf die Metropolen beschränkt, sondern realisiert sich weitgehend in der Netz-Struktur des Gebietes an Ruhr und Emscher. Daher verschwimmen die Grenzen zwischen Großstadt und Industrie-Dörfern. Nach 1970 heben sie sich auch zwischen den Städten und den Dörfern etwa im Münsterland oder Sauerland weitgehend auf.

Dies bedeutet, daß es eine Fiktion ist, weiterhin von scharfen Unterschieden zwischen Stadt und Land, Stadt und Provinz wie um 1850 zu sprechen. „Die ganze Welt besteht aus Provinzen, mögen sie nun New York oder XY-Heim heißen" (Tomi Ungerer).

Orts-Hinweise: Straßen-Bau. Vierspurige Straße durch den Altmarkt in Bottrop (Horster Straße). In Gladbeck Terrain vor dem Rathaus und ein Teil des Jovy-Platzes. Ausbau der Gladbecker Straße (L 224) in Essen. Gelsenkirchen verbindet den Norden der Stadt mit der Innenstadt durch drei große Achsen nach holländischem Vorbild: vierspurige Trassen mit einem breiten, grünen Mittelstreifen und Bäumen: An der Rennbahn/Grothusstraße; Kurt Schumacher-Straße; Münster-Straße. Zerstörung des Platzes vor dem Rathaus in Gelsenkirchen-Buer. Zerstörung des Schalker Marktes durch eine überausgelegte Straße (Gewerkenstraße). Autofreie Fußgänger-Zone (1970) im Altstadt-Kern in Herten (Hermannstraße), Parkhaus (1970; Blumenstraße). Überausgelegt: Schlachthofstraße/Westtangente/Gelsenkirchener Straße) in Herne-Eickel.

Dortmund-Wambel: Knotenpunkt B 236/Brackeler Straße (1980). Ähnlich gespenstischer

Landfraß: östlich von Bochum-Hustadt rund um den Autobahn-Knoten Bochum-Witten (A 43 Recklinghausen-Schwelm). Kaiser-/Ruhr-/Friedrichstraße in Wetter. August Bebel-/Martin Luther-Straße in Hattingen, vor dem Stadt-Kern. Ausbau des Weges in den Süden in Essen (Ruhrallee/Wuppertaler Straße, L 227), Essen-Kupferdreh ist ein besonders absurdes Beispiel: auf engstem Tal-Raum drei Durchgangs-Straßen. In Mülheim-Heißen wird die Straßen-Beleuchtung am Zubringer (Essener Straße) zur A 430 wieder abgebaut (1992) – aus Ersparnis-Gründen. Chaotisch ist das Ergebnis der ›Stadt-Sanierung‹ in Mülheim, vor allem an der Nordbrücke/Ebertstraße; ferner der Ausbau der Aktienstraße.

Zentralismus und ›Verdichtungs-Schwerpunkte‹

Stadtentwicklungs-Planung schafft Tatsachen oder verändert sie. Der Zugriff auf die Planung ist Politik: angewandte Politik. In der Planung drückt sich aus, was Politik wirklich will und was sie wirklich ist.
Weiträumige Entwicklungs- und Struktur-Planung (Landes- und Regional-Planung) beginnt in den 50er Jahren[26]. Ziele: weiträumige zusammenhängende Erschließung und genauere Lokalisierung der teuren Infrastrukturen. Dahinter stehen mehrere Ebenen: der Nachhol-Bedarf. Und Infrastruktur wird nun immer mehr Begleiter des ›Fortschritts‹. Drittens will die Landes-Regierung der Krise von Kohle und Stahl entgegenwirken, indem sie Rahmen-Bedingungen für die Entwicklung weiterer Industrien schafft – also für den Struktur-Wandel.
Das Ruhrgebiet – hierarchisch? In die Landes-Planung werden die Begriffe ›Siedlungs-Schwerpunkt‹ und ›Standortprogramm‹ eingeführt. Unbefragt sind sie der Theorie des Siedlungs-Geographen W. Christaller entnommen[27]. Dieser be-

schrieb um 1930 in einem süddeutschen Bezirk eine jahrhundertelang geprägte Abhängigkeit zwischen Dörfern, Städten und Residenz als ein zentralisierendes, hierarchisches System.
Daraus wird ein allgemeingültiges Modell abgeleitet, das einleuchtend erscheint, weil es so einfach aussieht: ein hierarchisches System von Ober-, Mittel- und Unterzentren und ein hierarchisches Verkehrs-System. Die Knoten werden monofunktionalisiert: schwerpunktmäßig dienen sie der Industrie oder dem Gewerbe, den Dienstleistungen oder dem Wohnen (›Verdichtungs-Schwerpunkte‹)[28]. Übertragung, Modell-Bildung und Anwendung geschehen auf einer skandalös dürren und zudem hochgradig ideologisierten Empire-Bildung. Und dies in allen Ebenen: in Wissenschaft, Verwaltung und Politik.
Zugrunde liegt eine gefährliche These: die gewachsene Struktur der Region sei schlecht, sie könne keine weitere Geltung haben und sei deshalb von Grund auf ›neu zu ordnen‹. Pauschal formuliert der Direktor des Siedlungsverbandes Heinz Neufang, „daß ein Teil der vorhandenen Bausubstanz heute sanierungsbedürftig ist"[29]. Im Klartext: Abriß und Neubau.
Die Fehlentscheidung: ›Verdichtungs-Schwerpunkte‹. Das ›Entwicklungsprogramm Ruhr 1968-1973‹ wird als Leitlinie für Investitionen der Landesregierung[30] deklariert: „Eine der großen Aufgaben für diesen Raum ist eine stärkere Konzentration der Bebauung an geeigneten Standorten zur Gewinnung großer zusammenhängender Grünflächen und die Sanierung, Erneuerung und Korrektur nicht mehr funktionsgerechter Siedlungsteile." An Schnellbahn-Haltestellen sollen in einem Radius von 1.500 Metern Verdichtungs-Schwerpunkte entstehen – mit einer Mindest-Einwohner-Zahl von 50.000 Menschen (150 Einwohner/ha Brutto-Wohngebiet). Hinzu kommen Ar-

beitsplätze in der Industrie und im Dienstleistungs-Bereich[31].

Der Flächen-Nutzungs-Plan für Gelsenkirchen prägt dieses Konzept angewandter Politik 1974 so aus: Rund 20.000 Wohnungen sollen „auslaufen". Das heißt im Klartext: die Wohnungen eines Viertels der Bevölkerung (80.000) stehen auf der Abriß-Liste. Die Bewohner sollen in Hochhäuser an den Verdichtungs-Schwerpunkten umgesiedelt werden. Vollmundig wird versprochen: die Hochhäuser sollen „soziale, kulturelle und architektonische Spitzen-Leistungen werden"[32] *[243, 245]*. Die „Attraktivität" dieser Zentren werde sich z.b. in „Terrassen- und Hügelhäusern" ausdrücken[33] [274].

Ein Konjunktur-Programm für Wohnungs-Gesellschaften und Bau-Industrie entsteht. Die Argumente in Werbe-Schriften und Fest-Reden klingen pauschal und undifferenziert. Eigene Interessen werden als „allgemeine" Interessen deklariert. Folgen werden nicht benannt: Denn tatsächlich wären die Kosten für einen Umbau des Reviers unbezahlbar. Noch gibt es keine pluralistische Diskussion. Als sie in den 70er Jahren entsteht, scheitern die großen Konzepte an vielfachen Oppositionen.

„Was der Krieg nicht zerstörte, zerstört die Sanierung"[34]

Die angewandten Politik der Hierarchisierung zu Verdichtungs-Schwerpunkten führt zur Sanierung als zweiter Stadt-Zerstörung. [109]

Stadt-Sanierung ist keine Erfindung des Ruhr-Gebietes, sondern eine in der gesamten BRD verbreitete Epidemie, die den Prozeß des gesellschaftlichen Wandels der Nachkriegs-Zeit begleitet. Weil das Land mehrere harte und selbstver-

schuldete Brüche erlitt, ist das Abkoppeln von der Geschichte populär. Es wird verstärkt durch ein Ingenieur-Denken: nach dem nächsten Produkt gilt das vorhergehende nichts mehr. Auf dem Boden dieser mentalen Prägung führt Stadt-Sanierung einen neuen Umgang mit der Umgebung ein: sie schafft die Wegwerf-Stadt.

Das Bedürfnis nach Bleibendem wird durch Tourismus kanalisiert: zu alten Städten in Frankreich, Spanien, Italien. Das Gefühls-Defizit füllen „pittoreske Architektur" und „pralles Volksleben" in Werbe-Prospekten auf.

Der Weg der Stadt-Sanierungen wird auch von Hochschulen begleitet, die sich hemmungslos instrumentalisieren lassen – ein verheerendes Kapitel in der deutschen Hochschul-Geschichte. Denn Gutachten, Wettbewerbe und Planungen bringen erhebliches Zubrot. So begleitet, um ein Beispiel zu nennen, der Dortmunder Professor Harald Deilmann die Stadtzerstörung in Moers[35]. [79]

Für eine weitgehende Zerstörung formuliert der Verbandsdirektor des Siedlungsverbandes Heinz Neufang 1969 das Ziel: das Ruhrgebiet soll „seinen Modernitätsrückstand aufholen"[36]. Im Nachhinein wird die Kurzsichtigkeit sichtbar: weithin wurde genau das abgerissen, was seit 1985 unbestritten Modernität ausmacht.

Die Stadt-Sanierungen. Die elenden Wohnverhältnisse, die Friedrich Engels 1844 in London in seinem Buch ›Zur Lage der arbeitenden Klassen‹ detailliert beschrieb, gab es überall in Europa. Sie kamen nicht durch die Haus-Typen, sondern durch Überbelegung zustande. Lange Zeit wird am Problem vorbeidiskutiert: an der Armut und am mangelnden Veränderungs-Willen der Wohlhabenden. Daher werden Häuser abgerissen, die als Bau-Typen funktionieren. Die meisten ›Sanierungen‹ nehmen Soziales nur als Vorwand und dienen jedoch tatsächlich lediglich einer höheren Grundstücks-Rendite.

Treibende Kraft ist die Verwertung von Bau-Kapitalien. Auf Drängen der Interessenten, vor allem der Neuen Heimat, entworfen im Haus ihrer „wissenschaftlichen" Töchter, der GEWOS, macht Bonn dafür das Städtebauförderungsgesetz (1971). Struktur-Wandel wird nicht als Problem-Lösungsverfahren moderiert, sondern als Schlüssel zum Reichtum einiger weniger kurzatmig mißbraucht.

Im Innenministerium des Landes NRW ziehen Personen die Fäden (Peter Mölle und Hans Georg Küppers). Landauf landab regen sie die Baudezernenten an, ihre Altstädte unter dem Vorwand der Sanierung und der Verkehrs-Verbesserungen zu zerschlagen. Hilfstruppen sind General-Verkehrs-Planer (vor allem Paul A. Mäcke/Aachen[37] und Gerhard Hinterleitner/München).

Stadt-Sanierung läuft meist nach demselben Strick-Muster ab. Am Anfang steht die Denunziation: „überalterte Stadtbereiche", „rückständige Viertel", „atypisch" und vieles mehr. Sie begründet das Todes-Urteil. Historische Gebäude werden abgerissen und Grundstücke leergeräumt. Die uralte kleinteilige Parzellen-Struktur wird aufgehoben und ein neues Schnitt-Muster gezeichnet: große Grundstücke – für große Blöcke. Beispielhaft erlebbar sind das alte und das neue Parzellen- und Bau-System in der Altstadt in Recklinghausen (nördlich des Königswall). Interessen-Hintergrund: Zuarbeit für Kaufhäuser. Angebliche Existenz-Bedingungen: schnelle Straßen und große Park-Flächen. Markige Begründung: „Sonst stirbt die Stadt!" Marianne Kesting nennt das in der FAZ den „organisierten Städteabriß." Sie spricht von der „Barbarei des Flächenabrisses, der einer solchen City-Etablierung vorausgeht."[38]

Ressourcen-Verschleuderung. Überall zeigt sich im Boom der 60er Jahre eine gigantische Ressourcen-Verschleuderung. Dabei ist die Zeit keineswegs so reich, wie es auf den ersten Blick aussieht: die

öffentlichen Haushalte sind knapp bei Kasse. Aber in dieser Planungsweise erhalten wenige zuviel und andere nichts. Außerhalb der Hochöfen, wo die Ressourcen-Nutzung seit 1900 intelligent rationalisiert wird, fehlt nahezu jeder Ansatz zur Reflexion der Ressourcen. „Der Strom kommt aus der Steckdose ..." So einfach ist das, aber es bleibt nicht so.

Mit Milliarden wurde eine verfehlte Zukunft gemacht. Milliarden müssen nun die Sanierung sanieren. Reflexion und eine komplexe Logistik hätten diese gesellschaftliche Fehlinvestition vermieden.

Die geschaffenen Tatsachen führen zur Kritik. Rasch erweisen sich die Stadt-Sanierungen als Wüste und erregen Zorn und Wut. Funktioneller und gestalterischer Minimalismus sind bald durchschaut. Sanierungs-Gegner Walter Bunsmann zu den 7 m² für ein Kinder-Zimmer: „Ein halbes Zimmer für ein ganzes Kind?" Und: „Was ist das für ein Allgemeinwohl, in dem mein Wohl nicht drin ist."

Die gebaute Realität widerlegt die Werbe-Versprechen einer ›schönen neuen Welt‹. Der größte Wohnungsbau-Konzern, die ›Neue Heimat‹ torkelt von Skandal zu Skandal und geht kurz nach 1980 – von der Presse mit höhnischen Kommentaren begleitet – schließlich praktisch bankrott.

Schau-Plätze der Stadt-Sanierungen

Wetter. Seit 1957 wird in der Altstadt von Wetter [59] „saniert". Der Abriß beginnt mit der Diskussion um einen Kriegs-Bunker. Der Landeskonservator erklärt nur wenige Häuser zu Baudenkmälern. Die üblichen Denunziationen sind im historischen Abstand als wahr-

Zustand und ›Entwurf der Neugestaltung‹ (1963).

heitswidrig und ideologisch überführt: „enge, unübersichtliche Straße", „abbruchreife Elendsquartiere", „städtebaulichen Mißstände".[39] Sanierungs-Treuhänder ist die Landesentwicklungs-Gesellschaft. (Bis Minister Christoph Zöpel die LEG 1981 umsteuert, ist sie Exekutiv-Organ für Vandalismus in Altstädten.) Dafür zahlt das Land NRW 75 Prozent der Sanierungs-Kosten. Kein Beamter aus Düsseldorf reist hin. Sieben Achtel der Altstadt werden vernichtet. Wenig mehr als die Kirche bleibt bestehen. Und: der Bunker, mit dem alles angefangen hatte. Herdecke und Volmarstein lernen daraus[40].

In Unna [57] will der Sanierungs-Träger LEG, im Auftrag des Stadtbaurates Schickert, 87 von 140 Gebäuden abreißen. Es kommt zum ersten Eklat im Land: Die Planer Martin Einsele und Thomas Rommelspacher, die andere Vorstellungen haben, brechen ihren Auftrag ab[41]. „Wir sind ausgestiegen, weil wir das unserer Selbstachtung schuldig waren" (Martin Einsele). Thomas Rommelspacher spricht vom „Selbstmord" der Stadt.

In Hattingen beginnt der Prozeß wie üblich: Der Leitplan von 1962 ist eine Katastrophe – die Altstadt [59] ist total Sanierungsgebiet, nur der Kirchplatz und der Markt-Platz sollen stehenbleiben. „Wir wurden 1966 als Planer gerufen, als die Stadt schon mit dem Abriß angefangen hatte," sagt Martin Einsele. „Die überausgelegte Straße vor der Altstadt war bereits gebaut. Und die Ruhr, die einst dramatisch unter dem Steilhang verlief, erhielt einen anderen Lauf. Die Stadt war gerade dabei, die Altstadt-Häuser durch eine Veränderungs-Sperre runterzuruinieren, niemand durfte mehr zur Erhaltung investieren. Dem neuen Planer gelingt es, Politik und Verwaltung von der Erhaltung zu überzeugen: der neue allgemeine Rahmenplan (1969) drückt dies aus. Hattingen ist die erste Planung in der BRD, in der eine weitreichende Erhaltung der Altstadt durchgesetzt wird[42].

Essen-Steele. Ein besonders mißratenes Beispiel von Stadt-Sanierung bietet Essen-Steele [60]: seit 1961 wird es durch Rats-Beschluß im Rundumschlag verwüstet. Fast die Hälfte der Bevölkerung wird „planverdrängt". Ein Hochhaus-Gebirge entsteht[43]. Alle Stereotypen der Stadt-Zerstörung können hier beispielhaft besichtigt werden.

Lünen. Die Stadt-Sanierung in Lünen fegt große Bereiche der alten Stadt [69] hinweg. Ohne Rücksicht auf historische Topographie und Umgebung wird neu gebaut, auch in einer völlig regellosen Zeichen-Gebung: nach kurzer Zeit wirkt sie banal. Imperiale Gebäude werden hochgezogen: riesige Kaufhäuser und ein 16geschossiges Rathaus[44] – an einem überdimensionierten Platz. Dieser stadtplanerische Irrwitz versteht sich als Überwinder-Geste des Historischen. Eine Notwendigkeit gibt es nicht: denn neben der schmalen Altstadt besteht hinreichend Platz für Neues. So erscheint die Tatsache, daß das Hilpert-Theater dort seinen (vernünftigen) Platz erhält, innerhalb des Systems-Denkens der Sanierung als eine Abwertung der Kultur.

In der zweiten Phase erhalten die Großwohn-Anlagen „angepaßte Formen": Giebel und Schräg-Dächer. Stellenweise wird sogar Fachwerk aufgesetzt – am zehngeschossigen Hochhaus Mauer-/Langestraße. So entsteht gebaute Real-Satire.

Einige Straßen (Roggenmarkt/Silber-/westliche Mauerstraße) verdanken ihr Weiterleben ihrer Rand-Lage, die als unbedeutend gilt [70]. Das schiebt ihre Zerstörung auf. Die ›Umsteuerung‹ (1981) der Zöpel-Ära rettet sie. So bleibt ein Lebens-Bereich „kleiner Leute" erhalten, der in anderen Städten meist vorrangig „plattgemacht" wurde. Heute lebt die Stadt nicht wenig von dem, was einst keinen Wert zu haben schien.

Nordstadt in Dortmund. Der Umlegungsplan von 1950 stellt die Weichen zu staatlich verordneten Zerstörungen. Sie setzen die Diskriminierung des Stadt-Bereiches[45] mit anderen Mitteln fort. Der Flächennutzungs-Plan 1964 ist der Beginn für die Neunutzung und Sanierungs-Grundlage. Diese schiebt viel Unangenehmes in die Nordstadt. Erst 1973 wird der Schlachthof, dessen Verlegung schon 1951 vom Planungsamt vorgeschlagen wurde, stillgelegt und abgerissen. Auf seiner Fläche entstehen städtische Infrastrukturen: als Begegnungs-Zentrum für den 60.000-Einwohner großen Stadtteil das Dietrich-Keuning-Haus (1979 von Karl-Heinz Menzel/Walter Kopka, Dortmund), Hallenbad, Eislaufbahn, Tiefgarage (um 1980), Städtische Musikschule (1985).

Bürger-Proteste stoppen den Hochhaus-Bau, der sich mit Großwohn-Anlagen (1972 Hannibal I, Bornstraße) in die gewachsene Struktur frißt. Der Druck von unten führt dazu, daß drei qualitativ anspruchsvolle Wohn-Höfe (336 Wohnungen) entstehen. In der Nähe des Stein-Platzes entstehen anstelle des ur-sprünglich vorgesehenen 19geschossigen Hochhauses die auch städtebaulich vorzüglich angelegten ›Tonnen-Häuser‹ (1980 von Stephan Görner, Köln).

Der Bauherr ›Neue Heimat Düsseldorf‹ holte sich in der Krise des Konzerns einen Reform-Architekten. Hätte er zehn Jahre früher die Qualität einiger vorzüglicher Planer genutzt, wäre die ›Neue Heimat‹ heute Markt-Führer, statt Anfang der 80er Jahre abzustürzen und einen Teil der Gemeinwirtschaft diskreditiert mit sich in den Abgrund zu reißen.

Die glimpfliche Sanierung. Ein Teil der Innenstadt Herne wird aufgearbeitet: 1969/1994 das kleine Sanierungs-Gebiet I (von der Heydt-/Halden-/Neu-/Bahnhofstraße). 1972 Sanierungs-Gebiet VII (Westring/von der Heydt-/Bahnhofstraße/Bundesbahn) und Sanierungs-Gebiet X (Bahnhof-/Vincke-/Horsthauserstraße/Bundesbahn). Ziele: „Beseitigung von Wohnungs-Mißständen (schlechter Standard), Erhöhung des Grünflächen-Anteils, Fußgänger-Zone und Westring." Die Anzahl der Wohnungen verdreifacht sich. Autos werden unterirdisch abgestellt. Treuhänder ist die Landesentwicklungs-Gesellschaft (LEG).

Der Leiter der Sanierungen Gerhard Holtkamp zieht 1993 ein Resümee: „In Herne gab es einst 17 Zechen. Der Bergbau hatte das Monopol. Wir hätten aus eigenen Kräften nicht sanieren können. Die Sanierung-Gebiete waren nicht so richtig geordnet. Wir mußten immer das tun, was das Land vorhatte. Wir haben hier das eine oder andere abgerissen, was wir heute stehenlassen würden. Heute gibt es mehr Sorgfalt, auch weil es mehr Hindernisse gibt, vor allem den Denkmalschutz gibt."[46] Insgesamt ist in Herne viel stehengeblieben.

Die Ambivalenz geglückter Sanierungen. Auch eine Stadt-Sanierung, die geglückt erscheint, wie zum Beispiel in Werne, hat ihre Abgründe: ein Teil der Altstadt [70] ist flachgeschlagen (Nordseite, Moormannplatz). Weitere Bereiche wollen sich den Altbauten anpassen – aber nirgendwo stimmen Dimensionen und Details. Bauherren, Architekten und Öffentlichkeit gaben sich mit wenigem zufrieden, statt sorgfältig zu arbeiten und Probleme zu lösen.

Zu den gebauten Scheußlichkeiten in Werne (die es anderswo zuhauf gibt) tragen die reichsten Bauherrn bei: kommunale, halböffentliche und private Banken (Stadtsparkasse am Markt, Volksbank am Moormannplatz[47]).

Die abgewehrte Stadt-Sanierung: Langenberg. Mehr interessante Werte kann eine kleine Altstadt kaum besitzen: ein Fachwerk-Dorf rund um die Kirche, Verleger-Häuser eines florierenden Textil-Gewerbes (18./19. Jh. [60]) und einen stadtbild-prägenden Ring von Fabrikanten-Villen, den es sonst nirgendwo gibt[48].

Dies alles verschwinden zu lassen und auf der Fläche Neues zu schaffen, setzt sich ein ehrgeiziger Stadtdirektor in den Kopf. Aber dem draufgängerisch-holzgeschnitzten Walter Grevener gelingt nur wenig. Ein Teilerfolg des „Zukunfts-Modells" erweist sich in historischer Distanz als anachronistisch: an der Hauptstraße/Pannerstraße erzwingt Grevener den Abriß eines „Engpasses", der interessanten Villa Meyberg (um 1860)[49]. Folge: vorher mußten alle in langsamer Ziviliertheit fahren, heute verführt die Straße zu unzivilem Verhalten und ist eine Renn-Strecke mit hoher Unfall-Gefahr.

Daß der beinharte Stadtdirektor aufläuft und daß das Ensemble weitgehend erhalten blieb, verdanken die Langenberger und die vielen Touristen einigen mutigen Bürgern, die seit 1972 viele Jahre kämpfen: Ruth Colsman, Paul Sauter, Ulrich Colsmann und Karl Paga. Sie arbeiten mit hoher Kompetenz, erreichen bundesweite Aufmerksamkeit, verteilen sich schließlich „strategisch" auf die Parteien und lassen sich in den Stadtrat wählen. Als sie die Befangenheit eines Rats-

mitgliedes entdecken, erzwingen sie die Wiederholung des Bebauungsplan-Verfahrens.

Die Eingemeindung 1975 nach Velbert hilft ihnen. Zwar schickt die Regierung zwei Tage vor dem Stichtag noch per Motorrad-Kurier die Plan-Genehmigung und Grevener läßt am Vortag von Silvester noch im Rat beschließen. Aber dann legt die neue Mutter-Stadt Velbert den Plan auf Eis und läßt ihn – unter dem anhaltenden Druck der Bürgerinitiative und des Werte-Wandels – schließlich unter den Tisch fallen[50]. „Wir genießen bei jedem Gang in die Stadt das Gefühl: dies alles verdankt unserer Arbeit sein Weiterleben" (Ruth Colsmann).

Orts-Hinweis: Stadt-Sanierungen. Stadt-Sanierung in Moers: halb Kahlschlag, halb spannende erhaltene Altstadt. Horror-Sanierung in Essen-Steele (seit 1961), mit Beton-Hochhaus-Gebirge (Steeler Platz). Glimpfliche Sanierung in Herne: von der Heydt-/Halden-/Neu-/Bahnhofstraße, seit 1972 Westring/von der Heydt-/Bahnhofstraße/Bundesbahn und Bahnhof-/Vincke-/Horsthauserstraße/Bundesbahn. Gebaute Scheußlichkeiten in der Altstadt Werne: Stadtsparkasse am Markt, Volksbank am Moormannplatz. Stadt-Sanierung in Lünen: Kaufhäuser, 16geschossiges Rathaus, überdimensionierter Platz (Markt), Hochhaus (Mauer-/Langestraße), erhaltene Häuser (Roggenmarkt, Silberstraße, westliche Mauerstraße).

Sanierung der Nordstadt in Dortmund: Dietrich-Keuning-Haus (1979 von Karl-Heinz Menzel/Walter Kopka, Dortmund); Großwohn-Anlage (1972) Hannibal I in Dortmund-Nordstadt (Bornstraße); ›Tonnen-Häuser‹ (1980 von Stephan Görner, Köln; Heiligegarten-/Krimstraße). ›Freiheit‹ in Wetter [255]. Herdecke, mit viel Abriß und einigen szenisch interessanten Neubauten. Altstadt Hattingen, erste gelungene Erhaltung in der BRD. Altstadt Velbert-Langenberg – wichtigste Bürgerinitiativen-Stätte im Sanierungs-Bereich.

Die
›Umsteuerung 1981‹

Bis 1980 gibt es in der Landes-Regierung von Nordrhein-Westfalen kein eigenes Ministerium für Städte- und Wohnungsbau. Der Etat wird in einer Abteilung des Düsseldorfer Innenministers verwaltet – „mit dem kleinen Finger" der Minister Willi Weyer und Burkhard Hirsch. Von den Bürgerinitiativen in den Arbeiter-Siedlungen und ihren Experten kommt auf einem Kongreß[51], den sie 1976 zusammen mit dem Gelsenkirchener Oberstadtdirektor Heinz Meya veranstalten [282], die Forderung: „Ein eigenes Ministerium ist nötig!" – für das komplexe und schwierige Problemfeld Städtebau, Wohnen und Verkehr.

Personal-Entscheidungen. Überraschend erhält in der Landtags-Wahl 1980 die SPD die absolute Mehrheit. Ministerpräsident Johannes Rau richtet das geforderte Ministerium ein und beruft Christoph Zöpel zum Minister. Zöpels wichtigste Personal-Entscheidung: Abteilungsleiter des neugeschaffenen Referates Städtebau wird Karl Ganser, bis dahin Direktor der Bundesforschungsanstalt für Landeskunde und Raumordnung Bonn[52].

Logistik des Ministeriums. Rasch entwickelt das Ministerium eine neue Logistik: Qualifizierte Stellen-Besetzungen. In allen Ebenen setzt es mehr auf kompetente Personen als auf eine Normen-Veränderung. Qualitative Anforderungen: die pauschalen Schlüssel-Zuweisungen an die Kommunen werden heruntergesetzt, Förderung wird von den Qualitäten einer Planung abhängig gemacht. Nun können sich auch in ›armen‹ Gemeinden Struktur-Verbesserungen entwickeln. An die Stelle der groben Projekte treten feingestrickte. Komplexe Problem-Lösungen sind gefragt. Und Moderation der Interessen-Dialektik.

Unbürokratisch bindet der Minister örtliche Oppositionen in problem-orientierter Weise ein, hört sie an, vertritt mit Geschick ihre Argumente im Planungs-Prozeß – und zeigt auch Mut gegenüber den lokalen Macht-Verhältnissen und ihrer Lobby. Zum erstenmal finden sich Oppositionen produktiv in Entscheidungen wieder.

Viele Bürgerinitiativen haben Erfolge. Der wichtigste: die mosaik-artige Netz-Struktur der Arbeiter-Siedlungen im Ruhrgebiet wird gesichert und schrittweise modernisiert.

Umsteuerung der Stadt-Sanierung. Christoph Zöpel: „Zwei Jahrzehnte lang wurde in den Behörden in den Stadt-Sanierungen höchstens über eine Betriebs-Verlagerung diskutiert. Als die Forderung an uns herangetragen wurde, das Hüttenwerk Schalker Verein in Gelsenkirchen für 500 Mio. DM zu verlagern, für ein ganzes Jahres-Budget des Ministeriums, ließ ich untersuchen, was es zum Beispiel kosten würde, Thyssen in Hamborn auszulagern. Ergebnis: über eine Milliarde. Da wurde uns das Absurde bewußt. Wir überprüften alle Stadt-Sanierungen und vergaben die Mittel nach neuen Kriterien. Wir nannten es die Umsteuerung 1981." Was in den Altstädten noch stehengeblieben ist, kann weitgehend gerettet werden.

Verkehrs-Planung. Erst verhindern Bürgerinitiativen und seit 1980 beendet das Ministerium die ökologische Rücksichtslosigkeit und die ökonomische Verschwendung des „autogerechten Landes". Der Minister reduziert das Straßen-Programm und macht es von neu erarbeiteten stadtplanerischen Kriterien abhängig.

Kontraproduktive Modernisierungen werden zurückgenommen. Setzte der Straßenbau vor 1980 auf hohe Geschwindigkeiten, so geschieht jetzt das Gegenteil. Nun werden viele Straßen zurückgebaut (Viertel um die Lindenstraße in Gelsenkirchen-Buer u.a.), ›naturnah‹ mit Bäumen versehen, Ränder bepflanzt, Alleen angelegt[53]. In Oberhausen führt Planungsdezernent Hans Otto Schulte zusammen mit dem Ministerium ein umfangreiches Umbau-Programm durch[54].

Potential-Denken

Handlungs-Potentiale. Krisen bieten auch Chancen. Durch direkte Betroffenheit entsteht Widerspruch. Zweitens kommen nun hinzu: die Früchte qualifizierter Ausbildung an Reform-Hochschulen (vor allem Dortmund mit Jörn Janssen und Peter Zlonicky) und in reformierten Abteilungen (zeitweilig vor allem Aachen); sie schaffen ein Potential von qualifizierten Fachleuten.

Dazu gehören auch eine Anzahl von Planern und Architekten. Ein Beispiel: Martin Einsele kommt 1959 in die Stadtverwaltung Gladbeck. 1964 macht er sich selbständig und gründet ein Büro, das viele innovative junge Leute sammelt. Hier wird die früheste Planungs-Kritik sowie Alternativen formuliert. Wellen schlagen kritische Auseinandersetzungen: über die Frage der Oberzentren, über die Revier-Parks [399] und zu den Universitäts-Standorten[55]. 1973 löst sich in einer Mitbestimmungs-Diskussion die Gruppe auf. Mehrere Mitglieder werden Hochschullehrer: Martin Einsele in Dortmund, dann Darmstadt und Karlsruhe, Jürgen von Reuß und Karl Heinz Hülbusch in Kassel, Bruno Schönhagen in Dortmund. Andere Planer gründen 1973 die Planergruppe Oberhausen[56].

Historisches Lernfeld. In einem langen, intensiven Prozeß entwickelt sich eine neue Denk-Methode: an die Stelle Planens ›auf dem leergefegten Tisch‹ tritt nun das ›Denken in Potentialen‹. Dies beginnt 1972 mit der Diskussion über die bedrohten Alt-Städte und Arbeiter-Siedlungen [274]. In die Kolonien Eisenheim, Flöz Dickebank, Rheinpreußen, Holstein und Mausegatt kommen Gruppen und Einzelne aus vielen Hochschulen: sie studieren Lebens-Wirklichkeit und Lebens-Stile (noch bevor es den Begriff gibt) – und wie sie sich stadtplanerisch und architektonisch ausdrücken.

Hier lernen Planer, die vorhandenen Potentiale intensiv und genau zu untersuchen, sie zu ordnen und weiterzuentwickeln. Das Neue erhält einen anderen Stellenwert: es erscheint nicht mehr als Überfall, der alles Alte verdrängt, auch nicht als ein Macht-Prozeß, der die Betroffenen ausschließt, sondern es bietet sich in einem Lern-Prozeß an – es operiert mit dem Ziel der Synthese. Dieses Planungs-Denken in Potentialen findet sich in der Politik und Praxis des Ministeriums wieder.

Von Stadt zu Stadt: die dezentrale Netz-Struktur

Die Netz-Struktur der Region. Der Planer Martin Einsele kritisiert als erster das Oberzentren-Modell, das sich auch in der Eingemeindungs-Welle von 1975 ausdrückt[57]. Seine Argumente: Es ist der gewachsenen Struktur nicht angemessen. Das Ruhrgebiet besitzt in seinem historischen Wachstum keine ›Landeshaupstadt‹ wie z.B. München, die sich ihr Umland mit einer bestimmten Gestalt-Struktur hierarchisch-radialkonzentrisch zuordnet. Während der Bereich um München monozentrisch angelegt ist, hat die Ruhr-Region die Gestalt eines Netzes.

„Der Region eine unangemessene Struktur aufzuzwingen," so Martin Einsele, „hat erhebliche Nachteile und ist sehr teuer." Ihr Umbau ist gewalttätig und zudem nicht finanzierbar." In einer Untersuchung vergleicht er die Struktur der Region mit anderen, unterschiedli-

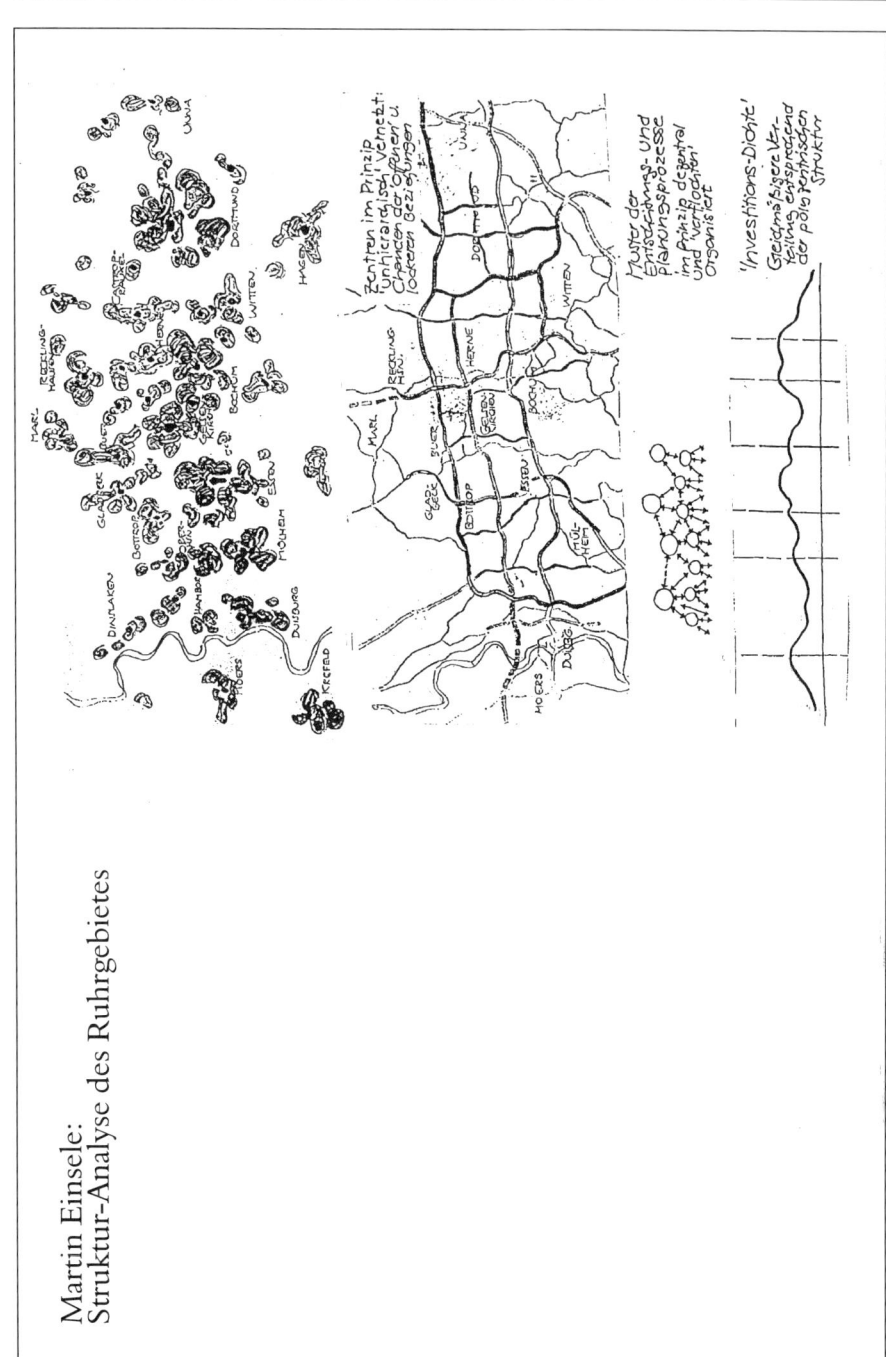

Martin Einsele:
Struktur-Analyse des Ruhrgebietes

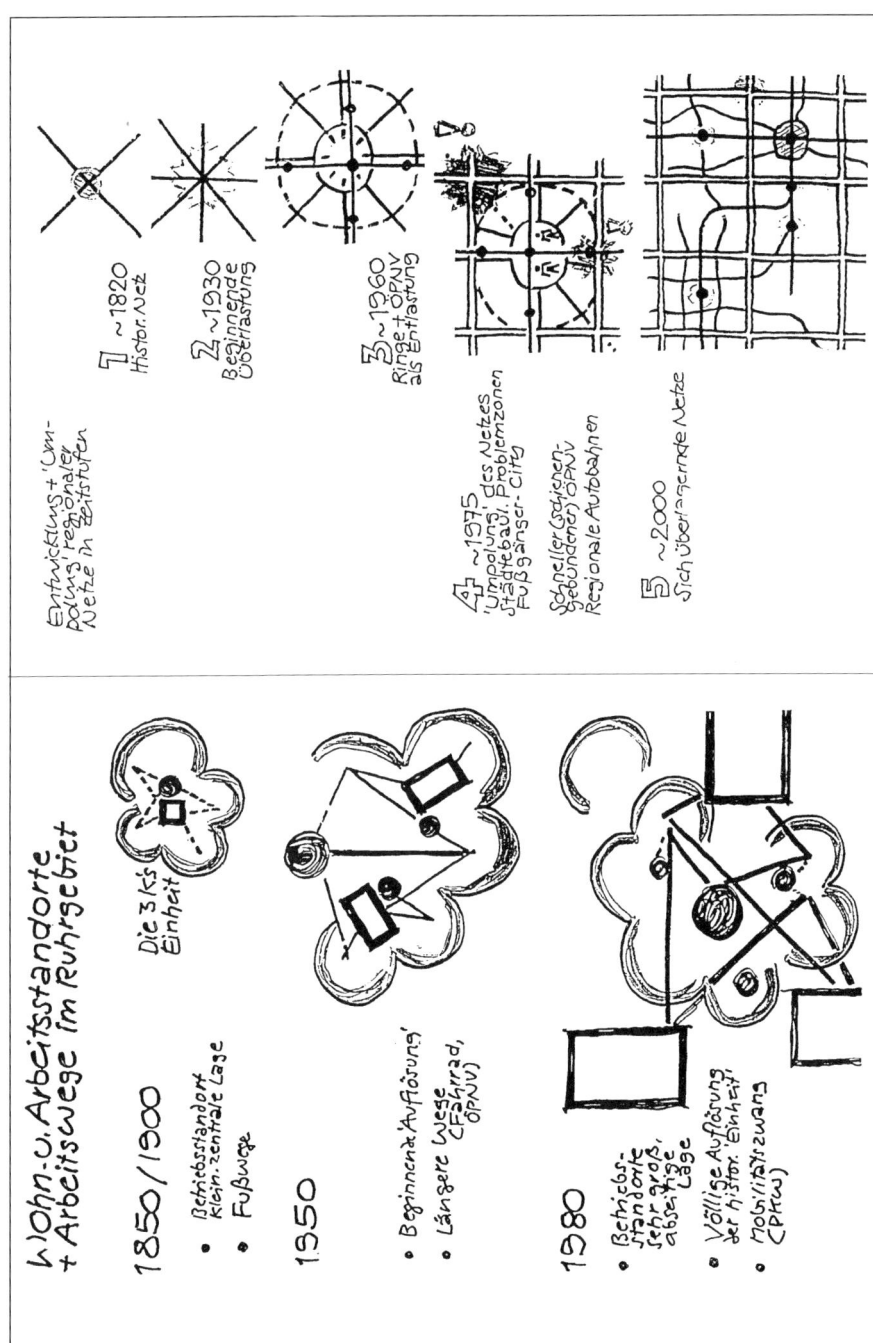

chen Struktur-Modellen. Ergebnis: eine Netz-Struktur ist angemessen. Vorteile der dezentralen Netz-Struktur: billigere Grundstücks-Preise und Mieten, kostengünstigere Erschließung, weniger Verkehrs-Ballung (am höchsten ist sie in sternförmiger Zentralisierung), größere Flexibilität.

Dezentralisierte Kleinräumigkeit. Was an historischem Potential im Ruhrgebiet abgeschafft werden sollte, die ländliche, offene Gemenge-Stadt, erweist sich nun als seine Chance: als dezentralisierte Kleinräumigkeit – mit unterschiedlichen und vielschichtigen Potentialen.

Das reicht bis zu der Nutzung der Freiräume. Wo Nutzung nicht monofunktional zementiert ist, läßt sie Spielräume offen: für mannigfaltige Wohnumfeld-Bedürfnisse. Den psycho-sozialen Kontext und seine Auswirkungen untersuchte Janne Günter in der Siedlung Eisenheim in Oberhausen[58].

„Ruhrgebiets-typisch: Häufig werden die ›Spiel-Räume‹ von den Bewohnern einfach okkupiert," stellt Einsele fest, „die Eigentümer (Gesellschaften, Kommunen, die wenigen verbliebenen Bauern) sind nicht so pingelig wie anderswo. ... ein Stück Freiraum, nicht verkrampft ausgestaltet, sondern einfach da – manchmal auch ökologisch wertvolles – weil verwildertes Land."

Anti-klassisches Planungs-Denken. ›Klassisches‹ Planungs-Denken operiert mit dem Großstadt-Muster der dichtbebauten Stadt, mit Blöcken und Hochhäusern. Ihr Gegenstück ist die Planungs-Methode des Potential-Denkens. Sie entspricht den regionalen Verhältnissen: diese sind ganz und gar anti-klassisch.

Martin Einsele, der frühe Kritiker, resümiert mit Erleichterung: „Im Grunde genommen hätte die Schwerpunkt-Idcologie in ihrer Rein-Kultur das spezifische Siedlungs-Gefüge des Reviers vergewaltigt. Ein der Struktur der Montan-Region fremdes Prinzip hätte nur mit ungeheu-

rem Aufwand durchgesetzt werden können" – das heißt mit Werte-Zerstörung und Neu-Investition. „Die Planung hat sich ›normalisiert‹, allerdings unter Beibehaltung wesentlicher Ziele."

Krise der Metropolen. Dies geschieht zu der Zeit, wo die großen Städte sich zwar im Glanz bequemer Massen-Medien sonnen dürfen, aber deutlich in die Krise geraten. Der wache Blick hat dies nicht nur in New York, Paris, Rom, Mailand wahrgenommen, sondern er begegnet der Krise auch in München, Berlin, Stuttgart und Frankfurt.

„Die bereits klassischen Schwierigkeiten der großen historischen Monozentren in Ver- und Entsorgung, Konzentration und Verkehrs-Belastung, ungünstigen Klima-Effekten und Umwelt-Belastung, aber auch sozialen und psychischen Problemen werden aus heutiger Sicht erweitert durch den zunehmenden und immer weniger bezahlbaren Energie- und Material-Aufwand, der, bei immer noch steigenden Ansprüchen der einzelnen und der Gesellschaft, zu Erhaltung und Betrieb dieser Räume notwendig ist. Große Städte ›kolonisieren‹ ihr Umland in einem bedrohlichen und sozial nicht mehr vertretbaren Maß, vor allem durch Entzug von Ressourcen (Wasser, Rohstoffe, aber auch Menschen) sowie durch die Ablagerung ihrer ›Exkremente‹. ... J. Rifkin (›Entropie‹[59]) spricht von ›hochentropischen urbanen Umgebungen‹, ... die wir uns nicht länger leisten können‹. ... Wie müssen die inneren Strukturen ... beschaffen sein, um die angedeuteten Prozesse der ›Kolonisierung‹ und der ›Hoch-Entropie‹ zu vermeiden ... " (Martin Einsele).

Zukunfts-Modell ›Region Ruhr‹. Einsele hält das Gebiet zwischen Ruhr und Emscher trotz vieler Defekte für ein Modell der Zukunft: als ›Region Ruhr‹. Seine dezentrale Netz-Struktur leiste weitaus mehr als das Modell der monozentrischen, punkt- oder kreisförmigen

Verdichtung (Paris, London). Das dezentrale Grund-Gerüst ist ein Geflecht, in dem der Ballungs-Raum differenziert wird. Stadt-Einheiten zwischen 100.000 und 300.000 Menschen fördern als überschaubare Räume bürgerschaftliches Engagement. Im Gegensatz zu den Metropolen, die stets dazu neigen, in einem Bereich ausschließlich Arbeits-Stätten zu konzentrieren, und relativ entfernt die Wohnungs-Bereiche, sind in der Region Ruhr die Verflechtungen von beiden größer. Das Resultat: der Verkehr vermindert sich.

Vorteile einer offenen Planung: vielfältige Nutzungs- und Ausformungs-Chancen, Denken nicht nur in Makro-, sondern auch in Mikro-Strukturen, lange Prozesse. Dadurch kann sich Milieu entwickeln. Schutz des Milieus vor brüsken Veränderungen. **Zusammenarbeit.** Initiativen blieben meist in ihrer Stadt. Nun sind Vernetzungen sinnvoll. Ansätze in den 20er Jahren scheiterten. Die IBA Emscher Park macht in den 90er Jahren einen neuen Anlauf zur interkommunalen Kooperation.

Die Internationale Bauausstellung (IBA) Emscher Park

Die Tradition. Die IBA Emscher Park (1989/1999) steht in langen Traditionen: Planungs-Verband (SVR/Kommunalverbandes Ruhrgebiet), ›Greater London Council‹, Bürgerinitiativen [274], zehn Jahre Zöpel-Ministerium, ›Strategien für Kreuzberg‹ (Teilbereich der IBA-Berlin) und ›Grüne Mitte Oberhausen‹. [109, 110)

›**Strategien für Kreuzberg**‹. Innerhalb der IBA Berlin (1987) entwickelte sich als ein zweiter Schwerpunkt eine Alternative: die ›Strategien für Kreuzberg‹. Diese ›Bau-Ausstellung‹ wurde zum erstenmal genutzt, um gesellschaftliche Defizite aufzuarbeiten. Das führte zur ›Stadt-Reparatur‹ und zu ›neuen Formen von Planungs- und Bau-Prozessen‹.

Als die IBA Berlin/Strategien für Kreuzberg endet, entsteht im Zöpel-Ministerium die Überlegung, deren Erfahrungen für das Emscher-Gebiet aufzugreifen und weiterzuführen – nun zum erstenmal in der Geschichte der Bau-Ausstellungen in einer ganzen Region.

Neben vielen gemeinsamen Wurzeln möchte sich die IBA Emscher Park[60] allerdings konzeptionell von der IBA Berlin vor allem darin unterscheiden, daß sie die gesellschaftspolitische und städtebauliche Ebene stärker betont und eine ganze Region langfristig umstrukturieren will. In einem Satz: Sie soll „konzeptionell / praktisch / politisch / finanziell / organisatorisch / dem ökologischen / wirtschaftlichen / sozialen Umbau des Emscher-Raumes / zukunftsweisende Impulse geben" (Tomas Grohé). Der aufmerksame Beobachter Friedhelm Eggers drückt dies so aus: „Haute couture ist schön und gut, es geht auch nicht ganz ohne, aber weitaus wichtiger ist eine weitreichende ›Bau-Kultur‹."

Ausgangspunkt ist die Krise einer alten Wirtschafts-Region. Ziel ist die Gestaltung des Struktur-Wandels. Dazu gehört sowohl das Vertrauen in das Kleine: „in das vorhandene Potential an Klein-Kultur, das sich mit verbesserten Start-Chancen entfalten soll" (Bernhard Rapkei) wie der internationale Austausch von Erfahrungen (Telford, Docklands, Polen, Belgien, Frankreich).

Nach einer langen Phase dem simplen Reagierens mit Abriß und Neubau werden nun differenzierte Reaktions-Weisen erarbeitet: Umnutzung und Flexibilisierung, Erhalten und Entwickeln – also Strategien der Modernisierung‹ und des innovativen Struktur-Wandels. Mit untereinander verbundenen wirtschaftlichen, ökologischen und sozialen Innovationen.

Topographisch findet eine Konzentration auf alte Industrie-Brachflächen statt. Für die Neugestaltung der Landschaft nach dem Ende der Schwerindustrie genügt kein sektorales Wirtschafts-Programm, sondern ist ein integriertes Entwicklungs-Programm nötig.

Die Emscher-Region wird ausgewählt, weil hier die Struktur-Krise besonders kraß zutage tritt. Allein in Oberhausen liegen insgesamt 5 Prozent der Stadtfläche (500 Hektar) brach. Wird die Emscher Region ein Hinterhof des Ruhrgebietes?

Das Problem besteht darin, das Macht-Gefälle zwischen Hellweg- und Emscher-Zone aufzuheben. Es hatte die stadtplanerisch schwierigen Funktionen weitgehend in den Norden geschoben. Die Planerin Marlene Zlonicky-Krawietz über das ›Mängel-Shifting‹: „Die Südstädte am Hellweg wollten die Nord-Städte an der Emscher eingemeinden. Als Abwehr entwickelte der Planungsamts-Leiter der Stadt Herne, Max Leyh, seine eigene Philosophie: Der Norden darf kein Wurm-

fortsatz und Hinterhof sein, sondern muß sich auf eigene Weise entwickeln. Dazu gab er eine Studie in Auftrag. Sie verhinderte 1975 die Eingemeindung von Herne nach Bochum. Die Denk-Kette ist spannend. Wenn ein armer und ein reicher Nachbar sich zusammentun, bleibt der arme immer arm. Das ist die alte Erfahrung der armen Verwandtschaft. Der Reiche läuft immer voraus, die Ziel-Latte wird immer weiter nach vorn gezogen, die Differenz ist nie einholbar. Daher müssen die Armen ihre eigenen und spezifischen Programme entwickeln"[61].

Das IBA-Gebiet umfaßt einen Teilbereich der Region von 800 km² Umfang – beiderseits von Emscher und Rhein-Herne-Kanal. Mit 17 Städten und zwei Kreisen. Hier leben rund zwei Millionen Menschen.

Zur Koordination gründet die Landesregierung die privatrechtliche ›Planungsgesellschaft IBA Emscher Park GmbH‹[62]. Ihren Sitz nimmt sie in der umgebauten Trafo-Zentrale der stillgelegten Zeche Rheinelbe in Gelsenkirchen. Dort arbei-

Technologie-Zentrum Umweltschutz (Reichen/Robst, Paris, Dratz, Oberhausen) in Oberhausen (Essener Straße). [305]

tet der Stab mit den Bereichs-Leitern und den Service-Diensten.

Arbeits-Verfahren. Planungsamts-Leiter Knut Schlegtendal (Recklinghausen): „Für uns als Planer ist das Geschehen ein Anreiz. Es setzt Kräfte frei, beflügelt die Mannschaft, allein kann man kein Programm machen. In unserer Gemeinde lud der Bürgermeister Jochen Welt zu einem eintägigen Work-Shop ein: Leute, die mit den sieben Leitprojekten in Verbindung gebracht werden sollten. Das war eine Arbeits-Form, die wir bei der Stadt noch nie hatten. Vormittags Plenum. Dann Arbeits-Gruppen zu den Leit-Themen. In jeder ein Moderator. Der Geschäftsführer unserer Wohnungs-Gesellschaft hatte sich gut vorbereitet. Der IBA-Chef war dabei. Jede Gruppe machte ein Protokoll. Es wurde im Plenum vorgetragen."

IBA von unten. In der Demokratie gibt es Diskussion und innerhalb dessen auch Opposition – u.a. in Form der selbstorganisierten ›IBA von unten‹[63], einer Vereinigung von Initiativen und Projekten, mit Sekretariat, Mitteilungs-Blatt, Tagungen und Aktionen. Sie will die Beteiligungs-Möglichkeiten von Bürgern fördern (Informationen, Diskussionen, Exkursionen, Workshops, Film-Vorführungen).

Orts-Hinweise: IBA Emscher Park. Sitz der Planungsgesellschaft IBA Emscher Park in der ehemaligen Zeche Rheinelbe in Gelsenkirchen (Leithestraße 35), im Trafo-Haus (Böll/Krabel, Essen); daneben steht die Telefon-Zentrale, heute Gäste-Haus; Zwischenpräsentation der IBA 1994 mit zentraler Ausstellung in der ehemaligen Maschinen-Halle (um 1905, Halle um 1930). IBA von unten. Verein Initiativkreis Emscherregion e.V., entstanden aus IBA von Unten, in Zeche Fritz in Essen (Heßlerstraße 33). Werkstatt-Gespräche im Fachbereich Raumplanung der Universität Dortmund, als kritische Begleitung. Stadtforum Essen, Forum zur Diskussion integrierter Stadtentwicklung in Essen (Viehofer Platz 8).

Lernen aus vorhandenen Potentialen: Erweiterung (Rolf Keller) der Siedlung Schüngelberg in Gelsenkirchen-Buer und Gestaltung des Umfelds.

Schau-Plätze im Tal der Könige

Jeder der folgenden Schau-Plätze steht für ein wichtiges Thema in den letzten 30 Jahren. An dieser exemplarischen Kette lassen sich Dimensionen der jüngeren Geschichte der Region darstellen. Die Sammlung umfaßt auch die Gegenwart in Gestalt einiger ausgewählter Objekte aus der Internationalen Bauausstellung Emscher Park. Die Reihe folgt historischen Überlegungen.

Dortmund-Bövinghausen: Zeche Zollern 2/4 – Denkmalschutz für Industrie-Bauten

Vordergrund. Am westlichen Stadtrand von Dortmund finden wir eine der größten, faszinierendsten Zechen-Anlagen: heute Westfälisches Industriemuseum.

In und um das Dorf Bövinghausen wuchs um 1900 ein kleiner Industrie-Ort. Jenseits der Eisenbahn entstanden die Arbeiter-Siedlung Landwehr (1902/1904; Pluto-, Venus-, Jupiter- und Marsstraße) und hohe Beamten-Häuser (Rhader Weg). Eine Baum-Allee (Grubenweg) führt zu einer Art Schloß: zur Zeche (1898/1904 von Paul Knobbe, Gelsenkirchen). Tor-Bauten flankieren den Eingang zu einem weiten Hof, den prächtige Gebäude umgeben. Sie erinnern an die Bürgen, die Ordens-Ritter im preußischen

Osten anlegten [122]. Der linke Flügel diente den Werkstätten (Schreinerei, Schlosserei, Schmiede) sowie dem Fuhrpark (heute historische Kneipe), im rechten waren Lohn-Halle (Mitte) *[344]*, Waschkaue (links) und Magazin (rechts) untergebracht. In der Mittelachse des Hofes steht der Verwaltungs-Palast. Den Eintretenden überraschen eine englisch geprägte Halle, eine Freitreppe und eine spannende Holz-Decke.

tor der Brückenbau-Anstalt der GHH in Oberhausen-Sterkrade. Sie diente für die erste elektrische Förder-Maschine der Welt als Ambiente: eine Art ›Elektrizitäts-Palast‹. (Zur Transportablen Architektur siehe S. 117, zur Elektrizität siehe S. 212.) [266]

Hintergrund. Über einer reichen Abbau-Stelle für Fettkohle ließ Emil Kirdorf, Generaldirektor der größten Bergwerksgesellschaft im Revier, der Gelsenkirche-

Maschinen-Halle (1902/1903 von Bruno Möhring/Reinhold Krohn) und (transloziertes) Förder-Gerüst Zeche Wilhelmine Victoria (1906) in Gelsenkirchen über dem ebenfalls von dort stammendem Schacht-Haus. Im Hintergrund: (transloziertes) Förder-Gerüst Zeche Friedrich der Große in Herne.

Neben dem Verwaltungs-Palast führen zwei Wege in das Zechen-Gelände. Dort ragt an jeder Seite ein gewaltiger Zechen-Turm auf. Zwischen ihnen steht die Maschinen-Halle (23 x 97 m). 1902/1903 entstand sie in Zusammenarbeit zwischen Bruno Möhring, Architekt in Berlin, und Prof. Reinhold Krohn, technischer Direk-

ner Bergbau AG, dieses ›Industrie-Schloß‹ 1898/1904 als eine Muster-Zeche bauen. Sie ist neben Zeche Zollverein XII in Essen-Katernberg das größte erhaltene Ensemble einer historischen Zeche.

Daß dieser Bau-Komplex heute noch besteht, verdanken wir der ersten spektakulären Aktion einer Bürgerinitiative und der Entfaltung des Denkmalschutz-Gedankens im Industrie-Bereich, die beide hier knapp skizziert werden.

Die Ausweitung des Denkmalschutz-Gedankens entstand zunächst im Amt des Landeskonservator in Bonn, geleitet von Rudolf Wesenberg, einem Mann mit starkem ›Rückgrat‹, und dann von Günther Borchers, einem eloquent begeisternden ›Wander-Prediger‹. 1966/1970 war der Autor dieses Buches dort Referent. In der Zusammenarbeit mit dem Journalisten Hartwig Suhrbier (Frankfurter Rundschau) geriet das Thema ›historische Architektur der Industrie-Epoche‹ in Deutschland zum erstenmal in ein Massen-Medium[1].

1969 initiierte der Autor die erste Konferenz von NRW-Denkmalpflegern und Inventarisatoren und mit der Weichen-Stellung: Was ein Bau-Denkmal ist, wird nicht mehr allein von der Kunstgeschichte unter ästhetischen Kriterien festgestellt, sondern ausschlaggebend ist in erster Linie die historische Dimension – inbegriffen Volkskunde, Sozialgeschichte, Wirtschafts- und Kultur-Geschichte.[2]

Der Autor fertigte für den ins Kultus-Ministerium berufenen Wesenberg die erste Liste von Industrie-Denkmälern im Rheinland. Und er stellte 1966 bis 1969 Inventar-Bände her, in denen Mülheim und Oberhausen[3] nicht mehr – wie noch Duisburg[4] – als vorindustrielle Landstädte dargestellt wurden, sondern als Industrie-Großstädte.

Den ersten spektakulären Streit um ein Industrie-Denkmal löste 1969 die Bürgerinitiative[5] für die Rettung der 1966 stillgelegten Maschinen-Halle von Zollern 2/4 aus[6]. Für ihre Erhaltung engagierten sich Hans P. Koellmann (Leiter der Werkkunstschule Dortmund), in der Initiative auch Eberhard G. Neumann (Landeskonservator Westfalen), der zugleich die Anlage zum Denkmal erklärte, Karl Ruhrberg und Jürgen Harten (Kunsthalle Düsseldorf), Wolfgang Döh-

ring (Architekt), die Künstler Günther Uecker und Gotthard Graubner sowie die Fotografen Bernd und Hilla Becher[7].

Sie begründeten ihren Widerstand: „Es ist nach unserer Meinung unverantwortlich, dieses Denkmal einer Zeit, dessen exemplarische Leistungen fast vergessen sind, abbrechen zu lassen. Was damals – lange vor der Eröffnung des Bauhauses – versucht wurde: eine menschliche Gestaltung der industriellen Umwelt, dürfte bis heute nichts an Aktualität eingebüßt haben. Es sollte im Sinne weitsichtiger Planung möglich sein, auf dem Gelände der Zeche Zollern 2/4 ein Stück der überlieferten Industrielandschaft zu erhalten." Die Fachzeitschrift ›bauwelt‹ stellte die Maschinen-Halle als „Entdeckung des Jahres" vor[8].

Der Wattenscheider SPD-Landtags-Abgeordnete Hans Joachim Bargmann, Vorsitzender des Kultur-Ausschusses (1972 tödlich verunglückt), sowie sein Assistent Wolfgang Steiner – im Hintergrund und zugleich Journalist: Hartwig Suhrbier – formulierten ein landespolitisches Programm. Tatsächlich bewilligte 1970 das Land 2 Mio. DM Sondermittel für Bövinghausen – die erste große Summe für ein Industrie-Denkmal in Deutschland. In das 1970 formulierte ›Nordrhein-Westfalen-Programm 1975‹ der Landesregierung ging eine Absichts-Erklärung zur Erhaltung „wertvoller Bauwerke" ein, „die für die technische und wirtschaftliche Entwicklung des Landes charakteristisch sind." [297]

Ausgehend von den beiden Denkmal-Ämtern Bonn und Münster begann eine weitgehende Reform des Denkmal-Schutzes, die in der BRD beispielhaft wurde. Denkmalpfleger, vor allem Helmut Bönninghausen, arbeiteten indirekt und oft auch direkt mit Bürgerinitiativen zusammen und stellten eine große Anzahl von Bauten der Industrie und der Infrastruktur sowie Arbeiter-Siedlungen (zuerst 1972 Eisenheim in Oberhausen) unter Schutz. 1979 gab zum ersten Mal der Landschaftsverband Westfalen-Lippe eine Mio. DM eigens für technische Denkmäler aus. In diesem Jahr führte eine Mischung von neuer Denkmal-Konzeption und Museums-Theorie zur Gründung des dezentralen Westfälischen Industriemuseums[9]. 1984 folgte das ähnlich konzipierte Rheinische Industriemuseum.

Helmut Bönninghausen setzte seine impulsgebende Tätigkeit als Direktor des Westfälischen Industriemuseums in Dortmund-Bövinghausen fort. Vor allem gelang es ihm, mit der Gestaltung dieses konkreten Ortes im Dortmunder Vorort die sozial-kulturelle Faszination von Industrie-Denkmälern zu entwickeln.

Am Sitz des Museums entstand eine umfangreiche Bürger-Aktivität: mit Stadtteil-Fest (seit 1977), Ausstellungen (1985 ›Ein Stadtteil entdeckt sich selbst‹), Förder-Verein, Wand-Malereien, Geschichts-Kreis, Kneipe. [397]

In die Kunstgeschichte gingen Blick-Erweiterung und Erhaltungs-Strategie im Reform-Kongreß 1970 in der Kölner Kunsthalle ein[10]. Zugleich erfuhr die Kunstgeschichte eine erhebliche Ausweitung ihrer Methoden. Dazu gehörte auch die Einbeziehung von Stadtplanung[11] und Sozialpolitik[12]. [290]

Waltrop-Henrichenburg: Ein Schiffs-Hebewerk als didaktisches Museum

Vordergrund. Von der Hebewerk-straße führt, neben dem Haus des Betriebsstellen-Leiters und der kleinen Wärter-Siedlung, ein Weg zum Ufer hinunter. Das große Gebäude diente einst als Kessel-, Dampfmaschinen-, Lager- und Ak-

kumulatoren-Haus. Heute ist es Ausstellungs-Gebäude. Vor uns steht das Schiffs-Hebewerk: in der Erde fünf Schächte mit Schwimmern, darüber zwischen vier Türmen eine gewaltige Stahl-Fachwerk-Konstruktion. Sie bildet das Führungs-Gerüst für den einst auf und abfahrenden Trog. Vom Leitstand und dem Elektro-Motoren-Häuschen auf den beiden Brücken zwischen den Türmen wurden die Tore des Troges gehoben und gesenkt. Weithin sichtbar ist die Bekrönung: eine große Kugel. Das Hebewerk liegt im Kreuzungs-Bereich von Dortmund-Ems-Kanal, Rhein-Herne-Kanal, Wesel-Datteln-Kanal und Datteln-Hamm-Kanal.

Der untere Vorhafen (Unterwasser) mit seinem Schiffs-Liegeplatz hat eine umfangreiche Sammlung historischer Schiffe aufgenommen. Hinzu kamen ein elektrischer Schienen-Kran und ein Lade-Schuppen, die die Verknüpfung mit anderen Verkehrsmitteln zeigen. Weitere Ausstellungs-Objekte: ein Sperrbauwerk mit Klapptor (1913), eine Hub-Brücke (1887), das Wärter-Gehöft. Im Oberwasser (z.Z. noch trocken) soll sich die Schiffs-Sammlung fortsetzen. Die kleine Werft mit einer Helling (1914) wurde vom Wasserstraßenamt Herne übernommen.

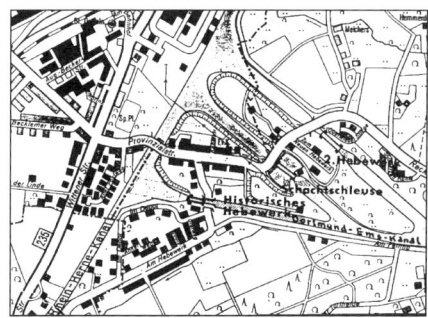

Hintergrund. 1892/1899 entstand der 251 km lange Dortmund-Ems-Kanal [367] mit aufwendigen Wasser-Bauwerken, u.a. Kanal-Überführungen. Rationalisierungs-Denken trieb und faszinierte die Zeitgenossen: so legten die Kanal-Planer an dieser Gelände-Stufe zum Heben oder Senken von Schiffen keine Schleusen-Treppe an, sondern 1894/1899 das seinerzeit rationellste Bauwerk, um Schiffe zu heben oder zu senken. Rationalisiert wurden: Wasser-Verbrauch, Zeit und Personal (nur 15 Personen).

damit ein technisches Meister-Werk konstruierten. Das Schiff (bis zu 65 m lang) fuhr in den Trog, der dann auf die 14 m hohe Gelände-Stufe gehoben wurde: in einem Arbeitsgang, mit Ein- und Ausfahren, insgesamt in zwölf Minuten, im Hebe-Vorgang in nur zweieinhalb Minuten.

Diese technische Sensation lockte stets eine Fülle von Ausflüglern an. Oben, an

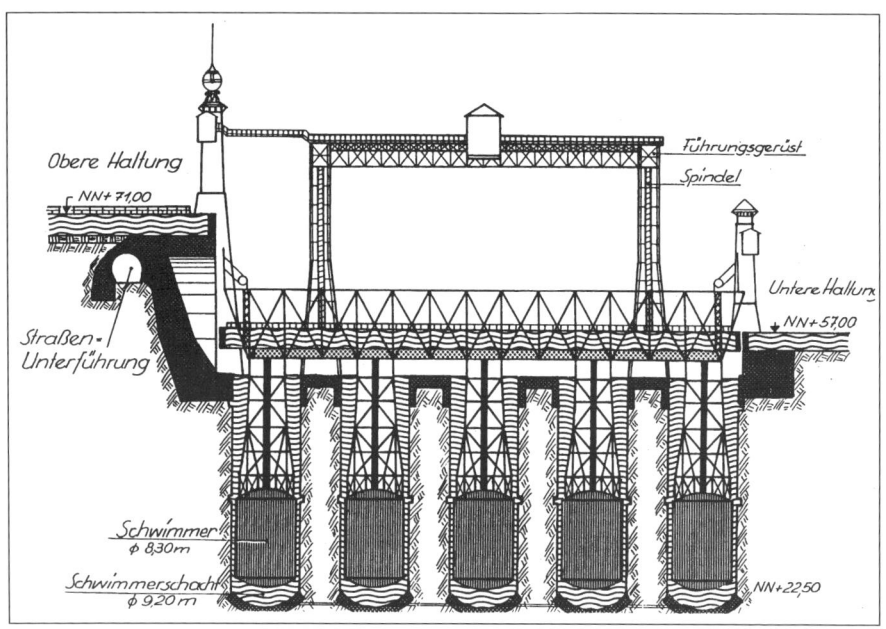

Die Anlage arbeitete nach dem Auftriebs-Prinzip des Archimedes: in fünf 33,5 m tiefen wasser-gefüllten kleineren Schwimmer-Schächten gibt es 13 m hohe Schwimmer. Sie tragen einen großen Trog: das Wasser-Becken für die Schiffe. Wurden die fünf Schwimmer-Schächte leergepumpt, senkten sich die Schwimmer und damit der große Trog. Wurden sie gefüllt, hob sich der große Trog. Es mußten also nur die fünf Schächte gepumpt werden. Das sparte viel kostbares Wasser und teure Energie[13].

Der Gedanke ist uralt. Aber innovativ war, wie die Ingenieure ihn nutzten und

der Straße, entstand das Restaurant ›Zur deutschen Flotte‹. Ansichts-Karten wurden in Fülle gedruckt und verkauft. In der nahen Umgebung gab es 14 Restaurationen, Biergärten und Kioske. [206]

1962 wurde das Hebewerk durch ein größeres ersetzt und 1970 stillgelegt. Dann verfiel es zur Ruine. 1979 konnte es vor dem endgültigen Abriß bewahrt werden: von der Wasser- und Schiffahrts-Verwaltung ging es an das Westfälische Industriemuseum über. Daran hatten initiative Bürger, zuerst der Bürger- und Schützenverein Oberwiese, großen Anteil. 1989 öffnete sich zum erstenmal die Neue

Schleuse. Heute begegnet der Besucher im ›Schleusen-Park Waltrop‹ einem spannenden Nebeneinander von alter und neuer Technik.

Das Museum versucht, neue Wege zu gehen. Es entwickelte für die unterschiedlichen Ansprüche eine integrierte Museums-Didaktik. Sie zeigt das Bau-Denkmal nicht nur als technisches Werk, sondern auch die Arbeits- und Lebens-Weisen von Menschen, u.a. auf den Schiffen. Auch die Erhaltungs-Problematik kommt zur Sprache. Und die Werft ist ein ›arbeitendes Museum‹: hier werden die Schiffe der historischen Flotte repariert.

Duisburg-Schmidthorst/ Neumühl: Arbeiter-Siedlungen – vom Kahlschlag zerstört

Vordergrund. Ein Spaziergang in Duisburg-Hamborn: Das Dorf um das Rathaus ist verschwunden. Der Rathaus-Bereich zeigt den Aufstieg der Industrie-Stadt nach 1900 [186]. Im Nordosten entstand eine Wohnstadt für Arbeiter: mit parallelen Straßen (Körner-, Goethe-, Schiller-, Sterkrader Straße) – auf der Fläche der Bauernschaft Schmidthorst. Wir sehen ein vielfältiges Spektrum von Siedlungs-Häusern. Hinter der Obermarxloher Straße liegt um den Bergmannsplatz eine englische Garten-Siedlung. Südlich der Fiskusstraße geraten wir in ein freies Gelände: hier wurden Siedlungen zerstört. Auf der Fläche entstanden zum Teil Neubauten.
Hintergrund. 1962 wurde die Zeche Neumühl stillgelegt. 1963 kaufte die

Stadt ihren gesamten Grundbesitz. Der Struktur-Wandel sollte dem Ort ein ganz neues Image verschaffen: in diesem Bereich wurde eine Zukunfts-Stadt geplant. Bergarbeiter Ernst Honak: „Man hat gesagt: Von diesem Ort Schmidthorst-Neumühl darf nur der Name übrig bleiben." So schuf die „Modell-Sanierung" bis 1975 einen der umfangreichsten „Flächen-Kahlschläge" in der BRD: sie riß zwischen Fiskus- und Wiener Straße 1.125 Häuser ab – mit 3.295 Wohnungen für mehr als 10.000 Bewohner. Planer drückten den Vorgang in ihrer Sprache so aus: Die Familien wurden in die Großwohn-Anlagen an derselben Stelle und am Hagenshof (Wiesbadener Straße) „umgesetzt". Das Projekt kostete damals 500 Millionen DM. Lucas Maria Böhmer filmte die Zerstörung in einer der großen Film-Dokumentationen und gab ihr den Titel ›Ende einer Straße‹ (1967)[14] [439].

Werks-Wohnungen hatten ein eigentümliches Schicksal[15]. Begleitet von einer ideologischen Propaganda, die mit der plumpen Formel ›Alt ist schlecht, neu ist Zukunft‹ arbeitete, betrieben Eigentümer und Behörden seit 1959 den Abriß. Es erwies sich als folgenreicher Fehler, daß bei der Entstehung der Ruhrkohle AG (1968)

›Neuordnungsgebiet Duisburg-Neumühl‹ (1968).

die in Schwierigkeiten geratenen ›Alt-Gesellschaften‹ nur ihre Verluste, ihre Zechen, einbringen mußten, aber nicht die Siedlungen. Sie taten dies in der Erwartung, mit diesen Liegenschaften spekulieren zu können.

Schließung der Zechen die Arbeiter-Siedlungen in höchste Gefahr. „Das Büro Machtemes in Düsseldorf wies im Flächennutzungs-Plan für Gladbeck alle Gebiete mit älteren Arbeiter-Siedlungen als Totalsanierungen aus" (Martin Einsele).

Die Staats-Intervention erzwang lediglich, daß der Ruhrkohle AG die Belegung und Bewirtschaftung der Werks-Wohnungen übertragen wurden – zwanzig Jahre lang, bis 1988. Aus diesem Vertrag eine Siedlung herauszunehmen und zum Abriß freizugeben, war für die Grundbesitzer bis um 1975 nicht schwierig. Siedlungen dienten als Verfügungs-Masse, aus der sich rasch fehlende Millionen für die Bilanzen aufbringen ließen – zum Kaschieren von Verlusten oder für Investitionen, meist außerhalb der Region (z. B. Klöckner). Daher wurde in großem Umfang abgerissen. Und es erschienen Aufkäufer, z. B. der berüchtigte Kaußen aus Köln. 1982 war die Rede von einer kuwaitisch-schweizerischen Finanzgruppe[16].

So gerieten in den 60er Jahren mit der

Für die Grundeigentümer, die nach Zechen-Stillegungen meist nur noch als Boden-Verwertungs-Gesellschaften weiterbestanden, versprach Hochhaus-Bau mehr Rendite. Diese Kalkulation bestand jedoch nur so lange, wie der Staat diesen Ressourcen-Verschleiß und Neubauten als sozialen Wohnungsbau förderte. Familien, die glaubten, in ihrem Siedlungs-Haus mit Garten und Nachbarschaft ihr Leben lang wohnen zu können, verstanden das alles nicht. [109]

Die Autoren mehrerer Schlüssel-Kriminalromane zur Kommunal-Politik, Leo P. Ard/Reinhard Junge, deuten die Verquickung von Interessen und Personen an: „Die Vermutung, die Handlung dieses Romans könnte frei erfunden sein, ist falsch. – Richtig ist vielmehr, daß man

nach dem Studium einschlägiger Pro-
zeßberichte gar nichts mehr erfinden
kann. – Die Vermutung, die real existie-
renden Politiker in den hier erwähnten
Provinzhauptstädten könnten ähnlich
schmutzige Finger haben wie die fiktiven
Gestalten, ist falsch. – Richtig ist vielmehr, daß sie alle ein reines Gewissen haben"[17].

Duisburg-Neumühl/ Obermeiderich: Hagenshof – eine gescheiterte Hochhaus-Planung

Vordergrund. An der Wiesbadener
Straße steht ein Hochhaus-Viertel, das
seinen Namen nach dem Gelände des
vormaligen Bauern ›Hagenshof‹ erhielt.
Typischer könnte keine Satelliten-Stadt
angelegt sein: zwischen glatten Rasen-
Flächen ragen große Blöcke empor – mit
monochromer weißer Eternit-Verkleidung, vielfältig gestuft, im einzelnen aber
mit endloser Wiederholung von wenigen

Details. [242] Die breiteste Straße hat das
Pathos einer Schloß-Allee: sie führt zu einem Supermarkt.

Hintergrund. Nach Hagenshof wurden viele Menschen aus den abgerissenen
Zechen-Häusern von Schmidthorst-
Neumühl „umgesetzt" [271]. Häufige
Klagen: Ballung von Problem-Familien,
fehlende Infrastruktur-Einrichtungen,
eine fremde, ja unwirklich erscheinende
Szenerie, Belastung durch Staub und Ab-
gase in der Wind-Richtung der Hochöfen
und des Chemie-Werkes. [378] Aber es
gibt Parkplätze für 3.000 Autos.

Sprachlich aufschlußreich ist der Zwi-
schenbericht zur Sanierung, der 1964 die
alte Siedlung mit den neuen Hochhäusern verglich: „Hier handelt es sich um
die große Aufgabe, eine hinter der allgemeinen Entwicklung der Stadt immer
mehr zurückbleibende und vom Verfall
bedrohte Siedlungszelle durch wohl-
durchdachte fördernde Eingriffe mit neuer und stärkerer Lebenskraft zu erfüllen
und so wieder zu einem gesunden Teilor-
ganismus der Gesamtstadt zu entwickeln
... Für die Sanierung ... wurde ein Pla-
nungsprinzip zugrunde gelegt, das die
Notwendigkeit einer überschaubaren
Gliederung der bisher weitläufig und un-

übersichtlich angelegten Stadtteile ver-
folgt ...“ Ziel: „... für mehr als 30.000
Menschen eine im Endergebnis ›Neue
Stadt‹ zu gestalten.“

Bei einem Besuch wurde Hans Jochen
Vogel, dem damaligen Bundesminister
für Städtebau, ein Modell mit wunder-
schönen Terrassen-Häusern vorgestellt.
Ein Journalist ließ den Bluff hochgehen.
[253]

Im Abstand von 25 Jahren ist sichtbar:
Die vollmundigen Versprechen stadtpla-
nerischer und architektonischer Qualität
wurden nicht eingelöst[18]. Die Berufung
auf künstlerische Avantgarden der 20er
Jahre erwies sich als irreführende Werbung: tatsächlich wurden deren Ansätze
nicht entwickelt fortgeführt, „sondern auf
eine solche Banalität heruntergebracht,
daß einem die Tränen kommen.“

Viele dieser Großprojekte scheiterten
an ihrer Ressourcen-Ferne, an ihren eigenen Verhältnissen, die zwar einige Probleme lösten, aber zahlreiche neue schufen,
auch an den hohen Kosten der „Totalsa-
nierung“ – und vor allem an Bürgerinitiativen, die sie zu Fall brachten. Der Druck
dieser Bürgerinitiativen und der Presse
führte dazu, daß Minister Hirsch seine
obersten „Kahlschlag-Beamten“ Peter
Mölle und Hans Georg Küppers ent-
machten und versetzen mußte. Nach
1980 wurden in der Zöpel-Ära Lehren
gezogen und andere Ziele entwickelt.

Verantwortung? Für viele Milliarden
Fehl-Investitionen wurde kein einziger
›Verantwortlicher‹ verantwortlich gemacht. Die meisten verschwanden unbe-
merkt. Dr. Hans-Georg Küppers war
1993 Baudezernent der Landeshauptstadt,
allerdings erneut umstritten.

Oberhausen-Osterfeld: Arbeiter-Siedlung Eisenheim – Bürgerinitiative zur Rettung

Vordergrund. 1844/1846 ließ die Gutehoffnungshütte eine halbe Stunde
Fußweg vom Dorf Osterfeld (heute
Oberhausen-Osterfeld) entfernt auf dem
Acker des Bauern Wesselkamp ein „neues
kleines Dorf“ bauen: Eisenheim. Es ist
die älteste Arbeiter-Siedlung im Ruhrgebiet. [133]

Wir begegnen den ältesten Häusern an
der Fuldastraße 5/7, zuerst „Kaserne“ für
ledige junge Arbeiter genannt (bis 1929
Kasernenstraße), und an der Wesselkampstraße 27/29 und 31/33, Wohnungen für
Meister. 1865/1866 entstand an der
Nordseite des Geländes in der Berliner
Straße die englisch wirkende Häuser-Kette (Nr. 8, 10, 12, 14, 16, 18, 20). Als die
Gutehoffnungshütte die Zeche Osterfeld
eröffnete, baute sie weitere Wohnungen –
nun für Bergarbeiter: 1872 das Haus Wesselkampstraße 35, das älteste mit einem
versetzten Kreuzgrundriß. Der Boom um
1900 führte zu weiteren Bauten: 1897 an
der Eisenheimer Straße und 1901 an der
Werrastraße (vor 1929 Koloniestraße).

Zwischen den Häusern liegen, umgeben von Buchsbaum-Hecken, Zier-Gär-
ten, zur Hälfte der jeweiligen Giebelwoh-
nung zugeordnet. Die Wohnungen an der
Straße und an der Rückseite haben ihre
Ziergärten hinter dem Wohnweg. Ein differenziertes Wege-Netz erschließt den
Bereich: Straße, Querwege, Wohnwege
hinter den Häusern, Wege vor dem Land
und zwischen den Parzellen der Nutz-
Gärten.

Zur Siedlung gehören ein Volks-Haus
(Werrastraße), das Volks-Museum (1979,
1990; Berliner Straße 10 c), heute getra-

gen vom Rheinischen Industriemuseum Oberhausen [428], sowie das selbstverwaltete sozio-kulturelle Zentrum in einer Reißverschluß-Fabrik, die ›Werkstatt Eisenheim‹ (seit 1980; Fuldastraße 4).

Hintergrund. Eisenheim steht als Symbol für den jahrelangen Kampf einer Bewohner-Initiative um die Erhaltung der Siedlung. Die Menschen waren betroffen, weil ihre Siedlung abgerissen und Hochhäusern Platz machen sollte. Sie wandten sich gegen den Fortschritts-Optimismus der 60er Jahre, der aufgrund seiner mangelnden Komplexität blind war und gnadenlos Werte durch Banalitäten ersetzte.

„Bauen und nichts wie weg – nach uns die Sintflut" (ein Ruhrgebiets-Architekt) – so hieß das Motto vieler Bau-Gesellschaften und Planer, das auch Eisenheim bedrohte. Einer der ersten unter denen, die gegen den allgemeinen Trend sprachen, war Martin Einsele: „Das Wohnen in dicht aufeinanderstehenden Geschoß-Bauten ist dem Ruhrgebietler fremd – allenfalls ist der lockere Zeilenbau der 50er und 60er Jahre noch zu ertragen. Und das Wohnen ›in der Fläche‹ in den grünen

Kolonien abseits der Zentren wird zunehmend höher bewertet, zumal die individuelle Mobilität inzwischen fast Allgemeingut geworden ist, auch durch die größeren Entfernungen zu den neuen Arbeitsflächen."

Anders als außerhalb des Ruhrgebietes nach 1968[19] bildeten sich im Prozeß der Altstadt-Sanierungen in der Region nur wenige Bürgerinitiativen[20]. Aber die Bedrohung der spezifischen ›Altstädte‹ der Industrie-Epoche, nämlich der Arbeiter-Siedlungen, ließ eine einzigartige Zahl von Initiativen entstehen. Diese Opposition erschütterte landesweit die Selbstverständlichkeit der Planung und schuf damit den Behörden und Bauträgern erhebliche Legitimations-Probleme. Die initiativen Bürger forderten Demokratie, Transparenz, Mitsprache und vor allem Kompetenz ein.

In diesem Zusammenhang entwickelte sich auch als Gegenthese zu den Verlusten in den Städten die Denkmalpflege zu einem umfangreichen Denkmalschutz.

Die Kette der Bürgerinitiativen. Raumplanungs-Studenten der Universität Dortmund untersuchten 1969/1970

Das niedrig liegende Fenster.

Der eigene Eingang zu ebener Erde.

Die Haustürstufen.

Die Bank vor dem Haus.

Die Hausecke.

Das Gespräch über den Gartenzaun

Requisiten als Treffpunkte.

Die Straße zum vielfältigen Gebrauch.

Das grüne Zimmer.

Der Bauspielplatz.

Der Garten als Küche.

Die Garten-Laube.

Die Werkstatt.

Das Fest der Siedlung.

Die Szenerie.

Anreicherungselemente.

die vom Flächen-Kahlschlag für einen hochgeschossigen Schwerpunkt bedrohte Siedlung Sommerberg-Winterberg (1914)[21] in Dortmund-Hörde und machten sie zusammen mit Bewohnern (Bürgerinitiative Steinkühlerweg) zum Skandal-Fall.

Obwohl die Flächen-Kahlschläge schon seit Anfang der 60er Jahre sichtbar waren und bereits die Hälfte der Zechen-Siedlungen zerstört hatten, widersetzten sich die Bewohner erst seit 1972 in breiterem Umfang: in der Organisationsform der Bürgerinitiative, die sie von der Studenten-Bewegung und vom Widerstand in historischen Altstädten übernahmen. Auf Eisenheim in Oberhausen (1972)[22] folgte im selben Jahr Bergmannsplatz in Duisburg-Neumühl[23].

Mithilfe eines Netzes von rund 50 Experten zeigten die Siedlungs-Bewohner, daß ihre Wohnbereiche erheblich höhere stadtplanerische, bautechnische, ästhetische und vor allem sozial-kulturelle Qualitäten besaß als die gängigen Bauformen. Mit dieser Kritik an der Stadt- und Wohnungsplanung gaben sie wichtige Impulse für das Nachdenken über die Städte.

Spektakulär wurden neben Eisenheim die Siedlungen Flöz Dickebank in Gelsenkirchen [281], Rheinpreußen in Duisburg-Homberg [279] und Mausegatt in Mülheim. Insgesamt bildeten sich seit 1972 rund 50 Bürgerinitiativen in Arbeiter-Siedlungen. Sie kooperierten in einer Arbeits-Gemeinschaft miteinander und halfen sich gegenseitig[24].

Die Bürgerinitiative in Eisenheim, das seit 1958 auf der Abriß-Liste stand, kämpfte rund sechs Jahre lang (1972-1978) um die Erhaltung, vor allem gegen Burkhard Hirsch, den ihnen unzugänglich erscheinenden NRW-Innenminister (1975-1980)[25]. In diesem Konflikt entfaltete der ›Quartier-Rat‹ ein weithin beachtetes sozial-kulturelles Leben in der Siedlung, mit Umwandlung der drei Wasch-Häuser zum Volks-Haus (1974), zum Kinder-Haus (1977) und zum Museum (1979). Dafür erhielt Eisenheim 1978 den Kulturpreis der Kulturpolitischen Gesellschaft: für eine beispielhafte Entwicklung des kulturellen Lebens in der Siedlung.

Meilensteine: 1972 fand in Ironbridge (bei Birmingham) der erste Internationale Kongreß für die Erhaltung industrieller Denkmäler statt. Dort wurde auch Eisenheim präsentiert. Gastgeber des zweiten Internationalen Kongresses 1975 war das Bergbau-Museum in Bochum[26]. 1973 stellte Landeskonservator Günther Borchers die Jahrestagung der bundesdeutschen Denkmal-Pfleger unter das Thema ›Denkmalpflege im Ballungs-Zentrum‹. 1974 kritisierte Bundespräsident Gustav Heinemann auf dem Architekten-Tag Nordrhein-Westfalen in Essen den Abriß von Arbeiter-Siedlungen und hob Eisenheim als ›Beispiel für soziale Architektur‹ hervor.

Zwei Abteilungen von Hochschulen, der Fachbereich Städtebau/Architektur der Fachhochschule Dortmund und die Abteilung Raumplanung der neuen Universität Dortmund spielten in den Auseinandersetzungen um die Siedlungen und dann in erweiterter Weise um Struktur-Politik und Stadt-Entwicklung eine wichtige Rolle. Engagierte Professoren wie Jörn Jansen und Peter Zlonicky gaben mit vielen Studenten den Bewohnern die Möglichkeit, ihre sozialen Erfahrungen auch im Medium der Wissenschaften gespiegelt und damit verstärkt zu sehen. So erhielten diese Hochschulen eine historische Bedeutung für die Entwicklung der Region. [417]

Viele Wissenschaftler und Planer lernten in Eisenheim und anderen Siedlungen den Zusammenhang von kleinräumiger baulicher Organisation und sozial-kulturellem Alltags-Leben zu beobachten[27]. Eisenheim setzte 1978 Mitbestimmung im Sanierungs-Prozeß der Siedlung durch und etablierte vertraglich und finanziell zwei ›Sozialarchitekten‹ (Ernst

Althoff und Niklas Fritschi, Kunstakademie Düsseldorf)[28].

Eine weitreichende öffentliche Diskussion entstand – mit Stern-Stunden der Medien: ›Vor Ort‹ mit Ludwig Metzger in WDR III[29], Carmen Thomas im WDR, Hartwig Suhrbier in der Frankfurter Rundschau, Stefan Klein in der Süddeutschen Zeitung, Wolf Schöne in der Neuen Revue, Rolf Düdder in der Westfälischen Rundschau, Thorsten Scharnhorst in der NRZ.

Der Sturmlauf gegen die hohen Häuser erreichte 1976, daß die Landesregierung im sozialen Wohnungsbau keine Wohnbauten über vier Geschosse mehr förderte. Dann verschwand das Programm der Verdichtungs-Schwerpunkte an Stadtbahn-Haltestellen geräuschlos in der Schublade.

Orts-Hinweise: Historische Schauplätze von Bürgerinitiativen. Margarethen-Siedlung in Duisburg-Rheinhausen (Gustavstraße). Moers-Meerbeck (Zwickauerstraße/Kirschen-Allee) [284]. Rheinpreußen in Duisburg-Homberg (Breite Straße); Genossenschaft: Schlegelstraße 13. Johannenhof in Duisburg-Homberg (Am Alefskamp). Rathaus in Duisburg: zweimal Hungerstreik der Rheinpreußen-Inititive (1978 und 1979) [279], mit Volks-Haus im ›Milch-Häuschen‹ (Mauerstraße 2 c). Zechenhäuser in Duisburg-Neumühl (Klaus Groth-Straße). Bergmannsplatz (1972) in Duisburg-Neumühl. Duisburg-Neumühl (Runde Hecken). Dichter-Viertel in Duisburg-Hamborn (Tieckstraße). Duisburg-Bruckhausen (Schulstraße). Siedlung Wehofen in Duisburg-Walsum-Wehofen (August Thyssen-Straße). Dinslaken-Lohberg (Haldenstraße). Kolonie Sachsen in Dorsten (Tannenstraße). Dunkelschlag in Oberhausen (Damm-/Zechenstraße)[30]. Eisenheim (1972) in Oberhausen (Fulda-/Berlinerstraße), mit Volkshaus (1974) und Volksmuseum (1979; Berliner Straße 10 c), heute Außenstelle des Rheinischen Industriemuseums. Oberhausen-Lirich (um den Uhlenbruck-Platz). Gustavstraße (1899) in Oberhausen. Ripshorster (1899)-/Werkstraße (1922/1923) in Oberhausen. [283] Bürgerinitiative des Pater Marcus in Bottrop-Welheim (Welheimer Mark). Mausegatt in Mülheim-Heißen (Mausegatt/Kreftenscheerstraße). Bonifacius-Siedlung in Essen-Kray (Bonifacius-/Kellinghausstraße).

Viktoriastraße in Essen-Katernberg. Lattenkamp in Essen-Katernberg. ›Kongreß zur Erhaltung von Arbeiter-Siedlungen‹ (1976) im Hans Sachs-Haus in Gelsenkirchen [282]. Flöz Dickebank in Gelsenkirchen-Ückendorf, mit Heini Wettig-Haus (1974) [281]. August-Straße in Gelsenkirchen-Erle [283]. Hochlarmark in Recklinghausen-Hochlarmark (Gustavstraße). Teutoburgia in Herne-Börnig (Teutoburgiastraße). Bochum-Hiltrop (Dietrich Benking-Straße) und Hiltroper Straße, mit Mieter-Rat. Obercastrop in Castrop-Rauxel (Bochumer Straße). Ickern in Castrop-Rauxel-Ickern, mit Alfons Stiller, dem ›Arbeiter-Professor‹, einem großartigen Geschichten-Erzähler (Hugostraße 2, Horststraße)[31]. Siedlung am Kanal (Volksmund: ›Negerdorf‹) in Lünen (Blücher-/Hue-/Schröderstraße [285]), mit Bürgerhaus (1978; Bebelstraße). Siedlung in Lünen-Oberbecker. Alte Kolonie in Dortmund-Eving (um den Nollendorf-Platz). Initiative Nord II (Neubau) in Dortmund (Heilige-Garten-Straße 27, Rolf Brand). Dortmund-Huckarde (Burgheisterkamp). Stahlhäuser in Dortmund-Westrich (Wartelweg). Kolonie Burgheisterkamp in Dortmund-Huckarde (Burgheisterkamp). Tremonia-Straße in Dortmund-Tremonia. Fachbereich Städtebau/Architektur der Fachhochschule Dortmund in Dortmund-Eichlinghofen (August Schmidt-Straße [278]). Abteilung Raumplanung der neuen Universität Dortmund (Baroper Straße) [278]. Steinkühlerweg in Dortmund-Hörde (Winterberg/Sommerberg). Kolonie Felicitas in Dortmund-Hörde (Felicitas). Holstein in Dortmund-Asseln (Distelbrink) [145]. Unna-Königsborn (Friedrichstraße). Grunewald-Siedung in Dortmund-Scharnhorst (Eichkamp). Bergkamen-Schönhausen (Töddinghauser Straße).

Duisburg-Homberg: Siedlung Rheinpreußen – Hungerstreik für die Erhaltung

Vordergrund. In Duisburg-Homberg liegt auf der Nordseite der Straßen-Kreuzung Moerser-/Rheinpreußenstraße ein gigantisches Hochhaus-Quartier aus den

60er Jahren. Auf der Südseite kommt der Besucher in die Siedlung Rheinpreußen (1889/1909; Rheinpreußen-, Ehren-, Hardenberg-, Adolfstraße). Das englische Vorbild ist deutlich. Es gibt eine Fülle von interessanten Szenerien.

Hintergrund. Der Schau-Platz steht für den Zusammenhang von programmiertem Kahlschlag der Arbeiter-Siedlungen und den Neubau von Hochhäusern, der hier deutlich sichtbar wird. Die Hochhäuser entstanden an der Stelle eines abgerissenen Teils der Siedlung. „Schöner Wohnen" war versprochen, aber stattdessen häuften sich Konflikte und Kriminalität.

Der Bau-Löwe Kun hatte das gesamte Viertel aufgekauft. 1971 machte er 2,6 Milliarden DM Umsatz, 1973 ging er mit 680 Millionen DM Schulden in Konkurs. Das Imperium basierte auf einem rotierenden Spekulations-Verfahren: Kredit-Aufnahme, um Schulden-Löcher zu stopfen. Nach dem Zusammenbruch mußten mehrere Personen aus der Verwaltungs-Spitze der damaligen Stadt Homberg vor Gericht bekennen, daß sie hohe „Zuwendungen" von Kun erhalten hatten, im Klartext: „Bestechungs-Gelder".

Die Rheinpreußen-Siedlung war 1966 für einen Spekulations-Preis an die Höltgen KG., Tochter der Unternehmensgruppe Kun, verkauft worden: für 32 DM m²/einschließlich Haus. Diese belieh die Liegenschaft mit dem fünffachen Kredit (150 DM/m²). Die Konkurs-Gläubiger-Bank BHF in Frankfurt wollte die „alten Hütten" nach der Kun-Pleite rasch abreißen lassen, um nun selbst den Spekulations-Wert durch den geplanten Neubau zu erlösen.

Dagegen formierte sich 1975 eine Bürgerinitiative. 1976 initiierte sie eine spektakuläre Hausbesetzung: mit der achtköpfigen Familie Helmut und Helga Vieler. Vor dem Haus kommentierte zu den vielen anteilnehmenden Besuchern ausgerechnet der bankrotte Bau-Löwe Kun: „Was Sie hier betreiben, das bringt gar nichts, das ist Anarchie. Und Gesetz und Ordnung muß bleiben." Die Bürgerinitiative machte zwei Hungerstreiks – wochenlang vor dem Rathaus in Duisburg und danach vor der BHF-Bank in Frankfurt. Die Aktionen schlugen bundesweit hohe Wellen. Schließlich hatten die Bürger Erfolg. Mit Hilfe des Landes kaufte die Stadt die Siedlung.

Genossenschaften. Rheinpreußen steht auch für das Genossenschafts-Modell. Es hat hier 1982 den ersten und einzigen Erfolg[32], beraten von den umsichtigen Sozialarbeitern Siegfried Baumeister [202] und Jochen Monhoff. 1984 gehen nach einem Kampf von fast einem Jahrzehnt 411 Wohnungen in die gemeinsame Verwaltung der Bewohner über.

Gelsenkirchen-Ückendorf: Siedlung Flöz Dickebank – Arbeitsgemeinschaft der Initiativen

Vordergrund. Zu den ältesten Siedlungen im Revier gehört die Kolonie Ottilienaue (1868), meist Flöz Dickebank genannt. Die GBAG-Zeche Alma (1862) ließ sie bauen [137, *138*]. In einem Straßen-Raster (Flöz Sonnenschein, Flöz Dik-

kebank, Virchow-, Ottilienau-, Ulmenstraße) finden wir ein kleines Zentrum: einen Platz, der einst ein Markt war. Hinter den Häusern laufen Wohn-Wege, die uns in üppige Gärten blicken lassen. Im Waschhaus, das durch Eigeninitiative zum ›Heini Wettig-Haus‹ (Ottilienaustraße) umgebaut wurde, treffen sich Bewohner zum Skat, zu Feiern und Versammlungen.

Hintergrund. 1972 beantragte die RWWAG den Abriß. Sie wollte 4-12geschossige Häuser bauen. „Da sollten die jetzigen Bewohner wie Hasen zusammengescheucht und wie Kaninchen aufeinandergestapelt werden." Eine Bürgerinitiative entstand[33]. Walter Brenk: „Da bekam ich Telefonanrufe von Hamburg, Köln, von allen, die hier groß geworden sind: ›Mensch, halt die Stellung, Walter!‹" Die Initiative, angeführt von Traudl und Hans-Georg Tomshöfer, Werner Heidl, Heini Wettig und Walter Brenk, war eine der stärksten in der langen Kette der Abriß-Abwehr.

Flöz Dickebank steht auch für ein bedeutendes und folgenreiches Ereignis:

Rates sorgte für zusätzliche Aufmerksamkeit. Hier wurde auch zum erstenmal die Forderung erhoben: Die Landes-Regierung benötigt ein Städtebau-Ministerium. Nach seinem Wahl-Sieg 1980 richtete Johannes Rau es ein. [258]

Flöz Dickebank steht weiterhin für ein Engagement von Bereichen der evangelischen Kirche: Der Industrie-Pfarrer Kurt Struppek stellte Unterstützung und Räume zur Verfügung. Ähnlich halfen in Dortmund-Eving Pfarrer Süselbeck, in Unna-Königsborn Alfred Buß, in Duisburg-Bruckhausen Michael Höhn und in Gelsenkirchen-Resse Pfarrer Gerhardt.

Im Herbst 1976 kam das erste Geld für die Erhaltung von Kolonien. „Auch der zunächst mit formaljuristischen Vorwänden heftig widerstrebende Düsseldorfer Innenminister Burkhard Hirsch mußte schließlich ein Landes-Förderungsprogramm für ›Wohnbereiche mit besonderer

Plakat und Postkarte der Arbeitsgemeinschaft.

1976 initiierte der Gelsenkirchener Oberstadtdirektor Heinz Meya im Hans-Sachs-Haus den wichtigen ›Kongreß zur Erhaltung von Arbeiter-Siedlungen‹[34]. Zum ersten Mal entstand eine Sprache, die Kommunikation herstellte: zwischen der Arbeitsgemeinschaft der Bürgerinitiativen, Experten, Revier-Kommunen und Land. Die Schirmherrschaft des Europa-

Sozialstruktur (Arbeitersiedlungen)‹ hinnehmen" (Hartwig Suhrbier).

In der Mitte der Region gelegen war Flöz Dickebank der wichtigste Kristallisations-Ort der Arbeits-Gemeinschaft der Initiativen. 1994 – nach 22 Jahren – arbeitete sie immer noch. Sie trifft sich einmal im Monat einen ganzen Samstag – reiherum in den Siedlungen[35].

Der Ruhrgebiets-Literat Kurt Küther: Von Dickebank bis Eisenheim. „Zechensiedlungen am Rand der Stadt / Kohle legte den Grundstein / Öl wollte die Mauer einreißen / Miethaie witterten leichte Beute / Gut gebrüllt Baulöwen / Aber die Wurzeln saßen tief / in den Kohlenflözen / unter Dickebank und Eisenheim /Holten sie ihre Kraft / aus den Gedingekameradschaften vor Ort / die schon immer um jeden Pfennig kämpfen mußten / Zeigten den Individualitätsverkündern / was es heißt / über Gartenzäune hinweg / sich selbst zu verwirklichen / Ließen die Abrißbirnen baumeln / die Bagger stillestehn / Erfolge haben viele Väter / und meistens keine Mütter / Gartenstadtapostel preisen neu die alten Wohnqualitäten / die wir so tief vor Ort / von Dickebank bis Eisenheim / schon immer zu schätzen wußten!" (1992)

Oberhausen: Siedlung Ripshorster Straße – Haus-Besetzung

Vordergrund. Hinter dem Ufer-Weg am Rhein-Herne-Kanal [294] und einer Aue-Wiese der alten Emscher steht eine kleine Siedlung: Ripshorster Straße (1899) und Werk-/Thomasstraße (1922/1923). Wer genau hinsieht, entdeckt die ästhetischen Qualitäten der 20er Jahre-Bauten. Nebeneinander leben hier Subkultur und türkische Mitbürger.

Der Hintergrund. Die Siedlung steht für eine Anzahl von Haus-Besetzungen im Kampf um die Erhaltung. Ihre Besetzung wurde 1981 in einer Küche in Eisenheim „ausgebrütet". Junge Leute setzten sie um: Sie zogen in die vielen für den Abriß leergezogenen Wohnungen ein. Eigentümer Thyssen und Stadt tolerierten sie. Ein preisgekrönter Wettbewerbs-Entwurf zur Erweiterung der Siedlung mit ähnlichen Bauten in Selbsthilfe (Grüneke) wartet auf Realisierung.

Weitere junge Leute in Oberhausen besetzten die Siedlung Gustavstraße (1899). Mit den Bewohnern zwangen sie die Stadt, sie zu erhalten. Im Zusammenhang mit den Kämpfen um die Arbeiter-Siedlungen scheiterte auch die Abriß-Sanierung im historischen Kern von Dortmund-Dorstfeld am Widerstand einer Bürgerinitiative. Studenten der nahen Universität besetzten Häuser. Eine spektakuläre Haus-Besetzung fand in der Siedlung August-Straße (1882) in Gelsenkirchen-Erle im Haus Nr. 5 statt[36]. Die älteste Akteurin war über 90 Jahre alt.

Moers-Meerbeck: Garten-Siedlung Meerbeck – anstelle einer Stadt-Halle

Vordergrund. Südlich der Schachtanlage Rheinpreußen entstand 1909/1914 eine der größten Garten-Siedlungen im Ruhrgebiet. Vor allem das Viertel zwischen Glückauf-, Ruhrstraße und Kirschenallee zeigt dem Besucher ein breites Spektrum von Wohnqualität und Szenerien.

Hintergrund. Die Siedlung sollte verkauft werden. Aus Furcht vor Vertreibung entstand eine Bürgerinitiative. Das Verhandlungs-Ergebnis: Die Stadt Moers kam auf den sozialen Gedanken, auf den Bau ihrer geplanten Stadt-Halle zu verzichten und 1980 in den Kauf eines Stadt-Viertels zu investieren: in 1.300 Wohnungen.

Dies wurde möglich durch die ›Umsteuerung‹ der Städtebau-Politik in der Zöpel-Ära: Landeshilfe griff der Kommune unter die Arme. Anschließend ließen Stadt und Land die Garten-Siedlung so ausgezeichnet restaurieren, daß sie heute eines der interessantesten Viertel ist[37].

Lünen: Das ›Neger-Dorf‹ – Siedlungs-Leben in sozial-kultureller Gemeinschaft

Vordergrund. Die Häuser an der Westseite der großen Siedlung ketten sich zu einem ausgreifenden Halbrund zu-

sammen. Die einfache und gleichwohl spektakuläre Inszenierung gipfelt in einem Tor-Haus. An ihm zeigen Reliefs, daß die Bewohner die Ausgräber des schwarzen Goldes waren. Weil viele Leute dieses Halbrund wie einen Kral empfanden, nannte der Volks-Mund die Siedlung das ›Neger-Dorf‹.

Die Siedlung am Kanal (1920/1922 von Rudolf Winzer, Dortmund) [159] war eine der größten Planungen im Revier: wie eine Stadt in der Stadt sollte sie funk-

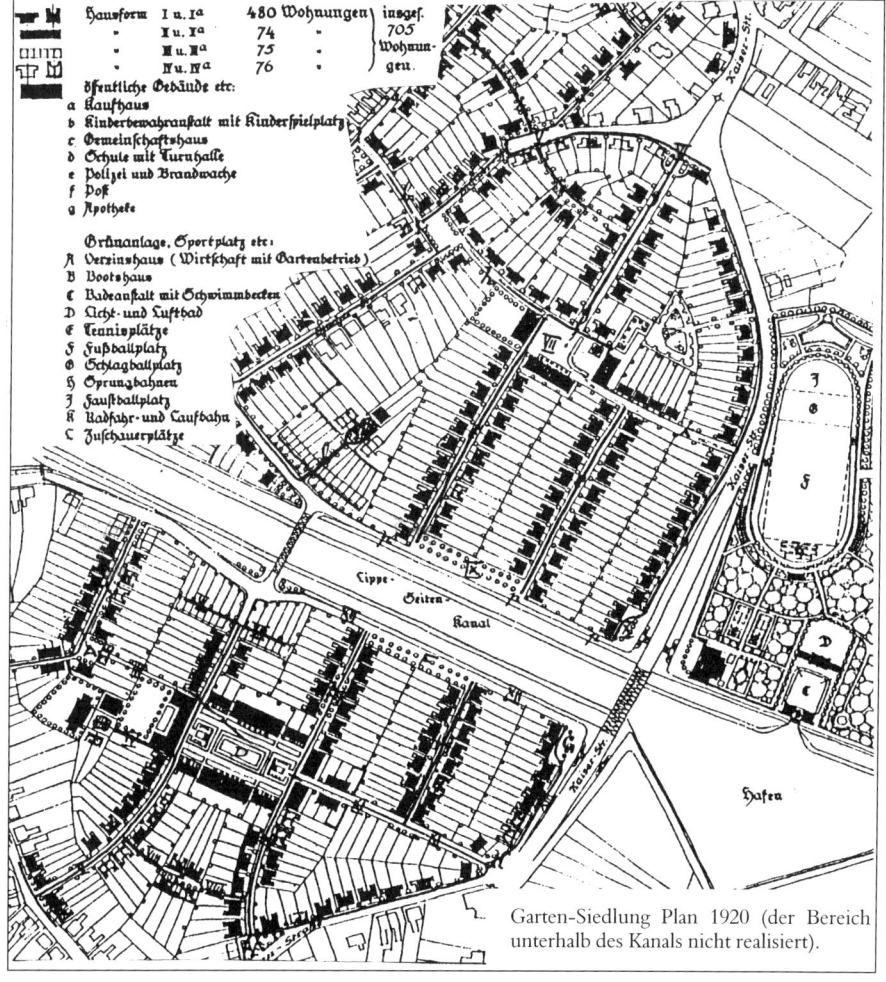

Garten-Siedlung Plan 1920 (der Bereich unterhalb des Kanals nicht realisiert).

tionieren. Ursprünglich war sie zu beiden Seiten des Wassers geplant, wurde jedoch nur an der Westseite realisiert (Blücher-/Hue-/Liebknecht-/Schröderstraße). Eine komplette Infrastruktur sollte entstehen: Kaufhaus, Schule, Kindergarten, Gemeinschafts-Haus, Sport-Anlagen. Aber schwierige Zeiten verhinderten auch dies. **Hintergrund.** Die Siedlung ist ein Beispiel für sozial-kulturelles Gemeinschafts-Leben im Ruhrgebiet. Sie hat es am weitesten entwickelt.

1975 drohte ein Plan: in den Gärten sollten die üblichen hohen Häuser gebaut werden. Die Bevölkerung wehrte sich: sie organisierte sich zunächst als Bürgerinitiative, wandelte sie jedoch sofort zu einem dauerhaften Verein um[38]. Den glänzend vorbereiteten Versuch, die Siedlung genossenschaftlich zu erwerben und zu verwalten, setzten Eigentümer und Politik ein harsches Nein entgegen und ließen ihn scheitern. Der Eigentümer setzte die Privatisierung der Häuser durch. Aber der genossenschaftliche Gedanke war so stark, daß der Verein dieser erzwungenen Privatisierung energische Regeln setzte. Zwar hinterließ sie Spuren, aber die schlimmsten Folgen wurden gemeinschaftlich abgewendet. „Wir haben eine Gestaltungs-Satzung – bei uns kann nicht jeder machen, was er will. Und wir haben uns nicht zerstritten, sondern sind zusammengeblieben" (Karl Walter).

Vor allem beflügelt von der nie ermüdenden Phantasie und organisatorischen Energie des Vereins-Vorsitzenden Karl Walter entwickelte sich der Zusammenschluß rasch zum umfangreichsten kulturellen Unternehmen in einem Wohnbereich. „Die Leute brauchen immer einen, der anstößt. Wenn das läuft, kommen auch andere und fangen etwas mit den Situationen an." Karl Walter kümmert sich um alles in der Siedlung: die Mitglieder organisieren vielfältige Kommunikation und vielerlei Hilfen für alle Generationen. Die Versammlungen und die vielen Feste quellen über an Teilnahme, Initiative und Programm. Höhepunkt und sprudelnde Einnahme-Quelle ist das alljährliche Kanal-Fest im Sommer, das Tausende von Menschen am Ufer erleben.

In der städtischen Politik ist die Gemeinschaft ein beachteter Einfluß-Faktor. Der Verein zeigt beispielhaft, welche Ressourcen die sogenannten Kleinräume des Quartiers besitzen und wie sie genutzt werden können.

Das ›Neger-Dorf‹ steht auch für Volks-Häuser im Ruhrgebiet. [411] Denn der Verein mietete 1978 ein Haus und baute es als ›Bürger-Haus‹ aus. Da kommen Urgroßmutter Irmgard, Großmutter Karin, Mutter Inge und zwei putzige kleine Enkelinnen, Jenny und Miriam, zusammen. Sie wohnen alle nur fünf Minuten voneinander entfernt." Dann kommen auch noch Uronkel Willi und die Großtante Maria. „Onkel Willi, haste mich nen Frosch mitgebracht? Onkel Willi, fängste mich nen Frosch?" – „Ich fang dich keinen Frosch." Viele Frauen haben Kuchen und Torte gebacken und mitgebracht.

Hinter der Küche ist nach hinten ein Anbau entstanden: ein mittelgroßer Saal für die Feiern. „Alle größeren Feste machen wir in der Gaststätte. Aber viele Leute, die hierher kommen, gehen nicht in die Kneipe." Die Frauen schwärmen noch von der Weiber-Fastnacht, die lustig war.

An den Wänden hängen viele Fotos von den Feiern. Jeder der vielen Leute hier kann sich dort widergespiegelt finden. Rundherum zeigen die Wände Andenken an den Bergbau. An der Decke hängt ein Schild, das dem Raum seine Bedeutung gibt: ›Flöz Mausegatt‹.

Die beiden Männer mit den „Quetschen" werden „Freizeit-Musikanten" genannt. Sie bringen mit einem Gemisch von Volks-Liedern, Schlagern und Karneval. die Leute zum Mitsingen und zum Schunkeln. Alle Generationen.

Ein Mann wird lautstark begrüßt und umjubelt. Der „Kiepenkerl" Jupp Witte.

Er wohnt in Lünen. Seine Vorfahren waren „echte Kiepenkerle. Sie liefen zu Fuß mit 60 Pfund auf dem Rücken noch in den 20er Jahren vom südlichen Münsterland nach Dortmund." Solche Kiepenkerle gründeten berühmte Kaufhäuser: Die Brenninkmeier, Hettlage und Sinn waren Kiepenkerle aus Mettingen und Umgebung, die besondere Formen von Leinen verkauften."

Nördlich der Lippe spricht Jupp Witte münsterländisches Plattdeutsch, südlich märkisches Platt. Seit 1979 hat er Veranstaltungen in ganz Westfalen. Jupp lobt die Siedler: „Wenn bei euch wat los is, macht ihr für die ganze Stadt was." Jupp macht derbe Sprach-Spiele mit Bildern und Übertreibungen, die die Leute zum Lachen bringen. „Ich hab manchmal Rübenkraut, dat zieht sich so hin, das hab ich morgen noch hinter die Ohren." „Ich sag ja: gut! die eine Hälfte ist besoffen, die andere muß darauf aufpassen."

Mit gewaltiger Stimme singt er die Strophen eines Liedchens und animiert die Leute zum Mitsingen des Refrains. „Laßt uns in Lünen lustig und durstig sein ... putzmunter sein!" Fast jedesmal kommt er mit einem neuen Lied, das er eigens für die Siedlung gedichtet hat. Dann erzählt er Witze – einen nach dem anderen. Das Volk ruft auch nach dem Mann mit weißem Haar: Heinz Möller, von Beruf bei einer Maschinenbau-Firma. Die beiden Männer veranstalten eine Staffette im Witze-Erzählen. Dazwischen immer wieder Liedchen. Beifall als Jupp feststellt: „Es gibt viele Vereine, in denen die Jugend fehlt – aber hier nicht."

Datteln: Siedlung Beisenkamp – Folgen der Privatisierung

Vordergrund. Eine architektonisch und szenisch so außerordentlich schöne Siedlung wie Fürst Leopold (1913 von H. W. Eggeling) in Dorsten-Hervest (Halterner Straße/Glück-Auf-Straße) könnte heute auch die Beisenkamp-Siedlung (1907 von Robert Schmohl) in Datteln (Castroper-/Beisenkampstraße/Löringhof) sein – aber sie ist es nicht mehr. Zwischen beiden Siedlungen liegen inzwischen Welten. Nur noch zu ahnen ist die Garten-Stadt als Dorf – mit einfachen bauernhaus-artigen langen Spitzdächern, im Wechsel von Giebel und Traufe. Heute ist sie eine Ausstellung all dessen, was die Bau-Märkte anbieten.

Hintergrund. Nach der Rettung der Siedlungen entstand seit 1980 für viele Siedlungen der Region ein neues Problem: Sollen die Häuser einzeln privatisiert werden? Dazu neigten vor allem Grundbesitzer, wenn Zechen und Stahlwerke geschlossen und keine Werks-Wohnungen mehr benötigt wurden. Gravierend wuchs das Problem, wo Grundbesitzer lange Zeit keine Erhaltungs-Investitionen gemacht hatten und nun Ausgaben anstanden, die sie gern an Erwerber abwälzen wollten. Vorreiter waren die Klöckner AG und die Harpener AG, die in der Region keine Produktions-Stätten mehr besaßen und nun von der Grundstücks-Spekulation lebten.

Die Gefahr drohte, daß durch die Privatisierung alle Mieter mit geringer Kauf-Kraft, vor allem alte Leute, ihr Haus einem kauf-kräftigen Erwerber von außen überlassen müßten. Hinzu kam die Erfahrung, daß viele Erwerber ihre Häuser durch Umbau „verhunzten und damit das Bild der Siedlung zerstörten." Peter Zlonicky (Universität Dortmund) hielt

die „Privatisierung für eine andere Form
der Flächensanierung"[39].

Das Verhältnis der Bewohner untereinander wandelte sich überall dort, wo es
durch neue Zeichen-Gebung an Bauten,
vor allem durch Prestige-Signale, vergleichbar mit Autos, zu einer Konkurrenz
kam.

Der Planer Martin Einsele, mit dem
Auftrag betraut, die Garten-Siedlung Beisenkamp in Datteln zu untersuchen,
wandte sich gegen eine Privatisierung –
wegen des sozialen Friedens. Er stellte
eine Art Handbuch für Gestaltungs-Re-
geln zusammen. Bürgermeister Nigge-
meyer veränderte jedoch ohne Rückspra-
che die Planung. Heute ist die Siedlung
ein groteskes Negativ-Beispiel für eine
„Verschlimm-Besserung."

Orts-Hinweise: Siedlungs-Privatisierung. Siedlung am Kanal (1920/1922) in Lünen (Friedrich
Ebert-/Schröder-Straße). Beisenkamp-Siedlung
in Datteln (Beisenkampstraße), als Negativ-Beispiel. Siedlung (um 1895) der Zeche Königsgrube
in Herne-Eickel-Röhlinghausen (Siegfried-/Gu-
drunstraße), als Negativ-Beispiel. Lattenkamp/Le-
seband in Essen-Katernberg, als Negativ-Beispiel.
Jacobi-Siedlung (1914 von Carl Weigle) in Oberhausen-Osterfeld (Huyssenstraße): „Durch ein-
greifende Veränderungen kein Baudenkmal
mehr". Eifelstraße in Oberhausen-Osterfeld, als
Negativbeispiel. Oberhausen-Lirich (Uhlenbruck-Platz), als Negativ-Beispiel für Umbau. Ei-
feler-/Borbecker Straße in Oberhausen-Osterfeld,
als Negativ-Beispiel. Mausegatt (um 1905) in
Mülheim (Mausegatt-/Kreftenscheerstraße), als
relativ domestizierte Privatisierung (Satzung).
Margarethensiedlung (1903/1905 von Robert
Schmohl) in Duisburg-Rheinhausen (Friedrich-
Alfred-/Schwarzenberger-/Industrie-/Eisen-/Otto
Lenz-/Franz Niederstraße), erweitert 1912/1913,
1922, 1939 (Margarethenstraße/Andreasstraße,
Krupplatz viereckig, mit sternförmigen Straßen,
Barbarastraße).

Dortmund-Eving: umfassende Ensemble-Denkmalpflege im ganzen Stadt-Bereich

Vordergrund. In den 60er Jahren hät-
te jedermann gesagt: die Dortmunder
Vorstadt besitzt – ebensowenig wie andere
Vorstädte – kein einziges Baudenkmal.

Tatsächlich sehen die Straßen auf den ersten Blick nicht wie Denkmal-Bereiche aus. Auch nicht Bauten wie zum Beispiel die Gaststätten ›Grüne Tanne‹ (1871, Anbau 1909; Bayrische Straße 173/175), volkskundlich bedeutend für die Geschichte der Besiedlung, ›Husemann‹ (1914; Bayrische Straße 203) und ›Haus Kölm‹ (um 1900, Anbau 1924; Evinger Straße 307), einst auch ein Kino. Neben ihnen gibt es Ensembles: die Deutsche Straße/Preußische Straße und Waldecker Straße sowie eine Reihe von Siedlungen (u.a. Kirdorf, Wrangel-/Königsgräzer Straße, 1912 ff. von Zimbel; An den Stahlhäusern 6/16; Bayrische Straße 123/140, 181/203; Evinger Straße 261/309; ›Sonnenseite‹, 1926/1927 von Hans Strobel, Württemberger/Waldecker Straße). 1987 wurde die Zeche Minister Stein[40] stillgelegt. Erhalten blieben: Förderturm Schacht 4 *[336]*, Gasometer, Verwaltungs- und Kauen-Gebäude. Hier entsteht das IBA-Projekt ›Neue Mitte Dortmund Eving‹ mit Gewerbe und Wohnungen.

Hintergrund. Nach langen und kontroversen Diskussionen trat 1980 das ›Gesetz zum Schutz und zur Pflege der Denkmäler im Lande Nordrhein-Westfalen‹ in Kraft. Die Skepsis: Wenn der Denkmalschutz vom Kultusminister zum Bauminister übergehe, werde sich dort die Bau-Lobby durchsetzen. Weiterhin wurde befürchtet, daß die Denkmal-Ämter Westfalen und Rheinland zu Ratgebern entmachtet würden und stattdessen die Stadt-Parlamente mit ihren Bau-Ausschüssen, denen Kritiker „wenig Kompetenz und viel Kungel" zutrauten, den Denkmal-Schutz zersetzten.

Es kam ganz anders. Die Kommunen waren gezwungen, eigene untere Denkmal-Schutz-Behörden einzurichten. Damit wurde Denkmal-Schutz zu einem kommunalen Thema – zu einem Vor-Ort-Lernfeld mit vielen Schmerzen, aber auch Ergebnissen. Insgesamt wurde eine ziemlich kompetente Besetzung dieser neuen Ämter erreicht – in der Regel entwickelten die Personen, obwohl sie erheblichen Widerständen gegenüberstanden, ein Sach-Gewicht. Wenn, seit es das Gesetz gibt, die Kommune sich nicht für ein Denkmal entscheiden will, kann der Landeskonservator beim Minister vortragen und dieser entscheidet. Denkmalschutz kann also nicht an einer Kommune scheitern.

Eine entscheidende Rolle spielte Städtebau-Minister Christoph Zöpel. „Ich wußte: Interessenten und Skeptiker warteten, daß ich den ersten Fall, der mir zur Entscheidung vorgelegt wird, gegen den Denkmalschutz entscheide. Das habe ich

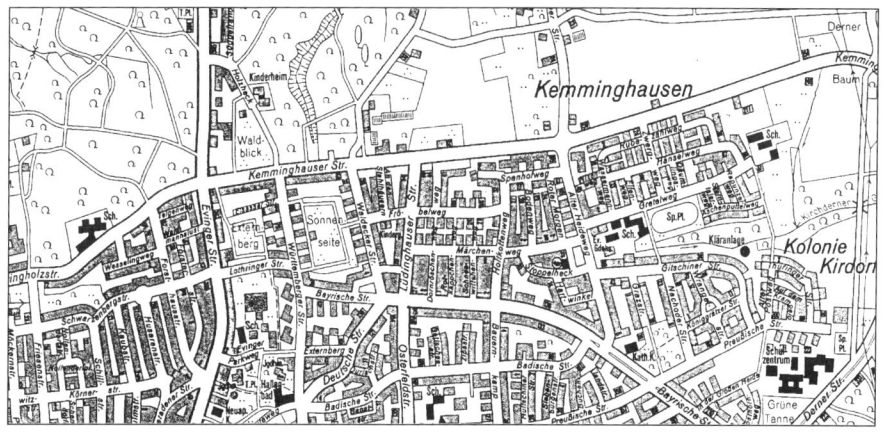

nicht getan – und auch in der Folge in jedem Fall zugunsten der Denkmalpflege entschieden."

Damit war das Eis gebrochen. Inzwischen ist der Denkmalschutz in Nordrhein-Westfalen gut etabliert, auch wenn einzelne Kommunen immer noch versuchen, sich an ihm vorbeizumogeln und die Denkmalpflege „nicht immer den Biß hat, den sie braucht" (Helmut Bönninghausen).

NRW weist die meisten Bau-Denkmäler unter allen Bundesländern auf. Das Beispiel machte in der BRD Schule. Vor allem besitzt NRW das breiteste Spektrum an Denkmälern.

Die wohl konsequenteste Aufbereitung eines Stadtteils leistete der zweibändige ›Denkmalpflegeplan Dortmund Eving‹ (1992)[41]. Unter den Dimensionen ›Orts- und Sozialgeschichte, Bergbau, Vereinswesen, Landschafts- und Grünflächen, Freizeitanlagen‹ wurden die Einzeldenkmäler eingehend und in Zusammenhängen so erschlossen, daß sie nun auch jeder verstehen kann. Damit ist nach einer Generation der Suche nach einem neuen, der Industrie-Gesellschaft angemessenen Denkmal-Begriff ein vorbildhafter Meilenstein aufgestellt: auf dem Weg zu einer Präsentation, die nicht mehr auf Auratisierung, sondern auf vielschichtige Aufklärung setzt.

Bis 1980 war der Denkmal-Schutz auf seine eigenen eng begrenzten Mittel angewiesen. Minister Zöpel ging an das Problem als erster auch strukturell heran[42], indem er Denkmal-Schutz als eine normale Dimension des Planens und Bauens ansah: In allen Maßnahmen versuchte er, normale Förder-Mittel einzusetzen, meist nach dem Städtebau-Förderungs-Gesetz. Das waren für die Industrie-Bauten Sanierungs-Mittel zur Umnutzung und für Arbeiter-Siedlungen Wohnungsbau-Mittel. Als erster „vernähte er Töpfe", d.h. schuf eine Integration der staatlichen Förderungs-Zweige.

Orts-Hinweise: Denkmalschutz als Stadt-Entwicklung. Siehe S. 268/269. Denkmal-Schutz als Stadtentwicklung zeigt sich in der Straße der Leder-Fabriken in Mülheim, wo historische Bau-Substanz als Start für die Arbeits-Kultur der Zukunft bereitsteht: Leder-Fabrik Lindgens (Kassenberg 2), 1861 Firma, prägend die viergeschossige Backsteinbau mit zwei Seiten-Risaliten (1915/1916 von Franz Hagen, Mülheim). Schräg gegenüber Leder-Fabrik Karl Abel (Düsseldorfer Straße 269), 1864 Firma, am Bau ist das Wachsen einer Fabrik ablesbar: 1885, 1888 und weitere Phasen. Wohnhaus. Gerberei, Lager-Hallen, Trockenböden. Leder-Fabrik Möhlenbeck (Düsseldorfer Straße 189/191), 1889 Firma, 1896 Bau, 1908/1910 Backsteingebäude. 1910 Büro-Haus mit Jugendstil-Fassade und rückwärtiger Kraftzentrale mit Kamin.

Hamm-Werries: Maximilian-Park – Gartenschau als Ressourcen-Umnutzung

Vordergrund. In Hamm-Werries fand 1984 auf dem Gelände der Zeche Maximilian (1902 angelegt, 1917 ›abgesoffen‹) die Landes-Garten-Schau statt: dadurch entstand der Maximilianpark (Martin/Predik; Grenzweg 76; Lange Reihe), der heute für Hamm und Umgebung eine spannende Attraktion ist. Er zeigt, wie schön ökologische Gestaltung der Natur sein kann. Es gibt einen geologischen Lehr-Pfad, einen Halden-Kultivierungspfad und ein schulbiologisches Zentrum. Die Zechen-Ruinen sind in die ›neue Landschaft‹ eingebettet und bilden ›poetische Orte‹. Ebenso sind Denkmäler Stätten zum Nachdenken, z. B. ›Schacht-Annalen‹.

Industrie-Denkmäler wurden umgenutzt. Der Verwaltungs- und Waschkauen-Bau (1913/1914) dient Veranstaltungen. Die Elektro-Zentrale (vor 1908), die

Werkstatt-Halle und das Fördermaschi-
nen-Haus (vor 1908), heute die Maximi-
lian-Halle, wurden zu Ausstellungs-Räu-
men umgebaut. An der Kohlen-Wäsche
ist das Aufzugs-Haus als begehbare Plastik gestaltet: als ›gläserner Elefant‹ (34 m
hoch; Horst Relleke, Stuttgart). Er steht
in der Kette der Glas-Architekturen wie
der Glas-Palast in London von Paxton
(1851) und das Glas-Haus in Köln von
Bruno Taut (1914). Auf dem ausgedehnten Gelände befindet sich ein Eisenbahn-

Museum mit einer Museums-Eisenbahn.
Hintergrund. Der Maximilian-Park
steht als Beispiel dafür, daß Sondermittel
nicht mehr für die einmalige Show ausgegeben werden, sondern auf ›Nachnut-
zung‹ zielen. Daher wurde das Vorhaben
als ein Rekultivierungs-Projekt angelegt,
das eine uralte Industrie-Brache in einen
Landschafts-Park (22 ha) umwandelte.
Dies geschah nicht als Wiederholung alter
Klischees, sondern in Zukunfts-Orientierung: mit ökologischer Zielsetzung.

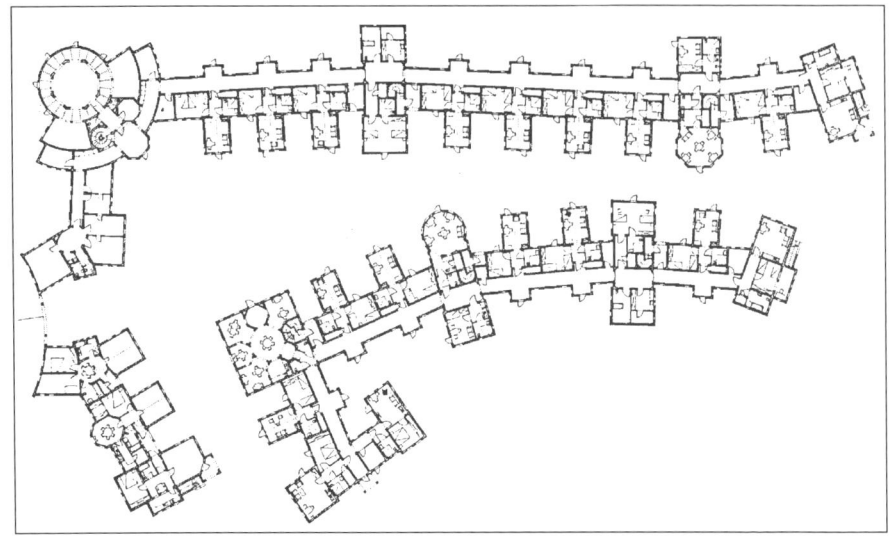

Szenische Architektur (1986/1994 von Rob Krier/Christoph Kohl) im ›Dorf‹ Mülheim-Selbeck.

Mülheim-Selbeck: betreutes Wohnen für Behinderte und Alte im modernen ›Dorf‹

Vordergrund. 1982/1986 entstand das „alte Dorf" (von Eckhard Feddersen/Wolfgang von Herder, Berlin, sowie – in „Zwist-Beziehung" – von Aribert Riege, Mülheim). Dahinter wuchs 1986/1994 das „neue Dorf", das mehrere Architekten in interessanter Unterschiedlichkeit gestalteten[43].

Östlich entwarfen Rob Krier/Christoph Kohl (Wien) um einen länglichen Platz Wohnhäuser. Wir sehen rote Streifen, zwei Türmchen, Satteldächer, kurze Zwischenhöfe, Gemeinschafts-Räume, ein Bistro, eine Kapelle (ursprünglich als Therapie-Zentrum geplant) sowie einen Holz-Pavillon. Südlich davon baute um einen Architektur-Platz Peter Kulka

(Köln) schräggestellte Häuser und ein Pfarr-Haus für Dr. Hildemann. Feddersen/von Herder (Berlin) gestalteten weitere Bauten. Walter van Lom (Köln) schuf zwei L-förmige Wohnhäuser mit hohen halböffentlichen Innenraum-Qualitäten. Hinrich Baller (Berlin) entwickelte das Dorf-Zentrum mit seinen geschwungenen Dächern.

Hintergrund. Mit Leidenschaft wandte sich der evangelische Pfarrer Klaus D. Hildemann, leitender Direktor der Stiftung Theodor Fliedner-Werk (Diakonie) in Mülheim, gegen die Ideologie von Heimen („totale Institution") für behinderte und alte Menschen und forderte ihre mitmenschliche Einbettung unter den Maximen ›Normalität, Individualität und Integration‹. Dafür organisierte er diese konkrete Alternative für über 800 Menschen. Ein weiteres ›Dorf‹ entsteht in Gevelsberg. Als angemessene Form für eine komplexe Lebens-Umwelt wählten er und die Planer die Gartensiedlungs-Idee, die hier nun weiterwirkt.

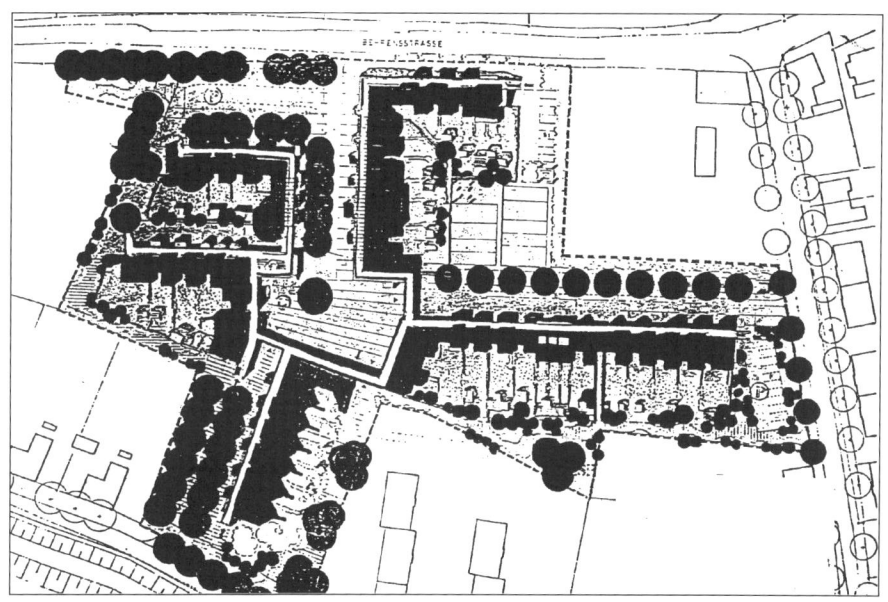

Oberhausen-Alstaden: Werkbund-Siedlung Ruhrgebiet am Ruhr-Ufer – Mitbestimmung und Selbsthilfe von Bewohnern

Vordergrund. Wenige Schritte vom interessanten Ruhr-Ufer entfernt entstand 1984 auf dem leergeräumten Gelände der Zeche Alstaden in Oberhausen-Alstaden die Werkbund-Siedlung Oberhausen (Behrens-/Steigerstraße/Im Streb/Hauerweg)[44]. Unter der Federführung von Werner Ruhnau (Essen) arbeiteten mehrere Gestalter (Richard Bödeker, Heinz Döhmen, Wolfgang Meisenheimer, Mirko Schulz, Hans Uelner) und entwarfen – jeweils mit unterschiedlichen „Handschriften" – 114 Eigenheime und 39 Alten-Wohnungen.

Der Bereich besitzt ein architektonisches Rückgrat: Eine Art ›Stadtmauer‹ (der Begriff ist hier semantisch zweifelhaft) bildet Winkel, die Plätze und Bereiche formen. In den sechs Häuser-Zeilen selbst markiert die Mauer zwei unterschiedliche Strukturen: vorn gibt es einen auf gemeinsame Regeln abgestimmten öffentlichen Bereich und hinten einen privaten, in dem jeder Bewohner „seine eigenen Spiele inszenieren kann".

Die roten Ziegel-Fassaden sind mehrschichtig und damit szenisch angelegt. An ihnen bilden oft Ranken-Pflanzen vertikale Gärten. Alle alten Bäume wurden gerettet. Die Rückseiten der Häuser erhalten durch Garten-Wege eine Halb-Öffentlichkeit, wie sie viele Arbeiter-Siedlungen besitzen. Auf dem Platz steht ein Bürgertreff, eine Art Gaststätte, die zugleich dem Stadtviertel Alstaden dient, betrieben von ›Ruhrpott e. V. gemeinsam leben und wohnen‹ und der Bau- und Wohnungsgenossenschaft.

Hintergrund. Der Werkbund, der 1907 als eine interdisziplinäre Vereinigung zur Entwicklung einer industriell orientierten Kultur gegründet wurde [177], regte als Demonstrativ-Bauten 1927 die Weißenhof-Siedlung in Stuttgart an. Dort realisierten unter der Leitung von Mies van der Rohe viele avantgardistische Architekten ihre Ideen jeweils in einem Haus. Kurz danach folgte unter der Leitung von Walter Gropius die Dammerstock-Siedlung 1929 in Karlsruhe.

In Oberhausen zielte das Experiment auf das Neuland der eigenen Zeit: auf Gebrauchswerte, auf Bewohner-Beteiligung und Bewohner-Selbsthilfe. [312] „Beispielhafte Architektur und kostengünstiges Bauen sollte sich mit neuen Formen der Wohnungsbau-Organisation verbinden", sagte Hans Otto Schulte, der als Planungsdezernent treibende Kraft war. Das ›Solidarprojekt‹ wurde vom Zöpel-Ministerium gefördert. Die Konstellation: Eine Trägergesellschaft und Gruppen-Selbsthilfe arbeiteten zusammen. Die Architektur im Rückbereich läßt sich in Zukunft von den Bewohnern weiterbauen. Die Wohnungs-Grundrisse sind flexibel für den Fall, daß sich die Familie durch Zuwachs oder Verkleinerung verändert. Ein Werk-Raum in jedem Haus symbolisiert das tätige Wohnen: Bauen ist auch über den Einzug der Familie hinaus ein Prozeß.

Das Projekt lief durch viele Schwierigkeiten und Konflikte, auch zwischen Bewohnern und Planern. Bei so umfangreicher Mitbestimmung kehrten sich die Verhältnisse häufig um: oft fühlten sich Planer wenig verstanden. Das Ergebnis ist innerhalb des Werkbundes nicht unumstritten. Die wichtige und attraktive Brücke, welche die Zeilen der begehbaren ›Stadtmauer‹ verbunden hätte, wurde nicht gebaut. Und in der Mitte der Siedlung errichtete sich ein ›Bau-Herr‹ – entgegen aller Werkbund-Tradition und zum Entsetzen der Planer – eine Burg mit Zinnen und Türmchen.

Oberhausen: die ›Grüne Mitte‹ oder ›Öko-Kathedrale‹ – eine Planungs-Idee für die Gemenge-Stadt

Vordergrund. Nahe der Galerie Schloß Oberhausen und neben der Garten-Siedlung Am Grafenbusch (1910/ 1922 von Bruno Möhring) beginnt an der Konrad Adenauer-Allee einer der seltsamsten Ausflugs-Wege: ein Pfad schlängelt sich am südlichen Ufer des Rhein-Herne-Kanals durch wildes Gelände – mit vielen Szenerien: es ist der kulturelle Öko-Pfad (1982) mit zahlreichen ›Nachdenk-Zeichen‹, von einer Reihe von Künstlern geschaffen. Im Osten endet er an der Osterfelder Straße in einer archaisch wirkenden Anlage, die an den Torbau in Mykene denken läßt. Eine eigentümliche Stimmung herrscht: Urtümliches und Industrie leben in einer anregenden Symbiose zusammen, vor allem in Gestalt einer übereinanderlaufenden Brücken-Konstruktion und vorbeirauschenden riesigen Schiffen.

Hintergrund. Am Anfang der 80er Jahre entwickelten Hans Otto Schulte, Planungsdezernent, und Dieter Blase ein Konzept für Industrie-Brachen. Der Stadtentwicklungsplan 1986 zielte auf die „Umstufung von Grau nach Grün als ökologische Flächen-Politik" (Dieter Blase). Er sah Brachen als Chance an, Defizite der Gemenge-Lage zu beheben[45]. Angesichts der Schwierigkeiten, Investoren zu gewinnen, schlug er einen Umweg vor: Die Industrie-Brachen sollten zu positiven ›weichen Standort-Faktoren‹ für qualifizierte Gewerbe umgewandelt werden. Die Emscher Zone sollte sich zur ökologischen ›Grünen Mitte Oberhausen‹ entwickeln (Rhein-Herne-Uferprogramm, mit 100 Hektar Thyssen-Gelän-

Öko-Pfad am südlichen Ufer des Rhein-Herne-Kanals in Oberhausen zwischen der Siedlung Am Grafenbusch und der Osterfelder Straße: poetische Orte zum Nachdenken – Archaik – Erinnerungen – Assoziationen.

de). Das Ministerium unterstützte den Plan. [110]

Hans Otto Schulte: „Werner Ruhnau brachte mich mit dem niederländischen Öko-Gärtner Louis Le Roy[46] zusammen. Wenn mich beim Segeln auf dem Ijsselmeer der Südwestwind ans friesische Ufer nagelte, dann sprach ich mit ihm in Herenveen. Es ging darum, einen ästhetischen Ansatz mit Arbeitsmarkt-Ansätzen zusammenzubringen. Oberhausen sollte eine ›Öko-Kathedrale‹ werden."

Als erstes Projekt bot sich das Ufer des Rhein-Herne-Kanals an. Die neue ›Notstands-Maßnahme‹ stand in einer Tradition der 20er Jahre (Stadion, Grünanlagen): Arbeitslose wurden beschäftigt [313]. Schulte: „In die ABM-Maßnahmen 1982 bezog ich Künstler am Ort ein. Ich ging zu ihrem monatlichen Treffen und sagte: ›Ich brauche vier, sechs, acht Bauleiter.‹ So setzte ich Heinrich Kasan und Adolf Franken, das ›Streichquartett‹ und weitere produktiv ein – begleitet von bis zu 20 Arbeitslosen, die für die Wege den Unterbau besorgten." Das Team traf

sich jede Woche einmal zu legendären Café-Runde. „Wir haben wenig gezeichnet. Es gab einen Titanen-Kampf mit der Rechnungs-Behörde. Dabei muß man wissen: es geht nur vordergründig um Zahlen. Jedenfalls bestehen nun drei Kilometer Öko-Kathedrale."[47] [319]

„Bei verrückten Projekten ist der Planer, der es mit der Politik im eigenen Ort nicht leicht hat, auf die Wertschätzung von außen angewiesen." Das Ministerium mochte den Planungs-Dezernenten, weil er Ideen hatte und umsetzte. So brachte er viele Millionen DM in die Stadt. Und weil Geld Erfolg bedeutet, bissen sich die vielen Leute, die an ihm herummäkelten, die Zähne aus. „Wir waren im Landes-Wettbewerb bei den drei Preisträgern. Und erhielten vom Bundesstädtebau-Minister eine Silber-Medaille und Förderung."

Das gesamtstädtische Experiment ›Öko-Kathedrale‹ umfaßte weiterhin ein Gelände hinter der Zinkfabrik Altenberg (später zerstört), Baum-Pflanz-Aktionen, Alleen und den grünen Südmarkt-Platz.

Als der Bremer Senat Schulte 1986 zum Staatsrat berief, endete diese kurze fruchtbare Ära kommunaler Planungs-Politik. Schultes Blick von außerhalb: „Das Ruhrgebiet ist einmalig, das gibt es nie wieder. Chaos. Ich hatte das Gefühl, geholfen zu haben und dabei auch noch Bau-Kunst zu machen. Vieles ist eine einzigartige Chance." Aber die Politik kehrte zum alten Gleis zurück: „Jetzt machen wir nicht mehr Grün, sondern Grau."

Das Ziel schlug jedoch seit 1989 in der IBA Emscher Park feste Wurzeln: sie arbeitete das Grün-Konzept aus – nun quer durch die ganze Region. Dieter Blase wurde zum IBA-Bereichsleiter berufen: „Wir haben uns damals, mit der ›Grünen Mitte Oberhausen‹, nur in Ansätzen, noch nicht folgerichtig mit der Kultivierung von Gewerbe-Flächen befaßt. Das unternimmt nun die IBA Emscher Park. Ihr Verdienst ist die Entwicklung des Themas: die ›kultivierte gewerbliche Entwicklung der Arbeit im Park‹". [298, 303]

Orts-Hinweise: Grüne Mitte in Oberhausen. Südmarkt-Platz (Hans Otto Schulte) in Oberhausen (Friedrich-Karl-Straße/Hermann Albertz-

Straße), mit Überbauung des Bunkers [231] für Wohnungen (1986 von Walter van Lom, Köln; Nr. 111/125), mit Café Color.

Essen-Altenessen: Zeche Carl – selbstbestimmte Sozio-Kultur

Vordergrund. Einige Schritte vom Kern Altenessens finden wir die Zeche Carl (Wilhelm Nieswandt-Allee 11). Auf ihrem Platz steht der älteste erhaltene Malakoff-Turm der Region (1856/1861) [330]. In den Hallen neben ihm (20er Jahre) entfaltete sich das größte soziokulturelle Zentrum der Region – ein Magnet für junge Leute im Essener Norden und in den Nachbarstädten. Die räumlich interessante Eingangs-Halle hat im Erdgeschoß eine Gaststätte. [412]

Hintergrund. Ursprung ist die Protest-Kultur, die auf festgefügtem Terrain nach Alternativen sucht. 1963 entstanden

die ›Essener Kabarett-Tage‹. In der Ausstrahlung des alljährlichen Festival du
Chanson Folklore International auf der
Burg Waldeck im Hunsrück, das wichtige
Sänger entdeckt, werden innerhalb der
Jugend-Kultur von Essen die ›IEST 68‹
(Internationale Essener Song Tage) veran-
staltet, organisiert vom Stadtjugendpfle-
ger Horst Stein, inszeniert von Rolf-Ul-
rich Kaiser (Mainz), Martin Degenhardt
(Mainz) und Thomas Schröder (Bens-
berg) – mit Fausto Amodei, Kristin Bau-
er-Horn, Wolf Biermann, Georges Bras-
sens, Jacques Brei, City Preachers, Miel
Cools, Franz Josef Degenhardt, Donovan,
The Fugs, Bobby Gentry, Hein & Oss,
Hans Dieter Hüsch, Alex Kulisiewicz,
Mothers of Invention, Walter Mossmann,
Wolfgang Neuss, Phil Ochs, Bulat
Okudshawa, Pink Floyd, Raimon, Pete
Seger, Shirley & Colin, Soul Caravan,
Dieter Süverkrüp.

Innerhalb des seit 1968 aufblühenden
sozio-kulturellen Umfeld rettete 1977 die
Initiative Zentrum Zeche Carl e. V. den
Gebäude-Komplex. Sie veranlaßte seinen
Umbau (Hans Krabel/Wigbert Lüke) und
setzte bei der Stadt durch, daß es selbst-
verwaltet als sozio-kulturelles Zentrum
(1981 eröffnet) betrieben wird: mit Veranstaltungen, Bildungs-Angeboten, offener Jugend-Arbeit, Kunst-Aktionen in
vielen Mehrzweck-Räumen.

Es ist eine Praxis-Stätte für Mitwirkung. „Viele Leute waren in einer Versor-
gungs-Haltung befangen und sagten oft:
›Die Partei hat es gemacht‹. Das führte
zur Selbstgefälligkeit. Jetzt aber stimmt es
nicht mehr“, sagt der engagierte evangelische Pastor Willi Overbeck, eine der
spannendsten Ruhrgebiets-Figuren. „Wir
verhinderten als Bürgerinitiative den
Abriß der Zeche Carl. Nun sehe ich zum
ersten Mal über Altenessen in die Region
hinaus. Es gab viele Verunsicherungen
durch den Wandel. Aber wir wollen ihn
vollziehen. Die vielen Initiativen einbe-
ziehen. Auch den Genossenschafts-Ge-

danken nach vorn bringen. Und das Be-
teiligungs-Denken stärken.“

Die Initiative entstand aus Opposition
gegen den vorhandenen Umgang mit
Kultur und mit Jugend. Nach einiger Zeit
wurde ihre Tätigkeit so selbstverständlich, daß alte Feindschaften auf beiden
Seiten beigelegt wurden. Der gesellschaftliche Wandel zeigt sich auch daran, daß
heute der sozio-kulturelle Bereich ebenso
zur Kultur in Essen gehört wie das Grillo-
Theater und die Aalto-Oper.

Orts-Hinweis: Umfeld Zeche Carl. Zur Umgebung gehört die Lampferhof-Siedlung (1867)
für Zeche Carl in Altenessen (Lampferhofstraße).

Der Emscher Landschafts Park

Vordergrund. Um Landschaft zu retten, wurde 1920 der Siedlungsverband
Ruhrkohlenbezirk gegründet. Er legte regionale Grünzüge fest: seither gibt es in
der Region diese sieben Finger, die von
Norden nach Süden verlaufen. Die Brachen an der Emscher, die die Industrie
1970/1990 hinterließ, geben die Möglichkeit, für diese Finger eine Ost-West-Achse
als neue Landschaft zu entwickeln und sie
damit untereinander zu verbinden. So
sind von den 800 km^2 der IBA 320 km^2
Landschafts-Architektur.

Hintergrund. Die Grünzüge erhalten
durch die IBA eine andere Bedeutung.
Grenzten sich durch sie die Städte gegeneinander ab, benutzte nur die Bevölkerung sie gemeinsam, so findet nun ein
Wandel statt: sie dienen nicht mehr als
Abgrenzungs-Mechanismus, sondern
werden zu Flächen, an denen sich regionale Identität festmacht. Ein ›goldener
Zügel‹ half mit: Weil die Städte für den
Umgang mit den sieben Grün-Fingern
sieben interkommunale Arbeits-Gemein-
schaften bildeten, erhielten sie bestimmte
Förderungen.

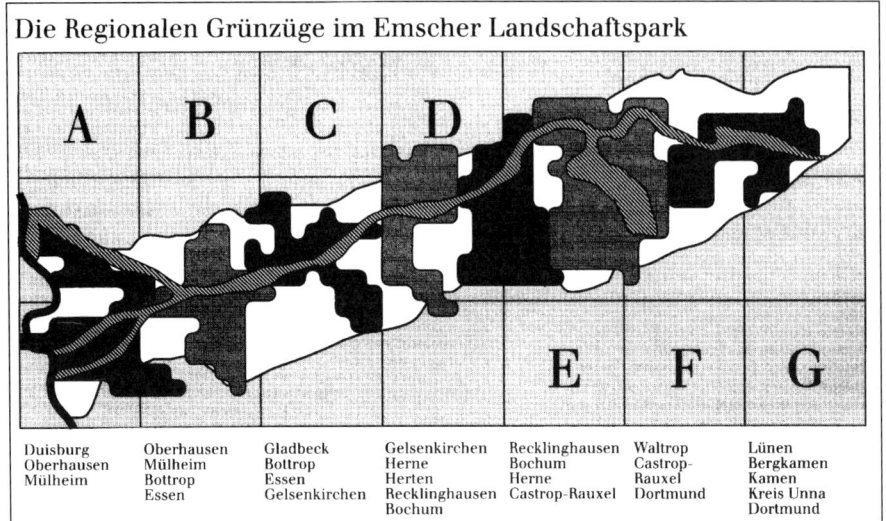

Die Regionalen Grünzüge im Emscher Landschaftspark

Duisburg	Oberhausen	Gladbeck	Gelsenkirchen	Recklinghausen	Waltrop	Lünen
Oberhausen	Mülheim	Bottrop	Herne	Bochum	Castrop-	Bergkamen
Mülheim	Bottrop	Essen	Herten	Herne	Rauxel	Kamen
	Essen	Gelsenkirchen	Recklinghausen	Castrop-Rauxel	Dortmund	Kreis Unna
			Bochum			Dortmund

Der Kommunalverband Ruhr [200] stellte als regionale Kompetenz die Klammer her: eine Leitplanung. Der Zwischen-Bericht mit Biotop-Kartei und Konflikt-Kartierung gab den drei Regierungs-Präsidenten Veranlassung, die Kommunen aufzufordern, die Inhalte voll zu übernehmen und in ihren Parlamenten zu beschließen. Alle arbeiteten mit. Dadurch entwickelte sich die Tradition des regionalen Konsenses, die in den 80er Jahren aufgebaut wurde (Bezirks-Planungs-Räte), weiter.

Dieses Ressourcen-Denken knüpfte an das vorhandene Grün an. Dabei nutzte es sowohl die Brachen, die durch De-Industrialisierung entstanden, als auch das Netz der historischen Gartenstädte. Es arbeitete ökologische Defizite auf. Dies führte in einem weiteren Schritt zu Modellen für eine ökologische Kultur der Arbeit: ›Arbeiten im Park‹. [296, 303] Eine

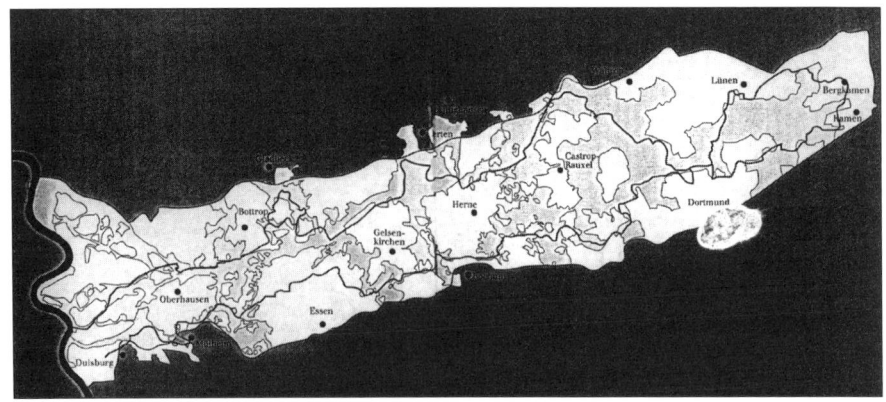

Bereich der Internationalen Bauausstellung (IBA) Emscher Park mit Grünzügen und den beiden Emscher Park Radwegen (IBA-Projekt).

wichtige Rolle spielt auch die Gestaltung der vielen künstlich entstandenen Berge – der Zechen-Halden (1970: über 200).

„Daneben läßt sich das Grün im Ruhr-gebiet als das Element begreifen, das in seiner ›Nutzungsfreundlichkeit‹ in hohem Grade eine Aneignung und Inbesitznahme von Flächen und Räumen erlaubt" (Renate Kastorff-Viehmann/Heinz Wilhelm Hoffacker).

Orts-Hinweise: Emscher Landschafts-Park. Emscher Park Wanderweg [298], von Duisburg bis Kamen, 130 km lang; Mitplaner Fuß e. V. und Sauerländischer Gebirgsverein. Emscher Park Radweg Duisburg-Kamen, beiderseits der Emscher mit Nord- und Süd-Route, insgesamt 230 km lang. Mitplaner: Allgemeiner Deutscher Fahrrad-Club (ADFC). In Planung. Wasser-Weg: Fahrgast-Schiffahrt auf dem Rhein-Herne-Kanal (Träger: Wanne-Herner-Eisenbahn und Hafen GmbH; in Planung). Wasser-Wanderweg Rhein-Herne-Kanal (Projekt-Träger: Arbeitsgemeinschaft der Wassersport-Vereine). Eisenbahn: ›Emscher Park Eisenbahn‹ (RAG-Bahn- und Hafenbetriebe), Zechen-Eisenbahn auf dem Werksbahn-Netz zur Freizeit-Personen-Fahrt. Seit 1990 Test-Fahrten mit historischem ›Rheingold-Zug‹.

Landesgartenschau 1996 (Schupp/Thiel, Münster) in Lünen im Seseke Landschaftspark (Preußenstraße) mit Museum Haus Schwansbell (Schwansbeller Weg).

Essen/Oberhausen: Läppkes Mühlenbach – Pilot-Projekt zur Renaturierung des Emscher-Systems

Vordergrund. Im Grünzug zwischen den beiden Städten Essen und Oberhausen finden wir den renaturierten Läppkes Mühlenbach (Essener-/Frintroper Straße). Er bildet ein anschauliches Beispiel dafür, wie das Großprojekt Umbau des Emscher-Gewässer-Systems bis in seine Verzweigungen hinuntergeht.

Hintergrund. Die bewegliche Tektonik in der Region, vom Bergbau mit sei-

nen Berg-Senkungen geschaffen, führte zu einem Sachzwang. Unterirdische Rohre für die industriellen und städtischen Abwässer wären sehr teuer und ständig immens gefährdet gewesen. Daher fiel der Entschluß zu einer Notlösung. Nach dem Gesetz von 1902 wurde um 1910 das natürliche Gewässer-Netz der Emscher mit rund 350 km Nebenflüssen ingenieur-mäßig zu einem künstlichen System von Abwasser-Kanälen umgeformt. Pump-Werke balancierten es aus. [370, 375]

Die Emschergenossenschaft war Ausdruck eines Schulter-Schlusses von Städten und Industrie, vor allem der Ruhrkohle. Sie besaßen lange Zeit eine relative Mehrheit im Genossenschafts-Rat. Beiden lag daran, die Gebühren für die Entsorgung ihrer Abwässer ganz unten zu halten[48]. Weil sie niedrig waren, verschleppte die Emschergenossenschaft in den 80er Jahren ihre Investitionen. Dann wälzte sie die Last des Versäumten in die Renaturierung über.

Als die Loyalität der Städte mit den Großunternehmen zerbrach, ermutigten das Städtebau- und das Umwelt-Ministerium sowie die IBA die Emschergenossenschaft zur Investition – aber mit einer anderen Logistik. Seit der Boden nicht mehr durch Kohlen-Abbau sinkt und die Ansprüche an die Umwelt gewachsen sind, ist es nicht mehr sinnvoll, alle Abwässer im offenen Kanal und 48 Stunden lang von Dortmund bis nach Duisburg zur Klär-Anlage laufen zu lassen. Nun soll der normale Stand der Technik hergestellt werden: Abwässer-Ablauf in unterirdischen Rohren und möglichst nah vor Ort geklärt. Oberhalb kann das Gelände neugestaltet werden, mit ökologischen Möglichkeiten. Das Gewässer-System erhält eine ›neue Natur‹.

Weil es kaum mehr Quellen gibt, wird das Regen-Wasser genutzt. Ziel ist es, den Boden zu entsiegeln und Wasser so lange wie möglich auf dem Terrain zu halten,

auch als Mittel gegen Hochwasser. Beispielhaft ist das Mulden-Rigolen-System in der IBA-Siedlung Schüngelberg in Gelsenkirchen-Buer.

Das umfangreiche Unternehmen ist auch aus einem weiteren Grund sehr wichtig. Heute laufen entlang der ingenieurmäßig kanalisierten Emscher beidseitg 70 km Stacheldraht; sie zerschneiden die Landschaft, ebenso wie die am Ufer aufgeschütteten Hochwasser-Deiche. Wenn sie überflüssig sind, kann die Landschaft genutzt werden. Dann ziehen sich wieder Wasser-Läufe durch die Städte.

Die Finanzierung geschieht durch eine Gebühren-Erhöhung: von 45 Mio. DM auf 150 Mio. DM. Das Projekt wird also von der Region selbst bezahlt. So schafft die Emschergenossenschaft mit 8 Milliarden DM im Laufe von 15 Jahren ein modernes Entwässerungs-System. Dieses gigantische Werk ist zugleich eine regionale Konjunktur-Maßnahme: 50 Prozent im Bau-Sektor und 50 Prozent im Anlagen-Bau.

Bottrop: Kläranlage Bottrop – auch ein Landschafts-Park

Vordergrund. Nahe der Kreuzung des Emscherschnellweges (A 42) mit der Gladbecker Straße liegt in einer eindrucks-starken Industrie-Landschaft (RWE-Kraftwerk, VEBA-Glas-Werk, Kohle-Öl-Anlage) die Kläranlage Bottrop (In der Welheimer Mark). Nach ihrer Neu-Planung (bis 1997 von Jourdan und Müller, Frankfurt/von Reuß, Kassel, Landschaftsplanung) ist sie eine landschaftsverträgliche Architektur mit einem ganz neuen Betriebs-Konzept: als Park gestaltet und weitgehend für die Bevölkerung geöffnet. Ein Informations-Pavillon zeigt, was mit dem Wasser geschieht.

Hintergrund. In einem dezentralen System entstehen mehrere Klär-Anlagen. Bottrop ist die größte Klärwerk-Baustelle Europas: für 570 Mio. DM. Davon fließen 60 Prozent in neue Technologien. Die Anlage dient 1,3 Mio. Einwohnern, d.h. sie nimmt die Abwässer der Städte Bottrop, Gladbeck, Gelsenkirchen, Bochum und Essen auf. Dieser Neubau entstand auf dem Gelände der alten mechanischen Emscher-Flußkläranlage (1927), also auf einer wiedergenutzten Fläche. Daneben liegt die zentrale Schlamm-Behandlungsanlage der Emscher-Region.

Waltrop: Gewerbe-Park Brockenscheid – ›Neue Technik in alten Hallen‹

Vordergrund. In Waltrop-Brockenscheidt (Sydowstraße) liegt der Gewerbepark Brockenscheidt (auf der Basis des städtebaulichen Entwurfs von Thomas Scheidler, Köln/Stadtplaner Köln/Hans Stumpfel, Marl/Landschaftsplaner Ulrich Leser, Bochum). Auf dem Areal siedeln Handwerks- und kleinere Dienstleistungs-Betriebe, die den örtlichen Branchen-Mix erweitern.

Hinter der schönen Zechen-Mauer steht der Kern der Anlage: ein denkmalgeschütztes Hallen-Ensemble mit elf Bauten der kaiserlichen Zeche Waltrop I/II (1903/1906 von van de Sand), die für die Flotte Koks herstellte. Rechts vom Pförtner-Haus finden wir ein Gebäude der 50er Jahre, die Milch-Bar, dahinter das Schalthaus, halbrechts die zentrale Maschinen-Halle *[345]*, hinter ihr zwei Fördermaschinen-Hallen. Links kommen wir zum Verwaltungs-Gebäude und stehen dann im Inneren im hochherrschaftlichen Treppen-Haus und in der Lohn-Halle. Hier können sich junge Unternehmer für drei bis fünf Jahre billig einmieten, den zentralen Service mitbenutzen und versuchen, in dieser Zeit aus den Start-Löchern herauszukommen. Es folgen Werkstatt-Gebäude und der Lok-Schuppen sowie anschließend im früheren Bereich des Verlade-Bahnhofes der Neubau einer Gewerbe-Schiene: ein lan-

ger Trakt mit Querriegeln, die Büros und
Wohnungen aufnehmen.

Auf der Halde findet eine boden- und
vegetations-kundliche Langzeit-Forschung
statt, die sich der vor allem im Ruhrgebiet
wichtigen Frage widmet: Wie entsteht aus
verschiedenen Böden wieder normale
Erde? Zu Fuß, einige hundert Meter nach
Westen kommt man zum IBA-Projekt
›Garten-Siedlung im Sauerfeld‹ (Velsen-
/Tinkhofstraße; Dansk Arkitekt & Inge-
nieurkontor Århus Kare Petersen) – zur
Dänen-Siedlung: ein dänischer Träger
macht mit dänischen Architekten dänischen Städte- und Wohnungsbau – einfach, billig, gemeinschaftlich um einen
Hof, unkompliziert, natürlich.

Hintergrund. Ganz allgemein hat die
Region das wirtschaftliche Problem, historische Produktionen gegen neue aus-
zutauschen: die Produkt- und Unterneh-
mens-Palette muß umgebaut werden. Die
Alternativen entwickeln sich vor allem in
Dienstleistungs-Gewerben in kleinen und

mittleren Betriebs-Größen. Daher entstehen als Impuls-Geber Technologie-Zentren der zweiten Generation.

Vor allem die regionalen Probleme der
Ökologie wirken nun – nach langer Vernachlässigung – dialektisch als produktive
Herausforderung. „Wo wir hier einen so
großen Erfahrungs-Vorlauf an Konflikten
haben, ist es jetzt fast zwingend, daraus
einen Wirtschafts-Zweig zu entwickeln."
Die neuen Gewerbe stellen neue Ansprüche: an die innere technologische Ausstattung, an die Qualitäten der Arbeits-Plätze, an das Aussehen der Gebäude und an
das Umfeld. Stichworte: Material-arme
Produktionen. Neue Organisations-Formen der Arbeit. Veränderte Strukturen
der Produktion. Objekt-orientierte statt
funktionale Gliederung der Produktion.
Qualifizierte Gruppen-Arbeit mit ganz-
heitlichen Aufgaben. Handlungs-Spiel-
raum. Dezentralisierung. Geringere Ent-
wicklungs-Zeit, geringere Durchlauf-
Zeit, geringere Bestände, gleichzeitig grö-

ßere Produktion. Dies führt zu anderen Arbeits-Weisen, zu anderen Architekturen, zu kulturellen Ansprüchen an die Arbeits-Sphäre.

Zum ersten Mal bietet sich die Chance, in einem Bereich mit erheblichen Defiziten ein gesamtplanerisches Konzept des Struktur-Wandels zu realisieren. Zukunfts-Modell: qualitativ hochwertige Arbeits-Stätten mit einer Kultur der Arbeit als „gebaute Unternehmens-Kultur" – und als weicher Faktor im Standort-Wettbewerb. Mittelständisches Gewerbe siedelt sich nur an, wenn Wohn-Qualitäten angeboten werden. Dafür Angebote zu schaffen, bedeutet eine Vernetzung von Wirtschafts-Förderung, Wohnungsbau-Förderung und Grün-Politik.

Von Duisburg bis Bergkamen entsteht ein durchgängiger Landschafts-Park. Zerstörte Landschaft wird wieder aufgebaut. Die vielen vereinzelten und zerstückelten Grünflächen und Wälder erhalten einen Zusammenhang und bilden eine Infrastruktur in mehreren Ebenen: für die Gesundheit, als Erholungs-Raum, für das Wohlbefinden der Bevölkerung und als günstiger Standort für qualitätvolle Gewerbe. [296] Industrie-Gebäude sollen nicht mehr zufällig herumstehen und unästhetische Schachteln sein, sondern städtebaulich eingebunden werden und ästhetische Ansprüche erfüllen. Dafür gibt es – wie Industrie-Denkmale und die Herta-Fabrik in Herten (1965/1971 von Werner Ruhnau) [354] zeigen – in der Region eine wichtige Tradition. Unternehmer werden daran erinnert, daß es Unternehmer gab, die eine Vorstellung von Gestaltung hatten.

Weniger Industrie-Flächen werden benötigt als herkömmlich gefordert. Nach Vorgabe des Landes dürfen die Kommunen dafür keine neuen Flächen mehr ausweisen, sondern müssen vorhandene wiederverwenden. Die IBA konzentriert sich auf 20 Standorte. Diese werden hochwertig vorgebaut. Sie sollen nicht jeden Privat-Investor anlocken, sondern nur Inve-

storen mit besseren Produkten, mit höherer Intelligenz und mit einem höheren Beschäftigungs-Effekt. Es findet also durch die städtebauliche Planung ein Auswahl-Prozeß statt. Weil die öffentlichen Mittel begrenzt sind, fördert das Land vorrangig Technologie- und Gründer-Zentren, besonders mit Orientierung auf Umwelt-Technologie.

Orts-Hinweise: ›Arbeiten im Park‹[49]. Öko-Zentrum NRW für biologisches und ökologisches Bauen und Planen (Hegger, Kassel) in Zeche Sachsen in Hamm (Sachsenweg 8), mit Maschinen-Halle (1913/1925 von Alfred Fischer) [346] für Messen, Crüsemannschem Hof, Bauhandwerker-Hof, Baumarkt, Landschafts-Park (Eppinger/ Schmid, Leonberg).

Wohn- und Technologie-Park Monopol (Eble, Tübingen/Landschaft, Planen und Bauen, Berlin) in Kamen (Lünener Straße/Eilater Weg), mit Verwaltungs-Gebäude, Förder-Turm, Gründer-Zentrum. Neue Evinger Mitte-Minister Stein (Kees Christiaanse, Rotterdam/Köln) in Dortmund-Eving (Evinger-/Deutsche Straße), mit Verwaltung, Lohnhalle, Kaue, Lampen-Stube und Hammerkopf-Turm, Einkaufs-Zentrum, Sozialforschungsstelle, Wohnbauten. Gewerbe-Park Hansa in Dortmund-Huckarde, mit historischen Zechen-Gebäuden, Schmiede, Maschinen-Halle und Förder-Turm

Technologie-Zentrum LÜNTEC (Weiß, Lünen/Mandler, Köln) in Lünen (Stollenbachstraße), mit Zechen-Bauten Minister Achenbach IV, Colani-Design-Center Germany[50]. Gewerbepark Brockenscheidt (Scheidler, Köln/Stadtplaner Köln/Stumpfel, Marl/Leser, Bochum) in Waltrop-Brockenscheidt (Sydowstraße), mit Hallen-Ensemble Zeche Waltrop I/II (1903/1906). [302, 345] Dienstleistungs- und Gewerbe-Park Erin in Castrop-Rauxel-Behringhausen (Altstadtring/ Herner-/Karlstraße), mit Technologie-Zentrum ›Technomedical‹, Gründer-Zentrum, Frauen-Akademie, Zechen-Turm, Landschafts-Park (Pridik, Marl). Technologie-Park und Zukunfts-Zentrum in (Kramm/Strigl, Darmstadt) in Herten (Adenauerstraße 1), mit Stahlfachwerk-Maschinenhalle (20er Jahre) der Maschinen-Fabrik Heese, für Mikro-Biologie, Wertstoff-Rückgewinnung, Entsorgung. Innovationszentrum (Nicolic, Aachen) in Herne /Westring/Bahnhofstraße), mit Technologie-Park

Dienstleistungs-Park Krupp-Gelände (Sieverts, Bonn) in Bochum (Allee-/Gahlensche

Straße) *[346]*. Gewerbe-Umfeld Dorstener Straße in Bochum-Hofstede/Herne-Holsterhausen, mit GEA-Hauptverwaltung. Gewerbe-Park Zeche Holland (Bookhoff/Retrop, Hannover, Demmel/Mühlbauer, München, Eble/Sambeth, Tübingen, dt 8 Köln) in Bochum-Wattenscheid (Lyrenstraße): Lohnhalle [304, *351]*, Waschkaue *[304]*. Öko-Textil-Zentrum. Wohnungs-Neubau (Arbeitsgemeinschaft Remscheid/Kupchevsky, Dortmund/ Drekker, Bottrop).

Wissenschafts-Park Rheinelbe (Kiessler, München/Drecker, Bottrop) in Gelsenkirchen-Ückendorf (Munscheid-/Rheinelbestraße), mit Verwaltungs-Bau der Gußstahl (Arbeitsgericht), 300 m Glas-Arkade, Trafo-Haus (Böll/ Krabel, Essen) als Sitz der IBA, Maschinen-Halle (für Zwischenpräsentation IBA 1994). Gewerbe-Park Brauck (Patschan/Winking, Hamburg) in Gladbeck Brauck (Phönix-/Helmutstraße), neben Halden-Landschaft. Gründer-Zentrum in Zeche Arenberg-Fortsetzung in Bottrop-Batenbrock (Fortsetzungs-/Horster Straße), mit Lohnhalle und Waschkaue (1910) *[346]*.

Handwerker-Park Zollverein 3/7/10 in Essen-Katernberg-Beisen (Gelsenkirchener-/Hallostraße), mit Förder-Turm und zwei Hallen. Wissenschafts-Park (Hentrich/Petschnigg, Düsseldorf) in Essen-Nordostviertel (Bottroper-/Grillostraße) für Universität und Private.

Medien-Park Osterfeld – HDO in Oberhausen-Osterfeld (Vestische Straße), mit Zechen-Bauten (1914) für hochauflösende Fernseh-Tech-

nik, mit Studios, mit Landes-Gartenschau 1999. Technologie-Zentrum Umweltschutz (Reichen/ Robert, Paris/Dratz, Oberhausen) in Oberhausen (Essener Straße) *[264]*, mit Werksgasthaus (1914 von Carl Weigle, Stuttgart; Umbau von Dratz, Oberhausen). FRIEDA – Qualifizierungs- und Beschäftigungs-Gesellschaft für Frauen in Oberhausen (Allee-/Annastraße), in Hauptschule Lirich. Dienstleistungs-Park Innenhafen (Norman Foster, London) in Duisburg (Schifferstraße/Philosophenweg), mit Mühlen- und Speicher-Häusern, Büro-Glaspalast.

Bochum-Wattenscheid: Ein Technologie-Zentrum für Ökologie entwickelt hautverträgliche Textilien

Vordergrund. Holländer gründeten 1856 die Zeche ›Holland‹ und ließen die Schächte 1 und 2 im nahen Gelsenkirchen-Ückendorf (1856/1860 Malakow-Turm) abteufen. In Wattenscheid entstand

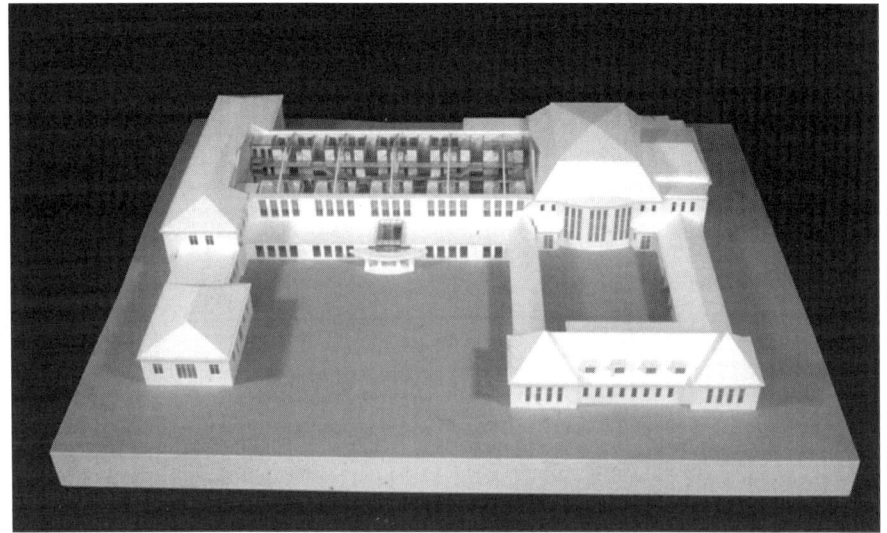

an der Lyrenstraße 1921/1922 die Großschacht-Anlage Holland 3/4/6. Die Lohn-Halle und die Wasch-Kaue sind die ersten Industrie-Gebäude, die Fritz Schupp entwarf[51] *[351]*.

Das Technologie-Zentrum ›Eco-Textil‹ in der Zeche Holland, in Zusammenarbeit mit der Firma Klaus Steilmann, widmet sich der Aufgabe, ökologische Textilien zu entwickeln. Steilmann, seit 1993 Mitglied im ›Club of Rome‹, möchte z. B. in seinen Betrieben gesunde Wolle aus Peru verwenden, keine Wolle, die mit den hierzulande längst verbotenen Pflanzen-Giften voll ist und daher Allergien erzeugt.

Auf dem Gelände stehen – als IBA – Projekt 113 Mietwohnungen, ein Alten-Wohn- und Pflegeheim sowie weitere 50 Wohnungen für Alte. Wohnen im Alten – mit vielen Facetten: von der Mehrgenerationen-Wohnung zur behindertengerechten Wohnung zur Altenwohnung mit Rufstelle bis zur Pflege-Möglichkeit im angestammten Wohnquartier.

Hintergrund. Die Umwelt-Probleme der Region werden nicht mehr verdrängt, sondern als produktive Herausforderung gesehen: sie intensivieren die Erarbeitung von ›Know how‹. Dies führt zur Herausbildung der Wirtschafts-Branche Umwelt-Technologie, auch für den Export. Impulse sind eine Kette von Technologie-Zentren. [379]

Ein weiteres ästhetisch anspruchsvolles Architektur-Beispiel: Das Technologie-Zentrum für Boden-Schutz in Oberhausen (Essener Straße). Das historische Werks-Casino (1914 von Carl Weigle) wurde umgenutzt. An der Südseite des historischen Baues entstand mit einer großen Geste ein halbrunder, zweigeschossiger Bau mit Terrassen zu beiden Seiten. Die Sonnen-Seite hat tiefe Räume, in der Mitte laufen die Leute durch einen Licht-Graben, an der Nordseite befinden sich Räume, die einen Energie-Puffer darstellen. *[264]*

Kosten: 18 Mio. DM. Zur Fertigstellung war es schon vermietet, für 17,50 DM/m^2. Darin stecken rund 5 DM zur Finanzierung der Betreiber-Gesellschaft.

Orts-Hinweise: Technologie- und Wissenschafts-Zentren. Technologiepark Eurotec in Moers, in der Zeche Rheinpreußen (Bergwerkstraße), kein IBA-Projekt. GTT-Technologie-Zentrum in Duisburg (Mülheimer-/Pappenstraße), ein gläserner Bau von Norman Foster (London), mit ›Mikroelektronik-Markt‹ und Ausstellung, kein IBA-Projekt. Technologie-Zentrum Umweltschutz (Reichen/Robert, Paris/Dratz, Oberhausen) in Oberhausen (Essener Straße) *[264]*, mit Werks-Casino (1914 von Carl Weigle). Medien-Park Osterfeld – HDO in Oberhausen-Osterfeld (Vestische Straße 45), für hochauflösende Fernseh-Technik. Gründer- und Technologie-Zentrum Arenberg-Fortsetzung in Bottrop-Batenbrock (Fortsetzungs-/Horster Straße). Gründer-Zentrum Prosper III (Trojan, Darmstadt) in Bottrop (Rheinstahlstraße). Zentrum für angewandte Produktionstechnik und Organisation in Gladbeck (Siemensstraße 2/4).

Wissenschafts-Park Rheinelbe (Kiessler, München) in Gelsenkirchen-Ückendorf (Munscheid-/Rheinelbestraße), mit Schwerpunkt Solartechnologie und Photovoltaik. Technologie-Zentrum EcoTextil in der Zeche Holland in Bochum-Wattenscheid (Lyrenstraße) [304], in Zusammenarbeit mit der Firma Klaus Steilmann. Innovations- und Gründer-Zentrum (Nicolic, Aachen) in Herne /Westring/Bahnhofstraße), vor allem für Bergbau-Zulieferung. Zukunfts-Zentrum in Herten (Adenauerstraße 1), für Mikro-Biologie, Wertstoff-Rückgewinnung, Entsorgung. Institut für angewandte Forschung und Entwicklung Recklinghausen (Auf der Herne), mit Schwerpunkt Meß- und Regeltechnik und Bio- und Umwelt-Technologie. Techno Marl in Marl (Elbestraße), mit Schwerpunkt Chemie.

Technologie-Zentrum ›Technomedical‹ in Castrop-Rauxel, neben dem ambitionierten und umfangreichen Rathaus-Bereich (1971/1985 von Arne Jacobsen/Otto Weitling), eine Kombination von Medizin, Ergonomie und Design. Technologie-Zentrum LÜNTEC in Lünen (Stollenbachstraße), mit Schwerpunkt Umwelt und recyclingfähige Verpackung (ZUPACK) und Colani-Design-Center Germany.

Gründer-Zentrum Monopol in Kamen (Lünener Straße/Eilater Weg). Öko-Zentrum NRW für biologisches und ökologisches Bauen und Planen in Zeche Sachsen in Hamm (Sachsenweg 8).

Bottrop: Prosper III – integriertes Stadtteil-Projekt

Vordergrund. Rund um die Zeche Prosper III in Bottrop stehen Arbeiter-Siedlungen. Die Zeche wurde schon vor 1989 vollständig „plattgemacht". Letzte Spuren: die Zechen-Mauer und zwei Tor-Häuser. Auf dem Gelände entsteht nun ein neuer Stadt-Teil (Gesamtkonzept: Trojan/Trojan, Darmstadt) – mit Wohnungen (Oswald & Schneiter, Bern; Vandkunsten, Kopenhagen), Gewerbe und Park (Begasse/Schmelzer/Bezzenberger, Stuttgart) sowie mit einem Stadt-Teil-Zentrum um einen Platz (Gladbecker-/Rheinstahlstraße) mit Läden, Gaststätten, Arzt-Praxen, Büros und Wohnungen (Lange/Ullrich, Meschede). Mit der Idee ›Wohnen plus‹ oder ›Wohnen – ein Leben lang‹ wird 1994/1995 unter einem Dach ein mehrschichtiges Angebot für das Wohnen im Alter geschaffen: Alten- und Mehrgenerationen-Wohnungen, Kurzzeit-Langzeit-Pflege, Sozialstation, ambulante Dienste und Begegnungs-Stätte für alte und junge Menschen im Quartier beim Mittags-Tisch (Pfleiderer, Neuß). Hinzu kommt eine Kinder-Tagesstätte (Vandkunsten, Kopenhagen) und ein Gründer-Zentrum für Handwerks-Betriebe (Trojan/Trojan/Neu, Darmstadt).

Hintergrund. Die Oberflächenschicht der Altlast wurde auf einen Haufen geschoben. Auf dieser ›Deponie‹, die

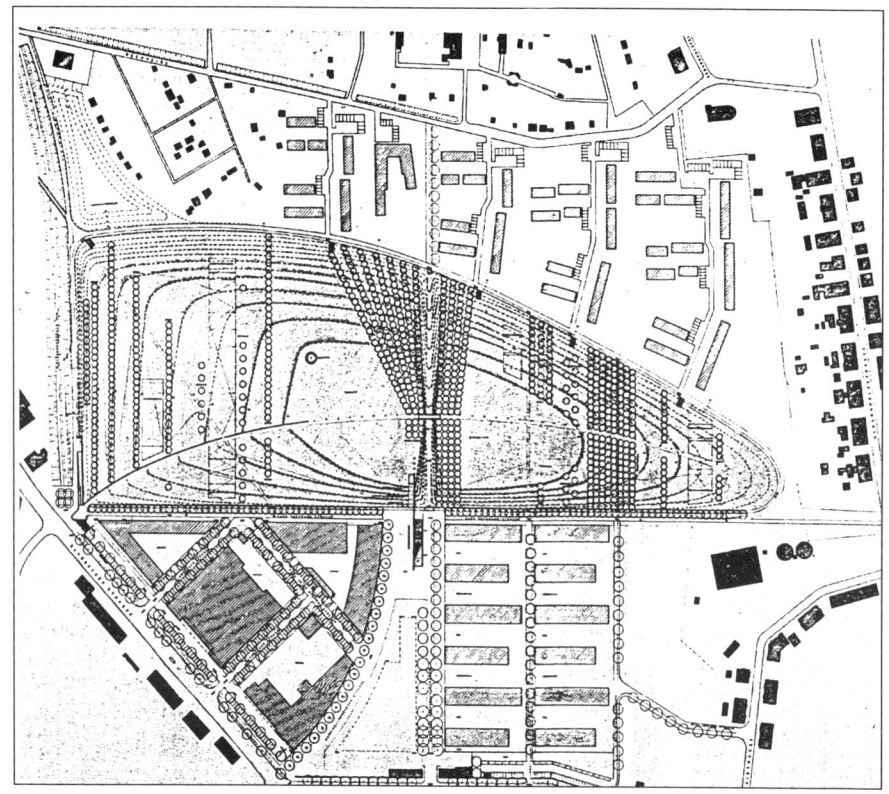

nach unten und oben abgedichtet und mit Vorkehrungen ›bewacht‹ ist, entwickelt sich der Park. Eine Schlucht ist angelegt – und ein großer Rundweg, mit sibirischen Birken und Obst-Bäumen. Auf Feldern werden Sommer-Blumen eingesät – und beim Aufblühen zu ›Blüten-Ereignissen‹. Im Herbst werden sie wieder untergepflügt. Weil der Park viele Jahre benötigt, bis er sich voll entfaltet, zeigen Zeichnungen seinen ›Zustand im Jahr 2010‹.

Im Stadtteil-Projekt gingen drei Maßnahmen Hand in Hand: die Altlasten, ihre Aufbereitung und die Keller-Ausschachtung – das sparte viel Geld. Gesamtkosten des Stadtteil-Projektes 140 Mio. DM. Die Strategie der Gemischt-Finanzierung besteht darin, „mehrere Töpfe zu vernähen". Dies und eine Fülle weiterer Überlegungen halten die Kosten für Projekte vergleichsweise gering. „Dieser Park, der von seiner Denk-Weise her etwas anderes als der herkömmliche Park ist, ist spottbillig angelegt – insgesamt kostete er 2,5 Mio. DM. Das vergleiche man mit einer Bundesgartenschau, wie sie in Stuttgart für 120 Mio. DM stattfindet" (Karl Ganser).

Die Umknetbarkeit der öffentlichen Haushalte ist ein wichtiges Ziel. Sie kann nur über Erfahrungen und gelungene Modelle laufen. Beispielsweise gelingt es, Förderungs-Bestimmungen zu erweitern (Energie-Einsparungen im Wohnungsbau, Gemeinschaftsräume).

Gelsenkirchen-Buer: Garten-Siedlung Schüngelberg – „viele IBA-Kriterien auf einem Fleck"

Vordergrund. In der Zeche Hugo wurde 1899/1902 der neue Schacht I/2 abgeteuft, 1909 Schacht 5. Um Bergarbeiter anwerben zu können, ließ die Zeche Häuser bauen. Zuerst entstanden 1903/1904 nach dem Städtebau-Konzept

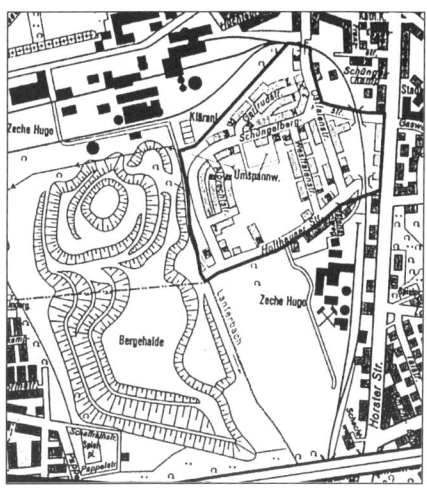

der Gartenstadt die Schüngelberg- und Gertrudstraße. Ihre zweigeschossigen Bauten wurden in vielerlei Kombinationen zu „malerischen" Szenerien gestaltet. Die Inszenierung findet ihren Höhepunkt in einem Torhaus *[309]*, dem nach einigen Schritten ein Platz folgt.

Von der geplanten umfangreichen Erweiterung der Siedlung wurde nur die Albrechtstraße realisiert (1916 von Wilhelm Johow, Leiter der Bauabteilung).

Eine Zeit lang sollte die fast versteckt gelegene Siedlung abgerissen werden. Die Treuhandstelle für Bergmannswohnstät-

ten (THS) Essen und die Stadt lernten von Flöz Dickebank. Die Siedlung wurde unter Schutz gestellt. Dann griff die IBA zu; und nahm auch Johows Erweiterungs-Plan wieder auf. Die Garten-Siedlung lieferte die Qualifikations-Normen für 200 neue, ein- bis dreigeschossige Reihenhaus-Wohnungen mit eigenem Eingang und Garten sowie einem szenenreichem Wohn-Umfeld, vom Schweizer Rolf Keller (Zumikon-Seldwyla) entworfen [309]. In ihrer Mitte liegen ein Platz und eine Kinder-Tagesstätte. Einbezogen wurde die Halde Rungenberg, mit einem Konzept von Künstlern. Leider wurde 1992 über Nacht die Maschinen-Halle der Zeche abgerissen, die in den Kinder-Bereich eingegliedert werden sollte. Eine Achse verbindet die Bereiche: die alte und die neue Siedlung sowie – in Form einer Allee – die Halde. **Hintergrund.** Die Arbeiter-Siedlungen bilden ein Netz von ruhrgebiets-spezifischen Altstädten – mit einer kulturellen Ebene. Im Außenraum gibt es eine

Fülle von Wohn-Werten[52]: Architektur schafft Bühnen-Szenerien. Sie weist auf die Theaterhaftigkeit des Lebens hin. Das könnte auf Lehrpfaden in Bildern und Texten durchschaubar gemacht werden – in ›Sprechenden Straßen‹[53], auch als Sichtbarmachen von untergegangen Erfahrungen.

Zu den Vorzügen der Wohnungen gehört, daß sie ein Leben mit Stadt-Qualitäten ermöglichen. Fünf solcher Arbeiter-Siedlungen werden modernisiert[54] – „als Motivations-Generator für den neuen Siedlungs-Bau". Innerhalb eines Konzepts einer kulturell orientierten Bestands-Politik werden im Laufe von 15 Jahren über 40.000 Wohneinheiten mit 1,5 Milliarden DM verbessert. „Ziel der Modernisierung ist es auch, die kulturellen Dimensionen des Wohnens sichtbar zu machen."

Mit der modellhaften Erhaltung der Arbeiter-Siedlungen und der ebenso modellhaften Entwicklung des Gedankens in mehreren Neubau-Bereichen knüpft die

Szenenreiche Erweiterung der Siedlung (Rolf Keller) und Allee auf die Halde.

Planung an diese historischen Potentiale an und arbeitet an ihnen weiter. Damit zieht sie die Konsequenz aus dem Scheitern einer verbreiteten These der Moderne, die von 1920 bis 1980 versuchte, das Vorhandene zu begraben und radikal Neues zu schaffen.

Henry Beierlorzer sieht Schüngelberg als Projekt an, in dem IBA-Maßstäbe besonders umfangreich verwirklicht wurden. Hier kommen Alt und Neu, die Umgestaltung des Umfeldes, die Halde, ökologische Verbesserungen (Mulden-Rigolen-System für das Regen-Wasser *[274]*, Renaturierung des Lanferbaches

am Fuß der Halde), Mieter-Mitsprache und die Multikultur der Bewohner (vor allem Türken) zusammen.

Orts-Hinweise: Arbeiter-Siedlungen. Siedlung Brauck (um 1900) in Gladbeck-Brauck (Horster-/Antonius-/Roßhaldenstraße), mit 600 Wohnungen. Gartenstadt Welheim (1913, 1923) in Bottrop-Welheim (Gung-/Aspelstraße), mit 1.135 Wohnungen. Mathias Stinnes-Siedlung (um 1900) in Essen-Karnap (Arenberg-/Karnaper-/Boyer Straße), mit 455 Wohnungen. Siedlung Teutoburgia (1909, 1923) in Herne-Börnig (Am Knie/Schlägelstraße/Teutoburgiahof), mit 559 Wohnungen. *[156]* Am Rand (Am Knie) 19 neue Wohnungen (1992, Planungsbüro Schmitz, Aachen) für die Bewohner der abgerissenen Korte-Düppe-Siedlung Herne, mit Bewohner-Mitbestimmung der Bürgerinitiative. Zechen-Siedlung Fürst Hardenberg (1925/1929) in Dortmund-Lindenhorst (Berg-/Herrekestraße), eine bewohnergetragene Erneuerung (mit werkStadt e. V. Dortmund, WohnBundBeratung NRW), mit 30 weiteren Wohnungen (Gerald Krysta, Dortmund).

Orts-Hinweise: Neue Gartenstadt-Siedlungen. Gartenstadt-Siedlung Seseke Aue (Joachim Eble, Tübingen) in Kamen (südlich Lünener Straße), auf Gelände der Zeche Monopol, mit rund 280 Wohnungen um einen Anger, ökologisches Bauens. Gartensiedlung ›Im Sauerfeld‹ (DAI Kare Petersen, Århus) in Waltrop-Brockenscheidt (Tinkhof-/Kaiserstraße). Neues Wohnen am Kanal auf ›Unser Fritz‹ in Herne-Wanne (Unser Fritz-/Emscherstraße), mit rund 120 Wohnungen (Joachim Eble). Ökologische Siedlung ›Im Ziegelgrund‹ (Kostulski, Köln) in Recklinghausen (Ziegelgrund). Ergänzender Neubau (Rolf Keller) in der Siedlung Schüngelberg in Gelsenkirchen-Buer (Holthauser Straße). Ökologischer Wohnungs-Bau (dt8 Planungsgruppe, Köln/Reims, Krefeld) im Backumer Tal in Herten (Dr. Klausener Weg) [310]. Gartensiedlung Beckheide (Vandkunsten, Kopenhagen) in Bottrop (Beckheide), auf Prosper III Gelände

Herten: Öko-Siedlung im Backumer Tal

Vordergrund. Neben der Freizeit-Anlage im Backumer Tal entsteht in Herten (Dr. Klausener Weg) ökologischer Wohnungsbau (dt 8 Planungsgruppe, Köln/ Reims, Krefeld). Das Projekt mit 300 Wohnungen und 80 Alten-Plätzen in einem Altenheim, Gemeinde-Zentrum und Kinder-Tagesstätte ist 1994 in der Studien-Phase; Realisierung ab 1995/1996.

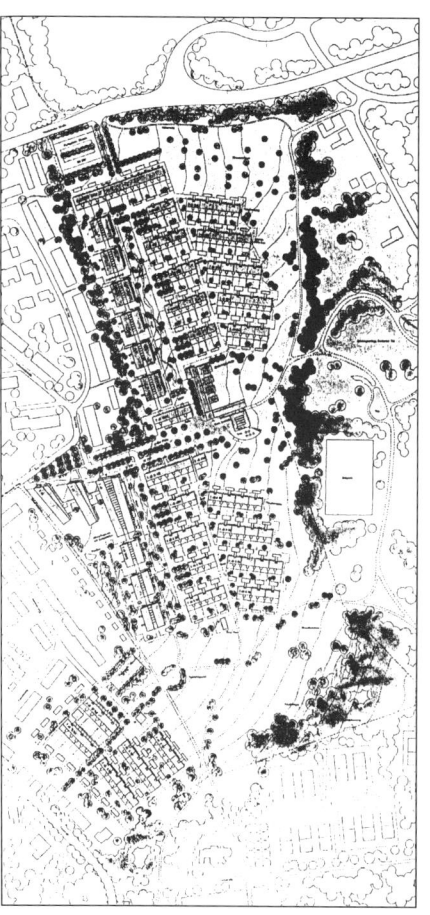

Hintergrund. In Herten wurde zunächst eine IBA-Vorgabe verletzt: Kein Neubau auf neuem Land! Nach Abwägung hieß es: Dies ist ein typisches Abrundungs-Gebiet eines bestehenden Stadt-Bereiches – mit schöner Lage, Blick und Park. Im Gegensatz zur Monostruktur der Acker-Fläche entsteht nun Pflanzen-Vielfalt, vielfältige Nutzbarkeit und Ästhetik – das Gelände wird also besser, im öffentlichen und im privaten Bereich. Ein ökologischer Netto-Gewinn scheint gegeben.

Mit VEBA-Wohnen werden, nach einer Studie (Katalyse, Köln), Häuser gebaut, die global-recyclingfähig sind. Mit einer Material- und Energie-Bilanz (Niedrig-Energie-Standard). Mit natürlichen Materialien in schadstoff-freier Herstellung, u. a. als Konstruktion Holz, als Dämmstoffe Schaf-Wolle. Ironisch-polemischer Spott: „zeitweise bewohnbare Kompost-Haufen." Eine schonende Bau-Stelle: keine Unterkellerung, um nicht in die Boden-Struktur einzugreifen. Rücksicht auf die Topographie. „Haushälterisch" bebaut, bleiben große zusammenhängende Bereiche frei. Konsequente Öffnung zur Sonne (Süd-Ausrichtung) und zweiseitige Erschließung zur Gasse und zum Garten-Tor. Vernetzung von privaten, gemeinschaftlichen und öffentlichen Grün-Flächen zu einem ökologisch wirksamen Gesamtsystem. Binnen-Plätze als Treff-Orte und ein Anger für das Quartier, mit Bau-Schutt (Louis Le Roy), Grabe-Land, Wiese, Planschbecken. Rhythmisierung von Bewegungs- und Ruhe-Bereichen.

In der Mitte gibt es einen großen Platz (eher eine „Esplanade") mit Gemeinde-Zentrum, Laden/Café, Alten-Stube, Alten-Heim, Sozialstation, auch für ein Fest-Zelt. Vom Platz aus tritt der Benutzer nach außen in den Grün-Raum ein. Durch auto-freie Wege-Netze und Sammel-Stellplätze am Rand verringern sich die Erschließungs-Flächen erheblich. Der

Fuß-Weg zum Bus ist so weit wie zum Auto. Ein umfangreiches Wasser- und Entwässerungs-Konzept steuert auch die Gestaltung der Freiflächen als Biotop-Strukturen. Das Oberflächenwasser bleibt sichtbar und wird so lange wie möglich auf dem Terrain gehalten. Sumpfige Bereiche sind zur Feucht-Zone ausgebaut, auch zum Speichern von Wasser.

Architekt Christian Schaller (dt 8, Köln): „Insgesamt versucht das Projekt im Zusammenhang einer ganzen Siedlung ökologische Grundsätze zu realisieren, von der Baustellen-Planung bis zum fertigen Produkt. Es hat auch ein begleitendes Komitee – als ökologischen Wächter"[55]. Kosten: kaum mehr als der gewöhnliche Wohnungsbau. Christian Schaller hält dies für erreichbar, „weil im normalen Wohnungsbau viel zu viel Geld in den Status und zu wenig in wirkliche Innovationen geht."

Orts-Hinweise: Ökologischer Wohnungsbau. Wohnungen auf dem CEAG-Gelände (Hubert Riess, Graz) in Dortmund (Immermann-/Münsterstraße). Gartenstadt-Siedlung Seseke Aue (Eble, Tübingen) in Kamen (südlich Lünener Straße), auf Gelände der Zeche Monopol, mit rund 280 Wohnungen um einen Anger, nach baubiologischen Prinzipien in konsequenter Umsetzung der Elemente des ökologischen Bauens. Frauen planen und bauen (Monika Melchior/Heinke Töpper, Bielefeld) in Bergkamen (Husemann-/Albert Schweitzer-Straße) [311]. Gartensiedlung ›Im Sauerfeld‹ (Kare Petersen, Arhus) in Waltrop-Brockenscheidt (Tinkhof-/Kaiserstraße). Ökologischer Wohnungsbau (dt 8 Planungsgruppe, Köln/Reims, Krefeld) im Backumer Tal in Herten (Dr. Klausener Weg). Ökologische Siedlung ›Im Ziegelgrund‹ (Kostulski, Köln) in Recklinghausen (Ziegelgrund). Ergänzender Neubau (Rolf Keller) in der Siedlung Schüngelberg in Gelsenkirchen (Holthauser Straße) [309]. Neues Wohnen auf dem Küppersbusch-Gelände in Gelsenkirchen-Feldmark (Küppersbusch-/Boniverstraße), mit 245 Wohnungen (Syskowitz-Kowalski, Graz), mit Bürger-Beteiligung.

Bergkamen: Ebert-Straße – ›Frauen planen und bauen‹

Vordergrund. Das Projekt ›Frauen planen und bauen‹ (Monika Melchior/

Heinke Töpper, Bielefeld) in Bergkamen (Ebertstraße/Am Wiehagen), mit 28 Wohnungen, gehört in den Zusammenhang der Stadtmitte-Bildung (nahe dem Marktplatz), die hier besonders schwierig ist. [247] Es bietet ein städtebaulich und szenisch spannendes Ambiente.

Hintergrund. Heinke Töpper: „Das Projekt heißt ›Frauen planen‹, nicht Frauen planen für Frauen. Ich bin hier nicht feministisch angetreten, sondern mit der These, daß Frauen guten Wohnungs-Bau entwerfen können. Daher habe ich nicht den Anspruch, nur für Frauen zu bauen. Genauso gut könnten in den Wohnungen alleinerziehende Männer wohnen. Oder Wohn-Gruppen jeglicher Art. Ich sehe alle Seiten – alle brauchen Hilfe."

Ihre Kriterien des Projektes sollten für jede Wohnung gelten können: bescheiden, anständig, ökologisch (Versickerung von Regen-Wasser, Baustoffe, Wärme-Schutz, Getrenntsammlung von Müll), gebrauchswert-orientiert, gut benutzbar, Mitsprache der Mieter. Hinzu kommen Verkehrs-Beruhigung und Wohnumwelt-Verbesserung an der Ebertstraße.

Der hierarchie-freie Grundriß hat gleichgroße Räume, wie in vielen Arbeiter-Siedlungen, und erlaubt Nutzungs-Veränderungen und Varianten von der Ein- bis zur Fünf-Zimmer-Wohnung. Die Einteilungen sind veränderbar (versetzbare Trenn-Wände), um sich Lebens-Formen, die sich verändern, anzupassen. Die Räume haben stets Licht von zwei Seiten und vor allem einen intensivem Außenbezug. Die Wohnung wird nicht über ein enges Treppenhaus, sondern offen erschlossen. An der Rückseite liegen private Gärten. Die Dach-Zone ist kein öder Abschluß, sondern eine Terrassen-Landschaft. Und es gibt Gemeinschafts-Räume.

Szenisches: Eine Zeile ist gerade, die andere schwenkt – das gibt dem Raum zwischen ihnen eine Spannung. Dies ist ein Beispiel für das Entwerfen mit Poten-

tial-Denken: „Entstanden aus der städtebaulichen Situation und aus Kleinigkeiten, die aus dem ›Ort‹ stammen" (Heinke Töpper). Die Szenerie wird intensiviert durch drei verbindende Brücken. Hinter der Engführung der Zeilen folgt ein Platz.

Orts-Hinweise: IBA-Frauen-Projekte. Die IBA hat vier spezifische Frauen-Projekte: Beschäftigungs- und Qualifizierungsgesellschaft für Frauen Oberhausen (FRIEDA) in Oberhausen-Lirich (Allee-/Luisenstraße), in der ehemaligen Hauptschule. Kombiniertes Frauenwohn- und Qualifizierungsprojekt im Gewerbepark Arenberg-Fortsetzung in Bottrop (Horster-/Siemensstraße), Werkstätten und Dienstleistungs-Büros. Berufs-Orientierung. Weiterqualifizierung. Selbständigmachen. Alternatives Wohnen im ›Tor zur Südstadt‹ in Recklinghausen-Süd (Bochumer-/Grullbadstraße), mit 37 Wohnungen (Ringleben/Reicher, Düsseldorf) großenteils für Alleinerziehende auf hierarchie-freien Grundrisse, gegen die alten Rollen-Verteilungen gerichtet, mit Mitbestimmung, Konzept ›Frauenhaus zweite Stufe‹. ›Frauen planen und bauen‹ (Monika Melchior/Heinke Töpper, Bielefeld) in Bergkamen (Ebertstraße/Am Wiehagen).

Duisburg-Neumühl/ Obermeiderich: Projekt-Familie ›Einfach und selber Bauen‹

Vordergrund. Südlich der Hochhäuser stellte die Stadt am Rand der Großwohn-Anlage für eine völlig gegensätzliche Pilot-Planung der IBA ein Grundstück in Erbpacht zur Verfügung (Am Hagenshof/Taunusstraße): für 52 Eigenheime (Projekt der Architekturfabrik Aachen) – als ein Gegenmodell zu verdichtetem Geschoß-Wohnungsbau.

Hintergrund. Kleine, städtebaulich geschlossene Siedlungen sollen entstehen, in denen sich mittlere und untere Ein-

kommens-Empfänger Häuser bauen. Kriterien: Kosten- und flächensparend, überprüfter Bau- und Ausstattungs-Standard sowie Wohnflächen-Ansprüchen. Die Selbsthilfe-Möglichkeit [294] in Form einer „Muskel-Hypothek" vermindert Kosten. Bau-Betreuer des Trägers (DFH Worms) koordinieren vor Ort die organisierte Gruppen-Selbsthilfe, um einen rationellen Bau-Ablauf zu erhalten. Vision: ein regionales Netz-Werk von Erfahrungen kann entstehen. 52 Häuser (85 bis 95 m² Wohn-Fläche) mit Gärten, acht Etagen-Wohnungen (40 bis 60 m²) und ein Gemeinschafts-Haus gruppieren sich um einen gemeinschaftlichen Wohnhof. Jedes Haus kann wachsen, bietet also Erweiterungs-Möglichkeiten.

Die Grundrisse können zu zwei späteren Kleinwohnungen geteilt werden. Weitere Charakteristiken: Konventioneller Mauerwerks-Bau, Grün-Dach, keine Keller, dezentrale Sammel-Stellplätze am Rand, gruppenbezogene Heiz-Zentralen. Gesamtkosten pro Haushalt betragen 230.000 DM (1994) plus Erbpacht-Zins für das Grundstück, davon wird ein Selbsthilfe-Beitrag 30.000 DM gespart, hinzu kommt öffentliche Förderung. Resultat: Die 982 DM Warm-Miete liegen 1994 unter der vergleichbaren Ziffer von 1.012 DM. Darlehens-Aufwand beträgt nur 87.000 DM (erster Förderweg 143.000 DM). Weitere Verbilligung ist angestrebt.

Das Projekt ist vor allem als Maßnahme zur Entwicklung eines Ressourcen-Denkens wichtig: in Vernetzungen mit Sozialhilfe, Beschäftigungs- und Qualifizierungs-Maßnahmen, Langzeit-Arbeitslosigkeit, Arbeitsmarkt-Mitteln [295], sozialem Wohnungs-Bau und Beschaffung von Not-Unterkünften. Wenn ein Langzeit-Arbeitsloser 1993 über 1.000 DM an Mietkosten vom Sozialamt erhalten muß, um leben zu können, liegen hier die Kosten nur bei 800 DM. In einer Zeit hoher Arbeitslosigkeit wird das Feld dieses Wohnungs-Baues als produktive soziale Arbeit besonders wichtig.

Duisburg-Ruhrort: Altstadt – Wiederbelebung einer Stadt-Mitte

Vordergrund. Auf der Basis von Diskussionen im ›Gesprächskreis Ruhrort‹ als Forum für Bürger-Beteiligungen wird der spannend gelegene, aber lange Zeit mißachtete Hafen-Stadtteil ausgebaut: mit vielen Projekten, unter anderem dem Tausendfenster-Haus, der Fortbildungs-Akademie von Haniel (Eller/Maier/Walter; Dr. Hammacher-Straße), dem Eisenbahn-Hafen und dem stillgelegten Hallen-Bad, das nun als Teil des Museums der Deutschen Binnenschiffahrt umgenutzt wird (Architekturfabrik Aachen).

Hintergrund. In den 60er Jahren stand die gesamte Altstadt in Ruhrort zum Abriß an. Von der mittelalterlichen Stadt steht heute kein Stein mehr. Die klassizistische überlebte mühsam. Sehr langsam wurde die hervorragende Stadt-Qualität erkannt. Jetzt wird an ihr gefeilt.

In jüngeren Industrie-Städten (z. B. in Bergkamen) sind – im Rahmen des Entwicklungs-Prozesses der industriellen Gemenge-Stadt – eine Fülle von Reparaturen und vor allem nachbessernder Ausbau notwendig.

Orts-Hinweise: IBA-Projekte der Stadtbildung. Stadtmitte-Bildung (Gerber, Dortmund) in Bergkamen (Ebertstraße/Markplatz), als Reparatur. Stadtteil-Zentrum um die Hülsmann-Brauerei (um 1905) in Herne-Eickel, mit neuer Nutzung des Sud- und Treberhauses, Bürger-Saal, öffentlichen Einrichtungen und Wohnungen (Schultenhof; Schuster-Architekten, Düsseldorf). Stadtteil-Zentrum (Pesch/Herdecke) in Recklinghausen-Süd (Bochumer-/Marienstraße), mit Wohnungsbau (Kostulski, Köln; Ringleben/Reicher, Düsseldorf). Stadtteilzentrum und Fortbildungs-Akademie des Innenministeriums NRW (Jourda/Perraudin, Lyon/Manfred Hegger, Kassel) in Herne-Sodingen (Mont Cenis-Straße). Alten-

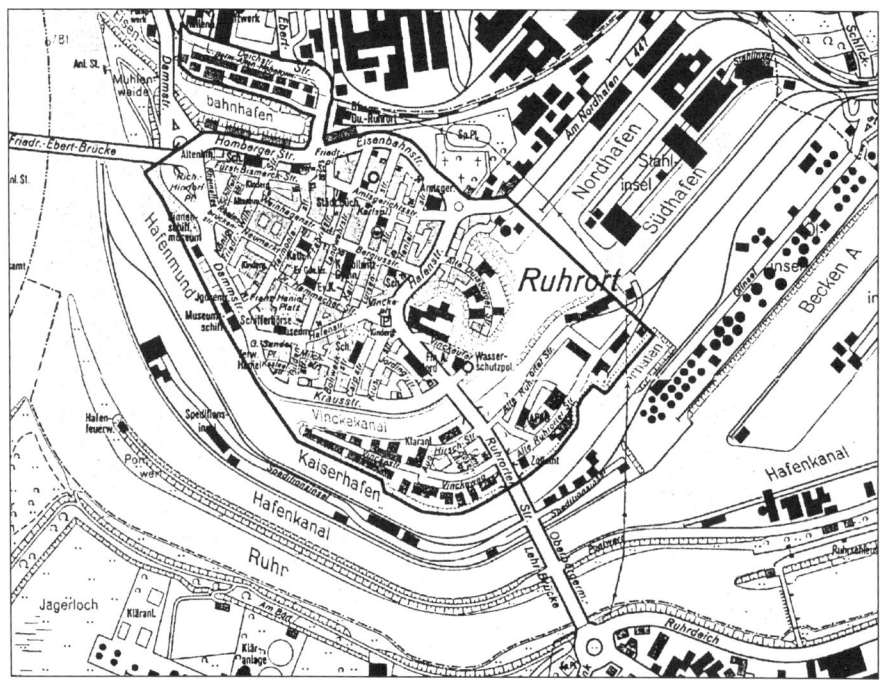

essener Forum in Essen-Altenessen, im weiten Umfeld des Ortszentrums (Altenessener Straße) und der Zeche Carl (Hömannstraße). Stadtteil Prosper III (Trojan/Trojan, Darmstadt) in Bottrop (Gladbecker-/Rheinstahlstraße). Hafen-Stadtteil Ruhrort in Duisburg-Ruhrort [77, 83], mit vielen Projekten, u.a. Tausendfenster-Haus (Ruhrorter Straße), Alter Werft-Hafen (Hafenstraße) [366, *367*], Eisenbahn-Hafen (Deichstraße), Hallen-Bad (Dammstraße 12).

Bottrop-Batenbrock: ein spektakuläres ›Halden-Ereignis‹

Vordergrund. In Bottrop-Batenbrock entsteht auf dem Gipfel der Berge-Halde (Beckstraße) das ›Halden-Ereignis Emscher-Blick‹ (Mediastadt, Darmstadt/ Drecker, Bottrop): in 65 m Höhe eine begehbare Stahlgerüst-Pyramide (1,2 Mio. DM) mit einer Hänge-Treppe. Dort wird auch die Industrie-Landschaft erklärt: mit Texten der Industrie – und daneben in einer zweiten Schiene mit Kritik von außen. In der ›Nacht der Lichter‹ am 19. Juni 1994 macht die IBA auf der Halde eine Licht-Flammen-Feuerwerks-Inszenierung. [213, 315]

Hintergrund. Die IBA möchte keine Kette von High-Light-Bauten errichten, sondern im Bereich des alltäglichen Lebens entwickelte Lösungen vorschlagen. Dies zielt auf das Stichwort ›breite Bau-Kultur‹. Innerhalb dessen gibt es jedoch aus mehreren Gründen auch einige spektakuläre Projekte. Sie stehen allerdings stets in engem Zusammenhang mit den Potentialen der Region.

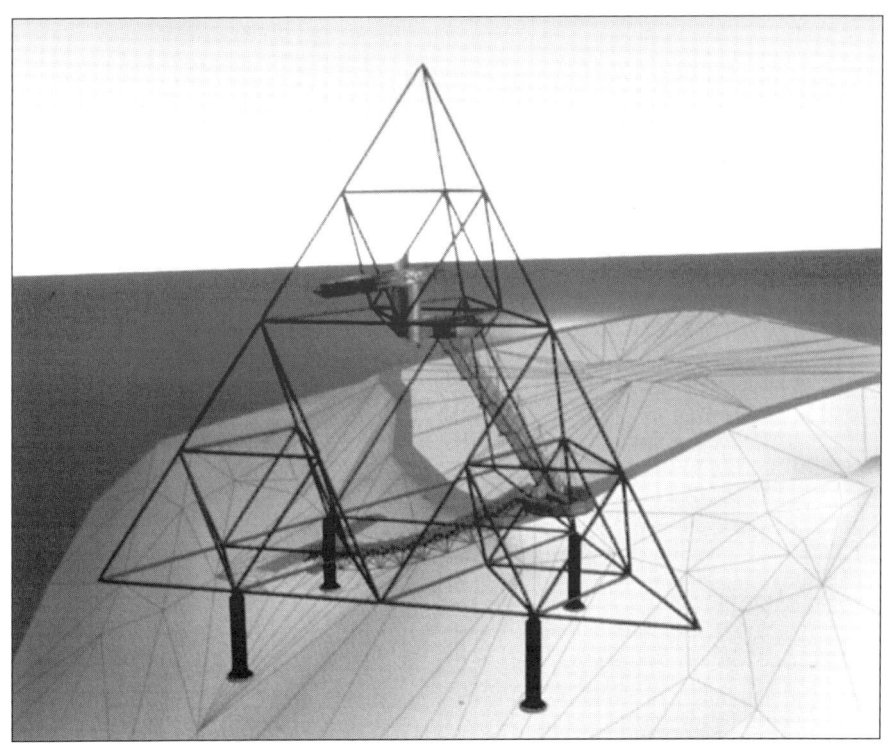

Duisburg-Meiderich: Das Hüttenwerk – Industrie-Szenerie im Landschafts-Park

Vordergrund. Wer seinen Gästen von außerhalb des Ruhrgebietes die Region in zwei Stunden besonders intensiv erschließen möchte, kann sie in diese labyrinthisch erscheinende Industrie-Szenerie an der Emscherstraße in Duisburg-Meiderich führen: in ein Gewirr von Stahl-Gerüsten, Rohren, Kesseln, Apparaten, Laufkran-Bagger, Treppen, Podesten, Aussichten, Galerien, Brücken [341]. Sie schrauben sich gigantisch immer mehr in die Höhe. Auf vielen Treppen vor den Hochöfen erleben Besucher, wie ihnen dieses Ambiente und die Landschaft immer mehr Fragen stellt. Besonders eindrucksvoll ist die Zeit, wenn die Sonne über der Industrie-Kulisse am Rhein untergeht. An mehreren Stellen dieses laby-

rinthischen Theaters gibt es Spiel-Stätten. Am eindrucksvollsten in der Abstich-Halle.

Hintergrund. In vielen IBA-Aktionen steht die Infragestellung des Verbrauchs- und Verwertungs-Gedankens. Wenn etwas ausgebraucht ist, erscheint es gewöhnlich verbraucht und gilt dann als wertlos. Überall und ständig gibt es Schwierigkeiten im Umgang mit Häusern, Gegenständen, Räumen und Anlagen – durch Veränderungen des jeweiligen Gebrauchs-Verhältnisses.

In den 80er Jahren nahmen im Denkmalschutz das Interesse und die Einfluß-Möglichkeiten der beiden Landes-Denkmalämter Rheinland und Westfalen ab, umgekehrt wuchs das Interesse des Städtebau-Ministeriums außerordentlich. Karl Ganser: „Die Frage der Umnutzung kann doch nicht die erste sein. Der Nutzungsbegriff deckt nicht alles ab." Daher entwickelte er eine Gegenstrategie. „Ein rigider Denkmalschutz wirkt erst einmal verstetigend – bis sich gesellschaftliche Lösungen ergeben." In das Leitmemoran-

dum der IBA brachte er den Gedanken ein: Die Denkmäler der Region, insbesondere die Industrie-Denkmäler, sollen nicht unter banalem Nutzungswert diskutiert werden. Allein wenn man die Abrißkosten auf ein Sparkonto legen würde und den Zins-Ertrag zur Erhaltung einsetzt, könnten sie gerettet werden. Mit diesem Gedanken fädelt er ›weiche, langfristige Strategien‹ ein.

Ein Beispiel dafür ist das Hüttenwerk Meiderich in. Als es stillgelegt wurde, entstand eine Diskussion. Die Stadt wollte einen Business Park anlegen, fand dann jedoch eine andere Stelle. Gerd Seltmann beschreibt die Logistik: „Wir fingen das Projekt nicht mit dem diffusen Ziel an, eigentlich solle es mal besser stehen bleiben, und wir gucken, was daraus wird. Sondern: man muß eine konkrete Vorstellung davon haben, was man will. Erstens schaffen diese 200 Hektar Brache für 100.000 Meidericher zum erstenmal die Chance einer wohnungsnahen Erholungs-Struktur. Es ist aber eine Industrie-Brache, mit einem Hüttenwerk drauf.

Wie geht man mit einem Hüttenwerk um? Zwei Komponenten: Es gibt dort sehr viele Gebäude. Sinnvoll sind Formen von Nutzung, die man nicht aufoktroyiert, sondern für die es Bedürfnisse und Bedarf gibt. Dies ist zu stimulieren. Damit sich die Menschen dann selbst artikulieren. Das Verwaltungs-Gebäude bietet Räume für 40 bis 50 bürgerschaftliche Gruppen. Das Hüttenwerk neben ihm kann man sich als begehbares Museum vorstellen. Aber zu dem Konsens, der herbeizuführen ist, gehört auch die Untersuchung: Was kostet es? Geht es überhaupt? Das wußte bis vor einiger Zeit niemand.

Als sich dann herausstellt, es kostet weniger, als ein Gebäude auf 20 Jahre zu erhalten, bekommen wir – aber erst nach diesem schrittweisen Prozeß – einen einstimmigen Beschluß im Stadt-Rat. Hätten wir die Debatte so begonnen: ›Wir wollen, daß das Hüttenwerk stehen bleibt, koste es, was es wolle‹, wäre nichts gelaufen. Wir begannen andersherum: Wir verschafften uns Wissen und verwandten es positiv. So ist der Erhaltungs-Beschluß vertretbar und sinnvoll." Planungs-methodisch bedeutet diese Vorgehens-Weise: Vom Punkt-Denken zur Komplexität von Zielen. Dies erweitert die Chance, Menschen zu überzeugen. Der Debatte, die sich am Punkt festfrißt, wird die Blockade genommen.

Für das Gelände des Hüttenwerkes wurde ein englischer Park vorgeschlagen. Ein langer Streit begann. Dann entstand ein Landschafts-Park, für den es kein Vorbild gibt. Peter Latz entwarf einen ökologischen Park: Die Industrie-Brache bleibt. Die erste Ebene: eine Grund-Investition und erstmal wachsen lassen. Dann „eine Schippe drauflegen."

Am Fuß des Hochofens gibt es Reste der alten Emscher [52, 371]. Hier entsteht ein Wasser-Park. Er wird, weil kein anderes Wasser vorhanden ist, zu 90 Prozent mit Regenwasser gefüllt. Mit einem

Umlauf-System. Die Beton-Becken der riesigen Bunker-Anlagen für das Beschickungs-Material der Hochöfen werden als Zisternen genutzt: sie speichern die Wasser-Menge von einem Jahr.

Für die Erhaltung des Industrie-Denkmals (Initiator: Wolfgang Ebert) gibt es in dieser Größenordnung weltweit als Vergleich lediglich die Völklinger Hütte im

Gas-Gebläse-Halle (›Basilika‹) als Konzert-Saal.

Saarland. Die beiden Hochöfen bleiben stehen. Die intelligente Formel heißt: ›gezielte Demontage‹. Experten rechneten aus, daß ein Verfall weit langsamer erfolgt als angenommen – dies schafft für wenigstens 40 Jahre Zeit. „Daher ist der Erhalt billiger als der Abriß." Die Experten setzen Abriß-Kosten von 14 Mio. DM an, rechnen als jährliche Verzinsung 1, 2 Mio. DM und folgern: Dafür können zehn Leute eingestellt werden! Die Wartung der Anlage erfordert aber nur fünf Arbeits-Kräfte. Also werden fünf beschäftigt. Zusätzlich wurde ein Projekt zur Beschäftigung und Qualifizierung von Langzeit-Arbeitslosen angefügt.

Haushaltsrechtlich ist es noch nicht möglich, das schlaue Konzept ganz einfach zu realisieren: nämlich 14 Mio. DM auf die Bank zu legen und von den Zinsen das Personal zu bezahlen. Daher springt die Landesentwicklungs-Gesellschaft (LEG) als Zwischenstation ein: sie übernimmt zunächst die laufenden Aufgaben und baut eine Stiftung auf. Eine Landes-Zuwendung als Stiftungs-Kapital soll die Zinsen bringen, von denen die bleibenden Defizite gedeckt werden. Die Stiftung hält sich eine Betreiber-Gesellschaft[56].

Thyssen selbst macht mit seiner Lehrwerkstatt den Hochofen so sicher, daß auf seinen vielen Treppen und Emporen jeder Besucher ohne Führung laufen kann. Abmontiert wird nur, was überflüssig ist. Ein Aufzug wird eingerichtet – zur Aussichts-Plattform.

Jonathan Park, Künstler aus London, der Licht-Anlagen für große Rock-Konzerte entwirft, schafft 1996 eine Licht-Inszenierung, die von weither an Sonntagabenden und an Festen viele Menschen lockt und durch ihre Phantasmagorie fasziniert.

Der Alpenverein legte einen Kletter-Garten an. Zu einem Konzert-Saal umgestaltet wird die steile ›Basilika‹: die Gas-Gebläse-Halle mit der Dampfmaschine, den Generatoren und den Kompressoren für den Wind-Erhitzer, die alle stehen bleiben. Sie erhält hohe Stahlrohr-Tribünen (2,6 Mio. DM). Es ist nicht der übliche beheizte Konzertsaal, sondern hier finden jährlich nur zehn bis fünfzehn Aufführungen statt – im Winter hört das Publikum im Mantel zu *[318]*. Wenn für weitere Ansprüche umgebaut würde, verlöre die Halle ihren einzigartigen Charakter. Um eine teure Allzweck-Ton-Anlage zu sparen, bringt jeder Veranstalter seine akustischen Geräte mit.

Das Gelände zieht Menschen an, weil es ein immenses Spektrum an Ereignissen bietet: Höhle und Aussicht, Industrie mit vielen Details und wilde Natur. Es erfährt einen Rekord-Besuch an Video-Filmern. 1993 hat die Anlage, die noch längst nicht ›fertig‹ ist, bereits über 100.000 Besucher.

Oberhausen: Gasometer – Phantasmagorie der Ausstellung

Vordergrund. Wer nach den Ferien aus Italien kommt, mag am Kaiserberg in Duisburg denken: Ich bin wieder zu Hause. Denn von dort aus erblickt er eine riesige ›Land-Marke‹, den größten Gasometer Europas (1928/1929) in Oberhausen. Im gesamten westlichen Ruhrgebiet ist er von allen Autobahnen aus als ›Land-Marke‹ immer wieder sichtbar. In Oberhausen finden wir ihn nahe dem Schloß hinter der Top-Manager-Siedlung Am Grafenbusch (1910/1922 von Bruno Möhring) [159]. Das gigantische Bauwerk, entwickelt nach dem Prinzip der Luftschiff-Halle, steht für einen Höhepunkt industrieller Entwicklung, für die Ästhetik der Technik und drittens für eine Logistik: sie macht aus dem scheinbar Unrettbaren eine Phantasmagorie des Ausstellens. Das spannendste Ambiente umgibt den Turm. Zu Füßen läuft am Kanal der Öko-Pfad [294]. Über das Wasser führen in zwei Ebenen Brücken. Von der Gasometer-Plattform erschließt sich ein weiter Rundblick. [327]

Hintergrund. Der Gasometer diente der Speicherung des Gicht-Gases von den Hochöfen, später des Gases von der Kokerei Osterfeld, und damit der Disposition über eine wichtige Energie. Als das Hütten-Werk abgerissen wurde, war das gigantische Bauwerk von 117 m Höhe (innen 109 m) und außen 67 m Durchmesser aus seinem Verbund entkoppelt.

Zunächst wurde das Bauwerk für 20 Jahre „problemfrei gestellt" – mit einer findigen Konstruktion. Die Ruhrkohle AG zahlte an eine Betreiber-Gesellschaft 2 Mio. DM, um sich von den Abriß-Kosten freizustellen. Damit ließ sich der Turm erstmal „für einige Zeit" erhalten. Karl Ganser: „Es gibt kein endgültiges Konzept, sondern wir inszenieren Prozesse, die eine Stufe nach der anderen machen."

Im Inneren wurde die Druckscheibe um einen Meter auf drei Meter Höhe angehoben. So entstand ein faszinierender Raum in einer Ausdehnung von über 60 Metern. Die eigentliche Ausstellungs-Fläche liegt auf der Scheibe – in 24 Kreis-Segmenten mit zusammen 5.000 m² Fläche. Nach oben führt ein gläserner Panorama-Aufzug in 109 m Höhe.

1994 kamen zur Ausstellung ›Feuer und Flamme‹ über die Industrie-Geschichte des Reviers 200.000 Menschen.

Der Gasometer war der Meteor unter den ›Ereignissen‹ in Europa. „Es ist vom Eindruck her eine totale Anti-Kunst-Halle – im Gegensatz zur Kunsthalle in Bonn." Das Projekt kostet insgesamt rund 15 Mio. DM – das ist ein Bruchteil der Kosten einer Kunsthalle wie z. B. in Bonn.

Solo-Posaunist Vitus Böhler: „Der Klang-Raum musiziert. Atem ist Raum." 1994 führte das Theater Oberhausen Shakespeares ›Der Sturm‹ auf (Regie Klaus Weise). Der Film-Autor Tonino Guerra schreibt ein ›Theater der Vertikalen‹: „Der Gasometer ist das große Gedächtnis der Welt – ein ›poetischer Ort‹. Nachzudenken über den Raum, die Weite, das Nichts und das Alles. Unsere tiefsten Empfindungen sind berührt. Die Renaissance kreiste um den Raum. Das ist ein gewaltiger Teil des Lebens."

Essen-Katernberg: Zeche Zollverein XII – Höhepunkt der Industrie-Ästhetik

Vordergrund. Der Förder-Turm an der Gelsenkirchener Straße/Drostenbusch ist unzählige Male fotografiert und inzwischen ein Wahrzeichen der Region geworden. Während andere Industrie-Komplexe eine geradezu labyrinthische Struktur haben, sind die Hallen und vor allem die Räume der Zeche Zollverein XII Szenerien von kristalliner Präzision. Diese ›Abstraktheit‹ ist ein Gegenstück zu parallelen Gestaltungen in Malerei und Plastik.

Hintergrund. Die Zeche Zollverein XII (1928/1932 von Fritz Schupp/Martin Kremmer) ist die größte Europas – und zugleich die ästhetisch anspruchsvollste (siehe S. 216/218, 350/352). Als kurz vor ihrer Stillegung die Frage nach der Erhaltung auftauchte, waren alle ratlos. Noch nie in der Geschichte der Industrie wurde ein so großes Objekt erhalten.

Dann entstand im Zusammenspiel einiger Initiativen im Essener Norden und IBA eine Logistik. Sie zielte darauf, ebenso wie andere Projekte, in der Anfangs-Phase zu entkommunalisieren. „Es geht nicht ohne eine eigenständige Gesellschaft." Die Stadt sträubte sich und schob finanzielle Argumente vor. Nach den 90 Prozent Förderung hatte sie – aus verfassungs-rechtlichen Gründen – zwar nur noch 10 Prozent Eigenanteil zu tragen, aber auch das wollte sie zunächst nicht. Eine Lösung wurde gefunden: ein ohnehin geplantes soziales Unternehmen wird damit verkoppelt. Die 10 Prozent laufen nun über ein Arbeitslosen-Langzeit-Projekt – und sparen der Stadt entsprechende Kosten an Sozial-Hilfe. Und eine ›Bauhütte‹ wurde gegründet. Davon brachte die Stadt 50 Prozent der Mittel ein, die weiteren 50 Prozent wurden aus der EG hierher gezogen.

Das Terrain erhielt neue Nutzungen: Umfangreiche Werkstätten für Langzeit-Arbeitslose. Ein Museum, in dem Besuchern Arbeit und Produktions-Vorgänge in Erinnerung gerufen werden. Eine private Galerie. Ein Ausstellungs-Raum des Bildhauers Ulrich Rückriem. Im Kessel-Haus (umgebaut durch Norman Foster) erhält das ›Design-Center für Nordrhein-Westfalen‹ einen interessanten Schau-

Platz – eine Investition der Industrie und des Wirtschafts-Ministeriums NW (rund 24 Mio. DM). Eine Proben-Bühne für Theater und Philharmonie Essen – die Bühnen müssen jeden Monat eine öffentliche Probe machen. Ein Zechen-Bahnhof soll der Besucher-Eisenbahn dienen[57]. 1993 haben 60 Prozent der Nutzung ein kulturelles Profil. Die Räume werden in zwei Gattungen eingeteilt, so daß ein Teil ohne teuren Ausbau mit Wärme-Dämmung auskommt. Wegen der hohen Investitionen durch speziellen Umbau müssen die Mieter langfristige Miet-Verträge abschließen. Die Schacht-Anlage umgibt ein riesiges Gelände: eine ganze Landschaft (300 ha). Die Brücken bleiben stehen und werden genutzt – vor allem zum Erleben von ungewöhnlichen Blicken.

Castrop-Rauxel: Poetische Orte

Im Castroper Hügel-Land gibt es auf dem höchsten Punkt der vom Sauerland zum Emscher-Tal auslaufenden Berg-Landschaft, an der Wasser-Scheide zwischen Emscher und Ruhr, die Berge-Halde Schwerin (Bodelschwinger Straße). Von Anfang an wird sie als ein Landschafts-Bauwerk aufgeschüttet. 1994 entsteht ein Gesamt-Kunstwerk. 25 Bürger arbeiten gemeinsam mit vier Künstlern in einer ›Bürger-Werkstatt‹ (geleitet von Manfred Walz, Dortmund). Zwei Entscheidungen bestimmen das Projekt: die Orientierung an der Historie des Ortes und das Thema Sonne.

Über den Berg werden Wege als ein ›Geo-Achsen-Kreuz‹ (Jan Bormann) angelegt. In einer Achse sehen wir im Osten die Stahl-Werke von Hoesch. Und wir gehen auf Stufen: auf Eisen-Brammen. Im Norden laufen wir auf Holz, das einst zum Streb-Ausbau diente.

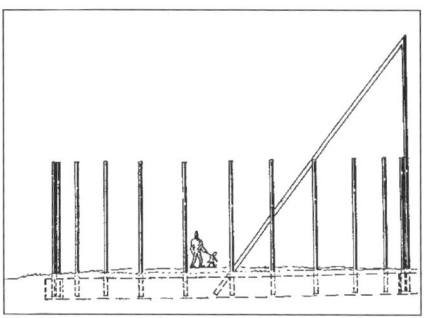

Auf der Kuppe, der Aussichts-Plattform, stehen im Rund 24 blinkende Metall-Säulen, jede 6 m hoch. Und in der Mitte ein 10 m hoher Pylon. In den Stäben fängt sich die Sonne. Wir stehen in einer Sonnen-Uhr (Jan Bormann).

Am Fuß der Halde finden wir einen weiteren Mythos gestaltet: einen Quellen-Tempel (Peter Strege). Seine Form weist in die mittelmeerische Antike. Und sein Material symbolisiert die Gegenwart: das Eisen.

Unweit steht auf einem Hügel (Bodelschwingher Straße/Heinrichstraße) ein ungewöhnliches Zechen-Bauwerk: der Hammerkopf-Turm Erin Schacht 3. Im Rund um ihn ein zweiter poetischer Ort: der irische ›Baum-Kreis‹ (1994 von Martin Oldengott).

Auf dem Land schuf einst ein Ingenieur aus Irland die große Industrie: Thomas Mulvany. Er gab der Zeche den Namen seiner Heimat: Erin.

In uralter, vorchristlicher Mythologie orientierten die Kelten ihr Leben an der Natur. Im Gegensatz zu mittelmeerischen Völkern, die ihr Schicksal in den Sternen lesen, sehen die Kelten es in den Bäumen. Die Geburt findet im Zeichen eines Baumes statt. Er verleiht Persönlichkeit und Eigenschaften.

Das Jahr besteht aus 36 und 4 Abschnitten. Für jede Periode steht eine besondere Baum-Art. Er hat bestimmte Stimmungen und überträgt sie auf den Menschen.

B. Industrie als Verbund-System und industrieller Wandel

Industrie als Verbund-System

Das logistische System der Industrialisierung

Virtuosität. Das Prinzip, seine Kräfte gut zu nutzen, ist uralt. Dieses Geschick stößt in den vorindustriellen Handwerks-Produktionen an Grenzen. Was Menschen in diesem Grenz-Bereich tun, wird als Virtuosität gefeiert – und meist als Kunst angesehen.

Findigkeit. Die Industrialisierung beginnt mit der Energie-Frage: die Kraft der Muskeln oder eines Tieres wird durch Nutzung der Natur ersetzt und gesteigert: vom Wasser-Rad, von der Dampf-Maschine, auch „eisernes Pferd" genannt, vom Elektro- und vom Verbrennungs-Motor.

Das Grund-Prinzip: Findigkeit. Natur-Energie kann nur genutzt werden, wenn eine raffinierte Übertragung der Kraft entwickelt wird. Am Anfang steht ein System von Zahnrädern und Treibriemen. Diese Raffinesse wird im Inneren der Maschinen weiterentwickelt. Zugleich entsteht eine immer stärker ausgetüftelte Organisation der Findigkeit – gleichermaßen für Maschinen und für Menschen. Daraus entwickelt sich Arbeitsteilung – sowohl in der Fabrik wie im Gesamt-System der regionalen und überregionalen Wirtschaft. An diesem System wird endlos gearbeitet. Daher ist Industrialisierung ein immerwährender Struktur-Wandel.

Das Gegenteil der Findigkeit ist die Vergeudung von Ressourcen. Hier liegt der Punkt der Bequemlichkeit, des Reflexions-Mangels, auch der Faulheit von Eigentümern, Managern und Ingenieuren: oft wird das Prinzip Findigkeit rasch vergessen. Konsequent gehandhabt wird es zur Ökologie.

Logistik. Ein Industrie-System steht und fällt mit der Entfaltung seiner Logistik. Gewinn ist eine Folge. Und der maximale Gewinn des einzelnen muß eingebettet sein in das Gesamt-System. „Gewinn" in der Industrie hängt von vielen ab. Alle Ideologien von der ›Ellenbogen-Gesellschaft‹, von ›Wolfs-Kämpfen‹ sowie Kriegen waren im Resultat anti-industriell d.h. kontra-produktiv. Kein soziales Gefüge verdankt seine Produktivität einem so starken wechselseitigen Verbund wie das Industrie-System. Daher gilt das sozial-kulturelle Prinzip: Leben und leben lassen.

Das logistische System der Fabrik. Die Fabrik ist nicht einfach die Fabrik, sondern weit mehr als die Arbeits-Leistung von Menschen in einem überschaubaren Umfeld: sie ist ein Produkt weitreichender und weitverzweigter Zusammenhänge. Sie hat eine komplexere Logistik als das Handwerk: in Abläufen, sozialer Organisation, Rationalisierung, Ausbreitung der Handels-Kette usw. Kein Wirtschaftszweig entsteht aus sich selbst, sondern er wächst in Wechselwirkung mit anderen und läßt andere sich entfalten. In jeder Fabrik steckt nicht nur die eigene Technologie, sondern auch die von vielen anderen.

Ein Beispiel: Als die Friedrich-Wilhelms-Hütte (seit 1811) in Mülheim im Revier 1849 den ersten Kokshochofen in Betrieb nimmt, macht sie mit dieser Technologie die Kohle industriell verarbeitungsfähig.

Dies ermöglicht die Massen-Produktion von Gußeisen. Diese wiederum ist die Grundlage für Eisenbahn, Bauwesen, Maschinen, Geräte aller Art, Industrie-Anlagen – bis hin zu Konsum-Gütern. Aus der Nutzung der Kohle entsteht auch eine verzweigte chemische Industrie. Und dies alles hat mit Forschung zu tun.

Industrialisierung und Bewußtsein. Die Herausforderung: Wie entwickeln Menschen ihr Bewußtsein von der begrenzten bäuerlichen Eigenwirtschaft oder von überschaubarem städtischem Handwerk auf den Stand der Komplexität, den die Industrialisierung besitzt? Und dies nicht nur in der technischen Ebene, sondern auch in weiteren: sozial, organisatorisch, infrastrukturell, gesellschaftlich, kulturell, ökologisch?

Pendelt nachhängendes Bewußtsein zwischen Hilflosigkeit und ideologisierter Ignoranz? Bleiben die meisten Prozesse der Industrie-Epoche eher dem blinden Ablauf überlassen statt gestaltet zu werden?

Wie begreifen Menschen, daß ihre Möglichkeiten nicht in der Alternative Ohnmacht/Obrigkeits-Denken liegen? Ebenso falsch ist die Alternative: Rückzug oder wahnhaft-leere Macht. Erst die Erkenntnis-Mühe gesellschaftlicher Zusammenhänge ermöglicht Spiel-Räume für eigenes Handeln – in Mikro- und Makro-Strukturen.

Industrie als komplexes System

Die Industrie entwickelt sich zu einem verzweigten Verbund-System. Dies schafft sich sowohl betriebliche wie außerbetriebliche Infrastrukturen. Die Zusammenhänge sind vielschichtig. Die Impulse kommen aus mehreren Ebenen. Am Bergbau wird die ungeheure Komplexität einer Industrie am augenfälligsten sichtbar[1] [326]. An den Hüttenwerken und Walz-Werken erscheint sie in ihrer räumlich größten Ausdehnung.

Veredelung der Kohle. Der vorindustrielle langanhaltende Versorgungs-Engpaß mit der Ressource Holz-Kohle als Brennstoff führt zur Suche nach anderen

dreieinhalb Jahren. Deshalb wird in der Hütten-Industrie eine Gas-Wirtschaft aufgebaut. Die Koks-Öfen wiederum werden von den Hochöfen aus beheizt: mit deren Gicht-Gas vom Schmelz-Prozeß. Das Koksofen-Gas wiederum geht nicht nur zu den Hochöfen, sondern

Energien bei der Eisen-Herstellung. Diese Suche stößt auf die Kohle. Allerdings ist sie im Rohzustand wegen ihres Schwefel-Gehaltes für Hochöfen unbrauchbar. Daher wird sie verkokt: zunächst in Koks-Meilern (wie Holz-Kohle), dann in Ofen-Meilern, in Flamm-Öfen *[88]*, nach 1920 modernisiert als sechs Meter hohe Batterien (Stillofen), nach 1960 in großvolumiger Kammer-Bauweise[2].

Der Verbund der Werks-Bereiche. Werks-Eisenbahnen verbinden die Zeche mit der Kokerei und die Kokerei mit dem Hochofen, diesen mit dem Stahlwerk, das Stahlwerk wiederum mit den Walzwerken und dann mit den Preßwerken. Dafür sind logistische Koordination und Signal-Systeme mit Rückkopplungen nötig.

Gas. Die Hüttenwerke benötigen für die Schmelze einmischbaren Koks. Durch Veredelung der Kohle zu Koks in der Kokerei entsteht Gas und daraus Wärme. Diese Abhitze der Kokerei wird in den Hochöfen genutzt: für die Wind-Erhitzer. Was zunächst Abfall war, wird zum Wert: die Eisenhütte amortisiert die Kokerei in

auch zu den Siemens-Martin-Öfen, die das Eisen zu Stahl veredeln.

Diesen wechselseitigen Verbund stellt ein großräumiges Rohr-Netz in zwei Richtungen her [326]. Gicht-Gas und Kokerei-Gas werden durch weite Betriebs-Gelände und durch Stadtteile zwischen Hochofen und Kokerei in meterdicken Leitungen transportiert. Was auf den ersten Blick wie ein chaotisches Labyrinth an Leitungen aussieht, hat seine um 1900 entwickelte ausgeklügelte Logik.

Überschüssiges Koks-Gas wird seit 1900 an Kommunen weiterverkauft: für Straßen-Beleuchtungen, später auch für Firmen und Haushalte.

In den 20er Jahren steigen die Qualitäts-Anforderungen an den Stahl. Verfeinerungen der Prozesse sind notwendig, zugleich Rationalisierungen. Aus neuen Erkenntnissen um die Misch-Fähigkeit von Kohlen gehen um 1925 erste Groß- und Zentralkokereien hervor[3]. Deren Produktion führt dazu, daß der Absatz expandiert – und ein Gasverteilungs-Netz im ganzen Ruhr-Revier und in den umliegenden Gebieten entsteht. Als die Hütten-Werke 1968 von Kokerei-Gas auf Erdgas umsteigen, schrumpfen Kohle-Förderung und Koks-Erzeugung.

Gasometer. Zwischen Kokerei und Hochofen entsteht zur Disposition und zur Speicherung der Gasometer. Er sorgt für den Ausgleich von Gas-Erzeugung und Gas-Verbrauch. Der gigantische Gasometer-Raum läßt sich vergrößern und verkleinern.

An der Stelle, wo in Oberhausen um 1840 im Hüttenwerk, in der ›Alten Walz‹[4], zum ersten Mal in der Region mit englischen Puddelöfen Eisen zu Stahl veredelt wird, wird 1928/1929 der größte Gasometer der Welt konstruiert, ein Gichtgas-Behälter[5]. *[320]* Im Verbund-System dient er auch der zehn Kilometer entfernten Ruhrchemie in Oberhausen-Holten. *[116]*

Dieses anschauliche Symbol des industriellen Verbunds wird schon 1929 als „Wahrzeichen von Oberhausen" angesehen. Von allen Autobahnen weithin sichtbar, auch als Navigations-Punkt für den Flug-Verkehr benutzt, ist der Gasometer im westlichen Ruhrgebiet das wichtigste Orientierungs-Zeichen: ähnlich dem Kölner Dom und dem Münster von Straßburg. Aus aus der Nähe besehen wirkt er als ein Wunderwerk an Konstruktion und Ästhetik. Jetzt ist das monumentale Bau-Werk ein Ausstellungs-Ort.

Wasser. Bergbau bedeutet auch Wasser-Beherrschung: mit Hilfe von immensen Pump-Anlagen. Dies führt zum Bau von Dampf- und Wasserhaltungs-Maschinen in der Maschinenbau-Industrie. 1808 bestellt – gebaut von Franz Dinnendahl – die Essener Zeche Sälzer-Neuack die erste Dampf-Maschine (1811 in Betrieb). Das abgepumpte Wasser muß entsorgt werden. Dies geschieht in Kanälen der Emschergenossenschaft, vor allem in der kanalisierten Emscher. *[371]*

Kohle wird vom Gestein getrennt: dafür ist außerordentlich viel Wasser notwendig. Auch die Hüttenwerke benötigen

immens viel Wasser für ihre Kühl-Anlagen und Kühltürme. Dafür wird ein umfangreiches Wasser-System geschaffen. Unweit vom Gasometer Oberhausen steht der Wasserturm (1896) an der Mülheimer/Duisburger Straße: das Symbol eines bis zur Ruhr ausgreifenden Wasser-Systems *[340]*.

Energie-Kosten. Zur Modernisierung um 1900 gehört die Senkung der Betriebs-Kosten: vor allem durch die Kalkulation der Energie. Alle Modernisierungs-Schübe sind im Kern Versuche, die Energie besser zu nutzen und zu verringern. Wiederum darf die Gesellschaft die Ingenieure befragen, ob diese findige Fähigkeit an der Betriebs-Grenze stehen bleibt – oder zum strukturellen Denken wird?

Wissenschaft. Die Modernisierungen geschehen in einer Mischung von Erfahrung und Berechnung[6]. Im Modernisierungs-Schub um 1900 entwickelt sich ein Verbund von Produktion und Wissenschaft. Eisen und Stahl regen den Ausbau der Technischen Hochschulen an (für das Ruhrgebiet sehr wichtig: der Lehrstuhl Rettenbacher in Karlsruhe). Die Hochschulen bilden qualifizierte Ingenieure aus und forschen im Verbund mit der Industrie. Umso unverständlicher ist es, daß nicht alle Anstrengungen unternommen werden, diese Logistik ständig als ökologische Logistik weiterzuentwickeln.

Qualifizierungs-System. In den 70er Jahren entsteht ein weiterer umfangreicher Zusammenhang an Qualifizierungs-Schritten: Das Hüttenwerk entwickelt ein immer komplexeres Produktions-Programm. Es wird zugeschnitten auf die Bedürfnisse der weiterverarbeitenden Industrie (vor allem der Walzwerke) und der Verteilungs-Infrastruktur (Handels-Organisationen) mit ihren Transport-Abläufen. Rationalisiert wird auch am Standort der Erz-Vorkommen im Hinblick auf die Aufbereitung (Klassieren der Erze, Pelletisieren, Direktreduktion) –

zur Transportkosten-Senkung. Zugleich finden umfangreiche Automatisierungen in den Walzwerk-Straßen statt.

Funktions-Skizze: Bergbau

Schon früh wird im Tal der Ruhr nach Kohle gegraben (Witten, Hattingen)[7]. Die Isenburg [50] (bei Hattingen) heißt Eisenburg. Kohle ist Grund-Material für die vielen Schmiede in der Umgebung – in Essen, Steele, Hattingen, Witten. Schmieden hat mit Waffen zu tun. Jürgen Lodemann stellt dies in seinem Roman ›Siegfried‹ literarisch dar: der Nibelunge, ein intelligenter Schmied, zieht auf seinem Weg von Xanten rheinaufwärts nach Worms zunächst ins Tal der Ruhr. Hier besiegt er den Drachen d.h. er macht sich die Magie des Feuers und des Veränderns der Natur verfügbar.

werden, sondern verlangen den Einsatz einer stärkeren Energie. Aber am Bohrloch gibt es keine Wasserkraft. So ist der Beginn einer weiteren Nutzung der Kohle die funktions-fähige Dampf-Maschine[8]. Die Dampfmaschine, die – nach Ablauf des Patentes (1800) – im Ruhrgebiet zum erstenmal in der Friedrich-Wilhelms-Hütte gebaut wurde, ermöglicht die Entwicklung eines gewaltigen Pumpensystems. Aber dies kostet viel Geld. Nur große Kapital-Eigner können es finanzieren. Daher schließen sich um 1830 viele Kleinzechen zu kapitalkräftigen Gesellschaften zusammen.

Franz Haniel (1779-1868) wagt den ersten kostspieligen Versuch: 1832 in Schacht Franz in Schonnebeck (Essen). Nach dem Abbruch wegen ständiger Wasser-Einbrüche glückt 1834 der zweite Versuch. Aber die Förderung ist aus bergtechnischen Gründen nicht möglich. Dritter Versuch: Haniel erreicht 1838 mehrere Flöze: 99 m, 130 m und 190 m tief gelegen. Doch aus diesem Schacht

Ein Bergmann schaut aufs Feld.

Kleinzeche

Dramatische Szenen spielen sich am Übergang vom Stollen-Abbau zum Tiefbau ab. ›Pioniere‹ versuchen, die wasserreichen Erdschichten über dem Deck-Gebirge (harter Mergel aus Kalk und Ton) zu durchbohren. Die Wasser-Massen können durch Pumpen von Hand oder von Pferden nicht mehr bewältigt

kann nur Magerkohle gefördert werden. Und vier Fünftel der gewonnenen Energie geht in die Dampf-Maschinen, die die Wasser-Pumpen betreiben. Nach weiteren Problemen gibt Haniel 1842 nach zehn Jahren auf. Mehr Glück hat der Mülheimer Unternehmer Mathias Stinnes: 1840 gelingt der Abbau von Fettkoh-

1.) **Stollen-Zeche:** Das Stollen-Mundloch öffnet den waagerechten in den Berg getriebenen Stollen. Im Betriebsgebäude: Kaue, Schmiede, Schreinerei, auch Wohnräume.

2.) **Schachthaus-Anlage (1800-1850):** auf senkrechtem Schacht. Allmähliche Differenzierung der Gebäude durch die Enführung der Dampf-Maschine (im Kesselhaus): zur Förderung und zum Abpumpen des Wassers. Dies alles geschieht in einem Schacht, hinzu kommt die ›Fahrkunst‹ für die ein- und aussteigenden Bergleute.

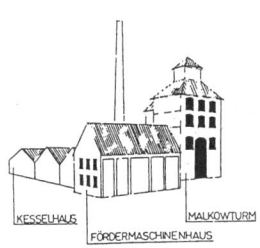

3.) **Malakoff-Anlage (1840-1880):** Mit zunehmender Tiefe der Schächte wird das Förder-Gerüst mit mächtigen Steinmauern ummantelt und immer höher. Der Malakoff-Turm entsteht. Vorteile: längere Haltbarkeit der Holzgerüste (bisher zehn Jahre). Schutz. Förderung mehrerer Körbe (›Etagen-Körbe‹) mit einer Seil-Fahrt. Mehr Spielraum zum Abbremsen. Treppen-Türme an den Ecken dienen bei Brand als Flucht-Türme.
Seit 1858 werden Bergleute im Seil-Förderkorb transportiert.
Seit 1860 gibt es Ventilatoren-Bewetterung.

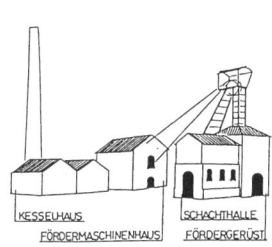

4) **Fördergerüst-Anlage (seit 1870).** Das Ergebnis einer weiteren komplexen Effizienz-Steigerung ist nach Sinken der Stahlpreise in Form der Stahl-Konstruktion anschaulich sichtbar. Vorteile: Stärkere Maschinen werden eingesetzt, der Seitenschub der Seile vom nun abgerückten Fördermaschinenhaus ist abfangbar. Schacht-Teufe über 400 m wird möglich. Die Anlage ist widerständiger gegen Feuer. Bessere Umlenkbarkeit der Seile durch abgerückte Fördermaschinen.
Es gibt (nach dem Malakoff-Turm) vier weitere Grundtypen von Seilstütz-Konstruktionen:
Tomson-Bock (englischer Bock).
Eingeschossiges Streben-Gerüst.
Zweigeschossiges deutsches Streben-Gerüst.
Doppelstreben-Gerüst, für zwei Förderungen in einem Schacht.

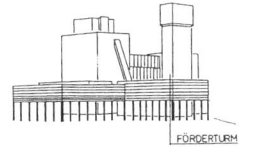

5.) **Förder-Turm-Anlage (seit 1920):** Sechster Grundtyp der Seilstütz-Konstruktion. Die elektrische Energie macht die Dampf-Maschine überflüssig. Die Förder-Maschine kann im Kopf des Turmes aufgestellt werden. Er kann unverkleidet erscheinen oder ummantelt werden: seit 1925 mit Stahl-Fachwerk, seit 1960 mit Beton-Gehäuse. Eine Variante ist die Form des Hammerkopf-Turmes.

(Systematik nach Walter Buschmann)

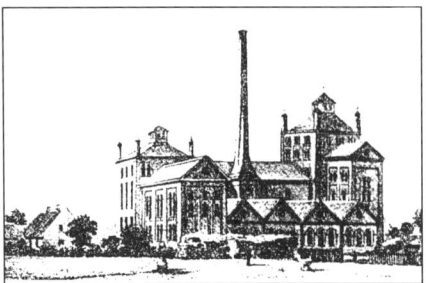

Doppelschacht-Anlage Sälzer und Neuack (1842/1857) in Essen (nicht erhalten).

Doppelschacht-Anlage Hannover 1/2 (1856) in Gelsenkirchen-Ückendorf.

Doppelschacht-Anlage: Zollverein XII (1847/1851) in Essen-Katernberg (nicht erhalten).

Doppelschacht-Anlage Rheinpreußen (1857) in Duisburg-Homberg (ein Turm zerstört).

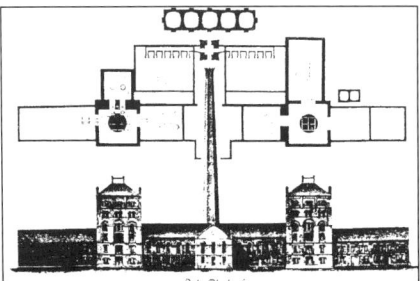

Doppelschacht-Anlage Oberhausen (1854) in Oberhausen (nicht erhalten).

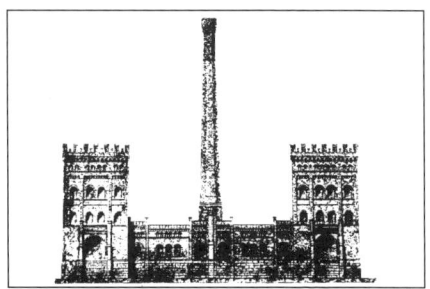

Doppelschacht-Anlage Hannover 1/2 (1857) in Bochum-Hordel (linker Turm und Schornstein zerstört.)

le auf Zeche Graf Beust (bis 1929, dann Wetterschacht). Danach legt Stinnes bei Essen weitere Zechen an: 1840 Victoria Mathias, 1846 Friedrich Ernestine und Carolus Magnus.

Steinerne Förder-Türme (Malakoff-Türme). Mit der Tiefbau-Förderung wandelt sich um 1850 das Schacht-Haus zum steinernen Schacht-Turm um. Die Höhe der Türme wächst mit der Tiefe der Schächte und der Stärke der Förder-Maschinen – bis zu 33 m. Die steinernen Förder-Türme, die Malakoff-Türme[9] [296], nehmen die schrägen Seilzug-Kräfte der Förder-Maschinen auf, die die Haspel-Förderung ablösen. Bis zu zweieinhalb Me-

Malakoff-Turm Unser Fritz (1871) in Herne-Wanne-Eickel

Julius Philipp (1875) in Bochum-Wiemelhausen.

Bliesstollen (1874) in Bochum-Stiepel.

Westhausen (1872) in Dortmund-Bodelschwingh.

ter dicke Wände sind erforderlich, da sich die Schwingungen der hölzernen Seilscheiben-Gerüste auf sie übertragen.

Zur Erhöhung der Förderung, zur Sicherheit, auch als Wetter-Schacht und als Einfahrt für Bergleute wird seit 1850 fast überall neben dem ersten Schacht ein weiterer abgeteuft (seit 1881 Vorschrift). Dies führt zu gigantischen Doppelschacht-Anlagen, die wie Schlösser oder Kaiser-Dome aussehen. Erhalten blieben: Zeche Holland 1/2 (1856) in Gelsenkirchen-Ückendorf, Zeche Hannover 1/2/5 (1857) in Bochum-Hordel (ein Turm zerstört), Zeche Rheinpreußen (1857) in Duisburg-Homberg (ein Turm zerstört). Nicht erhalten: Zeche Sälzer und Neuack (1842/1857) in Essen, Zeche Zollverein (1847/1959) in Essen-Katernberg, Zeche Oberhausen (1854) in Oberhausen.

Stahl-Türme. Um 1865 erscheint das Förder-Gerüst aus Stahl: der ›Tomson-Bock‹[10] (nur in Zeche Gneisenau in Dortmund-Derne erhalten). Als Weiterentwicklung dieses englischen Streben-Gerüstes wird seit etwa 1870 das materialsparende ›deutsche Streben-Gerüst‹ gebaut.

Modernisierung um 1900. 1893 bildet sich das Rheinisch-Westfälisches Kohlensyndikat (abgesprochene Preise, Ab-

Beton-Turm-Gerüst (um 1950) Zeche Walsum in Duisburg-Walsum.

Doppelbock-Fördergerüst (1933/9134) Schacht 4 Zeche Gneisenau in Dortmund-Derne.

Englisches Förder-Gerüst (Tomson-Bock; um 1885/1886) Schacht 2 der Zeche Gneisenau in Dortmund-Derne.

satz-Programmierung). Seine Gewinne führen zu einem gezielten Wachstum des Bergbaues. Parallel zur Eisen-Industrie und zum steilen Aufstieg der Elektro-Industrie modernisiert er sich. Die Zechen drücken als Gehäuse und mit ihrer Zeichen-Gebung diese Modernisierung aus. Früher Abbau: für die Bergleute mühsam, in niedrigen Flözen, mit Holz-Stempeln, hinter ihnen fällt das Gebirge zusammen (Bruchbau). Die erste Modernisierung: das Transport-System. Um 1895 werden unter Tage neben Pferde-Bahnen auch Seilbahnen angelegt. 1902 erste elektrische Förder-Maschine (Zeche Zollern 2/4 in Dortmund-Bövinghausen)

[212]. Statt Wagen seit 1905 Bänder mit Elektro-Motoren, 1904 Gummi-Förderband, 1905 die Schüttel-Rutsche (Rheinpreußen in Moers). An die Stelle der Pferde-Züge treten elektrische Züge. Nach der größten deutschen Schlagwetter-Katastrophe 1908 auf Zeche Radbod in Bockum-Hövel (Hamm; 1908)[11] werden im selben Jahr Sicherheits-Lampen vorgeschrieben. Den langen Fußweg unter Tage zur Abbau-Stelle ersetzt ein Eisenbahn-System – mit Plätzen, Rangier-Stationen, Bahnhöfen[12].

Der Betriebs-Ablauf. Alle Zechen nach 1900 haben ein Funktions-Schema, dem die Architektur folgt. Folgen wir

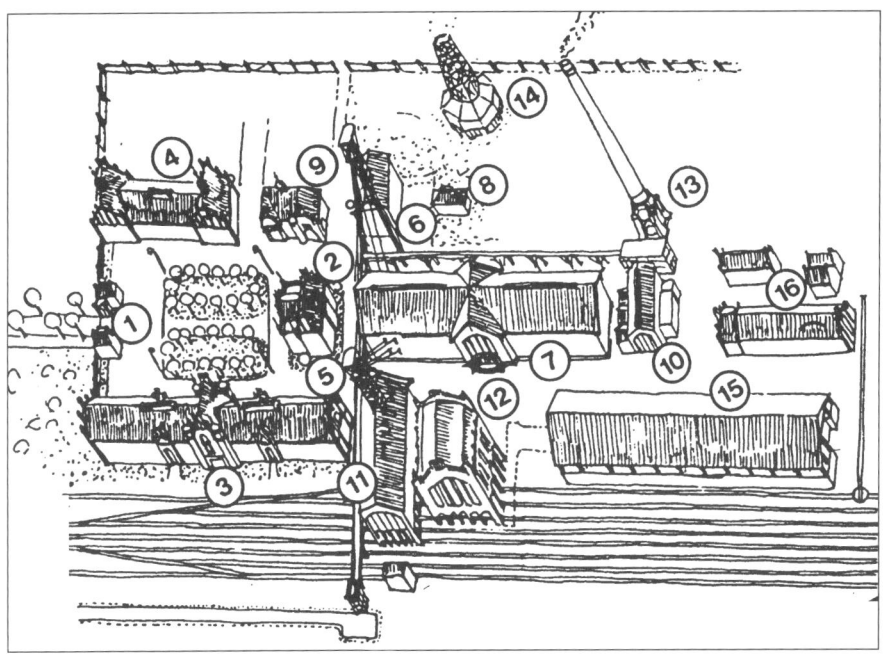

Gesamtanlage der Zeche Zollern 2/4 (1898/1904) in Dortmund-Bövinghausen

(1) Platz mit Torhäusern	(7) Maschinenhalle	(13) Kamin
(2) Verwaltungsgebäude	(8) Toilettengebäude	(14) Kaminkühler
(3) Lohnhalle mit Waschkaue und Magazin	(9) Pferdestall / heute Kneipe des Fördervereins	(15) Kokerei
(4) Werkstattgebäude	(10) Kesselhaus	(16) Ammoniakfabrik
(5) Schacht 2	(11) Schachthalle	
(6) Schacht 4	(12) Kohlenwäsche	12 bis 15 sind heute nicht mehr vorhanden.

dem Bergmann, der von seiner Siedlung zur Arbeits-Stätte geht, dann trifft er dort auf folgende Anordnung: Am Haupt-Eingang begegnet er dem repräsentativen Verwaltungs-Gebäude. Es ist nicht groß, weil die Zeche keine umfangreiche Verwaltung besitzt. Mit ihm zusammen hängt die Lohn-Halle. Die Lohn-Auszahlung ist der Preis für eine ungeheuere Mühe. In der Halle gibt es viele Schalter, damit die oft 4-5.000 Arbeiter so rasch wie möglich ihr Geld bekommen. Angestellte reichen durch kleine Öffnungen an den Schaltern den Bergleuten die Lohn-Tüten. Das Ambiente ist ritualisiert. Hier zeigt die Zeche, daß sie etwas darstellt: meist ist der Saal, innerhalb eines ringförmigen Verwaltungs-Gebäudes, eine Art Atrium-Hof, in der Mitte verglast oder überdacht (ähnlich dem Büro der Mannesmann-Röhren-Werke in Düsseldorf von Peter Behrens).

Die Bergleute gehen zum dritten Gebäude: zur Kaue. Die weite Halle ist die riesige Garderobe des großen Betriebes: Hier wechseln der Arbeiter das „Weiß-Zeug gegen das Schwarz-Zeug und umgekehrt". An einer Leinen wird die Kleidung hochgezogen und hängt dann unter der Decke. In Arbeits-Kleidung geht der Kumpel zur Marken-Kontrolle: dort wird seine Anwesenheit registriert, er erhält seine numerierte Marke. Dann holt er sich in der Lampen-Ausgabe die Sicherheits-Lampe.

Eine wettergeschützte Verbindungs-Brücke führt ihn zur Hänge-Bank. Dort beginnt die Seil-Fahrt: in Gruppen steigen die Leute in den Förder-Korb. Er sinkt in rasender Fahrt in den Schacht. Unten steigen die Gruppen in einen elektrischen Zug mit kleinen, gegen Steinschlag überdachten Wagen. Er rumpelt durch die großen Stollen bis zum Förderort.

Nahe der Hänge-Bank stehen die Werkstätten und Magazine. Auf dem Zechen-Gelände gibt es Lager-Plätze: der

Holz-Platz für das Gruben-Holz, dann ein Zwischen-Lager-Platz für die Wasch-Berge, weiterhin einen Zwischen-Lager-Platz für Kohle. Neben dem Förder-Turm und der Antriebs-Maschine liegt um 1900 die Lese (Separation) der Kohle, die Wäsche der Kohle und die Verladung. Hinzu kommt eine weitere Entwicklung: die Nebenprodukt-Gewinnung. Die Wäsche der Kohle erfordert große Wasser-Behälter und Klär-Anlagen.

Nach der Arbeit stellen sich die Bergleute im Seitenraum der Kaue unter die Dusche und spülen den Kohlenstaub von der Haut.

Gestaltung von Zechen. Gegen 1900 kaufen die Zechen umfangreich Land auf und legen nun auch ihre neuen Zechen großzügiger an. Jetzt werden verstärkt Architekten in die Planung einbezogen. In den zwanziger Jahren sind die Bergwerke einem ungeheuren Rationalisierungs-Druck ausgesetzt. Felder werden zusammengelegt, Schächte zentralisiert, kleine Schächte, auch Kokereien und Chemie-Anlagen stillgelegt. Diese Rationalisierungen lösen eine Fülle von Bau-Maßnahmen aus. Nun sind weitgehend auch Architekten beteiligt.

Die Ausbildungs-Stätten für die meisten Entwerfer sind die Technische Hochschule in Stuttgart (›Stuttgarter Schule‹) und die Werkkunstschule in Düsseldorf (›Düsseldorfer Schule‹), geleitet von Peter Behrens, dann von Wilhelm Kreis. Hinzu kommt in den zwanziger Jahren die Architektur-Abteilung der Folkwang-Schule in Essen, geleitet von Alfred Fischer.

Vollwand-Gerüst-Turm. 1928 wird in der Zeche Robert Müser in Bochum-Derne das deutsche Streben-Gerüst unter dem Einfluß avantgardistischen Bauens der 20er Jahre (Erich Mendelsohn) weiterentwickelt: die schräge Strebe erhält eine vollwandige Konstruktion. Damit entsteht eine klare, durchlaufende, große Geste. *[335]*

Zeche Zollverein XII in Essen-Katern-berg (1928/1932 von Fritz Schupp/Martin Kremmer) bildet den Gerüst-Kopf nicht mehr als Gitter-Gerüst aus, sondern durch verschweißte Blech-Träger: eine „vereinfachte und äußerst prägnante Dar-stellung derselben Funktion" (Wilhelm Busch[13]) *[321]*.

Förder-Gerüstes tritt der Förder-Turm[14]. Um 1920 wird für Schacht 3 der Zeche Erin in Castrop-Rauxel-Schwerin ein Turm-Typ gebaut, der von 1911 bis 1945 gelegentlich eingesetzt wird: der Ham-merkopf-Turm. Für den Förder-Turm in Stahl oder Stahlbeton wird, weil es kei-nen Platz gibt, kein eigenes Maschinen-

Deutsches Streben-Gerüst (1954 von Fritz Schupp) in Zeche Nordstern Gelsenkirchen-Horst in vollwandiger Ausführung. Dahinter För-der-Turm (1951 von Fritz Schupp) Schacht 2, mit Stahl-Fachwerk ummantelt.

Ummantelter Förder-Turm (1927/1928) von Al-fred Fischer) Schacht IV der Zeche Königsborn in Bönen-Altenbögge [222]. Im Umfeld des Bau-hauses: Flächen, Kontraste, Flächen-Spannungen – das Bauwerk als Kunst-Werk.

Geschlossene Förder-Türme. Um 1920 entstehen auch geschlossene Förder-Türme als glatte Bau-Kuben, z.B. Schacht IV (1927/1928) von Alfred Fischer) der Zeche Königsborn in Bönen-Altenbögge *[335]*; Schacht 2 (1951 von Fritz Schupp) der Zeche Nordstern in Gelsenkirchen-Horst *[335]*.

Hammerkopf-Turm. Die Koepe-Seil-Technologie ermöglicht einen neuen Typ des Zechen-Turmes: an die Stelle des

Haus gebaut, sondern die Maschinen ste-hen direkt neben der Treib-Scheibe. Um die Stände für die Maschinen-Führer un-terzubringen, kragt der kantige Turm an der Spitze aus und besitzt einen umlau-fenden Balkon (Zeche Heinrich Robert in Hamm; Bergwerk Minister Stein in Dortmund-Eving, 1925/1926 über Schacht Emil Kirdorf *[336]*, 1929 ein zweiter). Aber dieser Typ des Zechen-Turmes setzt sich nicht durch[15].

Industrie als Verbund-System

Ein Mehrfaches an Ausdehnung der Zeche liegt unter der Erde – meist mehr als eine Stadt – über viele Kilometer. In der Erde läuft ein Labyrinth von Straßen und Eisenbahnen – unterirdische Netze: horizontale und vertikale – in manchen Zechen über 50 km lang. Die horizontalen Wege liegen in Schichten (›Sohlen‹) untereinander *[326]*.

Hammerkopf-Turm (1925/1926) Schacht Emil Kirdorf in der Großförder-Anlage Minister Stein in Dortmund-Eving.

Dramaturgie. Die Gestalt, die die Menschen diesem Labyrinth unter der Erde geben, folgt der Vernunft der Industrialisierung: So eben wie möglich, so glatt wie möglich, so zugänglich und kraftsparend wie möglich. Hingegen folgen die Kohlen-Lagen einer völlig anderen Vernunft – den erdgeschichtlichen Bewegungs-Vorgängen. Die Schnitt-Stellen dieser beiden Logiken werden dramaturgisch spannend.

Falten. Über der Erde gibt es Auswirkungen. Oberhalb der abgebauten Felder senkt sich das Gestein – und folglich senkt sich auch die Erd-Oberfläche. Alle Gebäude bewegen sich mit – und was nicht biegsam ist, wie Fachwerk-Häuser, erhält Risse. Quer durch das Ruhr- und Emscher-Gebiet gehören diese Falten zur Charakteristik vieler Gebäude, vor allem der älteren[16]. Berg-Schäden werden entschädigt.

Orts-Hinweise: Bergbau. Zum frühen Bergbau siehe S. 24/26. Zeche Egbert in Witten-Herbede (Vossegge), letzte Kleinzeche mit hölzernem Förder-Gerüst, 1976 geschlossen, unter Denkmalschutz. Zeche Johannes Erbstollen (1852) in Dortmund-Kruckel (Darbovenstraße), nahezu völlig erhalten (Schachthaus u.a.), heute Gehöft. Letzte erhaltene Doppelschacht-Anlage mit einem Maschinen-Haus in der Mitte: Zeche Holland 1/2 (1856) in Gelsenkirchen-Ückendorf (Ückendorfer Straße um 219) *[330]*. Teilweise erhalten: Hannover 1/2/5 (1857) in Bochum-Hordel (Berthastraße), Rheinpreußen (1857) in Duisburg-Homberg (Baumstraße) *[330]*. Zu den Malakoff-Türmen siehe S. 347/349.

Orts-Hinweise: erhaltene Stahl-Förder-Gerüste und weitere Anlagen. Steinsalz- und Kali-Zechen Rheinberg-Borth (1919) und Rheinberg-Wallach (1923) der Deutschen Solvay, Soda-Fabrik. Schacht V der Zeche Rheinpreußen in Moers (Bergwerkstraße), zweigeschossiges Doppelstreben-Gerüst in Gitterwerk (1905). Doppelförder-Gerüst (1953 von Fritz Schupp) in der Schacht-Anlage Lohberg I/II in Dinslaken-Lohberg. Beton-Turmgerüst (um 1950) in der Zeche Walsum in Duisburg-Walsum (Dr. Wilhelm Roelen-Straße) *[332]*. Denkmal für das Gruben-Unglück 1938 auf Zeche Concordia[17] auf dem Friedhof Lirich in Oberhausen-Lirich (westlich des Leichenhauses, an der breiten Allee). Arbeiter-Denkmal (1932) in Oberhausen (Am Förderturm/Concordiastraße): eine junge Familie mit drei Kindern und ein altes Ehepaar. Gesamte Anlage mit Doppelstreben-Gerüst und Kokerei der Zeche Zollverein XII (1928/1932) von Fritz Schupp/Martin Kremmer) in Essen-Katernberg (Gelsenkirchener-/Drostenstraße)[18] *[321]*. Zeche Nordstern in Gelsenkirchen-Horst (Kranefeldstraße). Vollwand-Strebengerüst (1954) und ummantelter Förder-Turm (1951), beide von Fritz Schupp *[335]*. Dieser Architekt gestaltete 1927 die monumentale Zentralkokerei der Zeche

(teilweise erhalten; Zugang an der Wallstraße).
Waschkaue (um 1900) der Zeche Graf Bismarck
1/4 in Gelsenkirchen-Bismarck (Üchtingstraße):
burgartig, mit einem Turm. 1957 Waschkaue,
1965 Büro-Haus. Vollwand-Doppelstreben-Ge-
rüst über der Zeche Pluto (1953 von Fritz
Schupp) in Herne-Wanne (Wilhelmstraße).
Krupp-Zeche Hannover 1/2/5 in Bochum-
Hordel (Außenstelle des Westfälischen Industriemuseums; Berthastraße): Doppel-Schacht-Anlage
(1858/1859) mit zwei Malakoff-Türmen (einer
erhalten), dazwischen Maschinen-Halle *[330]*.
Lüfter-Gebäude mit zwei Betontürmen 20er Jahren. Wasch-Kaue der Zeche Prinz-Regent in Bochum (Prinz-Regent-Straße 50/60; seit 1981 ›Kul-
tur-Fabrik Zeche‹). Denkmal für das erste Bohr-
hammer-Versuchsmodell (1902, Heinrich Flottmann) in Herne (Flottmannstraße). Zeche Teutoburgia in Herne-Börnig (Kohlenstraße), deutsches Streben-Gerüst (1905). Hammerkopf-Turm
Schacht 3 (um 1920) der Zeche Erin in Castrop-
Rauxel-Schwerin (Bodelschwingh-/Heinrich-
straße).
Zeche Adolf von Hansemann (1898) in Dortmund-Mengede (Barbarastraße) *[348]*. Zeche
Zollern 2/4 (1898/1902) in Dortmund-Bövinghausen (Grubenweg): Verwaltung an zentraler
Stelle; Lohnhalle mit zwei Türmen *[344]*. Zeche
Westhausen in Dortmund-Bodelschwingh (Roh-
desdiek/Speckestraße), Malakoff-Turm (1872)
[331], Lohnhalle (1905) in Basilika-Form, anschließend Halle der Waschkaue *[344]*, die wie
eine Bettelordens-Kirche wirkt (1905, 1916 erweitert).
Schachtanlage Fürst Hardenberg der Zeche
Minister Stein in Dortmund-Lindenhorst (Fürst
Hardenberg-Straße): Malakoff-Turm von 1872/
1876); 1921 an einem Platz Waschkaue und Verwaltungs-Gebäude (Stegmann, Bauabteilung Gelsenberg) – in einer Ausdrucks-Sprache nach dem
Leitbild der spätantiken Kaiser-Halle in Trier. Minister Stein in Dortmund-Eving (Evinger Straße):
zwei Hammerkopf-Türme (1925/1926 und 1929)
[336] für zwei Förderungen. Schacht 2 (1885/
1886) der Zeche Gneisenau in Dortmund-Derne
(Altenderner-/Derner Straße): ältestes erhaltenes
Förder-Gerüst in der Region, ›englischer Bock‹
[332]; Schacht 4 erhält ein Turm-Gerüst (1933/
1934).
Zwei Doppelbock-Fördergerüste (1954 von
Fritz Schupp) in Bergwerk Haus Aden in Bergkamen-Oberaden; 1961 letzter Förderturm von
Fritz Schupp (mit Dieter Schupp), eine teilver-
kleidete Konstruktion. Letzte neue Schachtanlage
im Ruhrgebiet: RAG Bergwerk Monopol (1981)

in Bergkamen (Erich Ollenhauer-Straße o. N.) –
für ein Kraftwerk. Asymmetrisches Beton-För-
dergerüst (71 m hoch). Riesige Halle für die Koh-
len-Aufbereitung – in Zelt-Form (220 m lang, 63
m breit, 34 m hoch). Farb-Entwurf: Dieter
Magnus. Denkmal für die größte Gruben-Kata-
strophe am 20. 2. 1946 in der Schachtanlage
Grimberg III/IV in Bergkamen-Weddinghofen auf
dem Friedhof Weddinghofen. 405 Bergleute und
drei englische Kontroll-Offiziere kommen um.
Ein neun Meter hoher Obelisk zeigt einen trauernden Bergmann und eine trauernde Berg-
mannsfrau mit Kind sowie die Namen der deutschen 405 Toten[19]. Hammerkopf-Turm in Zeche
Heinrich Robert in Hamm. Zu den Museen siehe
S. 427/428.

Kohle-Chemie

Die physikalische Aufbereitung der
Kohle geschieht im Bergwerk: als Wäsche, Trocknung, Sortierung. Die Kohle-
Veredelung erfolgt in drei Richtungen:
mechanisch (Brikettierung), thermisch-
chemisch (Vergasung, Schwelung, Entga-
sung, Verkokung), Hydrierung, Extrakti-
on, Oxydation) und mikrobiologisch
(noch nicht industriell genutzt). Nebenprodukte sind Teer (Straßenbau, Dach-
Pappe, Heilmittel u. a.), Benzol (Farbstof-
fe, Anilin-Farben), Koks, Hydrier- und
Kokerei-Gase. Daraus wächst ein
›Stammbaum‹ mit weiteren Produkten,
z.B. Ammoniak, aus dem wiederum mit
Stickstoff Dünger und Sprengmittel entstehen.
Die Kohle-Chemie entwickelt sich
zu einer Industrie[20]. 1860/1870 steigt die

Nachfrage für Teer-Destillate: Farben, Heilmittel, Desinfektion, Drucker-Schwärze u.a. 1890/1900 wird die Region ein Zentrum der Nebenprodukt-Chemie. Fast neben jeder Kokerei wird eine chemische Fabrik angelegt. Im Austausch der Produkte – mit einem Netz von Rohr-Leitungen verbunden – wachsen vor allem in den 30er Jahren und in der ›Kunststoff-Ära‹ in den 60er Jahren gigantische Chemie-Riesen: Chemische Werke Hüls, [231] Ruhrchemie, VEBA-Chemie u.a.

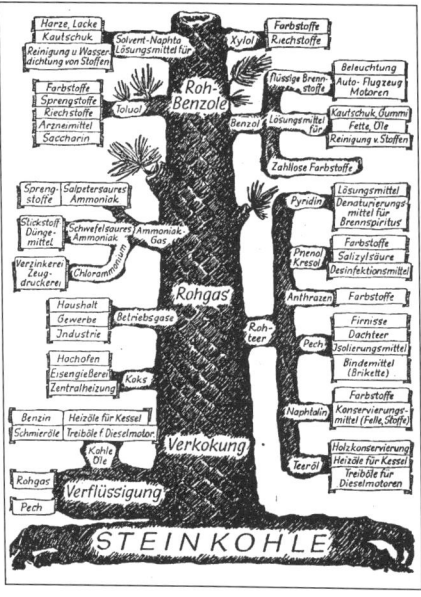

Kohle-Stammbaum und Nebenprodukte.

Forschung. Dies geschieht in Zusammenhang mit wissenschaftlichen Forschungen. Dafür steht sichtbar das Kaiser-Wilhelm-Institut (Max Planck-Institut) für Kohleforschung (1912) in Mülheim[21].

Im Rahmen der Autarkie-Politik des Dritten Reiches spielt die Wirtschaftlichkeit kaum eine Rolle, daher entsteht ein Boom der Kohlen-Chemie. Seit 1913 diskutiert, 1929 konzessioniert, geht 1937 das Kohlen-Hydrierwerk Welheim in

Bottrop in Betrieb – zur Gewinnung von Benzin und Diesel[22]. Vier weitere Werke folgen. In diesem Zusammenhang entsteht die Industrie für künstlichen Kautschuk (Gummi) in Marl.

Orts-Hinweise: Kohle-Chemie. Erhalten: Von der Zentralkokerei Zeche Nordstern (1927 von Fritz Schupp/Martin Kremmer) in Gelsenkirchen-Horst (Wallstraße) [352][23]. Zentralkokerei (1928/1929 von Fritz Schupp/Martin Kremmer) der Zeche Zollverein XII in Essen-Katernberg. Kaiser-Wilhelm-Institut (Max Planck-Institut) für Kohleforschung (1913/1914 von Karl Helbing) in Mülheim (Kaiser-Wilhelm-Platz). Gasometer (1928/1929) in Oberhausen (Am Grafenbusch) [319, 326]. Wasserturm (1896) in Oberhausen (Mülheimer-/Duisburger Straße). Rohr-Labyrinthe der Thyssen-Werke in Duisburg-Hamborn-Bruckhausen (Matena-/Alsumer Straße). Hüttenwerk Meiderich (1902/1904, erneuert 1958/1964) in Duisburg-Meiderich (Emscher Straße), mit drei Hochöfen [316].

Funktions-Skizze: Eisen-Verhüttung und Eisen-Verarbeitung

Jürgen Lodemann: „Von dem Tag an wohnte Siegfried zwei Jahre lang bei dem Zwerg. In einem Stein-Haus über der Ruhr, der Isenburg [35, 44] oder Eisenburg. Wohnte dort mit ihm und anderen Gesellen und stieg mit dem Schmied und den anderen jeden Tag ins Tal hinab, durch den Wald zur Eisenhütte am Ufer, wo die Lastkähne aus den höheren Bergen das Erz heranfuhren. Schon bald begriff er, wie vorteilhaft auch eine kleinere Gestalt sein kann, dann nämlich, wenn es darum ging, aus den Gängen am Ruhr-Berg, aus den Spalten und Höhlen in der Talwand den Feuer Stein herauszubrechen. In der Tat fand sich dort der Stein, der brennt, düstere Brocken sind das, schwarz wie Pech, schwärzer als das, was die Köhler in ihren Meilern gewinnen. Die Steinkohlen glänzen in der Sonne wie

Silber, manchmal wie Diamant. In Köln habe ich so einen gesehen." ... „Am Ruhrberg sind alle Berge davon voll ... Kaum kannte der junge Mann die Geheimnisse des Schmieds, da übertraf er schon seinen Meister – denn Sieglinds Sohn war nicht nur schnell von Begriff, sondern auch arbeitswütiger und kräftiger als alle dort. Seine Schläge mit dem Hammer dröhnten und waren so ungeheuerlich, daß der Amboß ins Grundgestein hinabdrang und daß vor dem Lärm die Wölfe und alles Wild des Nebelwaldes davonstob – da war es, als bebe die Erde. Schiffer am Rhein hatten sich zwei Jahre lang zu wundern über die heulenden und verschreckten Tiere rings um die Mündung der Ruhr, oberhalb wie unterhalb der Deutschburg"[24].

Wanderung. Im Südergebirge gibt es zugängliche Erz-Lagerstätten[25]. Seit etwa 300 v. Chr. wird es in Rennöfen von Waldschmieden verarbeitet. Köhler liefern die Holz-Kohle. Das bergische Sau-

Die älteste Hütte der Region: Wohnhaus und Kontor der St. Antony-Hütte (1758) in Oberhausen-Osterfeld.

erland und das Siegerland, große Wald-Gebiete mit vielen Tälern und schlechten Böden, entwickeln sich im 18. Jahrhundert zu Bereichen der Eisen-Verarbeitung. Remscheid und Solingen sind Zentren. Mit Holz-Kohle geschmolzenes Eisen kann nicht mit Koks konkurrieren. Das führt zum Niedergang der Eisen-Werke

im Sauerland und im Siegerland.

Ein Technologie-Sprung: Seit 1848 ermöglicht der Koks-Hochofen die Massen-Herstellung von Eisen. In weiteren Schritten wird Eisen veredelt und damit

Veredelung des Eisens zu Stahl im Bessemer-Werk (19. Jahrhundert).

vielseitig brauchbarer gemacht (Puddeln, 1855 Bessemer-Verfahren, 1879 Thomas-Verfahren). Jacob Mayer, der 1842 sein Werk von Lendersdorf (bei Aachen) nach Bochum verlegt (Bochumer Verein) und Friedrich Krupp entwickeln zwischen den 1830/1850 Jahren einen hochwertigen Gußstahl, der für die besonders strapazierten beweglichen Teile von Maschinen nutzbar ist. Dies schafft die Voraussetzung für den Werkzeug-Maschinen-Bau und seine Export-Fähigkeit. Ohne dieses entwickelte Eisen würde heute kein Auto-Motor mehr als 1.000 km laufen.

Weiterverarbeitung: durch Walzen (Bleche, Schienen, 1885 nahtlose schräggewalzte Mannesmann-Rohre), Pressen, Schmieden (Kurbel-Wellen, 1861 Hammer Fritz bei Krupp in Essen), Ziehen (Draht).

Technologie-Schub um 1900. In den neunziger Jahren beginnt – auch unter dem Druck der wachsenden US-Konkurrenz – in den Stahl-Werken eine umfangreiche Elektrifizierung der Produktions-Prozesse (Walzwerke, Kräne usw.). Viele Meß-Vorgänge überwachen das System. Nach 1901 wird an den Hochöfen mechanisiert. Nach 1899 Modernisierung

Walzwerk (um 1890).

der Walzwerke. Hochkonjunkturen: 1897-1900 und 1905-1907. Immense Gewinne. Trotzdem: ständiges Wehgeschrei der Industriellen. Um 1905 werden 40-50 Prozent des Stahls exportiert. 1913 stehen in Dortmund 23 Hochöfen (20 Prozent der Ruhr-Produktion).

Wissenschaft. In der Frühphase holen sich viele Industrielle Fachkräfte mit speziellen Kenntnissen aus England und aus Belgien. Dazu gehört auch, daß Unternehmer ihre Töchter gern auf Auslandsreisen mitnehmen und sie dort verheiraten. (Die Fürsten machten es nicht anders.)

Die Industrialisierung ist auch ein Produkt der Entwicklung vieler Wissenschaften (Material-Untersuchung, Verfahren).

›Hammer Fritz‹ (1861/1911) in Essen (nicht erhalten) zum Schmieden von Kurbelwellen für Schiffe u.a.

Abbildungen unten: 1901 zeichnet Weeser-Krell (Linz) ein mehrere Meter langes einzigartiges Bild (Vortragssaal der Städtischen Galerie Schloß Oberhausen) – die Gutehoffnungshütte Oberhausen entlang der Essener- und der Sterkrader Straße. Die gewaltige Industrie mit ihren vielen Hochöfen liegt noch als Insel in der bäuerlichen Landschaft. Im Hintergrund von links nach rechts: GHH in Sterkrade, Siedlung Eisenheim, Zeche Osterfeld. [96]

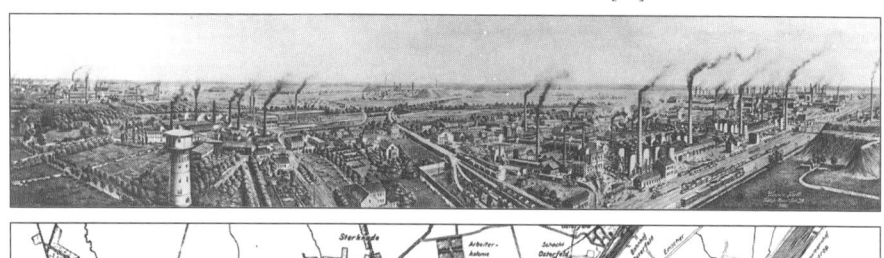

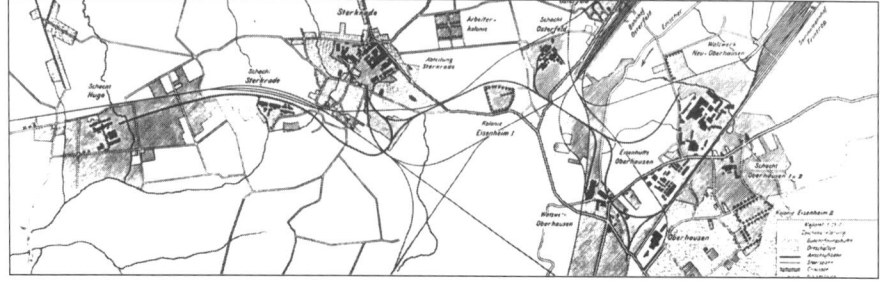

Beim „Eisen-Kochen" sind sowohl experimentelle Erfahrung wie wissenschaftlich gesteuerte Chemie im Spiel. Daher entstehen nach 1850 bei jedem Werk Laboratorien. Ingenieure werden benötigt, ihre Ausbildung verbessert. 1825 entsteht die erste polytechnische Schule in Karlsruhe, 1836 in Darmstadt. 1856 bildet sich der Verein deutscher Ingenieure (VDI). Die wissenschaftliche Wertschätzung – lange Zeit von innen[26] und von außen umstritten – führt zur Gleichstellung mit den alten Universitäten: 1899/1900 erhalten die Technischen Hochschulen das Promotionsrecht. Die meisten Ingenieure stammen aus Clausthal-Zellerfeld (Bergakademie), Aachen (Eisenverhüttung) und Karlsruhe (Maschinen-Bau).

Der ›Verein deutscher Eisenhüttenleute‹ (mit Sitz in Düsseldorf!) ist ein Instrument der Forschung im Verhüttungs-Bereich. Bezeichnend ist eine Verhaltens-Weise der Eisenhüttenleute: sie haben kein Geheimnis, sondern teilen Erfahrungen mit. Ebenfalls in Düsseldorf entsteht das Max-Planck-Institut für Eisen-Forschung. Diese 20 km vom Ruhrgebiet entfernte Stadt wird häufig zum ›Schreibtisch des Ruhrgebietes‹ erklärt.

Ein Beispiel für die Technologie um 1900 bietet das als Baudenkmal und IBA-Projekt erhaltene Hüttenwerk Meiderich (1902/1904, erneuert 1958/1964) in Duisburg-Meiderich[27] [316].

Der Verhüttungs-Prozeß: Ein Gemisch aus Eisenerz, Koks und Kalk wird aus riesigen Bunker-Magazinen mit gigantischen Schräg-Aufzügen in die Höhe transportiert und von oben in Schichten in den turmhohen Ofen gefüllt. Dort sinkt es langsam ab und kommt dabei auf eine immer höhere Temperatur. Im unteren Teil des Ofens findet bei 1.200 Grad der Schmelz-Prozeß statt. Durch Einblasen heißer Luft wird der Koks verbrannt; die Luft wird zuvor in riesigen runden Wind-Erhitzern auf 900 Grad erhitzt[28]. Der Kalk bindet die Rückstände zu

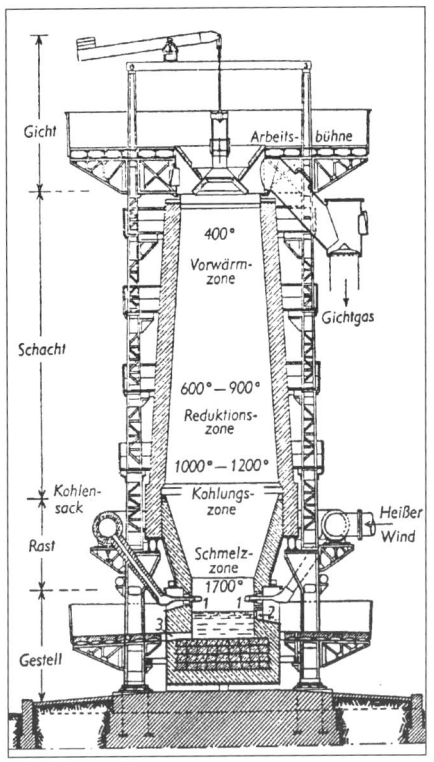

Schlacke. Beim Abstich auf einer ›Bühne‹ am Fuß des Hochofens schwimmt sie auf dem flüssigen Roheisen und fließt seitlich ab.

Sechs Stunden dauert der Prozeß. Alle 20 Minuten wird ein Teil der Masse abgelassen. Die Gase, die beim Schmelz-Prozeß entstehen, werden in Rohre geleitet, gefiltert und zum Teil als Brennstoff zur Erzeugung der heißen Luft in den Wind-Erhitzern wiederverwandt.

Der Schacht ist aus feuerfesten Steinen gemauert. Außen besitzt er ein gußeisernes System von Rinnen zur Kühlung durch Wasser. Ein Stahlblechmantel und ein Gerüst aus Stahl stützen den Ofen.

Zur Erzeugung von 1.000 t Roheisen werden je nach Eisen-Gehalt 2.000 bis 3.000 t Erz, hunderte von Tonnen Kalk und 1.300 t Koks gebraucht – also das dreifache Gewicht. 1952 verarbeitet ein Hochofenwerk mit fünf Hochöfen täglich 15.000 t Rohstoffe – das heißt 15 Güterzüge Material. Dieser Prozeß hat nur noch wenig Handwerks-Charakter. Er führt zum Bau von immensen Apparaten. *[131]* Mit der Verwendung elektrischer Wagen-Kipper für die ankommenden Erze beginnt eine Modernisierung des Hochofen-Werkes. Der Massen-Transport ist das Ergebnis intelligenter Kraft-Erzeugung und Kraft-Verwendung: Schiffe, Eisenbahnen, Werks-Bahnen, Aufzüge, Greifer. Und was als Produkt entsteht, wird ähnlich bewegt. Daher gehört zur Produktion eine differenzierte Transport-Logistik der Infrastruktur als ein Teil des gesamte Industrie-Systems. Das Werk ist nicht isoliert, sondern ein Teil des städtischen und regionalen Systems.

Hochöfen-Türme. Mit der enormen Steigerung der Produktion und der Qualitäts-Verbesserung des Eisens zu Stahl müssen seit etwa 1880 die Hochöfen aus Stahl-Skeletten konstruiert werden. Der Vorgang läuft parallel zur Ablösung der steinernen Zechen-Türme *[88]* durch Stahlskelett-Fördertürme. Hatten die Hochofen-Kammern um 1825 eine Höhe von rund 6,5 Metern, wachsen sie als Koks-Hochöfen 1861 auf 15 m und 1910 auf 23 m [210, 316]. 1960 erhalten sie eine Höhe von 28 und 1968 beim ›Schwarzen Riesen‹ in Duisburg-Ham-

born sogar von 38 m.

Im Hüttenwerk Meiderich ist die Arbeit sichtbar *[316]*. In anderen Werken wird sie seit 1960 versteckt: eine ›Verpackungs-Architektur‹ ummantelt die Arbeits-Stätten nach außen mit Wellasbest-Zementtafeln – sie sollen sauber erscheinen. Ein Beispiel dafür ist die Thyssen-Hütte in Duisburg-Hamborn, wo Fritz Schupp weite Bereiche der Werke mit Verpackungs-Kuben ummantelt *[342]*.

Niedergang. 1974 erzielen die Hochofen-, Stahl- und Warmwalz-Werke in Dortmund ihre höchsten Produktionsziffern. 1975 größter Rückgang der Nachfrage – um fast ein Viertel. Gründe: Billig-Stahl aus dem Ostblock, Japan und Südkorea. Stahlwerke in Nachbarländern werden höher subventioniert. Der Kohlen-Krise folgt fünfzehn Jahre später (1975) die langanhaltende strukturelle Stahl-Krise, die zu heftigen Demonstrationen führt. Der Hoesch-Konzern strukturiert sich um: er stellt sich auf ein breiteres Fundament. 1983/1985 macht Hoesch seine größten Investitionen: 1,7 Milliarden DM. Der Schwerpunkt der Produktion wird vom Massen-Stahl auf Qualitäts-Stahl und die Veredelung von Stahl verlagert. Hoesch wird Markt-Führer in der Oberflächen-Veredelung für Spezial-Profile: schwere Stahlbau-Teile, Konstruktions-Elemente im Automobil-Bau, Kessel-Rohre im Apparate- und Schiff-Bau, Ölfeld-Rohre, rotations-symmetrische Konstruktionen, Rollenlager, Feinbleche. Nach der Stillegung der Henrichshütte in Hattingen (1987) gibt es nur noch zwei Hochofen-Standorte: Duisburg-Hamborn und Dortmund *[383]*. 1990 werden drei Viertel des Roheisens und des Rohstahls in Duisburg produziert und nur noch 18 Prozent in Dortmund.

Orts-Hinweise: Eisen und Stahl. Gäste-Haus der Hoesch-Werke (1910 von Steinbach/Lutter, Dortmund) in Dortmund (Springorumstraße). Hoesch-Museum (1989) in Dortmund (Eber-

Oxygen-Stahlwerk (1968 von Fritz Schupp) in Duisburg Hamborn

hard-Straße 12), im alten Eingangs-Bereich und im ersten Arbeiter-Speise-Saal (1871): Archiv, Bilder (Carl Schütz, Walzwerk Lendersdorf, 1838), erster Hoesch-Computer (1957)[29]. Verwaltungs-Gebäude (1916/1921 von Meyer/D. Schulze/K. Schulze) der Hoesch AG in Dortmund (Rheinische Straße 173).

Glocke auf dem Rathaus-Vorplatz in Bochum, zuvor auf der Pariser Weltausstellung 1867, von Jacob Mayer im Gußstahlwerk Bochum gegossen. ›Jahrhunderthalle‹ (1902) des Bochumer Vereins in Bochum (Allee-/Gahlensche Straße), für die Industrie-Ausstellung in Düsseldorf 1902, dann transloziert und ohne steinerne ›Schau-Bereiche‹ auf dem Werks-Gelände als Gaskraft-Zentrale aufgebaut [346]. Verwaltungs-Gebäude (um 1910) des Gußstahlwerkes Gelsenkirchen, heute Arbeits- und Sozialgericht, im IBA-Projekt Wissenschafts-Park in Gelsenkirchen-Ückendorf (Munscheid-/Rheinelbestraße). Grillo-Brunnen (1897 von Albert Küppers, Bonn) auf dem Schalker Markt in Gelsenkirchen (Gewerkenstraße) – für den Gründer der Schalker Industrie.

Neben der Synagoge in Essen (Steeler Straße) an der Stelle des Steeler Tores Jahrhundertbrunnen (1907): ein Arbeiter und der Spruch ›Rüstig zur Arbeit – froh in der Rast‹. Alfred Krupp-Denkmal an der Markt-Kirche in Essen (Flachsmarkt). Am westlichen Rand der Essener Innenstadt (Limbecker Platz/Altendorfer Straße): Preßwerk und 8. Mechanische Werkstatt von Krupp (1899/1901), heute Musical-Halle).

St. Antony-Hütte (1758) in Oberhausen-Klosterhardt (Antoniestraße) [339], erste Eisenhütte im Ruhrgebiet (später Gutehoffnungshütte)[30], mit Rasenerz und Holz-Kohle, Denkmal des Hütten-Leiters Gottlob Julius Jacobi (1770-1823), Werks-Museum, 1993 bedroht. GHH-Darstellung (1901 von Weeser-Krell) im Vortragssaal der Städtischen Galerie Schloß Oberhausen (Konrad Adenauer-Allee 46) Hauptlagerhaus und Hauptverwaltung III der Gutehoffnungshütte (1920 von Peter Behrens) in Oberhausen (Essener Straße) [340]. Werks-Casino (1914 von Carl Weigle, Stuttgart) in Oberhausen (Essener Straße), 1993 IBA-Technologiezentrum Umweltschutz. Walzhalle der Fabrik Altenberg Zink (um 1900) in Oberhausen (Hansastraße 18), Hauptsitz des Rheinischen Industriemuseums (1911 Direktions-Villa).

Hüttenwerk Meiderich (1902/1904, erneuert 1958/1964) in Duisburg-Meiderich (Emscher Straße) [316][31]. Die Thyssen-Hauptverwaltung (1905) in Duisburg-Bruckhausen (Franz Lenze-Straße 3). Gegenüber: Thyssen-Hauptverwaltung (1958/63 von Weber/Schoeppe/Fischer-Wiesnet).

Verpackungs-Architekturen von Fritz Schupp um 1970 in der Thyssen-Hütte von Duisburg-Bruckhausen bis Duisburg-Ruhrort (längs der Friedrich Ebert-Straße) [342]. Hochofen III (1940, 1959) und Gebläsehalle der Henrichshütte Hattingen, Außenstelle des Westfälischen Industriemuseums zur Dokumentation der Eisen-Erzeugung und der Arbeits-Bedingungen. Kulturgeschichtliches Museum (1962) im Bügeleisen-Haus (1611) in Hattingen (Haldenplatz 1), mit Sammlung zur Eisenverhüttung und Verarbeitung in Hattingen (Isenburg-Grabung) [60][32].

Schau-Plätze: Industrie-Hallen

Hallen, die bis 1860 auf der Wiese bei Hörde (Dortmund) für die Hermannshütte entstehen[33], hatte es in zwei Jahrtausenden nur ganz selten gegeben. Einige antike Kaiser ließen sich in Rom ähnliche Bau-Komplexe errichten. Ausgreifen-

Hermannshütte in Dortmund-Hörde (um 1865; nicht erhalten). [87]

de Gebäude besaßen auch einige absolutistische Residenzen. Sonst aber sind so große Räume weithin unbekannt, außer in monumentalen Kirchen. Die Häuser der Menschen sind klein.

Die meisten dieser Fabrikhallen sind zunächst riesige Scheunen von Gutshöfen bei Herrensitzen oder Klöstern, ein Bau-Typ, der nun in das halbindustriell gefertigte Material Backstein übersetzt ist. Da die Arbeiter Licht benötigen, erhalten die Wände große Fenster. Der Dachstuhl

Zeche Dorstfeld (um 1910) in Dortmund-Dorstfeld.

Kesselhaus (um 1910) Zeche Constantin 8/9 in Bochum-Riemke.

Wasch-Kaue der Zeche Westhausen (1905/1906) in Dortmund-Bodelschwingh.

Lohn-Halle (1898/1899 von Paul Knobbe) Zeche Zollern 2/4 in Dortmund-Bövinghausen (Westfälisches Industriemuseum) [344].

Maschinen-Halle (1903/1905) von van de Sand)
Zeche Waltrop in Waltrop-Brockenscheidt [301].

Maschinen-Halle (1912/1913) Schacht 1 Zeche
Adolf Hansemann in Dortmund-Mengede.

Lohn-Halle und Waschkaue (1908/1910) Zeche
Consolidation in Gelsenkirchen-Oberschuir.

Maschinen-Halle (1902/1903 von Bruno Möh-
ring/Reinhold Krohn) Zeche Zollern 2/4 in Dortmund-Bövinghausen [212].

wird im Laufe der Zeit aus dem vorindustriellen Holz in das industrielle Gußeisen und dann in Stahl übersetzt. Bewegung wird etabliert: häufig laufen auf
Schienen an den Seiten-Wänden Kräne in
Form von Brücken durch den ganzen
Raum.

Die Außen-Gestalt schließt sich an
die Tradition des selbstbewußten bürgerlichen Bauens an, das sich kurz nach 1800
vor allem in Berlin entwickelt: sorgfälti-
ges Mauerwerk, einfache, vernünftige
Formen, Gliederungen, die die Wand
ordnen – man ist anständig angezogen,
macht keinen allzugroßen Aufwand und
bietet dennoch ein Bild gediegener Wohl-
habenheit.

**Der Umfang dieser Fabriken-Kom-
plexe** wächst. Große Werke bilden ein
Stadt-Quartier, zum Beispiel um 1895
Hoesch[34]. Krupp scheint vor den Toren
von Essen eine ganze Stadt zu bauen.
Ähnlich: der Bochumer Verein in Bochum, die Gutehoffnungshütte in Oberhausen *[340]* und in Sterkrade (Oberhausen), Thyssen in Hamborn (Duisburg)
und Krupp in Rheinhausen (Duisburg).
Diese Werke bilden – mit den Infrastrukturen, die für sie hergestellt sind – sichtbar ›Stadt‹ und ›Region‹. Aber in den wenigsten Fällen entwickelt ihr Management eine Gesamt-Verantwortung für den
Verbund, ohne den sie in der Industrie-
Gesellschaft nicht existieren kann. Per-

spektivisch werden Manager gesucht, die
sich über betriebswirtschaftliche Kenntnisse hinaus Wissen über Zusammenhänge aneignen, um eine komplexe Regional-
Verantwortung mitzubedenken.

Orts-Hinweise: Industrie-Hallen. Preßwerk
und 8. Mechanische Werkstatt (1999/1901) von
Krupp in Essen (Limbecker Platz/Altendorfer
Straße)[35]. Walzhalle (um 1900) der Altenberg
Zink-Fabrik in Oberhausen (Hansastraße), Rhei-
nisches Industriemuseum. Gründer-Zentrum in
Zeche Arenberg-Fortsetzung in Bottrop-Baten-
brock (Fortsetzungs-/Horster Straße), mit Lohn-

Lohn-Halle (1910) der Zeche Arenberg-Fortsetzung in Bottrop-Batenbrock (heute Gründerzen-
trum).

Halle und Waschkaue (1910). Maschinen-Halle
(1909) der Zeche Zweckel in Gladbeck-Zweckel
(Frentroper Straße), ein schloß-artiger Bau. Stahl-
fachwerk-Halle der Maschinen-Fabrik Heese in
Herten (Adenauerstraße 1), ein IBA-Projekt. Zeche Waltrop I/II (1903/1906) in Waltrop (Sydowstraße), IBA-Projekt im Gewerbepark Brockenscheidt. [345] Maschinen-Halle (1902 von Bruno

Transparenz aus Stahl und Glas: ›Jahrhundert-
Halle‹ (1902 von Schumacher/ Berndt) in Bochum.

Maschinen-Halle (1912 von Alfred Fischer) in
der Zeche Sachsen. [223]

Möhring) in der Zeche Zollern 2/4 in Dortmund-Bövinghausen (Grubenweg), ein ›Elektrizitäts-Palast‹, mit Kran-Brücke *[212, 345]*. ›Jahrhundert-Halle‹ (1902) des Bochumer Vereins in Bochum (Allee-/Gahlensche Straße), für die Industrie-Ausstellung in Düsseldorf 1902 von Schumacher/Berndt, dann transloziert und ohne steinerne Schau-Bereiche auf dem Werks-Gelände als Gaskraft-Zentrale aufgebaut *[346]*. 1910 östliche Querhalle, 1913 Verlängerung der Haupthalle, 1929 Seiten-Halle. 1991 vom Dirigenten Eberhard Kloke für die Bochumer Symphoniker entdeckt. Maschinen-Halle der Zeche Sachsen (1913/1925 von Alfred Fischer) in Hamm (Sachsenweg 8), mit Kran-Brücke *[346]*.

Schau-Plätze: Aneignung der Burg für Fabrik und Zeche

Wetter. Friedrich Harkort, Sohn eines westfälischen Hofbesitzers, 26 Jahre alt[36], und Heinrich Daniel Kamp, Teilhaber des Elberfelder Bankhauses Brink, später Bergisch-Märkische Bank, 32 Jahre, gründen 1815 in Wetter/Ruhr eine der ersten Werkstätten zur Dampfmaschinen-Herstellung. 1819 erhalten sie die Genehmigung, in den Gebäuden der Burg in Wetter (zuerst 1214 genannt, ein Grenzbollwerk der Grafen von der Mark[37] [57]), eine Maschinen-Fabrik zu betreiben. 1826 legen sie einen eigenen Hoch-

Alfred Rethel malt 1834 die Burg Wetter, in der Friedrich Harkort 1819 die Mechanischen Werkstätten Harkort & Co. anlegt.

Die Burg der Grafen von der Mark (1297), Verwaltungssitz des Amtes Hörde, wird 1840 vom Gründer der Hermannshütte, Hermann Dietrich Piepenstock, erworben und nach 1894 zu einer ›romantischen‹ Burg in ›deutscher Renaissance‹ ausgebaut (Marx/Pohl). Links Bauten in ›preußischer Gotik‹, rechts Verwaltung als ›absolutistisches Schloß‹.

ofen an. 1834 malt Alfred Rethel die Szenerie: Burg und Fabrik.

Friedrich Harkort (1856): „Sie [die Industrie] hat die alte feudale Burg [Wetter] erobert und in ihr einen bleibenden Sitz aufgeschlagen, in welchem Eisen und Stahl in die mächtigsten Waffen des Gewerbefleißes umgeschaffen werden. Prangt auch das Banner der alten Grafen nicht mehr auf den Zinnen des gewaltigen Turmes, so schauen wir demungeachtet dort in festlichen Tagen die wehenden Fahnen des großen preußischen Vaterlandes."

Hörde. Die Grafen von der Mark lassen 1299 als einen ihrer wichtigen Sitze die Landesburg Hörde (Dortmund-Hörde) bauen – eine Wasser-Anlage [57]. Burg bedeutet Prestige, auch für die im 19. und 20. Jahrhundert aufsteigenden Schichten. Sie knüpfen häufig an diese Symbol-Form an – mit Fabriken und mit Villen[38]. Um 1850 siedelt sich im Burg-Bereich die Hermannshütte (später Dortmund-Hörder Hüttenunion) an. Auf den Grundmauern der alten Burg entsteht um 1910 das Verwaltungs-Gebäude *[337]*: In einer Zeichengebung des hohen imperialen deutschen Mittelalters – als neue Burg der Industrie.

Lohn-Halle und Kaue (1899) der Zeche Adolf Hansemann in Dortmund-Mengede.

Malakoff-Turm. In England werden Fabriken häufig wie Burgen gebaut. Von dort kommt diese Gestaltungs-Weise nach Deutschland[39]. Tiefbau-Zechen übernehmen sie und umhüllen zwischen 1850 und 1880 ihre Förder-Gerüste aus Holz und Eisen mit der prestige-verleihenden Gestalt der Malakoff-Türme[40]. [329, 331] Das ist zunächst ein Klischee, das sich von selbst anbietet, dann aber auch ein unbewußt und bewußt tief verankertes Bau-Symbol. 1882 schreibt die Zeitschrift ›Stahl und Eisen‹: „Mancher stolze, in reicherem Stile ausgeführte Schachtturm ragt wie eine Ritterburg aus Wald und Busch [!] und aus lachendem Gefilde [!] hervor, umgeben von musterhaften Ansiedlungen trefflicher Arbeiterwohnungen, die Sorge der Werksleitungen um das Wohl ihrer Arbeiter bekundend."[41] Zwischen 1848 und 1897 entstehen über 100 ritterburg-ähnliche Türme mit Zinnen-Kranz (1992 sind 14 Türme erhalten).
Weiterleben des Malakoff-Motivs. Auch als die Malakoff-Türme technisch überholt und durch Streben-Gerüste abgelöst werden, lebt ihr Motiv weiter. Beispiel: Luftschacht Rote Fuhr (1928) der Zeche Gneisenau in Dortmund-Grevel:

ein blockhafter Ziegel-Bau, mit steilen pfeilerhaften Wand-Vorlagen.
Höhepunkt in der Region ist die Turm-Staffelung der Zeche Adolf Hansemann in Dortmund-Mengede[42] [338]. Mit Orientierung auf den Blick der Reisenden von der Köln-Mindener Eisenbahn entsteht 1898 die Lohn-Halle und Kaue in einer inszenierten Darstellung. Das gigantische Turm-Motiv wird stufenartig aufgebaut: Der mächtige malakoffartige Mittelteil hat je einen kurzen und einen etwas längeren Flügel. Nach oben steigert sich das Thema mit einem kleineren runden Turm.
Leitbild dieser Turm-Orgie sind mittelalterliche Stadt-Tore – hier wohl das Uengler Stadt-Tor in Stendal/Elbe (2. H. 15. Jh.). Dort ist bereits das Turm-Thema in vielen Variationen durchgespielt. Im 19. Jahrhundert werden an großen Brücken die Zugänge wie Stadt-Tore gestaltet (1888 Elb-Brücke Hamburg). Hinzu kommt die Tradition von Fest-Toren: seit der Antike werden für Staats-Besuche und Siege Triumph-Tore gebaut[43].
Identifikations-Zeichen. Das Förder-Gerüst ist oft so weithin sichtbar wie der Kölner Dom oder das Straßburger Münster. Diese Türme sind zu unterschiedlichen Zeiten Ausstellungen von High Tech. Die alte Welt läuft in der neuen weiter. Die Mehrschichtigkeit der Welt läßt Altes und Neues zu. Die Industrie-Epoche präsentiert Erfindungen, aber sie haben eine lange Tradition.
Industrie-Schloß. Wo diese Bedeutungs-Setzung ausgeweitet ist, entstehen ganze Zechen als Industrie-Schlösser. In einigen Fällen ein einziges gewaltiges Gebäude [148], manchmal auch eine Anlage um einen ›Schloß-Hof‹ – nach dem Vorbild des absolutistischen Cour d'honneur. Wie bei Fürsten-Schlössern ist auch die Umgebung mit Baum-Alleen auf das Zentrum hin orientiert. Wie die Halle eines antiken Kaisers: Maschinen-Halle (1912) Adolf Hansemann in Dortmund-Mengede [345].

Generaldirektor Emil Kirdorf, Chef der größten Bergwerksgesellschaft im Revier, der Gelsenkirchener Bergbau AG, läßt eine Muster-Zeche anlegen: die Zeche Zollern 2/4 (1898/1904 von Paul Knobbe, Gelsenkirchen) in Bövinghausen (Dortmund) *[333]*[44]. Sie wird in einer zeitgenössischen Beschreibung so interpretiert: „Da sieht man ... den majestätischen Aufbau, ... der mehr einem feudalen Schloßhof als einer Industriestätte ähnelt, sowie die Maschinenhalle, deren Größe und Schönheit die der meisten Prunksäle übertrifft ..."

Orts-Hinweise: Burgen als Leitbilder der Industrie-Architektur. Hof der Zeche Zollern 2/4 (1898/1902) in Dortmund-Bövinghausen *[333,*

Eisenbahn-Hebeturm (1856) für Trajekt-Schiffe im Eisenbahn-Hafen Duisburg-Ruhrort (um 1970 abgerissen; auf der anderen Rheinseite im Hafen Duisburg-Homberg ist erhalten).

344]. Lohnhalle (1898) in Zeche Adolf Hansemann in Dortmund-Mengede (Barbara-Straße) *[348]*. Luftschacht Rote Fuhr (1928) in Dortmund-Grevel (Rotestraße). Malakoff-Turm (1872) in Zeche Westhausen in Dortmund-Bodelschwingh (Rhodesdiek/Speckestraße), ein Kubus mit zwei achteckigen Treppen-Türmen [331]. Verwaltungs-Burg (um 1910) der Hütten-Union in Dortmund-Hörde (Burgstraße) *[347]*. Burg in Wetter *[347]*.

Malakoff-Turm (1875) von Schacht Julius Philipp der Zeche Prinzregent-Dannenbaum in Bochum-Wiemelhausen (Markstraße 258 a/ Glücksburger Straße), ein riesiger Turm mit einer imperial wirkenden Zeichen-Gebung *[331]*. Malakoff-Turm (1874) in Zeche Brockhausener Tiefbau in Bochum-Stiepel (Am Bliesstollen), ein einfacher Turm in Bruchstein-Mauerwerk *[331]* – wie die meisten Türme von adligen Burgen. Malakoff-Turm (1874) der Zeche Preußisches Szepter in Bochum-Sundern, ohne Verzierungen, nur mit Rundbogen-Fenstern. Malakoff-Turm der Zeche Carolinenglück (1851) in Bochum-Hamme (Carolinenstraße), wohl ältester erhaltener steinerner Turm, daneben ein deutsches Streben-Gerüst (1910/1912). Malakoff-Turm (1857/1858) über Schacht I der Zeche Hannover I/II/V in Bochum-Hordel (Hannoverstraße; Westfälisches Industriemuseum) *[330]* – mit Assoziationen an Ritter-Burgen am Rhein (Stolzenfels, Rheinstein). Zeche Holland I/II (1856) in Gelsenkirchen-Ückendorf (Ückendorfer Straße, um 219) *[330]*, letzte erhaltene Doppelschacht-Anlage mit einem Maschinen-Haus in der Mitte. Malakoff-Turm Unser Fritz (1871/1873) in Herne-Wanne-Unser Fritz (Unser Fritz-Straße) *[331]*. Malakoff-Turm (1872) der Zeche Ewald in Herten (Katzenbuschstraße), 1896 aufgestockt.

Malakoff-Turm Zeche Carl (1856) in Essen-Altenessen (Wilhelm-Nieswandt-Allee 110). Wasser-Turm (1884) in Essen (Steeler Straße), ursprünglich mit zwei Seiten-Türmen, völlig umbaut und mit Zinnen abgeschlossen. Maschinen-Halle (1909) der Zeche Zwickel in Gladbeck-Zwickel (Frentroper Straße), ein schloßartiger Bau. Malakoff-Turm (1872) Prosper II in Bottrop-Batenbrock (Knappenstraße), dahinter ein Stahlgerüst (1933) und daneben ein Turm (1967) mit Eternit-Verkleidung. Gigantische Doppelschacht-Anlage (1879) in Zeche Rheinpreußen in Duisburg-Homberg: neben der Maschinenhalle stehen zwei Türme (nur zur Hälfte erhalten) *[330]*, 1901 Waschkaue, 1907 Büros[45]. Rhein-Hafen (1906) südlich von Krefeld-Uerdingen: große, turmartige Speicher-Gebäude (um 1905).

Industrie-Architekten: Fritz Schupp und Martin Kremmer

Fritz Schupp und Martin Kremmer sind die wichtigsten Architekten der Ruhrgebiets-Industrie in diesem Jahrhundert.

Daten zur Biografie von Fritz Schupp (Uerdingen 1896-1974)[46]: Schule in Essen, Studium in Karlsruhe, dann in München, in den Kriegsjahren auch ein Jahr in der Bauabteilung Krupp, Diplom an der TH Stuttgart, Kontakt mit Paul Bonatz. 1921 kommt Martin Kremmer, den Schupp seit dem Studium in Karlsruhe kennt, zu ihm ins Büro; 1922 assoziieren sie sich: ›Schupp/Kremmer, Essen – Berlin‹. In Berlin besteht ein zweites Büro. Zunächst gibt es wenig Arbeit im Ruhrgebiet. In Berlin lernt

Schupp Künstler um die Dada-Gruppe kennen, u.a. Max Burchartz, der später Leiter der Folkwang-Schule in Essen wird und mit Alfred Fischer zusammenarbeitet. 1934 zieht Schupp nach Essen, Kremmer bleibt in Berlin. 1951 Honorarprofessor an der TH Hannover.

Daten zur Biografie von Martin Kremmer (Wilda bei Posen 1894-Berlin 1945). Studium in Karlsruhe, Stuttgart und TH Charlottenburg. 1922/1923 ein Jahr in Schweden. Kremmer ist in den Projekten der Techniker, hat die Bauleitungen, die Schupp nie macht. Am Kriegsende 1945 kommt Kremmer um, das Berliner Büro wird mit allen Unterlagen zerstört.

Auftraggeber. 1919 lernt Fritz Schupp über seine Schwester den entscheidenden Auftraggeber kennen: Friedrich Wilhelm Schulze Buxloh, den Direktor der Bergbauabteilung der Phoenix, Aktiengesellschaft für Bergbau und Hüt-

Fritz Schupp (1896-1974) und Martin Kremmer (1894-1945).

Verwaltungsgebäude (1923 von Fritz Schupp) der Zeche Holland in Bochum-Wattenscheid.

Ventilatorgebäude (1925 von Fritz Schupp/Martin Kremmer) von Zeche Holland in Gelsenkirchen-Ückendorf.

tenbetriebe, die 1926 in die Vereinigten Stahlwerke eingebracht wird.

Zeche Holland in Wattenscheid (Bochum). Das erste Werk von Fritz Schupp für die Industrie sind ergänzende Bauten an der Zeche Holland 3/4/6: 1921 die Waschkaue[47], dann die Lohnhalle so-

wie das Werkzeug-Lager. Die Zeichen-Gebung in absolutistischer Tradition (u.a. Wandpfeiler über zwei Geschosse) ist so stark zurückgenommen, daß sie wie ein letzter, schon fast unwirklicher Nachhall wirkt, der dann auch leicht verschwinden kann. Die IBA Emscher Park hat das Gebäude erhalten und zu einem Technologie-Zentrum umgebaut.

Bauten der Rationalisierung. Zu den ersten Rationalisierungs-Maßnahmen der Vereinigten Stahlwerke gehört die Zentral-Kokerei Nordstern in Gelsenkirchen-Horst [352]. Hier planen Ingenieure und Architekten zum erstenmal vollständig im Zusammenhang[48]. Das Hauptwerk ist die Zeche Zollverein XII in Essen-Katernberg (siehe S. 216/218, 320/322).

Orts-Hinweise: Fritz Schupp/Martin Kremmer. Förder-Gerüst (1953 von Fritz Schupp) der Zeche Lohberg in Dinslaken Lohberg (Hünxer Straße). Fritz Schupp entwirft und berät die Industrie-Anlagen der Phoenix AG in Duisburg für sämtliche Werks-Anlagen. Ein großer Teil der Fabriken vom Ruhrorter Hafen bis nach Schwelgern entsteht – als eines der größten Industrie-Areale der Welt – in großen kubische Formen – wie eine Verpackungs-Architektur. Beispiele: 1969 Oxygen-Stahlwerk in Bruckhausen [342] und 1975 Zement-Werk Schwelgern.

Zentralkokerei Nordstern (1927 von Fritz Schupp/Martin Kremmer) in Gelsenkirchen-Horst (teilweise erhalten).

Siedlung (1930 von Fritz Schupp) in Gladbeck-Butendorf (Horster-/Glückauf Straße). Zeche Zollverein XII (1928/1930 von Fritz Schupp/Martin Kremmer) in Essen-Katernberg (Gelsenkirchener-/Drostenstraße) [202]. Nördlich davon auf dem Gelände: Förder-Gerüst früher auf Zeche Friedlicher Nachbar in Bochum (1950 von Fritz Schupp, 1964 umgesetzt).
Zeche Nordstern 1/2 (1951, 1954 von Fritz Schupp/Martin Kremmer) in Gelsenkirchen-Horst (Kranefeldstraße). Zentralkokerei (1927 von Fritz Schupp/Martin Kremmer) in Gelsenkirchen-Horst (Wallstraße), teilweise erhalten. Ins Bergwerk Consolidation in Gelsenkirchen-Bismarck (Bismarckstraße) versetzt: Teile des Umbaus von Pluto-Wilhelm (1953 von Fritz Schupp) mit Ideen der 20er Jahre (monumentaler ›Doppelbock‹). 1957 Waschkaue, 1965 Büro-Haus. Doppelstreben-Gerüst über der Zeche Pluto (1953 von Fritz Schupp) in Herne-Wanne (Wilhelmstraße). Deutsches Bergbau-Museum Bochum (1938 von Fritz Schupp, 1986 erweitert von Heinz Jentzsch/Kurt Peter Kremer, Bochum) in Bochum (Vödestraße 28); von der abgerissenen Zeche Germania in Dortmund-Marten (1944/1956 von Fritz Schupp) 1973 transloziert: Doppelförder-Gerüst. Ventilatoren-Haus (1925 von Fritz Schupp/Martin Kremmer) in der Zeche

Holland in Gelsenkirchen-Ückendorf (Ückendorfer Str. um 219) *[351]*. Lohnhalle Zeche Holland (1923 von Fritz Schupp) *[351]*. Bergbau-Beamten-Siedlung (1922 von Fritz Schupp) in Dortmund-Neuasseln (Am Knie).

Der Arbeits-Prozeß und die Fabrik-Hallen – von der Militär-Ordnung zur Kultur der Arbeit

Mensch und Arbeits-Prozeß. Der Mensch entwickelt die Technik und handhabt sie im Arbeitsprozeß. „Die Arbeitserfahrungen, die Menschen darin machen, hängen von dem Ort ab, den sie in diesem Gefüge einnehmen"[49]. Menschen machen die Techniken. Und die Techniken wirken zurück auf die Menschen. Dazu gehören die Weisen, wie Menschen im Zusammenspiel diese Techniken machen – wir nennen dies Organisation und Verfahren. Ein Technisches Denkmal ist ein Monument der komplexen menschlichen Anstrengungen.
Der Fabrik-Betrieb hält viele Menschen in ständiger Wechselbeziehung beisammen. „Die gesellschaftliche Institution einer Fabrik kann nur verstanden werden, wenn man sich den Aufbau des sie erzeugenden sozialen Feldes verständlich macht: in welchem Sinne hier Menschen darauf angewiesen sind, sich als Arbeiter einem Unternehmer zu verdingen, und in welchem Sinne, bis zur welchem Grade dieser wiederum auf jene angewiesen ist" (Norbert Elias[50]).
Arbeits-Ordnungen. Solange die Vorgänge in der Fabrik grob sind, herrschen grobe Muster des Umgangs. Daher bietet lange Zeit das Militär das Vorbild für die Arbeits-Ordnungen, d.h. für die

Dispositionen. Alfred Krupp 1873 an die Prokura: „Kein Institut der Welt, keine Fabrik, keine Gesellschaft, keine Firma dürfen in ihrer Ordnung die unsere übertreffen. Wir sind noch weit von der militärischen entfernt und gerade diese ist es, welche für das Personal ein Vorbild sein sollte"[51].

Je mehr sich die Qualifikationen verfeinern, desto stärker entwickelt sich das Prinzip der Moderation. Es setzt auf die Anerkennung der unterschiedlichen einzelnen, auf die freundliche Entwicklung und Einbeziehung ihrer Fähigkeiten, auf ihr Mitdenken und ihren Überblick. Die Entfaltung dieser Organisations-Weise ist keine moralische Frage, sondern eine logistische. Sie spielt eine große Rolle in der Arbeits-Kultur der Zukunfts-Gewerbe, die die IBA in ihren Technologie-Parks fördert.

Organisation der Architektur. Die Architektur folgt dem Muster der Produktions-Verhältnisse. Die Produktions-Weise organisiert die Bau-Anlage und Teile der Bau-Formen. Daher sieht ein Bergwerk anders aus als ein Hüttenwerk. Die inneren Betriebs-Vorgänge wirken sich auf die Ausprägung der Architektur aus.

Die Umweltbedingungen. Bis um 1900 gibt es im Innenbereich keinerlei Umwelt-Gestaltung: Die Welt des Arbeiters besitzt keine Wertschätzung. Im Äußeren zeigt die Fabrik meist das Prestige des Besitzers, oft auch das Prestige der Produktion.

Erster Reform-Schritt: die Maschinen-Halle (1902 von Bruno Möhring) der Zeche Zollern II in Dortmund-Bövinghausen *[212]*. Walter Gropius (1911 Fagus-Werk in Alfeld/Leine) in einem Vortrag in Hagen (1911): „Weitsichtige Organisatoren haben ... erkannt, daß mit der Zufriedenheit des einzelnen Arbeiters aber auch der Arbeitsgeist wächst und folglich die Leistungsfähigkeit des Betriebes. Der subtil rechnende Herr der Fabrik wird sich alle Mittel zunutze machen, die die ertötende Eintönigkeit der Fabrikarbeit beleben und den Zwang der Arbeit mildern könnten ... Er wird ... in der Gestaltung seiner Arbeitsgebäude und Räume auch auf das ursprüngliche Schönheitsempfinden, das auch der ungebildete Arbeiter besitzt, gebührend Rücksicht nehmen"[52]. Seit es Industrie gibt, geht es auch um die „Veredelung der gewerblichen Arbeit" (Siegfried Giedion[53]).

Sozial-Räume und Nischen. Ein Ansatz sind ›Sozial-Räume‹. Der Begriff zeigt jedoch, daß er die Fabrik aufspaltet: in grobe und in anspruchsvolle Bereiche. Im Groben gibt es auch Nischen. Der Hochofenmaurer Willi Pfarrer (1980): „Ich habe eine Gruppe mit acht Mann. Da hab ich so ein kleines Bürochen auf der Arbeit, so einen kleinen Verschlag, da muß ich schon mal was ausschreiben, Laufzettel und so. Wir haben uns das ein bißchen gemütlich gemacht, fürs Kaffee-Trinken. Da liegt meistens eine Zeitung, da hängen ein paar Bilder, auch Postkarten. Man richtet sich eben ein bißchen ein."

Arbeits-Psychologie und Kultur der Arbeit. Erst in der späten Hochkonjunktur, in den 70er Jahren, entwickelt sich eine Arbeits-Psychologie. Günstigeres Arbeits-Klima bietet bessere Chancen zur Personal-Gewinnung. Leistungs-Fähigkeit, vor allem für hochqualifizierte Produkte und Dienst-Leistungen sind vom Geist-Kapital vieler Mitarbeiter abhängig.

Die IBA Emscher Park gibt Impulse für eine Kultur der Arbeit in der Architektur und im stadtplanerischen Ambiente. Die Feststellung ist uralt: „Ein würdiges Gewand läßt auf den Charakter des ganzen Betriebes berechtigte Schlüsse ziehen", schrieb schon Walter Gropius[54], der in vielen Publikationen den Zusammenhang zwischen vernünftigem Bauen als Arbeits-Umwelt, Zufriedenheit, Arbeits-Motivation und Leistungs-Fähigkeit feststellte.[55]

Die Herta-Fabrik in Herten. Seit Anfang der 60er Jahre sprechen der Fabrikant Karl Ludwig Schweisfurth und der Architekt Werner Ruhnau miteinander über eine „humane Gestaltung von Lebens- und Arbeits-Räumen, die sich auf den Menschen und seine leiblichen Maße bezieht. Außen- und Innenräume sind so vorzugeben, daß sich sinnliche Wahrnehmung und Sinnesorgane entfalten können und nicht zur Verkümmerung verurteilt sind."[56]

Um 1965 erster Vorschlag, 1968/1971 Bau (Mitarbeiter: Michael Luder für Klima, Stefan Polony für Konstruktion): Außen eine grob klimatisierende Wetter-Haut. Innen variable, flexible und stapelbare Leichtbau-Zellen. Die Fein-Klimatisierung wird teilweise durch natürliche Methoden erreicht[57]. Wie im Gelsenkirchener Theater gestaltet Werner Ruhnau

Humane Gestaltung von Arbeits-Räumen als Lebens-Räume: Herta-Fabrik (1981 von Werner Ruhmann) in Herten.

in engstem Zusammenhang mit Künstlern eine ›Arbeits-Landschaft‹. In zwei Etagen. Ohne Korridore.

›Wanderwege‹ führen zur ›Piazza‹ im Mittelpunkt des Sozialbereiches und zum Atrium im Verwaltungs-Bereich – vorbei an Natur- und Kunstpflanzen, Wasserspielen und Farbfeldern. Neben der Piazza gibt es ein kleines Auditorium (später von der Firmen-Leitung abgerissen).

Die Tast-Reize wurden in Zusammenarbeit mit Hugo Kükelhaus und Günter Weseler entwickelt. Der Raum für die Bewegung der Menschen gliedert sich rhythmisch: er wird in mehreren Ebenen (drei Terrassen von 60 cm) geführt. Günter Weseler schuf aus Schaumstoff und mit einer elektrischen Steuer-Mechanik pulsierende Atem-Wände (1971): Der Raum atmet. Rupprecht Geiger gestaltete die Decke und die Raum-Körper. Schallschluckende Steinwoll-Bohlen, überzogen mit hauchdünner Alufolie, erscheinen als silbergraue ›Wölkchen‹ (Raum-Akustiker Zeller). Werner Ruhnau: „Ich wollte das übliche homogen technische Klima durch eine Gestaltung des Klimas ablösen, das sich an den unterschiedlichen menschlichen Bedürfnissen und Erfahrungen orientiert und dadurch ein lebendiges Klima wird."

Die Beleuchtung entstand im Zusammenwirken: Architekt, Ingenieur (Karnasch), Licht-Planer (Dinnebier), Maler (Geiger) und Hugo Kükelhaus: „Das Licht wandert. Es ist nicht gleichmäßig, sondern wird wellenförmig langsam etwas heller und etwas dunkler. ›Tages-Licht‹ fällt durch Shed-Oberlichter ein. Das Natur-Licht wird durch Kunst-Licht ergänzt. Unter den Shed-Oberlichtern und Langfeld-Leuchten hängen Aluminium-Bohlen, die, silbergrau, tags wie nachts, gleich ›Wolken‹ Licht und Schatten erzeugen. Licht und Schatten, leuchtende und ruhige Farben bewirken Zustandsunterschiede, die das Auge anregen und nicht ermüden." In ähnlicher Weise schaffen

Wasser-Säulen (Norbert Kricke) eine Differenzierung des Klimas: hier ist es kühler, dort wärmer.

Horst Antes setzte eine verzinkte und bemalte Stahlfigur an den Eingang (1969). Rupprecht Geiger stellte vor jeder Treppe ein rotes Signal auf. Friedrich Gräsel: vier Objekt-Kästen als ›Herta-Suite‹ – mit Wurst-Attrappen. Wolf Vostell macht herausfordernde Environments: ein ›Messer-Auto‹ auf. Innen werden die Mord-Waffen sichtbar: ein Maschinen-Gewehr – ein Knochen als Kimme und der Mercedes-Stern als Korn. Werner Ruhnau: „Da gab's in der Fabrik Rabatz. Es war zu entlarvend, daß hier Tiere getötet, gemordet werden – zum Fressen – das will ja niemand wissen und wahrhaben." In der Pausen-Zone schuf Vostell das MIT(H)ROPA-Environment (1974), das zur Selbstreflexion anregt: Ein Kälbchen liegt überfahren vor den Rädern eines Ami-Wagen.

Günter Weseler machte Figuren: In Schaufester-Puppen ließ er Schäum-Stoff hineinpumpen, so daß sie sich aufblähten und zu Quell-Puppen wurden. Nicholas Monro läßt am Eingang des Schulungs- und Degustier-Raumes einen lebens-großen musizierenden Clown (1969) erscheinen. Hugo Kükelhaus (1900-1984), interessiert an der Selbsterfahrung der Sinnes-Funktionen, gestaltet eine Anzahl Brunnen. Hinzu kommen viele Bilder, u.a. von einem äthiopischen Künstler. Es entsteht ein eigentümliches ›Museum‹: in ihm wird gelebt. Absichtsvoll erzeugt es Kontroversen und damit Diskussion[58].

Orts-Hinweise. Herta-Fabrik (von Werner Ruhnau) in Herten (Westerholter Straße)[59]. Eingangshalle (1981 von Werner Ruhnau) der Hauptverwaltung Flachglas AG Gelsenkirchen-Rotthausen (Auf der Reihe 2), weithin in Glas, in Zusammenarbeit mit Adolf Luther. Staudt Lithographie (1986 von Schmiedeknecht/Krampe/Reiter) in Bochum-Stahlhausen (Kohlenstraße 34). Pianoforte-Fabrik Jan Thürmer (1988 von Lothar G. Possinke/Werner P. A. Quarg) in Bochum (Frederikastraße 4) – ein Haus zum Bau, Lagern und Verkaufen von Klavieren, mit historischer Instrumenten-Sammlung und einem kreisrunden Konzert-Saal. Maschinen-Halle (1902 von Bruno Möhring) der Zeche Zollern II in Dortmund-Bövinghausen *[212]*. Glunz AG in Hamm (Glunzdorf), Europas größter Hersteller von sogenannten mitteldichten Faser-Platten, baut die Konzern-Zentrale in Form eines Öko-Dorfes (Adams, Haff und Nürnberg, Königswinter), mit Teichen, offenen Chef-Büros sowie einem Feucht-Biotop. Zu den IBA-Projekten siehe S. 303, 305.

Die Firma Herta, Herstellerin der gleichnamigen Fleischwaren, bemüht sich zur Zeit intensiv um die Qualitätsanalyse von Arbeitsplätzen. Das schöne Schlagwort von der „Humanisierung des Arbeitsplatzes" soll keines bleiben. Mit von der Partie sind, außer dem engagierten Unternehmer – Karl Ludwig Schweisfurth – selbst samt Geschäftsleitung und Betriebsrat, der Architekt Werner Ruhnau, der Foto-Dokumentator Heinz Wedewardt und ein soziologischer Berater. Frage: Wo außer bei Herta in Herten werden zur Zeit ähnliche Untersuchungen und Analysen *vor Ort* angestellt? Wer – Person oder Institut – kann neuere Ergebnisse und daraus abgeleitete Erkenntnisse für bessere gewerbliche oder Büro-Arbeitsplätze weitergeben? Zuschriften bitte an Wolfgang Braatz, Bauwelt-Redaktion.

Infrastrukturen

Zur Logistik der Infrastrukturen

Fehlende infrastrukturelle Logistik. Infrastrukturen sind die Fäden und Knoten-Punkte der industriellen Gesellschaft, ohne die sie nicht leben kann. Ohne die Kenntnis ihrer Infrastrukturen bleibt die Industrie-Gesellschaft unverständlich. Die politische Diskussion über sie ist jedoch grotesk: ausgerechnet sogenannte Wirtschafts-Parteien, deren Klientel am stärksten auf Infrastrukturen angewiesen sind und sie am meisten benutzen, haben das geringste Bewußtsein von ihrer Bedeutung und rufen immer wieder nach Beschränkung oder gar Abriß.

Essen wächst in der Zeit von Alfred Krupp auf 65.000 Einwohner an. In sei-

ner Zeit entfaltet sich der Bergbau. Aber die kommunale Infrastruktur wächst nicht mit. 1886 gibt es in Essen kein öffentliches Krankenhaus, keine Bibliothek, kein Theater oder Orchester, kein Museum, keine Straßenbahn, keine Elektrizität.

Die Provinz-Stadt Essen wächst zu einer Großstadt von über 600.000 Einwohnern. Aber die Angehörigen der frühen Parlamente sind weit davon entfernt, in Zusammenhängen von Problemen denken zu wollen: Besitzbürgerliche Interessen halten Grünanlagen und Spielplätze für ebensowenig notwendig wie Gymnasien, Museen und Theater.

Der Staat ist auf die Infrastruktur-Bildung nicht vorbereitet und will sie nicht unterstützen. Sie wird von einzelnen Personen vorangetrieben, meist Oberbürgermeistern. Sie stehen mitten in den Problemen, und werden von einigen einsichtigen Wohlhabenden gestützt. **Eine sozialliberale Politik** entwickelt sich um 1900: sie ist ein Spagat zwischen den Millionären und den armen Leuten. Aber es geht nun um mehr: um Dienstleistungen, die der einzelne selbst nicht erbringen kann – die Armen so wenig wie die Wohlhabenden. **Der dynamischste Reformer** ist der Essener Oberbürgermeister Ernst Zweigert. Er bezeichnet sich als „Anhänger der größtmöglichen Gemeindefreiheit"[1], tritt auf gegen den Entwurf eines preußischen Wohnungsgesetzes, das den Gemeinden die Boden-Politik aus der Hand genommen hätte, macht ständig Opposition gegen das Wahlrecht, das er als plutokratisch bezeichnet. Er holt – in Konkurrenz zu Bochum – 1893 das Rheinisch-Westfälische Kohlensyndikat nach Essen, auch als Gegengewicht zu Krupp. Und 1893 die königliche Eisenbahndirektion[2].

Die Position des Oberbürgermeister ist sehr stark und auch relativ unabhängig. Die wichtigsten Oberbürgermeister in der Region sind liberale Verwaltungs-Fachleute. Ein Gegengewicht von unten gibt es nicht. 1913 haben Sozialdemokraten im Ruhrgebiet nur sehr geringen Einfluß in den Gremien[3].

Munizipal-Sozialismus. Kurz vor 1900 entsteht das Wort Munizipal-Sozialismus. Es wird auch von ›praktischer Sozialisierung‹ gesprochen. Oder von ›Kommunalsozialismus‹. Die Fabian Society in England entwickelt dazu Programmatisches[4]. In Deutschland stammt diese Tendenz eher aus den Notwendigkeiten, Probleme durch staatliche Verwaltung zu lösen. Kritiker ironisieren den Munizipalsozialismus als „Gas- und Wasser-Sozialismus". In diesem Zusammenhang entsteht auch die Idee, daß die Hoheits- und Vermögensverwaltung der Städte sich zur Leistungs-Verwaltung entwickeln soll. **Die Politisierung der Gremien** der Gemeinde-Verwaltung ist umstritten, weil sie ambivalent ist. So sehr man ihre Nachteile sehen und kritisieren mag, davon lebt Demokratie. Historisch gesehen ist deutlich, daß erst durch die Politisierung, die der Bevölkerung so etwas wie realen Einfluß sichert (auch wenn es über das Ausmaß Diskussionen geben mag), eine wirkliche breite Infrastruktur-Bildung gibt. Erst durch eine wirksame und ausbalancierende Infrastruktur-Bildung vermag die Industrie-Gesellschaft zu funktionieren. Und damit auch das Lebens in und mit ihr.

In historischem Abstand ist deutlich: Die Unternehmer waren ursprünglich keineswegs konservativ, sondern liberal. Es gehört zu ihren Irrtümern, daß sie politisch eine folgenreiche Allianz mit bequemen besitzbürgerlichen Konservativen eingingen. Der Industrialisierung hat dies nur geschadet. Sozialdemokraten waren moderner als Konservative, weil ihre Arbeiter, nach 1960 auch Angestellte und Intellektuelle, die Industrie-Gesellschaft in einem entwickelten Zustand erleben wollten. Denn nur dadurch erhielten sie Früchte und Teilhabe an der Industrialisierung. In Deutschland sind Liberale gespalten – in Konservative und Sozialliberale. Eine wiederzuentdeckende Traditions-Figur: Walther Rathenau – auch als Logistiker.

Im Entwicklungs-Prozeß der Industrie-Gesellschaft schaffen Sozialdemokraten und vorausschauende Liberale das notwendige Verbund-Netz der Infrastrukturen. Historisch lernten Sozialdemokraten die Infrastruktur-Bildung schätzen, weil sie ihrer Klientel Zugänge und oft auch Ausgleich vermittelten. Breite Schichten partizipieren daran: kaum weniger als über ihre gewerkschaftlich erkämpfte Konsum-Fähigkeit haben sie durch Infrastrukturen positiven Anteil an der Industrialisierung. Bei den einzelnen ist jedoch noch kaum ein Bewußtsein für Infrastrukturen vorhanden.

Tatsächlich sind Infrastrukturen immense Investitionen. Meist werden sie durch Steuern finanziert. Auch hier ist es in der Rückschau auf enorme Kontraproduktionen (Straßenbau, Städtebau, Energie-Fragen) notwendig, über Verschwendung nachzudenken. Wenn jede Generation Infrastrukturen wegwirft und neue aufbauen will, entstehen gigantische Probleme: Material-Beschaffung und -Vernichtung (Verbrennung, Deponie), Energie-Aufwand, Vergeudung von Finanzen, die an anderen Stellen fehlen. Die Diskussionen um öffentliche Haushalte und Spar-Maßnahmen werden nicht umhin können, das Thema mit dem Schlüssel einer Ressourcen-Logistik neu zu überdenken.

Vielschichtigkeit der Struktur-Planung. Hinter der Struktur-Planung, die 1920 mit Robert Schmidts Siedlungsverband [199] und dann in den 60er Jahren erneut einsetzt, stehen mehrere Ebenen: Als erstes die weitere Entwicklung der Infrastruktur, teils als Nachhol-Bedarf, teils als Begleitung des ›Fortschritts‹. Rasch tritt in den 60er Jahren auch die Notwendigkeit auf, der Krise von Kohle und Stahl entgegenzuarbeiten.

In diesem Struktur-Wandel soll die Anlage von günstigen Infrastrukturen helfen, die alten Industrien in ihrem Rückzug zu begleiten und neuen Industrien gute Standorte zu bieten.

Die Möglichkeiten des Staates. Der Staat gewinnt im Industrie-Prozeß deshalb immer mehr Einfluß, weil die Industrialisierung zwangsläufig auf den staatlichen Ausbau der Infrastrukturen angewiesen ist. Die Finanzen beschafft sich der Staat durch entsprechende Besteuerung. Der wachsende Geld-Umlauf in der Hand des Staates bedeutet Einfluß: heute läuft von jeder Mark die Hälfte durch die Hand des Staates. Parallel dazu wachsen im Bewußtsein vieler Menschen Ansprüche und drücken sich vor allem seit 1968 politisch aus.

Daß die Möglichkeiten des Staates nutzbar sind, fürchten eigentlich nur die Vertreter eines schwachen Staates und bezeichnen den Zustand in blinder Emotionalität als sozialistisch. Hier herrscht bis heute die Vorstellung, die Industrialisierung könne sich besser entwickeln, wenn sie weniger Infrastrukturen – zu denen auch das soziale Netz gehört – besitzt. Der aufmerksame Blick in die Verhältnisse widerlegt leicht diese ideologisierte Trivial-Idee.

Schau-Plätze der Eisenbahn

Standort-Gunst. Menschliche Produktion spielt sich seit jeher in Bezügen zwischen dem ›Stehen‹ als Stand-Ort und dem ›Bewegen‹ als Transport ab. Die Lage einer Produktions-Stätte ist, seit es Städte gibt, eine der wichtigsten Einfluß-Größen für die Preis-Kalkulation. In den Hellweg-Städten wurde bereits in der Frühzeit die Verbindung zum Rhein mit Duisburg bestimmend. Im späten Mittelalter verändert sich die Position ungünstig, weil sich der Hauptstrom des Handels in die Nordsee verlagert, wo er zum Welthandel geworden ist.

Drehscheibe Ruhrort. Duisburg und Ruhrort profitieren seit jeher vom Transport-Medium Rhein. Ruhrort [77, 83, 366] wird der frühe wichtige Verknüpfungs-Ort: zwischen der Kohle und den Oberhausener Eisen-Hütten zum Markt der niederländischen Städte und deren Welt-Handel. Die Händler sind zugleich Transporteure. Sie bringen auch das Kapital – sowohl nach Ruhrort (Haniel) wie ins Hinterland (Haniel, Stinnes) zur industriellen Entwicklung.

Bis zur Verwertung der Kohle zur Verhüttung von Erz (um 1850 Koks-Hochofen) geht ein großer Teil der Kohle in den Export: in die Niederlande. Diese haben nicht nur einen hohen eigenen Verbrauch, sondern zusätzlich eine Transit-Funktion – so werden eiserne Töpfe, die in Oberhausen gefertigt wurden, bis nach Haiti verkauft.

Stehende Energie. Solange die Hammerwerke und Eisenhütten an die Wasser-Kraft gebunden sind, entwickeln sie sich in einem Kalkül zweier Faktoren: dem Wasser der Sauerland-Täler und dem günstigen Transport des Erzes aus dem Siegerland.

Transportable Energie. Ein neuer Energie-Erzeuger ist die Dampf-Maschine. Sie läßt sich transportieren, ist mobil. Damit ist die Energie-Erzeugung nicht mehr an einen festen Ort gebunden. Nun beginnt die Epoche der transportablen Energie. Ihren Höhepunkt findet sie am Ende des 19. Jahrhunderts mit den Strom- und Gas-Leitungen.

Transport-Kosten. Nun kann sich Industrie unabhängig vom ersten Faktor, der Energie-Erzeugung, entwickeln. Aber der zweite muß ebenfalls günstige Voraussetzungen aufweisen: die Zulieferung von Rohstoffen und der Abtransport von Fertigwaren.

Massen-Transportmittel Eisenbahn. Weil die Landstraßen, trotz teilweisen Ausbaues (z.B. 1820 Provinzialstraße Duisburg-Oberhausen-Dorsten, 1839 Chaussee Bochum-Herne) für den Massen-Transport unzulänglich sind, wird ein industrielles Medium für den Massen-Transport benötigt: die Eisenbahn[6]. Ihr Prinzip: ein Weg wird glatter, wenn er auf Schienen geschieht, er braucht wegen der Minimierung der Reibung weniger Energie, die Dampfmaschine erzeugt soviel Kraft, daß sie weit größere Lasten als Pferde zu ziehen vermag; hinzu kommt, daß sie den Transport auf den glatten Schienen erheblich beschleunigen kann und damit schneller ist[7].

Entwicklungs-Chancen. Diese Eisenbahn wird nun zum Auslöser für die Entwicklung von Industrie und von Städten. Ihr Bau und ihre Linien-Führung eröffnet den Orten, die sie berührt, neue Chancen. Im Emscher-Gebiet erhält durch die Köln-Mindener Eisenbahn (1844/1847) der Rohstoff Kohle eine Transport-Möglichkeit. Ohne diesen Massen-Transport gäbe es keine Chance, ihn zu fördern, d.h. Großzechen zu bauen. So verbessern sich geradezu blitzartig die Standort-Bedingungen des Emscher-Bereiches. Er liegt an der leistungsfähigen Magistrale im westlichen Preußen.

Planung als Prognose. Die Anlage und Linien-Führung der Eisenbahn sind

Transport von Energie: Eine Überland-Leitung transportiert in einer einzigen Stunde rund 4.800 Mega-Watt-Stunden Strom. Dies entspricht einer Menge an Kohle von 30 Güter-Waggons oder 70 Last-Wägen. Rund 2.000 Bergleuten arbeiten dafür einen Tag. Diese Energie-Menge versorgt rund acht Millionen Menschen mit Strom. Würde Energie nicht in Überland-Leitungen (seit 1900 verbreitet) transportiert, brächen alle Verkehrs-Systeme zusammen. Die Industrie-Logistik besteht in der Transport-Minimierung.

nicht nur wichtige Tatsachen, sondern sie markieren auch eine weltgeschichtlich folgenreiche Veränderung in der Denk-Struktur der Gesellschaft.

Nicht die Gegebenheit, d.h. ein feststellbarer Bedarf, führt zum gigantischen Unternehmen des Massen-Transportmittels Eisenbahn, sondern eine neue Denk-Ebene: die Prognose. Sie prophezeit den Bedarf. Die spekulative Denk-Ebene löst Handlung aus, die die Vorhersage erfüllt. Die mentale Struktur, die dies begründet, ist ›die Welt als Wille und Vorstellung‹. Ebenso auffällig ist, daß die Denk-Ebene der Prognose zur größten Investition leitet, die es bis dahin in Deutschland gab.

Auch die Linien-Führung der Eisenbahn basiert auf der Prognose ökonomischer Entwicklung. Sie wird verstärkt durch die Zukunfts-Orientierung der Zoll-Union, die von Friedrich List (1834 Zollverein) betrieben wurde.

Warum läuft die erste Eisenbahn im Gebiet zwischen Ruhr und Emscher nicht in der Achse der alten Hellweg-Städte, sondern an der Emscher entlang? Die Orientierung zielt auf die Industrie: die Faszination der Bodenschätze siegt über die Notwendigkeit, den Personen-Transport zwischen den Hellweg-Städten zu verbessern. Erst knapp eine Generation später wird 1862 die Bergisch-Märkische Eisenbahn, die die älteren Städte Duisburg-Essen-Bochum-Dortmund erschließt (heute Hauptstrecke) in Betrieb genommen.

Schon seit 1830 läuft die Diskussion um die Linien-Führung d.h. über die Prognose. Die Bergwerks-Unternehmer weisen die privaten Eisenbahn-Unternehmer darauf hin, daß die Erschließung der Kohlen-Felder zu gewaltigen Umsätzen des Transportwesens führen müssen.

Wer die Eisenbahn-Infrastruktur realisiert, setzt – zum erstenmal in der Wirtschafts-Geschichte – auf Entwicklung. Tatsächlich regt der Eisenbahn-Bau die erste Konjunktur an: für Eisen, Kohle,

den Maschinen-Bau und das Transport-Gewerbe selbst.

Es wird geschätzt, daß auf die Eisenbahn von 1850 bis 1880 zwischen 15 und 25 Prozent der Gesamtinvestitionen entfallen. Dies erzeugt eine starke Nachfrage an Kohle und Eisen. Wohl 50 Prozent der Stahlproduktion geht in die Eisenbahn. Und 30 Prozent der Kohle. Es entsteht ein wechselseitig bedingter Zuwachs-Effekt. Levin Schücking bemerkt 1856 die „vortrefflichen Geschäfte der Eisenbahn" – und in fünf Jahren rund 120 Prozent Zuwachs-Rate[8].

Das Netz des Massen-Transport-Mittels Eisenbahn. Als erste überregionale Dampf-Eisenbahn in Deutschland

entsteht 1844/1847 die Linie von Köln – Duisburg – Oberhausen – Altenessen – Herne – Dortmund-Minden[9]. Die Reisenden kommen – unfaßbar für viele Zeitgenossen – in zwei Stunden von Duisburg nach Dortmund.

Nach der Köln-Mindener Eisenbahn bildet sich ein Netz[10]. Als erster Anschluß entsteht die wichtige Verbindung vom Rhein zur Eisenbahn: 1848 Ruhrort-Oberhausen. 1855 Dortmund-Unna-Soest. 1856 wird die Strecke von Oberhausen in Richtung Holland gebaut, aber nur bis Emmerich (später nach Utrecht/Amsterdam). 1862 Bergisch-Märkische Eisenbahn: Bochum – Essen – Mülheim – Duisburg. 1866 Unna – Hamm. 1868 Rheinische Bahn Homberg – Krefeld (1868) mit Eisenbahn-Trajekt Ruhrort – Homberg. Um 1870 besitzt die Region das dichteste Eisenbahn-Netz der Welt.

Dann wird das Netz verfeinert: 1870 Wanne – Münster. 1872 Ruhrtal-Bahn Düsseldorf – Kettwig – Werden – Kupferdreh. 1876 Kettwig – Mülheim. 1876 Mülheim – Ruhrort. 1876 Witten – Hattingen – Steele – Werden. 1876 Unna – Königsborn – Welver. 1886 Oberhausen – Coesfeld – Quakenbrück. 1889 Unna – Fröndenberg. 1897 Oberhausen – Recklinghausen – Hamm. 1897 Emschertal-Bahn Oberhausen – Wanne-Eickel – Dortmund. 1905 Osterfeld (Oberhausen) – Herten – Recklinghausen – Hamm. 1926 Kettwig – Velbert.

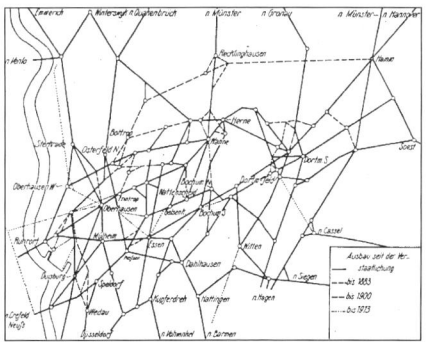

Eisenbahn-Netz (1913)

Die Köln-Mindener Eisenbahn ist ein prägendes lineares Element in der Region. Folgenreich für die Emscher-Orte ist die Tatsache, daß ihr eine zweite Achse, die Hellweg-Schiene, weitgehend den Rang abläuft.

In den 60er Jahren werden viele Strecken stillgelegt. 1993 besitzt die Region ein Netz von rund 2.000 km Eisenbahnen. Drei Viertel sind in der Hand der Bundesbahn, ein Viertel Werks-Bahnen.

Eisenbahn und Stadt-Konjunktur. Die bewußte Absicht, durch die Anlage eines Bahnhofes den Impuls zu einer Siedlungs-Entwicklung zu geben wie in Oberhausen, ist eher die Ausnahme. Tatsächlich bilden sich als Folge der Industrie-Standorte große Industrie-Dörfer, die dann zu Städten wachsen. In Oberhausen wird der Bahnhof in die einsame Heide gesetzt: knapp eine Generation später (1862) ist das Terrain, auf dem inzwischen 6.000 Menschen wohnen, verwaltungsrechtlich eine Gemeinde und eine halbe Generation weiter schon eine Stadt (1874, 1901 kreisfrei). Bis 1915 ist eine Großstadt gewachsen – eine Art Wolfsburg des 19. Jahrhunderts.

Seit 1847 entsteht in Herne zwischen Bahnhof und Dorf entlang der Bahnhofstraße in der kurzen Zeit von 30 Jahren 1897 eine Stadt. Dieselbe Entwicklung nimmt Wanne (Herne-Wanne). Dort wird einige Schritte nordwestlich vom Bahnhof, einem wichtigen Knotenpunkt mehrerer Eisenbahnen, die ›Hauptstraße‹ angelegt. Sie führt nach Norden zur Emscher, zum alten Dorf-Markt der Freiheit Crange, vor dem Herren-Sitz Crange.

Bahnhöfe. Levin Schücking in Dortmund 1856: „... und der Eisenbahnhof mit seinen unübersehbaren Stationsgebäuden und seinem Menschengewühl, mit seinen zischenden und dampfenden Lokomotiven, deren schwarze Rauchsäulen vom Nordwinde gefaßt ... Auf dem Dortmunder Bahnhofe, der ein sehr schönes geräumiges Hauptgebäude hat, ist immer ein gewaltiges Gedränge von Menschen und Waren ... hier sind die Maschinenwerkstätten, die Lokomotivwerkstätten, die zur Koksfabrikation dienenden Gebäude, die großen Waggonschuppen, kurz: eine kleine Eisenbahnstadt"[11].

Bahnhöfe werden die ersten Kristallisations-Punkte der industriellen Stadt. Sie bezeichnen funktionell und symbolisch den regionalen Austausch – in Form von Reisen und von Waren-Umschlag. Ihre symbolisch-rituelle Funktion spiegelt sich im Namen ›Empfangs-Gebäude‹ der Stadt. In all diesen Dörfern der Region ist

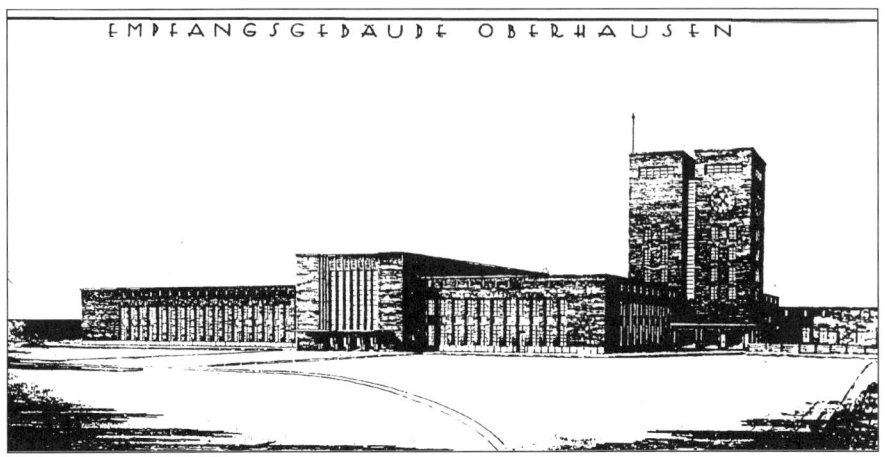

Symbol der Großstadt-Bildung: Bahnhof (1929/1930 von Hermann/Schwingels) in Oberhausen. [186, 226]

das Bahnhofs-Gebäude nach den Zechen und Hütten der größte öffentliche Repräsentations-Bau[12]. Sein Prestige ist für uns heute kaum mehr vorstellbar. [86]

Bahnhöfe stellen nicht nur in alten Städten die Frage nach dem Orts-Zentrum neu, sondern legen es in neuen Städten nahe, hier einen Kristallisations-Kerns zu bilden. Ein besonders wichtiges Beispiel dafür ist Oberhausen.

Heute soll die Eisenbahn-Linie entlang der Emscher zum zweitenmal einen entscheidenden Impuls für die Umgestaltung der Region setzen. Dazu gehört auch die Neubelebung der Bahnhöfe als Kristallisations-Punkte. Die Städte bilden einen IBA-Arbeitskreis: Oberhausen, Essen (mit Altenessen), Gelsenkirchen, Wanne-Eickel, Herne, Castrop-Rauxel, Dortmund (mit Mengede und Kurl) sowie außerhalb der Linie Lünen. Hinzu kommen der Verkehrsverbund Rhein-Ruhr (VRR), die Bundesbahn und die IBA.

Orts-Hinweise: Eisenbahn-Verkehr. Neuer Bahnhof (1955) in Wesel. Hauptbahnhof (1929) in Duisburg. Eisenbahn-Viadukt der Köln-Mindener Eisenbahn über die Ruhr bei Duisburg (1844/1847). Trajekt-Fähre Ruhrort-Homberg (1854-1885) – mit den beiden erhaltenen Häfen

und dem Eisenbahn-Hebeturm in Duisburg-Homberg [349]. Eisenbahn-Brücke (1885) Duisburg-Rheinhausen. 1894 bestimmt die Preußische Staatsbahn Essen als eine von 20 Königlichen Eisenbahn-Direktionen zum Verwaltungs-Zentrum der Eisenbahnen im Ruhrgebiet; 1896 entsteht das Verwaltungs-Gebäude südwestlich vom Hauptbahnhof am Bismarckplatz[13].

Oberhausen ist der wichtigste Knoten-Punkt des Reviers. 1846 Hauptbahnhof (200 m westlich), 1854 neues ›Empfangs-Gebäude‹. Die ›Bahnhofs-Frage‹ entwickelt sich. Neubau 1885 – mit dem Aussehen eines Palastes der toskanischen Renaissance um 1520. 1897 nimmt sich der Verschönerungs-Verein des Bahnhofs-Platzes an. 1910 entsteht platzbildend die Hauptpost. In den 20er Jahren entstehen lange Diskussionen über einen Neubau, der die Hoffnung auf Großstadt angemessen darstelle – schließlich 1929/1930 Bau des heutigen Hauptbahnhofs Oberhausen (Reichsbahndirektor Hermann/Schwingels, Essen) mit großem Platz [362]. Leitbild ist der Stuttgarter Bahnhof von Paul Bonatz. 1931 bildet sich der Bahnhofs-Platz mit der langen Front des Hotel Ruhrland (1931, Ludwig Freitag). In Oberhausen überqueren neben dem Gasometer (1929) zwei Werksbahnen zweigeschossig den Kanal [320] – und bilden eines der faszinierendsten Punkte der Region (erreichbar: Am Grafenbusch, Verlängerung zum Gasometer, schmale Bahndamm-Treppe; oder auf dem Öko-Pfad [395] am Südufer des Kanals zwischen Sterkrader- und Osterfelder Straße).

Hauptbahnhof (um 1910) in Mülheim. Neu-bau (1954) des Hauptbahnhofs Essen (Eppingho-fer Straße). Eisenbahn-Direktion Essen (Bis-marck-Platz)[14]. Bahnhof Wanne (1912/1913) in Herne-Wanne. Hauptbahnhof (1923/1917) in Herne. Bahnhof Dortmund-Mengede mit gußei-serner Überdachung. Bahnhof Kamen. Steinbo-gen-Brücke über die Seseke (1846) der Köln-Mindener Eisenbahn. Hauptbahnhof (1919/1920) in Hamm. Regionales Eisenbahnmuseum der Museumseisenbahn Hamm im Maximilianpark (seit 1985; Grenzweg 76)[15], von einem Verein be-trieben. Lokomotiven und Wägen. Museums-Fahrten unter Dampf und in Triebwagen. Bahn-steige (um 1900, aus Hagen). Stellwerk mit Tele-grafen.

Kasten-Gerüst-Brücke am Zusammenfluß von Lenne und Ruhr in Hagen-Bathey (Hohen-syburgstraße). Bahnhof (um 1905) in Hagen. Hauptbahnhof (um 1905) in Witten mit Emp-fangs-Gebäude und gußeisernen Bahnsteig-Hal-len. Eisenbahn-Viadukt über die Ruhr südlich von Witten (Wetterstraße). Von April bis Oktober fährt an jedem ersten Sonntag im Monat ein Mu-seums-Zug von Oberwengern nach Hattingen und umgekehrt. Pfeiler-Reste der Nachtigall-Brücke über die Ruhr in Witten (1849). Bahnhof (1907) in Bochum-Langendreer (von einer Initia-tive gerettet, 1983 Denkmalschutz, umgebaut zum Kultur-Zentrum). Hauptbahnhof (1955) in Bochum. Eisenbahnmuseum Bochum-Dahlhau-sen in Bochum (Dr. C. Otto-Straße 191)[16], eh-renamtlich von einem Verein (seit 1968) betrie-ben, mit Bibliothek und Buchhandlung. Ringlok-Schuppen mit Drehscheibe. Feldbahn. Handhe-bel-Draisine.

Museums-Landschaft Deilbachtal des Rheini-schen Industriemuseums in Essen-Kupferdreh (Nierenhofer Straße 8/10): über die Gleise der Gitterbrücke werden in kleinen Wägen (›Hunde‹) Steine aus dem Steinbruch transportiert. Bahn-hofs-Gebäude (1873) in Kettwig. Kasten-Gitter-Brücke der Eisenbahn (1872) über die Ruhr in Essen-Kettwig (Promenadenweg). Ruhr-Brücke (1844/1846) der Köln-Mindener Eisenbahn in Duisburg (Ruhrdeich).

IBA-Projekt Bahnhöfe: Oberhausen, Essen-Altenessen, Gelsenkirchen, Wanne-Eickel, Herne, Castrop-Rauxel, Dortmund-Mengede, Dort-mund-Kurl, Lünen.

Verschiebe-Bahnhöfe. Weil der Gü-ter-Verkehr bis um 1960 der wichtigste Bereich der Eisenbahn ist, sind die größten Bahnhöfe die Verschiebe-Bahn-

höfe. Sie verknüpfen die Werksbahnen mit der Eisenbahn; und innerhalb von ihr die einzelnen Linien.

Orts-Hinweise: Verschiebe-Bahnhöfe. 1891 Osterfeld (Oberhausen) mit 71 Gleisen und 700 Weichen – lange Zeit Deutschlands größter Ran-gier-Bahnhof. Obermeiderich (Duisburg). Ran-gierbahnhof Hohenbudberg in Rheinhausen-Ho-henbudberg (Duisburg) mit 600 Weichen und Ei-senbahner-Siedlung. Güterbahnhof Bochum-Langendreer, 8 km Gleis-Länge. Für den Osten des Ruhrgebietes: Hamm.

Werks-Bahnen. Standorte und Lini-enführung zeigen, daß die Eisenbahn als Infrastruktur in erster Linie dem Güter-

verkehr dient. Es ist folgerichtig, daß sich dieses Transport-System mit seiner da-mals außerordentlich hoch entwickelten Logistik auch in den umfangreichen Ter-ritorien der großen Werke, vor allem der Zechen mit ihren Filial-Schächten ent-wickelt. Heute ist ›Eisenbahn und Häfen‹ die größte private Eisenbahn-Gesellschaft in Europa. Der Rückzug der Großindu-strie gefährdet auch das Netz der Werks-bahnen.

Die IBA Emscher Park versucht, die Ressource neu zu sehen. Als Freizeit-Nutzung startet 1991 das IBA-Projekt Zechenbahnen mit seinen ersten Zechen-bahn-Tagen. 1993 wird ein Fahrplan ent-wickelt: vom 31. Juli bis 12. September für zwei Routen in zweieinhalb Stunden: Hafen Bottrop-Halde Hoheward-Hafen Bottrop. Und Zeche Zollverein-Bergwerk Westerholt-Zeche Zollverein. Ne-ben Zechenbahnen wird der historische

›Rheingold-Zug‹ (1928/1929; Hoek van Holland-Basel SBB) wiederbelebt.

Straßenbahnen. Die Straßenbahnen sind eine Konsequenz der Eisenbahn: sie erschließen kommunale und kleinregionale Bereiche. Zunächst werden sie von Pferden gezogen, dann nutzen sie die Elektrifizierung[17], die keinen Rauch verursacht. [212] 1882 Kleinbahngesetz in Preußen[18]. Als 1900 die Straßenbahn von Oberhausen durch Osterfeld gelegt wird, protestieren Bauern: Sie fürchten um ihr Vieh, das sie auf der Straße zur Weide treiben. Nach 1900 gehört die Straßenbahn auch zum Prestige, das sich Städte geben möchten. Das kehrt sich bei der Stillegung der Straßenbahnen in den sechziger Jahren um.

Als erstes leistungsfähiges Massen-Transport-Mittel in Städten ermöglicht das Straßenbahn-Netz eine ausgreifende Besiedlung – es trägt also zur Bildung der städtebaulichen Gemenge-Struktur erheblich bei. Zugleich erweitert es die Mobilität in der Wahl des Arbeits-Platzes. Und drittens ermöglicht das Straßenbahn-Netz den steilen Aufstieg der großstädtischen Zentren des Massen-Konsums. Bis 1914 zählen die Straßenbahnen zu den ertragsstärksten Einnahme-Branchen. Die Übernahme privater Straßenbahnen nach 1918 hat häufig das Motiv, eine „sozialistisch-gemeinwirtschaftliche" Ebene zu schaffen.

1968 stellt Oberhausen auf Busse um. Seit 1968 entsteht die Stadt-Bahn[19]. Sie führt zur weitreichenden Fehlplanung: mit dem Konzept der Siedlungsschwerpunkte beginnt ein umfangreicher Kahlschlag von Wohnbebauung. Bürgerinitiativen stoppen ihn. 1980 entsteht der Verkehrsverbund Rhein-Ruhr (VRR).

In den 80er Jahren wird der sehr teure und umstrittene U-Bahn-Bau, der sich nun Stadt-Bahn nennt, zwar nicht aufgegeben, aber erheblich reduziert. In Duisburg (1992 eröffnet, nach 24 Jahren Planung, 17 Jahren Bau) kostet das 17 km lange Netz in der Innenstadt 1,08 Milliarden DM.

Stand-Orte werden beweglich: Transport-Logistik

Fracht-Kosten. Seit jeher bedeutete der günstige Standort, daß Fracht-Kosten eingespart werden. Damit verbessert sich die Konkurrenz-Fähigkeit. Erz-Transport ist billiger als Kohlen-Transport. Wer zwischen Ruhr und Emscher sein Eisen-Werk anlegt, zahlt weniger Fracht für Kohle als an anderen Stand-Orten. Kohle, zu Koks umgewandelt (seit 1848 in der Friedrich-Wilhelms-Hütte in Mülheim), ist die Massen-Energie für die Massen-Verarbeitung von Erz und Eisen.

Der Umzug der Eisen-Unternehmen. Der neugeschaffene Zusammenhang von Kohle als Energie und Eisen setzt eine gewaltige Entwicklung in Gang. Nicht nur für das Ruhrgebiet, sondern auch für die historischen Stand-Orte der Eisen-Verarbeitung.

Das bergische Sauerland und das Siegerland, große Wald-Gebiete mit vielen Tälern und schlechten Böden, entwickelten sich im 18. Jahrhundert zu Bereichen der Eisen-Verarbeitung. Remscheid und Solingen waren Zentren. Mit Holzkohle geschmolzenes Eisen ist jedoch gegenüber mit Koks geschmolzenem nicht konkurrenzfähig. Das führt zum Niedergang der Eisen-Werke in Sauerland und Siegerland. Die meisten geraten wegen der Fracht-Kosten in den Ruin.

Daher ziehen einige Eisen-Unternehmer um: 1842 Jacob Mayer von Lendersdorf bei Aachen nach Bochum (1855 Bochumer Verein), 1837 der Fabrikant H. D. Piepenstock aus Iserlohn nach Hörde (Hermannshütte) und 1871 Leopold Hoesch von Düren nach Dortmund.

Neu-Auflage der Transport-Frage.
Als die günstigen Erze aus Skandinavien
die einheimischen Erze auskonkurrieren,
wird die Wasser-Straße von Nordsee und
Rhein immer wichtiger. Das weiter im
Inland gelegene Dortmund aber hat gegenüber Duisburg und Oberhausen einen
Stand-Ort-Nachteil. Hinzu kommt, daß
der deutsche National-Staat den Nieder-
ländern mißtraut. Daher bedrängen die
Eisen-Werke von Dortmund die Regierung, die Zufuhr von Erz günstiger zu
gestalten: sie wünschen eine nationale
Wasserstraßen-Verbindung mit der Nordsee. Nach langer Diskussion entsteht der
Dortmund-Ems-Kanal (1892/1899).

Immer wenn in Konjunkturen die Eisenbahnen die Transport-Menge nicht
mehr bewältigen können, kommt die Zeit
für Aktionen von Wasserstraßen-Befür-
wortern. So entsteht ein weiterer Trans-
port-Weg für das Transport-Medium
Schiff: der große Kanal – vom Rhein quer
durch das Reich zur Weichsel (1914 eröffnet; Rhein-Herne/Mittelland-Kanal).

Schau-Plätze des Wassers als industrieller Transport-Weg
Die Schiffahrts-Kanäle

**Der vorindustrielle Kanal: Fossa
Eugeniana**. 1626 beginnt das spanische
Militär, aus strategischen Gründen einen
Kanal zwischen der Maas und dem Rhein
anzulegen, um den Schiffsverkehr vom
aufständigen Holland auf die noch besetzten Provinzen abzulenken. [79]

Orts-Hinweis: Fossa Eugeniana. Teile des un-
vollendeten Projektes (1626) sind erhalten: in sieben km Länge südwestlich von Rheinberg (Bahnhofstraße) und im Norden von Kamp-Lintfort
(Provinzial-/Rheinberger-/Rheurter Straße).

Die Schiffbarmachung der Ruhr.
Seit jeher wird der Fluß von Booten benutzt [58, 97]. An den Dämmen, die für
die Ableitung des Wassers zu den Mühlen
gebaut werden, ziehen Knechte die Boote
über den Damm oder laden um. Der
Kettwiger Kaufhändler Herrmann Wilhelm Engels bemüht sich um das Privileg,
auf dem Fluß Kohlen zu verschiffen:
1770 fährt sein erstes Boot. Auf der Ruhr-
Insel in Kettwig (später Schleusen-Insel)
legt er ein Kohlen-Depot an. Im Herbst
wird es vom Hochwasser wegge-
schwemmt.

Der Bergbau führt dazu, daß der Fluß
schiffbar gemacht wird (1776/1780):
durch 14 Schleusen (Steinhausen, Herbede; Kemnade, Blankenstein, Hattingen,
Dahlhausen, Horst, Spillenburg, Rohausmühle, Baldeney, Neunkirchen, Papiermühle, Kettwig, Mülheim, alle um 1825
in Stein erneuert). Auf dem Lein-Pfad am
Fluß entlang ziehen stromaufwärts jeweils zwei Treidel-Pferde mit einem Pfer-
de-Knecht ein Schiff (vier Mann Besatzung). Fahrt-Zeiten (ohne Schleusen-
Aufenthalte): 5 Stunden von Ruhrort
nach Mülheim, 2 nach Kettwig, 5 nach
Werden, 5 nach Steele, 11 nach Witten,
insgesamt 26 Stunden, talabwärts 16. Am
Ufer stehen viele Kohlen-Magazine. Sie
sind mit den Stollen in den Seitentälern
durch Schiebe-Wege und Kohlen-Bahnen
verbunden. Von 1790 bis 1860 ist die
Ruhr ein Welt-Handels-Weg[20]: 1842 mit
rund 700.000 Tonnen Transport der
meistbefahrene Fluß Europas. Täglich
passieren bis zu 100 Schiffe. Im Winter
friert der Fluß zu.

1852 fährt das erste Dampf-Schiff nach
Kettwig. In der Konkurrenz gegen die Ei-
senbahn verliert die Schiffahrt: 1890 fährt
der letzte Aak. Neue Funktion: Seit 1927
Ausflugs-Schiffe zwischen Mülheim und
Baldeneysee.

Schiffer-Häuser. Viele Schiffer und
Schiffs-Knechte sowie Tagelöhner wohnen in Mülheim: in der Nähe der Ruhr

in Fachwerk-Häusern mit Hinterhöfen – in erbärmlichen Verhältnissen. Als einzigartiges sozialgeschichtliches Bau-Denkmal für diese Wohn-Verhältnisse blieb der Bauten-Komplex Kettwiger Straße 12 (18./20. Jh.) erhalten *[94]*. Ein zweites Ensemble steht in Essen-Kettwig (östliche Hauptstraße).

Die Renaturierung der Ruhr. Im 19. Jahrhundert gibt es im Ruhr-Tal unvorstellbar viele kleine und mittelgroße Zechen – meist nur wenige hundert Meter voneinander entfernt, am dichtesten im Gebiet um Witten. Fast alle werden in den 20er Jahren stillgelegt – eine Katastrophe. Heute sieht das Tal auf weite Strecken so aus, als sei hier nichts geschehen. Nur dem archäologisch-detektivischen Blick zeigt sich das wichtigste Geschehen eines Jahrhunderts: die Lebenswelt vieler Bergleute.

Orts-Hinweise: Kohle-Transport auf der Ruhr. An der B 234 zwischen Herdecke und Wetter: Stollen-Mundloch der Zeche Vereinigte Eulalia (1858). Eisenbahn-Viadukt (1876) westlich von Herdecke (Wetterstraße). Im Muttental in Witten: Kohlen-Verladestelle, Pfeiler-Reste der Nachtigall-Brücke über die Ruhr in Witten (1849), Kohlen-Niederlagen (Stapel-Plätze) mit eingeteilten Lager-Flächen, Ruhr-Schleuse (1825) mit dem Haus des Schleusen-Wärters (1835).

14 Schleusen (1776/1780, um 1825 in Stein erneuert): Steinhausen, Herbede (1825; mit Wärter-Fachwerkhaus 1835; Herbeder Straße/Insel); Kemnade, Blankenstein (1829, mit Wärter-Haus), Hattingen, Dahlhausen, Horst, Spillenburg, Rohausmühle, Baldeney, Neunkirchen, Papiermühle, Kettwig, Mülheim. Lein-Pfad.

Leinpfad in Bochum-Stiepel (westlich Kemnader Straße). Bergbau- und Heimatmuseum Paulushof (1984) in Essen-Heisingen (Stemmering 20), auch zur Ruhr-Schiffahrt, mit Modell eines Ruhr-Aak, d.h. eines Frachtschiffs für Kohlen. Eisenbahn-Brücke in Kettwig. Brücke über eine Ableitung der Ruhr in Kettwig. Fachwerk-Häusern mit Hinterhöfen für Schiffs-Leute in Essen-Kettwig (östliche Hauptstraße) und in Mülheim in der Kettwiger Straße 12 (18./20. Jh.). Schleuse (1778) am Wasser-Bahnhof in Mülheim. Ruhr-Brücke (1864/1866 von Hartwig) der Rheinischen Eisenbahn in Mülheim (nördlich der Stadt-Halle) *[375]*[21]. Ruhr-Ufer in Oberhausen-

Alstaden. Hafen in Ruhrort (1826 Werfthafen, 1837 Schleusen-Hafen, 1860 Nord- und Südhafen, 1872 Kaiser-Hafen, 1905 Becken A, B und C). Von der Rhein-Brücke in Duisburg-Ruhrort: Blick zur Mündung der Ruhr in den Rhein.

Schiffbarmachung der Lippe. [64, 68] Der preußische Oberpräsident von Vincke veranlaßt, daß zwischen 1820 und 1830 die Lippe schiffbar gemacht wird.

Orts-Hinweise: Lippe-Schleusen. Erhaltene Schleusen: Hamm-Heessen und Hamm-Uentrop.

Der älteste Kanal: der Rhein. Der Energie-Erzeuger Dampfmaschine wird schon früh auch bewegt: auf Rädern und auf Schiffen. Parallel zueinander entstehen die Wasser-Straße für den Rad- und später Schrauben-Dampfer (seit 1835) und der Schienen-Weg für die Dampf-Lokomotive (seit 1844), später für den Verbrennungs-Motor die Asphalt-Straße bzw. Auto-Bahn. Ähnlich wie für die Lokomotive wird dem Dampfer der Weg so glatt und gleichförmig gemacht, daß der Energie-Verbrauch minimiert wird[22]. Dafür sind gigantische Investitionen nötig: nach 1860 wird der wilde Strom des Rhein [75, *75*] in ein Kanal-Bett eingefaßt. In harter Konkurrenz mit der Eisenbahn wird rationalisiert: es entstehen die Dampf-Schleppfahrt und eiserne sowie größere Fracht-Kähne.

Orts-Hinweise: Rhein-Häfen. Rhein-Hafen (1906) südlich von Krefeld-Uerdingen – als hochwasserfreies Becken. Zufahrt (Hafenstraße) über eine interessante Brücken-Konstruktion (1906). Große, turmartige Speicher-Gebäude. Duisburg: Kultus-Hafen (Wanheimer-/Kultus-Straße), mit Blick auf die Eisenbahn-Brücke und Brücken-Türme (1885 von der GHH[23]) Hochfeld-Rheinhausen, seinerzeit die zweite eiserne Bogen-Brücke über den Rhein. Duisburger Hafen: 1828/1832 Kanal und Außenhafen, 1840/1844 Innenhafen, 1895/1898 Parallelhafen. Speicher-Häuser. Mühlen. Museum für Stadtgeschichte (1935) in Duisburg (Niederstraße) mit einer Abteilung zum Handel im Hafen und in den Speicher-Häusern.

Hafen in Duisburg-Ruhrort [77, 83]. Brücke über Ruhr, Hafen-Kanal und Kaiser-Hafen (Ruhrorter Straße). Rundweg durch den Hafen:

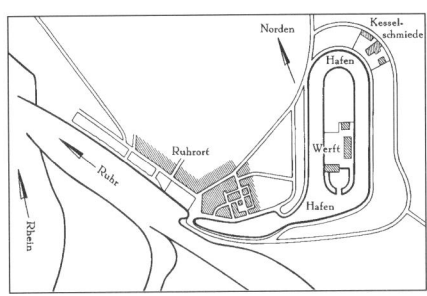

Duisburg-Ruhrort um 1835: ältester Hafen.

Pontwert/Kiffward/Sympher-/Schlick-/Bürgermeister Pützstraße/Am Nordhafen. Ältester Hafen: Werft-Hafen (Hafenstraße). Eisenbahn-Hafen (1854; Am Eisenbahnbassin) und interessante Konstruktion der Hafen-Brücke (Dammstraße) [118]. Rhein-Brücke mit Brücken-Türmen der älteren Brücke (1907 von Hermann Billing, Karlsruhe). Auf der anderen Rhein-Seite in Duisburg-Homberg: Eisenbahn-Hafen und Eisenbahn-Hebeturm (1854; Rheinanlage) [349] für die Eisenbahn-Fähre (1885 von der Eisenbahnbrücke Hochfeld-Rheinhausen ersetzt). In Duisburg-Ruhrort (Dammstraße): Museum der deutschen Binnenschiffahrt, daneben Museums-Schiffe. Haniel Museum (1968) in Duisburg-Ruhrort (Franz Haniel-Platz 3), im Verleger-Haus (1756) der Spediteurs-Familie Haniel (Hafenstraße 16/20) [160][24], Gründer der Gutehoffnungshütte, vor allem zur Schiffahrts-Geschichte.

Haus-Knipp-Eisenbahnbrücke zwischen Duisburg-Beeckerwerth und Duisburg-Heide – eine Kasten-Brücke (Rheinstraße in Duisburg-Heide). Autofähre von Duisburg-Walsum nach Orsoy (Fährstraße). Rhein-Hafen (1685) in Orsoy. Rhein-Deich in Götterswickerhamm (Voerde; Dammstraße). Rhein-Brücke von Wesel nach Büderich.

Dortmund-Ems-Kanal. Das Königreich Hannover hatte nach 1836 die Ems ab Meppen kanalisiert. 1856 bildet sich als Lobby in Dortmund eine Vereinigung der Kanalförderer. Sie fordert 1857 – im Verein mit Bergbau-Interessen – einen Kanal nach Herne und Ruhrort. 1863 wird ein Rhein-Weser-Kanal diskutiert. Erst als die eng werdende Kapazität der Eisenbahn die Industrie-Entwicklung zu blockieren droht, werden wichtige Kanäle gebaut.

Gegen den Widerstand der Kohlen-Reviere im Saarland und Oberschlesien sowie der ostelbischen Großagrarier, die Getreide-Importe fürchten, entsteht 1886/1899 der Dortmund-Ems-Kanal – als eine „deutsche Rheinmündung". (280 km zum See-Hafen Emden). 1894 sind auf der Großbaustelle 4.545 Menschen als Saison-Arbeiter tätig.

Orts-Hinweise: Dortmund-Ems-Kanal. Kanal-Hafen (1899) in Dortmund (Hafen-/Westfaliastraße)[25], größter Kanal-Hafen Europas, mit sieben Hafenbecken Hafen. Die Zufahrt Sunderweg führt über die Brücke zum repräsentative alten Hafen-Amt (1898/1899; Sunderweg 130), mit ständiger Ausstellung ›Hafen und Schiffahrt‹ und Funktionsmodell des Hafens[26]. Schiffs-Hebewerk Henrichenburg (1894/1899) in Waltrop-Oberwiese (Am Hebewerk), eine Außenstelle des Westfälischen Industriemuseums [269, 270], mit Museum im Maschinen-Raum und historischen Schiffen im Warte-Becken der Schleuse. Helling (Werft, 1914). Hub-Brücke (1897). Kleinsiedlung für Angestellte (Im Depot). Nordöstlich: Schachtschleuse und Hebewerk (1962, 1990; Recklinghäuser Straße). Kanal-Überführung bei Olfen (an der Straße zwischen Selm und Olfen).

Rhein-Herne-Kanal. 1873 entsteht ein Emscher-Kanal-Komitee. Mit ihm werben Ernst Waldthausen (Handelskammer Essen) und Mulvany um einen Kanal an der Emscher. Über eine Generation dauert es, bis – nach dramatischen politischen Auseinandersetzungen – die Regierung 1905 zustimmt. Im Rahmen des Rhein-Elbe-Kanalausbaues wird 1907/ 1914 der Rhein-Herne-Kanal gebaut (38 km lang, sieben Schleusen für 38 m Höhen-Unterschied, 1959 28 Häfen). 1915/1916 wird der Ems-Weser-Kanal eröffnet (1. Stufe des weiteren Mittelland-Kanals), 1938 die Verbindung zur Elbe. **Weitere Kanäle**. 1910 Rhein-Ruhr-Kanal von Duisburg nach Mülheim. 1910/1914 Datteln-Hamm-Kanal (parallel zur Lippe) zum Dortmund-Ems-Kanal, 1930 als Lippe-Seitenkanal nach Wesel zum Rhein verlängert. 1927/1929 wird

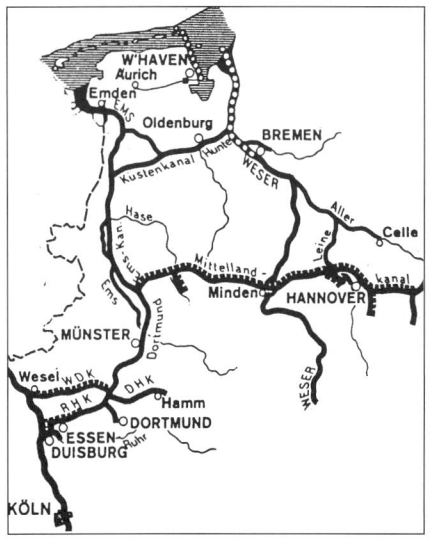

Wasserstraßen-Netz in West- und Norddeutschland.

der Lippe-Seitenkanal weitergeführt: nach Schmehausen bei Hamm zum VEW-Kohle-Kraftwerk. Das Vorhaben, ihn bis Lippstadt zu führen, wird aufgegeben. **Das Kanal-Netz**. Die Region besitzt heute ein Netz von 272 km Wasser-Straßen[27]. Halte- und Umschlag-Orte sind 19 öffentliche Häfen und 40 Werks-Häfen. Um 1990 werden diese Kanäle von 70.000 Schiffen im Jahr befahren. Die IBA Emscher Park gibt Impulse, den Rhein-Herne-Kanal auch für die Freizeit

zu nutzen: mit den beiden Projekten des Herner Kanal-Ufer-Programms ›Wohnen am Kanal auf Unser Fritz‹ in Herne und Marina Horsthausen in Herne.

Orts-Hinweise: Kanal-Netz. Nordwestlich der Altstadt von Duisburg: Innenhafen (1831 als Stichkanal; Schifferstraße). Speicher-Gebäude (Philosophenweg). Museum für Stadtgeschichte (1935) in Duisburg (Niederstraße), am Stadt-Hafen, mit Stadt-Modellen zur Entwicklung des Hafens. Blick von der Friedrich Ebert-Brücke in Duisburg-Ruhrort auf die drei Rhein-Mündungen: nördlich der ›Hafenmund‹ (Ruhrorter Häfen), Hafenkanal (Rhein-Herne-Kanal) und Ruhr.

Lirischer Schleuse des Rhein-Herne Kanals (1907/1914) in Oberhausen-Lirich (Rosenstraße). Öko-Pfad (1982 von Hans Otto Schulte/Louis Le Roy und Künstlern) am Kanal in Oberhausen (Südseite zwischen Sterkrader- und Osterfelder-straße), mit Kunst-Objekten [294]. Stadt-Hafen (1934 fertig) in Essen (Ostufer-Straße). Stadthafen (1914) Gelsenkirchen (1914) in Gelsenkirchen-Schalke-Nord (Ufer-/Werftstraße), mit Speicher-Häusern von 1914 bis 1933. IBA-Wohnen am Kanal auf ›Unser Fritz‹ (1994 von Joachim Eble, Tübingen) in Herne-Wanne (Unser Fritz-Straße), mit ökologischer Gestaltung der Ufer-Ränder, Stadtteil-Park, 100 Wohnungen im ›solaren Bauen‹. Westhafen, Schleuse und Pumpwerk in Herne-Crange (Altcrange). Östlich der Schleuse Herne-Ost in Herne-Horsthausen im ehemaligen Industrie-Hafen: IBA-Marina Horsthausen (Gneisenau-Straße) als Yacht-Hafen mit Hotel und 100 Wohnungen. Siedlung am Kanal (›Negerdorf‹; 1920/1922) in Lünen, mit jährlichem Kanal-Fest [285]. Hafen (1914) in Hamm, Endhafen des Datteln-Hamm-Kanals (1910/1914).

Schau-Plätze des Straßen-Transports

Wege-Zustand. Jahrhundertelang ist der Straßen-Transport mühsam. Bei Regen versinken Pferd und Wagen im Morast. Levin Schücking 1856: „Während wir so leicht ... über unsere glatte Metall-bahn [der Eisenbahn] dahinfliegen, ahnen wir wenig von den unermeßlichen Schwierigkeiten, die einst der schwere

Kleiboden ... den Reisenden von ehemals mit fabelhafter Tücke entgegensetzte. Kein Land konnte sich ... entsetzlicherer Wege rühmen als Westfalen ... die unglückseligen Zugtiere ... Es war nicht allein der lehmige Boden, ... sondern auch das sinnreiche altwestfälische System der Wallhecken, die, zu beiden Seiten der Straße sich hinziehend, diese sorglich vor Sonne, Luft und Wind behüteten, so daß die bodenlosen Löcher, Teiche und Schlammanhäufungen, die man ehemals einen Weg nannte, nie abtrocknen konnten. . . Zu übernachten pflegte man ... in einem ... einsamen Wirtshause ...“[28][52]

Befestigte Wege. Die Impulse, die Verkehrs-Verbindungen zu verbessern, stammen aus Frankreich: merkantilistische Wirtschafts-Politik entwickelt gezielt Wirtschafts-Potentiale und entwickelt dabei ein infrastrukturelles Denken: es entstehen Kanäle und Straßen. Davon übernimmt der preußische Staat um 1880/1890 einiges in seinen Reformen. Aber sie führen nicht weit.

Einige Daten: 1765 Märkischer Damm als Kohlen-Weg von Bochum zum Kohlhaus bei Dorsten. Um 1790 Bochum-Steele. Um 1800 Chaussee Dortmund-Witten-Bommern-Bergisches Land. 1818 ›Kunststraße‹ Unna – Werl (einige hundert Meter südlich vom alten Hellweg). 1820 ›Kunststraße‹ Lünen-Dortmund. 1820 Provinzialstraße Duisburg-Sterkrade-Dorsten (Knüppel-Holz, Sand und Kies, Pflaster-Steine). 1821 Lünen-Werne. 1831 Witten-Haßlinghausen-Barmen – die befahrenste Landstraße Preußens. 1839 Bochum und Herne.

Privatstraße. Weil der Staat kaum Straßen ausbaut, schließen sich viele Zechen-Unternehmer auf Essener Gebiet zusammen und finanzieren 1839 eine private Straße zwischen Borbeck (Essen) und Mülheim: die Aktienstraße.

Stadt-Straßen. 1894 werden in Buer in zwei Straßen die Fußgänger und Fahrzeuge durch „einseitige Trottoiranlagen

getrennt“[29]. 1911 hat Buer 40 km befestigte und 50 km provisorisch ausgebaute Wege, 1921 erst 65 befestigte und 70 km unbefestigte Wege[30].

Ausbau. 1924/1932 Ruhrschnellweg. 1925 Generalverkehrs-Planung des Siedlungsverbandes – sie scheitert am Widerstand von Gemeinden und Bahnen. Straßen-Bau geschieht bis um 1960 nur an wenigen Stellen. Erst mit der breiten industriellen Fertigung von Autos sowie mit einer organisierten Lobby setzt ein Ausbau-Boom ein.

Verkehrs-Entwicklung. Wie der Straßen-Verkehr sich historisch entwickelt und strukturiert, zeigt das Beispiel von Herten. Das erste Transport-Mittel der Industrialisierung ist die Eisenbahn. Straßenbau wird erst spät betrieben: 1895 entsteht in Herten eine neue Straße (Ewald-Straße nach Crange, 5 km lang)[31].

Dann folgt der Ausbau einiger Straßen, die lokale Bereiche verbinden: 1897 von Herten-Mitte nach Resse, 1898/1899 von Herten nach Langenbochum und nach Scherlebeck, 1900 die Herner Straße nach Buch (Recklinghausen-Süd).

Erst mit dem ›Verbandsstraßenplan‹ (1923) des Siedlungsverbandes Ruhrkohlenbezirk beginnt der überlokaler Straßen-Ausbau.

1933 gibt es in der 34.000-Einwohner-Stadt Herten erst 386 Kraftfahrzeuge. 1928 erhält das Postamt Herten für die Paket-Zustellung, die bis dahin mit Paket-Karren gefahren wurde, das erste Paket-Auto. Der Auto-Verkehr dient lange Zeit fast ausschließlich dem Transport von Gütern. Die Arbeiter gehen zu Fuß, fahren seit den 20er Jahren auch mit dem Rad oder benutzen die Straßenbahn oder Eisenbahn. Einige wenige Personen besitzen einen PKW: leitende Manager, Ärzte, Rechtsanwälte, gutverdienende Laden-Besitzer. Der PKW als Personen-Transportmittel verbreitet sich erst in den sechziger Jahren.

Das Straßen-Netz ist in den 30er Jahren nur gering ausgebaut, es besitzt keine infrastrukturelle Bedeutung. Hitler verspricht zwar jedermann den eigenen Volks-Wagen, aber das Versprechen bleibt uneingelöst. **Die Autobahnen.** Der Mythos, Hitler sei der tüchtige Erfinder der Autobahnen, entspricht nicht den Tatsachen. In Deutschland entsteht 1912/1921 zwischen Wannsee und Charlottenburg die erste Autobahn: die zehn km lange ›Automobil-Verkehrs- und Übungsstraße‹ (›Avus‹). In den zwanziger Jahre bilden sich mehrere Vereine für den Ausbau des Straßennetzes, darunter die ›Studiengesellschaft für Automobilstraßenbau‹ (Stufa) und 1926 der Verein zur Vorbereitung der Autostraße Hansestädte-Frankfurt-Basel (Hafraba), in dem Städte, Handelskammern, Provinzen, Bauindustrie Verkehrsverbänden mitarbeiten. Vorbildlich wird die Autostrada von Pierro Puricelli, die von Mailand zu den oberitalienischen Seen führt[32]. Die Pläne haben wenig Resonanz. Die Reichsbahn fürchtet die Konkurrenz. Und die NSDAP und teilweise auch die KPD halten sie für überflüssigen Luxus.

1934/1937 läßt der NS-Staat eine rasche Aufmarsch-Straße in Richtung Frankreich bauen: die Autobahn Oberhausen-Recklinghausen. 1938 wird sie nach Bielefeld verlängert. Zur Bauzeit besitzt sie keine infrastrukturelle Bedeutung.

1924/1932 entsteht der ›Ruhrschnellweg‹ von Essen nach Unna (B 1/A 430). Er wird 1963 vierspurig ausgebaut. Erst mit der raschen Ausbreitung des Auto-Verkehrs nach 1960 wird die Autobahn zum Rückgrat der Infrastruktur Straßen-Verkehr. In den sechziger Jahren entsteht zwischen den beiden Achsen B 1 (Hellweg-Linie) und Duisburg-Recklinghausen-Kamen-Hannover (A 2/E 34) eine weitere Achse: der Emscher-Schnellweg Duisburg – Gelsenkirchen – Herne – Dortmund (A 42)[33]. Damit wird eine Struktur hergestellt, die eine planerische Entscheidung gegen die sternförmige Konzentration auf Oberzentren und für ein regionales Netz ist. Die Veränderung der Konzeption ist besonders deutlich in der Straßen-Planung von Bochum sichtbar: aus der Stern-Konzeption stammen Fragmente des nicht weitergebauten Stadt-Ringes.

Das regionale Netz ist den gewachsenen Gegebenheiten des Gebietes zwischen Ruhr und Emscher angemessen [260, 261]. Die Nord-Süd-Querungen realisieren dies nur vom Bochumer Osten nach Dortmund.

Schau-Plätze: Wasser und Abwasser

Sauberes Wasser. Mit der Kohlen-Gewinnung wird auch die Ruhr [58, 365] ein schmutziger Fluß. Probleme: Der niedrige Wasserstand der Ruhr in Trockenzeiten (besonders 1911, 1921, 1929, 1959, 1976). Industrie und Städte entziehen über Wasser-Werke viel Wasser und geben es als Abwasser nach Norden, vor allem an die Emscher, weiter. Wasser-Vergiftung durch Industrie[34]. Folgen: Die Städte geraten in Trinkwasser-Not. Zugleich steigt der Wasser-Bedarf in gigantische Ausmaße[35]. Von 1880 bis 1900 entstehen im Ruhr-Tal über 100 Wasserwerke.

Nach einem Gutachten von Otto Intze (1843-1904, TH Aachen) schließen sich 1899 im Rathaus Essen alle Ruhr-Wasserwerke zusammen: zum Ruhrtalsperrenverein. Durch preußisches Sondergesetz entstehen: 1913 der Ruhrverband für die Reinhaltung und der Ruhrtalsperrenverein für die ›Wassermengenwirtschaft‹ sowie 1926 der Lippeverband (Sitz in Essen, Kronprinzenstraße 37)[36]. Das Prinzip ist auch hier: vorort-nahe genossenschaftliche Organisation, Beschränkung der staatlichen Kontrolle auf die Rechtsaufsicht.

Zusammen mit der Emschergenossenschaft (1905) entsteht eine Infrastruktur-Planung, die lange Zeit als die fortschrittlichste der Welt gilt: Die Ruhr wird, so weit wie möglich, gesäubert (119 Klär-Anlagen): sie soll Wasser für die Industrie und die Haushalte liefern.

Die kompensatorische Drecks-Arbeit schieben die Planer der Emscher zu. Diese Arbeits-Teilung strickt an der folgenreichen Legende mit, daß der Süden des Reviers Lebens-Qualitäten besitze, der Norden jedoch ein Hinterhof sei.

Ein Talsperren-System (14 Talsperren und 5 Stau-Seen im Einzugs-Bereich[37], 1906 Möhne-Talsperre) speichert und reguliert (1993 20 Prozent des deutschen Talsperren-Raumes). Versickerungs-Bekken leiten Ruhr-Wasser ins Grundwasser und gewinnen besseres Trinkwasser. Weitere Effekte: Hochwasser-Schutz, Wasserkraft-Nutzung (17 Wasserkraft-Werke) und Erholung.

munizierenden Röhren, reguliert der Speicher den Wasser-Druck[38]. *[221, 340]*

Die Emscher. Jahrhunderte ist die Emscher [61] ein kleiner Fluß, mit wenig Gefälle (auf 100 km nur 81 m), vielen Windungen, Verzweigungen und Inseln. Bei starkem Regen tritt das Wasser über die Ufer. Beiderseits liegen sumpfige Wiesen. Es gibt Furten und hölzerne Stege. Im Kaisergarten von Oberhausen blieb der letzte Rest der Schlingen des Tiefland-Flusses erhalten. Wer erfahren möchte, wie die Emscher vor ihrer Verwandlung in einen Abwasser-Kanal aussah, kann davon an vielen Stellen der Lippe (vor allem zwischen Werne und Selm-Bork) ein Bild gewinnen.

Im Amt Beeck heißt es: „Über die Emster geht eine Fähre, wobei an dem jenseitigen Ufer an einem Pfahl die Taxe für den Fährmann angeschrieben ist. Gleich oberhalb der Fähre ist die Emster so seicht, daß sie selbst von jungen Mädchen im Sommer durchwatet werden kann. Sie ist sehr fischreich und enthält unter anderem auch Hechte und Barsche in be-

Wasser-Türme West I und II (1909, 1935, farbige Gestaltung: Otl Aicher) in Herten-Scherlebeck.

Landschaftsprägend: Wasserturm ›Lanstroper Ei‹ (1905/1906) in Dortmund-Lanstrop.

Wasser-Türme spiegeln die Logistik der Disposition im industrialisierten lokalen Bereich. In einem Turm wird das Wasser durch ein Zulauf-Rohr hochgepumpt: in einen Behälter. Am höchsten Punkt eines Leitungs-Systems von kom-

trächtlicher Größe." (Professor Borheck, Historisch-geographische Notizen vom Amte Beeck, 1796).[39]

1767 entsteht eine Gesellschaft ›zur Schiffbarmachung des Emscherflusses für den Kohlentransport zum auswärtigen

Debit. Sie legt ein Projekt vor: mit 7 Schleusen und Begradigung vieler Windungen. Es hat keinen Erfolg. **Der Fluß verkommt.** Der Bergbau verändert am Ende des 19. Jahrhunderts die Topographie. Die riesige, oft vollflächige Unterminierung durch Kohlen-Abbau läßt die Erde einsinken. Das verändert die natürliche Wasserhaltung tiefgreifend. Zweimal muß die Mündung der Emscher in die Ruhr verlegt werden, zuletzt, um tiefe Senkungs-Mulden zu umgehen, weit nach Norden über Dinslaken hinaus. Phoenix in Laar (Duisburg) läßt die Emscher mit Schlacken zuschütten. Der Fluß erhält also drei Mündungen. Für geschickte Leser von Stadt-Karten sind Spuren erkennbar.

Um 1870 nimmt die Emscher den Charakter eines Abfluß-Kanals an. In dem gewundenen Tiefland-Fluß in breiter sumpfiger Niederung bilden die eingeleiteten Abfall-Stoffe breite Schlamm-Bänke. Boden-Senkungen durch den Bergbau gefährden den Wasser-Lauf[40]. Die Vorflut zum Rhein reicht nicht mehr aus. Überschwemmungen entstehen. Fauler Schlamm verbreitet sich. **Abwasser-Probleme.** 1883 legt Baurat Michelis einen Entwurf zur Regelung der Vorflut vor: ein Netz von künstlichen Gräben. Das Gesetz über die Bildung von Wassergenossenschaften (1879) greift nicht: es ist nur auf kleine Bereiche zugeschnitten. 1885 fragt der Oberpräsident der Provinz Westfalen bei der Regierung an – mit einem Genossenschaft-Modell. Kein Erfolg. 1897 klagt die Gemeinde Altenessen gegen die Stadt Essen: Kein Essener Abwasser mehr in den Seitenfluß Berne! Die Gemeinde erhält Recht. Die Vorflut-Regelung kostet viel Geld: zwischen 1889 und 1903 rund 6,1 Mio., meist vom Bergbau aufgebracht, hat aber keine durchgreifende Wirkung. **Die Emschergenossenschaft.** 1899 fordern die Vertreter der Kommunalverbände, des Bergbaues und der Industrie im Ständehaus in Bochum: Für die Abwasser-Frage muß ein Verband entstehen. 1901 erhält Regierungsbaumeister Middeldorf (später erster Verbandsdirektor) den Auftrag, ein Gutachten auszuarbeiten. 1903/1905 läuft das Verfahren für ein Sondergesetz. Als Problem-Lösung entsteht ein Infrastruktur-Unternehmen besonderer Art: die Emscher-Genossenschaft – mit Bergwerken, gewerblichen Unternehmungen und Gemeinden (855 km² Gebiets-Größe, 1990 2,4 Mio. Einwohner).

Ein Gewässer-System in offenen Beton-Röhren. Die Emschergenossenschaft setzt eine radikale Idee durch. Wohl keinem Fluß in Europa widerfährt ein so eingreifendes, die Natur veränderndes Schicksal: In ein Bett von Beton eingezwängt, wird er ein Kanal und nimmt sämtliche Abwässer der Industrien an – als größte Kloake der Welt, als cloaca maxima des Ruhrgebietes[41]. Die Entwicklung des Tiefbaues probiert sich auch am Gewässer-Netz der Emscher aus: offene Abwässer-Kanäle mit vorfabrizierten Beton-Platten.

1906 beginnt der erste Bauabschnitt: vom Rhein bis Oberhausen. 5 Meter höher als der frühere Fluß entsteht ein Kanal-Bett. 1913 ist die 60 km lange Emscher-Strecke von Walsum bis Dortmund begradigt. 1956 liegen rund 80 km Emscher und rund 300 km Bach-Läufe in Beton.

Das Konzept ist ambivalent: einerseits ermöglicht es einer gigantischen Industrie die Produktion, andererseits ersetzt es Natur durch das ein künstliches System von offenen Beton-Röhren.

Kuppel-Halle: Pumpwerk Alte Emscher (1914 von Alfred Fischer) in Duisburg-Beeck. [223]

Folgen: Es gibt kein Grundwasser mehr. Das unterirdisch in den Zechen abgepumpt salzhaltige Gruben-Wasser fließt in die Emscher (1991: 44 Mio. cbm). Phenol-Dämpfe schädigen die Anwohner. Lange Zeit dulden sie still, in den siebziger Jahren wehren sich einige als Bürgerinitiative (Beispiel: Essen-Katernberg). Die Fabriken haben einen Freibrief, das Wasser in exzessiver Weise zu verunreinigen. Die Gewässer werden erst nach langem Transport vor der Mündung in den Rhein nur minimal geklärt. Über den funktionalen Schmutz-Wasser-Trans-

port hinaus hat das Gewässer-System keinen Nutzen mehr: es bietet keinen Natur-Genuß für Vegetation, Tiere und Menschen, keine Klein-Klima-Verbesserung, keinen Erlebnis-Raum. Insgesamt ist dieser Umgang mit der Natur funktionell und symbolisch eine totale Instrumentalisierung für die Zwecke der Industrie: Landschaft als Teil der Fabrik-Struktur.

Klär-Anlagen. Das Gesetz weist der Genossenschaft die Klärung der Abwässer zu: mit 23 Klär-Anlagen. 1910 wird die mechanische Reinigung festgelegt und die biologische Klärung abgewiesen.

Sitz der Emschergenossenschaft ist ein palais-artiges Gebäude an der Kronprinzenstraße in Essen (1908 von Wilhelm Kreis). Das Verwaltungs-Gebäude in Dortmund-Mitte (Königswall 29) entwirft 1923 Alfred Fischer, Direktor der Folkwang-Schule Essen. Gemeinsam mit dem Lippeverband arbeiten in der Genossenschaft 1.450 Menschen. Ausgaben 1991: insgesamt 430 Mio. DM.

Kanal-System. Das innerstädtische Kanal-Netz ist zwischen 1900 und 1914 das umfangreichste Problem der Gemeinden. Es beschäftigt sie unentwegt – auch die hohen Kosten. Zwar werden in Oberhausen schon 1880/1882 die ersten Kanäle gebaut, aber erst 1902 entsteht der Stadtkanalisations-Entwurfs; doch er trifft auf unvorhergesehene Schwierigkeiten, denn die Emschergenossenschaft verlegt in Oberhausen die Emscher nach Norden; daher muß er Kanalisations-Entwurf so abgeändert werden, daß die Abwässer des Nord-, Süd- und Ostsystems mit natürlichem Gefälle zur Emscher geleitet werden. Lange Planung, Gutachten, Behörden, Geld-Anleihen, Ortsstatut. Erst 1910 entsteht der Hauptsammler, eine systematische Neukanalisation beginnt. 1914 sind das ›Marktstraßen-Viertel‹ und das ›Rathausviertel‹ fertiggestellt. Die Kosten sind immens: bis dahin 1.986.000 Mark, davon nur 784.128 Mark aus Kostenbeiträgen [42]. In den 20er Jahren ist die Kanalisation eine der Notstands-Arbeiten[43] [226].

Polder-Bereiche. Der Kohlen-Abbau führt zu Berg-Senkungen. Von 1920 bis 1980 muß die Emscher-Brücke Parseval-straße in Dortmund-Deusen (stärkste Gelände-Senkung: 24 m) sechsmal neu gebaut werden: jedesmal in höheren Lagen[44]. Ohne eine regelrechte Polder-Technik hätten fast 40 Prozent des Gebietes keinen Abfluß und ständen als eine Kette von Seen unter Wasser.

1914 entsteht das älteste Pumpwerk: ›Alte Emscher‹ in Duisburg-Beeck (Alfred Fischer)- ein gigantischer Kuppel-Bau – ein architektonisches Wunderwerk. 1956 entwässern 59 Pump-Werke ein Gebiet von rund 16.000 ha, 1993 sind es 96 für 330 km² – zentral von der Betriebs-Zentrale in Bottrop überwacht.

Die Renaturierung des Emscher-Systems. Die Emschergenossenschaft hebt in den 90er Jahren die Idee der Emscher als ›cloaca maxima‹ wieder auf, weil es an der Emscher keine neuen Berg-Senkungen mehr gibt. Die Logistik der Entwässerung wird im Rahmen der IBA Emscher Park grundlegend modernisiert. Nun werden die Notwendigkeiten von Natur und Industrie mit einer neuen Konzeption ausbalanciert.

Das Wasser soll auf dem Grundstück festgehalten werden: Mulden-Rigolen-System im IBA-Projekt Schüngelberg in Gelsenkirchen-Buer [309].

Eine differenzierte Mischung entsteht: Vermeidung, Klärung vor Ort, Wiederverwendung (Recycling), Minimierung, Dezentralisierung des Klär-Systems (fünf dezentrale Anlagen für 2,3 Mia. DM). Die wirksamste Dezentralisierung sollen die Unternehmen leisten: durch Umstellung der Produktions-Verfahren und ein ›integriertes Wassermanagement. Hinzu kommt eine ökologisch orientierte Regenwasser-Entsorgung (Entsiegelung von Boden). Das Wasser soll dort bleiben, wo es vom Himmel fällt. Geplant sind 400 km neue Leitungen (4,3 Mia. DM).

Diese Logistik ermöglicht die Re-Naturierung der Emscher und ihrer Neben-Bäche[45]. Stabile Fließwasser-Ökosysteme entstehen. Wasser-Läufe werden erneut ökologische Elemente der Landschaft. Hinzu kommen Biotop-Verbund-Systeme als wohnungsnahe Erlebnisräume. Kosten: 8 Milliarden DM. Umbau-Zeit: 30 Jahre.

Dieter Longdong, Vorstandsmitglied der Emschergenossenschaft, zitiert den Wasser-Direktor des alten Rom, S. Frontinus (um 100 n. Chr.): „Vergleiche doch einmal diese zahlreichen, überaus notwendigen Wasserbauwerke mit den offenbar nutzlosen Pyramiden oder den zwar ebenso nutzlosen und doch sagenhaften Werken der Griechen."

Orts-Hinweise: Wasser-Wirtschaft. Emscher-Quelle in Holzwickede (Quellenstraße). An der Ruhr bei Schwerte: Filter-Becken (Iserlohner Straße) und Wassergewinnungs-Anlagen (Osterfeldstraße). Hengstey-See (1926/1928) mit Pumpspeicher-Kraftwerk des RWE (Koepchenwerk, 1926/1930; Herdecke, Im Schiffwinkel). VEW-Ruhr-Kraftwerk Hohenstein Stiftsmühle in Herdecke (Bleichstein). Turbinen-Haus (1o08 von Bruno Taut) am Harkort-See in Wetter (Schönthaler Straße/Obergraben), vermittelt von Karl Ernst Osthaus. Harkort-See (1931) bei Wetter. Kraftwerk an der Ruhr (1922/1925, 1927/1928 Wohngebäude) südlich vor Witten (Wetterstraße 30 b): eine ganze Insel als Szenerie – mit Terrassen, einem Haus, einem Aussichts-Punkt. Wasserwerk Witten-Heven (Muttentalstraße). Kemnade-See. Trinkwasser-Gewinnungsanlage in Essen-

Burgaltendorf (Holteyer Straße). Baldeneysee (1930/1933). Kettwiger See (1939/1950; Kettwig, Ringstraße), an einer Kette von Rückpump-Werken, die in Trockenzeiten Rhein-Wasser bis nach Essen-Steele-Horst fördern. Mülheim an der Ruhr ist die Stadt der ›Kultur des Wassers‹ – mit Lage, Geschichte und drei großartig gemachten Museen: Eine Problem-Übersicht gibt Haus Ruhrnatur (1992) beim ›Wasser-Bahnhof‹ in Mülheim (Alte Schleuse 3), 1926 als Schülerboots-Haus gebaut, auf Initiative der Rheinisch-Westfälischen Wasserwerke[46] ein Museum und ökologischer Stützpunkt. Nebenan: Turbinen-Kraftwerk Kahlenberg (1926/1927), ganz in Rustika-Felsgestein. Wassermuseum Aquarius in einem Wasser-Turm in Mülheim-Styrum (Burgstraße 68), mit Panorama-Blick, Einblick in Öko-Systeme, Environments und Bildern vom Mythos Wasser (Thomas Schönauer). Wasser-Turm Bahngelände (1901) in Mülheim-Speldorf, im Zugbildungs-Bahnhof Speldorf, geschlossener Barkhausen-Behälter, mit größter Camera Obscura (Werner Nekes) und Ausblick. Kraftwerk Raffelberg (1925 von Arthur Pfeiffer/Hans Großmann) in Mülheim-Raffelberg (Raffelberg-Brücke). Wasser-Turm (1916) in Duisburg-Rheinhausen-Hohenbudberg, doppelter Gegenboden-Behälter, in Stahlbeton, für den Rangier-Bahnhof, nach dem Vorbild des Kran-Tor in Danzig.

Pumpwerk ›Alte Emscher‹ (1914 von Alfred Fischer) in Duisburg-Beeck [373] mit einer Ausstellung. Interessanter Blick von der Brücke in Oberhausen nördlich von Schloß (Sterkrader Straße). Wasser-Turm (1896) der GHH in Oberhausen (Mülheimer-/Duisburger Straße) [340], im Zusammenhang mit dem bis zur Aaker Fähre an der Ruhr reichenden Wasser-System. Wasser-Türme im Hauptbahnhof (1929/1930 von Hermann/ Schwingels) in Oberhausen [362], in Ge-

stalt von zwei großen Türmen, für die Lokomotiven. Renaturierter Läpkes-Mühlenbach an der Stadt-Grenze Oberhausen/Essen-Frintrop (1988/ 1991; Essener-/Frintroper Straße) [295]. Sitz der Emschergenossenschaft in Essen (Kronprinzenstraße in Essen (1908 von Wilhelm Kreis; Kronprinzen-/Richard Wagner Straße) [124]. 1911 Gebäude des Ruhrverband in Essen (Georg Metzendorf/P. J. Schneider; Kronprinzenstraße). Wasser-Turm (1884) in Essen (Steeler Straße), umgebaut.

Landschaftsverträgliche IBA-Kläranlage (Jourdan/Müller, Frankfurt/Jürgen von Reuß, Kassel) in Bottrop (In der Welheimer Mark). Wasser-Turm (1903) bei Recklinghausen (westlich vom Westring), Intze-Behälter, Unterbau bewohnt. Wasserwerk (1906) in Haltern (östlich von der Recklinghauser Straße), nach Berlin das zweitgrößte im Reich. Staatliches Amt für Wasser- und Abfallwirtschaft (STAWA; 1988) in Herten (Gartenstraße 27). Wasser-Türme West I und II (1909, 1935, farbige Gestaltung von Otl Aicher) in Herten-Scherlebeck (Westerholter Weg) [371], auf dem Vestischen Höhenrücken, 34 m hoch. Pilot-Projekt Renaturierung Dellwiger Bach (1982/ 1986) in Dortmund-Lütgendortmund (Dellwiger Straße), nördlich von Haus Dellwig. Bergsenkungs-See (um 1900) in Dortmund-Dorstfeld (Hallerey/Höffkerstraße) [380]. Abwasser-Pumpwerk (1926 von Alfred Fischer) in Dortmund-Huckarde (Parsevalstraße 107)[47]. Verwaltungs-Gebäude (1923 von Alfred Fischer) in Dortmund-Mitte (Königswall 29). Wasser-Turm ›Lanstroper Ei‹ (1905/1906) in Dortmund-Grevel (Rote-Fuhr) mit Barkhausen-Behälter [371]. Bergsenkungs-See Dortmund-Lanstrop (Lanstroper Straße/Friedrichshagen). Bergsenkungs-See Beversee nördlich von Bergkamen (zwischen B 233 und Kohle-Kraftwerk), unter Naturschutz.

Viadukt (1864/1866 von Hartwig) der Rheinischen Eisenbahn (nördlich der Stadt-Halle) [189, 367].

Struktur-Wandel

BAHNHOF

Umwelt

In ihrer ›grobianistischen Phase‹ greift sich die Industrialisierung weitgehend unkontrolliert, was immer sie nutzen kann: die Ressourcen der Landschaft – mit Feld, Wald, Wiesen, Wasser und Luft.

Die Heide zwischen Emscher und Lippe ist das Ergebnis einer frühen Umwelt-Problematik. Wie alle Gebiete ohne Wald entstand sie durch Menschen-Hand: durch Raub-Bau von Holz, vor allem für frühe Bergwerke. Anschließend sorgten Schaf-Herden dafür, daß auf den Sandböden kein neuer Wald entstand. In der Cranger Heide, die als Gemeinde-Wiese diente, ernährten sich Pferde, Kühe und Schweine im Laubholz und zwischen den Wacholder-Sträuchern.

In historischen Texten wird die Heide als prägendes Gebiet der Emscher-Zone beschrieben. Als öde, düster und unheimlich gilt das Terrain von Friedrichsfeld über Sterkrade, Osterfeld und – südlich der Emscher – die Lippern-Liricher Heide oder Lipperheide – mit weiten Kiefern-Wäldern. Bauern klagen über Wildpferde: sie verwüsten die Felder[48]. Die westfälische Dichterin Annette von Droste-Hülshoff (1797-1848) schreibt, es sei eine „trostlose Gegend. Unübersehbare Sandflächen, nur am Horizonte hier und dort von kleinen Waldungen und einzelnen Baumgruppen unterbrochen ... Dann noch jede Meile eine Hütte.“

Die Industrialisierung wandelt das Heide-Gebiet erneut um. Erhalten bleiben nur noch Flur-Namen (z.B. Doeninger Heide und Dickenheide in Recklinghausen-Pöppinghausen) und Gaststätten-Benennungen (>Heideblümchen< in Osterfeld-Heide) – neben Restflächen (Bottrop/Kirchhellen). Wer sehen will, wie die Heide aussah, kann sich das Gebiet zwischen Flaesheim und Haltern anschauen. Aber dafür bringt der heutige Mensch, der in anderen Verhältnissen lebt, einen anderen Blick mit, als ihn die Menschen der Vor- und Frühindustrie hatten.

Orts-Hinweise: Heide-Gebiete. Heide-Gebiet zwischen Flaesheim und Haltern. Die Westruper Heide im Forst Haltern (Flaesheimer Damm) ist der Rest der weiten Schafhude-Landschaft. Kirchhellener Heide in Bottrop-Kirchhellen (nördlich vom Alten Postweg), Aussicht vom 35 m hohen Feuerwachturm (nördlich der Grafenmühle).

Auch der Wald wird ausgebeutet, die Forstwirtschaft pflanzt schnellwachsende Hölzer zur raschen Nutzung. Es dauert

Grundwasser viel Regen vorenthalten. Täglich verschwinden große Flächen unter der Boden-Versiegelung. Mehrere IBA-Projekte weisen als Impulse auf dieses Problem hin und fördern die Entsiegelung des Bodens. [274, 300]

Boden-Vergiftung. Gifte wie Phenol werden einfach in die Emscher oder auf die Halde geleitet. Chemische Stoffe, die oft jahrzehntelang in den Boden liefen, hängen finanziell und ökologisch vielen Generationen als >Alt-Lasten< wie Blei an den Füßen. Aufgegebene Betriebe hinterlassen ein schlimmes Erbe. Acht Prozent Stadt-Fläche steht unter Altlasten-Verdacht. [306]

Die Boden-Gifte verseuchen vor allem das Grundwasser, können aber auch als giftige Dämpfe aufsteigen (z.B. Bau-Skandal in Dortmund-Dorstfeld in den

Rotbach in Dinslaken/Bottrop.

Herne um 1900.

über ein Jahrhundert, bis Zeichen der Umkehr erscheinen. Ein Beispiel: 1991 beschließt der Rat in Essen den Abschied vom „schlagweisen Hochwald" und eine naturnahe Waldpflege, die sich auf die Selbstregulierung des Ökosystems stützt. Denn Wald ist eigentlich mehrschichtig und ungleichaltrig aufgebaut und verträgt keine Kahlschläge. Buchen werden nicht mehr auf 160 Jahre angesetzt, sondern auf 200, Eichen statt auf 180 Jahre auf 240.

Boden-Versiegelung ist ein Teil-Problem der Wasserhaltung. Durch Betonierung und Asphaltierung wird dem

80er Jahren). Die öffentliche Hand nutzt das Verursacher-Prinzip nicht: Sie verlangt für die >vernutzten Flächen< weder Rechenschaft noch bittet sie zur Kasse. Lange Zeit wird das Problem im Interesse der Unternehmen bagatellisiert, dann setzt ein großes Geschäft mit Überaufwand an Boden-Sanierung ein. IBA-Projekte entwickeln eine angemessene und dadurch kostengünstigere gestufte Strategie.

Luft. Die Umwandlung von bergmännisch gewonnenen Rohprodukten wie Kohle und Metall muß durch chemische

Prozesse laufen, damit bestimmte Be-
standteile, vor allem Schwefel, ausgeschieden werden. Diese Ausscheidungen
verbrauchen andere Ressourcen, vor allem die Luft.

Berühmt ist die ›Rauch-Plage‹. Früh
verbreitet sich das Gefühl, von Schorn-
steinen und einem Himmel voller grau-
schwarzer Rauch-Fahnen überwölbt zu
werden. Rauch aus den Eisen-Hütten,
vor allem wo Zink-Erze geröstet werden,
führt zu großen Schäden. Auch die Koh-
len-Öfen in den Wohnungen rauchen.
Die Kraftwerke speien Flug-Staub. Legendär ist der Ruß auf der Wäsche.

Das Reichsgericht urteilt 1915: Kein
Schadens-Ersatz der Hibernia Herne an
einen Landwirt aus Holsterhausen (Herne-Wanne) für abgestorbene Obst-Bäu-
me. Groteske Begründung: Die Luft-Ver-
schmutzung im „Kokereigebiet" (sechs
Kokereien) ist für die Gegend üblich und
daher hinzunehmen. Das Prinzip: Macht
als Recht. Die Gift-Dämpfe der Kokerei
in Essen-Katernberg bringen z.b. 1978
Edith Ropenus mit 53 Jahren ums Leben.
Seit den 20er Jahren verschieben manche
hohen Schornsteine das Problem um einige Kilometer.

Der Schauspieler Will Quadflieg erinnert sich an seine Kindheit in Oberhausen: „Ich sehe mich mit ihnen [meinen
Geschwistern] im Kaisergarten. Mitten in
der Ruß-, Qualm- und Lärmwüste von
Oberhausen gab es diesen Park, der natürlich nach der deutschen Majestät benannt worden war. Die verstaubten Bäume und Sträucher mitsamt dem kleinen
Teich waren das nächstliegende Stück
Natur."[49]

Lange Zeit brennt die Halde der Zeche
Ernestine und die Bewohner von Stoppenberg beklagen sich über „die ätzenden
schwefligen Gase". Die Oberbergämter
spielen gewohnheitsmäßig alles herunter.

Im Bundestags-Wahlkampf 1961 verspricht die SPD den „blauen Himmel
über der Ruhr". Dann folgen erste Schrit-

te dazu: Elektro-Filter senken die Staub-
und Schadgas-Emissionen in Siemens-
Martin-Stahlwerken. Von 1960 bis 1976
wird in der Stahl-Industrie der Staub-
Auswurf auf ein Zehntel reduziert. Viele
Klagen führen 1974 zum Immissions-
schutz-Gesetz: Es setzt (umstrittene)
Grenzwerte an, macht auch wirksame
Auflagen, hat aber viele Vollzugs-Defizite,
weil die Gewerbe-Aufsicht häufig einfach
„die Augen schließt". [273]

Ökologisches Verbund-Denken. Es
gehört zu den Brüchen der Industrialisierung, daß das Verbund-Denken lange Zeit
in einer archaischen Phase stehenbleibt.
Der Bruch, wo Verbund-Denken abrupt
in vorteilnehmerische Reduktion abfällt,
gerät in die Kritik, als sich breite Bevölkerungs-Schichten emanzipieren und die
Kenntnisse zunehmen[50].

Eine große soziale Protest-Bewegung
entsteht. Beispiele in der Region: Ärzte
im Essener Norden und die Bürgerinitiative des Pater Marcus in der Welheimer

Mark in Bottrop-Welheim. Die Umwelt-
Bewegung macht eine lange umwelt-poli-
tische Schreckens-Liste auf, mit vielen gefährlichen Stoffen[51]. Nun wird die Industrie auch zu ökologischem Verbund-
Denken gezwungen – ein mühsamer Prozeß. Die Umwelt-Bewegung setzt vieles
durch: Verordnungen für Großfeue-
rungs-Anlagen, Rauchgas-Reinigung von
Schwefel-Dioxyd in Großkraftwerken,
TA Luft, Katalysatoren. Das Ruhrgebiet,
lange Zeit Vorreiter der Umwelt-Zerstö-

rung, ist seit 1980 der experimentierende Vorreiter in der Bewältigung dieser Probleme [305] – aber zugleich der Kohle verpflichtet.

Umwelt-Investitionen. Konnte in den 60er Jahren das Ruhrgebiet von Menschen in anderen Landschaften der BRD noch als Ausnahme-Gebiet angesehen werden, so sind inzwischen die Verhältnisse dieser Region in ganz Deutschland mehr oder weniger die Regel.

Seit 1970 nimmt die Belastung in der Region durch Maßnahmen und auch durch das Schrumpfen der Großindustrie erheblich ab – sie halbiert sich. 1990 liegt sie nicht höher als in städtischen Ballungs-Räumen wie Düsseldorf, Frankfurt, München und Stuttgart.

Dies reicht jedoch angesichts der allgemeinen gigantischen Probleme nicht aus. In der BRD betragen die Umwelt-Investitionen nur ein Drittel dessen, was jährlich an Umweltschäden verursacht wird. Joschka Fischer spricht von „zahnlosen Gesetzen und dahinwelkenden Versprechungen" sowie von Vollzugs-Defiziten, von „öffentlicher Illusion" und „politischer Magie".

›Ökologische Umbau-Politik‹. Die herkömmliche Umwelt-Vorstellung ist gefangen in der Vorstellung der Modernisierung. Sie denkt „vom Ende der Röhre aus": die Wirkungen werden vermindert. Struktureller Wandel aber bedeutet: das Produkt selbst zu verändern.

Gerade weil das Ruhrgebiet ein Umwelt-Problemgebiet ist, wächst aus der dialektischen Herausforderung der Impuls, hier einen neuen Wirtschafts-Zweig aufzubauen: eine Umwelt-Industrie mit einer Innovations-Strategie. Diese setzt auf das Ende der ökologischen Bescheidenheit und auf eine ›Ökologische Umbau-Politik‹. Neue Formationen und Allianzen entstehen. „Der neue Ökologismus wird quer zu den alten Klassenfronten zwischen Lohnarbeit und Kapital verlaufen"[52].

Der Umbau ist eine Effizienz-Strategie, die sich zunächst sehr stark im Feld der Energie-Wirtschaft abspielt. Im Ruhrgebiet kann sich die Auseinandersetzung mit den gigantischen Energie-Erzeugern RWE, VEBA und VEW entwickeln. Ein erster Erfolg: Der 4,5 Milliarden DM teure, zu 80 [!] Prozent vom Steuerzahler finanzierte Thorium-Hochtemperatur-Reaktor der VEW in Hamm-Uentrop (1985), auf 20 Jahre Betriebs-Dauer berechnet, ist schon nach knapp zwei Jahren am Ende und wird abgerissen[53]. Ambivalenz der Aktion: Bürgerinitiativen bewahren die Energie-Erzeuger vor Überkapazitäten. Ein weiterer Erfolg: der Plutonium-Brüter (7 Milliarden DM, weitgehend vom Steuerzahler) im nahen Kalkar geht nicht in Betrieb.

Die Auseinandersetzung ist auch eine Frage der Demokratie: Dürfen Konzerne über weitreichende Lebens-Fragen entscheiden und damit in größtem Umfang Politik machen und dirigieren, die von niemandem in freier und geheimer Wahl gewählt wurden und auch keinen Eid auf das Allgemeinwohl abgelegt haben?

Stichworte zur Effizienz-Strategie im Energie-Bereich: Wirksam Energie sparen, dezentrale Heiz-Kraftwerke, Rauchgas-Reinigung, Kraft-Wärme-Kopplung (Beispiel: Zeche Monopol in Bergkamen)[54], Fernwärme-Nutzung, regenerative Energie-Träger, umwelt-schonende Eigenstrom-Leistung.

25 Prozent des Energie-Verbrauchs stammt aus dem Verkehr. Dort ist der Ausnutzungsgrad besonders niedrig (17 Prozent). Daher schreit das gesamte Verkehrs-System nach Modernisierung. Hinzu kommen weitere Bereiche: Umbau der Abwasser-Systeme, bessere Klärungen (dritte Klär-Stufe). Umbau zur biologischen Landwirtschaft. Entgiftung von Konsum und Lebenswelt. Ökologische Forschungs-Politik. Moderne Umwelt-Kontrolle. Schadstoff-Verringerungen.

Eine ›Ökologische Wirtschafts-Politik‹ verhindert weiteren ›Raub-Industrialismus‹, modernisiert die Behörden und schafft viele Arbeits-Plätze im Umwelt-Sektor. ›Ökologische Umbau-Politik‹ führt die Umwelt-Industrie zu erheblichem Wachstum. Dazu gehören Geräte und Wissen für die innerbetriebliche Entsorgung, Kontroll-Systeme, umweltfreundliche Produktions-Systeme, Technologien des Recyclings.

Wann werden die großen Energie-Konzerne so flexibel, neben dem Strom system-logisch und als qualifiziertes Wachstum ein ›Dienstleistungs-System Energie und Wärme‹ anzubieten (siehe dazu auch S. 380)? In jedem Kraftwerk entsteht zur elektrischen Leistung doppelt soviel thermische Leistung (Abwärme). Wird diese gigantische Menge Energie verschwendet oder genutzt? So archaisch geht es zu: RWE verkauft 1991/1992 an Wärme nur 0,28 Prozent des Strom-Umsatzes.

Die Anstrengungen, den Branchen-Mix auch über kleine ›Gründer-Unternehmen‹ zu entwickeln, haben ihre Initial-Zündung vor allem in den Gründer-Zentren (z.B. IBA-Projekt Zeche Arenberg-Fortsetzung in Bottrop) und in den Technologie-Zentren [305]. Beide bieten günstige Infrastrukturen und kommunikative Zusammenhänge für den Start. Weitere Entwicklungen hängen davon ab, wie beweglich die vorhandenen Potentiale sind.

Orts-Hinweise: Umwelt-Schutz. IBA-Technologiezentrum Umweltschutz (1993) in Oberhausen (Essener Straße) [264]. Landesamt für Immissionsschutz NRW in Essen-Schuir (Wallneyer Straße). Östlich vom Stadthafen Essen gibt es wildes Gelände mit mehreren Brücken und viel Wasser (Hafenstraße/Vogelheimer Straße/Sturmshof) – wilde, malerische Öko-Zellen. Umweltpark in Bochum-Weitmar (Brüllstraße), Gewerbe-Park für Firmen im Umweltschutz, Recycling und Entsorgung. Umweltzentrum Westfalen (1992) in Bergkamen (Hofanlage ›Schulze-Heil‹). Öko-Zentrum NRW – Zentrum für biologisches und

ökologisches Planen und Bauen (1991) in Hamm (Sachsenweg 8).

Zu Wasser und Abwasser siehe S. 370/375. Zur Renaturierung der Emscher siehe S. 299/301. Zu Technologie-Zentren siehe S. 305.

Industrie-Natur, Berg-Senkungen, Industrie-Brachen

Die Industrialisierung gestaltet die Landschaft weitgehend um. Nur Restflächen bleiben. Im Ruhrgebiet lassen sich viele Fehler im Umgang damit studieren, aber auch Leistungen, die als Zukunfts-Impulse wirksam werden.

Durch Kohle-Abbau entsteht ein Bergsenkungs-See (um 1900) in Dortmund-Dorstfeld – heute ein Biotop.

Berg-Senkungen entstehen schon mit dem frühen Bergbau [374]. Sie verändern den Wasser-Haushalt katastrophal. Teile der Region sind ein Polder-Gebiet.

Boden-Verbrauch für den Abfall. Zu den Industrie-Abfällen kommen seit der Expansion der Konsum-Güter-Industrie nach 1960 immer größere Abfall-Mengen hinzu. Das Gebiet längs der Emscher wird von den vier ›Oberzentren‹ zum Hinterhof der Hellweg-Zone gemacht: es erhält eine große Anzahl von Deponien.

Ihr Umfang spiegelt nicht nur das Ausmaß der Industrie-Produktion, sondern – im Gegensatz zu Vorindustrie – die Entwicklung des Reichtums der Gesellschaft. Aber es zeigt sich auch, daß sie damit noch wenig reflektiert umgeht: Sie leistet es sich, völlig unbedenklich einen erheblichen Teil der Produktion einfach wegzuwerfen. Das läßt nachdenklich werden: Die Erzeugung gesellschaftlichen Reichtums ist erst in ihrer groben Phase. Viele Initiativen im Land versuchen, die industrielle Entwicklung nun in ihre differenzierte Phase zu bringen.

Berge-Halden. Im Vergleich zu vorindustriellen Produktionen fallen in den Fabriken, die das Vielfache produzieren, gigantische Mengen an unbrauchbarem sowie an verbrauchtem Material an: in den Zechen das Gestein, das in der Wasch-Anlage von der Kohle getrennt wird, in den Eisen-Hütten die Schlacke. Beide werden zunächst neben den Werken abgelagert. So wachsen in der Emscher-Zone, vor allem nach 1950, langsam in der meist flachen, gelegentlich leicht hügeligen Landschaft, künstliche Berge. Sie fallen weithin ins Auge: neben fast jeder Zeche gibt es eine Berge-Halde und neben jeder Eisenhütte eine Schlacken-Halde.

Während die Schlacken-Berge der Hütten später als Material wieder verwandt werden, vor allem zum Straßen-Bau, bleiben die Berge-Halden der Zechen bestehen. Sie nehmen große Flächen ein. Die ersten Spitzkegel-Halden begrünen sich nicht und sind Fremdkörper. Weil in den älteren Halden der Kohle-Anteil hoch ist (oft 20 Prozent), kommt es häufig zu Selbstzündungen. Dann brennen diese Halden viele Jahre lang. In den 80er Jahren erreicht die Bevölkerung in Oberhausen-Alstaden in langen Kämpfen, daß die ›brennende Halde‹ abtransportiert wird.

1970 gibt es 170 Halden. Der Siedlungsverband Ruhrkohlenbezirk (später KVR) entwickelt, seit 1989 auch im Verbund mit der IBA, Konzepte, um aus diesen ›terrassierten Tafel-Bergen‹ eine ›neue Landschaft‹ zu gestalten. In der dritten Generation solcher Anlagen sind es ›Landschafts-Bauwerke‹, die der Nah-Erholung dienen. Es ist der früheste Versuch, aus Problemen produktive Fähigkeiten zu entwickeln. [315]

Orts-Hinweise: Berge-Halden und Deponien. Berge-Halde Kamp-Lintfort (Rheinstraße). Berge-Halde Walsum (Römer-/Roelenstraße). Berge-Halde Dinslaken-Oberlohberg (Bergerstraße). Thyssen-Schlacken-Halde Duisburg-Fahrn (Süd-/Elperstraße) Besonders interessanter Blick von der Schlacken-Halde in Duisburg Bruchhausen (Alsumer Straße): Thyssen-Hüttenwerk und Niederrhein-Landschaft mit Rhein-Windungen. Landschafts-Park Duisburg-Nord: Schlacken-Halde Hüttenwerk Meiderich (Emscherstraße).

Müll-Deponie Oberhausen-Barmingholten (Hühnerstraße). Berge-Halde in Oberhausen (Knappenstraße; 1937 Drehort des Filmes ›Der Herrscher‹ von Veit Harlan). Um die Abholzung des Grafenbusch in Oberhausen (Rothofstraße) für eine Berge-Halde zu vermeiden, drängt 1985 eine Bürgerinitiative darauf, das riesige Loch der um 1970 abgetragenen Schlacken-Halde (Mülheimer-/Duisburger Straße) aufzufüllen, festzustampfen und darauf ein Industrie-Gelände anzulegen. Ein Highlight: das große Berge-Halden-Gebiet Bottrop-Batenbrock (Beckstraße – mit IBA-Projekt ›Halden-Ereignis Emscherblick‹). Berge-Halde Graf Moltke in Gladbeck-Butendorf (Welheimer Straße). Berge-Halde Scholven in Gelsenkirchen-Scholven (Feldhauserstraße/Bellendorfsweg). Berge-Halde Zeche Hugo in Gelsenkirchen-Buer (Schüngelbergstraße, neben der IBA-Siedlung Schüngelberg).

Berge-Halde in Marl-Hüls (Römerstraße).

Berge-Halde Zollverein XII in Essen-Katernberg (Haldenstraße/Wiese). Besonders interessant ist die Eickwinkel-Halde an der Stadt-Grenze Essen/Gelsenkirchen zwischen Emscher-/Eickwinkelstraße und Schwarzbach. Sie bietet einen Blick über alle typischen Elemente: südlich regionaler Grünzug C, westlich Zentralkokerei Essen-Karnap, nördlich Kanal, ›Bundesgartenschau 1997‹, Zeche Nordstern (1951, 1954 von Fritz Schupp). Halde Zeche Pluto in Herne-Wanne-Eickel (Wilhelmstraße). Zentraldeponie Emscherbruch in Gelsenkirchen-Resser Mark (Wiedehopfstraße). Rückgewinnungs-Zentrum Ruhr in Herten (Im

Emscherbruch). Eine riesige Ausdehnung erhalten die Berge-Halden der Zeche Ewald im Emscherbruch in Herne (Hohewardstraße). Bergsenkungs-See Beversee (1940/1942) nördlich von Bergkamen (zwischen B 233 und Kohle-Kraftwerk), unter Naturschutz. Berge-Halde ›Großes Holz‹ zwischen Bergkamen-Oberaden und Bergkamen-Weddinghofen, eine 100 m hohe landschafts-bildende Deponie.

Berge-Halde Dortmund-Ellinghausen (Ellinghauserstraße). Müll-Deponie Dortmund-Hostedde (Hostedder-/Rote Straße). Bergsenkungs-See Dortmund-Lanstrop (Lanstroper Straße/Friedrichshagen). Naturkunde-Museum (1910, 1976) Dortmund in Dortmund (Münsterstraße 271, am Freizeit-Park Fredenbaum), Bergsenkungs-See mit heimischen Tieren. Müll-Deponie in Dortmund-Huckarde (Parsevalstraße). Bergsenkungs-See (um 1900) in Dortmund-Dorstfeld (Hallerey/Höffkerstraße) [380]. Berge-Halde Schwerin in Castrop-Rauxel (Bodelschwingher Straße): 1993/1995 als Gesamtkunstwerk von Bürgern un Künstlern – ein ›poetischer Ort‹ mit großer Sonnen-Uhr und Quellen-Tempel. Tippelsberg-Deponie in Bochum-Riemke (Zillertalstraße). Zentraldeponie in Bochum-Kornharpen (Kornharpener Straße).

Bergsenkungs-Gebiet Ruhr-Tal: Der Konflikt der Nutzungen ist in der Heisinger Aue in Essen-Heisingen (östlich der Wuppertaler Straße) sichtbar: 1955 Landschaftschutzgebiet, 1972 Waschberge-Lagerung beantragt, 1975 Schlamm-Deponie von Ausbaggerung des Baldeneysees und Zentralkläranlage. 1977 aufgeteilt zwischen allen Interessen, zuzüglich überausgelegter autobahnähnlicher B 227.

Instrumente des Kommunalverbandes Ruhr (KVR). Abfallentsorgungs-Gesellschaft Ruhrgebiet (AGR) in Essen (Gildehofstraße 1), seit 1982, mit 17 Abfallwirtschafts-Betrieben. RZR Herten, eine Abfall-Verbrennungs-Anlage, 1978 ausgebaut für Abfallsortierung und -aufbereitung. Zentraldeponie Emscherbruch (ZDE), seit 1968 auf dem Gelände der Schachtanlage Graf Bismarck, seit 1968 als erste Großdeponie und erste ›geordnete Deponie‹ (bis 1970 gibt es in der BRD rund 40.000 ungeordnete Müllkippen). Zentraldeponie (ZHD) in Hünxe/Schermbeck (Waldaustraße). Zentraldeponie (AGR) in Fröndenberg-Ostbüren (Ostbürener Straße), seit 1990 mit Kompostierung.

Weitere Deponien: Lünen-Horstmar, Castrop-Rauxel, Datteln (mit Kompostierung), Hattingen (mit Kompostierung), Rheinberg (mit Kompostierung), Oberhausen. Behandlungs-Anlage Duisburg-Walsum (BAD), seit 1977, als erste in Deutschland. Pilot-Projekt auf der 1985 stillgeleg-

ten Zentral-Deponie in Bergkamen-Rünthe (Westenhellweg 67), als Teil der Rekultivierung Großgärtnerei mit Abwärme-Energie aus Strom-Erzeugung mit Deponie-Gas.

Laboratorium für Abfalluntersuchung der AGR in Gelsenkirchen-Resse (Wiedehopfstraße 30).

Der wirtschaftliche Struktur-Wandel

Struktur-Wandel ist im Industrie-Gebiet ein Dauer-Thema. Aber meist ist der Blick zu eng: es werden die Katastrophen gesehen, aber selten die industrie-immanente Struktur, in der Wandel das Normale ist[55]. Mit der Verbesserung der Bergbau-Technologie verschwinden die Betriebe, die nicht mithalten können. Schon um 1800 sind von den 27 Zechen auf Mülheimer Gebiet noch acht in Betrieb. In der Umgebung von Witten ist nur ›industrie-archäologisch‹ erkennbar, daß sie einst die dichteste Bergbau-Landschaft war. Im Emscher-Gebiet werden in den 20er Jahren – schon nach einer Generation – viele Zechen geschlossen.

Die 50er Jahre in Stichworten: Relativ niedrige Kohle-Preise. Nach 1957 immense Veränderungen der Energie-Wirtschaft: Preis-Verfall durch Überangebot an billigem Erdöl. Elektrifizierung der Eisenbahn. Technologische Neuerungen beim Hochofen-Prozeß. Absatz-Krise und Halden. Die Interpretationen verwechseln meist Konjunktur-Krise (Kohle-Krise 1957/1958: Überproduktion) mit Struktur-Krise (1958/1967). 1966/1967 allgemeine Rezession.

Krisenmanagement: „neue Kohlepolitik"[56]. 1968 Neuordnung des Ruhr-Bergbaus. Sozialisierung der Verluste. Zusammenschluß aller Bergwerke zur Ruhrkohle AG – ein historischer Kompromiß. Die Gewinne bleiben in der Hand der Eigentümer: die umfangreichen Liegenschaften.

Kohle-Förderung im Ruhrgebiet in Mio. t).

In scharfem Konkurrenz-Kampf mit anderen Energien wird der Bergbau erneut umfangreich rationalisiert: Der Anteil der vollmechanischen Förderung steigt von 27 auf 90 Prozent. Rückgang der Beschäftigten: 1960 gibt es 374.000, bis 1970 sinkt die Zahl auf 191.000, 1980 auf 140.000. Mitbestimmung und NRW-Politik verhindern seit 1957 planlose Zechen-Stillegungen. In den 60er Jahren können die Arbeitsplatz-Verluste bei Kohle und Stahl teilweise von expandierenden Branchen (Investitions- und Verbrauchsgüter) aufgefangen werden.

Umorganisierung des Gebietes. Die Verkehrs-Politik entwickelt in den 60er Jahren das Verkehrs-System, damit die freigesetzten Bergleute, die früher ihren Arbeits-Platz zu Fuß oder mit dem Fahrrad von der Siedlung aus erreichten, mit dem Auto zu den oft entfernteren Arbeits-Stätten fahren können. Der Arbeitsort wird nun vom Wohn-Standort abgekoppelt.

Technologische Mißerfolge. 1971 mißlingt ein Experiment technologischer Weiterentwicklung: auf ›Pörtingsiepen/Funke‹ in Essen soll die ›Wasser-Kanone‹ die Kohle durch Flüssigkeit brechen und nach oben pumpen. Ebenso in der Hydro-Grube Hansa (vor 1980) in Dortmund. In den 70er Jahren scheitern Versuche, wirtschaftliche Verbindungen zur Atom-Industrie zu entwickeln, zum Beispiel beim Aufbau einer System-Kette Prozeß-Wärme, Hochtemperatur-Reaktor, Gas-Erzeugung, Direkt-Reduktion.

Der Traum der immerwährenden Prosperität ist kurz. In der BRD gibt es nur in den 60er Jahren Vollbeschäftigung. Das scheinbar unbegrenzte lineare Wachstum dieses Jahrzehnts ist eine Täuschung. Seither gehören Hiobs-Botschaften wie Fabrik-Schließungen zu den fast täglichen Nachrichten. Bis 1969 werden 60 Bergwerke und 24 Kokereien stillgelegt. Besonders spektakulär: die Schließungen der Zeche Bismarck in Gelsenkirchen (1966), deren Dramatik Ernst Ludwig Freiseinkel in seinem Dokumentar-Film ›Der Untergang der Bismarck‹ (1967) zeigt, und der Zeche Concordia in Oberhausen (1968), mit riesigen Demonstration der gesamten Stadt. Später: der Kampf um das Hütten-Werk in Duisburg-Rheinhausen (1989, 1992).

Die historisch beherrschenden Wirtschafts-Zweige schrumpfen, wandern ab oder schließen. Die Stahl-Industrie konzentriert ihre Produktion auf wenige Standorte: am Rhein und in Dortmund. Am deutlichsten ist die Auflösung der großindustriellen Komplexe sichtbar in Dortmund westlich vom Hauptbahnhof, auf dem Krupp-Gelände im Westviertel in Essen[57], in Bochum das Krupp-Areal[58], und auf dem GHH/Thyssen-Bereich an der Essener Straße in Oberhausen.

Ein atemberaubender krisen-erzeugender Verbund, in sich widersprüchlich, besteht im Bereich von Kohle, Stahl und Energie-Bereich.

Die Städte sind Mehrheits-Aktionäre der gigantischen Energie-Unternehmen

RWE (mit Sitz in Essen) und VEW (mit Sitz in Dortmund). Hinzu kommt die halbstaatliche VEBA. Sie und die Stahl-Erzeuger Thyssen (Duisburg) und Krupp-Hoesch (Essen/Dortmund) sind die wichtigsten Abnehmer der Ruhr-Kohle.

In der Ruhrkohle AG (RAG) besitzen die VEBA und die BGE (100 % Tochter von VEW) die Mehrheit (37,1 bzw. 30,2 %). Hinzu kommen Thyssen Stahl (12,7 %), die Montanverwaltungsgesellschaft (10,2 %; darin Krupp-Hoesch-Stahl 79 %, VEBA 21 %) und die Verwaltungsgesellschaft Ruhrkohle Beteiligung (10 %; darin 65 % Arbed Luxemburg, 35 % Töchter der RAG).

Eine Abnahme-Verpflichtung für Kraftwerks-Kohle, der sogenannte ›Jahrhundert-Vertrag‹, bindet die RAG und die Energie-Produzenten aneinander.

Aber RWE hat die führende Rolle bei der Expansion der Atom-Kraft. Auch VEW erzeugt Atom-Strom (Lingen). Und RWE steigt ins Öl-Geschäft ein – durch Aufkauf der Deutschen Texaco. Weiterhin kauft RWE in den USA eine billig produzierende Tagebau-Kohlengrube. Und überhaupt lockt die billigere Import-Kohle.

Seit 1990 läßt der Druck des Atom-Stroms nach. Denn es stellt sich heraus, daß Atom-Strom nicht billiger, sondern defizitär ist. Die Energie-Unternehmen erkennen, daß neue Werke politisch gegen eine breit gewordene Ökologie-Bewegung kaum mehr durchsetzbar sind. So versuchen sie meist nur noch, ihre Investitionen zu amortisieren d. h. die bestehenden Atom-Kraftwerke so lang wie möglich bis zur Abschreibung zu retten.

Aber die Verlockung der billigeren Import-Kohle besteht weiterhin. Daher gibt es hinter den Kulissen heftiges und auch intrigantes Gezerre. Und durch die Medien die üblichen reduzierten Sprüche. Über jeden Bonner Wirtschafts-Minister wird die Kohle, die Energie der ersten und der zweiten Industrialisierungs-Phase, totgesagt. Und es wird der Vorwand lanciert: der Preis für die Import-Kohle stehe in keinem Verhältnis zu den Subventionen für die Ruhrkohle AG.

Das Problem ist jedoch weitaus komplexer und daher ist überhaupt nicht ausgemacht, ob der Bergbau eines Tages völlig geschlossen wird.

Ein Land kann einen Wirtschafts-Bereich nicht in kurzer Zeit herunterfahren lassen, an dem rund 100.000 Menschen direkt hängen. Im Umfeld erhalten weitere 200.000 Arbeit durch eine Fülle von Zulieferern, nicht nur in der Region.

Wie häufig in die Welt gesetzte Subventions-Zahl von 70.000 DM pro Bergarbeiter im Jahr stimmt nicht, tatsächlich sind es nur 20.000 DM. Da aber keine Ersatz-Arbeitsplätze in Aussicht stehen, liegt die Arbeitslosen-Subvention mit 26.000 DM höher. Jedes Bergwerk stellt einen Wert von rund 1 1/2 Milliarden DM dar. Kann eine Gesellschaft diesen Wert einfach wegwerfen?

Das Subventions-Argument ist jedoch nur die halbe Wahrheit: die Landwirtschaft und besonders die gesamte Rüstungs-Industrie haben nichts mehr mit Marktwirtschaft zu tun, sondern leben von hohen Subventionen, die Rüstung nahezu ausschließlich. Subventionen gehören in vielen Bereichen des Staates zum täglichen Brot.

Das ökonomisch wichtigste Argument: Der tätige Bergbau ist ein Feld des Erprobens von Technologie, die seit jeher in die ganze Welt exportiert wird.

Widersprüchlich ist auch die Rolle der Gewerkschaften. Sie vertreten zugleich die Kohle- und die Atom-Beschäftigten.

Jedesmal, wenn den Ruhr-Kumpels das Wasser am Hals steht, machen sie beherzte Aktionen, besetzen Brücken und Autobahnen sowie Partei-Häuser. Aber vor dem Tor der Hauptverwaltungen der Energie-Erzeuger und in den Rathäusern, die die Aktien der RWE besitzen, erscheinen sie nicht.

Am Bergbau hängt ein Teil der Identität, mit der nicht so einfach gespielt werden kann. Und es gibt Stimmen, die darum bitten, daß anständigerweise darüber nachzudenken sei, was der Geschichte des Reviers zukommt. Nicht nur die Würde der Tradition ist gefragt, sondern ebenso die Würde des Schrumpfens oder des Abschieds. Das fordert Nachdenken über die Erinnerungen heraus.

Unter den Folgen des Struktur-Wandels leidet die Emscher-Region am meisten, weil sie aus historischen Gründen am stärksten der Monopol-Industrialisierung durch Kohle und Stahl ausgesetzt war. Hinzu kommt, daß sie als Hinterhof des Ruhrgebietes mißbraucht wurde. Daher benötigt sie Zeit zum Umbau. Unter diesem Aspekt hätte die IBA Emscher Park schon ein Jahrzehnt früher kommen sollen.

Rationalisierung ist ein Grundproblem des Wirtschaft, seit es Konkurrenz gibt. Ihr Ziel: mit weniger Aufwand mehr zu produzieren und dadurch wettbewerbsfähig zu bleiben. Bis in die 70er Jahre können Arbeits-Kräfte, die aus dem Produktions-Prozeß ausgeschieden sind, dadurch Arbeit finden, daß sie anderswo im industriellen Wachstum gebraucht werden. In den 80er Jahren gelangt Wachstum in der alten Denk-Weise an seine Grenze. Folge: Es gibt keine Vollbeschäftigung mehr, so sehr sie auch von Politik und Medien beschworen wird.

Bremsen des Struktur-Wandels. Dem Struktur-Wandel im Emscher-Gebiet stellen sich lange Zeit und nachhaltig die historischen Monopol-Industrien entgegen: Kohle und Stahl. Sie fürchten Lohn-Konkurrenz und Beschäftigten-Abwerbung. Mit den Sätzen wie ›Es wird wieder aufwärts gehen‹ und ›Sanierung durch Gesundschrumpfung‹ verteidigen sie ihren Einfluß.

Ihr Macht-Mittel ist ihr gewaltiger Boden-Besitz[59]. Jahrzehntelang weigern sie sich, anderen Gewerben zu angemessenen Preisen Boden zu verkaufen (z. B. in Herne an Ford) und blockieren damit den Branchen-Mix.

Der Verkauf von zwei stillgelegten Zechen für ein Opel-Werk[60] ist ein Einzelfall – ein Glücksfall, der sich nicht wiederholt. Erhebliche Widerstände waren zu überwinden – Stoff für einen Kriminal-Roman[61]. Dies geschieht 1959 in der ersten Krise des Bergbaus – blitzschnell. Und wird von heißen Diskussionen begleitet. 1960/1962 entsteht auf dem Gelände der Zeche Dannenbaum (678.000 m^2) in Bochum-Laer (Wittener Straße) das Opel Werk I. 1962 eröffnen auf Zeche Bruchstraße in Bochum-Langendreer Opel Werk II und III die Fertigung (Hauptstraße).

Noch 1980 gehört dem Bergbau in Bottrop ein Viertel der Boden-Fläche[62]. Die Stadt muß ihn fragen, wenn es um eine neue Gewerbe-Ansiedlung größeren Ausmaßes geht. Erst um 1990 löst sich das Problem der Flächen-Hortung auf.

Die Legende von der Flexibilität der Großwirtschaft. Das eng-geknüpfte Netz-Werk der Industrie, d.h. die Beziehungen der Akteure zueinander, das um die Jahrhundertwende als „leuchtendes Beispiel für Industrie-Bereiche" gerühmt wird, erweist sich unter veränderten Rahmen-Bedingungen als zu eng und zu stark auf seine System-Stabilisierung ausgerichtet. Versteinert blockiert es, auch im Schulterschluß mit administrativen und politischen Strukturen, seine Modernisierung und „Brückenbeziehungen" zu anderen Bereichen und sozialen Gruppen[63].

„Das Ruhrgebiet ist ein Spielball politischer Mächte geblieben ... Die Konzernherren nutzten politischen Einfluß für ihre Unternehmen, nicht für die Region" (Friedrich Kassebeer, SZ)[64]. Karl Ganser: „Die großen Unternehmen unternehmen nichts. Sie glauben, daß sie keinen Grund haben, etwas zu unternehmen. Die Angestellten sagen, ›wenn's bei uns zünde geht, sind wir eben frühpensioniert‹. Ei-

genwirtschaftliche Betriebe müßten sich eigentlich anders verhalten – aber das ist eine Legende. Sie haben keine Anreize, etwas zu unternehmen."
Illusionäre Investoren-Politik. Die Hoffnung auf große Investoren trügt. Lediglich Opel läßt sich dazu bewegen, in Bochum ein Zweigwerk mit 18.000 Arbeits-Plätzen anzulegen. Ein anderes Großprojekt ist kurzatmig: Als in wenigen Jahren in Gladbeck alle vier Zechen schließen und damit 10.000 Arbeits-Plätze verloren gehen, holt die Stadt ein Siemens-Werk und investiert dafür erheblich (Infrastruktur, Bergschadens-Sicherung). 8.000 Arbeits-Plätze sind versprochen, aber nur 4.000 entstehen, meist für Frauen. Nach einigen Jahren schließt Siemens seine von München ins Ruhrgebiet verlagerte Werkbank.

Weil der Organisations-Grad der Arbeiter in der Großindustrie höher ist als in Mittel- und Kleinbetrieben, wenden sich die Gewerkschaften gegen deren Ansiedlung. Fast zwangsläufig folgen ihren Argumenten die Sozialdemokraten in den Orts-Vereinen und dann die Stadtverwaltungen. Auch dadurch wird bis weit in die 80er Jahre die Diversifizierung der Region (›Branchen-Mix‹), d.h. die Verlagerung des Risikos auf viele Branchen gehemmt.
Torschluß-Panik. Das Vakuum, das durch den Rückzug der Großbetriebe entsteht, erzeugt einen Negativ-Druck. Politik und Verwaltungen in den Kommunen versuchen, ihre Verluste an Arbeits-Plätzen und Einwohnern[65] in Torschluß-Panik zu kompensieren: sie vergeben verfügbare Flächen um jeden Preis an wenig qualifizierte Gewerbe (Lager, Speditionen). So wandern Betriebe zu, die große Flächen verbrauchen, aber nur wenige Arbeitsplätze bieten, oft auch die Umwelt stark belasten und zugleich nur geringe Wertschöpfung haben.
Schein-Lösungen. Dieter Blase: „Das Projekt ›Triple Five‹ auf dem Thyssen-Ge-

lände in Oberhausen (Essener Straße), das um 1990 ein kanadischer Investor auf den Weg bringen will, nimmt nur überregionale Rest-Ansätze wahr. Oberhausen ist dafür nicht mehr als eine Kulisse. Der Inszenierungs-Apparat dieses Super-Warenhauses läßt die Stadt verschwinden. Sie ist Parkplatz. Touristisches Hinterland." Das Projekt scheitert, vor allem weil es sich im Hinblick auf öffentliche Infrastruktur-Mittel allzu gefräßig gibt.
Diversifizierung und Re-Investitionen. Den Struktur-Wandel vor Augen legen sich die Konzerne schrittweise schon seit den 60er Jahren zur Risiko-Streuung und als Umbau-Programm neue Branchen zu. Für das Ruhrgebiet entscheidend ist, daß sie dies meist nicht im Ruhrgebiet tun.

Abhängig von den alten Industrien – im Hinterkopf das Bewußtsein ihrer Glanz-Zeiten – werden auf kommunaler Ebene keine Weichen gestellt, um auch der Diversifizierung mithilfe kleiner und mittlerer Industrie- und Gewerbe-Betriebe günstige Rahmen-Bedingungen zu geben.

Gewerkschaften und Politik erkennen lange Zeit den Struktur-Wandel nicht. Sie wehren sich gegen den Wandel dessen, was gute Zeiten bescherte und verteidigen den Status quo, der längst in Schieflage geraten ist. Ihre Vorstellungs-Bilder sind redliche Utopien, die Wandel nur als lineare Verbesserungen darstellen. Sie sind nicht in der Lage, Wirtschafts-Geschichte als ständigen Struktur-Wandel zu lesen: als andauernde Umgruppierung und Verschiebung, mit häufig schwerbegreiflicher Ambivalenz. Und sie geben sich mit günstigen Sozial-Plänen zufrieden. Daher versäumen sie es, die Konzerne über die paritätische Mitbestimmung zu zwingen, diesen Prozeß der Umstrukturierung in der Region selbst anzusiedeln und damit den notwendigen Branchen-Mix herbeizuführen.

Zusammenhänge erkennt erst um 1985 ein vorausschauender Gewerkschafts-Führer, Franz Steinkühler (IG Metall): er durchleuchtet den Mechanismus der Umstrukturierung und fordert Re-Investitionen[66] in der Region.

Die Schließung des Krupp-Hüttenwerkes in Duisburg-Rheinhausen kostet sehr viel Geld. 100 Millionen DM für den Sozial-Plan und 100 Millionen für die Wiederherrichtung des Geländes. Es ist nicht wahr, daß Krupp arm ist. Von 1989 bis 1992 macht das Unternehmen mit dem Boom der deutschen Einheit ungeheure Gewinne. Wo bleiben sie? Krupp investiert anderswo – außerhalb der Region.

Ein weiteres Beispiel ist Thyssen, das längst über den Bereich Stahl hinaus diversifiziert hat: mit den Sparten Verarbeitung, Investitions-Güter, Handel und Dienst-Leistungen. Umsätze und Gewinne entwickeln sich besonders dynamisch in der ›Thyssen Handelsunion‹. Sie erzielt pro Jahr einen Umsatz-Zuwachs von 20 Prozent. Thyssen re-investiert davon – ähnlich wie in den anderen Sparten – aber nur ein Zehntel im Ruhrgebiet.

Regionale Verantwortung. Hier stellt sich die Frage nach der Verantwortung der Unternehmer für die Region. IBA-Chef Karl Ganser fordert die Unternehmer auf, eine Konzern-Strategie zu erstellen und in diesem Rahmen für sieben Jahre einen Investitions-Plan für eine Tätigkeit innerhalb der Region wirksam werden zu lassen. Für die Verantwortlichkeit der Unternehmens-Führer und regionale Investitionen muß der gleiche moralische Druck entstehen wie bei Entlassungen. Denn beides steht miteinander in engstem Zusammenhang.

„Arbeit wird durch Technik rationalisiert, und Arbeiter bleiben übrig. Das ist das große Problem unserer Gesellschaft, aber es wird nicht als solches behandelt. Das Problem wird privatisiert. ... Natürlich ist das Thema [Rationalisierung] ›in‹, aber es sind wieder die kalten Begriffe der

Politik, die Slogans der Diplomkaufleute, welche die Sache wiedergeben. Es herrscht ein journalistisches und politisches Geschrei über die Notwendigkeit von Sanierungen und Privatisierungen, die Entlassungsziffern werden nur noch in Tausendern genannt, aber es herrscht Schweigen über das Los der Betroffenen ...“ (Peter Turrini, 1988).

Viele Führungen in der Wirtschaft benutzen Menschen, ohne ihre Identität zu sehen. Das ist wie die Benutzung von Frauen in der Pornografie. Immer werden nur Teile benutzt, Hände, Schenkel, Muskeln – aber nicht Kopf und Herz und Schicksale. Wäre dies anders, würden sie eine Verantwortung für die Region entwickeln.

Industrie-Brachen. Mit dem Rückzug der Wirtschafts-Giganten entstehen riesige Industrie-Brachen. Auch in anderen Branchen gibt es Struktur-Wandel. Beispiel: der Hafen von Duisburg. Die Veränderung der Transport-Technologie führt dazu, daß hafen-abhängige Betriebe verschwinden. Die alte ›Speicher-Stadt‹ im Zentrum wird praktisch aufgegeben.

Der Grundstücks-Fond Ruhr. 1979 verabschiedet die Landesregierung das Aktionsprogramm Ruhr – mit dem ›Grundstücks-Fonds Ruhr‹ (500 Mio. DM). Die Verwaltung geht nicht an den Kommunalverband Ruhr (KVR) sondern an die Landesentwicklungs-Gesellschaft (LEG). Die LEG unterstützt den KVR (z.B. Ankauf des Zechengeländes Pörtingsiepen in Essen). 1983/1984 erarbeiten KVR und Ministerium ein Halden-Aufkauf-Programm. Ein gewisser Zugriff auf wichtiges Terrain wird erst möglich, als im Struktur-Wandel die meisten Zechen- und Eisenhütten schrumpfen. Einige Alt-Gesellschaften leben einzig vom Verkauf des Bodens (u.a. Arbeiter-Siedlungen)[67].

Das Problem: Boden wird durch Spekulation so überteuert, daß stadtplanerisch sinnhafte Nutzungen und Strategien nicht mehr möglich sind. Die Tricks der Spekulanten: Sie schicken Schein-Investoren vor, die dann weiterveräußern. Hinzu kommen Blind-Verkäufe und Parzellierungen, die einfach nur irgendein Gewerbe aufnehmen.

Umnutzung einer historischen Architektur (Kauen-Gebäude (um 1895) der Zeche Recklinghausen I [Clerget]) in Recklinghausen, heute Textil-Handlung.

Aus dem Boden-Fond macht erst Minister Christoph Zöpel seit 1981 ein Handlungs-Instrument. Die LEG kauft umfangreich auf. Ziele: das Gelände ruhigstellen und eine perspektivische stadtplanerische Arbeit zu ermöglichen, die den Struktur-Wandel unterstützt.

Der Stand 1994. Das wichtigste Struktur-Problem des Ruhrgebietes sind die Großindustrien von Kohle und Stahl, deren Dominanz zu einer strukturell und konjunkturell sehr anfälligen Lage führte (ähnlich der Automobil-Industrie um Stuttgart und Wolfsburg). In der Hellweg-Zone sind 20 Jahre Anstrengungen, einen Branchen-Mix zu erhalten, weitgehend erfolgreich. Günstige Resultate benötigen Jahrzehnte – auch in der Emscher-Zone.

Angesichts vieler Klagen wird meist übersehen, daß die Region nach wie vor der größte deutsche Energie-Produzent und -Händler ist. In Essen sitzt RWE, in Dortmund VEW. Hinzu kommt die VEBA. Das größte europäische Kohle-Kraftwerk ist Scholven in Gelsenkirchen-Scholven (Glückaufstraße). Auch anschaulich setzen die Großkraftwerke gigantische Orientierungs-Punkte: sie sind fast überall sichtbar. Überdies besitzen die Energie-Produzenten umfangreiche Beteiligungen in weiteren Industrien.

Die zahlreichen Zuliefer-Betriebe für Kohle und Stahl haben längst auch weitere Absatz-Felder entwickelt. Das Problem des Anlagen- und Maschinenbaues ist immer noch die zu starke Orientierung auf Großanlagen. (Verhängnisvoll z.B. für die Gutehoffnungshütte Oberhausen-Sterkrade war ihre Orientierung auf die Kern-Energie.)

Im Bereich der öffentlich finanzierten Großbetriebe gibt es die Ballung der Hochschulen, die zwar spät starteten, aber die dichteste Hochschul-Landschaft der Erde bilden (Duisburg, Essen, Bochum, Dortmund, Witten/Herdecke und weitere kleinere Standorte).

Manche Leute im Ruhrgebiet jammern sich gern selbst etwas vor. Dafür gibt es historische Erfahrungen, die aber schon längst nicht mehr bestehen. Außerdem wurden sie selektiv verarbeitet. Tatsächlich war die Region im Vergleich zu anderen nie ärmer, sondern stets reicher. Die Arbeiter hatten höhere Löhne als anderswo. Bis heute ist das Ruhrgebiet der potenteste Ballungs-Raum Europas. Hier haben die meisten der großen Konzerne ihren Sitz, und hier leben auch die meisten aus der Spitzen-Gruppe der Superreichen.

Dem Ruhrgebiet hilft es seit langer Zeit, daß es zwischen Essen und Düsseldorf keine Grenze gibt. Vielmehr sind Ruhr und Rhein eng miteinander verflochten. Das bedeutet, daß der Arbeits-Markt für die Menschen im Ruhrgebiet viel größer ist als die unmittelbare Region. Dies gilt auch für weitere Bereiche an Standort-Qualitäten.

Logistische Entwicklungen. Am Anfang der 90er Jahre wird erkennbar, daß der Struktur-Wandel keine hereinschneiende Katastrophe, sondern ein ständiges Problem ist. Notwendig sind logistische Entwicklungen.

Innerhalb dessen gibt es mehrere Ebenen, die zu Anstrengungen herausfordern. Wenn im industrie-geschichtlichen Prozeß stets die Produkt-Innovationen nach einiger Zeit auch in anderen Regionen und Ländern genutzt werden (eine normale Tatsache), ist es zwingend, daß ständig neue entwickelt werden müssen. Die Aufrechterhaltung dieser sich stetig modernisierenden und auch strukturell wandelnden Produktivität ist derzeit jedoch das größte Problem. Bürokratisierung und faktische Verbeamtung sind überdeutlich. Kreativität erhält kaum Förderung. Konservative Einstellungen zielen auf die Behauptung von behäbigem Besitz, Status und Abgrenzungen. Diskussionen über Löhne lenken vom hausgemachten Problem-Kern ab. Die These des ›Abschlankens‹ verdeckt Bequemlichkeit und Unbeweglichkeit von Managern. Nicht Abschlanken ist gefragt, sondern Qualifizierung: die Entwicklung neuer, findiger Produkte. Dies erfordert logistische Beweglichkeit.

Eine weitere Ebene sind die Rahmen-Bedingungen dieser Produktionen in der regionalen und kommunalen Ebene. Immer noch dominiert tagespolitisch orientierte Macht-Politik, identisch mit Visions-Verlust. Die IBA Emscher Park versucht, neue Wege einzuschlagen und Impulse zu setzen.

Die dritte Ebene ist die soziale Kultur. Wer ein Klima unsozialer Ellenbogen-Mentalität und Skepsis schafft, behindert logistisch notwendige Kooperationen. Daher ist die Unterseite eines erfolgreichen Wirtschafts-Systems unverzichtbar: die Sozialstaatlichkeit, die ein Klima schafft, das Kreativität nicht in großen Konflikten ersticken läßt. Auf Seiten der Bevölkerung bietet die Tradition des Zusammenlebens unterschiedlicher Prägungen gute Voraussetzungen für eine soziale Kultur.

Die vierte Ebene ist die Qualifikation der Bildung. Erforderlich sind nicht mechanische Rezepte, sondern die Entwicklung von Eigenschaften, logistischen Fähigkeiten, Kooperation und Moderation. 25 Jahre nach der Studenten-Bewegung sind erneut Hochschul-Reformen notwendig.

In einer fünften Ebene ist soziale Kultur-Fähigkeit wichtig. Was bedeutet Kultur? Lust, Atmosphäre, Fähigkeit, auch Umweg-Produktion, um sich und seine Umgebung vielschichtig zu entwickeln. In welchem Maße in einer Landschaft mit schwieriger Geschichte vielschichtig Kultur gewachsen ist, gehört zu den Glanzleistungen der Nachkriegs-Zeit.

In Deutschland beschäftigte sich bereits um 1910 Walter Rathenau, Chef-Logistiker des seinerzeit wichtigsten Technologie-Konzerns AEG, mit der integrierten Funktions-Weise eines gemischten gesellschaftlichen Systems aus Markt-Wirtschaft, Gemeinwirtschaft und sozialer Sicherung. Im Ruhrgebiet gibt es für dieses Gemisch eine Tradition.

Das Ruhrgebiet besitzt – neben der Lage-Gunst im Herzen Europas und an der Rhein-Achse – für die genannten fünf Ebenen vorzügliche Potentiale, die sich bei allen Schwierigkeiten des Struktur-Wandels nutzen und weiterentwickeln lassen. Die Region hat weitreichende Erfahrungen mit industrieller Innovation (aber auch mit ihren Blockaden), mit regionaler und kommunaler Infrastruktur-Bildung, mit Sozialstaatlichkeit, mit Bildung und Kultur.

Zukunfts-Industrie. Der ›grobianistische‹ Umgang mit der Industrie führte in der Region zu umfangreichen Umwelt-Problemen, deren Aufarbeitung nun aber zunehmend genutzt wird, um eine wichtige Zukunfts-Industrie zu entfalten: Produkte und Dienstleistungen für Umwelt-Fragen (siehe S. 379).

Industrieller Struktur-Wandel ist komplex. Daher gibt es keine Rezepte zu seiner Beherrschung. Mangelhafte Kenntnisse der Struktur der Industrie-Gesellschaft (als weitreichendes gesamtgesellschaftliches Verbund-System) begrenzen den Blick vieler Manager, führen zu reduktiven Reaktionen, sperren sich gegen die Notwendigkeit, daß nun Problem-Lösungs-Verhalten gefragt ist. Konservative Ideologien sind schon heute und erst recht zukünftig Synonyme für Inkompetenz in Wirtschafts-Prozessen.

Die öffentliche Hand entwickelt in den 60er Jahren eine Politik des Begleitens, macht darin jedoch immense Fehler und eingleisige Fehlinvestitionen (u. a. Siedlungs-Schwerpunkte). Insgesamt hat sie noch wenig Bewußtsein, ihre begleitenden Möglichkeiten zu entfalten und flexibel damit umzugehen.

Ein erster Versuch, für den Struktur-Wandel eine komplexe Logistik zu entwickeln, wird mit der IBA Emscher Park unternommen. Er stellt zugleich eine Logistik der horizontalen problem- und ergebnis-orientierten Kooperationen von Gemeinden dar.

Orts-Hinweis: Struktur-Wandel. Museum für Heimat- und Stadtgeschichte (1987) in Hagen (Hochstraße 71), im Landgericht (1865 von Carl-Ferdinand Busse) – mit einer Reform-Konzeption: Lebens-Verhältnisse im Struktur-Wandel. Weithin fehlen in den Museen noch Darstellungen des Struktur-Wandels. Krupp-Areal in Bochum (Essener-/Allee Straße). Krupp-Gelände in Essen (um die Altendorfer Straße). Im Bereich der Zeche Victoria Mathias in Essen (Hauptverwaltung Altenessener Straße 35, 20er Jahre, klassizistisch) stehen die Verwaltungs-Gebäude des RWE (20er Jahre, klassizistisch; Altenessener Straße 32; gegenüber Nr. 37/39, ein farbloser Klotz der 60er Jahre). Gutehoffnungshütte/Thyssen-Bereich in Oberhausen (Essener Straße). Hafen in Duisburg.

Das kulturelle Kapital der untergehenden Geschichte. Das Gebiet zwischen Ruhr und Emscher verdankt seine Existenz als Industrie-Gebiet der Kohle und dem Stahl. Bis um 1960 werden rund 600 Tiefbau-Zechen angelegt.

Diese umfangreichste Industrie-Landschaft der Welt ist jedoch stets in Schwierigkeiten: in diesem Tal der Könige sind die Pyramiden nicht für die Ewigkeit angelegt, sondern sie zerfallen rasch. Heute ist nur ein kleiner Teil der aufregenden Geschichte dieser Landschaft erhalten[68].

Auch daraus läßt sich Zukunft erarbeiten. Die Industrie-Denkmäler sind die wichtigsten historischen Stätten der Region[69]. Die IBA Emscher Park setzt vor allem auf das kulturelle Kapital dieser Baudenkmäler-Kette. Solche Orchideen sind zugleich eine gewaltige Werbung für die Region. Berechnen wir den Werbe-Wert in Mark und Pfennig, dann bilden die Erhaltungs-Kosten eine wirksame Werbe-Investition von Land und Gemeinden.

Zum kulturellen Kapital gehört weiterhin das Mosaik der Gartenstadt-Siedlungen. Und drittens die in der Welt ebenso einzigartigen Museen der Industrie-Geschichte (siehe S. 426/428).

In diesem Zusammenhang steht auch das Werk des Künstlers Alfred Schmidt: er macht in Gelsenkirchen gegenüber der Zeche Consolidation in einer U-Bahn-Haltestelle auf 100 m langen Wänden den Bergbau sichtbar (1990/1993), indem er vergegenwärtigt, wie es unter den Füßen der Wartenden in großer Tiefe aussieht.

Eine weitere Leistung ist sichtbar – eine ermutigende begleitende Ebene für den Struktur-Wandel. In der relativ jungen Landschaft gelang es, eine einzigartig dichte kulturelle Struktur aufzubauen: eine Kette von Theatern und von sozio-kulturellen Foren.

Die Geschichte ist offen. Die Zukunfts-Planer im Ruhrgebiet können nicht alle Probleme lösen, viele bleiben oder müssen in anderer Weise gelöst werden. Das wissen die ›Macher‹. Sie sprechen auch darüber[70]. Sie können die alten Arbeits-Plätze nicht ersetzen, sondern nur mit bescheidenen Möglichkeiten Impulse geben, daß neue entstehen.

Kapital-Entzug. Immer noch wird dem Revier immens Kapital entzogen, z.B. als Gewinn-Ausschüttung[71] oder Investition an anderer Stelle. Hinzu kommen die hohen Steuer-Abschreibungen. „Soviel kann man mit öffentlicher Förderung nicht reinstecken, was herausgeholt wird," sagt Karl Ganser und wünscht sich eine öffentliche Debatte, die die Unternehmen und den Staat „unter großen moralischen Druck setzen. Ihr desinvestiert im Ruhrgebiet. Das ist keine Beschimpfung, sondern eine Zustands-Beschreibung."

Mitglieder des ›Initiativkreises Ruhr‹ verlangen Aufwärts-Bewegung im Ruhrgebiet und spenden ein paar Millionen für Image-Werbung via Kultur, aber ein erheblicher Teil der Spender beteiligt sich am Kapital-Entzug und ist nicht kooperativ im Hinblick auf Investitionen und auf eine Logistik, die zu komplexen Problem-Lösungen führt[72].

Der Struktur-Wandel ist immer noch bedroht vom Zynismus der Unbeweglichen, die keine regionale Gesamtverantwortung kennen.

Beispiele für stehengebliebenes Denken und Geschäfts-Untüchtigkeit gibt es zuhauf. Der bequeme Monopolist VKR kann seinen Strom nicht völlig absetzen – und müßte – mit ›System-Denken‹ in das lukrative Wärme-Geschäft einsteigen. Dann würde er, wenn er schon darauf besteht, mitten im Bundes-Gartenschau-Gelände Gelsenkirchen ein Großkraft-Werk anlegen, es wenigstens als Kraft-Wärme-Koppelung anlegen (Fern-Heiz-Wärme für die Umgebung). Damit wüchse der Energie-Ausnutzungs-Grad von 45 auf 90 Prozent. Immer noch gibt es kurzatmige Schulter-Schlüsse: Ruhrkohle AG, Stadt, TÜV, eng angelegte und

gefällige, ignorant-arrogante Gutachter, Diskurs-Verweigerung.

1995 ist das Kraftwerk-Projekt gesorben. Der Grund: es gibt keine Kunden für weitere 700 Mega-Watt Strom.

Vor allem im Energiebereich ist ›systemisches Denken‹ gefragt. Es würde einen immensen Markt erschließen, wenn die Anbieter vom engen Zulieferer zur Gesamt-Dienstleistung übergehen.

Ein Fall-Bei(l)spiel: Zwischen Stadt, Land, IBA und Betreiber war 1992 alles perfekt: in und um die Maschinen-Halle (1909) der Zeche Zweckel in Gladbeck-Zweckel (Frentroper Straße), einem schloßartigen Bau, sollte ein ›Erlebnispark der Sinne‹ nach Anregungen von Hugo Kükelhaus entstehen. Ein ›reisendes Panoptikum der Natur-Gesetze: Tast-Galerie, Duft-Spirale, Strömungen und Strudel, Klang-Figuren, klingende Steine, begehbare Balancier-Scheiben und vieles mehr – zur bewußten Wahrnehmung. Erwartung: jährlich 100.000 Besucher. Und ein Image für Gladbeck.

Aber dann kommt es im Sommer 1992 erneut zum traditionellen Schulterschluß des machthabenden Zynismus der Monopol-Industrien: über Nacht verständigen sie sich untereinander. Heinrich von Zitzewitz von der Veba-Öl, im Verbund mit Edwin Trinkaus (Montan-Grundstücks GmbH der Ruhrkohle AG), verkauft das Gelände Hans-Wilhelm Schrickel vom Nachbarn Phenolchemie und verhindert dadurch das Projekt. Der Anlieger möchte im „typischen Industriegebiet" kein „untypisches Unternehmen" neben sich haben. Es könne ja auch zu „Störfällen" kommen. „Ganz nebenbei" betont Schrickel, die Phenolchemie (Anlagen-Wert: 600 Mio. DM) werde nicht nach Antwerpen abwandern. Übrigens habe man nichts gegen Kultur und sei auch vielfach Mäzen gewesen. Eine Behauptung ohne Nachweis. Und man wolle partnerschaftlich mit der Stadt zusammenarbeiten.

„In einem Handstreich hat die Koalition der Konzerne zwischen Veba-Öl und Phenolchemie eines der vielversprechendsten kulturellen Vorhaben zunichte gemacht ... Alle Akteure ... standen am Ende da wie ohnmächtige Statisten. Die Hauptrolle spielte die Macht des Geldes" (Georg Meinert, WAZ-Gladbeck). **Impulse.** Thomas Sieverts: „Solche Zeiten der geistigen Instabilität können fruchtbar sein, weil sich Entwicklungen vielfältig aufzuzeigen beginnen und – der Chaos-Theorie folgend – kleine Impulse zur rechten Zeit und am rechten Ort große Wirkungen erzielen können"[73]. **Planungs-Strategie**[74]: Eine Vielzahl kleiner Schritte auf einem perspektivischen Weg. An die Stelle abstrakter Programm-Strukturen tritt Planung durch konkrete Projekte. Überschaubare Etappen. Endogene Potentiale werden angeregt, Personen finden zusammen, sie erhalten externe Anerkennung (Stützung durch Außensysteme). Die IBA hat keine Macht, sie bescheidet sich mit ›Informalität‹, sie arbeitet lediglich mit der Förderungs-Priorität der Landesregierung, mit Prestige und Publizität, kreativer Interpretation von Vorgaben (Verfahrens-Strukturen, Vorschriften) sowie mit Sach-Kompetenz als Dienstleistungen. **Zukunft jenseits der Emscher.** Was an der Emscher in der ›Werkstatt zur Erneuerung alter Industriegebiete‹ logistisch entwickelt, experimentiert und umgesetzt wird, ist nicht nur für die Emscher interessant.

Sichtbar ist: Alle Wohlstands-Regionen können rasch Krisen-Regionen werden. Das zeigen Stuttgart und Wolfsburg. „Das Ruhrgebiet ist überall" (›Die Woche‹ 6. 5. 1993, 9). Rasch entstehen „industrielle Saurier". Nachdenken über Strategien des Auffangens.

Die IBA könnte darüber hinaus der erste Impuls sein, in jede Planung von vornherein den Strukturwandel miteinzubeziehen. Als ›normale‹ Dimension.

Stichworte für eine solche Logistik: Ressourcen, Flexibilität, konkret orientierte Vorausschau, weiche Strategien, Produktiv-Kraft Phantasie. „Die Konkurrenzfähigkeit einer Gesellschaft hängt offensichtlich an der Qualität und Beweglichkeit des ›Humankapitals‹."[75]

C. Alltags-Leben zwischen Ruhr und Emscher: Geselligkeit, Freizeit und Kultur

Leben in der Region

Stadtteil-Identität. Alle Eingemeindungen von 1929 und 1975 können die sehr stark geprägten Stadtteil-Identitäten nicht aufheben.[1] Der Stadtteil ist die Mikrostruktur für das Leben: Straße, Freunde, Geschäfte, Vereine. Die Tauben sind „des Bergmanns liebstes Kind" (Hilmar Hoffmann[2]). Die ›Tauben-Väter‹ arbeiten in kleinen Gruppen zusammen, oft in Siedlungen als Nachbarn. In jeder Stadt gibt es mehrere ›Reisevereinigungen‹, die das Schicken der Brieftauben organisieren. 1981 entsteht in Unna-Königsborn in einer Kunst-Aktion des unkonventionellen städtischen Kultur-Amtes der ›Taubenkasper‹. Der Stadtschreiber Adam Seide schreibt dazu einen Roman. Gemeinschaftlich arbeiten die Bildhauer Otto Almstadt, Moritz Bormann und Hans-Werner Kalkmann im Kontakt-Kunst-Zelt[3] sechs Wochen lang an einer Skulptur für den Markt-Platz.[4]

Leben in Vereinen. Der Theatermacher Willy Thomczyk: „Als ich 20 war, kamen wir nie auf die Idee in eine andere Stadt zu fahren, etwa nach Bochum. Das Stadtleben war intakter – in Kneipen, Jugendhäusern. Die Bereitschaft zum Kiez ist zurückgegangen. Aber sie ist nicht verloren. Nach wie vor fällt auf, wieviele Vereine, kleine Kneipen, Kegelclubs es gibt." Eine mikrostrukturelle Öffentlichkeit lebt trotz Fernsehen weiter. „Die Begegnung findet hier über das Vereinsleben statt. Daneben aber überqueren nun viele Leute mühelos die Grenzen ihrer Stadt und nutzen die Nachbarstadt. Viele Jugendliche sind in ihrem Viertel in Vereinen und gehen in die Treffs von Bochum."

Helmut Kons[5], Jahrgang 1936, auf der Zeche 1950 angefangen und dort 1988 in die Berufsunfähigkeits-Rente und in die Anpassung geschickt: „Wenn fünf Mann oder fünf Frauen beisammen sind, gründen sie einen Verein – dafür ist das Ruhrgebiet bekannt. Vereine spielen für den Stadtteil eine große Rolle. Auch darüber hinaus – meist in Form von Wettkämpfen. Fußball. Schützen. Hobby-Liga-Vereine fahren zu Turnieren nach Holland, knüpfen dort Kontakte nach Belgien und dann weiter nach Schweden. Die Leute reisen auf eigene Kosten. Die Vereine besitzen kein Geld. Vereinsleben ist ein geselliges Leben. Meine letzte Woche sah so aus: Montagabend um 19 Uhr gehe ich zum Sparclub in die Wirtschaft Alt-Eisenheim. Wöchentlich spart jeder in eines der sechzig Sparfächer, die in der Stammkneipe hängen, fünf Mark. Ehefrauen und Freundinnen sind dabei. Da sitzen wir gemütlich zusammen, singen schöne Lieder, deutsche Volkslieder – und trinken Bierchen, das gehört dazu.

Dienstags, bevor die Kneipe losmacht, wird geleert. Das machen nur die drei gewählten Leerer. Sie bringen das Geld zur Sparkasse. 1992 hatten wir von 60 Sparern eine Sparsumme von 46.000 Mark. Jeder kriegt ausgezahlt, was er gespart hat. Wir haben einen Winterkasten, der vor Weihnachten, für die Geschenke an die Kinder geleert wird, und einen Sommerkasten, der vor den großen Ferien ausgegeben wird – für den Urlaub. Dahinter steht eine alte Sitte: die Frauen legten Kleingeld als Notgroschen für Weihnachten zurück.

Dienstags gehe ich um 17.10 Uhr zur Schule und unterhalte mich mit dem Trainer über die Termine für die Fußball-Mannschaft, die in der Halle trainiert. Ab 18 Uhr bin ich bei der Hobby-Liga Oberhausen. Als Sozialwart und erster Kassierer. Von 19 bis 21 Uhr kommen die einzelnen Abteilungen. Die Liga hat 34 spielende Mannschaften mit tausend Fußballern. Mit den neuesten Informationen und Terminen gehe ich ins Vereinslokal – und wir sitzen dann wieder gemütlich beisammen.

Mittwochs 18.30 Uhr zur Marine-Kameradschaft – im zehnten Jahr. Von 17 bis 30 hab ich auch geboxt – zuerst aktiv, später war ich passives Mitglied in ›Blau-Weiß‹ und in ›Ringfrei‹. Ich wollte einmal freiwillig zur Marine, wurde aber abge-

lehnt. Die Hauptsache ist für mich das gesellige Beisammensein. Man unterhält sich, lacht viel und singt alte Seemanns-Lieder. Es geht überhaupt nicht um Militär, darüber wird fast nicht gesprochen, sondern nur um die Geselligkeit. Die meisten sind nie zur See gefahren. Jeden zweiten Mittwoch spielen wir auch mit den Frauen Bingo. Das soll nicht nur eine Männer-Domäne sein. Jedes Jahr gibt es

eine Tour, wechselnd zur Nordsee oder zur Ostsee. Abends – singen, tanzen, schunkeln.

Donnerstagabend ist ein ruhiger Tag. Manchmal gehe ich zum Training. Früher war ich im Gesangverein – 21 Jahre lang im ›Heideblümchen‹ und sechs Jahre im ›Rheingold‹. Freitag zum Training in die Halle. Anschließend gemütlich zusammen. Früher war ich immer freitags beim Schützen-Verein. 35 Jahre lang. Ich war Gründer einer Kompagnie. Jetzt mag ich die Cliquen-Wirtschaft nicht mehr. Samstag gehe ich zum Fußball-Spiel. Die eigene Mannschaft spielt Samstag oder Sonntag.

Samstagabend gehen meine Frau und ich meistens aus – zum gemütlichen Essen, zu einem Geburtstag hier oder dort oder zu einer Feier von Vereinen. Das Besuchen spielt eine große Rolle. Kontakte pflegen, das fügt zusammen – die Menschen lernen sich kennen. Und schätzen. Oder auch nicht schätzen – das bleibt jedem selbst überlassen. Viele Frauen machen es ähnlich. Sie treffen sich in der Woche – zum Kaffee, zum Kegeln, zum Töpfern, zum Basteln von Blumen-Gestecken und mehr. Auch die Frauen sind keine Freundinnen von Traurigkeit.

Der Sonntag ist ganz normal. Wenn morgens um 11 kein Fußball-Spiel läuft, stehe ich spät auf – ich schlafe, weil es samstags etwas spät geworden ist, relativ gesehen, zwei Uhr, kann auch drei und später werden. Wenn die Stimmung am schönsten ist, gehe ich natürlich nicht. Ich stehe um 11 Uhr auf. Kaffeetrinken. Ein kleiner Frühschoppen in der Stammkneipe. Mittags nach Hause. Ein bißchen über Land gefahren – zum Camping-Platz an den Lippe-Seiten-Kanal – alte Kumpels besuchen, dann in die Gaststätte – wir unterhalten uns. Abends? Entweder zuhause oder ein bißchen bummeln – in der Stadt ein bißchen gucken. In eine Kneipe. Dann ist wieder eine anstrengende Woche rum – mit viel Freude.

›Adam‹ am Rathaus (1897/1902) in Duisburg [113].

Das Leben im Ruhrgebiet, die Arbeit, führen zur Geselligkeit im Verein. Das gibt es auch in Dörfern: den Feuerwehrball, den Fußballverein, das Stiftungsfest des Schützenvereins. Hier im Revier sind viele Vereine zur Entspannung gegründet. Der Brieftauben-Verein. Zusammensitzen, ohne jedes Wort auf die Gold-Waage zu legen. Man ist in einem Verein drin und geht in einen zweiten, weil man da einen kennt – und dann geht das weiter, bis viele in fünf sechs Vereinen sind. Hier fließt das eine in das andere ein, weil die Menschen-Ansammlung viel größer ist als auf dem Dorf.

Grenzen? Früher als Kind waren die einzelnen Straßen miteinander in Konkurrenz – ein rotes Tuch miteinander. Diese Unterschiede sind heute nicht mehr da. Früher war ein ganzer Ort in einem Fußballverein, der Vater sagte zum Jungen: ›Du bleibst im Spielclub und gehst nicht zum BV‹. Aber heute gibt es

das fast gar nicht mehr. Weil kleine Vereine kaum mehr bestehen konnten, haben sich viele zusammengetan. Früher tranken die Spieler nach dem Spiel ein Bierchen zusammen und liefen zu Fuß nach Hause, heute packt der Spieler den Briefcouvert mit dem Geld und setzt sich ins Auto. Aber in der Hobby-Liga – ist das wie vor 80 Jahren – da spielt keiner für Geld. Und die Spende ist höchstens ein Faß Bier.

So wie ich sind sehr viel Leute im Pütt unterwegs. Ich komme damit klar – als ich heiratete, wußte meine Frau, daß ich in vielen Vereinen bin und mich engagiere. Die Familie ist teilweise dabei. Beide Schwiegersöhne spielen Fußball, die Töchter gehen mit. Und einige Jahre war ich in der Bürgerinitiative zur Erhaltung der Arbeitersiedlung.“

Am Borsig-Platz in der Dortmunder Nordstadt [129, 396] verbringt Inge Nieswand (1939 geboren) Kindheit und Ju-

gend. „Wir sind noch mit Großeltern groß geworden, die Platt sprachen. Jeder kennt jeden. Obwohl mitten in der Stadt, geht es zu wie auf einem Dorf – völlig nachbarschaftlich. Es ist heute noch der Platz von Borussia Dortmund. Als Kind erlebte ich Grau in Grau, die Bauten kamen nicht zum Vorschein. Und heute sind die Fassaden herausgeputzt – er sieht anders aus – der Borsig-Platz ist städtebaulich schön.

Ich holte als Kindergottesdienst-Helferin immer ein behindertes Kind ab – aber zu einer bestimmten Zeit an der Ecke der Robertstraße/Schlosserstraße sperrte es sich. Ich kriegte den Jungen nicht rum. Ich zerbrach mir den Kopf, warum? – und kam darauf: er hatte Angst vor der rostroten Wolke, die bei jedem Hochofen-Abstich bei Hoesch aufstieg. Wenn der Himmel vom Hochofen-Abstich rot war, hieß es: ›Hoesch backt Plätzchen‹.

Ich erinnere mich an den ersten Bomben-Angriff. Mutter schaffte es nicht, vom Hinterhaus, wo sie bügelte, ins Vorderhaus in den Keller zu kommen. Und ich weigerte mich, in den Keller zu gehen, weil ich zur Mutter wollte. Alles war rot – ein unheimlich roter Himmel.

Bei einem Bomben-Angriff auf den Stahlwerk-Platz wurde der getroffen. Die Toten wurden herausgetragen. Ich sah ein Kind – noch heute hab ich das Bild vor Augen –, das hatte einen braun-beschen Pepita-Mantel und ein völlig blaues Gesicht. Da ich als Nachkömmling gern eine Schwester gehabt hätte, flehte ich

meine Mutter an, das Kind mit nach Haus zu nehmen – als Geschwisterchen. Ich begriff erst später, daß es tot war. Hoesch selbst wurde ja gar nicht sehr bombardiert. Sondern die Quartiere der Bevölkerung drumherum. Bei der damaligen hohen Ziel-Sicherheit waren das keine Fehl-Abwürfe." [235]

Förder-Verein und Stadtteil-Fest. [269] Im Pferdestall in der Zeche Zollern 2/4 in Dortmund-Bövinghausen ist vom Industriemuseum Westfalen eine alte Gaststätte der Jahrhundertwende eingebaut worden. Auf geschmückten Tafeln: „Der Mensch braucht ein Plätzchen, und wärs noch so klein, von dem er kann sagen, sieh hier, das ist mein. Hier leb ich, hier lieb ich, hier ruhe ich aus. Hier ist meine Heimat, hier bin ich zu Haus." – „Es grüne die Tanne, Es wachse das Erz, Gott schenke uns allen Ein fröhliches Herz." Rundherum Bilder: Wald-Landschaft. Ein Foto der kaiserlichen Familie. Medaillons des Kaiserhauses. Bergsee in den Alpen. Porträt von Bismarck. Geschossener Fasan. Ein Dorf-Fest in der Schweiz. Feuerwehr-Fahne von Zeche Scharnhorst.

Anton Heusinger spielt ehrenamtlich den Wirt. „Ich hab 'mal ne Gaststätte gehabt. Es gibt viele Helfer, viele Frauen." Hinter der Theke steht Heinrich Schafmeister: „Den Förderverein Industriemuseum Zollern 2/4 gibt es seit dem 20. 11. 1982 – das war der 77. Geburtstag meiner Mutter – sie lebt noch. Der Verein hat rund 135 Mitglieder. Sie kommen auch von weiter weg, von Unna, Dortmund, Bochum – viele wohnen nebenan in der Siedlung."

Alle zwei Jahre veranstaltet der Förder-Verein das Stadtteil-Fest, auf dem ganzen Hof des Industriemuseum, „ein Fest aller Bövinghauser. Es gibt rund 30 Vereine. Kleingarten, Kegel, Fußball, Kirchen, Chöre, Reiter, Kaninchen, AWO, Kindergärten, Schrebergärten, Mieter-Initiative, die wir bei der Modernisierung der Siedlung gründeten. Die Serie der Feste fängt mit Karneval an, dann 1. Mai, dann Ausflug mit gemütlichem Beisammensein, entweder hier oder in der Siedlung, je nach Wetterlage, Herbst-Spaziergang oder eine Adventsfeier. Und bei schönem Wetter Treffen – unverhofft am Brunnen. Das geht über den Telefon-Dienst. Die Leute sagen: ›Heut abend is schön Wetter, da wird sich dahingesetzt, und Musik gemacht‹. Hans Karl Steffen hat Bövinghausen gemalt: 1982 für die Ausstellung in der Stadt-Sparkasse."

Das Bahnwärter-Haus. „Milieu und Mentalität sind am schwierigsten zu beschreiben. Das Ruhrgebiet hat Humor – obwohl es dafür keine literarische Tradition gibt. Eine Art Volkshumor, nicht militant, sondern warm und pfiffig" (Willi Thomczyk).

Alfred Konter wuchs drei Häuser vom Schalker Glückauf-Stadion entfernt auf. Durch den Garten kam er in den Sportplatz. Von ›Ötte‹ Tibulski hatte er den Schlüssel. Alle Spieler kennt er persönlich. Heute lebt er in der Zechen-Siedlung Bergmannsglück in Gelsenkirchen-Buer-Hassel. Neun Jahre lang arbeitete er als Bahnwärter in der Zechenbahn Hugo, an der Horster Straße in Gelsenkirchen-Buer. Dann geht er „auf Rente". Aber er sorgt weiter für das Haus, gegen den Willen des Eigentümers: immer wieder fährt er nachts um zwei Uhr zu dem kleinen Bahnwärter-Häuschen, repariert und streicht es.

Im Garten daneben hatte er – augenzwinkernd – das ›Grab des letzten Grubenpferdes Ajax‹ geschaffen. Das sprach sich herum. Bis heute kommen von weit her Besucher. Neben dem Grab steht ein weiteres Bildhauer-Werk, das einen Ruhrgebiets-Mythos anschaulich macht: an einem Teich sehen die Leute die erste Zeche: ein ›Stollen-Mundloch‹ im Berg.

Alfred Konter verhindert den Abriß des Häuschens. Bei jeder Planung erscheint er und legt fachmännisch dar, daß eine Bahnlinie ohne Schranke nicht genehmigt werden kann. Von der Stadt Gelsenkirchen begehrt er, daß das Ensemble unter Denkmalschutz gestellt wird.

Schau-Plätze: Sport

Vereine. 1910 werden in einer Aufstellung in Hamborn (Verwaltungs-Bericht) 495 Vereine genannt: Krieger-, Schützen-, Gesang-, Musik-, Beamten-, Turn-, Sport-, Tierzucht-, Kirchen- Polen- und politische Vereine bis hin zu Rauch- und Kegelklubs.[6] In Bottrop gibt es 1987 in 116 Vereinen rund 29 000 Sportler.

Der Alltag wird verlassen. Das kann Flucht sein, aber auch seine Erweiterung – in vielerlei Hinsicht: als Zerstreuung, als Traum, als Selbsterprobung, als Selbstinszenierung, als Bildung.

Turn-Vereine. Am Beginn des Sportes stehen die Turn-Vereine. Im Jahr der bürgerlichen Revolution 1848 werden in Duisburg sowohl eine Bürgerwehr wie der Duisburger Turnverein gegründet. 1859 Essener Turnverein. 1925 gibt es in Essen 34 Turn-Vereine mit insgesamt 7.000 Mitgliedern.

Pferde-Sport. Der Pferde-Sport bezieht seine Tradition aus den ländlichen Bereichen und ist ein Zeichen für den Blick nach England.

Orts-Hinweise: Pferde-Sport. 1870 läßt Thomas Mulvany, Gründer der Bergwerks-Gesellschaft Hibernia, am Schellenberg bei Castrop (Castrop-Rauxel) eine Natur-Hindernis-Bahn für Halbblut-Pferde anlegen. Diese wichtigste Natur-Hindernis-Bahn im Westen stellt 1970 ihren Betrieb ein (heute Freizeit-Park; Beethoven-/Dortmunder Straße). Galopp-Rennbahn (1913) in Dortmund-Wambel. Trabrenn-Bahn Hillerheide in Recklinghausen, 1200 m-Bahn, mit jährlich 80 Renntagen. Galopp-Rennbahn (1885) in Mülheim-Raffelberg. Galopp-Rennbahn (1895) in Gelsenkirchen-Horst-Emscher, im Park von Haus Horst, 1909 Rennbahn (H. Stein, Köln). 1909 entsteht der Trabrennverein Gelsenkirchen, 1912 die Trabrennbahn Gelsenkirchen (Nienhausenstraße 42). Trabrenn-Bahn (1954) in Dinslaken, 800 m lang.

Radfahren. Kurz nach 1890 baut der Radfahrerverein Vehmlinde in Dortmund im Kaiser Wilhelm-Tal die Radrennbahn. 1898 findet in Dortmund der 15. Bundestag des Deutschen Radfahrerbundes statt – ein riesiges Ereignis.[7]

Vom disziplinierten Sport zum Freizeit-Spaß führen in den 60er Jahren die Revier-Parks und eine Anzahl weiterer Anlagen. Das Programm der Revier-Parks des Kommunalverbands Ruhr (KVR) [200] bündelt die Bedürfnisse und Erfahrungen, die in einem Jahrzehnt entstanden sind. Es steht mit einem Spagat auf der Schwelle zwischen mehreren Vorstellungen: Nach rückwärts in der Tradition einer einfache Freizeit, die mit wenigem zufrieden ist. Im Zeit-Geist: eine Technokratie der Freizeit, für die ein umfangreicher Wirtschafts-Zweig Requisiten liefert. Als Zukunfts-Perspektive in zaghaftem Kontakt mit einer Subkultur, vorwiegend von jungen Intellektuellen, im Umfeld von 1968[8].

Orts-Hinweise: Freizeit-Parks. Fünf Revier-Parks des KVR: Mattlerbusch (1974) um den Mattler-Hof in Duisburg-Hamborn (Wehofer Straße 42)/Oberhausen-Holten. Vonderort (1971) in Oberhausen (Bottroper Straße 322)/Bottrop, am Röttgersbusch. Nienhausen (1969) in Gelsenkirchen (Feldmarkstraße 201)/Essen. Gysenberg (1967/1970) in Herne (Am Revierpark 40), im Stadtwald, mit Tier-Park (1957). Wischlingen (1974) in Dortmund (Höfkerstraße 12).
Freizeitzentrum Kemnade (1971) in Witten (Querenburger Straße 29). Sport-Paradies (1984) in Gelsenkirchen (Adenauer-Allee 118; Lutz Limmer, Meerbusch), mit Groß-Halle, Spaß- und Wellen-Bad, Eis- und Wasser-Sport.

Schwimmen. 1878 gründet sich die Steeler Bade-Gesellschaft und legt eine Bade-Anstalt in der Ruhr an – noch nach Geschlechtern getrennt. Um die Jahrhundertwende entstehen eine Anzahl Fluß-Bade-Anstalten. 1890 wird eine öffentliche Bade-Anstalt an der Aaker-Fähre in der Ruhr angelegt. Junge Leute baden in der Ruhr, Emscher, in einem Baggerloch in Obermeiderich und im Ratingsee.

Als die Emscher zum Abwasser-Kanal gemacht wird, geht die Jugend zum Rhein-Herne-Kanal. „Wir schrieben aus Oberhausen auf Postkarten scherzhaft Rio Brande am Canalo brando beim Monte Schlacko. Die Leute liefen in der Badehose auf der Straße herum. Kam ein Schiff, fühlten wir erst, ob Teer dran war – dann schwammen mit ihm von Schleuse zu Schleuse" (Günter Biesel). Die Kanäle hießen auch „Kumpel-Riviera."

In den zwanziger Jahren werden für den Sommer im Rahmen einer gesundheitlich orientierten Freizeit, meist mit Mitteln der Notstands-Maßnahmen für Arbeitslose, Freibäder angelegt – oft in Verbindung mit Stadien.

Nach 1960 führt das Bedürfnis, unabhängig vom Wetter schwimmen zu können, dazu, daß in allen Städten der Region Hallen-Bäder gebaut werden. In ihnen beherrscht der disziplinierte Sport mit seiner ›olympischen Norm‹ die Organisation und Gestaltung des Bade-Lebens. Dagegen entsteht seit 1980 Opposition. Sie führt zum Bau einiger ›Spaß-Bäder‹. Auch die Hallen-Bäder der Revier-Parks rüsten mit dieser Orientierung um. Weiterhin holen sie sich weiterhin den Effekt von Heil-Bädern: Sole-Bäder entstehen. Das Sole-Wasser im Revier-Park Gysenberg wird von weither, von der Zeche Alstaden in Oberhausen über eine Pipe-Linie nach Herne geführt.

Orts-Hinweise: Bäder. 1895 wird in Oberhausen ein Hallenbad angelegt: das Ebertbad. Durch Bürgerinitiative erhalten, ist es heute Kultur-Zentrum und Theater-Stätte. Stadt-Bad in Mülheim (1910 von Karl Helbing). Freibad (1926) neben dem Stadion Niederrhein in Oberhausen [226]. Freibad Wedau und 1926 Schwimm-Stadion Wedau (1926) in Duisburg-Wedau.
Stadtbad in Bochum (1951) – seinerzeit eines der bestausgebauten Hallen-Bäder der BRD. Zentralbad (1971) Gelsenkirchen (Wilhelminenstraße 24, P. F. Scheider, Köln), 1993 größtes Hallen-Schwimmfest der Welt. Cappenberger See in Lünen-Wethmar (1982, Fleischner & Walentowitz; Wehrenboldstraße) – ein großer Sport- und Freizeit-Komplex im Baggersee (seit 1919). Kom-

merzielles Freizeitbad Aquadrom (1988) am Ruhrpark in Bochum. Freizeit-Bad Copa C (1989) in Herten-Disteln (Gustav Keinemann/ Christoph Keinemann; Teichstraße) der Hertener Stadtwerke, 1992 Hallenbad.

Schau-Plätze: Mythos Fußball

Ein Weg zum Ansehen. Der legendäre Sport des Reviers ist der Fußball. In der Gemenge-Stadt mit ihren vielen Brachflächen, Höfen, Restgrundstücken „bolzen die kleinen und großen Jungs vor allem, was sich bewegen läßt". Die Jungen spielen „mit Fußbällen aus Stofflappen oder mit Blechbüchsen Fußball" (Johann Grohnke).

Fußball[9] ist im Ruhrgebiet die Aufstiegs-Chance des armen Jungen zum Volks-Helden. Viele junge Menschen haben eine Chance. In Schalke (Gelsenkirchen), wo 1890 von den Einwohnern 81 Prozent aus Masuren und Polen kamen, stammen – ebenso wie in anderen Orten – viele Fußballer aus Zuwanderer-Familien [89]. Ihre Namen zeigen es: Cieslarczyk, Rachuba, Michallek, Smigelski, Chichutek, Matejka, Zilinski, Greszak, Sawitzki, Szepan, Kuzorra, Tibulski, Kelbassa, „Hännes" Adamik („ich bin in Sodingen hinter der Sportplatzmauer geboren"), Szymaniak, Schanko, Stachorra III, Niepieklo, Kasprczyk, Konopczinski, Kasperski, Kwiatkowski, Libuda. [233, *234]*

Vereine. Die meisten Vereine entstehen aus Nachbarschaften, im Norden der Region häufig aus Zechen-Siedlungen. Aus der Notwendigkeit, in Teams zu arbeiten, vor allem im Bergbau, geht das Mannschafts-Spiel hervor[10]. Die Überraschungen beim Spielen, mit dem tückischen Ball und den Konstellationen, erscheinen als Abenteuer.[11]

Vereins-Gründungen: 1896 tun sich kaufmännische Angestellte und Zechen-Beamte zu ›Spiel und Sport Schalke‹ zusammen. 1898 Turn- und Sportclub Stockum in Stockum-Beeck (Duisburg). VfB Bottrop 1900. Union 02 Hamborn. 1902 Meidericher Spielverein (später im Duisburger SV). 1902 Bruckhausener Ballspielverein (Duisburg-Hamborn). 1903 Ballspielclub Hamborn. 1904 berichtet keine Zeitung über die Gründung von Westfalia Schalke (Gelsenkirchen, später FC Schalke 04). BV Altenessen 06. 1907 Sportclub Vorwärts in Marxloh (Duisburg-Hamborn). 1907 Sportverein Vogelheim (seit 1923 SC Rot-Weiß Essen[12]). Arminia 08 Marten. 1909 SG Wattenscheid. Spielvereinigung Röhlinghausen 1913 (Herne-Wanne-Eickel). Nach dem Krieg steigt die Zahl der Vereine sprunghaft an.

Aus katholischen Vereinen entstehen Fußball-Mannschaften, organisiert in der DJK (Deutsche Jugendkraft). Aus der ›Jünglingssodalität‹ der Dreifaltigkeitsgemeinde in Dortmund geht der Ballspielverein Borussia 09 hervor. Wegen Spannungen mit dem Kaplan verlassen die Spieler die Vereinigung und gründen einen unabhängigen Klub.

Arbeiter-Sportvereine[13]. In Dortmund entstehen – auf Impuls der Gewerkschaften und der Sozialdemokratie – seit den achtziger Jahren Arbeiter-Sportvereine. Mißliebige Gruppen werden jedoch von den Behörden zu politischen Vereinen erklärt und aufgelöst. Erst 1918 verfügt der ›Rat der Volksbeauftragten‹ das Ende dieser Diskriminierung. Die gesamte Bewegung des Arbeiter-Sports erreicht 1,2 bis 1,5 Millionen Menschen als Mitglieder[14]. Zur Einweihung des Stadion Rote Erde in Dortmund veranstalten der bürgerliche Stadtverband für Leibesübungen und der Arbeitersport getrennte Feiern. 1933 zerschlägt der NS-Staat diese gewaltige Kette von kleinen sozialen Netzen. Und ebenso auch die katholische Deutsche Jugendkraft.

Fußball ist Gespräch – Tag für Tag. Jahrzehnte betrifft der Fußball die gesamte Bevölkerung des Ruhrgebietes – Männer wie Frauen, Kinder wie alte Leute. Das Stimberg-Stadion (1930/1934) in Oer-Erkenschwick ist mit 26.000 Zuschauern für die gesamte Stadt-Bevölkerung gebaut. In der Waschkaue, unter Tage, über Tage, in der Kneipe, zu Hause. Nach dem Spiel ist das Vereinslokal brechend voll. Ernst Kuzorra: „Der Fußball hat uns alles gegeben – das war unser Leben"[15]. Es gibt Mythen um viele Personen: „Eisenfuß" Peehs von Borussia Dortmund, Friedhelm Kobluhn von Rotweiß Oberhausen, der „Schwatte" Koslowski von Schalke 04, „Boß" Helmut Rahn von Katernberg (Essen).

Mythos Schalke 04. Viele Jahre ist Schalke 04 ein ›wilder Verein‹, ›unorgani-

siert‹ – heute würde man sagen: Hobby-Fußballer. Um 1925 versucht der Fußball-Verband durch Aufstiegs-Sperre den Arbeiter-Klubs, vor allem dem „Polakken- und Proletenklub" aus Schalke, den Weg in die höchste Klasse zu verstellen[16]. Nach 1924 leitet Fritz („Papa") Unkel,

FC Schalke 04 : Fortuna Düsseldorf.

ein Kohlenhändler, dann Material-Verwalter der Zeche Consolidation, den Verein und gewinnt die Unternehmens-Leitung als Förderer. Sie ermöglicht, nachdem der Platz an der Grenzstraße (seit 1914) zu klein geworden ist, den Bau des Stadions: der Glückauf-Kampfbahn (Fritz Laser, Bauabteilung Zeche Consolidation) – mitten zwischen Zechen-Türmen und Fabrik-Schornsteinen. Ein Jahr später (1929) gewinnt Schalke, der Verein aus lauter Arbeitern, seine erste deutsche Meisterschaft, 1930 die zweite und weitere 1934 (über Nürnberg), 1935, 1937, 1939 (9:0 über Admira Wien) und 1940[17]. Bis dahin macht die Mannschaft neun der zehn möglichen Endspiele.

Eine industrie-typische Konstellation ist der Schalker Mark – vor dem Fabrik-Tor der Zeche Consolidation II und VII liegt der Treffpunkt der Fußball-Freunde, mit dem Lokal von ›Mutter Thienemann‹ (später ›Zum Kreisel‹). [130, *404*]

Rationalität. Zum regellosen Kick-and-Rush-System kommt um 1900 die erste Taktik: das ›schottische System‹ der

Raum-Einteilung (2-3-5). Drehpunkt der Mannschaft ist der Mittelläufer. Schalke 04 wird dadurch groß, daß hier eine rationelle Spielweise entwickelt wird: systematische Verbesserung der Ball-Technik, konsequentes, kontrolliertes Flachpaß-Spiel, Team-Arbeit, schnelles Spiel, geistige Beweglichkeit. Halblinks der Bergmann Ernst Kuzorra, halbrechts der Küppersbusch-Installateur Fritz Szepan und der Mittelläufer Otto („Ötte") Tibulski entwickeln mit ihrem Trainer Kurt Otto[18], seit 1933 unter „Bumbas" Schmidt, das „Schalker Kreiselspiel", ein System von verwirrenden Kurzpaß-Kombinationen mit plötzlichem Steilpaß. Polnische Zeitungen erklären den Verein für polnisch.[19]

Höhepunkt des Fußballs im Ruhrgebiet sind die vierziger und fünfziger Jahre. Hans Dieter Baroth schildert ihn in einem Bestseller[20]: Trümmer, abenteuerliche Fahrten zu Auswärts-Spielen, auf LKWs, die Spieler können noch mit der Straßenbahn zum anderen Stadion fahren, nach dem Spiel wird in der Kneipe gesungen, mit den Spielern. Die hohe Zeit des Ruhrgebiets-Fußballs hängt mit ökonomischer Kraft zusammen: Rot-Weiß Essen wird 1953 Pokal-Sieger, 1956 Deutscher Fußball-Meister - zur selben Zeit erreicht die Kohlen-Förderung in Essen ihren Höhepunkt. Essen ist die größte Bergbau-Stadt des Kontinents, mit 60.000 Kumpels. Rot-Weiß-Vereins-Präsident Georg Melches (›Georg Melches-Stadion‹ an der Hafenstraße) ist Zechen-Direktor. Viele Spieler werden von den Zechen halbtags freigestellt. Und unter Tage geschont, auch von den sympathisierenden Kollegen.

Mit dem Zechen-Sterben setzt der Niedergang ein. Köln setzt sich durch: 1964 Bundesliga. Peter Maaßen, Präsident von Rot-Weiß Oberhausen wehrt sich: er „wollte die Oberliga mit Schwerpunkt Ruhrgebiet nicht der Bundesliga opfern."[21] Schalke zehrt vom Mythos – aber

seit 30 Jahren arbeitet kein Spieler mehr „auf Zeche". Die Mythen des Fußballs leben weiter – bis hin zum Ritual im Bochumer Ruhrstadion: Herbert Grönemeyers Stadt-Hymne. **Vom Hof in die Liga.** Siegfried Abramczik über Fußball: „Hier bei uns auf dem Hof [in Gelsenkirchen-Buer-Erle], da ist praktisch ein Rasen, fast ein Fußballplatz. Die Häuser, die sind im Quadrat um den Fußballplatz, kann man sagen, herumgebaut. Dann haben die Kinder damals hier untereinander gepielt. Die durften hier spielen, das war nicht so wie heute in den verschiedenen Gegenden, daß da steht ›Betreten des Rasens verboten‹... . Und früher wohnten hier in der Siedlung fast nur Bergleute ... Das ist ja eine Siedlung, die dem Pütt gehört. Und Fußball gehört hier zum Leben dazu. Das ging automatisch, die Kinder hatten keine Langeweile, die hatten Platz. Das ist hier nicht anders wie überall im Ruhrgebiet. Und wie ich der Rüdiger Fußball gespielt hat, da hat man sich am Anfang nur gefreut, an den Bewegungen. Und wie ich dann merkte, daß der Junge Talent hatte, da hab ich mich ein bißchen mehr um ihn gekümmert. Ich hab ihn dann zum Verein gebracht, hier nach Erle 08. Und dann bin ich [nach zwei Jahren] nach Schalke gegangen; ich hab ihn da angemeldet... . Wir sind immer ... mitgegangen, auch meine Frau ... . Der Rüdiger ... hat sich nie was auf sein Fußballspielen eingebildet. Er spielt mit jedem, spricht mit jedem. Er unterhält sich hier mit den kleinen Jungens auf der Straße ... Und ihm macht es das auch nichts aus, hier auf die Wiese zu gehen, um mit den Jungens Fußball zu spielen... Was ich bei Schalke gut finde, das ist, daß die dadrauf achten, daß die Jungens alle eine Lehre machen".[22]

Vergessen. Viele berühmte Vereine sind in Vergessenheit geraten, zum Beispiel STV Horst Emscher (1912; Gelsenkirchen-Horst) an der Zeche Nordstern,

Die kleinen Läden der Schalker Legenden.

Sportfreunde Katernberg 1913 (Essen-Katernberg), SV Sodingen (Herne). **Die kleinen Mannschaften.** Keine Region der BRD hat soviele Bundesliga-Vereine. Aber daneben gibt es in jeder Stadt viele kleine Vereine und eine Fülle von Hobby-Teams, die die Straßen-Mannschaften abgelöst haben. Stadien. Für den frühen Sport werden als etablierte Struktur Vereine gegründet. Sie pachten von Bauern eine Wiese. 1899 entsteht als erster Essener Fußball-Verein der Essener Sport-Verein 1899. 1925 gibt es in Essen 42 Vereine mit 11.000 Mitgliedern.

1911 erfolgt der erste Impuls zu staatlicher Förderung: ein ›Erlaß des [preußischen] Ministers der geistlichen, Unterrichts- und Medizinal-Angelegenheiten betreffend Jugendpflege‹, fordert dazu auf, dem „heranwachsenden Geschlecht [solle] ein fröhliches Heranreifen zu körperlicher und sittlicher Kraft" ermöglicht werden, daher sollen die Kommunen Spielplätze, Turnhallen und Schwimmbäder bauen.[23] Konkret wird dies erst nach 1918. Dann werden auch die freireligiösen und sozialdemokratischen Vereine gefördert.

Stadtplanerisch zeigt sich die Leidenschaft am Sport in den umfangreichen In-frastruktur-Komplexen, die in den 20er Jahren, vor allem aber in den 60er Jahren in der Region entstehen. 1929 besitzt die Stadt Hamborn (Duisburg) 21 Sportplätze, davon sind elf von der Kommune angelegt. 1932 hat Essen 59 Sport-Plätze.

In den 20er Jahren geschieht die Finanzierung vor allem als Notstands-Maßnahmen für Arbeitslose. Nun entstehen die großen Stadien im Revier. Die umfangreichsten Sport-Anlagen schafft Duisburg im Wedau-Gelände.

Vorbild für die Großstadien, die zwischen 25.000 und 50.000 Zuschauer fassen, ist das Olympia-Stadion in Stockholm. Die Anlagen sind ausdrücklich mit architektonischen Ansprüchen gebaut.[24]

In der NS-Zeit verringert sich die Zahl der Klubs drastisch. Die Machthaber bauen kaum mehr Sport-Plätze, obwohl sie den Sport exzessiv ritualisieren und außenpolitisch mit ihm werben, vor allem mit der Olympiade Berlin 1936.

Der Borsig-Platz in Dortmund „gehört" der Borussia [130, 396, *397*]. Inge Nieswand wuchs dort auf: „Als Borussia ganz oben war, wollten die Leute den Platz schwarz-gelb anmalen. In Dortmund sagt man: ›Am Borsig-Platz tragen sie alle Schwarz-Gelb – schwarzer

Hals, ungewaschen, und gelbe, ungeputzte Zähne‹. Das ist Spott. Der erste Krach mit meinem Freund und späterem Ehemann: Ich war Fan von Borussia – er Anhänger von Schalke. Nach den Spielen war schwer was los. Es ging sehr familiär zu – die Fußballer waren zum Anfassen da. Wir waren Lokalpatrioten. Heute sind die Fußballer zwar sehr bekannt, aber mir kommt es so vor, daß die Leute sie nur übers Fernsehen kennen.“

Der Höhepunkt für Sport-Bauten sind die sechziger Jahre. Viele Städte erhalten umfangreiche Bezirks-Sportanlagen. Diese Zusammenfassung zu Sport-Zentren spiegelt den Einfluß der Stadt-Sport-Bünde. Kaum mehr vorstellbar ist heute, daß es vor 1900 fast keinen etablierten Flecken für irgendeinen Sport gab. Aber 1993 besitzt die Region über 10.000 Sport-Stätten.

Sport und Wirtschaft. 1992 sind große Fußball-Klubs Wirtschafts-Unternehmen. Borussia Dortmund hat 37 Angestellte, zahlt 1982 fünf Mio. DM Lohn- und Einkommen-Steuer sowie 520.000 DM Körperschafts- und Gewerbe-Steuer, weiterhin 3 Mio. DM Mehrwert-Steuer, insgesamt 8,5 Mio. DM direkte Steuern. Die Stadt erhält im Jahr 1,1 Mio. DM Stadion-Miete und alle Einnahmen der Banden-Werbung. Über 10 Mio. DM. setzt die Gastronomie in Stadion-Nähe um. Der Verkehrsverbund (VVR) erhält im Jahr 370.000 DM (50 Pfennig pro Eintritts-Karte). Die Stadtväter bekommen 80 Freikarten.

Denkmalschutz. Leider hat die Stadt Gelsenkirchen die Traditions-Stätte des Schalker Marktes unter einer überflüssig breiten Verkehrs-Fläche ›begraben‹ und sich auch sonst nicht um die Stätten seines Image-Trägers gesorgt. Es bleibt eine der zukünftigen Aufgaben sozial-kultureller Stadt-Planung, eine Rekonstruktion, eine Darstellung und einen Denkmalschutz für das legendäre Massen-Phänomen Schalke 04 zu entwickeln.

Das Cello und der Fußball. Was Fußball im Revier bedeutet drückt Barbara Wameling in einer Anekdote aus: „Ein Jugendlicher spielte Cello. Das war für seine Freunde etwas Fremdes – und um darüber hinweg zu kommen, verdonnerten sie ihn dazu, auch Fußball zu spielen.“

Orts-Hinweise: Sportstätten und Stadien. 1920/1926 entsteht im Waldgebiet neben dem 1914 ausgebaggerten Wambachsee durch ein „wunderbares Geschenk“ der Firma Krupp-Rheinhausen (Sitzungsbericht des Turn- und Sport-Ausschusses) der Sport-Park Wedau in Duisburg (Planung: Stadtbaurat Dr. Dieter), mit Sportschule des Westdeutschen Fußballverbandes, Freibad, Schwimmstadion und 1926 einem großen Fußball-Stadion für 31.000 Zuschauer (Karl Kurowski/Rolf Bähr). Schwelgernbruch-Stadion (20er Jahre) in Duisburg-Hamborn (Neue Schwelgern-/Diesterweg).

Niederrhein-Stadion in Oberhausen (1924/1926 vom Stadtbaumeister Ludwig Freitag) für 44.000 Zuschauer, Spielort des Sportclub Rotweiß, das aber in Oberhausen-Alstaden an der Landwehr/Rechenacker zuhause ist, 1949 durch Boden-Senkung einsturzgefährdet, heute noch 1/2 m Höhen-Unterschied. Stadion Gladbeck (1928).

Schalker Markt und frühes Schalker Stadion – wann kommen sie unter Denkmalschutz?

Im Park von Schloß Borbeck in Essen-Borbeck (Schloßstraße) liegt die Dubois-Arena, nach dem Krieg berühmte Box-Kämpfe (heute Musik-Bands). In der Siedlung Wilhelminenstraße in Essen in Essen-Katernberg wuchs der legendäre Fußballer „Boß" Helmut Rahn auf, der bei der Weltmeisterschaft 1954 das entscheidende Tor zum 3:2 für Deutschland erzielt. Uhlenkrug-Stadion in Essen (1928). Schalker Markt in Gelsenkirchen-Schalke (Gewerkenstraße) mit Vereins-Lokal ›Mutter Thienemann‹ (später ›Zum Kreisel‹, geschlossen) und Kiosk (geschlossen) *[404]*. Alte Glückauf-Kampfbahn in Gelsenkirchen-Schalke (Kurt Schumacher-/Caubstraße) *[404]*. 1973 Park-Stadion Gelsenkirchen-Buer (Hochbauamt), für 70.000 Besucher, vor allem für Schalke 04 (Kurt Schumacher-Straße/Autobahn A 2 Ausfahrt Gelsenkirchen-Buer)[25]. Stimberg-Stadion (1930/1934) in Erkenschwick (Engelbertstraße).
Lohrheide-Stadion in Bochum-Wattenscheid (1954; Lohrheide-Straße; 1975 und 1992 umgebaut), mit umfangreichen vereinseigenen Sport-Stätten. Ruhr-Stadion in Bochum (1919; Castroper Straße) von Vereins-Mitgliedern des TUS Bochum 1848 gebaut, 1945 Wiederaufbau, 1975 Ausbau mit Tribüne für 42.000 Zuschauer (Hochbauamt), 1987 Rasen-Heizung.
Kampfbahn Rote Erde (1926, Hochbauamt) in Dortmund. 1925 Westfalenhalle in Dortmund (Rheinlanddamm/Strobelallee), 1925 in Stahl und Holz, kriegszerstört, 1951 neugebaut. Stadion Rote Erde in Dortmund (Strobelallee). Westlich daneben: 1974 Westfalen-Stadion (Hochbauamt), für Borussia Dortmund. Borsig-Platz in der Nordstadt von Dortmund, mit Lokalen der Borussia-Anhänger. Sportschule Kaiserau (Fußball-Verband Westfalen) in Kamen-Methler, häufig Vorbereitungs-Stätte der Fußball-Nationalmannschaft.

Schau-Plätze: Freizeit und Vergnügen

Freizeit in den Arbeiter-Bereichen.
Freie Zeit erscheint als entlastete, scheinbar selbstverfügte Zeit, als Entfaltungsraum subjektiver Bedürfnisse, als Raum für vielgestaltige Tätigkeiten und Wahrnehmungen. Unterhaltung ist nicht nur Unterhaltung, sondern in weiten Bereich der Vorwand, um ein soziales Netz zu

knüpfen. Die Frauen tauschen ihre Geschichten vor der Tür mit Nachbarinnen aus. Die Männer ›palavern‹ in den Wirtschaften. In den milden Jahreszeiten laufen sie langsam die Straßen oder Wohn-Wege der Siedlungen auf und ab und suchen sich ihre ›Skat-Brüder‹.
Am Wochenende bieten viele Gaststätten ›Tanzvergnügen‹ an.[26] In diesen Tanz-Salons versammelt sich Sonntags die arbeitende Jugend. Sie zieht lärmend von einem zum anderen. Diese Rolle geht in den 60ziger Jahren auf Discos und in den 80er Jahren auch auf die ›Musik-Zirkus‹ über (in Oberhausen entstehen zwei). Erholungs-Urlaub gibt es noch nicht[27].

Gaststätte Krieter in Hamm-Heessen. [114]

Ende 1883 lesen die Leute in der Rhein- und Ruhrzeitung über die Vergnügen in der Bürgermeisterei Beeck (Duisburg): Es gab in diesem Jahr „... 96 Bälle, 32 Konzerte, 8 öffentliche Aufzüge und 9 theatralische etc. Vorstellungen ... An Abgaben von diesen Lustbarkeiten

sind den Armenkassen nicht weniger als
1.200 Mark zugeflossen."[28]

Die Kneipe. Um 1900 entsteht durch
Konjunktur, viele Vereins-Bildungen, in
denen sich Menschen zur Lebens-Bewäl-
tigung zusammentun, und ein Kredit-Sy-
stem des Anschreibens „auf Latte" eine
Fülle von Gastwirtschaften [56], mit Sälen und oft Nebenbetrieben. Meist liegen
sie markant an Straßen-Ecken. Sie bilden
›Salons der Armen‹.[29]

Walter Brenk, Jahrgang 1908: „Früher
waren die Wirtschaften alle brechend voll.
Da ging es den Menschen um Unterhaltung. Um das Werk herum gab es eine
Reihe von Kneipen. ›Wirtschaft Hobel‹.
Und ›Stallberg‹. Wer kann sich das vorstellen? – morgens um 5 oder 6 Uhr ging
es los. Als wenn Millionen Soldaten vor-
beigingen – mit den Grubennägeln unter
den Schuhen – alle Bergleute, alle, die zur
Arbeit gingen. Sie kamen aus der Siedlung und aus den Straßen. Mit einem
Tuch um den Hals und die Kaffeepulle
auf dem Buckel.

Wenn Lohntag war, hatte die olle Hobel schon ein paar hundert Pinchen ein-
geschüttet – morgens um 6 Uhr, wenn
die Kumpels von der Nacht-Schicht kamen. Oder nach der Mittagsschicht.
Dann kamen die rein: ›Einen Schnaps!
und einen halben Liter!‹ Danach hauten
die meisten ab. Das ging alles auf Buch,
das hat die Olle angeschrieben. Jeder war
ehrlich, das betone ich heute noch.

Heute holen die Leute sich ihr Bier
nach Hause. Die Flimmer-Kiste hat alles
kaputt gemacht. Alles. Die Kinos gingen
noch. Wenn wir im Kino waren und raus-
kamen, gingen wir noch in die Kneipe.
Aber diese Dinger, die halten alle Menschen zu Hause. Die ganzen Wirtschaften
gehen kaputt. Die alten Kneipen sind alle
zu. Es hatte keiner mehr was zu tun."

Das Büdchen ist uralt, es heißt auch
Kiosk und Trinkhalle. Da holt der Junge
für den Vater „dat Püllken Bier". Hier
kehrt – „mit bereinigtem, marktgängigem

Sortiment" – der familiäre Tante Emma-
Laden zugleich mit seinem Aussterben in
den 70er Jahren zurück.

Die Bude beschreibt der Bottroper
Kurt Küther: „Nach Schicht anne Bude.
Kumpel komm mit anne Bude vorm Zechentor / noch auf ne Pulle Bier / Ich geb'
ein vor – du gibst ein zurück / Dat sind
zusammen dann vier / Tante Tina reicht
die Pullen durchs Fenster / du bezahls se

und hälsse in ner Hand / Da brauchs e
kein Kellner mit Frack und Fliege / du
löschst ganz einfach im Stehen dein
Brand. / Denn der Staub vonner 12. Sohle muß weg / Mann wat has se doch fürn
Schmacht / Un wenn dat die Kehle run-
nerläuft / hättste gern Hals so tief wien
Schacht / Un bisse mit Geld im Moment
mal blau / kannsse am Lohntach be-
schucken / Tante Tina merkt sich dat genau / doch wehe du tust dich nich

mucken / Da stehsse trocken – da krisse nix mehr / kein Bier un keine Brause / Da nimmsse den Staub vonner 12. Sohle / ganz schön dick im Hals mit nach Hause (Vertonung: Tönnis-Basement-Band Ahlen, Düwelskermes Osnabrück).

Barbara Wameling: „Das Büdchen steht an einer entlegenen Stelle des Stadtteils, wo es kein Geschäft gibt, und wo sich keines rentiert. Zwei hübsche und kommunikative Mädchen sagen sich, ›wir müssen was machen‹ und betreiben die ›Trinkhalle‹ einige Jahre lang, im Wechsel untereinander, dann haben sie sich ein Haus erspart. Das Büdchen ist kein schlechtes Geschäft, auch weil das Finanzamt es nicht kontrollieren kann."

Orts-Hinweise: Büdchen. Charakteristisch in Castrop-Rauxel: Schweriner Straße 8/10 und Bodelschwingher Straße 2. Trinkhalle (um 1900) im Naturkunde- und Heimatmuseum Herne-Wanne Eickel (Unser-Fritz-Straße). Fischerstraße/Nordsternstraße in Gelsenkirchen-Horst. Und auf vielen Plätzen.

Jahr-Markt. Der Jahr-Markt, wie ihn die Stadt Lünen seit 1263 veranstalten darf, bringt Geld aus dem Umlandund stärkt so die Finanz-Kraft der Stadt. Von der Beecker Kirchweih-Messe stammt – nach der Haupternte-Zeit – die Beecker Kirmes (Duisburg-Beeck). Jahrhundertelang sind solche Kram-Märkte das wichtigste Ereignis in Dorf und Stadt. Sie strukturieren auch in der Industrie-Epoche noch das Jahr.

Freizeit wird langsam zu einem großen Markt für ein immer umfangreicher werdendes Gewerbe. Das beginnt mit dem Jahr-Markt[30] Alle gehen hin – die Armen wie die Reichen. Er ist der Treff-Ort, wo nicht nur ausnahmslos alle zu finden sind, sondern zu dem auch aus anderen Orten viel neugieriges und erlebnishungriges Volk „herüberkommt". Die lockere Atmosphäre läßt einen Heirats-Markt entstehen. Der Jahr-Markt ist eine Gegenwelt zum Alltäglichen – mit seinen ›neuesten und großartigsten Sensationen

der Gegenwart‹. Dort gibt es zu kaufen, was der örtliche Laden nicht bietet, auch Vieh, Acker- und Haushalts-Geräte sowie Kleidung. Um 1900 verschiebt sich das Angebot zu Schleckereien, ›Galanterie-Waren‹, Spielzeugen, Nippes-Figuren, Photographien.

Die erste Ebene sind Schaukeln und Karussells, langsame und schnelle. Sie lösen einen Geschwindigkeits-Rausch aus (›Berg- und Talbahn‹). Hinzu kommen Wurf- und Schieß-Buden, Puppen-Theater mit dem Kasper und der Großmutter, Tier-Dressuren, Musiken wie Kirmes-Orgeln und Kapellen, Glücks-Räder, Lotterien. Auch technologisch ist der Jahr-Markt eine Messe der Attraktionen: zum Beispiel das ›Dampf-Galoppaden-Karussell‹ und die ›elektrische Auto-Corso-Bahn‹. Die Gastwirte geben abends ›Tanz-Lustbarkeiten‹. Der Jahr-Markt ist ein Kaleidoskop, in dem eine Überfülle durcheinandergeht: Gefühle, Bilder, Figuren, Zauber-Revuen, Lust am Verbotenen und Tabuisierten, unter dem Vorwand von Wissenschaft, Anatomie-Schauen mit der bildlichen Vorführung von Krankheiten, auch Geschlechts-Krankheiten, Deformationen, Anatomien von fremden Völkern und Rassen, Kriminal-Sammlungen, Toten-Masken. Und Exotisches.

Die Leute erleben berühmte Männer und Frauen ›lebensnah‹ als Wachs-Figuren. Sie blicken unter Wasser in Aquarien. Sie amüsieren sich über Possen, Gesang, Elektrisier-Maschinen, über Kraft und über das Messen von Kraft (›Haut den Lukas‹, Ring-Kämpfe), ›Liebes-Waage‹, Wahr-Sagen, Karten-Lesen, Orakel. Ein Gemisch bilden Phantasie, Gewalt, Grusel, Enttabuisierung von Erotik und Sexualität, Nerven-Kitzel – vor allem in Horror-Schauen von ›Schreckens- und Folter-Kammern‹, ›Verbrecher-Galerien‹, ›Welt-Schau‹, Varieté-Nummern wie ›zersägte Jungfrau‹, ›ein Vater köpft seine Tochter‹, ›Neger‹, ›der Löwenmensch, halb Mensch halb Löwe‹, Abnormitäten der Natur wie ›zusammengewachsene Zwillinge‹, ›Liliputaner-Variété-Theater‹, Riesen-Menschen, ›Völker-Schauen‹, ›Waldmenschen‹, ›Lebewesen zwischen Menschen und Tieren‹.

Über den ›Verfall der Sitten‹ und die ›Brut-Stätte der Laster‹ wird schon um 1850 diskutiert. 1908 werden die alten Jahrmärkte in Aldenrade (Duisburg) und in Hamborn (Duisburg) aufgehoben. Begründung: Es seien keine wirklichen Jahrmärkte mehr, sondern nur noch Volksbelustigungen und sie würden den Verkehr behindern.[31] Die Unternehmer stehen auf Seiten der Kirmes-Gegner, weil nach der Kirmes das ›Feiern‹ verbreitet ist. Die Obrigkeit fürchtet jedoch, Einschränkungen könnten zu Unruhen führen „und der sozialdemokratischen Agitation weitere Waffen in die Hand geben" (Oberpräsident der Rheinprovinz 1899). Die Sozialdemokratie hält sich jedoch aus der Diskussion heraus.

Kirmes-Verbote (1877 Dortmund, 1880 Bochum, 1886 Duisburg und Ruhrort (Duisburg), 1887 Meiderich (Duisburg), 1897 Essen und Mülheim) mobilisieren tausende von Menschen zu Versammlungen und Aktionen. In Dortmund verlangt 1911 die evangelische Kirche, die Herbst-Kirmes abzuschaffen. Als Folge des ›Kultur-Kampfes‹ verlangt die katholische Kirche ihre Erhaltung.

Orts-Hinweise: Kirmes und Jahr-Märkte. In Unna schon vor 1346 am 23. November St. Clemens-Markt und am Montag nach dem 13. Juli die „Sunte Margreyten-Kermisse", ferner seit 1435 der St.-Laurentius-Jahrmarkt in Zusammenhang mit der Laurentius-Vikarie in der Pfarrkirche, nach 1582 am 20. August. 1346 erlaubt Graf Adolf II von der Mark der Stadt Unna jährlich fünf „Kermyssen". In Dortmund[32]: 16tägige Oster-Kirmes auf dem Fredenbaum-Platz, Pfingst-Kirmes in Huckarde, im August die Bartholomäus-Kirmes in Dortmund-Lütgendortmund (›Pflaumen-Kirmes‹).

Simon-Juda-Markt in Werne, seit dem 14. Jahrhundert am 28. Oktober. In Crange (Herne-Wanne) wird die Kirchweihe von St. Laurentius fröhlich begangen: mit einem großen Pferde-Markt, für den auch Wildpferde aus dem Emscherbruch eingefangen werden, viel fahrendem Volk [62]. Dieses drittgrößte Volksfest Deutschlands zieht jedes Jahr vom ersten Freitag im August zehn Tage lang drei Millionen Menschen. Fronleichnams-Kirmes in Sterkrade (Oberhausen), in der gesamten Innenstadt. Kopstadt-Platz in Essen – mit rund 100.000 Menschen (heute kein Kirmes-Platz mehr). Markt- und Schaustellermuseum in Essen (Berliner Platz 42), einziges Museum dieser Art in Deutschland, von Erich Knocke zusammengetragen und betreut, mit umfangreichem dokumentarischem Material. Herbst-Kirmes auf dem Großmarkt-Gelände in Essen. Kirmes vor der Gruga. Kirmes in Duisburg-Beeck.

Handzettel Essen 1897.

Vergnügungs-Parks. Aus der Tradition der Kirmes entwickeln sich die Vergnügungs-Parks, auch ›Luna-Parks‹ genannt[33] Im Aufstieg der Städte nehmen sie auch vornehme Züge an. Nach dem Vorbild des ›Tivoli‹ in Paris, Berlin und Kopenhagen und dem ›Prater‹ in Wien sind sie im Prinzip den größten Teil des Jahres über eine Kirmes, allerdings in der Hand eines Veranstalter und in ›gezähmter Form‹.

Im Ruhrgebiet erscheinen sie erst ziemlich spät. Zwischen 1910 und 1914 entstehen Vergnügungs-Parks: der ›Fredenbaum‹ in Dortmund (1912) als größter. Dann in Bochum. In Herne gibt es die ›Fora Marina‹ und in Stoppenberg (Essen) den ›Tivoli‹. 1912 ›Luna-Park Mülheim Ruhr-Speldorf-Duisburg‹ – er hält sich in seiner Werbung für das ›größte Vergnügungsetablissement des Industriebezirks‹, später die Ausflugs- und Vergnügungsstätte ›Monning‹ in Duisburg-Speldorf – mit Konzerten, Tanz, Varieté und Vergnügungen. 1927 ›Prater‹ in Essen.

Für arme Leute, die oft ihren Sonntags-Spaziergang zum Fredenbaum, dem Magnet des Dortmunder Nordens machen, sieht es in diesem Vergnügungs-Park aus „wie in Aladins Wunderhöhle." In seinem riesigen Saalbau (1888) ist für 6.000 vergnügungshungrige Menschen Platz. Der Wirt spricht in seiner Reklame vom „größten Saal Deutschlands". Leitbild sind Ausstellungs-Paläste der Welt-Ausstellungen in Paris. Die Arbeiter-Familien erleben riesige Sänger-Feste, landwirtschaftliche Ausstellungen und Sport-Veranstaltungen. Bei den Festessen bleiben die Honoratioren unter sich, zum Beispiel beim ›Kaiser-Essen‹.

Mit den Vergnügungs-Parks verbinden sich oft Gewerbe-Schauen. Sie locken die Besucher mit einen ›amerikanischen

Lunapark‹. Die Lust auf Bewegung erfüllen die Karussells. High Tech wird in der gewaltigen Achterbahn vorgeführt: „eine Art Eisenbahn, die fast fliegen kann". Aus

der militärischen Tradition stammen die Schieß-Buden. Die Faszination der neuen Beleuchtungs-Technologie, der Elektrizität, drückt sich in der üppigen Illumination aus – zu Hause gibt es nur wenig Licht. Das Sonntags-Vergnügen der höfischen Gesellschaften ist nun in den Bereich der großen Stadt übertragen, die Volks-Massen eignen es sich an: Die Besucher bewundern einen Pavillon mitten im Wasser. Auch der Musik-Pavillon der „großen Gesellschaften" in den Bade-Orten" wird in die Stadt übernommen.

Der Zirkus hängt mit den kolonialen Eroberungen zusammen: er führt zum Greifen eine exotische Welt vor, vor allem ihre animalische Ebene, die Tiere. Atemlose Zuschauer verfolgen ein Schauspiel: ein Europäer beherrscht die exotischen Bestien. Er bringt sie zu Kunststücken,

die ihnen die freie Wildbahn niemals ab-
verlangt hätte. 1919 errichtet der Hamburger Zirkus Hagenbeck an der Dinnen-
dahlstraße in Essen eine Filiale: hinter

den Würde-Zeichen einer Säulen-Loggia
und einem zweitürmigen Tor einen
großen festen Rund-Bau in Fachwerk für
4.000 Zuschauer, auch für sportliche
Großveranstaltungen (1937 abgerissen).
Variété-Theater. Mancher Wohlhabende leistet sich das Variété[34] – als ein
Stück Berlin (1869 Walhalla) und Paris
(1892 Olympia). Bau und Ausstattung
vermitteln den Standes-Personen das Gefühl, nicht aus dem System ihres sozialen
Prestiges herauszufallen, wenn sie sich –
angesteckt vom Zeit-Geist und vom
Volks-Vergnügen – amüsieren möchten.
Beispiele: 1899 Colosseum in Essen am
Kopstadtplatz. 1901 Walhalla in Dortmund (Rheinischen Straße 44/46), 1902
Olympia in Dortmund (Burgwall/Ecke
Bornstraße), 1902 Apollo-Theater in Bochum an der Königsallee.[35]
    Eine Variation sind die Singspiel-Hal-
len. 1906 gibt es in Duisburg den Kaiser-
saal (Beekstraße), Wintergarten (Königs-
straße 73), das Central-Theater (Königs-
straße 40) und in Ruhrort den Germania-
Saal.
    Bier-Städte. Bier ist nicht einfach
Bier, sondern ein Getränk, das ein Stimu-
lierungs-Mittel ist. Heimisches Bier ist
im späten Mittelalter ein wichtiger Artikel
der Unnaer Fernhandels-Kaufleute [55,

58, 60]. 1501 kauft die Stadt Recklinghausen Bier aus Unna (1572 „Unnaes
Beer"). In Weseler Kneipen ist das Bier
aus Unna das meistverkaufte Getränk

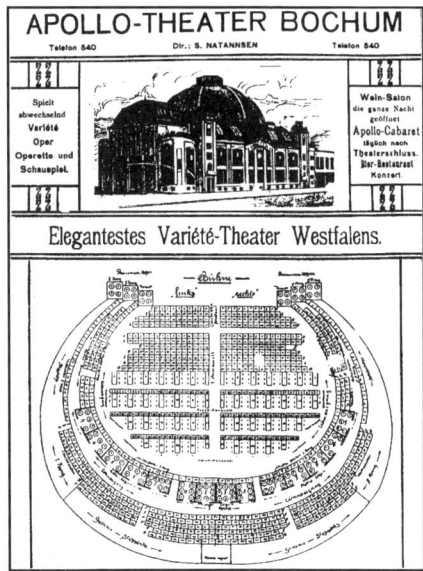

(1528, 1544). Im Hanse-Kontor in Antwerpen trinkt man „Onnaes Bier" (1561).
Der lutherische Pfarrer und Historiker
Johann Dietrich von Steinen (in Frö-
mern) schreibt in seiner ›Westphälischen
Geschichte‹: „Das Unnaische Bier [ist]
weit und breit berühmt gewesen und damit [wurde] grosse Handlung getrieben."
1859 baut Wilhelm Rasche die große Linden-Brauerei (1979 stillgelegt; seit 1985
sozio-kulturelles Kultur-Zentrum).
    In Dortmund entsteht eine Fülle von
›Bier-Sälen‹. Dazu zählt ein ›bayrisches
Bier-Haus‹ das ›Vergnügungs-Etablisse-
ment Oberbayern‹. Eine Außenwand bietet führt ein breites Panorama vor: die
Zuschauer stehen vor der Alpen-Kette.
Ein umfangreicher Vergnügungs-Touris-
mus ›wallfahrtet‹ nach Dortmund. Postkarte von 1907: „Gruß aus der fidelen
Bierstadt Dortmund". Postkarte um 1900:
„Dortmund im Morgengrauen". Ein Ze-

cher vor dem historischen Rathaus. In den armen zwanziger Jahren gibt es einen Boom der Vergnügungsbetriebe. Mit der Entwicklung von Dienstleistungen entsteht auch eine Schicht von Angestellten, für deren Verhaltensweisen sich eigene Typen von Vergnügen bilden: Neue Tänze, freiere Kleidung, Cabaret.

Orts-Hinweise: Bier-Brauerei. Brauerei-Museum (1980) in Dortmund (Märkische Straße 85), gestiftet von der Kronen-Brauerei, umfangreichstes deutsches Fachmuseum[36]. 1989 Brauerei-Kontor – Kleines Museum der Privatbrauerei Moritz Fiege in Bochum (Scharnhorststraße 19/25).

Amüsier-Meile. Die Innenstadt von Dortmund bietet um 1900 eine Einkaufs- und Amüsier-Meile vom Warenhaus Althoff über den Westenhellweg bis zum Hotel ›Römischer Kaiser‹ sowie in der Brückstraße bis zum Burgtor und nördlich zum Steinplatz. Mit großen Concert-Cafés (›Elite-Café Löwenhof‹), Billard-Räumen, Kinos, Automaten-Restaurants, Spiel- und Unterhaltungs-Hallen, dem Kaiser-Panorama (Brückstraße), das private Varieté-Haus ›Olympia-Theater‹ (1902) und das Stadt-Theater.

Der Zweite Weltkrieg nimmt Dortmund das Image einer Vergnügungs-Stadt, nicht zuletzt durch die umfangreichen Kriegs- und Nachkriegs-Zerstörungen. Die Großbrauereien statten die Kneipen im Einheits-Stil aus.

Schau-Plätze: Sozio- kulturelle Zentren

Der Schriftsteller Jürgen Lodemann: „Das Ruhrgebiet hat die wichtigsten Ketten an Museen und an sozio-kulturellen Stätten. Kein Land der Welt hat das zustande gebracht – und dies bei sinkendem Etat".

Vorläufer der sozio-kulturellen Zentren sind die Volks-Häuser. Sie entstan-

den nach der Aufhebung der Sozialisten-Gesetze (1890) meist für Gewerkschaften und Parteien um 1900: in Brüssel (von Henry van de Velde; abgerissen), in Leipzig, Remscheid, Detmold, Solingen, Gelsenkirchen-Rotthausen, Dortmund.[37] Volks-Häuser bauten auch Christlichen Gewerkschaften, z.B. in Köln.

Orts-Hinweise: Volks-Häuser und Gewerkschafts-Häuser. Haus (1902)[38] der freien Gewerkschaften (seit 1908) in Dortmund (Leibnitzstraße 20) (1902). Haus (1903/1906) des ›Alten Verbands‹ in Bochum (Wiemelhausener Straße), mit drei Wohnhäusern für Vorstandsmitglieder (›Sachsenburg‹). KPD-Volkshaus (1929) in Gelsenkirchen-Schalke (Liebfrauenstraße 36/40/Grenzstraße 98) der Volkshaus GmbH, Architekt W. Budde.[39] Volks-Haus (1914/1920 von Alfred Fischer) in Gelsenkirchen-Rotthausen (Grüner Weg 3)[40]; mit einer Siedlung (1921/1922 Alfred Fischer) verbunden (Schubertstraße). Haus (1896) der Geschäftsstelle des Gewerkvereins Christlicher Bergarbeiter in Essen-Altenessen (Kirchstraße 11)[41]. Haus des Alten Verbandes der Metallarbeiter in Oberhausen (Gewerkschaftsstraße 76/78), angekauftes Privathaus. Volks-Haus Hamborn (1927 erworben) in Duisburg-Hamborn (Friedrich Ebertstraße 21), für Freie Gewerkschaften[42]. Volks-Haus (um 19107/1913) in Dinslaken-Lohberg (Stollenstraße).

Volkshäuser von Bürgerinitiativen. Die Tradition der Volkshäuser wird von einigen Bürgerinitiativen in Arbeiter-Siedlungen wiederbelebt. 1974 besetzte die Bürgerinitiative Eisenheim in Oberhausen ein Waschhaus und baute es zu einem ›Volkshaus‹ umgebaut. Der Zukunfts-Forscher Professor Robert Jungk eröffnet es: mit seiner ersten ›Zukunfts-Werkstatt‹ außerhalb der Hochschule[43]. Vorbilder: Volks-Häuser in Italien, vor allem in Bologna, das zu dieser Zeit ein Leitbild für sozial-orientierte komplexe Stadt-Planung ist, und historische Volks-Häuser der sozialen Bewegung in Westdeutschland.

Orts-Hinweise: Bürger-Häuser. Bürger-Haus (1978) der Siedler-Gemeinschaft Siedlung am Kanal in Lünen (Bebelstraße) [286], mit umfangreicher Tätigkeit (Feste, Diskussionen mit Politikern). Heini Wettig-Haus (1974) in Gelsenkirchen-Ückendorf (Ottilienau-Straße), von der Bürgerinitiative in einem Waschhaus angelegt. Zu Ehren von Heini Wettig, dem ersten Sprecher der Bürgerinitiative [281]. Volkshaus (1974) in der Siedlung Eisenheim in Oberhausen (Werrastraße 4/4) [278]. Rheinpreussen-Haus e.V. in der Siedlung Rheinpreußen in Duisburg-Homberg [279], im ›alten Milch-Häuschen‹ (Mauerstraße 2 a).

Eine Kette von sozio-kulturellen Zentren. Zu den größten Erfolgen des Städtebau-Ministers Christoph Zöpel gehört es, eine Kette von sozio-Kulturellen Zentren quer durch Nordrhein-Westfalen ermög-

in der Industrie-Epoche[45]. Damit sind neue Stadt-Orte gewonnen: für Stadtteil-Kultur, vor allem in bislang unterprivilegierten Bereichen.[46]

Zur Perspektive der Zentren gehören Stichworte wie Stadtteil-Agenturen als Initiatoren und Träger von Öffentlichkeit und Kultur als Motor der Stadtteil-Erneuerung (Jörg Siewert).[47] Das Bauen wird als ein kultureller Prozeß verstanden und gefördert. Beispiel: die ›Nordstadtbilder‹ in der Nordstadt von Dortmund.[48]

Kultur-Zentrum (1989) in der Zeche Werne in Werne.

Kultur- und Sport-Zentrum (1986) in den Flottmann-Hallen (1908) in Herne.

Haupbahnhof (um 1905) in Witten: Jugend-Treff (1993) in der Warte-Halle.

licht zu haben, wie sie in der ganzen Welt einzigartig ist (1982 sind es in NRW 22)[44]. Häufig gilt der Städtebau-Minister als heimlicher Kultur-Minister. Denn er hilft vielen Initiativen vor Ort, ein sozio-kulturelles Zentrum zu realisieren. Meist geschieht dies in industrie-geschichtlichen Baudenkmälern. Dieses Netz von sozio-kulturellen Stätten bildet das Fundament der Teilhabe vieler Menschen an der Kultur. Zugleich findet sie in neuen Dimensionen von Baudenkmälern statt:

Bürger-Haus (1991/1993 von Peter Böhm) in Selm (Botzlerstraße 2).

Einen einzigartigen Katalog der Treff-punkte im Revier hat Manfred Bourree vom Kommunalverband Ruhr unter dem Titel ›Zielpunkte – Kulturatlas Ruhrge-biet‹ (Gelsenkirchen 1993) zusammenge-stellt – ein Werk, das zugleich für den täg-lichen Gebrauch wie für die wissenschaft-liche Diskussion über Infrastruktur bei-spielgebend ist.[49] Orts-Hinweise: Sozio-kulturelle Zentren. Kultur-Zentrum Linden-Brauerei (1985 ff.) in Unna (Brauerei von Wilhelm Rasche 1859-1979).

Nachbarschafts-Haus Balou in Dortmund-Wam-bel (Oberndorfstraße 23), 1977 als autonomes Aktions- und Bildungs-Zentrum gegründet (er-stes Frauenfest in Dortmund, Mal-Markt, Straßen-Museum, 1992 zieht es in die frühere Schule in Dortmund-Brackel ein (Umbau: Groth). Stadtteilzentrum Adlerstraße (1987) in Dortmund (Miebach), Umbau einer Werkzeug-Fabrik – mit Weiterbildung, Jugend-Arbeit, Sozi-alarbeit, Ausländer, Café. Initiativenhaus Langer August in Dortmund (Braunschweiger Straße 22), mit Café Cila. Künstlerhaus Sunderweg in Dortmund (Sunderweg 1). ›Fletch Bizzel‹ in Dortmund (Humboldstraße 45), mit Theater.

Flottmann-Hallen in Herne (Flottmannstraße 94) – entstanden 1984 durch Umbau der Maschi-nenfabrik Flottmann (1908, Schmidtmann/ Kleny). Sitz eines der ersten freien Theater in NRW: 1976 Theater Kohlenpott von Willy Thom-czyk. Altstadtschmiede in Recklinghausen (Keller-straße 10). Schmiede in Marl (Lipper Weg 13).

1978 wird in Essen in einem Gebäude der Ze-che Vogelsang ein alternatives Werkstatt- und Ta-gungs-Haus gegründet. 1992 zieht es an den Grendplatz in Essen-Steele um und erhält die umgebaute Rektorats-Schule Westfalenstraße, zu-sammen mit dem ›Theater Freudenhaus‹. Fritz in Essen-Kupferdreh (Prinz Friedrich-Straße 1), mit Gastronomie. Kultur-Zentrum Zollverein XII (1990) in Essen-Katernberg (Gelsenkirchener Straße 181), in einem der bedeutendsten europäi-schen Baudenkmale, in der Zeche von 1929 (Fritz Schupp/Martin Kremmer). Zentrum ›Zeche Carl‹ in Essen-Altenessen (Wilhelm Nieswandt-Allee 110), 1977 Initiative, 1981 eröffnet, in Selbstver-waltung, in einer Zeche von 1856 (ältester Mala-koffturm) [296, 330].

Initiativkreis Altenberg (IKA, 1979) in der Zinkfabrik Altenberg in Oberhausen (Hans-astraße 20): mit Kneipe, Theater-Stätte, ›Verein für aktuelle Kunst Ruhrgebiet e. V.‹ (1981) mit

großer Ausstellungs-Halle, Kino IKA, Bildung-scooperative. ›Druckluft‹ in Oberhausen (Am Förderturm 27) widmet sich sehr stark der Sozi-al-Arbeit unter Jugendlichen. Hugo Baum, der 1979 in Oberhausen Beigeordneter wird: „1978 fragt die Jugend nach einer Begegnungs-Stätte. Einige besetzen ein Babcock-Haus. 1980 entsteht die ›Initiative Druckluft‹. Es gelingt mir, die Schreinerei der Zeche Concordia aus dem Ab-bruch herauszubekommen und sie den Jugendli-chen zum Selber-Herrichten zu überlassen. 1981 brennt das Haus ab, ist aber voll versichert, so daß ein guter Wiederaufbau entsteht. Professionell von Sozial-Pädagogen betreut, entsteht ein be-achtlicher Treff. Ebert-Bad in Oberhausen (Ebert-platz), in einem Bad von 1895[50]. ›Ruhrwerkstatt‹ (1977) in der Fischfabrik Gärtner in Oberhausen-Styrum, mit Kneipe ›Hafkesbrink‹ (Akazienstraße 107). Fabrik K14 in Oberhausen (Lothringer-straße 64), gegründet in der Zeit der Studenten-Bewegung (1968), zweitältestes Zentrum in der BRD, mit umfangreichem Kultur-Programm.

Alte Schmiede in Duisburg-Walsum-Wehofen (Schachtstraße 35), mit Kleinkunst.

Bahnhof Langendreer in Bochum-Lan-gendreer (Wallbaumweg 108). Wittener Werkstatt (1979) in Witten (Mannesmannstraße 12). Licht-burg in Wetter (Kaiserstraße), in ehemaligem Kino. Kulturzentrum Pelmkeschule in Hagen-Wehringhausen (Pelmkestraße 14). Hasper Ham-mer (1984) in Hagen-Haspe (Hammerstraße 10). Werkhof Hohenlimburg (1984) in Hagen-Ho-henlimburg (Herrenstraße 17), im Baudenkmal.

Schau-Plätze: Bildung

Die Schübe der Bildungs-Infra-struktur. Schulen entstehen in Zusam-menhang mit Kirchen. Lange Zeit ist das Ruhrgebiet bekannt für schlechte Schu-len. Im wilhelminischen Kaiser-Reich kommt für Lehrer einer Verbannung gleich, hierhin versetzt zu werden[51]. Lan-ge Zeit zeigen die Begriffe, daß das Kai-ser-Reich und auch nachfolgende Epo-chen in Kategorien des Klassen-Staates denken: Volk-Schule, Mittel-Schule, Oberschule bzw. Gymnasium. [225, 246]

Die Bildungs-Reformen in den 60er 70er Jahren fallen in der Region auf fruchtbaren Boden. Hinzu kommt ein Netz von rund 20 freien Walldorf-Schulen, u.a. mit der Hibernia-Schule in Herne-Wanne, einer Gesamtschule neuen Typs, die auch berufliche Bildung beinhaltet. Ihre Reform-Pädagogik widmet sich vor allem der Entwicklung von Selbständigkeit und Kreativität.

Die Herausbildung von Arbeits-Qualifikationen erfolgt in Schüben: in Volksschulen, später in Berufsschulen[53], dann in Mittelschulen, dann auch in Oberschulen. Der letzte Schub nach 1968 führt dazu, daß heute ein Drittel der Bevölkerung ein Studium erhält. Von 1900 bis 1930 sind die Schul-Bauten der umfangreichste Teil der Bauten, die das Gesicht der Städte bestimmen. Die höheren Schulen erhalten besonders vornehme Gebäude. Erst seit den sechziger Jahren wird eine Durchlässigkeit zwischen ihnen ermöglicht. In der schul-politischen Debatte der 60er Jahre werden die Strukturen und die Begriffe grundlegend verändert.

Der industrielle Aufschwung in den 50er Jahren erfordert zur Bedienung seiner auf technologische Innovation ausgerichteten Struktur eine starke Zunahme der Qualifikationen. Verbunden mit einem Parteien-Konsens dazu, der aus der Aufbruch-Zeit nach 1945 stammt, kommt es am Ende der 50er Jahre und vor allem in den 60er Jahren zu einem Boom an Neubauten für das Bildungswesen.

1968 entstehen Schul-Reformen mit dem Ziel, Schülern aus allen sozialen Schichten gleiche Chancen auf qualifizierte Bildungs-Abschlüsse zu schaffen. Mittel dazu sind die Trennung von Grund- und Haupt-Schule, Auflösung der wenig gegliederten Schulen und integrierte Gesamtschulen nach skandinavischem Vorbild. 1969 werden die ersten sieben in NRW eröffnet. Von 1981 (Verankerung als Regelschule) bis 1986 steigt ihre Zahl von 32 auf 82. Mit 67 liegt ihr Schwerpunkt im Ruhrgebiet.

Berufliche Bildung. Außerordentlich mühsam entwickelt sich die berufliche Bildung. Der riesige Hochhaus-Komplex (1969) des Berufsförderungswerks in Dortmund-Hacheney (Will Schwarz/Hans Magoley)[54] zeigt, in welchem Maß berufliche Qualifikation nachgefragt wird. [246]

Nachqualifikation. Nach 1945 ist Nordhein-Westfalen im Bereich der Abend-Gymnasien Vorreiter. Im Ruhrgebiet entstehen sie 1946 in Dortmund, 1948 in Gelsenkirchen. 1946 wird der Begriff Zweiter Bildungsweg geprägt. Vorreiter ist erneut Nordrhein-Westfalen: 1949 Erlaß zur Fachschulreife. Ein Netz von Berufs-Aufbau-Schulen entsteht: sie vermitteln zwischen Berufsschulen und höheren Fachschulen. Aufschwung in den sechziger Jahren unter dem Stichwort ›Brechung des Bildungs-Monopols‹.

Zur Schließung der Lücke zwischen Berufs-Aufbau-Schulen und Universität wird als erste in NRW (nach Braunschweig die zweite in der BRD) und wegweisende Einrichtung dieser Art 1953 das ›Oberhausen-Kolleg, staatliches Institut zur Erlangung der Hochschulreife‹ eingerichtet. Oswald Mathias Ungers baut dafür, neben der mitgenutzten ehemaligen Pädagogischen Akademie (Wehrstraße 69), einen umfangreichen Gebäude-Komplex mit Internat und Lehrer-Wohnungen. 1958 folgen die Institute in Essen und Düsseldorf, 1961 in Dortmund[55].

Ausbildungs-Förderung. Ein Bündel von Maßnahmen führt seit 1977 dazu, daß eine neue Infrastruktur etabliert wird: die Veränderung von Qualifikationen für den Wandel des Arbeits-Marktes[56]. Das Spektrum der Maßnahmen, gefördert vom Benachteiligten-Programm des Bundes, beginnt mit der Umschulung von Arbeitslosen in soziokulturellen Einrichtungen (Ruhr-Werkstatt in Oberhausen, Bogenstraße), weitgehend gefördert vom Düsseldorfer Ministerium für Arbeit, Gesundheit, Soziales (MAGS).

Volkshochschulen bauen umfangreiche Programme auf (z.B. seit 1971 Frank Gebbers in Oberhausen, seit 1992 in Bochum). Ziel: berufliche Bildung mit allgemeiner und sehr viel sozialer Bildung zu verknüpfen, um die Personen handlungsfähig zu machen. In Dortmund werden die ›Dortmunder Modelle‹ entwickelt. In der katholischen Bildungs-Arbeit entsteht als Internat der Klausenhof in Bocholt. Berufsbildungs-Werke entstehen. [246]

Berufs-Förderungs-Werke. Hugo Baum, seit 1979 Sozialdezernent in Oberhausen: „1977 entsteht der Initiativ-Kreis Altenberg. 1980 komme ich auf den Gedanken, in dem großen Bau-Komplex der Zinkfabrik Altenberg mehrere Notwendigkeiten zu einem vierschichtigen Modell zu bündeln: Ausbildung, Arbeit, kulturelle Darstellung und Industrie-Geschichte (Rheinisches Industriemuseum). Mithilfe des Trägervereins Jugend-Berufshilfe werden verlassene alte Werkstätten reaktiviert – gefördert von Sondermitteln aus dem Benachteiligten-Programm des Bundes durch die Minister Jürgen Schmude (Moers) und Björn Engholm. Auf dem Höhepunkt der Jugend-Arbeitslosigkeit kommt die Volkshochschule hinzu. Ein Verbund-System wird angelegt. Alles wird vernetzt in der städtischen ›Beratungs-Stelle Jugend und Beruf‹ (Harald Enkel). Daraus entsteht 1981 das Zentrum für Ausbildung und Qualifikation (ZAQ), 1993 in Vollträgerschaft der Arbeiterwohlfahrt." 1993 gibt es im Ruhrgebiet 36.000 vollfinanzierte, pädagogisch begleitete Ausbildungs-Plätze (85 Prozent Erfolg als Facharbeiter).

Volkshochschulen. Um 1900 entsteht die Bewegung der Volkshochschulen. Sie verbindet eine Tradition humanistisch-aufklärerischer Ziele mit sozialen Zielen. Parallel dazu entwickeln sich die Bewegung der Volks-Büchereien. 1900 gründet Franz Lütgenau den Verein für Literatur und Kunst zu Dortmund. 1909

findet in Dortmund die Hauptversammlung der Gesellschaft für Volksbildung statt. Lütgenau schlägt vor, eine „freie Universität in Dortmund" zu gründen – als „Mallinckrodt-Akademie". 1913 gründen Lütgenau und der Ausschuß der Angestellten-Organisationen in der Gaststätte Schwarzer Rabe in Dortmund den Dortmunder Volkshochschulverein. Dieser richtet 1913 die erste Volkshochschule im Revier ein. 1914 sollen Vorträge die Überlegenheit der deutschen Kultur und Volksbildung über andere Völker zeigen.

Im Revier gibt es in den zwanziger Jahren nur wenige Volkshochschulen (1919-1922 in Hamborn. 1923 in Herten). 1920 ruft der Verband kommunaler Volkshochschulen Westfalens in Buer (Gelsenkirchen) die Volkshochschule ins Leben.[57]

Zu den Mitbegründern der Volkshochschul-Bewegung nach 1945 zählt Adolf Grimme, der sich bereits in der Weimarer Zeit profilierte. Gefördert wird die Bewegung von den Alliierten im Rahmen des Programmes der ›Re-education‹ des deutschen Volkes im demokratischen Sinn. Die englische Labour-Regierung dringt auf gesellschafts-reformerische Orientierung. 1951 Erster Deutscher Volkshochschul-Tag in Frankfurt. 1953 Volkshochschul-Verband. Vorreiterland wird Nordrhein-Westfalen: es macht 1953 das erste Volkshochschul-Gesetz (Finanzierung).

Eine breite Infrastruktur entsteht erst in den sechziger Jahren. 1970 Strukturplan für das Bildungswesen des Deutschen Bildungsrates. 1972 Planungskommission des Kultusministers NW: Weiterbildung als Aufgabe der öffentlichen Hand und Ausbau der Weiterbildung. Baukasten-Systeme zu schulischem und fachlichem Abschluß – kombinierbar. Verpflichtung der Gemeinden zur Trägerschaft.

Aus dem Revier stammen die wichtigsten Impulse für das deutsche Volkshochschul-Wesen. Paul Hamacher, Leiter des

Oberhausen-Kolleg, dann im Kultusministerium Düsseldorf, und Manfred Dammeyer (1966-1975 VHS-Leiter in Oberhausen, seit 1975 im Landtag) gestalten in der Planungs-Kommission des Kultusministerium das Erwachsenen-Bildungs-Gesetz von Nordrhein-Westfalen (1975) maßgeblich. Neben den anderen Bildungs-Schienen etabliert es die Erwachsenen-Bildung als eine flächendeckende Infrastruktur – verpflichtend für sämtliche Gemeinden[58]. Das Land finanziert sie vollständig. Die individuellen Schwerpunkte der Kommunen werden mit einem Drittel finanziert, bei freien Trägern mit zwei Dritteln.

Das Gesetz setzt auch fest, daß die öffentlichen Träger sieben Angebots-Bereiche bereitstellen müssen (die freien können sich begrenzen). Bis 1975 hatten selbst große Volkshochschulen nur wenige Mitarbeiter. Essen: 6; Duisburg: 5; Dortmund: 5; Oberhausen: 3; Gelsenkirchen: 2; Bottrop: nebenamtlich; insgesamt gab es in NRW nur 50 Hauptamtliche. Nach 1975 müssen nun auch kleine Einrichtungen wenigstens drei Hauptamtliche haben – die Kleinen sind also heute so groß wie vor 1975 die größten.[59]

Die Landesmittel steigen nach 1975 von 20 Mio. DM auf 200 Mio. DM. 1980 zahlt NRW mehr als doppelt soviel für seine Volkshochschulen als sämtliche anderen Bundesländer zusammen.[60] Vor allem unter den Verhältnissen (zu Gast in Schulen, ›Stunden-Hotels‹) ist diese Infrastruktur die ausgebauteste und effizienteste der ganzen Welt. Vor allem unter dem Ziel der Reform-Pädagogik. Ein erheblicher Teil der Volkshochschulen bestreitet einen erheblichen Teil des Kultur-Programms ihrer Kommunen, einige sind außerordentlich innovativ. 1966 entwickelt Manfred Dammeyer für die Volkshochschule Oberhausen ein Programm für eine Lücke: den nachgeholten Volksschul-Abschluß. Im Gebiet zwi-

schen Ruhr und Emscher läuft seit 1970 die kulturelle Tätigkeit besonders stark über die VHS. Auch personell ist sie ein Reservoir für Bildungs- und Kultur-Politiker.

Orts-Hinweise: Volkshochschulen und Einrichtungen der Erwachsenen-Bildung. VHS-Zentrum in Duisburg (König Heinrich-Platz). Bert-Brecht-Haus (1978) der VHS in Oberhausen (Breite Straße 19), im ehemaligen Warenhaus Tietz/Verlagshaus Volkswacht (1928 von Schneider, Köln) [220]. Oberhausen-Kolleg in Oberhausen (Wehrstraße 69): 1952/1954 Umbau und Erweiterung der ehemaligen Lehrer-Akademie, 1956 als eines der ersten Werke von Oswald Mathias Ungers Wohnheim, 1957 Naturwissenschaftliches Gebäude, 1969/1970 ebenfalls von Ungers sogenannter ›Kafka-Bunker‹ hinter dem Altbau, Atrium-Gebäude mit Dienstwohnungen, Turnhalle, Studierenden-Bücherei. 1971, 1975, 1985 ohne Architekten drei Pavillon-Fertiggebäude. Arbeiter-Hochschule (1949) in Burg Vondern in Oberhausen (Arminstraße). Haus der Erwachsenenbildung (1968) in Gelsenkirchen (Florastraße).

›Insel‹ (1954 von Günther Marschall, Marl) in Marl (Eduard Weitsch-Weg 25), erstes Haus der Erwachsenen-Bildung, zusammen mit der Stadtbücherei (umgezogen zum Marler Stern), heute Adolf Grimme-Institut, 1973 als Medien-Institut und Tagungs-Stätte des Deutschen Volksschul-Verbandes gegründet[61], mit Adolf Grimme-Preis für Fernseh-Beiträge. Heimvolkshochschule ›Gottfried Könzgen‹ KAB/CAJ (1950) in Haltern-Holtwick (Roer, Haltern/Spiekermann, Herten/Ludes, Dorsten/Udo Kreß, Borken), 1969 erweitert.

Hibernia-Schule in Herne-Wanne (Holsterhauser Straße), Gesamtschule der Walldorf-Pädagogik, auch mit beruflicher Bildung. Kulturzentrum (1976) in Herne (Berliner Platz), eine Kombination von Stadthalle und Kulturforum, mit Theater, Konzert, Volkshochschule, Medien-Zentrum und Stadtbücherei. ›Kommende‹ (mittelalterlicher Bau) als Sozialinstitut (1949) des Erzbistums Paderborn in Dortmund-Brackel. Fritz Henßler-Haus der VHS (1957) in Dortmund. Institut für soziale Bildung – Heim-Volkshochschule Heinrich Brauns (1966)[62] des Bistums Essen in Bochum-Wattenscheid. Haus der VHS (1971) in Essen (Hollestraße). Kultur-Forum (1979) in Essen-Steele (Dreiringstraße 7), betreut von der VHS, in einem Baudenkmal (1876 Schule von Karl Pickel, 1904 Rathaus Steele).

Hochschulen. 1655 bis 1818 besteht in Duisburg die Klevische Landes-Universität (1818 nach Bonn verlegt[63]). Bis zur Gründung der Ruhr-Universität Bochum bestehen in der Region mehrere ›höhere Lehranstalten‹. 1912 wird die Folkwangschule für Gestaltung in Essen gegründet, 1927 die Musik-Hochschule Folkwang, die erste Schule, in der drei Ausdruckskünste Musik, Tanz und Sprechen zusammen gelehrt werden. Gründer sind der Dirigent Rudolf Schulze-Dornburg sowie die Choreographen Max Fiedler und Kurt Jooss (›Der grüne Tisch‹)[64]. Folkwang bedeutet Halle des Volkes: es soll zwischen Volk und Kunst vermittelt werden. 1948 erhält die Folkwang-Schule das Gebäude der Abtei Werden, 1963 wird sie Hochschule.[65] In diese Schule wird 1927 die Werkkunst-Schule (1901) integriert (Leitung: Alfred Fischer).

Eine Bildungs-Offensive beseitigt das Verdikt des Kaisers, in der ›Waffenschmiede des Reiches‹ keine Universitäten haben zu wollen, und richtet nun eine Kette von Hochschulen ein: Nach den Universitäten Bochum, Bielefeld und Dortmund werden 1972 in Nordrhein-Westfalen als Reform-Universitäten Integrierte Gesamthochschulen eingerichtet – Essen, Duisburg, Paderborn, Siegen, Hagen. Bielefeld soll ebenfalls Gesamthochschule werden, der Prozeß wird jedoch, weil die Landtags-Opposition gegen diese Hochschul-Konstellation opponiert, von der Landes-Regierung abgebrochen.

Das Leitbild des Oberzentren-Modells ordnet die neuen Universitäten im Revier den Oberzentren zu: 1961 Bochum als Campus-Universität amerikanischer Orientierung (1964 Gebäude von Hentrich/Petschnigg), ebenso 1968 Dortmund, 1972 Duisburg (Peter Poelzig für LA-LB-Gebäude, Planungsgemeinschaft Universität Duisburg, Eller/Finger für Bereich Mülheimer Straße) – campusar-tig am Wald-Rand. Bezeichnenderweise werden Pläne für Recklinghausen und Gelsenkirchen nicht realisiert. 1970 werden die Fachhochschulen gegründet: in Dortmund, Bochum, Duisburg. Später kommen weitere Standorte hinzu.[66]

Die Kritik an der Universitäts-Gründung in Bochum[67] richtet sich gegen die Stand-Ort-Entscheidung auf dem Campus Querenburg: diese erste Ruhr-Universität isoliere sich räumlich, der Standort liege am weitesten von den unterprivilegierten Massen im nördlichen Emscher-Gebiet entfernt, es gäbe keine Ansätze zur Partizipation, es sei kein Konzept, das in die Viertel gehe, der hohe Erschließungs-Aufwand diene nicht der Stadt und der Region.

Für Dortmund wird der Standort schon 1962 festgeschrieben – aufgrund der ›Bochumer Kriterien‹. Alle nachdenklichen Änderungs-Versuche, scheitern an der Unzugänglichkeit der Ministerial-Bürokratie im Finanz-Ministerium (Friedrich Hallauer). Auf dem Gelände der 1939 geplanten ›Rudolf Hess-Stadt‹ mit ›Napola‹ (Hermann Jansen, Berlin), entnazifiziert zur ›Süd-West-Stadt‹: 1968 Wettbewerb, zugleich Eröffnung der Universität als Campus-Universität in Dortmund-Eichlinghofen[68]. Eine Schwebebahn (1983) verbindet die beiden Bereiche.

Die Frucht der Diskussion über Dortmund war keine Verbesserung für Dortmund, dies nutzt aber Essen: seine Universität (1972) erhält einen guten Standort an der Nordseite der Altstadt (Zeche Victoria Mathias) – also zentral und in Bezug zum Essener Norden.

1974 als Gesamthochschule gegründet, nimmt 1975 die Fern-Universität Hagen ihren Studien-Betrieb auf (mit einem Netz lokaler Studien-Zentren). In Witten/Herdecke entsteht 1982 in der Tradition des Milieus der Anthroposophie eine privatgetragene Universität.

Die Museums-Ketten

Widmung an den Bauhaus-Künstler Josef Albers: Museum Quadrat (1983 von Bernhard Küppers) in Bottrop.

Skizze einer Museums-Landschaft

Die Netz-Struktur der Städte, die Eigenverantwortung der Kommunen, eine Anzahl von Konjunkturen, die Anstrengungen der Nachbesserung, die Auswirkungen von 1968 führen dazu, daß das Ruhrgebiet heute ein kulturelles Niveau besitzt, das in seiner Breite und auch in vielen Qualitäten weit über anderen deutschen Ballungs-Räumen liegt. Daß die Fixierung auf high lights weniger stark ist, gibt einer breiten und dauerhafteren Kultur mehr Chancen.

Mit ihren über 120 Museen und Sammlungen ist die Region 1992 die dichteste, vielschichtigste und spannungs-

reichste Museums-Landschaft der Welt. Das älteste Interesse an Museen zielt auf antiquarische Aneignung der Geschichte – ein Parallel-Vorgang zur Gestaltung der Architektur im 19. Jahrhundert. Träger des Museums-Boom zwischen 1883 (Dortmund) und 1909 (Moers) sind initiative Einzelpersonen und Vereine. Eine zweite Gründungs-Welle erfaßt am Ende der 20er Jahre die kleineren und neu aufstrebenden Städte: nun entstehen vor allem Heimatmuseen zur untergehenden vorindustriellen Lebensweise. Konzeptionell bleibt das Interesse enzyklopädisch: es schafft „museale Gemischtwarenläden" (Heinrich Theodor Grütter[1]). Einzig das Bergbau-Museum Bochum (1930) wendet sich auch der Industrie-Epoche zu. Im Nachkriegs-Boom gibt es zunächst wenig kommunales Interesse an Museen und Archiven.

Der Bildungs-Schub der 60er Jahre und die Aufklärungs-Bewegung von 1968 kristallisieren sich in vielen Initiativen und setzen Impulse sowie Differenzierungen in Gang: Museen sollen nicht nur vorführen, sondern vor allem verständlich machen. Sie verlieren ihre Rolle als Kult-Stätten und werden Orte des Nachdenkens und der Diskussion. Führend sind methodologische Erkenntnisse in der Volkskunde/Kultur-Anthropologie[2]: sie zielen auf Kontext, Zusammenhänge und Denkweisen.

1978 gründet der Landschaftsverband Westfalen das westfälische Museumsamt zur Beratung der kleinen Museen. Ziel: das Museum soll nicht mehr Biedermeier und Fluchtpunkt sein (Bernhard Korzus). Einen Schritt weiter geht Michael Fehr: er versucht seit Ende der 80er Jahre das Osthaus-Museum Hagen auch als Werkstatt zu nutzen.

Erkennbar wird auch, daß alle Teile der Gesellschaft nun auf dem Recht pochen, sich in der Welt der Museen gespiegelt zu sehen. Und die Aufmerksamkeit vertieft sich: vor allem für Zusammenhänge. Eine Anzahl von Museen entwickeln neue Konzeptionen: 1983 das Museum für Kunst und Kulturgeschichte in Dortmund, 1984 das Ruhrlandmuseum in Essen, auch kleinere Museen wie 1990 das Museum der Stadt Gladbeck in Haus Wittringen[3].

Die bedeutendste Leistung ist die Ausweitung des Museums über die Technik-Geschichte hinaus in die Dimensionen der Sozial- und Industrie-Geschichte. Mit ihrem Netz von industrie- und sozialgeschichtlichen Orten entwickelt die Region an Ruhr und Emscher eine Führungsposition auf dem Kontinent.

Museen haben stets mit uns selbst zu tun. In ihnen entwickeln wir Sicht- und Denkweisen. Ein exzellentes Reform-Beispiel für denkerische Verarbeitung von Objekten ist das Karl Ernst Osthaus-Museum in Hagen (Hochstraße 73). Es wird 1988 ein Vorposten der zeitgenössischen Künste im Hagener Alltag. Vier Ansatzpunkte entwickeln sich zu Arbeits-Schwerpunkten: Das ›Museum der Museen‹ dient der Reflexion des Museums innerhalb der Medien-Gesellschaft. Das Bewußtsein von Geschichte untersucht das kollektive Gedächtnis und seine Vergegenständlichungen in Bild und Raum (u.a. Sigrid Sigurdssons ›Archiv-Bibliothek‹, Vor der Stille, 1988 ff.). ›Natural relations‹ sind Bild der inneren und äußeren Natur in der ökologischen Krise, die auch eine Krise der Wahrnehmung ist (u.a. Michael Badura, Die eingeweckte Welt. 1964/1992). ›Trivial machines‹ beschäftigen sich mit unserer Wahrnehmungs-Fähigkeit und ihrer technischen Reproduktion in analogen und digitalen Maschinen. In bislang einzigartiger Weise fördert seit 1981 Städtebauminister Christoph Zöpel mit seiner Bau-Politik (Erhaltung und Umnutzung) die Entstehung neuer Museen.

Schau-Plätze: Naturgeschichtliche Museen

Die naturwissenschaftlichen Museen entstehen zunächst für den Unterricht in den Naturwissenschaften. Er ist in der ersten Phase der Industrialisierung ein wichtiger Motor der Sozialisation von Fachkräften. Die Museen stehen als Beispiel-Sammlungen in einer Übergangs-Phase, in der innerhalb der Abstraktionen der Naturwissenschaften das Konkrete noch eine große Rolle spielt – also Anschauung und Abstraktion sich noch nicht aufgespalten haben.

Innerhalb eines breiten Spektrums bedienen sie unterschiedliche Interessen.

Dem Bergbau dient die Geologie. Die Ur- und Frühgeschichte steht in der Tradition der theologischen Frage nach der Schöpfung von Adam und Eva. Hinzu kommt die Suche nach den ›alten Germanen‹. Es gibt weltanschaulich unterschiedliche Antworten: wissenschaftliche und ideologisch-instrumentierte.

Seit den 70er Jahren verlagert und erweitert sich das Interesse – ähnlich anderen Museums-Zweigen – zu einer sozialgeschichtlichen Orientierung. Nun werden Fragen nach dem Verhältnis zwischen Objekten und Menschen sowie nach gesellschaftlichen Zusammenhängen gestellt.

Orts-Hinweise: Naturgeschichtliche Museen. Höhlenkunde-Museum der Dechenhöhle bei Iserlohn. Naturkunde-Museum (1910) Dortmund in Dortmund (Münsterstraße 271, am Freizeit-Park Fredenbaum), Neubau 1976/1980; zur Botanik und Zoologie, Lehrgarten, Bergsenkungs-See mit heimischen Tieren; Funde aus der altterziären Grube Messel bei Darmstadt. 1971 entstand in einem denkmal-geschützten Zechen-Steinbruch, in dem die Kohle zutage trat, der Geologische Garten in Bochum-Wiemelhausen (Am Dornbusch). Medizinmuseum (1990) in Bochum-Wiemelhausen (Markstraße 258 a), im Malakoff-Turm der Zeche Julius Philipp (1875), beim Lehrstuhl Geschichte der Medizin der Universität Bochum[4].

Haus Ruhrnatur (1992) an der Alten Schleuse 3 an der Ruhr südlich vom Wasser-Bahnhof in Mülheim; 1926 als Schülerboots-Haus gebaut, auf Initiative des RWW ein Museum und ökologischer Stützpunkt. Aquarius Wassermuseum in Mülheim-Styrum (Burgstraße 68): 1992 wird in der Mülheimer Landes-Garten-Schau von der Rheinisch-westfälischen Wasserwerksgesellschaft Mülheim und dem Künstler Thomas Schönauer ein neuartiges Museum (H. H. Hofstadt/M. Schneider, Düsseldorf) eingerichtet: in einem historischen Wasser-Turm (1896 für das Thyssen Gas- und Wasserwerk) ein Environment mit einem Panorama des Ruhrgebietes. Es zeigt die Bedeutung des Wassers in der Industrie-Geschichte. Naturwissenschaftliches Museum (1926, 1978) in Duisburg-Wedau (Am See 22), mit Mineralien, Flora und Fauna. Haus der Naturfreunde in Duisburg-Wanheimerort (Düsseldorfer Straße 565): Mineralien, Objekten der Tier- und Pflan-

zen-Welt, Schwerpunkt Umweltschutz, Feuchtbiotop. Geologisches Museum (1907, 1986) in Kamp-Lintfort (Moerser Straße 167).

Schau-Plätze: Stadtgeschichtliche Museen

Gründer-Impuls ist der Aufstieg des wilhelminischen Kaiser-Reiches. Er führt zum Blick zu den eigenen Wurzeln und setzt dem seit der Katastrophe des 30jährigen Krieges nagenden Minderwertigkeits-Komplex, vor allem gegenüber Frankreich, Selbstbewußtsein entgegen (parallel: italienisches ›Wiederauferstehen‹ im Risorgimento).

Zu diesem sinnvollen Versuch tritt jedoch rasch ein zweiter hinzu: Preußen, das wieder Erwarten die Kaiser-Krone erhält (und nicht erneut Wien), betreibt eine Identitäts-Politik auf der Schiene des Militarismus. Tatsächlich waren Kriege der Hebel von Preußens Macht, zuletzt der deutsch-französische von 1870/1871. So gerät die Selbstfindung rasch zur ›nationalistischen Übersteigerung‹. Bis um 1970 ist es schwierig, in Heimatmuseen die volkskundliche Ebene von Ritualisierungen und Ideologien zu trennen. Daneben gibt es den Impuls, im ›Wandel der Welt‹ wenigstens Bruchstücke zu sichern.

Reform in der Volkskunde und Entwicklung der Sozialgeschichte, die vor allem im Ruhrgebiet sehr wichtig wird, sind Veränderungs-Motoren. Auch im Zusammenhang mit einer museums-pädagogischen Reform, tritt die Lokalgeschichte der Industrie-Epoche ins Blickfeld.

Die Sozialgeschichte führt zum Museum als ›Haus der Geschichte‹[5] (Bochum, Essen, Hagen, Gladbeck, Castrop-Rauxel), das als Arbeits-Ort und Diskussions-Stätte dient. Dabei verändern sich auch die Darstellungs-Weisen. Unter dem Einfluß des Theaters[6] und des bildhauerischen Environments entstehen Szenerien.

Orts-Hinweise: Stadtgeschichtliche Museen. Heimatmuseum (1976) in Neukirchen-Vluyn (Von der Leyen-Platz 1), im Obergeschoß der Kultur-Halle, mit Vluyner Dorf-Drogerie. Grafschafter Heimatmuseum (1909) im gräflichen Schloß Moers (Kastell 9).

Städtisches Museum (1936) und Schill-Kasematten in Wesel (Am Kornmarkt), 1936 als Niederrheinisches Museum Wesel gegründet, im Weltkrieg völlig zerstört – es gibt keine Initiative die außerordentliche Kultur-Geschichte der Stadt museal darzustellen, lediglich und bezeichnend 1959 die Gedenkstätte Schill-Kasematten in den Festungs-Anlagen. Heimatmuseum (1981) in Schermbeck (Steintorstraße 17), im ältesten Fachwerk-Haus (1566, aufgestockt 1569)[7/8]. Heimatmuseum Alte Bergschule (1992) in Hünxe. Heimatmuseum Dorsten (1888, 1935) in der Alten Stadtwaage (1567), mit Archäologie und Lippe-Schiffahrt. Museum (1951) Schloß Lehmbeck in Dorsten-Lembeck, eine Wasserburg (1670, 1692 umgebaut), mit Park nach absolutistischem Leitbild. Im Inneren das Ambiente des Adels, mit Festsaal (1726 von Johann Conrad Schlaun). Stadtmuseum (1934, 1971) in Marl-Altmarl (Am Volkspark 6 und Schule Opphofstraße), mit einer Wassermühle (17. Jh.). Museum (1928, 1985) der Stadt Gladbeck (Burgstraße 64), in Haus Wittringen, um 1985 reformiert. Quadrat Bottrop, Museum für Ur- und Ortsgeschichte in Bottrop (Im Stadtgarten 20), zunächst Heimatmuseum (1934), 1976 wiedereröffnet als ›Quadrat‹, mit Neubau (1983) für das Joseph Albers-Museum.

Städtisches Museum (1984) in Gelsenkirchen-Buer (Horster Straße 5) – als Museums-Komplex um eine Villa mit Neubau (1984 von Albrecht E. Wittig, Gelsenkirchen) für die seit einem Jahrhundert zusammengetragene Sammlung von ›Altertümern‹ des Vereins für Orts- und Heimatkunde Buer[9/10/11/12] sowie Ankäufe (leider nach Verkauf des gesamten Volkskunde-Bestandes 1974) und Kunst des 19./20. Jahrhunderts. Heimatkabinett (1954) Westerholt in Herten-Westerholt (Freiheit 1) – mit religiöser Volks-Kunst und Heimatgeschichte. Vestisches Museum (1890, 1925, 1988) in Recklinghausen (Hohenzollernstraße 12): Stadtgeschichte, Leben in der Ackerbürger-Stadt, ›Hochlarmarcker Küche‹, ›Naive Kunst‹, religiöse Kunst, Lebensverhältnisse nach 1945. Emschertal-Museum (1926) in Herne (Karl Brandt-Weg 5), im Herren-Sitz Haus Strünkede (15. Jh.,

um 1664), 1975 vereinigt mit dem Heimat- und Naturkunde-Museum (1925) Wanne-Eickel (Unser-Fritz-Straße 108).

Seit 1984 im Aufbau: Museum für Zeitgeschichte – Altes Rathaus in Castrop-Rauxel (Ringstraße 29). Heimatmuseum Waltrop (Theodor Heuß-Straße 1). Hermann-Grochtmann-Museum (1927, 1988) in Datteln, in einem westfälischen Hallen-Haus (1809). Museum (1937, 1966, 1982) der Stadt Lünen, 1966 wiedereröffnet, im Wirtschafts-Gebäude von Haus Schwansbell (Lünen-Horstmar), mit Sammlung zu Puppen und Spielzeug. Altes Amtshaus Karl Pollender-Stadtmuseum (1962, 1977) in Werne (Kirchhof 13), eingerichtet vom Realschullehrer Karl Pollender im Amtshaus (um 1800 klassizistisch modernisiert). 1965 Heimatstube, seit 1986 Stadtmuseum in Bergkamen (Jahnstraße 31), vor allem zum Römer-Lager Oberaden (wohl 11 v. Chr. für zwei Legionen), auch sozialgeschichtlich zur Stadtgeschichte. Privates Heimatmuseum Lütgendortmund (1990) in Dortmund-Lütgendortmund (Dellwiger Straße 13), im Gesinde-Gebäude von Haus Dellwig. Städtisches Museum (1926, 1985) in Kamen (Markt 1), im alten Rathaus: agrarisches Leben und Schuhmacher-Werkstatt (19. Jh.). Heimatstube (1969, 1988) in Bönen im Kultur-Zentrum Alte Mühle, mit Heimatstube im Backhaus in Flierich. Hellweg-Museum (1928) in Unna (Burgstraße 8).

Heimatstube (1961) in Fröndenberg (Kirchplatz 2), in der Abtei. Ruhrtal-Museum (1933) Schwerte (Brückstraße 14), im alten Rathaus (1547), vor allem zur Ur- und Frühgeschichte. Museum (1927) Hohenlimburg in Hagen-Hohenlimburg (Schloß)[1314]. Museum für Heimat- und Stadtgeschichte (1987) in Hagen, im früheren Landgericht (1865 von Carl-Ferdinand Busse; Hochstraße 71) – mit einer Reform-Konzeption. Heimatmuseum Witten (Ruhrstraße 69): 1886 Verein für Orts- und Heimatkunde und Museums-Verein, 1911 in einem Museums-Gebäude, gestiftet vom Fabrikanten Friedrich Lohmann, nach 1961 der Fabrikanten-Villa Berger (1944 von der Stadt erworben) – mit Naturkunde, Kulturgeschichte, Kunst. Heimatmuseum (1932, 1952) im Rathaus in Hattingen (Untermarkt 2). Die Wasserburg Haus Kemnade in Hattingen (An der Kemnade 10) beherbergt das Museum zur Stadtgeschichte (1973) von Bochum, ein Bauernhaus-Museum und die Musik-Instrumenten-Sammlung Hans Grumbt/Heide Grumpt. Stadtarchiv Bochum – Bochumer Haus der Geschichte (1990) in Bochum (Kronenstraße 47), mit Wechselausstellungen und Inszenierungen. Museum Bochum (1974) – Helfs Hof in Bochum-Wattenscheid (In den Höfen 37), ältestes Vierständer-Haus, Ausstellung zur Landwirtschaft und zur Stadtgeschichte. Ruhrlandmuseum (1904, 1911, 1984) der Stadt Essen in Essen (Goethestraße 41), mit sozialgeschichtlicher Konzeption: Geologie, Industrie- und Sozialgeschichte des Ruhrgebietes. Heimatmuseum (1909, 1950) Tersteegenhaus in Mülheim (Teinerstraße 1), mit Gedenk-Räumen für den Bandwirker, pietistischen Prediger und Kirchenlied-Dichter Gerhart Tersteegen (1746-1769 in Mülheim, er predigte oft aus dem Fenster ins Freie), den Bergarzt und Dichter Dr. Carl Arnold Kortum und die Prinzessin Luise.

Schau-Plätze: Kulturgeschichtliche Museen

Kulturgeschichtliche Museen sind den Heimatmuseen eng verwandt. Viele von ihnen sind im Prinzip regionale Heimatmuseen. Neben diesen Museen mit breiter d.h. horizontaler Ausrichtung gibt es einen zweiten Bereich, der sich vertikal spezialisiert d.h. zu einem Themen-Komplex arbeitet. Hier finden dieselben Veränderungs-Prozesse statt wie in den Heimatmuseen.

Orts-Hinweise: Kulturgeschichtliche Museen. Städtischen Gustav Lübcke-Museum (1886, 1927, 1994) in Hamm (Museumsstraße 2), 1986/1994 Neubau von Jorgen Bo/Vilhelm Wohlers, Kopenhagen (Architekten von Museen in Louisiana, Kopenhagen und Bochum) – mit einer Rampe, wie in Bochum, in die Geschosse. Vor- und Frühgeschichte, ägyptische, griechische, römische Altertümer, Kunsthandwerk des Mittelalters, Möbel, Münz-Kabinett, Grafik, Kunst[15].

Museum für Kunst- und Kulturgeschichte[16] (1883, 1911, 1946, 1983) in Dortmund (Hansastraße 3), seit 1983 in der Alten Stadtsparkasse (1923; 1981/1983 Umbau von Werner Lehmann, Dortmund); Stadtgeschichte, Alltags-Kultur, bürgerliche und adlige Wohn-Kultur, Wohnen in der Mietskaserne und in der Kolonie. Dortmunder Münzkabinett (1958) der Stadtsparkasse in Dortmund (Freistuhl 2) – als Überblick zur Geschich-

te des Geldes in der Stadt. Mahn- und Gedenkstätte Steinwache (Gestapo-Gefängnis; 1992) in Dortmund (Steinstraße 48), zur Geschichte des Terrors. Polizei-Museum Eins-Eins-Null (1955) in Dortmund (Markgrafenstraße 102). Deutsches Kochbuch-Museum (1988) im Museum Buschmühle am Buschmühlenteich im Westfalen-Park in Dortmund, mit 2.000 Kochbücher (18./20. Jh). Die Schriftstellerin Henriette Davidis (Wittenwengern 1801-1876) lebte 20 Jahre in Dortmund und schrieb Bücher zur Erziehung und zum Kochen, u.a. den 1845 gedruckten Klassiker ›Praktisches Kochbuch für die gewöhnliche und feinere Küche‹ (21. Auflage 1876). Methodisch ist das Museum als eine Quelle zur Untersuchung der Frauen-Erziehung angelegt[17/18/19]. Museum (1991) am Westpark in Dortmund (Rittershausstraße 34), zu Widerstand und Verfolgung 1933-1945. Westfälisches Schulmuseum (1964, 1993) auf der Wasserburg in Dortmund-Marten, mit einem Klassenraum von 1910.

Puppen-Museum im Kunsthof Herten-Westerholt (Am Bungert), Sammlung Karin Knoop/Ulrich Knoop. Horster Motorrad-Museum (1978) in Gelsenkirchen-Horst (Wallstraße 52) des Motorrad-Rennfahrer Karlheinz Rebuschat, vor allem aus der Zeit von 1929 bis 1960, in und um ein Gründerzeit-Haus am Kanal.

Westfälisches Römermuseum (1907, 1966, 1989) des Landschaftsverbandes Westfalen-Lippe in Haltern, auf dem Terrain des römischen Militär-Lagers, mit Rekonstruktionen sämtlicher Lager längs der Lippe. Museum (1955) im Voßwinckelshof in Dinslaken (Brückstraße 31), in einem Herren-Sitz (um 1700), für regionale Volkskunde am bäuerlichen rechten Niederrhein. Niederrheinisches Motorrad-Museum (1970) in Moers-Asberg (Friemersheimer Straße 106). Museum für Stadtgeschichte (1902, 1925, 1935, 1990) in Duisburg (Johannes Corputius-Platz 1). Karnevalsmuseum (1985) des Hauptausschusses für den Duisburger Karneval in Duisburg (Am See 22). Tennismuseum (1982) von Horst Gasper in Oberhausen (Nohlstraße 82).

Ruhrlandmuseum (1910, 1937, 1963) der Stadt Essen in Essen (Goethestraße 41). Zu den Orientierungen auf Naturwissenschaft und Archäologie kommt – als Reform der Stadt-Geschichte – unter seinen drei Direktoren Walter Sölter, Heinz Reif und Ulrich Borsdorf – beispielhaft die szenische Veranschaulichung der Sozial-Geschichte hinzu. Markt- und Schaustellermuseum in Essen (Berliner Platz 42), im Büro-Haus der früheren Markt-Hallen, einziges Museum dieser Art, mit umfangreichem dokumentarischem Material. Alte Synagoge Essen, Mahn- und Gedenkstätte/Historisch-politisches Dokumentationsforum (1980) in Essen (Steeler Straße 29): 1911/1913 läßt die jüdische Gemeinde (3.500 Mitglieder) von Edmund Körner das riesige Gebäude errichten, das bis zur „Reichskristallnacht" 1938 eine der größten Synagogen Deutschlands ist. Seit 1959 im Eigentum der Stadt Essen[20/21] wird sie als städtisches Museum wiederaufgebaut.[22] Dokumentations-Zentrum mit zwei Dauer-Ausstellungen, zuerst 1980 Dauer-Ausstellung ›Verfolgung und Widerstand in Essen 1933-1945‹, dann ›Stationen jüdischen Lebens – Von der Emanzipation bis zur Gegenwart‹, in Zusammenhang mit dem Projekt ›Gedenkbuch‹. Museum Altenessen für Archäologie und Geschichte (1984) in Essen-Altenessen (Altenessener Straße 273), hervorgegangen aus Beständen des Ruhrlandmuseums und der Sammlung des Straßburger Archäologen Robert Forrer (1912 angekauft) sowie Funden beim Bau des Rhein-Herne-Kanals. Mineralien-Museum (1904, 1984) in der ›Alten Hinsbeck-Schule‹ in Essen-Kupferdreh (Kupferdreher Straße 141), mit der Bürgerschaft in Kupferdreh entwickelt, mit Bestand des Ruhrlandmuseums, die Mineralogie wird als Teil der Kulturgeschichte verstanden, d.h. die Darstellung folgt dem Prozeß der Entdeckung und Nutzung von Menschen.

Kulturgeschichtliches Museum (1962) Bügeleisen-Haus (1611) in Hattingen (Haldenplatz 1), mit Sammlung zur Eisenverhüttung und Bearbeitung in Hattingen (Isenburg-Grabung)[23]. Westfälisches Feuerwehrmuseum (1992) in Hattingen (Gottwaldstraße 17).

Weltraum-Bahnhof Ruhr (1957) am Institut für Umwelt- und Zukunftsforschung in Bochum-Sundern (Blankensteiner Straße 200 a), von Prof. Heinz Kaminski, mit einem 20 m breiten Parabol-Spiegel in einer Traglust-Halle. Museum für Figuren-Theater (1987) in Bochum-Weitmar (Hattinger Straße 467). Thürmer-Saal (1988 von Lothar Possinke/Werner P. Quarg) in Bochum (Friedericastraße 4), von der Pianoforte-Fabrik Thürmer (1834 in Meißen gegründet), mit Instrumenten-Sammlung. Schulhistorische Sammlung – Cruismannschule (1989) in Bochum (Cruismannstraße 2).

Schau-Plätze: Religionsgeschichtliche Museen

Religionsgeschichtliche Museen entstehen in der Tradition der Schatz-Kammern, die auf Verehrungs-Verhalten zielen. Ausgenommen die jüdischen Museen ist nicht erkennbar, daß sie auf ihre uralte Magie verzichten oder sie zumindest verständlich machen, obwohl ein Fülle an Forschungen Historizität und Kontext der Objekte offenlegt.

Orts-Hinweise: Religionsgeschichtliche Museen. Heimatkabinett (1954) in Herten-Westerholt (Freiheit 1) – mit religiöser Volks-Kunst und Heimatgeschichte. Privatmuseum Brauchtum zur Taufe der Sammlung Wolf-Eckardt Irmer in Herten (Hermannstraße 15). Ikonen-Museum (1955) in Recklinghausen am Kirchplatz neben St. Peter[24/25/26]. Domschatzkammer (1959, 1987) in Essen (Burgplatz 3). Geplant: Diözesan-Museum Essen (Am Porscheplatz 1), mit Kirchlicher Kunst. Schatzkammer (1979) der Propsteikirche St. Ludgerus in Essen-Werden (Brückstraße 54). Synagoge (1911 von Prof. Eduard Körner) in Essen (Steeler Straße), seit 1980 Dokumentations-Forum mit Ausstellung zur jüdischen Geschichte sowie zur Aufarbeitung der NS-Gewalttaten. Jüdisches Museum Westfalen (seit 1982) in Dorsten in einer Villa am Südwall (Julius Ambrunn-Straße), Dokumentations-Zentrum mit Mediothek, Bibliothek, Archiv, Galerie, Julius Ambrunn-Skulpturengarten (Tisa von der Schulenburg, Säule ›Jüdisches Leben‹), Lehr-Haus für Seminare, Begegnungs-Stätte. Ordensmuseum (1988) Abtei Kamp in Kamp-Lintfort (Abteiplatz 24), zur Geschichte des Zisterzienser-Ordens, der im Mittelalter vor allem in der Entwicklung der Landbau-Technologie tätig war (leider nicht dargestellt).

Schau-Plätze: Kunstgewerbe- und Design-Museen

Sie widmen sich vor allem den Produkten der Industrie-Epoche. In Darmstadt bringt kurz vor 1900 der Verleger Alexander Koch den Großherzog von Darmstadt dazu, ein Modell der Gewerbe-Förderung zu entwickeln. Als eine Sammlung von Beispielen zur Orientierung entsteht 1900 das Projekt Mathildenhöhe in Darmstadt. Mit einer ähnlichen Absicht gründet Karl Ernst Osthaus in Hagen 1909 das erste Design-Museum der Welt: das Deutsche Museum für Kunst in Handel und Gewerbe. Er gibt ihr auch eine neuartige Museums-Konzeption: keine Dauer-Ausstellung, sondern reisende Ausstellungen, begleitet von Katalogen. Das Schicksal dieser Einrichtung ist tragisch: früher Tod von Osthaus, 1922 Verkauf an das Kaiser-Wilhelm-Museum Krefeld, die Objekte liegen dort bis heute in Kisten, die Akten dazu in Hagen. Wann wird das geplante Kooperations-Projekt realisiert?

Obwohl die Industrie-Epoche zweihundert Jahre alt ist, gibt es ein Defizit an Reflexion und nur wenige Museen zu Industrie-Produkten. (Einen wichtigen Teil der Sammlung und Präsentation von industrie-gefertigten Erzeugnissen übernehmen – als Nebenprodukt – die neuen Industrie-Museen.) Ebenso unfaßbar im Defizit sind die industriellen Medien Fotografie, Film, Rundfunk, Fernsehen und Video.

Orts-Hinweise: Kunstgewerbe- und Design-Museen. Kopiermuseum (1985) in Mülheim (Kettwiger Straße 33): es beginnt mit Edisons Mimeograph Nr. 1 (1902). Büro-Museum (1977) der Stadt Mülheim in Mülheim (Friedrich Ebert-Straße 43, Rathaus) zur Gegenstands- und Arbeits-Welt der Büros: u.a. Schreibmaschine (1898 zum Preis von 450 M; 1866 von Peter Mitterhofer entwickelt), elektrische Schreibmaschine (1929), Hand-Rechenmaschine (1892), Elektronen-Rechner (1965), erster OCE-Kopierer.

Deutsche Plakatmuseum (1968, 1983) in Essen (Rathenaustraße 2/Theater-Passage), in einem Gebäude-Komplex des Textilhauses Clarbach (1925 von Georg Metzendorf; dann Hauptsitz der Städtischen Sparkasse, 1985 umgebaut von Dieter Genheimer). Aus der Sammlung des wichtigen Fotografen Otto Steinert (›Subjektive Fotografie‹), die von 1959 bis 1978 als Studien-Sammlung der Ausbildung in der Folkwang-Schule diente, und weiteren Nachlässen entsteht 1979 im Folkwang-Museum Essen (Goethestraße 41) unter der Leitung von Ute Eskildsen eine bedeutende Foto-Sammlung, leider nicht als Dauer-Ausstellung, sondern nur mit wechselnden Ereignissen. Ein wichtiges Foto-Archiv besitzt das Ruhrland-Museum in Essen (Goethestraße 41). Foto-Museum (1988) in Essen-Horst (Horst 1), in Haus Horst. Schatzkammer (1979) der Propsteikirche St. Ludgerus in Essen-Werden (Brückstraße 54)[27]: zur mittelalterlichen Buch-Gestaltung. Lange Zeit hat ›Haus Industrieform‹, das Design-Museum, seinen Sitz in der Alten Synagoge in Essen; seit 1990 Neukonzeption als Design-Zentrum Nordrhein-Westfalen, mit Dauer-Ausstellung (Hindenburgstraße 25); es bezieht 1998 Räume in der Zeche Zollverein in Essen-Katernberg.

Gladbecker Wandermuseum in Gladbeck (Brahmsstraße 63) von Ulrike Marga/Gisbert Marga: mit Objekten wie Schreibmaschinen (seit 1890), Radios (seit 1908), Plattenspieler, Nähmaschinen, Fernschreiber.

Foto-Archiv im Bergbau-Museum Bochum (Am Bergbaumuseum 28). 1989 macht das Städtische Museum Gelsenkirchen ein aufsehenerregendes Ausstellungs-Projekt, indem es ein Tabu positiv anfaßt: ›Gelsenkirchener Barock‹ (mit Katalog). Postkarten-Sammlung im Westfälischen Industriemuseum in Dortmund-Bövinghausen (Grubenweg), aufgebaut von Thomas Parent.

Schau-Plätze: Kunst-Museen

Im Ruhrgebiet gibt es rund 135 Kunstmuseen, Ausstellungs-Häuser und Galerien. Sie haben eine völlig andere Tradition und andere Zusammenhänge als alle anderen Museums-Typen[28]. Am ehesten sind sie den Schatzkammern vergleichbar. Hagen, dann Essen und später Duisburg werden wichtige Museen für die Avantgarden des 20. Jahrhunderts. Eine neue Konzeption entwickelte Michael Fehr im Osthaus-Museum in Hagen (siehe oben).

Nicht zu vergessen: mit immensen Thyssen-Gewinnen, die auch aus der Region herausgezogen wurden, entstand die zweitgrößte private Kunst-Sammlung der Welt: die Sammlung des Baron Hans-Heinrich Thyssen-Bornemisza, Besitzer einer Bohr-Firma, mit über 800 Werken, lange Zeit in Lugano (Schweiz), heute in Madrid.

Orts-Hinweise: Kunst-Museen (nur Museen mit ständigen Ausstellungen). Das erste Museum der Welt zur modernen Kunst gründet 1901 Karl Ernst Osthaus (1874-1921) – als Folkwang-Museum in Hagen. Er läßt es von Henry van de Velde, dem Begründer des ›Neuen Stils‹, im Inneren ausbauen. In Verhandlungen der Osthaus-Erben mit der Stadt Hagen und dem Stifterkreis Essen aus Wirtschaft, Industrie und Bürgertum gehen das wichtigste bewegliche Erbe von Osthaus, die Sammlung und der Name Folkwang-Museum, 1922 nach Essen. Die Stadt erhält, vor allem finanziert vom Bergbau, „über Nacht" eines der ersten Museen der Welt. Der Museums-Verein legt das Osthaus-Erbe mit seinem historischen Bilder-Bestand (1906 Kunstmuseum) zusammen zum Museum Folkwang (altnordisch: Halle der Frühlings-Göttin, Halle des Volkes). 1955 ausgezeichneter Neubau (Werner Kreutzberger/Erich Hörster/Horst Loy), 1983 Erweiterungs-Bau (Kiemle, Kreidt & Grimbacher/Rolf Allerkamp/Jochen Niehaus; Goethestraße 41).

Wilhelm-Lehmbruck-Museum (1919, 1924, 1964, 1987) in Duisburg (Düsseldorfer Straße) – mit Skulpturen-Sammlung des Bildhauers Wilhelm Lehmbruck (Meiderich 1881-1919), eines der bedeutendsten Skulpturen-Museen und zugleich eines der architektonisch interessantesten deutschen Museen (1959/1964 und 1985/1987 von Manfred Lehmbruck, Stuttgart). Galerie Rheinhausen (1971) in der Stadtbücherei Rheinhausen (Duisburg), mit Sammlungen Dencke und des Keramikers Josef Hehl (Xanten). Sammlung Junge Kunst der König-Brauerei (um 1972) im Betriebs-Gebäude in Duisburg-Ruhrort. Kunstmuseum (1909, 1994) Mülheim in der umgebauten alten Post (Viktoriaplatz), mit

Sammlung des Nobelpreisträgers Karl Ziegler und Maria Ziegler, einige bedeutende Skulpturen stehen in der Stadt-Halle. Städtische Galerie und Ludwig-Institut im Schloß Oberhausen Ludwig-Institut (1984) (Konrad Adenauer-Allee 46) – eines der Zentren für Kunst der ehemaligen DDR, mit einer umfangreichen und exzellenten Sammlung, seit 1973 zusammengetragen von Irene Ludwig und Peter Ludwig[29]. Museum ›Quadrat‹ (1983 von Bernhard Küppers) in Bottrop (Im Stadtgarten 20) mit Sammlung Josef Albers (1888 in Bottrop geboren, Bauhaus-Meister). Otto-Pankok-Museum (1968) in Hünxe-Drevenack (Haus Esselt, Otto Pankok-Weg 4), in einem Adelshaus (17. Jh.), seit 1959 Wohnsitz des Künstlers (Mülheim-Saarn 1893-1966). Kunstmuseum (1951) Schloß Lembeck in Dorsten-Lembeck. Skulpturen-Museum Glaskasten (1978) mit Skulpturen-Park in Marl-Altmarl (Creiler Platz); viele Objekte sind über das ganze Stadtgebiet verteilt.

Städtisches Museum (1984) in Gelsenkirchen-Buer (Horster Straße 5) – als Museums-Komplex um eine Villa mit Neubau (1984 von Albrecht E. Wittig, Gelsenkirchen) für Archäologie und Kunst des 19./20. Jahrhunderts. In Gelsenkirchen stellte der Stadtbaurat seit 1916 eine ›Beispiel-Sammlung der Kunst für die arbeitende Bevölkerung‹ zusammen: eine Sammlung von Expressionisten.

Städtische Kunsthalle (1950) in Recklinghausen (Große-Perdekamp-Straße 25), vor allem für Kunst nach 1945: westfälische Künstler (Lehmbruck, Rohlfs, Morgner, Hoetger, Böckstiegel, Schulze-Sölde, Viegener u.a.), Künstlervereinigung ›junger westen‹ (1948; Robert Baretti, Hermann Breuker, Gustav Deppe, Jupp Ernst, Thomas Grochowiak, Heinz Ridder, Heinz Schröder-Gohfeld, Emil Schumacher, Heinrich Siepmann, Hans Werdehausen, Ernst Hermanns) mit Zentrum in Recklinghausen, eng verbunden HAP Grieshaber, Hann Trier, Karl Otto Götz, Georg Meistermann, Fritz Winter. Hinzu kommt die Gruppe ›Zero‹ (1958, Heinz Mack, Otto Piene, Günther Ücker) mit Zentren in Gelsenkirchen (bei Bau des Theaters) und in Düsseldorf. Gruppe ›B 1‹ (1969).

Emschertal-Museum Schloß Strünkede und Städtische Galerie in Herne (Karl Brandt-Weg 5), im Herren-Sitz Haus Strünkede (15. Jh., um 1664). Ausstellungs-Stätte (1985) des Kreises Unna im Schloß Cappenberg in Selm-Cappenberg (Schloß), mit Stein-Archiv des Freiherrn vom Stein (1824-1831 Alterssitz) und Wechsel-Ausstellungen. Museum (1949, 1989) am Ostwall in Dortmund (Ostwall 7). Museum Bochum – Kunstsammlung (1921, 1960) in Bochum (Kortumstraße 147), in der Doppelvilla Marckhoff-Rosenstein und Rampen-Gebäude (um 1985 von Jörgen Bo/Vilhelm Wohlert, Kopenhagen), mit Expressionisten-Sammlung Gröppel und Kunst nach 1945. Kunstsammlungen (1967/1975) der Ruhr-Universität in Bochum-Querenburg (Universitätsstraße 150), hervorgegangen aus der Stiftung des Kunstkritikers Albert Schulze-Vellinghausen. ›Situation Kunst‹ (1972 von Peter Forth/Alexander von Bersworth/Peter Schmidt) Haus Weitmar in Bochum-Weitmar (Schloßstraße 1 a), mit Kunst der 80/90er Jahre und Environments. Karl Ernst Osthaus-Museum (1898 von Carl Gérard, Berlin, 1901/1902 innen von Henry van de Velde, ein Teil von Peter Behrens) in Hagen (Hochstraße 73), 1945 neugegründet, 1972 erweitert durch einen Neubau; zum Museum gehört der Hohenhof (1906 von Henry van de Velde) in Hagen (Stirnband), das Wohnhaus von Karl Ernst Osthaus.

Schau-Plätze: Industrie-Museen

Führend auf dem Kontinent sind die Museen zur Industrie-Geschichte. Zusammen mit NRW-Städtebauminister Christoph Zöpel satteln die Landschaftsverbände auf den Typ der herkömmlichen Museen eine weitere Ebene: so entstehen die beiden dezentral-netzartig angelegten Industrie-Museen Westfalen (Dortmund-Bövinghausen) und Rheinland (Oberhausen)[30]. Sie sind die umfangreichsten Museen[31] in Deutschland.

Auch der Typ ist neu: das ›Museum für Industrie- und Sozialgeschichte‹, offen für Alltags-Kultur, auch für bislang vernachlässigte Bevölkerungs-Schichten. In interdisziplinärer Methode stellt es einen Kontext zur Arbeit her, auch alltägliche Betriebs-Prozesse (›Schau-Produktion‹) und erforscht ihre Grundlagen. Im Zentrum steht die Fabrik. Sie ist die wichtigste wirtschaftliche, technische, räumliche und soziale Institution der Industrie-Epoche. Die Arbeit wird als ›Tatort‹ gesehen. Im Zentrum des Interesses steht der Mensch als

›Benutzer‹ und ›Benutzter‹ der Maschinen. Auch aktuelle gesellschaftliche Prozesse werden dokumentiert, beobachtet und diskutiert. Integriert werden Museum und Denkmalpflege – ›authentisch‹ am erhaltenen Stand-Ort. Daher wurde nicht zufällig zum Leiter des Westfälischen Industriemuseums in Dortmund-Bövinghausen der bis dahin erfolgreichste Industrie-Denkmalpfleger in der BRD berufen: Helmut Bönninghausen, dem Westfalen die Rettung zahlreicher Denkmäler und Siedlungen verdankt.

Der kulturelle Impuls wirkt sich auch nach außen aus: auf eine Reihe von neuen Gründungen: das Centrum Industriekultur in Nürnberg, das Landesmuseum für Technik und Arbeit in Mannheim, das Museum der Arbeit in Hamburg, das Museum für Verkehr und Technik in Berlin.

Orts-Hinweise: Museen zur Industrie-Epoche. Zur Technik in der Vorindustrie: Tühaus-Mühle in Dorsten-Deuten (Weseler Straße 433): 1615 Walkmühle, 1754 Ölmühle, 1890 Öl- und Kornmühle[32]. Mühlenmuseum Hiesfeld (1991) in Dinslaken-Hiesfeld, in der Wassermühle, mit Mahlwerk. Stadtmuseum Marl (1971) in Marl-Altmarl (Am Volkspark 6 und Schule Opphofstraße), mit einer Wassermühle (17. Jh.).

Das einzige Freilichtmuseum für vor- und frühindustrielles Gewerbe in Westeuropa wächst von 1963 bis 1973 im Mäckinger Bachtal in Hagen-Selbecke: das Westfälische Freilichtmuseum Hagen – Landesmuseum für Handwerk[33] und Technik in Hagen-Selbecke (Mäckinger Bach), orientiert an der sozial- und technikgeschichtliche Entwicklung des Handwerks. Auf 42 Hektar und zweieinhalb Kilometer im Wald-Tal finden die Besucher in 47 hierher versetzten Gebäuden 56 unterschiedliche Werkstätten vom 9. bis 19. Jahrhundert: Wald-Schmieden, Hammerwerke, Riemenfall-Hammerwerk von Fritz Harkort, Deutsches Schmiede-Museum, Sensen-Hammer, Krämer-Laden, Dampf-Mühle, Tabak-Fabrik, Gold-Schmiede, Edelstein-Schleiferei. In der Umgebung wurde jahrhundertelang im Boden Erz gefunden, die Wälder boten Holz zum Schmieden und das Wasser lieferte Energie. So wurde die Gegend zum Zentrum der Eisen-Verhüttung und -Verarbeitung.

Museum (1936) Halbachhammer (1798) im Nachtigallental nahe der Krupp-Stadt Margarethen-Höhe in Essen-Holsterhausen; aus Weidenau/Sieg nach Essen transloziert (›Freilicht-Abteilung‹ des Ruhrland-Museums). Museums-Landschaft im Deilbach-Tal in Essen-Kupferdreh (Nierenhofstraße 8/10), im Rheinischen Industriemuseum, mit Deilmann-Hof, Kupferhammer, Kutschen-Haus (Dauer-Ausstellung), Steinbrüchen, Stollen-Mundloch, Deilbach-Wasserhammer (18. Jh.)[34], ›Hunde-Brücke‹ über den Deilbach, Deiler Mühle, Reste der Tiefbau-Zeche Victoria.

Zur Kohle: Zum frühen Bergbau siehe S. 24. 1930 gründen die Berggewerkschafts-Kasse und die Stadt Bochum das Deutsche Bergbau-Museum Bochum (Am Bergbaumuseum 28), heute das größte der Welt. Anschauungs-Bergwerk[35]: rund 20 m unter Tage und zweieinhalb km Strecke. Lagerstätten, Techniken, Geräte, Kultur- und Kunstgeschichte des Bergbaues, u.a. Werke von Constantin Meunier (1831-1905). Archiv, auch zur Fotografie, und Forschungs-Abteilung. Das Gebäude 1938 von Fritz Schupp, 1986 erweitert von Heinz Jentzsch/Kurt Peter Kremer, Bochum)[36]. 1973 wird in einer spektakulären Aktion ein Doppelförder-Gerüst von der abgerissenen Schacht-Anlage Germania (1944/1956 von Fritz Schupp) in Dortmund-Marten hierher transloziert (71 m hoch) – auch als ausgezeichnete Aussichts-Plattform.

Technisches Museum (1994) in der Alten Maschinen-Halle (1901) der Alten Zeche Scherlebeck in Herten-Scherlebeck (Scherlebecker Straße 210), mit der wohl ältesten Tandem-Fördermaschine in Westfalen (1900). Siehe auch: Industriemuseen Westfalen und Rheinland, weiter unten.

Zu Eisen und Stahl: Werksmuseen. Historische Sammlung und ›Krupp heute‹ (1961) in Essen-Bredeney (Haraldstraße), im ›Kleinen Haus‹ der Villa Hügel (1868/1873 von Eduard Schwarz, Berlin, und Julius Rasch, Kassel). Haniel-Museum (1968) in Duisburg-Ruhrort (Franz Haniel-Platz 3), im Verleger-Haus (1756) der Familie Haniel (Hafenstraße 16/20), Gründer der Gutehoffnungshütte in Oberhausen[37]. Privates Hebezeug-Museum (1971, 1977) Witten-Heven (Windenstraße 2/4), in der Niggehusschen Windenschmiede (1745). MAN-GHH Werks-Archiv und Historische Schau (1975) in Oberhausen-Osterfeld (Antoniestraße) – im Wohn- und Kontor-Haus des Hütten-Leiters der ältesten Hütte im Ruhrgebiet, St. Antony-Hütte. Deutsches Kaltwalzmuseum (1989) in Hagen-Hohenlimburg

(Alter Schloßweg 30), in einem Nebengebäude von Schloß Hohenlimburg. Hoesch-Museum (1989) in Dortmund (Eberhard-Straße 12), im alten Eingangs-Bereich und dem ersten Arbeiter-Speisesaal (1871), mit Archiv und einigen wichtigen Bildern zur Industrie-Geschichte (Carl Schütz, Walzwerk Lendersdorf, 1838), erster Hoesch-Computer (1957)[38][39].

Zum Wasser: Museum der Deutschen Binnenschiffahrt (1935, 1979) in Duisburg-Ruhrort (Dammstraße 11), hervorgegangen aus der Schiffahrts-Ausstellung 1927, im alten Ruhrorter Rathaus[40]. Mit Dependance im Hallen-Bad Duisburg-Ruhrort (1986 geschlossen; IBA-Projekt). Mit Radschlepp-Dampfer ›Oscar Huber‹ (1922) und Eimerketten-Dampfbagger ›Minden‹ (1882) sowie Dampfkran (1897). Altes Hafenamt – Ständige Ausstellung für Hafen und Schiffahrt (um 1990) in Dortmund (Sunderweg 130), im Gebäude von 1899. Siehe auch: Westfälisches Industriemuseum (weiter unten). Seefahrtsmuseum (1973) in Recklinghausen (Sachsenstraße 121), im Bahnhof Suderwich, mit Schiffs-Modellen.

Haus Ruhrnatur (1992) an der Ruhr an der alten Schleuse, südlich vom Wasserbahnhof in Mülheim (Schleuse 3): 1926 als Schülerbootshaus gebaut, auf Initiative des RWW ein Museum zum Wasser. Aquarius Wassermuseum in Mülheim-Styrum (Burgstraße 68). In einem historischen Wasser-Turm (1896 für das Thyssen Gas- und Wasserwerk), mit einem Panorama des Ruhrgebietes. Es zeigt die Bedeutung des Wassers für die Industrie-Geschichte.

Zum Transport: Eisenbahnmuseum (1977) in Bochum-Dahlhausen (Dr. C. Otto-Straße 191), eingerichtet von der Deutschen Gesellschaft für Eisenbahngeschichte e. V. (1968), im Bahnbetriebswerk (1916; Baudenkmal). Mit Museums-Zug durch das Ruhr-Tal zwischen Hattingen und Witten-Oberwengern mit Halte-Stellen in Witten-Bommern, Wengern-Ost und Oberwengern. Regionales Eisenbahnmuseum (1985) in Hamm-Ostwennemar (Grenzweg 76) – im Maximilian-Park, mit Museums-Zug von Hamm-Kleinbahnhof nach Lippborg[41].

Weitere Gewerbe: Brauerei-Museum (1980) in Dortmund (Märkische Straße 85), gestiftet von der Kronen-Brauerei,[42] umfangreichstes deutsches Fachmuseum. Brauerei-Kontor – Kleines Museum (1989) der Privatbrauerei Moritz Fiege in Bochum (Scharnhorststraße 19/25). Gaseum (1985) – Museum der Ruhrgas AG. in Essen (Huttropstraße 60), in der früheren Betriebs-Zentrale. VEW-Umspannwerk (1927/1928) Recklinghausen (Bochumer-/Uferstraße[43/44]), nahe

dem Stadthafen, auch „AEG-Kirche" genannt (›Projektmuseum‹).
Westfälisches Industriemuseum (1976, Landschaftverband Westfalen-Lippe). Hauptsitz im ausgezeichneten Ensemble der Zeche Zollern 2/4 (1898/1904) in Dortmund-Bövinghausen [266]. Transloziert: Schachthalle und Förder-Gerüst (1902 Wilhelmine-Victoria in Gelsenkirchen-Heßler). Vor dem Museum: Kolonie Landwehr. Dezentrale Konzeption mit sieben weiteren Standorten: Großschachtanlage Zeche Nachtigall in Witten (letzte erhaltene Tiefbau-Zeche im Ruhr-Tal; Muttentalstraße), Krupp-Zeche Hannover I/II/V in Bochum-Hordel mit steinernem Malakoff-Turm und Maschinenhaus (1870) sowie Krupp-Kolonie Dahlhauser Heide (1904), Schiffs-Hebewerk Henrichenburg in Waltrop (1894/1899) [269], Henrichshütte in Hattingen (1854, Hochöfen von 1940 und 1954, Arbeitskreis von Hütten-Arbeitern; 1910 Gartenstadt Hattingen-Hüttenau); außerhalb der Region 1989 eine Textil-Fabrik in Bocholt, die Glas-Fabrik Gernheim in Petershagen-Ovenstädt bei Minden und die Ziegelei Sylbach bei Lage (1910, Ringofen).
Rheinisches Industriemuseum (1980/1983) an acht Museums-Standorten mit 15 Fabrikations-Stätten. Hauptsitz: Fabrik Altenberg Zink (1852-1979) in Oberhausen (Direktions-Villa von 1911 und Zink-Fabrik; Hansastraße 18). Dependance: Volksmuseum (1979, 1990 übernommen) und Arbeiter-Siedlung Eisenheim in Oberhausen-Osterfeld (Berliner Straße 10 c). Filialen: Deilbachtal in Essen-Kupferdreh (als Museum und Lehrpfad, siehe oben unter Eisen), Zeche Rheinpreußen in Duisburg-Homberg (Baumstraße; 1853, 1879 Doppelschacht-Anlage mit zwei Malakoff-Türmen); außerhalb des Ruhrgebietes: Textil-Fabrik Brügelmann Haus Cromford in Ratingen, Gesenkschmiede Hendrichs in Solingen (mit Schau-Produktion), Papiermühle Alte Dombach in Bergisch Gladbach, Textilfabrik Erben & Engels in Engelskirchen, Tuchfabrik Müller in Euskirchen-Kuchenheim[45].

Zum Arbeitsschutz: Deutsche Arbeitsschutzausstellung (1993) in Dortmund-Dorstfeld (Friedrich Henkel-Weg 1/25). Das Bezugs-Feld Mensch – Arbeit – Technik wird in historischer und heutiger Ebene zur Bewußtseins-Bildung für Arbeits- und Gesundheits-Schutz auf neuem diadaktischen Weg deutlich gemacht: durch Objekte zum Anfassen und Erleben (u.a. alter Web-Saal, Gabelstapler, Flug-Kanzel eines Air-Busses, Fluglotsen-Arbeits-Platz).
Zur Sozialgeschichte: 1984 Ruhrlandmuseum der Stadt Essen in Essen (Goethestraße 41).
Zum Siedlungsbau: Volksmuseum Eisenheim in Oberhausen-Osterfeld (Berliner Straße 10 c), in der ältesten Arbeitersiedlung (1846-1901) des Ruhrgebietes [133, 274]. 1979 von der Bürgerinitiative gegründet, 1990 vom Rheinischen Industriemuseum übernommen und neugestaltet, 1996 umgestaltet. Rund um das Museum gibt es in der Siedlung die ›Sprechenden Straßen‹: umfangreiche Texte zur Geschichte und zum Leben in und um die Häuser, auf großen Emaille-Tafeln (über 70), vorzüglich zugänglich und lesbar. Seit 1996 das erste Projekt (›Erklärte Baudenkmäler‹), das in dieser Art über einen städtischen Bereich komplex informiert. Weiterhin findet man in der Siedlung ›poetische Orte‹ – als Stätten zur Erschließung von Tiefenschichten eines nachdenklichen Bewußtseins: ›Der Wald der Tauben-Häuser‹ (Tonino Guerra und Bewohner), ›Die Idee‹ (Horst Wolfframm) gewidmet der Phantasie der Köpfe, ›Raumfahrt in die Erde‹ (Horst Wolfframm), ein hohes Gerüst mit Bildern von Untertage (Alfred Schmidt). Muster-Wohnung in der Krupp-Siedlung Margarethenhöhe in Essen-Holsterhausen (›Freilicht-Abteilung‹ des Ruhrland-Museums), 1909 von Georg Metzendorf.
Zum Leben von Fabrikanten: Historische Sammlung und Krupp heute in Essen-Bredeney (Haraldstraße), im ›Kleinen Haus‹ der Villa Hügel (1868/1873 von Eduard Schwarz, Berlin, und Julius Rasch, Kassel).

Die kommunale Theater-Kette

Musik-Theater im Revier (1956/1959 von Werner Ruhnau) in Gelsenkirchen. *[238]*

Schau-Platz: Musik-Theater im Revier

Den ästhetisch wichtigsten Bau der Nachkriegszeit im Revier besitzt Gelsenkirchen: das Musik-Theater (1956/1959) von Werner Ruhnau. Die Architektur entsteht in einer Stimmung des Aufstiegs-Optimismus und des Wunsches, den abgeschnittenen Faden der 20er Jahre wieder zu knüpfen: die Tradition einer reform-orientierten, frischen, phantasie-öffnenden Moderne des ›Bauhauses‹.

Wettbewerbs-Gewinner Werner Ruhnau will ein Gesamt-Kunstwerk schaffen – mit vielen Künstlern.

Im Frühjahr 1957 findet der Kunst-Wettbewerb statt. In der Jury sitzen u.a. Franz Roh, Max Burchartz, John Anthony Twaites. Dann erhalten Aufträge: Yves Klein (Paris), Jean Tinguely (Schweiz), Norbert Kricke (Düsseldorf), Robert Adams (London) und Paul Dierkes (Berlin).

Die ›Bau-Hütte‹. Werner Ruhnau: „Während der Bauzeit des Theaters (1956/1959) lebten und arbeiteten wir in der ›Bauhütte‹ – in der Feuerwache. Wir führten ein lockeres und rauschendes Leben. Es war ein purer Irrsinn. Wir beanspruchten die Gelsenkirchener als die Bohéme der Stadt. Yves Klein kam mit seinen Anthropometrien: Körper-Bemalungen und deren Abdrücken auf Leinwänden. Da sagten Leute: ›Diese Sau!‹ Der ›Stern‹ brachte die Fotos. Es war ein großer Skandal, daß ein Maler öffentlich nackte Mädchen bemalte."

Die Idee. Zur Innenstadt hin will Ruhnau das Foyer offen lassen. Es soll – wie bei Kaufhäusern – nur ein klimatisierendes Luft-Gebläse erhalten. Das aber ist technisch nicht realisierbar. Daher entsteht eine Glas-Wand. Die Struktur-Idee: ein Raum mit einem Klima – im umfassendsten Sinn. Werner Ruhnau: „Der Maler Yves Klein arbeitet mehr in der visuellen Ebene: mit farbigen Überspannungen. Er sagt: ›Ich schaffe eine farbige Klimatisierung.‹ Ich selbst verstehe sie mehr physisch: mich interessieren die Haut und die Schleimhäute. Yves Klein ist mein wichtigster Partner. Er erfindet das Blau als Symbol für die Endlosigkeit, für die Geistigkeit des Raumes, für das Schweben im Raum. Dies drücken auch die Reliefs von Paul Dierkes aus: auf der weißen Trommel vor dem inneren Zuschauer-Raum. Obi Oberhoff entwickelt mit seinen Studenten die silbergrauen Ränder im Saal." Einen spannenden Kontrast dazu bildet die kräftig aufgefaltete Plastik von Robert Adams vor dem Eingang.

Das Foyer ist ein Labyrinth. Höhepunkt ist ein weiter Raum mit großem Atem. Und eine Bühne vor der Bühne: ein Treppen-Gerüst. Es gibt geheime Fäden zu den Konstruktionen der eleganten Zechen-Türme von Fritz Schupp.

Werner Ruhnau nimmt die Faszination der Elektrizität aus den 20er Jahren erneut auf. Einerseits geht er einen Schritt zurück, indem er den Licht-Raum an drei Seiten mit einem Kasten faßt, andererseits treibt er den Umgang mit dem phantasmagorischen Licht-Gestaltung noch weiter: die Hauptansicht ist auf den Abend orientiert – dann erscheinen im künstlichen Licht schwebende Szenerien in einer bis dahin nie gekannten Intensität. Industrielles verläßt die Rationalität und bringt irrationale Erscheinungen hervor.

Der Blick nach draußen erschließt die Stadt. Es entsteht ein szenischer Zusammenhang zwischen Außen und Innen. Für die Straßen-Passanten sehen die Theater-Besucher wie Schauspieler aus. Die Leute, die im Theater-Saal einem Geschehen auf der Bühne zusahen, merken, daß sie im Foyer selbst zu Akteuren werden. „Die Idee: Stadt-Theater. Eine Stadt, die zu einem szenischen Ereignis animiert, ist eine richtige Stadt."

Städtebaulich steht das Theater an einer ›strategisch‹ sehr wichtigen Stelle, aber das wird teilweise durch Verkehr gestört. Eine Tieflage der vierspurigen Straße würde die gedachte Konzeption vollenden.

Entdeckungen. „Yves Klein war bis dahin absolut unbekannt. Als er 1957 den Auftrag erhielt, gab es in Paris einen Aufschrei der Bewunderung. Als der deutsche Kulturattaché, Dr. von Tischowitz, dies hörte, lud er die Stadtväter von Gelsenkirchen nach Paris ein. Er besorgte Yves Klein und mir in der Universität Sorbonne einen Raum für Vorträge. Mit diesem Tag war Yves Klein in Paris ein gemachter Mann. Jean Tinguely kam 1958 als Übersetzer und Dolmetscher für Yves Klein an die Baustelle. Ich verschaffte ihm den ersten Auftrag seines Lebens: im ›kleinen Haus‹. Mit ihm wurde er bekannt. Ebenso Norbert Kricke: als er kam, war er ein armer Mann, dann erhielt er Bekanntheit – durch seinen Picasso-Blitz in Gelsenkirchen. Plötzlich war er oben."

Echo. In der Bau-Hütte: 1960 ›Sprechtexte‹ von Ferdinand Kriwet und ›Lichtballett‹ von Otto Piene, im selben Jahr wird auf mehreren Bühnen im Kleinen Haus ›Aspektakel‹ von Ferdinand Kriwet inszeniert. 1961 Ausstellung in New York ›German Theatre today‹ (Auswärtiges Amt). „Wir wollten in Nizza die ›Schule der Sensibilität‹ machen: Mit blauen Wänden und Schwammreliefs. Da starb 1962 Yves Klein – als Opfer der Chemie in seinen Farben."

„Nach dem Film der BBC ›Gelsenkirchen und mobiles Theater‹ (1960 von Victor Glastone), der im ganzen englischsprechenden Raum lief, kamen Scharen von Besuchern. Und was bei der Krone Rang und Namen hatte: Sir Laurence Olivier, Lord Snowdown, Lord Hairwood. Sie luden mich ein, das englische Nationaltheater zu planen (1962). Aber ich äußerte zu erschreckende Ideen: vor allem das Theater aus vielen Hub-Podien, das ›Podien-Klavier‹, – das wollten sie nicht. Auch nicht, daß ich sagte: Theater ist für die menschliche Gesellschaft, was für die kleinen Hunde die Steine sind – man kommt hin, um zu schnuppern, was los ist. Das stand groß in den englischen Zeitungen." Dann erhält Werner Ruhnau Einladungen für Professuren in Kanada und in den USA, nimmt sie an – aber er kommt zurück und bleibt im Ruhrgebiet.

Manifest zum multiperspektivischen Theater: „Wir haben keine Monarchie. / Wir brauchen keine neuen Hoftheater. / Wir wollen keine formierte Gesellschaft. / Wir wollen keine bedingungslose Parteidisziplin. / Wir wollen keine Hofschranzen. / Wir wollen keine Gesundbeter, Medizinmänner, Heilsverkünder, / Levitenleser. / Wir wollen selbstbewußte und verantwortungsfähige Mitbürger & Mitspieler. / Wir wollen eine offene Gesellschaft ... / Zeitgemäßes Theater muß diesen veränderten Wahrnehmungsgewohnheiten / gerecht werden und die Sinne der Zuschauer, Zuhörer, Mitspieler / für sie schärfen. / Nur im Theater kann die Gleichzeitigkeit unterschiedlicher Ereignisse / auf verschiedenen, räumlich getrennten Spielebenen im / mehrperspektivischen Raum verwirk-

licht werden. / Nur das Theater vermag alle zeitgemäßen Informationsmedien / produktiv zu vereinen ... / Offene Theaterspielformen verlangen offene Theaterbauformen ... / Offene Theaterformen verlangen daher veränderbare Theaterarchitekturen. / Variabilität statt Monumentalität. / Eine offene Gesellschaft statt einer geschlossenen Gesellschaft." (Werner Ruhnau am 22. 1. 1968)

Die Theater-Landschaft

Sie gilt als die dichteste Theater-Landschaft der Welt – die Region zwischen Ruhr und Emscher. 1985 auf einer Fläche von 50 mal 20 Kilometern neun kommunale Bühnen und acht Orchester[46]. Auch die Nähe zu den Theatern in Düsseldorf, Krefeld/Mönchengladbach, Neuss, Wuppertal und Köln mit ihren raschen Austausch-Möglichkeiten spielt eine große Rolle.

Seit Mitte des 19. Jahrhunderts gastieren Wander-Truppen. Bürger-Vereine und Gastwirte geben Impulse. Meist geht es um Unterhaltung. Im Karneval werden „Große Volksspiele unter Leitung seiner Eminenz, des Herrn Hanswurstes" aufgeführt. Viele Laien-Theater entstehen und spielen in den Sälen der Gastwirtschaften. Theater-Gesellschaften entstehen. Eine Reihe von Stadt-Theatern bilden sich (z.B. 1892 Essen, 1920 Oberhausen), die zum Teil auch reisen. 1912 entsteht in Düsseldorf eine Verbandsbühne, die 23 Städte bespielt. Theater-Ehen (u.a. Oberhausen-Gelsenkirchen) haben nur kurzen Bestand[47].

In den 20er Jahren übernimmt ein Teil der Theater die Innovationen von Fehling und Piscator in Berlin. „Es gab einen Reichtum an Aufbrüchen und Innovationen. Die Leute waren weniger provin-

Oper als lebendiges Theater: ›Cosi fan tutti‹ (Mozart) im Musik-Theater im Revier in Gelsenkirchen.

ziell, als sie es jetzt gern darstellen. In Gelsenkirchen hatte der Intendant den hochkarätigsten Spielplan, er war bereit, seinem Publikum viel zuzumuten" (Manfred Bourrée). Die Bühne mit der weitesten Ausstrahlung ist Bochum, in seiner Tradition (Saladin Schmidt, Hans Schalla, Peter Zadek, Klaus Peymann, Frank-Patrick Steckel) eines der bedeutendsten Theater der Welt – bis heute. Nach 1968 sind die meisten Theater der Region sofort bereit, neue Impulse aus den vehementen Theater-Diskussionen und von den innovativen Freien Theatern aufzunehmen. In den 80er Jahren ist des Musik-Theater im Revier ein wichtiger Partner des seinerzeit bedeutendsten innovativen Opern-Theaters der Welt, der Frankfurter Oper in der Ära Michael Gielen, und führt seine Tradition weiter.

›Theater an der Ruhr‹. Roberto Ciulli, promovierter Philosoph, gründet mit 26 Jahren am Stadt-Rand von Mailand ein Zelt-Theater. 1972 bis 1979 ist er in Köln Theater-Direktor, 1979/1981 arbeitet er in Düsseldorf. Zusammen mit dem Philosophen und Dramaturgen Helmut Schäfer schafft er sich 1980 in Mülheim an der Ruhr eines der eigentümlichsten Theater der Welt. Es setzt – auch als Protest gegen glatte Oberflächlichkeit – kompromißlose und provozierende Bilder und Prozesse in die Welt: zur Intensität menschlicher Existenz. Alte Texte werden neu geboren. Mythen leben. Politisches vertieft sich. Komödiantisches. Kosmisches.

Die Mittel dazu sind eine flexible Organisations-Weise, ein wirkliches Ensemble, die Konzentration auf jährlich nur zwei neue Stücke, die dann lange im Repertoire bleiben. Das Theater reist und erhält internationales Ansehen. Bereits in der Person von Ciulli verkörpern sich mehrere und unterschiedliche Kulturen. Ciulli und Schäfer experimentieren Multikultur. Das Theater kooperiert mit dem türkischen Staats-Theater in Ankara und bietet dem Roma-Theater Pralipe eine Gast-Stätte.

Sinnlich-anschauliche Denk-Laboratorien: Stadt-Theater. Geprägt von der Stadt-Kultur, die – eine einzigartige Leistung in der Welt – auch die meisten Theater finanziell trägt, sind die Bühnen mit ihren meist umfangreichen Umfeld-Programmen wichtigste ›Denk-Laboratorien‹. Sie haben in der Zeit ständigen Wandels als Stätte der Reflexion, der Ideen-Findung und der Kommunikation die Rolle von Impuls-Werkstätten. Auch für den Struktur-Wandel der Industrie-Gesellschaft.

Das Theater. Klaus Weise, Regisseur und seit 1992 Intendant des Theater Oberhausen, das nun wieder (nach der Ära Günther Büch) als ›Bundesliga‹ gilt: „Wir können uns nicht verabschieden aus dem Verhältnis zum Publikum. Denn Schauspiel ist etwas Merkwürdiges: Da will der Zuschauer eigentlich alles kennen, bis hinter die Bühne. Aber im Zentrum muß das Theater geheimnisvoll bleiben, sonst verlieren wir unseren Mythos. Der Text ist nur die Abbreviatur, die Abkürzung. Das Schauspiel ist das zweite Kunstwerk. Mit den Texten arbeiten wir so, daß sie verständlich über die Lippen gehen. Da sagten Zuschauer: Die Theater-Leute haben den Text verändert! – Aber die Schauspieler haben kein Wort umgeschrieben. Die großen Stücke haben immer ein großes Frage-Zeichen, das nie aufgeht – das ist das Geheimnis des Überlebens. Manchmal ist das Frage-Zeichen auch eine große Unverschämtheit. Daß wir keine Antwort auf vieles finden, ist eine Chance. Es gibt viel mehr Fragen als Antworten. Es gehört zur Geschichte eines Stückes, wie die damalige Wirksamkeit mit dem Text umging. Der Regisseur kann heute dem Stück das Potential seiner subversiven Kraft wiedergeben. Schauspieler sind wie Kinder, die nachts auf den Friedhof gehen und an Stangen Laken aufhängen. Die Leute sehen sie, aber sie erkennen die Schauspieler nicht. Das ärgert manche Menschen. Zu sagen, ihr habt auf dieser Welt keine Chance mehr, und dann daraus einen Spielplan und Inszenierungen zu machen, geht am Leben vorbei.

Das Theater hat Verantwortung. Die Wörter auf dem Theater sind wie Planken, die einen Abgrund überbrücken. Sie wollen zum Dialog führen. Das Theater ist auch dazu da, sich in der Gesellschaft um den seelischen Ausgleich zu kümmern. Es lebt auch eine soziale Form der Kommunikation.

Fernsehen neigt dazu, daß das Erleben sich selbst zerstückelt. Drei Schnitte in der Sekunde. Und Special effects. In der Werbung gibt es bis zu zehn Schnitte in der Sekunde. Das Theater sagt: Wir sind unentbehrlich. Es ist ein kommunikatives Medium. Wenn es glückt, spüren alle eine sehr intensive Spannung zwischen Publikum und Bühne. Das Theater ist auch ein Medium, in dem individuelle Konflikte etwas anders ausgelotet werden als in anderen Medien. Es ist wichtig zu artikulieren: die Utopie und das Bedürfnis

nach einer besseren Welt. Wir werden kaum von uns sagen können, wir wären Götter, aber wir beschäftigen uns damit.«

Orts-Hinweise: Theater und Opern-Häuser. Schloßtheater in Moers (Kastell 6), Sprechtheater mit drei Spiel-Stätten. Landes-Theater Burghofbühne im Kreis Wesel in Dinslaken, Sprechtheater, in der Stadthalle (Platz Dagen 4), bespielt 160 Spielstätten. Stadt-Theater (1912 von Martin Dülfer) in Duisburg (Neckarstraße 1), ein Teil der Theater-Kooperation Düsseldorf-Duisburg (›Deutsche Oper am Rhein‹). Theater (1938/1939 vom Stadtbaumeister Ludwig Freitag) in Oberhausen (Ebertstraße 82), Sprechtheater, mit Studio und einer unorthodoxen Spielstätte im historischen Ebertbad (1895, 1907) am Theater- Platz. Theater an der Ruhr in Mülheim, in den Bade-Anlagen (1909 vom Freiherrn von Engehardt) im Raffelberg-Park in Mülheim-Raffelberg (Akazienallee 61), in der Stadt-Halle Mülheim (1967 von Gerhard Graubner, Hannover: Theodor Heuß-Platz) und im Ringlok-Schuppen (Am Schloß Broich 38), Sprechtheater von Roberto Ciulli. Seit 1986 fördert Ciulli die Multikultur, vor allem seit 1992 das Roma-Theater ›Pralipe‹ (Bruderschaft) aus dem mazedonischen Skopje. und den deutsch-türkischen Austausch.

Aalto-Theater (1958/1988 von Aalvar Aalto) in Essen-Südviertel.

Ruhrfestspielhaus (1965 von Felix Genteführ/ Fritz Hannes) Recklinghausen.

Stadt-Theater (1911 von Ernst Vetterlein, Darmstadt) in Hagen mit Skulpturen von Milly Steeger.

Schauspiel-Haus ›Grillo-Theater‹ in Essen (Am Theaterplatz). Gebäude: 1887 von Seeling, 1950 vereinfacht wiederaufgebaut von Wilhelm Seidensticker, Essen, 1987 Umbau von Werner Ruhnau als ›variables Raum-Theater‹. Opern-Haus ›Aalto-Theater‹ (30 Jahre nach dem Wettbewerbsgewinn 1958 des Finnen Aalvar Aalto 1983/1988 realisiert) in Essen-Südviertel (Rolandstraße 10). Musik-Theater (1956/1959 von Werner Ruhnau) an der Ruhr in Gelsenkirchen (Flora-/Overwegstraße)[48]. Theater (1956 von Gerhard Graubner, Hannover) in Bochum (Königsallee 15), 1966 kleines Haus (Gerhard Graubner), Probebühne Zeche I (Prinz-Regent-Straße 62). Bochum, auch Sitz der Shakespeare-Gesellschaft, ist das einziger Theater, das alle 37 Shakespeare-Stücke aufführte.

der Straße 65), Musik-Theater. Das Theater Hagen betreut die Schloß-Spiele in Hohenlimburg (seit 1975 Hagen).

Festspiele. 1947 Ruhrfestspiele in Recklinghausen („Kohle für Kunst – Kunst für Kohle“ – als Dank des Hamburger Theaters an die Bergarbeiter) [239], getragen von der Stadt und vom Deutschen Gewerkschaftsbund. 1962 Festspielhaus (F. Ganteführ/F. Hannes; Otto Burrmeister-Allee 1). Die Ruhrfestspiele haben seit 1981 ein eigenes Ensemble. Recklinghausen ist ein Mythos – aber kein einfach zu bestehender.

Peter Handke ›Kaspar‹ im Theater an der Ruhr (seit 1980, geleitet von Roberto Ciulli, Gralf Edzard Habben und Helmut Schäfer).

Freies Theater in der Maschinen-Halle des Westfälischen Industriemuseums in Dortmund-Bövinghausen.

Westfälisches Landestheater (Europaplatz), mit Spielstätte im Rathaus-Plateau (1965/1985 von Arne Jacobsen/Otto Weitling, Kopenhagen) in Castrop-Rauxel (Europaplatz 6/10), bespielt 100 Spielstätten. Stadt-Theater (1958/1966 von Heinrich Rosskothen/Edgar Tritthard, Düsseldorf) in Dortmund (Hansastraße/Hiltropwall)[49], an der Stelle der zerstörten Synagoge, mit Theaterzug Gleis 2 (Hauptbahnhof). Stadt-Theater (1911 von Ernst Vetterlein, Darmstadt) in Hagen (Elberfel-

Spielstätten freier Theater. 1970 entsteht in Dortmund das erste freie Theater in NRW: Kurt Eichler gründet das ›Lehrlingstheater‹. Freie Theater schaffen sich häufig ebenso feste Spielstätten wie die kommunalen Theater. Den Verhältnissen entsprechend und auch von anderen Intentionen geformt, sehen sie oft anders aus. In der Regel sind es Umnutzungen von vorhandenen Gebäuden. Dies hat auch den Vorteil, daß bereits eine Identität vorhanden ist. Der Abstand zwischen historischer Nutzung und neuer Nutzung wird als Bruch erfahren und schafft Spannung, die besondere Inszenierungs-Weisen anregen kann. Andererseits wird mit der neuen Nutzung ein symbolischer Beitrag zu einer historischen Kontinuität geleistet.

Die Leistungen für Organisation und Finanzierung sind unvorstellbar schwierig und gehören zu den wichtigsten kulturellen Entwicklungs-Tätigkeiten der Epoche. Nur an wenigen Orten helfen die Kommunen. Erst sehr spät werden Förderungen bereitgestellt. Mit Beginn der Ära Zöpel hat das Ministerium für Stadtentwicklung diesen Trend an vielen Stellen durch die Entwicklung sozio-kultureller Stätten gefördert – oft weit vor den kommunalen Leistungen.

Orts-Hinweise: Freie Theater. Beispiele: ›Misfits‹ im Bürger-Zentrum Altenberg in Oberhausen (Hansastraße 20). Satiricon-Theater in Essen-Rüttenscheid (Girardetstraße/Girardethaus). Zeche Carl in Essen-Altenessen (Wilhelm Nieswandt-Allee 100). Kaue in Gelsenkirchen (Wilhelminenstraße 174). Hinterhoftheater in Gelsenkirchen (Margarethenhof 12). Theater im Depot (um 1900 historisches Straßenbahn-Depot) in Recklinghausen (Castroper Straße 12). Flottmann-Hallen (1984 Umbau) in Herne (Flottmannstraße 94), Spielstätte des ›Theater Kohlenpott‹ von Willi Thomczyk. Heinz-Hilpert-Theater (1958 von Gerhard Graubner, Hannover) in Lünen (Neuberinstraße) als Spielort der Theater-Gruppe ›Theater Forum‹. Werkstatt-Theater (1981) im ›Narrenschiff‹ (1984; ehemals Gaststätte und Kino) in Unna-Massen (Massener Hellweg 25).

Theater Olpketal (1989) in Dortmund-Kirchhörde (Olpketalstraße 90) – eine Spielstätte in einer umgebauten Gaststätte. Fletch Bizzel in Dortmund (Humboldtstraße 45). Goltenhofbühne (1960) in Witten-Bommern (Bodenborn 50), auf der umgebauten Tenne. Bahnhof Langendreer in Bochum-Langendreer (Wallbaumweg 108). Theater Ecce Homo (1986) in Bochum-Hofstede (Hiltroper Straße 13). Theater Thespis (1989) in Bochum-Linden (Baaker Mulde 3). Prinz Regent Theater (1981) in der Waschkaue der Zeche Prinz-Regent in Bochum-Wiemelhausen (Berneckerstraße), in der Schmiede der Zeche Prinz-Regent (Umbau von Karl-Friedrich Gehse). Kul-

turhaus Thealozzi in Bochum-Stahlhausen (Pestalozzistraße 21) – eine der ersten Bühnen für freies Theater in NRW (Willi Thomczyks ›Theater Kohlenpott‹), in einer ehemaligen Grundschule, von acht Theater-Gruppen genutzt.

Förderung. 1974 entsteht als erste in NRW die Kultur Kooperative Ruhr (KKR), zur Förderung freier Kultur-Arbeit, mit Sitz in Dortmund, regional im Großraum Dortmund tätig. Als erste in NRW fördert die Stadt Dortmund seit 1984 Initiativen und Gruppen der freien Kulturarbeit mit einem eigenständigen Förderungs-Modell. Kultur-Büro (Leitung Kurt Eichler; jährlicher ›Bericht über die Förderung der freien Kulturarbeit‹). Dazu gehört die freie Theater-Arbeit. Für sie wird eine Infrastruktur aufgebaut als Technik-Pool, für Proben- und Aufführungs-Räumen in soziokulturellen Stätten sowie zur Organisation, Werbung und Verkauf. 1986 entsteht das Büro für freie Kulturarbeit in NW mit den Aufgaben der kulturpolitischen Vertretung freier Gruppen in Musik, Theater, Kunst, Literatur, Förderung und Beratung.

1985 gibt es in Dortmund 7 bezirkliche Volksbühnenvereine, zwei überregional bedeutsame Amateur-Theater-Vereinigungen, rund 20 Schüler-Theater, 20 bis 25 freie Theater-Gruppen sowie fünf professionelle freie Theater. 17 befragte freie Theater-Gruppen erreichen mit 725 Aufführungen 102.000 Zuschauer. Das Sprechtheater der Städtischen Bühnen erreicht mit 246 Aufführungen 82.000 Besucher.

Orts-Hinweise. Kultur Kooperative Ruhr (KKR), Dortmund (Ruhrallee 86), mit derselben Adresse: Büro für freie Kulturarbeit in NW. Zur Sozio-Kultur siehe S. 411/413.

›**Spielstraße‹.** Werner Ruhnau plant in Essen mit Theater-Leuten den ›workshop Spielstraßen‹ und organisiert 1972 die Olympische Spielstraße in München. Reste davon werden im Privat-Museum Werner Ruhnau in Essen-Kettwig aufbewahrt (Am Bögelsknappen 1, dort exsitiert auch noch der ›workshop‹).

Medien und Künste

Film

Film-Theater. Im 15. Jahrhundert regt sich ein Bedürfnis nach Bildern: zunächst an öffentlichen Stätten – in den Mehrzweck-Hallen der Kirchen. Die Franziskaner in Dortmund, die 1521 aus Antwerpen einen Altar mit 84 Bildern holen (heute in der Petri-Kirche [57]) erfüllen ein gesteigertes Bedürfnis nach Bildern – nun in Zusammenhängen. Daraus entsteht später der Film.

Am Anfang des Films steht die Laterna magica. 1895 ist die Geburts-Stunde des Films. Er wird technologisch durch die Industrialisierung ermöglicht – durch Chemie, Mechanik und Elektrizität („Lichtspielhäuser"). 1896 bis 1906 gibt es Wander-Kinos. 1900 bis 1912 entstehen in Laden-Lokalen und Tanz-Lokalen die ersten ortsfesten Spielstätten. Mit dem Kino, das sich seit 1910 verbreitet[50] und zu einem großen Wirtschafts-Zweig entwickelt, erscheint eine riesige Freizeit-Industrie. Identifikations-Figuren entstehen und beschäftigen viele Menschen. Der Zusammenhang zwischen dem großen Spektakel Oper und dem großen Spektakel Film ist offenkundig. Die ablehnende Haltung breiter Oberschichten äußert sich in der Filmzensur, in der Hand der örtlichen Polizei-Behörden (verschärft im Ersten Weltkrieg), und hohen Lustbarkeits-Steuern.

Zwischen 1913 bis 1928 werden Kinos zu Theater-Parks ausgebaut. Zu den Filmen gibt es eine Musik-Begleitung mit Klavier, manchmal auch mit Opern-Sängern. 1920 Reichslichtspiel-Gesetz. Von

1929 bis 1935 werden alle Kinos zu Ton-Film-Theatern umgebaut[51]. Dies bedeutet das Ende für die Arbeit der Kino-Musiker. Das 1934 NS-Lichtspiel-Gesetz wird vom Propaganda-Minister Joseph Göbbels diktiert.

Film als Erlebnis. Der Schlosser Walter Brenk (Jahrgang 1908): „Mein Vater hat immer erzählt: ›Sie haben hier in Ückendorf (Gelsenkirchen) bei Brauckmann im Saal auch Kino gemacht und Klappstühle aufgestellt. Da sind der olle Hennig und andere hingegangen. Sie nannten das ›Kinematograph‹. Es war dunkel, die Leute wollten sich auf die Klappstühle setzen, oft ging das aber nicht. Dann haben sie es ins Kreuz gekriegt und sind wieder aufgestanden. Daraufhin schrien die Leute hinten: ›Hinsetzen!‹

Im Zentrum von Gelsenkirchen gab es mitten auf der Bahnhofstraße einen

›Glaskasten‹, so nannten sie den Bau. Eine Glas-Passage, darin eine schmale Gasse, ein Fenster, wo ein Taubstummer einen Sack voll Erdnüsse und Klümpchen verkaufte, das kostete nur ein paar Pfennig, dann kam man zwei oder drei Treppen hoch zum Kino. Darin liefen Filme – von

morgens bis abends. Wir waren Kinder, 10 bis 15 Jahre alt. Im Kino war alles möglich. Da saßen wir alle da und schauten Wild-West. Ein Mann saß am Klavier. Der spielte zu allen Filmen. Wenn wir einschlafen wollten, mußten wir nach Hause gehen. Im Kino wurde geraucht: Zigarren, Zigaretten – vor lauter Qualm hat man oft nichts gesehen. Auf einmal schrien Leute: ›Kripo kommt! Pfeife auskloppen!‹ Das Rauchen war verboten. Dann rissen sie die Fenster und die Schlagladen los. Der Polizeibeamte roch natürlich den Qualm. Jeder Ückendorfer in meinem Alter ist in diesem Kino dringewesen. Oder nach Wattenscheid gelaufen, da gab es auch ein Kino. In anderen Kinos gab es schon gepolsterte Stühle, aber hier standen noch Klappstühle. Den Glaskasten mußte jeder gesehen haben.

Die Filme waren Heimatschnulzen. In den zwanziger Jahren waren die Kinos brechend voll. Da mußtest du einfach rein, wenn ein schönes Stück gespielt wurde. Das war ein Stummfilm. Unten spielte die Kapelle. Ich sah mal ein Stück ›Ich hab mein Herz in Heidelberg verloren‹. Dazu sang ein rothaariger Sänger, der sang immer in den Kinos. Die Weiber fingen dann an zu heulen. Es war mäuschen-still. Denn man mußte ja die Texte lesen – du mußtest dich konzentrieren.

Nach dem letzten Kriege gab es in jedem großen Gasthaus einen Saal, der umgebaut wurde – zum Kino. In Ückendorf hattest du sechs oder sieben Kinos. Dann zogen die Weiber jeden Abend scharenweise in die Heimatfilme und sahen die Bergbauern. Eine Nachbarin, die Frau von meinem Freund und die meine – die drei Weiber zogen immer los. Sie waren neugierig und wollten Geschichten sehen. Im Krieg hatte es ja nichts gegeben, nur ein paar Filme und die Wehrmacht.“[52]

Kommunale Kinos entstehen mit dem Qualitäts-Verfall und versuchen, wichtigen Filmen eine Spielstätte zu ver-

schaffen. Sie sind fast ausnahmslos Kinder der Erwachsenen-Bildung in den Volkshochschulen.

Orts-Hinweise: Kinos. Filmbüro Nordrhein-Westfalen (1980) in Mülheim (Leineweberstraße 1). Im selben Haus: Europäisches Dokumentarfilm Institut (1988). Kommunales Kino (1975) der VHS in Mülheim (Am Schloß Broich). ›filmforum‹ (1970 von E. und F. Schultes) in Duisburg (Dellplatz 14), mit Café. Kommunales Kino-VHS-Filmforum (1993) in Bottrop (Bökkenhoffstraße) – im Kulturzentrum Bottrop-Bavaria Filmpark in Bottrop-Kirchhellen. Filmkooperative (1978) in Essen, im Verbund mit der Volkshochschule (Hollestraße 75). Programm-Kino Galerie Cinema (1971) in Essen-Rüttenscheid (Julienstraße 73). Studienkreis Film in Bochum-Querenburg (Universitätsstraße 150). Kommunales Kino (1975) im Hans-Sachs-Haus in Gelsenkirchen. Filmforum (1979) der VHS in Herne-Wanne-Eickel (Wilhelmstraße 37). Kommunales Kino (1975) in der Volkshochschule Dortmund (Fritz-Henßler-Haus, Bornstraße 1). Skala Lichtspielhaus (1927/1928 von Ernst Huhn, Düsseldorf) in Dortmund-Eving (Eviger Straße 176), auch Versammlungs-Raum für Zeche Minister Stein. Kommunales Kino (1990) in Kamen (Am Geist 3). Kommunales Kino (1976) in

Hamm, in der Volkshochschule (Kristallpalast, Martin Luther-Straße 33).

Film-Festspiele. Das Ruhrgebiet besitzt mehrere Film-Festivals. 1954 gründet Hilmar Hoffmann, Volkshochschul-Leiter, in Oberhausen die Westdeutschen Kurzfilmtage[53] unter dem Motto: ›Der Weg zum Nachbarn‹ – vor allem zu den im Kalten Krieg sehr umstrittenen Nachbarn im Osten (seit 1968 Dokumentar-Filme). Berühmt wird das Oberhausener Manifest von 1968. Wichtige Retrospektiven. ›Filmothek der Jugend‹ (1969 vom Jugendamt gegründet) in der Aula des Heinrich Heine-Gymnasiums an der Mülheimer Straße. 1977 entsteht die ›Duisburger Filmwoche‹, für den langen Dokumentar-Film, im ›filmforum‹ am Dellplatz. Dort finden auch die ›Duisburger Amateurfilmtage‹ und das ›Jugend-Video-Forum‹ statt. Das Jugendamt Essen organisiert ›Kinderfilmfestival im Ruhrgebiet‹. Alle zwei Jahre gibt es die ›Femme Totale‹ in Dortmund (Fritz Henßler-Haus und Dietrich Keuning-Haus). Die Stadt Lünen veranstaltet das ›Kinofest Lünen‹.

Film-Förderung. NRW ist das erste Land, das eine Film-Förderung errichtet (z.B. 1966 ›Schonzeit für Füchse‹ von Peter Schamoni), zunächst aus Einnahmen der Vergnügungssteuer. Unna leistet sich 1986 ein Jahr lang anstelle eines Stadt-Schreibers einen Stadt-Filmer (Christoph Hübner).

Kinemathek im Ruhrgebiet. Der Leiter der Westdeutschen Kurzfilmtage Oberhausen, Wolfgang Ruf, beauftragt 1977/1978 das Team Roland Günter, Paul Hofmann und Janne Günter, die erste landschaftlich-regionale Filmografie zu erarbeiten: ›Das Ruhrgebiet im Film‹[54]. [271] Paul Hofmann entwickelt daraus die Kinemathek im Ruhrgebiet. Kurze Zeit (1988/1990) von der Kulturstiftung Ruhr finanziert, hängt sie seither, privat von einer außerordentlichen Leistung Hofmanns getragen, in der Luft („schwebend offen"). Arbeits-Felder: Beratung,

Recherchen, Nachweise (nach Stichworten Bilder), Film-Vorführungen. Ihr Depot ist im Hüttenwerk Meiderich in Duisburg. Auflösung droht. Die Kinemathek ist die einzige regionale Arbeitsstelle der Welt, die versucht, die Film- und Kino-Geschichte einer Region nachzuzeichnen, Materialien zusammenzutragen, fachgerecht zu sichern und wieder verfügbar zu machen. Einzigartig auch die Gesamtfilmografie Ruhr und die Film Datenbank Ruhr. Methodisch besitzen sie eine sozialhistorische Orientierung[55].

Orts-Hinweise: Film und Film-Geschichte. Kinemathek im Ruhrgebiet in Duisburg-Ruhrort (Amtsgerichtsstraße 32). 1980 Filmbüro Nordrhein-Westfalen in Mülheim (Leineweberstraße 1). In Marl wird das Adolf Grimme-Institut des Deutschen Volkshochschulverbandes jedes Jahr der Adolf Grimme-Preis für herausragende Fernseh-Produktionen und der Marler Video-Kunstpreis verliehen [246]. 1982 Film-Werkstatt Essen im Bürger-Zentrum (1982) in Schloß Borbeck in Essen-Borbeck – eine Einrichtung der kulturellen Film-Förderung des Landes Nordrhein-Westfalen.

Ereignisse in den Bildenden Künsten

In der bildenden Kunst wird 1948 in Recklinghausen die Gruppe ›junger westen‹ gegründet. Gründungs-Mitglieder: Thomas Grochowiak, Emil Schumacher, Heinrich Siepmann, Hans Werdehausen, Gustav Deppe.

Zweites Ereignis: Die 60er Jahre in Gelsenkirchen. Auslöser: Beim Bau des Musik-Theaters entsteht eine beispielhafte Symbiose mit Künstlern, die sofort weltweiten Ruf erhält. Die „Resonanz auf dieses ›Gesamtkunstwerk‹ setzte ein Engagement frei, das die Kultur in allen Bereichen beeinflußte ... daß Gelsenkirchen ... zu einem Treffpunkt für die Avantgarde" wurde[56]. Das Pianohaus Kohl (Johannes und Ursula Tesch, Ernst und Anne-

liese Knorr) wird ein Treffpunkt für Kunst-Aktionen, u.a. 1964 Günther Ueckers „Benagelung" eines Klaviers. In der Künstler-Siedlung Halfmannshof[57] (1931) arbeiten der Architekt Ludwig Schwickert und der Objektmacher Ferdinand Spindel. Dort stellt 1963 die Gruppe ›Zero in Gelsenkirchen‹ (1957-1966) aus: Heinz Mack, Otto Piene, Günther Uecker, Adolf Luther, Uli Pohl, Hans Haacke, Hans Salentin, Hermann Goepfert, Oskar Holweck, Pol Burry Soto und andere Kinetiker. Einzelausstellungen: Julio Le Parc, Harry Kramer, Morellet und Rickey sowie Hinman, Colombo, Kriwet, Andrè Thomkins (1964), Karl Heidelbach, Johannes Gaccelli. Hinzu kommen europäische Gruppen. Ausstellung „Neue Realisten und Pop Art".

Werner Ruhnau veranstaltet Vorträge und Fach-Ausstellungen wie die Präsentation ›Mobiles Bauen‹ der GEAM (1961), Frei Ottos „Bauen mit minimalem Aufwand" (1962) und Yonah Friedmann. Tagungen des Bundes Deutscher Architekten, organisiert von E. O. Glasmeier: „Gesellschaft durch Dichte" (1963) und „Die Großstadt, in der wir leben wollen" (1964). Ausstellungen der ›Galerie Hauptstraße 1‹ (seit 1965). Kunst-Kabinett des Café Funke. Politisches Engagement der Kulturausschuß-Vorsitzenden Elisabeth Nettebeck (CDU) und des Oberbürgermeisters Hubert Scharley (SPD). Experimentelle Filme. Zeitgenössische Musik mit Stockhausen, Ligeti und Cage.

Kaum eine Landschaft gibt seit den 60er Jahren soviel an Bildender Kunst in Auftrag wie das Ruhrgebiet.

Drittes Ereignis: 1969 rufen in der Galerie Oberhausen Künstler mit einem Manifest dazu auf, die Hauptverkehrs-Ader der Region, die ›B 1‹, symbolisch-künstlerisch zu gestalten[58]. Zu dieser Gruppe gehören: Helmut Bettenhausen, Bernd Damke, Günter Dohr, Rolf Glasmeier, Kuno Gonschior, Friedrich Gräsel, Ewerdt Hilgemann, Franz Rudolf Knubel, Ferdinand Spindel, Günter Tollmann, Thomas Grochowiak.

Viertes Ereignis: 1971 gründet Dieter Treeck zur Vermittlung zeitgenössischer Kunst in die breite Bevölkerung den alljährlichen ›Bergkamener Bilder-Basar‹.

5. Ereignis. Im Bereich der Sozio-Kultur versucht vor allem die Stadt Unna, organisiert von Axel Sedlack und Dieter Frenzel, mit vielen Aktionen in Theater, Musik und Künsten die Stadt zu gestalten: zu so etwas wie einem ›Stadt-Theater‹. 1982 Jazzfest Unna. Stadtmusik, vor allem mit Willem Breuker[59]. 1986/1988 ›Kulturelle Stadtbau-Hütte‹[60].

Orts-Hinweise: Bildende Künste. Städtische Kunsthalle (1950) in Recklinghausen (Große-Perdekamp-Straße 25), mit Künstlervereinigung ›junger westen‹ (1948). Festspielhaus (1965 von Felix Ganteführ/Fritz Hannes, Recklinghausen) in Recklinghausen (Cäcilienhöhe), mit Figur von Henry Moore, im inneren viele Bilder (Hans Werdehausen, Heinrich Siepmann, Fernand Léger, Gustav Deppe, Emil Kiss, Karl Hartung, Gustav Seitz).

Musik-Theater im Revier (1956/1959 von Werner Ruhnau) in Gelsenkirchen (Flora-/Overwegstraße) – Symbiose der Künste. Künstler-Kolonie Halfmannshof (1931) in Gelsenkirchen (Halfmannsweg), Grundstätte der Gruppe ›Zero‹, 1956 Erweiterung von Ludwig Schwickert (Gelsenkirchen).

Architektur

In der Architektur setzt in den 50er/60er Jahren die Katholische Kirche mit einer großen Anzahl von neuen Kirchen Zeichen der ›Moderne‹ – sowohl in der Tradition des Bauhauses wie des Expressionismus. Im gesellschaftlich-kulturellen Bereich löst sie diese Intentionen jedoch nicht ein[61].

Die neue Stadt Marl profiliert sich über neue anspruchsvolle Architektur. Dafür holt sie sich seinerzeit berühmte Architekten. Ähnlich versucht die Stadt Castrop-Rauxel sich über das Bauen ein

Profil zu geben: mit seinem Rathaus-Plateau. In diesen Bereich gehören auch weitere Bauten für die Infrastruktur, vor allem Theater-Bauten.

Orts-Hinweise: Architektur nach 1945. St. Bonifatius (1953/1954 von Emil Steffann) in Dortmund, ein lichtes Zelt. Rathaus-Plateau (1965/1985 von Arne Jacobsen/Otto Weitling, Kopenhagen) in Castrop-Rauxel (Europaplatz) mit Rathaus, Stadt-Halle, Rats-Saal/Ausstellungs-Halle, Studio (1975), Europa-Halle (1984), Gastronomie, Schulen [247].

Erlöser-Kirche (1956 von Otto Bartning) in Marl-Brassert (Schachtstraße). Paracelsus-Klinik (1952/1953 von Hebebrand/Schlemp, Frankfurt) in Marl-Drewer (Lipper Weg), erstes neu konzipiertes Krankenhaus der Nachkriegs-Zeit, mit einer Fenster-Wand von Georg Meistermann, Paracelsus-Büste von Bernhard Hoetger (1936). ›Insel‹ (1954 von Günter Marschall) in Marl, erstes eigenes Haus der Erwachsenen-Bildung in der BRD. Rathaus (1960/1967 von Johan Hendrik van den Broek/J. Berend Bakema, Rotterdam) in Marl-Hüls (Creiler Platz). Wohn-Hügelhaus (1966 von Faller/Schröder, Stuttgart) in Marl-Altmarl (Kreuzstraße). Hauptschule (1964 von Hans Scharoun) in Marl-Drewer (Westfalenstraße).

Ev. Altstadt-Kirche (1955/1956 von Denis Boniver) in Gelsenkirchen (Ahstraße). Pfarrzentrum Thomas Morus (1965 von Gottfried Böhm) in Gelsenkirchen-Ückendorf (Ückendorfer Straße 163), in einem Komplex um einen Innenhof: Kirche, Sakristei, Pfarrhaus, Pfarrbüro, Wohnungen, Jugendheim, Pfarrsaal, Bibliothek.

Heilig Kreuz (1955/1957 von Rudolf Schwarz[62]) in Bottrop (Scharnhölzstraße), mit großem Fenster von Georg Meistermann – als Assoziation an Förderturm-Gerüste. St. Matthias (1957 von Josef Lehmbrock) in Bottrop-Ebel (Hafenstraße 80). Städtischer Saalbau (1980/1981 von Bernhard Küppers) in Bottrop (Droste-Hülshoff-Platz 4), mit farbiger Wandgestaltung von Rupprecht Geiger ›zweimal Rot‹ (1981). Quadrat Bottrop (1976 von Bernhard Küppers) mit Joseph Albers-Museum (1983 von Bernhard Küppers) in Bottrop (Im Stadtgarten 20) [418].

Zu unserer lieben Frau (Gottfried Böhm 1956/1957) in Oberhausen (Mülheimer-/Almastraße). Heilige-Familie (1957/1958 von Rudolf Schwarz/Josef Bernard) in Oberhausen (Buschhausener-/Altenberger Straße).

1953 entsteht in Oberhausen der große Bau-Komplex des Oberhausen-Kollegs, den Oswald Mathias Ungers 1959 entwirft. Ev. Gnadenkirche in Wesel (1949 von Otto Bartning). St. Maria Himmelfahrt (um 1952 von Rudolf Schwarz) in Wesel (Pastor Janßen-Straße 3). Siedlungs-Bauten: Werkbund-Siedlung (1984 ff.) in Oberhausen-Alstaden [293]. Wohnbebauung Am Berge (1987/1988 von Detlef Grüneke) in Herdecke (Am Berge 41/83 ff.), 22 schlichte Einfamilienhäuser im Baukasten-System, offen für Familien-Veränderungen, selbsthilfe-freundlich, kosten-günstig. Weitere sieben Häuser (1992) schließen sich an. Siedlung (1993/1994 von Detlef Grüneke) in Wetter (Hermann Henning-Straße 4/30), 29 Häuser, in landschaftlich exponierter Lage, mit weitem Blick.

Schau-Platz: Die ungewöhnlichste U-Bahn-Station der Welt in Gelsenkirchen-Bismarck

Er könnte im Buch der Rekorde stehen: als der Mensch, der tief in der Erde, tausend Meter unter der Oberfläche, Bilder zeichnet. Aber ein solcher Rekord interessiert ihn nicht. Ihn beschäftigt nicht, was an seiner Arbeit spektakulär ist. Im Gegenteil, er ist dorthin ausgewichen, weil ihm das Spektakuläre immer verdächtiger wurde. Einst war er nämlich ein hochdekorierter Designer. Für seine Entwürfe für Verpackungen erhielt er eine Weltmeister-Medaille.

Nein, unter Tage zeichnet er die Strebe mit ihrem labyrinthischen Leitungswerk, weil ihn die Menschen darin interessieren. Er hält sie für zu Unrecht übersehen und vergessen.

Das erinnert an den frühen van Gogh, der in einer Zeit, in der Bauern und Arbeiter nichts zählten, in die Bauernhäuser und in die Bergwerks-Gebiete ging – nicht aus politischen Gründen, sondern

aus menschlichen. Daraus mochte dann Politik folgen, aber das Wichtigste war der Blick in die menschliche Seele – und die Nachrichten aus dieser Seelen-Landschaft.

Alfred Schmidt hat nicht an van Gogh gedacht, als er zum erstenmal in ein Ruhr-Bergwerk einfuhr, um tief unter Tage zu zeichnen. Er dachte auch nicht an Leonardo da Vinci, mit dessen Zeichenweise er viel Ähnlichkeit hat. Denn er besitzt dieselbe Neugier für die Details: für die Texturen der Materialien, für die Stimmungen, die sie ausdrücken, für Genauigkeit, für die Menschen, die sich innerhalb dieses Netzwerkes bewegen.

Der Künstler (1930 geboren) arbeitet am umfangreichsten Werk seines Lebens. In einer Zeit, in der der Untergang des Bergbaues droht, entsteht vor den Toren der großen Zeche Consolidation in Gelsenkirchen-Bismarck eine U-Bahn-Station, in der die Passanten einen Blick in die Erde tun können, wie es ihn niemals zuvor gab: über hundert Meter lang werden sie an den Wänden sehen, wie genau unter ihren Füßen die Schichten der Erde aussehen und wie Menschen dort unten damit umgingen und umgehen.

Alle Bilder für diese alltägliche große Kunst-Ausstellung sind unter Tage gezeichnet: Neben dem Zeichner verrichten Bergleute ihre Arbeit. Für sie ist die Arbeit des Künstlers nichts Neues, denn Alfred Schmidt ist dort unten seit vielen Jahren bekannt ›wie ein bunter Hund.‹

Auf das Thema kam er in den frühen 60er Jahren. Durch Zufall lernte er ein Vorstandsmitglied der Zeche Auguste Viktoria kennen. Zuerst schob er seinen Plan, unter Tage zu zeichnen, ein ums andere Mal heraus – zehn Jahre lang. Bis 1972. „Da sagten mir einige Bergleute: ›Die Musik spielt unter Tage‹. Dann ging ich nach unten. Ich mußte zunächst drei Monate lang eine Art Lehrzeit machen, sonst, so meinte die Zechen-Leitung, könne ich mich in der Komplexität und in der Schwierigkeit des Lebens vor Ort nicht auskennen."

Seither ist Alfred Schmidt fasziniert – nun schon seit 20 Jahren, eine ganze Generation lang. „Ich behaupte: die größere Leistung erbrachten nicht die Astronauten, sondern die Geonauten – die Menschen, die das Innere der Erde erkundeten und es im Laufe von Jahrhunderten erschlossen. In Kenntnis dieser Leistung und im Bewußtsein, daß man so wenig von den Leuten unter Tage weiß, möchte ich Bilder machen, die das ans Tageslicht bringen. Ich denke darüber nach: wie kann ich das deutlich machen."

Als Betriebsrat Heinz Kegel von Auguste Viktoria Arbeitsdirektor in der Dachgesellschaft der Ruhrkohle AG wurde, lud er den Künstler ein, auf weiteren Zechen zu arbeiten.

Die Stadtbahn Rhein Ruhr führt entlang der nach Norden abfallenden Steinkohlenflöze und damit entlang der Bergbau-Geschichte des Reviers vom Bochumer Süden über Wattenscheid in den Gelsenkirchener Süden, dann unter dem Hauptbahnhof und dem berühmten Musik-Theater von Werner Ruhnau hindurch, kommt zur Hauptanlage der Zeche Consol 3/4/9, wo das Unter-Tage-Kunstwerk entsteht, und läuft weiter nach Buer und Königswiese. Dort hat sie Anschluß an die S Bahn 9, die von Haltern über Bottrop nach Essen und nach Wuppertal führt.

Alfred Schmidt machte den Verkehrsplanern den Vorschlag, in Gelsenkirchen-Bismarck nahe der Zeche Consolidation 3/4/9, mit ihrem aufregenden Ensemble von drei Zechen-Türmen, die Station zu gestalten. Seine Überzeugungs-Arbeit führte dazu, daß sie jetzt ›Bergwerk Con-

Alfred Schmidt: Unter den Füßen des Stadtbahn-Fahrers – tausend Meter unter Tage. U-Bahn-Station in Gelsenkirchen Bismarck (1992/1994).

sol‹ heißt (Marschallstraße/Sellmannsbachstraße, im Grünzug).

„Der Bahnhof ist für mich ein Medium, das Leben der Bergleute zu zeigen. Das Gelände an der Erdoberfläche ist hier ziemlich flach. Aber tausend Meter unter der Erdoberfläche ist das Gebirge so aufgefaltet, daß wir es mit den Alpen vergleichen können. Es steht fast senkrecht. Können Sie sich vorstellen, daß darin von lebendigen Menschen Kohle abgebaut wird? Wer oben herumläuft oder auf die U-Bahn wartet, weiß nicht, daß es unmittelbar unter seinen Füßen in der Tiefe dramatisch zugeht. Das will ich in der U-Bahn-Station zeigen."

Seit 1983 wohnt Alfred Schmidt mit Frau Monika und Tochter Kira im umgebauten ehemaligen Pferdestall der Zeche Bergmannsglück in Gelsenkirchen-Buer-Hassel (Bergmannsglück-Straße 42). In seinem Atelier, einer früheren Großgarage der Zeche sehen wir an den Wänden die Zeichnungen für das Projekt.

Drei Jahre lang arbeitet er an einem Werk, dessen Mühsal sich mit der Sixtinischen Kapelle von Michelangelo verglei-

chen läßt. Wer ist heute in der Lage zweimal 100 m Wand und 4 m hoch mit dem Zeichen-Stift zu beherrschen?

Die Finanzierung hat der Künstler selbst besorgt. An diesem Werk verdient er fast nichts. Aber er muß die kleinlichsten Anfeindungen eines städtischen Bau-Amtes und aus dem kommunalen Bau-Ausschuß über sich ergehen lassen – unfaßbare Unfairneß und Unverständnis. Des Künstlers Vorschlag, die Decke konvex zu gestalten, wurde abgelehnt, – schade, denn dann wäre der Bahnhof ein Bildraum geworden. Mühsam können Eingriffe in die Bilder abgewehrt. Kleinlichste Schikanen mit Terminen. Da arbeitet sich ein Künstler fast buchstäblich zu Tode, aber Zaun-Könige lassen sich an ihm aus. Und am Ende werden viele Bilder, weil Behörde und ausführende Firmen schludern, repro-technisch verschlechtert und zu flau.

Dennoch ist das Werk eine Sensation: an den 100 m langen Seitenwänden der U-Bahn-Station wird der Schnitt durch den Gebirgs-Horizont sichtbar. Die beiden immens langen Bilder geben einen Einblick in

Alfred Schmidt: Unter den Füßen des Stadtbahn-Fahrers – tausend Meter unter Tage. U-Bahn-Station in Gelsenkirchen Bismarck (1992/1994).

das Ereignis, das sich lotrecht unter dem Bahnhof abspielt. Der Künstler zeigt alle Arbeitsvorgänge: Im Hobelstreb das Hobeln mit seiner Gewinnung, die in jedem Gang zwischen 6 und 8 cm Kohle abschält. Dann macht er im Schrämwalzenstreb das Schrämen sichtbar, wo mit Zähnen eine 60 bis 80 cm Schicht von der Seite kommend abgerissen und zerkleinert wird. Eine dritte Technik setzt in den steil gelagerten Flözen die Schürfmaschine ein. Mit 30 bis 40 Meißeln an einer Kette bestreicht sie im Hin- und Herfahren die ganze Kohlenfront. Zwischen diesen Maschinen verfolgen wir, was die Leute tun – den gesamten Betrieb.

Wir sehen die Herrichtung eines ›Strebes‹. Der ›Streb-Raum‹ erhält den endgültigen Ausbau: das sind heute meist Schilde aus Stahl.

Dann erkennen wir weitere charakteristische Szenen für den Bergbau: einen ›Streckenvortrieb‹, mit dem die neuen Strecken für den Kohlen-Abbau ›aufgefahren‹ werden. ›Im Steilen‹ wird der Aufbau noch mit Holz aufgebaut. Dann beobachten wir eine ›Abbaustrecke‹.

In diesen Bildern werden alle Pole des heutigen Bergbaues vorgeführt: die Gewalt der Erd-Kräfte – die außerordentlich hoch entwickelte Technizität mit dem sogenannten Energiezug und den Steuer-Elementen – die Lebendigkeit der Menschen.

Wer auf die Bahn wartet, steht, dank der klugen Berechnung des Künstlers, vor einem unterirdischen Schacht von größter Lebendigkeit – er fühlt sich hineingenommen in diese Welt, die es hier überall gab, die aber außer den dort Tätigen nur sehr wenige kennen. In dieser ungewöhnlichsten aller U-Bahn-Stationen der Welt scheinen wir uns inmitten in der Szenerie des charakteristischen An- und Ausfahrens am ›Füllort‹ zu befinden: hier durchdringt von oben steil in die Erde geführt, der ›Schacht‹ die horizontale ›Sohle‹. Der Förder-Korb, der an den Seilen des Zechenturmes hängt, hält an: zum Schichtwechsel steigen die Bergleute mit den noch weiße Gesichtern zur ›Anfahrt‹ unten aus und die Leute mit den schwarzgewordenen Gesichter zur ›Ausfahrt‹ nach oben ein.

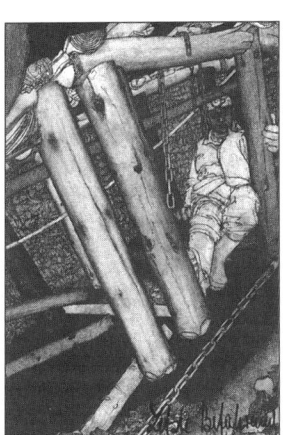

›Letzte Befahrung‹ – einige Stunden, bevor (1990) der letzte Abbauhammer-Streb mit Holz-Ausbau im Ruhrgebiet, Flöz Ernestine des Grubenfeldes Pluto Zeche Consolidation in Gelsenkirchen-Bismarck, verkippt wurde.

D. Anhang

Anmerkung:

In jedem Block erscheint eine Publikation in der ersten Erwähnung mit vollem Zitat, anschließen nur in Kurzform.

Einleitung und Historische Skizze

1 Text-Auszüge von allen genannten Autoren in: Parent/Stachelhaus, 1991, 128/145.
2 Die Worte „Kohlebarone" und „Schlotbarone" entstehen in der bürgerlichen und sozialdemokratischen Presse als Kritik an der Preis-Politik des Rheinisch-Westfälischen Kohlen-Syndikats (1893 gegründet).
3 Siehe dazu: Franz-Josef Brüggemeier/Thomas Rommelspacher, Blauer Himmel über der Ruhr. Geschichte der Umwelt im Ruhrgebiet 1840-1990. Essen 1992.
4 Dazu konzipieren 1992 Franz-Josef Brüggemeier, Ulrich Borsdorf, Gottfried Korff und Jürg Steiner das Ausstellungs-Projekt ›Feuer und Flamme‹ zur Internationalen Bau-Ausstellung Emscher Park im Gasometer in Oberhausen. Ihnen verdankt diese Historische Skizze eine Anzahl interessanter Hinweise.

Vorindustrie: Bauern, Herren, Bürger

1 Steinkohle lagert in Deutschland vor allem in den Revieren Ruhr, Saar, Aachen und Ibbenbüren.
2 1868 entdeckt. Erforscht von Prof. Fuhlrott, dem Entdecker des Neandertalers, und dem Geologen Heinrich von Decken, Höhlenkunde-Museum.
3 Werner Tiggemann, Das Muttental in Witten: Der Anschnitt 17, 1965, Nr. 1, 3/29. Werner Kroker, Bergbaugeschichtliche Stätten im Muttental bei Witten: Der Anschnitt 26, 1974, Nr. 5/6. Gustav Adolf Wüstefeld, Frühe Stätten des Ruhrbergbaues. Wetter 1975.
4 Zur Geologie im Ruhrgebiet: Manfred Hommel/Wilfried Dege (Redaktion), Vor Ort im Ruhrgebiet. Ein geographischer Exkursionsführer. Essen 1993.
5 Arno Heinrich, Geologie und Vorgeschichte Bottrops. Bottrop 1987.
6 Siehe auch: Hanns Burckhardt, Wandel der Landschaft und Flora von Duisburg und Umgebung seit 1800. Duisburger Forschungen, Band 18. Duisburg 1973.
7 Zur Flora: Hanns Burckhard, Der Wald vor Mülheims Toren: Mülheimer Jahrbuch 1966, 38/53.
8 Levin Schücking, Eine Eisenbahnfahrt von Minden nach Köln. Minden 1987 (zuerst: Von Minden nach Köln. Leipzig 1856), 83.
9 Wilhelm Müller-Wille, Westfalen. Münster 2. Auflage 1981, 181.
10 Müller-Wille, 1981, 167.
11 Günter von Roden, Geschichte der Stadt Duisburg. 2 Bände. Duisburg 1970, 2. Auflage 1974, II, 1974, 137.
12 von Roden II, 1974, 155.
13 Manfred Bourrée, Herne. Kultur- und Freizeitführer Ruhrgebiet. 2. Auflage Bochum 1987, 54.
14 Peter Caumanns, Neukirchen-Vluyn. Neukirchen-Vluyn 1968.

15 Thomas Pawlowski-Grütz, Die Geschichte der Holtenerin Katharina Helena Felden 1831-1861. Gleichstellungsstelle der Stadt Oberhausen. Oberhausen 1989.
16 Walter Sölter, Die Essener Wasserhämmer. Köln 1978.
17 Diderots Enzyklopädie, mit 3 132 Kupferstiche (Nachdruck in 5 Bänden).
18 Barbara Wandelt, Die Tushaus-Mühle. Technische Kulturdenkmale in Westfalen, Heft 7. Münster 1987.
19 Westfälisches Freilichtmuseum Hagen. Braunschweig 1980. Zeitschrift Technische Kultur Denkmale, Hagen 1, 1966 ff.
20 U. Müller-Wille, Mittelalterliche Burghügel [Motten] im nördlichen Rheinland. In: Bonner Jahrbücher. Köln/Graz 1966. – Der Kattenturm in Kettwig (Essen; Am Kattenturm) ist eine Turm-Hügel-Burg.
21 Weiterer Ausbau: 11. Jh., mächtiger Rundturm um 1200. Günter Binding, Die spätkarolingische Burg Broich in Mülheim a. d. Ruhr. Düsseldorf 1968. Roland Günter, Mülheim an der Ruhr. Düsseldorf 1975. Kurt Ortmanns, Schloß Broich in Mülheim an der Ruhr. Neuss 2. Auflage 1985.
22 Ferdinand Freiligrath/Levin Schücking, Das malerische und romantische Westphalen. Barmen/Leipzig 1842, zitiert von Leson, 1979, 18.
23 Ulrike Evers, Schloß Lembeck als Beitrag zur Schloßbaukunst in Westfalen. o.O. 1981. Eberhard G. Neumann, Schloß Lembeck. München/Berlin 7. Auflage 1986.
24 Karl E. Mummenhoff, Wasserburgen in Westfalen. München 4. Auflage 1977. August Kracht, Burgen und Schlösser im Sauerland, Siegerland, Hellweg, Industriegebiet. Frankfurt 1976. Eine Übersicht mit Daten gibt Josef Bieker, Schlösser im Revier. Dortmund 1979.
25 G. Knopp, Schloß Landsverg in Ratingen. Rheinische Kunststätten. Neuß 1984.
26 Stadtgeschichtliche Sammlung von Bochum und Museum für Musikinstrumente. Jedes zweite Jahr: Internationales Treffen von ausländischen und einheimischen Kulturellen.
27 Richard Klapheck, Der Meister von Schloß Horst im Broiche. Berlin 1915.
28 Günter v. Roden, Geschichte der Stadt Duisburg. Band II. Duisburg 1974, 152. Zum Beispiel die Kolkmann im Kolkerhof von Dümpten in Meiderich.
29 Heinrich Eversberg, Das mittelalterliche Hattingen. Hattingen 1985.
30 Die Purifizierung auf Sakralität entsteht erst im 19. Jahrhundert und ist unhistorisch.
31 Siehe dazu: Kurt Hofius, Die Pest am Niederrhein, insbesondere in Duisburg: Duisburger Forschungen 15, 1971, 173/221.
32 Siehe dazu: Friedrich Sander, Der Burgvogt von Krudenburg [Hünxe]. Eine Chronik von der Not der Bauern während der Kriege des 16. und 17. Jahrhunderts. Dinslakener Beiträge 11. o.O. 1976.
33 Zur Struktur der höfischen Gesellschaft siehe dazu: Norbert Elias, Die höfische Gesellschaft. Neuwied 1969.
34 Siehe: Handbuch der Historischen Stätten Deutschlands, Dritter Band: Nordrhein-Westfalen. Stuttgart 1963.
35 Alfred Pothmann (Hg.), Bischof Alfrid – Leben und Werk. Essen 1974. Zu Essen siehe: Robert Jahn, Essener Geschichte. Essen 1952. Wilhelm Sellmann, Essener Bibliographie. Band I: 1574-1960, Band II:

1960-1968. Essen 1980 und 1986, fortgeführt von A. Peter. Münster am Hellweg, Mitteilungsblatt des Vereins für die Erhaltung des Essener Münsters. Essen 1-42, 1948-1989.

36 Ihr Bruder, Kurfürst Clemens Wenzeslaus von Trier, ernannte 1769 den Vater von Gottlob Jacobi, Heinrich Daniel Jacobi, zum Hütteninspektor der Sayner Hütte in Bendorf bei Koblenz. Bodo Herzog, Gottlob Jacobi (1770-1823): Rheinische Vierteljahrsblätter 40, 1976, 176/198.

37 Albert Lassek, Die Siedlungsgeschichte der Altstadt [Bochum]. In: Hans H. Hanke (Hg.), Bochum. Wandel in Architektur und Stadtgestalt. Bochumer Heimatbuch, Band 8. Bochum 1985, 16/20. – Franz Darpe, Geschichte der Stadt Bochum. Bochum 1894. Zur Stadtgeschichte: Museum Haus Bochum – Wasserburg Haus Kemnade (Hattingen, An der Kemnade 10), mit Stadt-Modell um 1800. Nachlaß vo C. A. Kortum.

38 Thomas Schilp, Zeit-Räume. Aus der Geschichte einer Stadt. Ausstellung und Dokumentation des Stadtarchivs zur Geschichte der Stadt Dortmund im neuen Rathaus. Dortmund 1989, 42/47, 52/55. Luise von Winterfeld (Stadtarchivarin), Geschichte der freien Reichs- und Hansestadt Dortmund. Dortmund 1934. 8. Auflage 1981.

39 Otto Stein, Die flämischen Altäre Westfalens mit besonderer Berücksichtigung des Altares in der Petrikirche zu Dortmund. In: Beiträge zur Geschichte Dortmunds und der Grafschaft, Band 22. Dortmund 1933.

40 Willy Timm, Geschichte der Stadt Unna. Unna 2. Auflage 1975.

41 W. Reinert, Der Kornmarkt zu Herdecke. Dissertation. 1920. Bernd Behrendt/Wolfram Mellinghaus/Olaf Rose, 250 Jahre Stadt Herdecke 1738-1989. Essen 1989. Olaf Rose/Karl Egon Siepmann, Herdecke und Ende. Ein Album mit Postkarten der Kaiserzeit. Essen 1990.

42 Franz Herre, Freiherr vom Stein. Köln 1973 (München 1979). Werner Conze, Die preußische Reform unter Stein und Hardenberg. Stuttgart 3. Auflage 1973.

43 Heinrich Eversberg, Das mittelalterliche Hattingen. Hattingen 1985. Fred Kaspar/Karoline Terlau, Hattingen. Zum Baubestand einer westfälischen Kleinstadt vor 1700. Hattingen 1980.

44 Eversberg, 1985.

45 Walther Zimmermann/Hugo Borger u. a., Die Kirchen zu Essen-Werden. Essen 1959. Viktor H. Elbern, Die Schatzkammer der Probsteikirche St. Ludgerus in Werden. Essen 1984.

46 Gelsenkirchen. Kleine Chronik einer großen Stadt. o.O. und J., 91/92.

47 P. Th. Gantesweiler, Chronik der Stadt Wesel. Wesel 1881. Jutta Prieur (Hg.), Geschichte der Stadt Wesel. 2 Bände. Düsseldorf 1991.

48 Rüdiger Gollnick, Dinslaken. Kleve 1980. Roland Günter, Kreis Dinslaken. Die Denkmäler des Rheinlandes. Düsseldorf 1968.

49 Günter, 1968, 28 und Abb. 60/63.

50 Wingolf Lehnemann/Adolf Reiß, Kleine Geschichte der Stadt Lünen. Lünen 1992 (zuerst 1979).

51 Alfred Bruns, Werner Stadtrechte und Bürgerbuch. Münster 1988.

52 Die Zeche setzt sich zwischen Stadt und Lippe in die Ufer-Wiesen.

53 Zu Duisburg: H. Averdunk, Geschichte der Stadt Duisburg bis zur endgültigen Vereinigung mit dem Hause Hohenzollern (1666). Duisburg 1894. Neu bearbeitet von W. Ring, 2. Auflage Ratingen 1949. –

Günter von Roden, Geschichte der Stadt Duisburg. 2 Bände. 3. Auflage Duisburg 1974 (zuerst 1970). – Josef Milz, Duisburg. Rheinischer Städteatlas, IV, Nr. 21, 1978. Bonn 1978.

54 Nach den Stadt-Modellen Duisburg im Museum für Stadtgeschichte Duisburg.

55 Geschichte der Stadt Ruhrort. Ruhrort 1882. Hermann Lehmann, Ruhrort im 18. Jahrhundert. Duisburger Forschungen, Band 8. Duisburg 1966. Siehe auch: Duisburg.

56 Otto Ottsen, Die Geschichte der Grafschaft Moers. 3 Bände. Moers 1950.

57 Siegmar von Schnurbein, Die Römer in Haltern. Münster 1979.

58 Stadtmodell von 1762 im Grafschafter Museum im Schloß Moers. Otto Ottsen, Die Geschichte der Grafschaft Moers. 3 Bände. Moers 1950.

59 Das einzig erhaltene Lehrbuch aus der Antike stammt von Vitruv: ›De architectura‹ (27 v. Chr.).

Vom Dorf zur industriellen Gemenge-Stadt

1 Wolfgang Ruppert, Die Fabrik. München 1983, 47.

2 Die Ansiedlung von Manufakturen im 18. Jahrhundert auf dem Land, z.B. im Umkreis von Aachen, hatte kein annähernd vergleichbares Ausmaß.

3 Der Ire W. T. Mulvany gibt seinen beiden Zechen irische Namen: Hibernia (lat.) = Irland; Shamrock = Kleeblatt.

4 Levin Schücking, Eine Eisenbahnfahrt von Minden nach Köln. Minden 1987 (zuerst von Minden nach Köln. Leipzig 1856), 149/150.

5 Von 1861 bis 1914 wandern ungefähr 3,5 Mio. Deutsche, meist aus ländlichen Gebieten, aus, davon 90 % in die USA. Peter Marschalk, Die deutsche Überseewanderung im 19. Jahrhundert. Ein Beitrag zur soziologischen Theorie der Bevölkerung. Stuttgart 1973.

6 Janne Günter, Mündliche Geschichtsschreibung. Alte Leute im Ruhrgebiet erzählen erlebte Geschichte. Mülheim 1982, 31.

7 David Crew, Bochum. Sozialgeschichte einer Industriestadt 1860-1914. Frankfurt 1980, 71.

8 Wilhelm Brepohl, Der Aufbau des Ruhrvolkes im Zuge der Ost-West-Wanderung. Recklinghausen 1948. Wolfgang Köllmann,Bevölkerungsgeschichte 1800-1870. In Aubin/Zorn, 1976, 2. Band. Dieter Langewiesche, Wanderungsbewegungen in der Hochindustrialisierungsperiode: Vierteljahrschrift für Sozial- und Wirtschaftsgeschichte 64, 1977, 1/40.

9 Christoph Kleßmann, Polnische Bergarbeiter im Ruhrgebiet 1870-1945. Göttingen (Vandehoeck) 1978. Richard C. Murphy, Gastarbeiter im Deutschen Reich. Polen in Bottrop 1891-1933. Wuppertal 1982. Georg Schmidt, Kaiser Wilhelms Gastarbeiter. Die polnischen Erwerbsauswanderer in Gladbeck während der Jahre 1874-1914. Gladbeck 1990.

10 Zur geografischen Mobilität siehe David Crew, Bochum. Sozialgeschichte einer Industriestadt 1860-1940. Frankfurt 1980, 69/85.

11 Günter v. Roden, Geschichte der Stadt Duisburg. Band II. Duisburg 1974, 79.

12 Janne Günter, Mündliche Geschichtsschreibung. Alte Menschen im Ruhrgebiet erzählen erlebte Geschichte. Mülheim 1982, 25.

13 Georg Werner, Ein Kumpel. Erzählung aus dem Leben der Bergarbeiter. Berlin 1929, 123 f. zitiert von Ritter/Kocka, 1982, 27.

14 Janne Günter, 1982, 34/35.
15 Crew, 1980, 71/72. Zu Essen siehe: Helga Mohaupt, Kleine Geschichte Essens. Bonn 1991, 164/165.
16 Günter v. Roden, Geschichte der Stadt Duisburg. 2 Bände. Duisburg 1970. 2. Auflage 1974.
17 Der Begriff wird hier nicht im planungs-juristischen, sondern im geographischen Sinn verwandt. Gemenge möchte ich – in Annäherung auf den alltagssprachlichen Umgang mit dem Wort – als ein Neben- und Ineinander von Verschiedenartigem verstehen, in Richtung der Lexikon-Formulierung „grobkörnige Mischung". In der Siedlungs-Geographie wird der Begriff häufig verwandt.
18 Für Anregungen, Klärung und Differenzierung der Theorie der Industrie-Dörfer und der halbländlichen offenen Gemenge-Lage bin ich besonders Martin Einsele und Barbara Wameling zu Dank verpflichtet.
19 Zu Gladbeck siehe: Ludwig Bette, Festschrift zur Einweihung des neuen Amtshauses der Gemeinde Gladbeck i. W. 1910. o.O. und J. (Gladbeck 1910).
20 1817/1818 werden für die Unterhaltung der Wege nur je 50 Taler ausgegeben – das heißt: nichts.
21 Zu Vagedes: W. Kordt, Adolph von Vagedes. Ratingen 1961.
22 Lutz Niethammer, Umständliche Erläuterung der seelischen Störung eines Communalbaumeisters in Preußens größtem Industriedorf oder Die Unfähigkeit zur Stadtentwicklung. Frankfurt 1979, 447.
23 Renate Kastorff-Viehmann, Wohnung, Wohnhaus und Siedlung für die Arbeiter-Bevölkerung im Ruhrgebiet von der Mitte des 19. Jahrhunderts bis zum Beginn des 1. Weltkriegs. Aachen 1980, 45.
24 Nach 1949 wird mit der Wilhelm Liebknechtstraße ausgerechnet einer der Revolutionäre von 1848 und Gründer der Sozialistischen Arbeiterpartei (1869, seit 1890 SPD) geehrt.
25 Weil dieses Viertel von den Bomben weitgehend verschont bleibt, trägt ihm dies 1946 den Namen ›Goldene Küste‹ ein.
26 Drittes Jahrbuch der Stadt Bottrop. 1923/24-1924/25. Bottrop 1927, 90.
27 Paul Brandi, Essener Arbeitsjahre: Beiträge zu Stadt und Stift Essen 75, 1959, 3/111. Paul Brandi, Der Aufstieg der Stadt Essen zu Industriemetropole: Stadt und Stift Essen 60, 1940, 238/294.
28 Rudolf Hartog, Stadterweiterungen im 19. Jahrhundert. Stuttgart 1962, 57.
29 Roland Günter, Stadt Oberhausen. Die Denkmäler des Rheinlandes. Düsseldorf 1975, 18/21. Das Straßen-Muster blieb deshalb gut erhalten, weil dieser Bereich wegen der Dezentralisierung der Stadt nie einen starken Investitions-Druck erhielt. Zu Oberhausen siehe vor allem die vorzügliche komplexe Untersuchung Heinz Reif, Die verspätete Stadt. Industrialisierung, städtischer Raum und Politik in Oberhausen 1846-1929. Text- und Kartenband, Köln 1993
30 Karl Rohe, Die ›verspätete Region‹. Thesen und Hypothesen zur Wahlentwicklung im Ruhrgebiet vor 1914. In: Peter Steinbach (Hg.), Probleme politischer Partizipation im Modernisierungsprozeß. Stuttgart 1982, 231/252.
31 Niethammer, 1979, 432/471.
32 Von der Landgemeinde zur Großstadt. Verwaltungsbericht der Stadt Buer 1911/1921. o.O. und J., 25. Zur Planung im Industrie-Dorf Eving (später in Dortmund eingemeindet) siehe: Renate Kastorff-Viehmann (Federführung)/Ralf Ebert/Martina Foltys-Banning/Ursula v. Petz/Manfred Walz, Denkmalpflegeplan Dortmund Nord Teilbereich Eving. 2

Bände. Dortmund 1992.
33 Niethammer, 1979, 437/438.
34 Niethammer, 1979, 441.
35 Lucas Maria Böhmer, ›Ende einer Straße‹ (1967) – ein Film über den Abriß in Duisburg-Neumühl (Roland Günter/Paul Hofmann/Janne Günter, Das Ruhrgebiet im Film. 2 Bände. Oberhausen 1978, I, 73).
36 Stephan Reiß-Schmidt, Sehnsucht nach dem Park: Der Architekt 8/1993, 434.
37 Otto Pankok 1893-1966. Retrospektive zum 100. Geburtstag. o.O. und J. (Oberhausen 1993). Siehe auch das Otto Pankok-Museum Haus Esselt in Hünxe-Drevenack.
38 Walter Köpping, 100 Jahre Bergarbeiter-Dichtung. Oberhausen 1982.

Die Umwandlung der Städte um die Jahrhundert-Wende: Wandel und Aufstieg

1 Das gilt für alle großen Städte des 19./20. Jahrhunderts. In Hamburg läßt die Industrialisierung des Schiffs-Verkehrs den größten Teil der alten Stadt verschwinden.
2 Siehe dazu an anderer Stelle die Geschichte des Bauhauses in Weimar und in Dessau. Den gesellschaftlichen und politischen Kontext sowie die Konflikte stellt am besten dar: Fritz Hesse, Von der Residenz zur Bauhausstadt. Erinnerungen an Dessau. Bonn 1963 (2. Auflage 1990).
3 Gelsenkirchen. Architekturführer. o.O. 1985, Nr. 7.
4 Gelsenkirchen, 1985, Nr. 8.
5 B. Faulenbach/G. Högl, Eine Partei in ihrer Region. Zur Geschichte der SPD im Westlichen Westfalen. 1988. Die Entwicklung der Wahlen und politischen Parteien in Groß-Dortmund. Marburg 1958. Klaus Tenfelde, Sozialgeschichte der Bergarbeiterschaft an der Ruhr im 19. Jahrhundert. Bonn-Bad Godesberg 1977.
6 Gerhard A. Ritter/Jürgen Kocka (Hg.), Deutsche Sozialgeschichte 1879-1914. München, 3. Auflage 1982 (zuerst 1974), 385. – Siehe auch Hans Hermann Berlepsch, Sozialpolitische Erfahrungen und Erinnerungen. Mönchen-Gladbach 1925.
7 Thomas Schilp, Zeit-Räume. Aus der Geschichte einer Stadt. Ausstellung und Dokumentation zur Geschichte der Stadt Dortmund im neuen Rathaus. Dortmund 1989, 137. Zur Dortmunder Stadtgeschichte siehe Schilp, 1989, 134/148, 153/160.
8 Karl Scheffler, Der junge Tobias. Eine Jugend und ihre Umwelt. O. O 1927,190 f. Zitiert in Ritter/Kocka, 1992, 127.
9 Erich Haenel/Heinrich Tscharmann, Das Einzelwohnhaus der Neuzeit. Band I. Leipzig 1907, X.
10 Gottfried Semper, Wissenschaft, Industrie und Kunst. 1852, zur Weltausstellung in London 1851.
11 Philipp Stein, 100 Jahre GHH-Brückenbau. o.O. u. J. (Oberhausen 1951). Erst nach dem Krieg 1870/1871 erlaubt das preußische Militär feste Rhein-Brücken (zuerst 1874 Eisenbahn-Brücke in Duisburg-Hochfeld).
12 Peter Schmidtmann, Blickpunkt Gasometer. Nachwort: Daniel Stemmrich. Rheinisches Industriemuseum. Köln 1992.
13 Philipp Stein, 100 Jahre GHH-Brückenbau. Oberhausen 1951, 89, Abb. 29.
14 Luise von Winterfeld (Stadtarchivarin), Geschichte

der freien Reichs- und Hansestadt Dortmund. Dortmund 1934. 8. Auflage 1981, passim.

15 Ritter/Kocka, 1982, 18.

16 Ein Parallel-Phänomen ist die Kleidung: Die bäuerliche Kleidung verschwindet – und die städtische Kleidung wird zur Norm.

17 Siehe auch: K. Milde, Neorenaissance in der deutschen Architektur des 19. Jahrhunderts. Dresden 1981. Synonym wird häufig auch die Bezeichnung ›klassizistisch‹ benutzt.

18 Bürgerverein e. V./Paul Sauter, Langenberg früher und heute. 3 Bände. Essen. 1980.

19 Haenel/Tscharmann, 1907, XI. Siehe auch: Klaus Döhmer, ›In welchem Style sollen wir bauen?‹ Historismusprobleme im Spiegel deutscher Architektur- und Kunstzeitschriften 1800-1860. Dissertation. Bochum 1974. Michael Brix/Monika Steinhauser (Hg.), „Geschichte allein ist zeitgemäß". Historismus in Deutchland. Lahn-Giessen 1978. Valentin W. Hammerschmidt, Anspruch und Ausdruck in der Architektur des späten Historismus in Deutschland (1860-1914). Frankfurt 1985.

20 Haenel/Tscharmann, 1907, VII.

21 Barbara Maas, Im Hause des Kommerzienrats. Das Beispiel Mülheim an der Ruhr. Mülheim 1990, 36 ff.

22 Roland Günter, Kreis Dinslaken. Die Denkmäler des Rheinlandes. Düsseldorf 1968, 29 und Abb. 67.

23 Haenel/Tscharmann, 1907, IX. Georg Germann, Neugotik. Geschichte einer Architekturtheorie. Stuttgart 1974.

24 Zur Neuromanik: Michael Bringmann, Studien zur neuromanischen Architektur in Deutschland. Dissertation. Heidelberg 1968.

25 Walther Henßen, Essen/Ruhr Erlöserkirche. Essen 1993.

26 Um 1890 macht der Kunsthistoriker Cornelius Gurlitt auf Barock und Rokoko aufmerksam.

27 Wilhelm Kreis (Eltville 1873-Bad Honnef 1955). 1908-1920 Direktor der Kunstgewerbeschule Düsseldorf bis zu ihrer Fusion mit der Akademie, 1920-1926 Professor an der Akademie, 1926 an der Technischen Hochschule Dresden. Ehrenhof und Rheinlandhalle in Düsseldorf.

28 Hermann Muthesius. Landhaus und Garten. München 1907, XI/XII. Siehe auch: Friedrich Naumann, Der deutsche Stil. Hellerau/Dresden/München o. J. (1915).

29 Richard Klapheck, Siedlungswerk Krupp. Berlin 1930. A. E. Brinckmann, Neuere Kruppsche Arbeitersiedlungen: Moderne Bauformen 11, 1912, 310 ff. Zitiert bei Bernhard Kerber; Bochums Bauten 1860-1940. Ausgewählte Quellen. Bochum 1982, 9/12. Lageplan Abb. S. 14.

Städtische Arbeiter-Quartiere und ›dörfliche Arbeitersiedlungen‹

30 Zu den Verhältnissen siehe: Lothar Schneider, Der Arbeiterhaushalt im 18. und 19. Jahrhundert. Dargestellt am Beispiel des Heim- und Fabrikarbeiters. Berlin 1967. Hans-Jürgen Teuteberg/Günter Wiegelmann, Der Wandel der Nahrungsgewohnheiten unter dem Einfluß der Industrialisierung. Göttingen 1972. Klaus Tenfelde, 1977, besonders S. 292/333. Lutz Niethammer (Hg.), Wohnen im Wandel. Beiträge zur Geschichte des Alltags in der bürgerlichen Gesellschaft. Wuppertal 1979. Ditmar Brock, Der schwierige Weg in die Moderne. Umwälzungen in

der Lebensführung deutscher Arbeiter zwischen 1850 und 1980. Frankfurt 1991.

31 Gerhard A. Ritter/Jürgen Kocka (Hg.), Deutsche Sozialgeschichte 1870-1914. München, 3. Auflage 1982 (zuerst 1974), 37. Zu den Wohn-Verhältnissen siehe: Lutz Niethammer/Franz Brüggemeier, Wie wohnten Arbeiter im Kaiserreich?: Archiv für Sozialgeschichte XVI, 1976, 61/135. Zu Stadtplanung und Architektur vor allem: Renate Kastorff-Viehmann, Wohnungsbau für Arbeiter. Das Beispiel Ruhrgebiet bis 1914. Aachen 1981.

32 Ruhrlandmuseum (Hg.), Vom Hausen zum Wohnen. Wohnungsbau für Arbeiter zur Zeit der Industialisierung: Essen, ein Beispiel. Eine Ausstellung des Ruhrlandmuseums. Essen 1988 (Daniel Stemmrich).

33 Wohnhäuser von Johann Piekenbrock, von der sozialdemokratischen Presse als „Hausvampir" bezeichnet, im Segeroth in Essen (Grundriß 1888). Ulrich Krempel, Das Segeroth in Essen: tendenzen 19, 1978, Nr. 121, 13/22, Abb. S. 15.

34 Hans-Werner Wehling, Wohnstandorte und Wohnumfeldprobleme in der Kernzone des Ruhrgebietes. Essener geographische Arbeiten 9. Paderborn 1984.

35 Die elenden Wohnverhältnisse, die Friedrich Engels 1844 in London in seinem Buch ›Zur Lage der arbeitenden Klassen‹ schildert, gibt es in allen Industrie-Bereichen in Europa.

36 1864 wird in Leipzig der erste Schrebverein gegründet.

37 Planergruppe Oberhausen, Türkische Gärten im Ruhrgebiet. Oberhausen 1982.

38 Siehe dazu auch: Krempel, 1978, 13/22. Frank Bajohr/Michael Gaigalat (Hg.), Essens wilder Norden. Segeroth – ein Viertel zwischen Mythos und Stigma. Hamburg 2. Auflage 1991.

39 Ausführlich siehe dazu: Renate Kastorff-Viehmann, Frühe Stadtpläne in Ruhrort und Duisburg. Der Weg zur öffentlich-rechtlichen Planung im Ruhrgebiet. In: Gerhard Fehl/Juan Rodriguez-Lores (Hg.), Stadterweiterungen 1800-1875. Hamburg 1983, 185/203.

40 Allgemein zu Stadterweiterungen: Reinhard Baumeister, Stadterweiterungen. 1976 (Professor in Karlsruhe, begründet die Städtebau-Lehre an den deutschen Hochschulen). Rudolf Hartog, Stadterweiterungen im 19. Jahrhundert. Stuttgart 1962.

41 Kastorff-Viehmann, 1983, 195.

42 Josef Milz, Duisburg. Rheinischer Städteatlas, IV, Nr. 21, 1978. Bonn 1978, Tafel 6, Bau-Plan der Stadt Duisburg 1850 von Kataster-Geometer Fuchs.

43 Renate Kastorff-Viehmann, Die Geschichte der Nordstadt als Wohnstadt. In: Stadt Dortmund, Kulturbüro (Hg.), Nordstadtbilder. Essen 1989, 104/123. Rund um den Eisengiesser-Brunnen. Dortmunder Nordstadtgeschichte. Dortmund 1990 (zum Wiederaufbau des Brunnens von 1906). Karl-Peter Ellerbrock/Archiv Hoesch AG (Hg.), Wohnen und Leben im Schatten der Hochöfen. Zur Geschichte des Stahlarbeiterwohnungsbaus bei Hoesch von den Anfängen bis zum Wiederaufbau nach 1945. Ausstellung im Hoesch Museum Dortmund. o.O. 1991.

44 Janne Günter, Mündliche Geschichtsschreibung. Alte Leute erzählen erlebte Geschichte. Mülheim 1982, 64.

45 Siehe auch: Otto Rühle. Illustrierte Kultur- und Sittengeschichte des Proletariats. Berlin 1930. Margarete Freudenthal, Gestaltwandel der städtischen bürgerlichen und Hauswirtschaft ... zwischen 1730 und

1933. Dissertation. Würzburg 1934.

46 Weser-Krell stellt die Essener Straße in Oberhausen 1903 in einem rund 8 Meter langen Bild dar (heute in der Galerie Schloß Oberhausen) – ein einzigartiges Dokument und Bild.

47 Karl Grünberg in ›Brennende Ruhr‹ (Nachdruck: Regensburg o.J.).

48 Zu den Siedlungen im Ruhrgebiet siehe: Franziska Bollerey/Kristiana Hartmann, Wohnen im Revier. 99 Beispiele aus Dortmund. München 1975. Franziska Bollerey u.a., Gutachten über die Werkssiedlung Klapheckenhof in Gelsenkirchen-Heßler. Dortmunder Architekturhefte, Band 10. Dortmund 1978. H. Bussen, Die Entstehung und Entwicklung der Arbeitersiedlung Resser Mark zu einem Stadtteil von Gelsenkirchen. Examensarbeit. Münster 1957. W. Dördelmann u. a., Gutachten zu den vorbereitenden Untersuchungen ... für Flöz Dickebank in Gelsenkirchen-Ückendorf. Projektarbeit Lehrstuhl Wohnbau. Aachen 1975. Wilhelm Düwell, Wohlfahrtsplage. Eine eingehende Studie über die sogenannten Wohlfahrtseinrichtungen in den verschiedenen Großbetrieben. Dortmund 1903. Roland Günter, Arbeitersiedlungen im Ruhrgebiet. In: Eduard Trier/Willy Weyres (Hg.), Kunst des 19. Jahrhunderts im Rheinland. Band II: Architektur II. Düsseldorf 1980, S. 465/496. Adolf Heinrich, Die Wohnungsnot und die Fürsorge privater Arbeitgeber in Deutschland im 19. Jahrhundert. Marburg 1970. August Heinrichsbauer, Industrielle Siedlung im Ruhrgebiet in Vergangenheit, Gegenwart und Zukunft. Essen 1936. Renate Kastorff-Viehmann, Wohnung, Wohnhaus und Siedlung für die Arbeiter-Bevölkerung im Ruhrgebiet von der Mitte des 19. Jahrhunderts bis zum Beginn des 1. Weltkriegs. Aachen 1980. Richard Klapheck, Siedlungswerk Krupp. Berlin 1930. G. Knopf, Des Bergmanns Glück? Wohnverhältnisse der Ruhrbergarbeiter vor dem 1. Weltkrieg und die Siedlungspolitik der Zeche Bergmannsglück in Gelsenkirchen-Buer. Examensarbeit. Bremen 1980. Fried. Krupp AG (Hg.), Wohlfahrtseinrichtungen der Gußstahlfabrik von Fried. Krupp zu Essen a. d. Ruhr. 3. Ausgabe, Band 1-3, Essen 1902. Anhang zu Band 2, 1906. 3. Ausgabe, Band 3, 1911. I. Kruse, Der Wohnungsbau der Zeche ›Hugo‹ in Gelsenkirchen. Examensarbeit. 1976 (Stadtarchiv Gelsenkirchen). D. Peters, Die bauliche und sozialgeographische Entwicklung der Zechenkolonien an Beispielen aus Gelsenkirchen und Herne. Examensarbeit. Bochum 1976. Projektgruppe Eisenheim mit Jörg Boström/Roland Günter, Rettet Eisenheim. 2. Auflage Berlin 1973. Stadt Gelsenkirchen (Hg.), Erhaltung von Arbeiter-Siedlungen. Zusammenfassender Bericht des Kongresses am 12. September 1976 in Gelsenkirchen. Gelsenkirchen 1976. Stadtplanungsamt Gelsenkirchen (Hg.), Erhaltenswerte Werkssiedlungen in Gelsenkirchen. Gelsenkirchen 1977. Hartwig Suhrbier, Fabrikschloß und Zechenkolonie. In: Lothar Romain/Hartwig Suhrbier (Hg.), Tausend Blumen. Kulturlandschaft Nordrhein-Westfalen. Wuppertal 1984, 199/219. Daniel Stemmrich, Die Siedlung als Programm. Hildesheim 1981. Ruhrlandmuseum, 1988. Arbeitersiedlungen in Hamm. Essen 1992

49 1844 Kauf des Grundstücks. Die Gemeinde blockiert die Bebauung. Die Hütte baut illegal. Frühjahr 1846 sieben Meister-Häuser an der Provinzialstraße (Werkstrader Straße, abgerissen), Herbst vier ›Kasernen‹: Fuldastraße 5/7 (zunächst Ledigen-Heim, dann zu Wohnungen umgebaut), Wessel-kampstraße 27/29 und 31/33. Der Innenminister ge-

nehmigt nachträglich. 1965/1966 baut die Hütte weiter: 10 Häuser an der Berliner Straße 8/20 (Kreuzgrundriß Mülhauser Typ) und Wesselkampstraße 19/21 und 23/26. 1872 Wesselkampstraße 35, das erste nachweisbare Haus im versetzten Kreuzgrundriß. In der Hochkonjunktur 30 weitere Häuser: 1897 (Werrastraße) und 1901 (Eisenheimer Straße, Berliner Straße 4, 6). Roland Günter, Oberhausen. Die Denkmäler des Rheinlandes. Düsseldorf 1975, 91/96. Projektgruppe Eisenheim mit Jörg Boström/Roland Günter, Rettet Eisenheim. Bielefeld 1972. 2. Auflage Berlin 1973. Roland Günter, Eisenheim. Die erste deutsche Arbeiterkolonie und ihre Architektur. In: Wolfgang Ruppert (Hg.), Die Arbeiter. Lebensformen, Alltag und Kultur. München 1986. Günter Morsch, Eisenheim. Ein Führer durch die Ausstellung. Köln o.J. [1990].

50 Bodo Herzog, Wilhelm Lueg 1792-1864: Tradition 2/1971, 49/71.

51 In: Zeitschrift für Baukunde II, 1879, Heft 4, Spalten 537/550. Zitiert in: Kerber, 1982, 1, Grundriß Abb. S. 13. – Die Siedlung in Mülhausen (1853) im Elsaß wurde gebaut von der Société mulhousiene des Cités ouvrières (1853 als Zusammenschluß von drei Fabrikanten gegründet) und teilweise mit Kapital des Zweiten Kaiserreiches finanziert.

52 Zitiert in: Klaus Tenfelde, Sozialgeschichte der Bergarbeiterschaft an der Ruhr im 19. Jahrhundert. Bonn 1981, 485.

53 Das gilt aber auch für Berlin, wo jedes Jahr die Hälfte aller Familien umziehen.

54 Zitiert nach Wolfhard Weber, Industrialisierung. Das Ruhrgebiet. Braunschweig 1982, 98.

55 Zahlen nach Franz-Jürgen Brüggemeier, Nomaden in steinernen Zelten. In Lutz Niethammer u.a. (Hg.), „Die Menschen machen ihre Geschichte nicht aus freien Stücken, aber sie machen sie selbst." Einladung zu einer Geschichte des Volkes in NRW. Berlin/Bonn 1984, 97, 274 ff.

56 Bollerey/Hartmann, 1975, Nr. 42.

57 Zitiert in Heinrichsbauer, 1936, 28.

58 Es erscheint zuerst in der berühmten ›Cité ouvrière‹ (1853) in Mülhausen (Elsaß), dann in Eisenheim in Oberhausen (Berliner Straße 8/20, 1865/1866) und in Stahlhausen (1866/1867) in Bochum. In Ottilienau in Gelsenkirchen-Ückendorf (1866, Ottilienaustraße) sind die Grundrisse seitlich angeordnet. 1872 ist in Eisenheim (Wesselkampstraße 35) der Grundriß so organisiert, daß jede Wohnung eine Seite des Hauses besitzt.

59 Bollerey-Hartmann, 1975, Nr. 77.

60 Dorothee Nehring, Der Park der Villa Hügel und seine Bauten. In: Tilmann Buddensieg (Hg.), Villa Hügel. Berlin 1984, 372/374.

61 Oswald Matthias Ungers/Günther Borchers, Planungsbeispiel Siedlung Hochlarmark. Dortmund 1978.

62 Janne Günter machte die beiden umfangreichsten Untersuchungen über Arbeiter-Siedlungen: ›Leben in Eisenheim‹ (Weinheim/Basel 1980). Mündliche Geschichtsschreibung. Alte Leute erzählen erlebte Geschichte. Mülheim 1982. Zur Oral History siehe: Erika Runge, Bottroper Protokolle. Frankfurt 1968 (literarisch-dokumentarische Erkundung). Lutz Niethammer (Hg), Lebenserfahrung und kollektives Gedächtnis. Die Praxis der ›Oral History‹. Frankfurt/Main 1980. Zu Eisenheim siehe auch: Roland Günter u. a., Eisenheim. Die Erfahrung einer Arbeiterkolonie. In: Lutz Niethammer (Hg.), Wohnen im Wandel. Wuppertal 1979. Weiterhin: Hochlarmarcker Lesebuch. Kohle war nicht alles.

100 Jahre Ruhrgebietsgeschichte. Bergarbeiter und ihre Frauen aus Recklinghausen-Hochlarmark haben in Zusammenarbeit mit dem kommunalen Stadtteilkulturreferat ihre Geschichte aufgeschrieben. Oberhausen 1981. Gabriele Hübner-Voß, Der zweite Blick. Prosper Ebel. Chronik einer Zeche und ihrer Siedlung. Berlin 1983 (über die filmische Arbeit in Bottrop Ebel). Zum Leben in Arbeiter-Siedlungen siehe auch: Renate Kastorff-Viehmann, Wohnung, Wohnhaus und Siedlung für die Arbeiter-Bevölkerung im Ruhrgebiet von der Mitte des 19. Jahrhunderts bis zum Beginn des 1. Weltkriegs. Aachen 1980. Eduard Führ/Daniel Stemmrich, Nach gethaner Arbeit verbleibt im Kreise der Eurigen. Bürgerliche Wohnrezepte für Arbeiter zur individuellen und sozialen Formierung im 18. Jahrhundert. Wuppertal 1985. Der Bergarbeiter Johann Grohnke (Jahrgang 1913) schrieb – ein einzigartiges Werk: Geschichten aus dem Dunkelschlag. Mit einem Nachwort von Janne Günter. Hg. vom Rheinischen Industriemuseum Oberhausen. Köln 1992. Siehe auch: Tita Gaehme/Karin Graf, Rote Erde. Bergarbeiterleben 1870-1920. Film, Ausstellung, Wirklichkeit. Köln 1983. Gudrun Wittig, Kochmaschine, Kostgänger, Kolonie. Gladbecker Frauengeschichte(n) über Tage 1880-1930. Textbuch zur Ausstellung. Gladbeck 1991.

63 Siehe dazu Gerhard A. Ritter/Jürgen Kocka (Hg.), Deutsche Sozialgeschichte 1870-1914. München 3. Auflage 1982 (zuerst 1974), 256/259. Oskar Stillich, Die Lage der weiblichen Dienstboten in Berlin. Berlin/Bern 1902.

64 Gudrun Wittig, Kochmaschine, Kostgänger. Kolonie. Gladbecker Frauengeschichte(n) über Tage 1880-1930. Textbuch zur gleichnamigen Ausstellung. Gladbeck 1991.

65 Zu Möbeln siehe: Sonja Günther, Arbeitermöbel. Architektenentwürfe zu Arbeitermöbeln vor der Jahrhundertwende bis zum Beginn der ersten Weltkrieges. Gießen 1976. Sonja Günther, Das deutsche Heim. Luxusinterieurs und Modernismus der Gründerzeit bis zum ›Dritten Reich‹. Gießen 1984. – Wichtige Architekten entwerfen Möbel für Arbeiter, besonders um 1900. 1906 gestaltet Richard Riemerschmid ein sensationelles Maschinenmöbel-Programm. Bruno Paul 1908 (Günther, 1984, Abb. 28). Joseph Maria Olbrich 1908 für Opel-Arbeiter (Günther, 1984, Abb. 29). Georg Metzendorf, ›Haus für Industriearbeiter‹ auf der Weltausstellung Brüssel 1910 (Günther, 1984, Abb. 30). Peter Behrens 1918 (Günther, 1984, Abb. 36). Musterwohnung im Berliner Gewerkschaftshaus 1912 (Günther, 1984, Abb. 32/33). Bauhaus-Volkwohnung auf der Grassi-Ausstellung Leipzig 1929 (Günther, 1984, Abb 34). Walter Gropius 1919 (Günther, 1984, Abb. 35). Die 1911/1912 im Berliner Gewerkschaftshaus ausgestellten und günstig angebotenen schlichten Muster-Möbel für Arbeiter finden kaum Absatz (Sonja Günther, 1976).

66 Thomas Parent/Thomas Stachelhaus, Stadtlandschaft Ruhrrevier. Essen 1991, 16.

67 Parent/Stachelhaus, 1991, 16.

68 Bericht über eine Streikversammlung 1905, Staatsarchiv Münster, Kreis Dortmund, 677, Blatt 215, zitiert von Parent/Stachelhaus, 1991, 18.

69 Siehe dazu auch Barbara Orland, Die große Wäsche am Montag und der Umgang mit Kleidung. Ein Beispiel für den spezifischen Alltag der Arbeiterfrauen im Ruhrgebiet zwischen 1925 und 1940. Göttingen 1990 (Maschinenschrift).

70 Janne Günter, 1982, 70.

71 Janne Günter, 1982, 87.

72 Janne Günter, 1982, 121.

Eine Landschaft von Gartenstädten

1 Levin Schücking, Das malerische und romantische Westphalen. Paderborn 2. Auflage 1872, 334/335.

2 Siehe die detaillierte Untersuchung von Daniel Stemmrich, Die Siedlung als Programm. Hildesheim 1981.

3 1871 schreibt Alfred Krupp aus Torquay: „Wir haben noch viel nachzuholen. Wer weiß, ob über Jahr und Tag, wenn eine allgemeine Revolte durch das Land gehen wird, ein Auflehnen aller Klassen von Arbeitern gegen ihre Arbeitgeber, ob wir nicht die einzig Verschonten sein werden, wenn wir zeitig noch alles in Gang bringen." (Zitiert in: Richard Klapheck, Siedlungswerk Krupp. Berlin 1930, 75) – Gegen Krupp argumentiert August Bebel 1890, der vom „schlimmsten Auswuchs der Wohlfahrtseinrichtungen" spricht. – Tatsächlich sind viele Krupp-Statements keine Beschreibungen der Wirklichkeit, sondern deren Wünsche. Ob sie sich realisieren, ist im einzelnen empirisch zu fragen. So zum Beispiel trifft die von Krupp beabsichtigte Isolierung der Arbeiter in der Familie nicht ein. Seine Planung fördert eher Kommunikation, auch durch seine umfangreichen Infrastrukturen.

4 Siehe dazu: Knut Borchardt, Der Unternehmerhaushalt als Wirtschaftbetrieb. In: Tilmann Buddensieg (Hg.), Villa Hügel. Berlin 1984, 10/31. – Zur höfischen Gesellschaft siehe: J. von Kruedener, Die Rolle des Hofes im Absolutismus. Stuttgart 1973.

5 Die Verarbeitung des Phänomens Krupp ist völlig polarisiert. Eine Reihe von Autoren betreibt Hof-Berichterstattung (Gußmann 1892, Baedecker 1898, Kellen 1903, vor allem Wilhelm von Berdrow 1915, 1927, 1928, 1937, Gerhard von Klass, Die drei Hunge. Tübingen 1953, Schröder 1953, Wilmovsky 1965), eine andere sieht ihn als Finsterling (Norbert Mühlen, Die Krupps. Frankfurt 1960, William Manchester, Krupp. Zwölf Generationen. München 1968, Bernt Engelmann, Krupp. Legenden und Wirklichkeit. Darmstadt 1969). Ich vermag dieser Polarisierung nicht mehr zu folgen. Renate Köhn-Lindenlaub, Krupp-Biographien. In: Neue Deutsche Biographie, 13. Band, Berlin 1982, 128/145.

6 Lange lehnt er die Braut seines Sohnes, Margarethe von Ende, wegen ihrer adligen Herkunft ab.

7 Siehe dazu: Frank Bajohr, Zwischen Krupp und Kommune. Sozialdemokratie, Arbeiterschaft und Stadtverwaltung in Essen vor dem 1. Weltkrieg. Essen 1988.

8 In: Bajohr, 1988, 10.

9 Zitiert von G. Adelmann, Quellensammlung zur Geschichte der sozialen Betriebsverfassung. 2. Band: Ruhrindustrie. Bonn 1965, 284. Fried. Krupp AG (Hg.), Wohlfahrtseinrichtungen der Gußstahlfabrik von Fried. Krupp zu Essen a.d. Ruhr. 3. Ausgabe. Band 1-3. Essen 1902. Anhang zu Band 2, 1906. 3. Ausgabe, Band 3, 1911.

10 Klapheck, 1930, 9.

11 Renate Kasdorff-Viehmann, Wohnung, Wohnhaus und Siedlung für die Arbeiter-Bevölkerung im Ruhrgebiet von der Mitte des 19. Jahrhunderts zum Beginn des 1. Weltkriegs. Aachen 1981, 154. Tilmann Buddensieg, Alfred Krupp als Bauherr, der Bauherr als Fabrikant. In: Buddensieg, 1984, 142.

12 Siehe dazu: Stefan Muthesius, Das englische Vor-

bild. München 1974. Siehe auch: Hermann Muthesius, Das englische Haus. Berlin 1904. Hermann Muthesius, Das Fabrikdorf Port Sunlight bei Liverpool: Zentralblatt der Bauverwaltung 19, 1899, Nr. 23, 133, 146/147. Hans-Eduard Berlepsch-Valendas, Bauernhaus und Arbeiterwohnung in England. Eine Reisestudie. Stuttgart 1909. Lagepläne der englischen Siedlungen: Kastorff-Viehmann, 1981, Abb. S. 142.

13 Kurz zuvor schon 1868 in der Siedlung Flöz Dickebank (Kolonie Ottilienaue, 1868) in Gelsenkirchen-Ückendorf (Ottilienau-Straße).

14 Janne Günter, Mündliche Geschichtsschreibung. Alte Leute im Ruhrgebiet erzählen erlebte Geschichte. Mülheim 1982, 66.

15 Projekte für die Gartensiedlung Kiel-Gaarden (Krupp-Germania-Werft; 1600 Wohnungen) und die Siedlung Kaupenhöhe in Essen (180 Wohnungen). Michael Koch, Vom Siedlungsbau zum Lebensbau: Hannes Meyers städtebauliche Arbeiten im Kontext der Diskussion in den zwanziger Jahren. In: hannes meyer 1889-1954 architekt urbanist lehrer. Berlin 1989, 34/58.

16 Klapheck, 1930. Roland Günter, Krupp und Essen. In: Martin Warnke (Hg.), Das Kunstwerk zwischen Wissenschaft und Weltanschauung. Gütersloh 1970, 128/174.

17 Durch Stiftungen entstehen die Margarethenhöhe in Essen (seit 1909), Hellerau bei Dresden (1906 ff.) und Grunauer Wald in Bergisch-Gladbach. – Margarethenhöhe. Erinnerungen und zwanzig Jahre Baugeschichte. Essen o.J. Hannelies Taschau, Erinnerungen an Essen-Margarethenhöhe. In: Lothar Romain/Hartwig Suhrbier (Hg.), Tausend Blumen. Kulturlandschaft Nordrhein-Westfalen. Wuppertal 1984, 117/121. Ruhrlandmuseum (Hg.), Vom Hausen zum Wohnen. Wohnungsbau für Arbeiter zur Zeit der Industrialisierung. Essen, ein Beispiel. Eine Ausstellung des Ruhrlandmuseums. Essen 1988 (Michael Clarke/Daniel Stemmrich).

18 Ebenezer Howard, Gartenstädte von morgen. Das Buch und seine Geschichte. Hg. von Julius Posener. Berlin 1968 (zuerst 1898, deutsch 1907). Howard arbeitet als Parlaments-Stenograf in London. – Hans Eduard Berlepsch-Valendas, Die Gartenstadt-Bewegung in England. Ihre Entwicklung und ihr jetziger Stand. München/Berlin 1912. Hans Kampffmeyer, Wohnungs- und Siedlungspolitik. München/Berlin 1920. Zu den Förderern gehören Alfred Lichtwark und Ferdinand Avenarius. Das englische Vorbild propagiert vor allem Hermann Muthesius, der 1896 bis 1903 deutscher Botschafts-Attaché in London ist.

19 Die Gartenstadt-Idee fußt auf zwei längeren Erfahrungen: Im Mutterland der Industrie gibt es weite Bereiche ländlicher Industrie-Produktionen. Und: in Opposition zu barbarischen Zuständen in überfüllten Großstädten verlegen reform-orientierte Fabrikanten wie Salt, Cadbury und Lever ihre Werke aufs Land und lassen für ihre Arbeiter ländliche Reform-Siedlungen anlegen. Die wichtigsten dieser Muster-Siedlungen sind Bourneville bei Birmingham (1879 ff. für George Cadbury) und Port Sunlight bei Liverpool (1887 ff. für Lever). Hinzu kommt der Mittelschichten-Vorort Bedford Park (1875 von Norman Shaw).

20 Ihren ersten Kongreß hält sie 1901 am symbolischen Ort: in der Reform-Stadt für Arbeiter, in Bourneville.

21 Nach 1918 entsteht in England die ›Neue Städte-Bewegung‹. Mit Howard, seinem engsten Mitarbeiter F.G. Osborne, der das Buch ›New Towns after the War‹ schreibt‹ (1918), G.B. Purdom und W.G. Taylor. Sie fordern von der Regierung 100 neue Städte – aber es entsteht nur das privat finanzierte Welwyn. – 1946 gibt Osborn Ebenezer Howards Buch neu heraus – mit einem Nachwort. 1948 erläßt die Regierung im Rahmen des Wiederaufbaues das ›New Towns Act‹, die Grundlage für die New Towns nach dem 2. Weltkrieg: 1947 ff. Harlow und Crawley, 1956 ff. Cumbernauld und weitere.

22 In Deutschland wird 1902 in Anlehnung an die englische ›Garden Cities Association‹ die ›Deutsche Gartenstadtgesellschaft‹ gegründet. Hans Kampffmeyer, Die Gartenstadtbewegung. Berlin 1911. Gustav Somons, Die deutsche Gartenstadt. Wittenberg 1912. Kristiana Hartmann, Deutsche Gartenstadtbewegung. Kulturpolitik und Gesellschaftsreform. München 1976. Axel Schollmeier, Gartenstädte in Deutschland. Münster 1990.

23 Karl Liebknecht, Gesammelte Reden und Schriften, Band V. Berlin 1963, 482. Siehe dazu auch Friedrich Engels. Er begriff vorzüglich die Ambivalenz der fabrikeigenen Bauten, als er gegen die Siedlung in Mülhausen/Elsaß polemisierte: „Daß dabei die Gesellschaft ... fett werden kann, begreift sich; ebensowohl begreift sich, daß die unter anderen Umständen gelieferten Wohnungen, schon weil vor der Stadt, halb ländlich angelegt, besser sind als die alten Kasernenwohnungen in der Stadt selbst".

24 1906 gründet Hans Kampfmeyer eine Gartenstadt-Genossenschaft ›Gartenstadt Karlsruhe‹. Entwurf: Prof. Friedrich Ostendorf (TH Karlsruhe). Weitere Gartenstädte: 1908 Nürnberg, 1909 ›Reform‹ für Arbeiter und Hopfengarten für Beamte in Magdeburg, 1911 Mannheim, Ludwigshafen, Wandsbek, Hamburg, Würzburg, Liegnitz, München, Stuttgart, Berlin, Baden-Baden, Aachen, Göttingen, Bielefeld, Görlitz, Stettin, Leipzig, Augsburg. 1914 Gartenstadt Staaken in Berlin.

25 1898 gründet Karl Schmidt die Dresdener Werkstätte für Handwerkskunst. Mit 500 Arbeitern und für den Zusammenschluß mit den Münchner Werkstätten zu den Deutschen Werkstätten plant er 1906 die Aussiedlung des Betriebes aufs Land und die Anlage einer neuen Fabrik mit Gartenstadt in in Hellerau. 1907 Fabrik, dann Häuser. Architekt: Schmidts Freund, dann Schwager Richard Riemerschmid.

26 In: Hermann Ehlgötz, Essen. Deutschlands Städtebau. Berlin-Halensee 2. Auflage 1925, 133 (Ehlgötz ist Beigeordneter von Essen).

27 Ehlgötz, 1925, 136.

28 Peter Hardetert/Monika Löcken (Hg.), 80 Jahre Bergmannsglück. Ausstellungskatalog Städtisches Museum Gelsenkirchen 1990. Düsseldorf o.J.

29 Camillo Sitte, Der Städtebau nach seinen künstlerischen Grundsätzen. 1. Auflage, Wien 1889.

30 A. E. Brinckmann, Deutsche Stadtbaukunst in der Vergangenheit. Frankfurt 1911.

31 Brinckmann, 1911, 128/131.

32 Deutsch: Raymond Unwin, Grundlagen des Städtebaus. Berlin 1910.

33 Von 1863 bis 1890: Baumeister Krämer.

34 A. E. Brinkmann, Margarethe Krupp-Stiftung für Wohnungsfürsorge. Margarethenhöhe bei Essen. Darmstadt 1913. Gerhard Steinhauer, Gartenstadt Margarethenhöhe. 50 Jahre Margarethe-Krupp-Stiftung. Essen 1956. Taschau, 1984, 117/121.

35 Essen. Architektur im Ruhrgebiet. Hg. vom BDA Essen. Essen 1983, Nr. 90.

36 Klaus Novy/Arno Mersmann/Bodo Hombach, Reformführer NRW. Köln/Wien 1991, 296/297, Abb.

37 Franziska Bollerey/Kristiana Hartmann, Wohnen im Revier. 99 Beispiele aus Dortmund. München 1975, Nr. 72.

38 Novy/Mersmann/Hombach, 1991, 339, Abb.

39 Novy/Mersmann/Hombach, 1991, 341/342, Abb.

40 Inge Lischke, Im Schatten der Fördertürme. Kindheit und Jugend im Revier. Die Bergarbeiterkolonie Lohberg 1900 bis 1980. Duisburg 1993.

41 Von der Landgemeinde zur Großstadt. Verwaltungsbericht der Stadt Buer 1911/1921. o.O. und J., 15.

42 Gelsenkirchen, 1985, Nr. 22.

43 Hans Hollein/Niklas Fritschi/Hanspeter Thurn/ Günther Borchers, Planungsbeispiel Reitwinkelkolonie Recklinghausen-Grullbad. Dortmund 1978.

44 Broich-Speldorfer Wald- und Gartenstadt AG Mülheim-Ruhr. Bielefeld 1907, 1.

45 Hans Peter Schwanke, Das Landhaus Fritz Thyssen: Zeitschrift des Geschichtsvereins Mülheim a.d. Ruhr 61, 1969, 27/47.

46 1952 evangelische Akademie. Anbauten von F. G. Winter (Krefeld), Wolf Kirchhoff/Reimar Kirchhoff (Düsseldorf).

47 Ehlgötz, 1925, 100.

48 Roland Günter/Bodo Herzog, Die Entwicklung der großbürgerlichen Wohnkultur und Bruno Möhrings avantgardistische Siedlung für leitende Manager der Gutehoffnungshütte in Oberhausen (1910). In: Joachim Petsch (Hg.), Architektur und Städtebau im 20. Jahrhundert. Berlin 1975, 158/211.

49 Maximilian Harden, Köpfe. 4. Band. Berlin 1924, 423.

50 Siehe dazu: Fabrik im Ornament. Ansichten von Fabriken auf Firmenbriefköpfen des 19. Jahrhunderts. Münster 1980.

51 Joseph Kayser (1842-1917) stammt aus Duisburg, er ist viele Jahre Vorsitzender der Vereinigung Berliner Architekten, Mitglied der Akademie der Künste, seit 1904 Geheimer Baurat (Barbara Maas, Im Hause des Kommerzienrats. Villenarchitektur und großbürgerliche Wohnkultur im Industriezeitalter. Das Beispiel Mülheim an der Ruhr. Mülheim 1990, 50).

52 Z.B. die Villa des Besitzers des Eisenwalzwerks Michael Thiéry & Co (1856 gegründet) in der Schloßstraße in Meiderich (kriegszerstört, nach 1954 abgerissen). Haupthaus und Turm, beide mit Zinnen (Günter von Roden, Geschichte der Stadt Duisburg. Duisburg 1970, 163.

53 1887 Vermessung auf Betreiben des Mülheimer Verschönerungsvereins Vermessung, Bauten erst seit 1908. Initial-Zündung ist der Bismarck-Turm (1908 von Beigeordneten Linnemann, finanziert von Margarete und Hermann Leonhard). Maas, 1990, Abb. 3, 66.

54 Siehe dazu Maas, 1990.

55 Maas, 1990, 21.

56 Roland Günter, Krupp und Essen. In: Martin Warnke (Hg.), Das Kunstwerk zwischen Wissenschaft und Weltanschauung. Gütersloh 1970, 128/174. Fritz Neumeyer, Der Zauberlehrling – Alfred Krupp und die Baugeschichte der Villa Hügel. In: Tilmann Buddensieg. Berlin 1984, 32/89. Tilmann Buddensieg, Alfred Krupp als Bauherr, der Bauherr als Fabrikant. In: Tilmann Buddensieg (Hg.), Berlin 1984, 90/153.

57 Für den Hammer Fritz entwirft er 1860 das Fabrik-Gebäude.

58 Ludwig Klasen, Handbuch der Hochbau-Construction in Eisen. Leipzig 1876.

59 Hermann Muthesius, Landhaus und Garten. München 1907. IX.

60 Muthesius, 1907, XI. Siehe auch: E. Dössler, Kulturpflege vom Adel am preussischen Niederrhein gegen Ende des alten Reiches: Annalen des Historischen Vereins für den Niederrhein 166, 1964. Jürgen Kocka, Unternehmer in der deutschen Industrialisierung. Göttingen 1975. Jürgen Kocka (Hg.), Bürgertum im 19. Jahrhundert. Deutschland im europäischen Vergleich. Göttingen 1987. Wolfgang Brönner, Die bürgerliche Villa in Deutschland 1830-1890. Unter besonderer Berücksichtigung des Rheinlandes. Düsseldorf 1987.

61 Muthesius, 1907, XI.

62 Barbara von Germersheim, Unternehmervillen der Kaiserzeit (1871-1914). München 1988.

63 Capital 12, 1973, Nr. 10, 117.

64 Wilhelm Ophüls, Alt-Langenberg. Langenberg 1936. Bürgerverein e.V./Paul Sauter, Langenberg früher und heute. 3 Bände. Essen. 1980.

65 Joseph Kayser (1842-1917) stammt aus Duisburg, er ist viele Jahre Vorsitzender der Vereinigung Berliner Architekten, Mitglied der Akademie der Künste, seit 1904 Geheimer Baurat (Maas, 1990, 50).

66 Im Krieg Planungs-Zentrale für Waffenspezialisten des Panzerstabes ›Rohland‹ (u.a. Hans-Günther Sohl, Nachkriegs-Chef der Thyssen-Hütte), 1945 von Artillerie zerschossen und geplündert, Wirtschaftsgebäude erhalten und umgebaut zur Jugendbildungsstätte St. Altfried, 1960 von Eberhard Kleffner.

67 Grundlegend: Camillo Sitte, Der Städtebau nach seinen künstlerischen Gesichtspunkten. Wien 1889.

68 Abriß zugunsten des Hochhauses der Hamburg-Mannheimer (1971/1974 von Ewald Baumeister, Münster) in Gelsenkirchen (Machensplatz).

69 Zitiert von: Lisa Kosok, ›Spezialitätentheater vornehmen Genres: die neuen Häuser. In: Lisa Kosok/Mathilde Jamin (Hg.), Viel Vergnügen. Öffentliche Lustbarkeiten im Ruhrgebiet der Jahrhundertwende. o.O. (Essen) 1992, 178 und Abb. S. 181.

70 Thomas Parent, Das Ruhrgebiet. Köln 1983, 111/112.

71 Münchner Künstler veröffentlichen ihre Entwürfe in der Zeitschrift ›Jugend‹. In England ›modern style‹, in Frankreich und Belgien ›art nouveau‹. Großen Einfluß hat Japan: mit Blumen-Gärten und Darstellungen von Pflanzen. Von der Münchner Sezession aufgenommen, daher oft auch Sezessions-Stil genannt.

72 Siehe dazu: Christoph Asendorf, Batterien der Lebenskraft. Gießen 1984.

73 Arno Eugen Fritsche (1858-1939, Elberfeld), Leiter des provinzialkirchlichen Bauamtes.

74 Ein schmiede-eiserne Haupttor (1898 von Füssmann, 1900 auf der Weltausstellung in Paris) steht seit 1970 Park von Haus Strünkede in Herne.

75 Gelsenkirchen, 1985, Nr. 2.

76 Hermann Muthesius. Landhaus und Garten. München 1907, XI/XII.

77 Fritz Schumacher, Strömungen in heutiger Baukunst seit 1800. Leipzig 1935, 139.

78 Die Polemik dagegen formulieren Haenel/Tscharmann, 1907, XIV: „In der Berührung mit dem Kunstgewerbe lag der Fluch für die neue architektonische Bewegung. Der Einfluß von Schmuckformen der Kleinkunst, besonders der Flächen –, d.h. meistens Buchkunst oder Metalltechnik trieb die häusliche Baukunst dem sogen. Sezessionsstil in die Arme."

79 Gelsenkirchen, 1935, 106.

80 Klaus-Jürgen Sembach, Henry van de Velde. (Hatje) Stuttgart 1989. Klaus-Jürgen Sembach/Birgit Schul-

te (Hg.), Henry van de Velde. (Wienand) Köln 1992. Birgit Schulte (Hg.), Henry van de Velde in Hagen. Hagen o.J. [1992].

81 Karl Ernst Osthaus. Leben und Werk. Recklinghausen 1971.

82 Henry van de Velde (1863-1957) ist ein früher Europäer. Es studiert Malerei in Antwerpen und in Paris (1881-1885). Begegnung mit der sozialorientierten englischen Arts and Crafts-Bewegung. Seit 1890 radikaler Reformer: neuer Stil im Kunsthandwerk. Brüssel: 1893-1900. Produkte: Möbel, Tapeten, Vorhänge, Tafel-Besteck, Kleider. Typografie. 1895 entwirft er ganz unkonventionell sein eigenes Haus in Uccle bei Brüssel (›Bloemenwerf‹): Einfachheit, Understatement, Nützlichkeit, Verzicht auf Repräsentations-Gesten. Der Kunstkritiker Meyer-Graefe macht ihn bekannt. Berlin: 1900-1901. Inneneinrichtungen, in Kooperation mit dem Hohenzollern-Kunstgewerbehaus. Großbürgerliche Freunde und Auftraggeber: Harry Graf Kessler, Eberhard Freiherr von Bodenhausen, Paul und Bruno Cassirer, Elisabeth Förster-Nietzsche und Karl Ernst Osthaus. Für Osthaus baut er das Folkwang-Museum und dessen Wohnhaus Hohenhof in Hagen. Weimar: 1902-1917: Künstlerischer Berater im Großherzogtum, 1907 Gründer und Architekt der Kunstgewerbeschule – ein Reform-Projekt. 1907 Mitbegründer des Deutschen Werkbundes. 1914 Theater auf der Werkbund-Ausstellung Köln. Er hat ein „Wanderleben" in Belgien, Frankreich, Deutschland, den Niederlanden und in der Schweiz.

83 Herta Hesse-Frielinghaus, Peter Behrens und Karl Ernst Osthaus. Osthaus Museum. Hagen 1966.

84 Karl Ernst Osthaus, Die Gartenvorstand an der Donnerkuhle. In: Jahrbuch des Deutschen Werkbundes 1912, 93.

85 Der Berliner Prestige-Architekt hatte den Eltern die riesige Villa Elfriedenhöhe nahe dem Stadtgarten gebaut.

86 Die Sammlung, ebenfalls beeinflußt von van de Velde, wird nach dem Tod von Osthaus (1922) von geldgierigen Erben 1923 nach Essen verkauft. Dort bildet sie den Grundstock für eines der wichtigen deutschen Kunst-Museen der Moderne (Folkwang-Museum, Goethestraße 41).

87 Zu den Widersprüchen in der Oberschicht, aus denen Fortschrittlichkeit hervorgeht, siehe: Sebastian Müller, Der ›Hohenhof‹ – Knoten im Netz europäischer Kultur-Entwicklung am Beginn des 20. Jahrhunderts. In: Schulte, 1992, 175/188.

88 Es ist eine frühe Idee Tauts zu seinem Thema ›Stadtkrone‹ (Jena 1919). Das symbolische Gebäude soll von allen Seiten sichtbar sein – nun setzt es an die Stelle des verfallenen alten Glaubens den neuen Glauben: den „sozialen Gedanken".

89 Ein Teil der Möbel befindet sich im Hamburger Museum für Kunstgewerbe.

90 Die künstlerische Gestaltung des Arbeiter-Wohnhauses. 14. Konferenz der Centralstelle für Arbeiter- und Wohlfahrtseinrichtungen am 5. und 6. Juni in Hagen. Berlin 1906. Siehe dazu: Renate Kastorff-Viehmann, Kleinwohnung und Werkssiedlung. Zur Erziehung des Arbeiters durch Umweltgestaltung. In: Juan Rodrígues-Lores/Gerhard Fehl (Hg.), Die Kleinwohnungsfrage. Zu den Ursprüngen des sozialen Wohnungsbaus in Europa. Hamburg 1988, 221/241.

91 Die künstlerische Gestaltung des Arbeiter-Wohnhauses. Schriften der Centralstelle für Arbeiter- und Wohlfahrtseinrichtungen, Nr. 29. Berlin 1906. Sammelband der Vorträge zur gleichnamigen 14. Konfe-

renz der Centralstelle am 5. und 6. Juni in Hagen.

92 Weitere Dokumente des Hagener Impulses: Figuren (Milly Steger) am Eingang des Stadt-Theaters in Hagen. Balustrade (am Eingang des Sparkassen-Hochhauses, Körnerstraße 28). Plastik ›Die Klage‹ (Karl Albiker) im Volks-Park in Hagen. Glas-Fenster von Johan Thorn-Prikker im Hauptbahnhof. Grabstein von Lauwericks auf dem Buschey-Friedhof (Bergischer Ring 12).

93 Novy/Mersmann/Hombach, 1991, 399/400, Abb.

Stadtbildende Kristallisations-Kerne in der Park-Stadt

94 Stadt-Recht. 1874 Oberhausen, 1875 Gelsenkirchen und Wattenscheid (seit 1975 Bochum). 1894 Meiderich. 1896 Herne. 1902 Castrop. 1909 Buer 1911- (67 000 Einwohner). 1911 erreicht Hamborn (Duisburg) im zweiten Anlauf das Ziel. 1913 Sterkrade (Oberhausen). 1919 Bottrop, 1919 Gladbeck, 1921 Homberg (Duisburg), 1921 Osterfeld (Oberhausen). 1934 Rheinhausen (Duisburg), 1936 Marl, 1939 Westerholt, 1951 Herbede, 1950 Kamp-Lintfort, 1966 Bergkamen. – Siehe auch: Detlev Vonde, Revier der großen Dörfer. Industrialisierung und Stadtentwicklung im Ruhrgebiet. Essen 1989.

95 Lutz Niethammer, Umständliche Erläuterung der seelischen Störung eines Communalbaumeisters in Preußens größtem Industriedorf oder Die Unfähigkeit zur Stadtentwicklung. Frankfurt 1979, 1979, 449/450. Siehe vor allem: Detlev Vonde, 1989.

96 Niethammer, 1979, 450.

97 Zitiert bei Niethammer/Thomas Stachelhaus, Stadtlandschaft Ruhrrevier. Essen 1991., 26.

98 Zitiert bei Parent, 1991, 26.

99 In: Hermann Ehlgötz, Essen. Deutschlands Städtebau. Berlin-Halensee 2. Auflage 1925, 128/129.

100 Von der Landgemeinde zur Großstadt. Verwaltungsbericht der Stadt Buer 1911/1921. o.O. und J., 12.

101 Von der Landgemeinde zur Großstadt. Verwaltungsbericht der Stadt Buer 1911/1921. o.O. und J., 30/31.

102 Ludwig Bette, Festschrift zur Einweihung des neuen Amtshauses der Gemeinde Gladbeck. W. 1910. o.O. und J. (Gladbeck 1910).

103 R. Schetter, Das Bottroper Rathaus und seine Vorgänger: Vestischer Kalender 50, 1979, 76/83.

104 Drittes Jahrbuch der Stadt Bottrop. 1925/26-1926/27. Bottrop 1930, 74.

105 Ehlgötz, 1925, 139.

106 Siehe dazu: Karl Helbing, Die Hochbauten der Stadtgemeinde Mülheim a.d. Ruhr bei den Eingemeindungen im Jahre 1904. Mülheim a.d. Ruhr 1912. Peter Gräfe/Bodo Hombach/Gerd Müller, Mülheim an der Ruhr. Essen 1990

107 W. Hendel, Die neue Stadthalle in Mülheim a.d. Ruhr: Deutsche Kunst und Dekoration XXIX, 1926, 89/97. Paul Joseph Cremers, Emil Fahrenkamps Innenraumgestaltung der Mülheimer Stadthalle: Kunst und Dekoration XXIX, 19226, 99/120. Siehe auch: Pfeifer & Großmann. Mit einer Einleitung von Paul Joseph Cremers. Berlin 1929. – Karl Helbing, Die Hochbauten der Stadtgemeinde Mülheim a.d. Ruhr bei den Eingemeindungen im Jahre 1904. Mülheim a.d. Ruhr 1912. Bauten und Entwürfe der Architekten Pfeiffer & Großmann zur Erweiterung der Stadt Mülheim a.d. Ruhr: Moderne Bauformen XX, 1921, 129/160.

Weimarer Republik: Reform-Versuche

1 Hinweise von Bodo Herzog, Oberhausen. Ulrich Kramer, tätig in der Führungs-Etage von BMW, später als Hochschullehrer, wünscht sich „als eine zivile Selbstverständlichkeit dieselbe Sprache im Betrieb, wie sie im höflichen Alltag verwandt wird."

2 Janne Günter, Mündliche Geschichtsschreibung. Alte Leute im Ruhrgebiet erzählen erlebte Geschichte. Mülheim 1982, 98/99.

3 Handbuch der Historischen Stätten, Band 3. Stuttgart 1963, 248.

4 Paul Brandi, Essener Arbeitsjahre: Beiträge zu Stadt und Stift Essen 75, 1959, 81.

5 Bis 1914 ist kein einziger Sozialdemokrat im Stadtrat Gelsenkirchen, obwohl die Partei 1912 bei den Reichstagswahlen mit 35 Prozent die meisten Stimmen erhält (31 Nationalliberal, 33 Zentrum).

6 Seit 1924 im Reichstag, mit stets über 10 % Stimmen.

7 Von der Landgemeinde zur Großstadt. Verwaltungsbericht der Stadt Buer 1911/1921. o.O. und J., 62/64.

8 Bis am Ende des 19. Jahrhunderts überläßt der Staat alle Sorge für den Wohnungsbau den Privataten. Nicht staatliches politisches und administratives Handeln schaffen zwei wichtige stadtplanerische Entwicklungen, sondern einige aufgeklärte Richter eines Verwaltungs-Gerichtes: 1904 ermöglicht ein Urteil, mithilfe der Bau-Ordnung zwischen Industrie-Gebieten und Wohngebieten zu trennen. Und zweitens eine Bebauungs-Dichte in Wohngebieten festzusetzen. Ein Zeichen der Sensibilisierung für die gravierenden Veränderung der Erscheinungen von Land und Stadt sind die 1902 und 1907 erlassenen Gesetze gegen Verunstaltung. Aber sie bleiben ohnmächtig. 1910 wird ein Siedlungs-Gesetz erlassen, daß eine weitere regellose Verstädterung verhindern soll. Kurz vor 1914 bereitet Preußen ein Wohnungs-Gesetz vor, das den Bau von Kleinhäusern fördern soll. Der Weltkrieg verhindert die Realisierung.

9 Hermann Ehlgötz, Essen. Deutschlands Städtebau. Berlin-Halensee 2. Auflage 1925, 121. 1918 bildet sich in Kettwig (Essen) zur Behebung der Wohnungs-Not der Gemeinnützige Bauverein.

10 Drittes Jahrbuch der Stadt Bottrop. 1923/24-194/25. Bottrop 1927, 84.

11 30 Jahre Treuhandstelle für Bergmannswohnstätten. o.Ö. (Essen) und J. (1950). Treuhandstelle für Bergmannswohnstätten im rheinisch-westfälischen Steinkohlenbezirk. Essen 1920-1970. o.O. (Essen) und Jahr (1970). Gründer: Franz Knipping, seit 1908 in Bochum Stadtbaurat.

12 Zitiert von van der Meulen, in Hans Peter Schwarz/Kurt Thomas Schmitz (Hg.), In der Tradition der Moderne. 100 Jahre Gewerkschaften. München/Stuttgart 1992, 69.

13 Erhard Lucas, Ursachen und Verlauf der Bergarbeiterbewegung in Hamborn und im westlichen Ruhrgebiet 1918/1919: Duisburger Forschungen 15, 1971, 1/119. Erhard Lucas, Märzrevolution 1920. 2 Bände. Frankfurt 1970, 1973. Erhard Lucas, Vom Scheitern der deutschen Arbeiterbewegung. Frankfurt 1983.

14 Unzufrieden mit der Reichstags-Politik beschließt die Versammlung der DMV 1919 in Stuttgart, „sich auf den Boden des revolutionären Klassenkampfes und des Rätesystems zu stellen." Die Metaller fordern, entsprechend Artikel 165 der Weimarer Verfassung, Mitbestimmung in den Betrieben.

15 Außerhalb des Ruhrgebietes: 1921/22 Denkmal für die ›Märzgefallenen‹ in Weimar von Walter Gropius, dem Leiter des Bauhauses.

16 Ludger Fittkau/Angelika Schlüter (Hg.), Ruhrkampf – Die vergessene Revolution. Ein politischer Reiseführer. Essen 1990.

17 Klaus Novy/Arno Mersmann/Bodo Hombach (Hg.), Reformführer NRW. Köln/Wien 1991, 344. Zerstört: März-Gefallenen-Denkmal (um 1921) in Duisburg-Hamborn (Nordfriedhof Hamborn), errichtet von der Hamborner Arbeiter-Organisation (Novy/ Mersmann/Hombach, 1991, 344.

18 Novy/Mersmann/Hombach, 1991, 304/305.

19 Novy/Mersmann/Hombach, 1991, 401/402, Abb.

20 1852 erste ›Mietsgenossenschaft‹: ›Gemeinnützige Bau-Gesellschaft‹ in Berlin (gegründet von C. W. Hoffmann). Genossenschaftliche Assoziationen sind nicht rechtsfähig (Preußisches Landrecht von 1794). 1867 ›Gesetz betreffend die privatrechtliche Stellung der Erwerbs- und Wirtschaftsgenossenschaften‹ in Preußen, auf Vorschlag von Schulze-Delitzsch. Absicherung der ›Vereine zur Förderung von Wohnungen für ihre Mitglieder‹. Auftrieb gibt das ›Invaliden- und Altersversicherungsgesetz‹ von 1889. Invaliden- und Altersversicherungsanstalten ermöglichen die Anlage von Vermögen in Grund und Hypotheken. 1889 Genossenschaftsgesetz: beschränkt die Haftungs-Pflicht. 1888 gibt es 28 Genossenschaften, 1900 rund 385, 1914 1402, 1928 4.095.

21 Siehe dazu: Novy/Mersmann/Hombach, 1991.

22 Hans Strobel, 1913 von Leipzig nach Dortmund geholt, 1915/1927 Dezernent, 1918 Reformer, 1927 abgewählt. Zur Stadtplanung in Dortmund siehe: Renate Kastorff-Viehmann, Wohnungsbau und Siedlungswesen. Manuskript für: Renate Kastorff-Viehmann/Ursula von Petz/Manfred Walz, Planungsgeschichte von Dortmund. 1994.

23 Ute Peltz-Dreckmann, Nationalsozialistischer Siedlungsbau. München 1978. Peltz-Dreckmann, 1978, 64/65.

24 U. a. Hermann Ehlgötz, Der Generalsiedlungsplan und die Siedlungen des Essener Stadtgebietes. Berlin 1923. Ehlgötz, zuvor in Mannheim, wo er Stadterweiterung als Gartenstädte plante, ist seit 1920 Beigeordneter in Essen.

25 Dies wird in Essen dadurch ermöglicht, daß 1910 Rellinghausen und 1915 die Villen-Vorort Bredeney sowie das bäuerliche Haarzopf eingemeindet wurden.

26 Rowohlt Berlin 1932; Rowohlt Stuttgart 1950; 1984, Nachwort Frank Trommler. – Das wachsame Hähnchen rettete nach einer mittelalterlichen Legende die Stadt vor einer Eroberung und wurde damit zum einst rasch erkennbaren Symbol von Essen. Eric Reger (Hermann Dannenberger, 1893-1954), der bis 1927 in der Presse-Abteilung von Krupp arbeitete, schrieb von diesem Schlüssel-Roman den Industrie-Roman ›Union von der festen Hand‹ (Berlin 1931, 1946, 1976; 1931 Kleist-Preis, Reinbek 1979, Nachwort Karl Prüm). – vor Günter Wallraff – einen Industrie-Betrieb von innen und das Bündnis mit dem Nationalsozialismus beschrieb.

27 Bericht über den Stand der Verwaltung der Gemeindeangelegenheiten der Stadt Gelsenkirchen-Buer für das Rechnungsjahr 1928. Buer 1929, 59.

28 Bericht über den Stand der Verwaltung der Gemeindeangelegenheiten der Stadt Gelsenkirchen-Buer für das Rechnungsjahr 1928. Buer 1929, 84.

29 Luther ist vorher Stadtrat in Magdeburg, dann Geschäftsführer des Deutschen Städtetages. 1922

Reichsernährungsminister, 1923/ 1925 Reichsfinanzminister, 1925/1926 Reichskanzler. – Hans Luther, Zusammenbruch und Jahre nach dem Ersten Krieg in Essen. In: Essener Beiträge 73, 1958.

30 Remscheid 1974, 1914/1933 Oberbürgermeister von Duisburg, rechter Flügel der Deutschen Volkspartei, kurzzeitig Innenminister und Vizekanzler, 1925 Kandidat für den Reichspräsidenten: im 1. Wahlgang die meisten Stimmen, 38 Prozent, dann von den Deutschnationalen zum Verzicht genötigt.

31 1920 gegründet. 1928 nur einige zehntausend Mitglieder und 2,6 Prozent Stimmen zur Reichstagswahl. Juli 1932 erhält die NSDAP 37,4 Prozent der Stimmen.

32 Zitiert von Thomas Schilp, Zeit-Räume. Aus der Geschichte einer Stadt. Ausstellung und Dokumentation zur Geschichte der Stadt Dortmund im neuen Rathaus. Dortmund 1989, 143.

33 Ein Zweifamilien-Haus liegt in den Kosten 15 Prozent höher als ein Vierfamilien-Haus. Und dieses kostet 6 Prozent mehr als ein Sechsfamilien-Haus. Die Kosten-Probleme liegen im wesentlichen in den Installierungen für Gas, Wasser, Elektrizität sowie in den Treppen-Häusern.

34 Beispiel: Dortmund-Nordmarkt.

35 Novy/Mersmann/Hombach, 1991, 402/403, Abb.

36 Novy/Mersmann/Hombach, 1991, 395, Abb.

37 Novy/Mersmann/Hombach, 1991, 298, Abb., 144, Abb.

38 Novy/Mersmann/Hombach, 1991, 2291/292, Abb.

39 Franziska Bollerey und Kristiana Hartmann, Wohnen im Revier. 99 Beispiele aus Dortmund. Siedlungen vom Beginn der Industrialisierung bis 1933 – Ein Architekturführer mit Strukturdaten. München 1975, Nr. 91.

40 Novy/Mersmann/Hombach, 1991, 339, Abb., 219/ 220, Abb.

41 Janos Zimmermann, Eine historische Betrachtung städtischer Wohnumweltsituationen. In: Michael Andritzky/Gert Selle (Hg.), Lernbereich Wohnen. Band 2. 224/248. Vorbilder: Amsterdamer Schule und Wiener Blöcke.

42 Novy/Mersmann/Hombach, 1991, 405/406, Abb.

43 Novy/Mersmann/Hombach, 1991, 406/407, Abb.

44 Hans Magoley/Norbert Wörner, Dortmund. Architektur im Ruhrgebiet. o.O. (Dortmund) 1982, Nr. 67, Abb.

45 Bollerey-Hartmann, 1975, Nr. 66.

46 Bollerey/Hartmann, 1975, Nr. 49.

47 Bollerey/Hartmann, 1975, Nr. 22.

48 Novy/Mersmann/Hombach, 1991, 281/222, Abb.

49 Novy/Mersmann/Hombach, 1991, 283/284, Abb.

50 Novy/Mersmann/Hombach, 1991, 285, Abb.

51 Novy/Mersmann/Hombach, 1991, 356/57, Abb.

52 Novy/Mersmann/Hombach, 1991, 282/283, Abb.

53 Novy/Mersmann/Hombach, 1991, 308/309, Abb.

54 1978 in Honnef geboren, 1906/1912 Assistent bei Prof. Friedrich Pützer in Darmstadt, 1912/1919 Abteilungsleiter im Baubüro Krupp, zusammen mit Hannes Meyer (später Bauhaus-Direktor), 1919 selbständiger Architekt, berät die Stadt Essen und die Wohnungsgesellschaft Allbau in Essen, 1926 Bau der ersten Gruga-Halle in Essen. Zu Josef Rings siehe: Renate Kastorff-Viehmann, Wollen und Können. Der Allbau in der ersten Phase der Wohnungsreform 1917-1923. In: H. W. Hoffacker/J. Reulecke/Klaus Selle (Hg.), Geschichte des Allgemeinen Bauvereins Essen. Essen 1994.

55 Josef Rings, Siedlungsreform Essen 1922/1923, 157/ 158.

56 Eberhard Grunsky, Vier Siedlungen in Duisburg,

1925-1930. Arbeitsheft 12 des Landeskonservators Rheinland. Köln 1975, 14/28. Bruno Taut, Der neue Wohnungsbau. Leipzig/Berlin 1927. Novy/Mersmann/Hombach, 1991, 346/347, Abb.

57 Grunsky, 1975, 38/46.

58 Grunsky, 1975, 30/36.

59 Novy/Mersmann/Hombach, 1991, 348, Abb., 176/179, Abb.

60 Novy/Mersmann/Hombach, 1991, 369/370, Abb.

61 Rings, 1922/1923, 156/187.

62 Novy/Mersmann/Hombach, 1991, 366/368, Abb.

63 Novy/Mersmann/Hombach, 1991, 364/366, Abb. , Abb. Rings, 1922/1923, 143/155.

64 Novy/Mersmann/Hombach, 1991, 334/335, Abb.

65 Novy/Mersmann/Hombach, 1991, 386/387, Abb.

66 Novy/Mersmann/Hombach, 1991, 279/280 und Abb.

67 Novy/Mersmann/Hombach, 1991, 301/302, Abb.

68 Novy/Mersmann/Hombach, 1991, 305, Abb.

69 Novy/Mersmann/Hombach, 1991, 404/405, Abb.

70 Novy/Mersmann/Hombach, 1991, 409, Abb, 174/175, Abb.

71 Von der Landgemeinde zur Großstadt. Verwaltungsbericht der Stadt Buer 1911/1921. o.O. und J., 18.

72 Janne Günter, Mündliche Geschichtsschreibung. Alte Menschen im Ruhrgebiet erzählen erlebte Geschichte. Mülheim 1982, 140/141. Siehe auch: Klaus Tenfelde, Sozialgeschichte der Bergarbeiterschaft an der Ruhr im 19. Jahrhundert. Bonn, 2. Auflage 1981.

73 Bodo Herzog, Frühe NS-Aktivitäten an den Höheren Schulen in Oberhausen. In: Heinrich Heine-Gymnasium-Oberhausen 1992, 20/21.

Ästhetik der Industrie

74 H. van de Velde, Die drei Sünden wider die Schönheit. Zürich 1918, S. 40/43.

75 van de Velde, 1918, S. 41.

76 Le Corbusier, Ausblick auf eine Architektur. Gütersloh/Berlin 1969, 29, 36 (zuerst 1922).

77 Fritz Schumacher, Strömungen in heutiger Baukunst seit 1800. Leipzig 1935, 130.

78 Sedanstraße 46. Ernst Schmidt, Essen erinnert. Essen 1991, Abb. S. 65. Heute neues Gemeinde-Zentrum (1959).

79 Erich Mendelsohn, Die internationale Übereinstimmung des neuen Baugedankens oder Dynamik und Funktion. 1923 Vortrag in ›Architectura et amicitia‹, Amsterdam. In: Erich Mendelsohn, Das Gesamtschaffen des Architekten. Skizzen Entwürfe Bauten. Berlin 1930 (Reprint Braunschweig/Wiesbaden 1989), alle Zitate S. 9/24. Siehe auch: Das Problem einer neuen Baukunst. Vortrag im ›Arbeitsrat für Kunst‹ Berlin 1919.

80 August Hoff, Zu Emil Fahrenkamps neuesten Arbeiten: Moderne Bauformen 27, 1928, 1/48.

81 1921 als Büro-Haus geplant. Wettbewerb, u.a. Josef Franke und Martin Elsässer. Preis-Ausschreiben mit den Namen. Sehr umstritten. – Das Hans-Sachs-Haus in Gelsenkirchen 1927. Festschrift. Gelsenkirchen 1927. Hochbauamt Gelsenkirchen (Hg.), Hans-Sachs-Haus. Gelsenkirchen 1927. Wilhelm Niemöller, Das Hans-Sachs-Haus. In: Hans-Rudolf Thiel, Gelsenkirchen in alten Ansichten. Frankfurt 1979, 210/220. – Festschrift, Text von Alfred Fischer.

82 1913 kostet eine Kilowattstunde Strom soviel wie eine Arbeitsstunde, nämlich rund 44 Pfennige.

83 Gitta Böth u.a., Der Weg ins Licht. Zur Geschichte

der Elektrifizierung des westlichen Sauerlandes. Westfälisches Freilichtmuseum Hagen. Hagen 1989.

84 Zum Problem siehe auch: Christoph Asendorf, Ströme und Strahlen. Das langsame Verschwinden der Materie um 1900. Gießen 1989.

85 Bernhard und Hilla Becher/Günther Conrad/Eberhard G. Neumann, Zeche Zollern 2. München 1977. Eberhard G. Neumann, Die ehemalige Zeche Zollern 2/4 in Dortmund – Bövinghausen. Berlin/München 2. Auflage 1985. (Große Baudenkmäler, Heft 299). Norbert Tempel (Hg.), Industriekultur in Dortmund. Dortmund 1991, 78/83.

86 Ulrike Ittershagen, Gut Schede und das Privatkontor Herkort in Wetter. In: Birgit Schulte (Hg.), Henry van de Velde in Hagen. Hagen o.J., 227/229.

87 P. J. Cremers, Peter Behrens. Sein Werk von 1909 bis zur Gegenwart. Essen 1928, 17/18, Abb. 11/23. Roland Günter, Oberhausen. Die Denkmäler des Rheinlandes. Düsseldorf 1975, 44/48.

88 Frank Lloyd Wright, Schriften und Bauten, München o.J. (New York 1960), 139/51, Abb. S. 276/277.

89 Zu Theo van Doesburg siehe H. L. C. Jaffé, De Stijl 1917-1931. Berlin 1965.

90 Zum Beispiel: Peter Behrens, Reform der künstlerischen Erziehung. In: Der Geist der neuen Volksgemeinschaft. Denkschrift für das deutsche Volk. Berlin 1919.

91 Gerhard Bott, Von Morris zum Bauhaus. Eine Kunst gegründet auf Einfachheit. Hanau 1977. Zum Bauhaus: Hans Maria Wingler, Bauhaus 1918-1933. Darmstadt 1968. Karl-Heinz Hüter, Das Bauhaus in Weimar. Berlin 1976.

92 Dies spiegelt sich vor allem in den Erinnerungen des Dessauer Oberbürgermeisters Fritz Hesse: Fritz Hesse, Von der Residenz zur Bauhausstadt. Erinnerungen an Dessau. o.O. und J. (Hesse holte das Bauhaus aus Weimar in seine Stadt.) Fritz Hesse, Aus den Jahren 1925 bis 1950. Erinnerungen an Dessau. 2. Band. o.O. und J.

93 Hans Joachim Thielcke, Kreis Recklinghausen. Architektur im Ruhrgebiet. o.O. 1986, Abb. Nr. 126.

94 Thielcke, 1986, Abb. Nr. 62.

95 1847 läßt Franz Haniel den ersten Schacht abteufen. Eine riesige Doppel-Malakoff-Anlage (nicht erhalten) entsteht. 1881/1886 drei weitere Schächte. 1900 insgesamt 5.355 Bergleute. Drei Zechen-Kolonien: Hegemannshof, Ottekampshof, Beisen. 1920 im Stahlkonzern Phönix AG.

96 Siehe dazu Fritz Schupp/Martin Kremmer/Ernst Völker, Architekt gegen oder und Ingenieur. Berlin o.J. (1929).

97 Wilhelm Busch, F. Schupp, M. Kremmer, Bergbauarchitektur 1919-1974. Köln 1980, 75.

98 Schupp/Kremmer/Völker, 1929, 68.

99 Busch, 1980, 82/83.

100 Fritz Schumacher, Das Wesen des neuzeitlichen Backsteinbaues. 1917.

101 Wolfgang Pehnt, Die Architektur des Expressionismus. Stuttgart 1973. Wilhelm Busch, Bauten der 20er Jahre an Rhein- und Ruhr, Köln 1993

102 Vorbild: Chile-Haus (1922 von Fritz Höger) in Hamburg.

103 Johannes van Acken, Christozentrische Kirchenkunst. Ein Entwurf zum liturgischen Gesamtkunstwerk. 1922.

104 Maria Wegener, Der Architekt Josef Franke aus Gelsenkirchen (1876-1944). Dissertation. Bonn 1989, 141/156.

105 Zu den weiteren siehe: Manfred Bourrée, Bottrop. Bochum o.J., 69 ff.

106 Als Nachfolger von Josef Maria Olbrich künstlerischer Leiter der Mathildenhöhe in Darmstadt, 1912/1919 Leiter des Hochbauamtes Essen.

107 Gelsenkirchen. Architekturführer. o.O. 1985, Nr. 16.

108 Gelsenkirchen, 1985, Nr. 14.

109 Gelsenkirchen, 1985, Nr. 13.

110 Gelsenkirchen, 1985, Nr. 10.

111 Gelsenkirchen, 1985, Nr. 17.

112 Gelsenkirchen, 1985, Nr. 3.

113 Gelsenkirchen, 1985, Nr. 26.

114 Wilhelm Niemöller, Das Hans-Sachs-Haus. In: Hans-Rudolf Thiel, Gelsenkirchen in alten Ansichten. Frankfurt 1979, 210/220. – Festschrift mit Text von Alfred Fischer.

115 Max Burchartz (1887-1961), expressionistischer Illustrator, dann 1922 Begegnung mit Theo van Doesburg, übersetzt Mondrian, malt nach De Stijl-Prinzipien, hört 1924 mit dem Malen auf. Werbung. In der ›Bochumer Werbebau‹ mit dem Texter Johannes Canis Prototypen der Industrie-Reklame. Farb-Gestaltung von Hans Sachs-Haus in Gelsenkirchen. 1927 Professor an der Folkwangschule in Essen, unterrichtet Typografie und Fotografie. 1932/1939 privates Werbe-Atelier in Essen. 1949 Vorkurs-Dozent an der Folkwangschule. Max Burchartz, Typografische Arbeiten. Katalog in 2 Bänden. 1993. Jörg Stürzebächer (Hg.), ›Max ist endlich auf dem richtigen Wege‹. Max Burchartz 1887-1961. (Deutscher Werkbund) Frankfurt 1993.

116 An der Helbingstraße wird später ein Geschoß aufgesetzt.

117 Busch, 1980, 50, Abb. 57.

118 Novy/Mersmann/Hombach, 1991, 283/284, Abb.

119 Alfred Günther, Ehemaliger Wasserturm und ehemaliges Abwasser-Pumpwerk in Dortmund. In: Claus-Peter Echter (Hg.), Ingenieur- und Industriebauten des 19. und frühen 20. Jahrhunderts. Nutzung und Denkmalpflege. Berlin 1985, 102/109.

120 Fritz Schupp/Martin Kremmer, Industriebauten: Baukunst (München) 6, 1930, Nr. 4, 107.

121 Novy/Mersmann/Hombach, 1991, 339, Abb., 219/220, Abb.

122 Dieser Text entstand in Zusammenarbeit mit Bodo Herzog. Siehe auch: Roland Günter/Bodo Herzog, 100. Geburtstag der Stadtbaumeisters – Ludwig Freitag prägte das kommunale Selbstbewußtsein von Oberhausen: stadtreport Oberhausen 5/1988, 4/5.

123 1844/47 Köln-Mindener-Eisenbahn. 1854 neues „Empfangsgebäudes". 1885 Neubau: toskanisch. 1929/30 vierter Neubau.

124 Rabas, 1979, 253/256. Gelsenkirchen, 1985, Nr. 6.

125 Siehe dazu Novy/Mersmann/Hombach, 1991.

126 Novy/Mersmann/Hombach, 1991, 384.

NS-Zeit und Weltkrieg

1 Gustav-Hermann Sebold, Ein Stahlkonzern im Dritten Reich. Der Bochumer Verein 1927-1945. Wuppertal 1981.

2 Zu Widerstand und Verfolgung siehe: Detlev Peuckert, Ruhrarbeiter gegen Faschismus. Frankfurt 1982. Stadt Schwerte (Hg.), Schwerte unterm Hakenkreuz. Schwerte 1983.

3 Siehe dazu Ute Peltz-Dreckmann, Nationalsozialistischer Siedlungsbau. München 1978.

4 Joachim Petsch, Baukunst und Stadtplanung im Dritten Reich. München 1976.

5 1869 übernehmen der Norddeutsche Bund und 1871 das Reich das Gesetz. 1871 ist die Emanzipati-

ons-Gesetzgebung abgeschlossen. Zur Vorgeschich-
te, z.B. in Duisburg: 1160 sind Juden nachweisbar.
Im Juni 1350 werden Juden erschlagen. 1719 das
Verbot jüdischer Einwanderung aufgehoben. – Für
den landesherrlichen Schutz (offiziell hieß es „Ge-
leit") müssen Juden ein ›Schutz-Geld‹ zahlen.
Schutz-Briefe gelten nur auf Lebenszeit, nicht für
die Erben. – Juden dürfen bis 1807 nicht in Dort-
mund wohnen. – Arno Herzig, Judentum und
Emanzipation in Westfalen. Veröffentlichungen des
Provinzialinstitutes für Westfälische Landes- und
Völkerkunde, Reihe 1, Heft 7. Werner E. Mosse
(Hg.), Tübingen, Juden im Wilhelminischen
Deutschland 1890-1914. Tübingen 1976. Monika
Richarz (Hg.), Jüdisches Leben in Deutschland.
Selbstzeugnisse im Kaiserreich. Stuttgart 1979. Mo-
nika Richarz, Jüdisches Leben in Deutschland.
Selbstzeugnisse zur Sozialgeschichte 1918-1945.
Stuttgart 1982. Reinhard Rürup, Emanzipation und
Antisemitismus. Studien zur ›Judenfrage‹ der bür-
gerlichen Gesellschaft. Göttingen 1975. Werner
Schneider, Jüdische Heimat im Vest. Recklinghau-
sen 1983. Hermann Schröter, Geschichte und
Schicksal der Essener Juden. Münster 1990. Heide-
lore Fertig-Möller, Juden in Werne. Münster 1985.
Alte Synagoge (Hg.), Jüdisches Leben in Essen. Essen 1993. Benno Reicher, Jüdische Geschichte und
Kultur in NRW. Ein Handbuch. Essen 1993.
6 U. D. Adam, Judenpolitik im Dritten Reich. Düsseldorf 1979. Martina Kliner-Lintzen/Siegfried Pape,
„... vergessen kann man das nicht." Wittener Jüdin-
nen und Juden unter dem Nationalsozialismus. Bochum 1991. Hans Mommsen, Die Realisierung des
Utopischen: Die „Endlösung in der Judenfrage" im
Dritten Reich: Geschichte und Gesellschaft 9, 1983,
381/420. Ausstellung ›Jüdisches Leben in Witten
1800-1945‹. Gedenkbuch 1991.
7 Kliner-Lintzen/Pape, 1991, XII/XIII.
8 1940 läßt Hitler London und Coventry bombardie-
ren, dann Warschau und Rotterdam. Hundertfache
Vergeltung soll folgen, sagt Arthur Harris (deutscher
Luftmarschall („Bomber-Harris"), zur ›Operation
Gomorrha‹ Massenmord ›Bombing around the
clock‹ in Hamburg am 3. August 1943; 41.450 Menschen werden „ausgerottet" (Harris!). Der Luftmarschall: „Ich habe schon immer die Absicht gehabt,
dort einmal wirklich etwas Ungeheures zu veranstalten." Später folgt Dresden (zwischen 60.000 und
200.000 Toten). Aber die Alliierten zerbomben nicht
die Zufahrts-Wege zum Massen-Vernichtungs-Lager
Auschwitz (9.000 Ermordete pro Tag).
9 Noch deutlicher als im Revier wird dies an der Zerstörung von Köln, Heidelberg, Freiburg, Münster,
Soest, Paderborn, Hildesheim.
10 Karl E. Mummenhoff, Die Baudenkmäler in Westfalen. Kriegsschäden und Wiederaufbau. Dortmund
1968. Hartwig Beseler/Niels Gutschow, Kriegs-
schicksale Deutscher Architektur. Verluste-Schäden-
Wiederaufbau. Band I: Nord. Neumünster 1988.
11 Erich Heyn, Zerstörung und Aufbau der Großstadt
Essen. Hans G. Kösters, Essen Stunde Null. Düsseldorf 1982. Ulrich Borsdorf/Mathilde Jamin (Hg.),
Überleben im Krieg. Kriegserfahrungen in einer In-
dutrieregion 1939-1945. Reinbek 1989.
12 Thomas Schilp, Zeit-Räume. Aus der Geschichte einer Stadt. Ausstellung und Dokumentation zur Geschichte der Stadt Dortmund im neuen Rathaus.
Dortmund 1989, 177/178. Die ›filmende Bäckers-
frau‹ Eva Wilms dokumentiert der Zerstörung von
Dortmung (Nachlaß im Stadtarchiv Dortmund).
13 Karl Baedeker, Ruhrgebiet. Freiburg 1959, 73.

14 Martin Litzinger, Region im Wandel. Geschichte des
Raumes Bergkamen 1890-1991. Bergkamen 1991,
42 (Luft-Aufnahme der Bomben-Trichter).
15 Gegründet vom Träger Verein für jüdische Geschichte und Religion‹, hervorgegangen aus der For-
schungsgruppe Regionalgeschichte Dorsten unterm
Hakenkreuz (seit 1982).
16 Umfangreich dargestellt von Johann Grohnke, Leben im Dunkelschlag. Nachwort von Janne Günter.
Köln 1992. – Zu Oberhausen siehe: Erik Emig, Jahre des Terrors. Oberhausen 1967. SPD-Unterbezirk
Oberhausen. Joseph Rossaint/Michael Zimmermann, Widerstand gegen den Nazismus in Oberhausen, Frankfurt 1983. Gegen den Nationalsozialismus. SPD-Unterbezirk Oberhausen (Hg.), Sozialdemokraten und Gewerkschafter in Oberhausen
1933 – 1945. Oberhausen1982. Die zwei Leben des
Fritz Giga. Oberhausen 1986.
17 Zu Essen siehe: Hans Josef Steinberg, Widerstand
und Verfolgung in Essen 1933-1945. Bonn-Bad Godesberg 1969. Ernst Schmidt, Lichter in der Finsternis. Widerstand und Verfolgung in Essen 1933-1945.
Frankfurt 1979. Ortstermin. Eine Dokumentation
zu KZ-Außenlagern in Essen. Alte Synagoge Essen
o.J. (1980). Ernst Schmidt, Essen erinnert. Orte der
Stadtgeschichte im 20. Jahrhundert. Essen 1991
18 Schmidt, 1991, 58.
19 Zu Dortmund siehe: Walter Wenzel, Bericht über
die Geschehnisse im März und April 1945 für den
Gebrauch der Schulen. Dortmund 1955. Stadtarchiv
Dortmund (Hg.), Widerstand und Verfolgung 1933-
1945. Ausstellungskatalog. Dortmund 1981. Günter
Högl (Hg.), Widerstand und Verfolgung in Dortmund 1933-1945. Katalog zur ständigen Ausstellung
des Stadtarchivs Dortmund in der Mahn- und Gedenkstätte Steinwache. Dortmund 1992.

Die zweite Hälfte des Jahrhunderts

1 Thomas Schilp, Zeit-Räume. Aus der Geschichte einer Stadt. Ausstellung und Dokumentation zur Geschichte der Stadt Dortmund im neuen Rathaus.
Dortmund 1989, 184.
2 Schilp. 1989, Abb. 200/201.
3 Schilp. 1989, Abb. 200/201.
4 Werner Durth, Deutsche Biographien 1900-1970.
Braunschweig 1985.
5 1903 in Liegnitz geboren. 1935 Jagdhaus Karinhalle
von Hermann Göring (Joachim Petsch, Baukunst
und Stadtplanung im Dritten Reich. München
1976, Abb. 122). 1938 Italienische Botschaft in Berlin (Petsch, 1976, Abb. 47). Durth, 1986, siehe Index.
6 Rudolf Menke, Bochums Universitätsstraße. Ein
Beispiel für ein verfehltes Straßenverkehrskonzept:
Bauwelt 18/1973. Rudolf Menke, Stadtverkehrsplanung. Stuttgart 1975.
7 Siehe dazu auch: Michael Fehr/Diethelm Koch u.a.,
Umbau der Stadt. Beispiel Bochum. Museum Bochum – Kunstsammlung. Katalog. Bochum 1975.
8 Durth, 1985.
9 Vorbild: ›Hansa-Viertel‹ (1956/1957) in Berlin (extrem später im Märkischen Viertel in Berlin). Siehe
Janos Zimmermann, Eine historische Betrachtung
städtischer Wohnumweltsituationen. In: Michael
Andritzky/Peter Selle (Hg.), Lernbereich Wohnen.
Band 2. 224/248.
10 Martin Einsele, Manuskript.

11 Siehe dazu vor allem: Rudolf Spörhase, Wohnungs-bau als Aufgabe der Wirtschaft. Stuttgart 1956 (Deutsches Industieinstitut).

12 Einer der Architekten im Stab von Speer (Durth, 1986, siehe Index).

13 Friedrich Kassebeer, 30mal Nordrhein-Westfalen. München 1972, 264.

14 Stadtverwaltung Gelsenkirchen (Hg.), Tossehof. Ein Städtebauprojekt in Gelsenkirchen. Gelsenkirchen 1967. Gelsenkirchen, 1985, Nr. 70.

15 Wohnanlage Burgers Park in Gelsenkirchen: Bauwelt 5/1974.

16 Am Anfang steht ein Sparkassen-Gebäude (1924/1925, 1993 abgerissen). Im Anbau wird die Kommunal-Verwaltung untergebracht. Mehrfach wird angebaut, in den 50er und 60er Jahren. Das Gebäude heißt stets Rathaus. Vor dem Krieg ist die Verwaltung auf sechs Gebäude verteilt. Die Rats-Sitzungen finden bis in die 30er Jahre in einer Wirtschaft statt, dann in der Sparkasse. Die Sparkasse baut 1960 gegenüber einen Flachbau.

17 Neue Marler Baugesellschaft.

18 Eckhard Gerber, Das Rathaus Castrop-Rauxel: der Architekt 8/1993, 462/465. Teilnehmer: Egon Eiermann, Friedrich Wilhelm Kraemer, Paul Schneider-Esleben, Alvar Aalto, Arne Jacobsen. Die Jury empfiehlt Jacobsen.

19 Martin Litzinger, Region im Wandel. Geschichte des Raums Bergkamen 1890-1991. Bergkamen 1991, 66/91. – Theodor Friederich, Wirtschafts- und sozialgeographische Wandlungen in der Gemeinde Bergkamen. Maschinenschrift. Bielefel 1963.

20 Neue Marler Baugesellschaft.

21 1907 gibt es in Essen 95 Kraftfahrzeuge, davon 37 Krafträder, 52 PKW und sechs Lastwägen. 1914 103 Krafträder, 446 PKW und 115 LKW. 1956 8.990 Krafträder, 24.937 PKW, 8.040 LKW. 1971 126.114 PKW. 1983 718 Krafträder, 248.293 PKW, 16.673 LKW. 1990 230.919 PKW.

22 Hans Magoley/Norbert Wörner, Dortmund. Architektur im Ruhrgebiet o.O. 1982, Nr. 131, Abb.

23 Alexander Mitscherlich, Die Unwirtlichkeit unserer Städte. Frankfurt 1965.

24 Utopie und Fragment. Tony Garniers Cité Industrielle und ihre Folgen. Eine Ausstellung von ArchitekturstudentInnen der Technischen Hochschule Darmstadt. Darmstadt 1992, 9.

25 Entwicklungprogramm Ruhr 1968-1973. Düsseldorf 1968, S. 23.

26 Die Landesregierung erarbeitet Entwicklungs-Programme: 1968 das Entwicklungprogramm Ruhr (EPR) und 1975 das Nordrhein-Westfalen-Programm. 1962 überträgt der NRW-Landtag dem Siedlungsverband Ruhrkohlenbezirk die Aufgaben der Planungs-Gemeinschaft (Gebiets-Entwicklungs-Plan).

27 W. Christaller, Die zentralen Orte in Süddeutschland. Jena 1933 (Reprint: Darmstadt 1968).

28 „Während sich der Gebietsentwicklungs-Plan 1966 des Siedlungsverbandes noch sehr allgemeiner Kategorien und Definitionen bedient, zeigt der nachgeschobene GEP Regionale Infrastruktur (Entwurf 1972) eine Fülle rein differenzierter Standort- und Netzangaben. Die aktuellen Theorien – und Ideologien – der Planer der Wachstumsphase schlagen sich, fast in Reinkultur, nieder" (Martin Einsele).

29 Heinz Neufang, Ordnung der Region Ruhr. In: Jürgen Heuer (Hg.), Wohnungswirtschaft und Raumordnung. Beiträge zum Strukturwandel des rheinisch-westfälischen Industriegebietes. Bonn 1968, 14.

30 Entwicklungsprogramm Ruhr 1968-1973, hg. von der Landesregierung Nordrhein-Westfalen. Düsseldorf. „Für die Durchführung der Förderung werden Landesmittel nur gewährt, wenn eine alle Maßnahmen integrierende Gesamtplanung für einen Standort vorliegt ..."

31 Neufang, 1968, 19/21. Siedlungsschwerpunkte im Ruhrgebiet. Grundlagen eines regionalen Planungskonzeptes. Schriftenreihe des Siedlungsverbandes Ruhrkohlenbezirk. Essen 1969. Es beruft sich auf die Impulse des ›Gebietsentwicklungsplan 1966‹ (GEP) des Siedlungsverbandes Ruhrkohlenbezirk (Schriftenreihe SVR Nr. 5) Köln 1967.

32 Neufang, 1968, 13.

33 Neufang, 1968, 14.

34 Das Zitat aus den siebziger Jahren stammt vom kritischen Architekten Josef Lehmbrock (Düsseldorf). in: Profitopolis oder Der Mensch braucht eine andere Stadt. München 1972. Siehe auch: Rolf Keller, Bauen als Umweltzerstörung. Alarmbilder einer Un-Architektur der Gegenwart. Zürich 1973. Michael Andritzky/Gert Selle, Labyrinth Stadt. Planung und Chaos im Städtebau. Köln 1975. J. Müller, Hier fällt ein Haus, dort steht ein Kran und ewig droht der Baggerzahn oder Die Veränderung der Stadt. Aarau 1973.

35 Aus der Sanierung der Altstadt Lemgo (Kahlschlag-Plan 1972) wird er „vertrieben". Nach seinen Planungen wird Rheda beplant, ähnlich Höxter.

36 Verbandsdirektor Neufang, 1968, 14.

37 Wechselbeziehungen zwischen Siedlungsstruktur und Verkehr, 1965. Siedlungsschwerpunkte im Ruhrgebiet – Untersuchung zum Schnellbahnsystem, 1971.

38 Siehe auch: Stadtzerstörung? Nach der großen Landzerstörung nun die große Stadtzerstörung (Themenheft) Werk und Zeit (Deutscher Werkbund) 22, 1973, Nr. 8/9.

39 Eine treuherzig-naive und zugleich geschäfts-orientierte Beschreibung sowie Handlungs-Anleitung liefert die ministeriell geförderte Buchpublikation des Planers Hans Mausbach, Die Planung der Stadtkernerneuerung. Ein Erfahrungsbericht mit sechs Beispielen aus Mittel- und Kleinstädten. Stuttgart 1972. Wetter. S. 24 ff. Zum Umgang mit Bochum-Wattenscheid siehe Peter Rumpf, Schnappschüsse aus dem Landesinnern. Zum Beispiel Wattenscheid: Bauwelt 64, 1973, 931/948.

40 Marianne Kesting berichtet in der FAZ 18.4. 1970.

41 Sie hatten als 2. Preisträger in einem Wettbewerb den Auftrag erhalten. Theodor Rommelspacher, Unna 1966-1973: Stadtbauwelt 37 (Bauwelt 64, 1973, Nr. 12), 37/38. Antwort vom Stadtbaurat Schickert in: Stadtbauwelt 38, (Bauwelt 64, 1973, Nr. 24), 166.

42 Martin Einsele, Stadterneuerung dargestellt am Beispiel Hattingen. Stuttgart 1971.

43 Stadterneuerung Essen-Steele. Vorbereitende Untersuchungen. Dezernat für Stadtentwicklung. Essen 1973.

44 Sechs Jahre nach Fertigstellung des neuen Rathauses (1962) wird 1968 das alte Rathaus von 1847. Ausdruck bürgerlicher Emanzipation, am Markt abgerissen.

45 Die Nord-Stadt ist auch heute noch ein Problem-Gebiet. Zur Hebung des Prestiges machte das Kulturbüro unter der Leitung von Kurt Eichler das Nord-Stadt-Projekt. Nordstadtbilder. Projekt-Dokumentation. Dortmund 1989. – Projektgruppe ›Koch- und Lesebuch Nordstadt‹ im Dietrich-Keuning-Haus, Kochbuch Nordstadt. Dortmund

1988. – Dortmund – städtebaulich betrachtet. O.O.
um 1960.
46 Interview Juni 1993. Zuschuß-Prozente: Herne I
(90 Prozent= 30 Mio. DM vom Land), Herne VII
(80 Prozent = 25 Mio. DM vom Land), Herne X:
90 Prozent (90 Prozent = 20 Mio. DM vom Land).
47 Ähnlich: Stadtsparkasse Herdecke.
48 Wilhelm Ophüls, Alt-Langenberg. Langenberg
1936. Bürgerverein e.V./Paul Sauter, Langenberg früher und heute. 3 Bände. Essen. 1980.
49 Siehe dazu auch: P. A. Mäcke/D. Hölsken, Stadt
Langenberg – Generalverkehrsplan. Aachen 1973.
50 Trotz seiner Niederlage macht Grevener Karriere.
Mit der Eingemeindung Langenbergs nach Velbert,
geht er 1975 in Pension. In Velbert läßt er sich in
den Rat wählen, wird Fraktions-Vorsitzender und
dann auch Landtags-Abgeordneter.
51 Stadt Gelsenkirchen (Hg.), Erhaltung von Arbeiter-
Siedlungen. Zusammenfassender Bericht des Kongresses am 12. September 1976 in Gelsenkirchen.
Gelsenkirchen 1976.
52 Karl Ganser über seine Ausbildung in München:
„Im Biologie-Studium mußte ich Nachtfalter züch-
ten. Die Kulturen sind mir ständig kaputtgegangen,
weil Pilze reingekommen sind. Das ärgerte mich,
vor allem weil ich stets an die Massen von Schmet-
terlingen dachte. Es wurde außerdem überlagert
durch die ersten gesellschafts-kritischen Anfeindungen. Da sagte ich mir: ›Das ist kein Dasein im Labor.
Nichts wie fort!‹ Dann ging ich zu den Sozialgeo-
graphen und promovierte dort. Im Stockwerk darüber arbeitete der Städtebau. Da packte mich die
Planung.“ Tätigkeit im Stadtentwicklungs-Referat
München unter Oberbürgermeister Hans Jochen
Vogel und Abteilungs-Leiter Hubert Abreß, die am
Ende der sechziger Jahren eine Abteilung einrichte-
ten, welche Stadtplanung in einer bis dahin nicht
gekannten denklerischen Komplexität organisierte.
Seit 1975 Professor für Geographie an der Techni-
schen Universität München.
53 Stephan Reiß-Schmidt, Rückbau – was sonst? In:
Manfred Hegger/Wolfgang Pohl/Stephan Reiss-
Schmidt, Vitale Architektur. Traditionen, Projekte,
Tendenzen einer Kultur des gewöhnlichen Bauens.
Braunschweig 1988, 147/150.
54 Wichtige Publikationen zur Wende in der Verkehrs-
politik: Heiner Monheim, Grundzüge einer alternativen Stadtverkehrsplanung. In: Verkehr in der Sack-
gasse. Kritik und Alternativen. Reinbek 1979. Helmut
Holzapfel u.a., Die Geschwindigkeit im Autoverkehr. Berlin 1981. Heiner Monheim, Verkehrsberu-
higung und Stadtverkehr. Textsammlung zu einem
städtebaulichen Verkehrskonzept. Hg. vom Bundesminister für Raumordnung, Bauwesen und Städtebau. Bonn 1985.
55 Planungsgruppe M. Einsele, Gladbeck, Projektgruppe P 6 Universität Dortmund, Verfasser: Bosshard,
Einsele, Grüneke, Stierand, Neue Universitäten im
Ruhrgebiet: Baumeister 8/1971, 927/935.
56 1973 Planergruppe Oberhausen: Erhard Becker, Ulrike Beuter, Robert Bosshard, Meta Kulbrock, Thomas Rommelspacher, Klaus Knichel, Johannes Rosche, Jörg Beuter, 1973/1985, Julius Ehlers,
1973/1976 Dieter Blase, 1973/1985 Joachim Brune,
1973/1978 Monika Pannitschka, 1973/1985 Anne
Daduna-Stendera. Eine weitere ›Generation‹ kommt
hinzu (1978 Harald Fritz, 1980 Sigried Kenke, 1981
Doris Törkel, 1985/1991 Friedhelm Terfrüchte,
1991 Günter Rössner, 1991 Carola Buschmann a.
a.). 1990 teilt sich aus versicherungsrechtlichen
Gründen die Gruppe in ›Planergruppe Architekten‹

(Rosche, Knichel, Angelis, Heimeshoff) und ›Planergruppe Beratung und Planung für Gemeinden‹
(mit zehn Mitarbeitern, u.a. Voruntersuchung für
IBA Projekt Siedlung Gladbeck-Brauck und IBA
Seseke-Landschaftspark (Kreis Unna). 1971/1972 arbeitet im Zusammenhang mit dem Einsele-Büro im
selben Haus in Gladbeck das Büro ›Collage Ruhr‹
(Landschaftsplaner von Reuß/Hülbusch/Ulrike
Beuter).
57 Erna-Johanna Fiebig/Rainer Weichelt, Glabotki is
nich. Zur Geschichte der kommunalen Neugliederung im Ruhrgebiet am Beispiel des Raums Glad-
beck/Bottrop/Kirchhellen. Essen 1989.
58 Janne Günter, Leben in Eisenheim. Weinheim/Basel
1980.
59 Entropie: Zusammenbruch von Energie, Endstadi-
um des Lebens.
60 Der Name ›Emscher Park‹ existierte schon länger: für
einen Park in Essen-Karnap am Rhein-Herne-Kanal
(Löhwiese).
61 Dazu siehe auch: Planungsgruppe M. Einsele, Gladbeck, Projektgruppe P 6 Universität Dortmund, Verfasser: Bosshard, Einsele, Grüneke, Stierand, Neue
Universitäten im Ruhrgebiet: Baumeister 8/1971,
927/935.
62 Der Minister für Stadtentwicklung, Wohnen und
Verkehr des Landes Nordrhein-Westfalen, Internationale Bauausstellung Emscher-Park, Werkstatt für
die Zukunft alter Industriegebiete, Memorandum
zu Inhalt und Organisation. Düsseldorf 1989.
63 Verein Initiativkreis Emscherregion e.V., entstanden
aus ›IBA von Unten‹, Zeche Fritz, Heßlerstraße 33,
43 Essen 12. 0201/35 15 19, 35 56 54. Siehe auch:
Initiativkreis Emscherregion e.V. (Hg.), Grau ist die
Emscher – doch bunt ihr Revier. Die Interessenge-
meinschaft Initiative und Projekte IBA-von-unten.
Dortmund 1990 (Projekte, Mitglieder).

Schau-Plätze im Tal der Könige

1 Roland Günter, Eine Wende in der Denkmalpflege?
Aktionen gegen eine Kette von ›Vatermorden‹: neues
rheinland 13, 1970, Nr. 4, 2/7. Roland Günter, Zu
einer Geschichte der technischen Architektur im
Rheinland. In: Die Kunstdenkmäler des Rheinlandes, Beiheft 16. Düsseldorf 1970, 343/372 (mehrfach
nachgedruckt). Viele Artikel in der Frankfurter
Rundschau. Hartwig Suhrbier, Fabrikschloß und
Zechenkolonie. Zur Entdeckung einer verdrängten
Wirklichkeit. In: Lothar Romein/Hartwig Suhrbier
(Hg.), Tausend Blumen. Kulturlandschaft Nordrhein-Westfalen. Wuppertal 1984, 199/219.
2 Zur Vorgeschichte: Walter Müller-Wulckow, Bauten
der Arbeit und des Verkehrs. Königstein/Taunus
1925 (Nachdruck als: Architektur der Zwanziger
Jahre in Deutschland. Königstein/Taunus o. J.; 1975.
Conrad Matschoß/Werner Lindner (Hg.), Technische Kulturdenkmale. München 1932. Theodor
Wildemann, Die Pflege technischer Kulturdenkmale. In: Jahrbuch der Rheinischen Denkmalpflege 8,
1936, Nr. 3, 360/402. Technische Kulturdenkmale,
Zeitschrift des Förderkreises Westfälisches Freilichtmuseum technischer Kulturdenkmale e.V.
3 Roland Günter, Die Denkmäler des Rheinlandes:
Mülheim an der Ruhr. Düsseldorf 1975. Und:
Oberhausen. Düsseldorf 1975 (Manuskript-Ab-
schluß für beide 1969).
4 Egon Verheyen, Die Denkmäler des Rheinlandes:
Duisburg. Düsseldorf 1966.
5 Siehe dazu: Hartwig Suhrbier, Fabrikschloß und Ze-

chenkolonie. In: Lothar Romein/Hartwig Suhrbier (Hg.), Tausend Blumen. Kulturlandschaft Nordrhein-Westfalen. Wuppertal 1984, 199/219. Teilnehmer: Hans P. Koellmann (Direktor der Werkkunstschule Dortmund), Karl Ruhrberg und Jürgen Harten (Kunsthalle Düsseldorf), Wolfgang Döhring, die Künstler Günther Uecker, Gotthard Graubner, Bernd und Hilla Becher (Düsseldorf). Schlüsselfigur zum Erfolg: Hans-Joachim Bargmann Mdl. und sein Assistent Wolfgang Steiner.

6 Bernd und Hilla Becher/Hans Günther Conrad/Eberhard G. Neumann, Zeche Zollern 2. München 1977.

7 Ohne denkmalpflegerische Absicht hatten sie mit ihren Fotografie von Zechen, Hochöfen und Wassertürmen erheblichen Anteil. 1967 Ausstellug in der Neuen Sammlung München, 1969 in der Kunsthalle Düsseldorf. Karl Ruhrberg, Bernd und Hilla Becher. Katalog. Düsseldorf 1969. Bernhard und Hilla Becher, Anonyme Skulpturen. Düsseldorf 1970. Heinrich Schönberg/Jan Werth, Bernd und Hilla Becher, Die Architektur der Förder- und Wassertürme. München 1971.

8 Bauwelt, Mai 1969.

9 H. Bönninghausen/Th. Parent/E. Schinkel/A. Lasotta, Das Westfälische Industriemuseum. Münster 1984.

10 Siehe dazu auch: Roland Günter, Zur Geschichte und Theorie des Denkmalschutzes. In: Florian Böllhoff/Jörg Boström/Bernd Hey (Hg.), Industriearchitektur in Bielefeld. Bielefeld 1986, 74/79. SICCIM. Second International Congress on the Conservation of Industrial Monument. Deutsches Bergbau-Museum Bochum 1975. Bochum 1978.

11 Roland Günter/Eugen Bruno, Von der Dekmalpflege zum Schutz der Stadt: archithese 11/1974. F. Bollerey/K. Hartmann/M. Tränkle, Denkmalpflege und Umweltgestaltung. München 1975.

12 Lucius Burckhardt/Wolfgang Nicolaisen/Guntram Rother/Andreas Veigel (Hg.), Denkmalpflege ist Sozialpolitik. Kassel 1977 (zu einer Tagung).

13 Wolfgang R. Krabbe/Hans F. Schierk, Das Schiffshebewerk Henrichenburg. Hagen 1986. Eckhard Schinkel/Norbert Tempel, Historische Binnenschiffe für das Museum Schiffshebewerk Henrichenburg. Dortmund 1988. Eckhard Schinkel (Hg.), Museumsführer Altes Schiffshebewerk Henrichenburg. Dortmund 1992. Siehe auch: Hans Dehnert, Schleusen und Hebewerke. Berlin 1954. Eckhard Schinkel/Norbert Tempel, Historische Binnenschiffe für das Museum Schiffshebewerk Henrichenburg im Schleusenpark Waltrop. In: Waltrop. Gestern und heute, 1, 1989, 90/99.

14 Lucas Maria Böhmer, ›Ende einer Straße‹ (1967). Film (Roland Günter/Paul Hofmann/Janne Günter, Das Ruhrgebiet im Film. 2 Bände. Oberhausen 1978, 603/609, Film-Protokoll 966/968). Zu Planung und Bürgerinitiative siehe: Hans Georg Vogt, Die Duisburger Abrißstrategie in Neumühl – klassisches Fallbei(l)spiel für Flächenkahlschlag im Ruhrgebiet. In: Jörg Boström/Roland Günter (Hg.), Arbeiterinitiativen im Ruhrgebiet. Berlin 1976, 79/117.

15 Monika Sturm/Hartmut Hohmann, Der Bergarbeiterwohnungsbau nach 1945, unter dem Einfluß der wirtschaftlichen Entwicklung des Steinkohlenbergbaus. Diplomarbeit Soziologie Universität Bielefeld. Bielefeld 1977.

16 WAZ 6. 2. 1982.

17 Leo P. Ard/Reinhard Junge, Das Ekel von Datteln. Krimi. Köln 1989. Leo P. Ard/Reinhard Junge, Das Ekel schlägt zurück. Krimi. Dortmund 1990. Klaus

Peter Hach, Der Ehrenring. Hattingen o. J. (um 1985).

18 Nur ein einziges Hügelhaus entsteht: in Marl (1965/1967 von Faller/Schröder, Stuttgart; Kreuzstraße 289/299).

19 Zu 1968 siehe: Norbert Kozicki, Aufbruch im Revier. 1968 und die Folgen. Essen 1993.

20 Barbara Borsdorf-Ruhl, Bürgerinitiativen im Ruhrgebiet. Schriftenreihe des KVR. Essen 1973. Hanspeter Knirsch/Friedhelm Nickolmann, Die Chance der Bürgerinitiative. Wuppertal 1976. Roland Günter/Rolf Hasse, Handbuch für Bürgerinitiativen. West-Berlin 1976.

21 Franziska Bollerey/Kristiana Hartmann, Wohnen im Revier. 99 Beispiele aus Dortmund. München 1975, Nr. 66. Norbert Kozicki, Aufbruch im Revier. 1968 und die Folgen. Essen. 1993, 170/.

22 Am Anfang steht das streithafte Buch: Projektgruppe Eisenheim mit Jörg Boström/Roland Günter, Rettet Eisenheim. Bielefeld 1972 (mehrere Auflagen)...

23 Eine Übersicht gibt: Jörg Boström/Roland Günter (Hg.), Arbeiterinitiativen im Ruhrgebiet. Berlin 1976, mit Initiativen und Berater-Netz. Peter Faecke/Gerd Haag/Rolf Stefaniak, Gemeinsam gegen Abriß. Ein Lesebuch aus Arbeitersiedlungen und ihren Initiativen. Wuppertal 1977.

24 Boström/Günter, 1975. 1975 entstand das Ruhr-Volksblatt.

25 1967/1971 Justitiar Walzkontor West, 1973 Direktor der Mannesmann AG.

26 SICCIM, Second International Congress on the Conservation of Industrial Monuments. Verhandlungen/Transaction. Bearbeitet von Werner Kroker. Deutsches Bergbau-Museum. Bochum 1978.

27 Siehe dazu: Janne Günter, Leben in Eisenheim. Arbeit, Kommunikation und Sozialisation in einer Arbeitersiedlung. Weinheim/Basel 1980.

28 Roland Günter, Mitbestimmung in Eisenheim: Der Architekt 9/1981, 404/406, 419.

29 Ausführlich dargestellt in: Roland Günter/Paul Hofmann/Janne Günter, Das Ruhrgebiet im Film. 2 Bände. Oberhausen 1978.

30 Siehe dazu: Johann Grohnke, Geschichten aus dem Dunkelschlag. (Rheinisches Industriemuseum) Oberhausen 1992.

31 Jaimi Stüber, Textbuch zum Filmzyklus ›Lebensgeschichte des Bergarbeiters Alphons S[tiller]‹. Bremen 1980 (von Christoph Hübner/Gabriele Voss in 11 Folgen im WDR 3).

32 Siehe dazu: Klaus Novy/Bodo Hombach/Frank Karthaus/Ulrich Bimberg/Arno Mersmann/Albert Schepers (Hg.), Anders leben. Geschichte und Zukunft der Genossenschaftskultur. Beispiele aus Nordrhein-Westfalen. Berlin/Bonn 1985, 143/147. – In der Mülheimer Siedlung Mausegatt versuchen Bewohner, umsichtig geführt von Walter Schmidt und exzellent beraten von Dr. Jürgen Wolf, eine Genossenschaft zu gründen: sie wollen ihre Siedlung von der VEBA Wohnstätten übernehmen. Die Wohnungs-Gesellschaft aber verkauft an die Stadt und diese zerstört eine Genossenschaft. In ähnlicher Weise scheitert der Versuch in der Siedlung am Kanal in Lünen, angeführt von Karl Walter.

33 Film: Johannes Flütsch/Klaus Helle/Marlies Kallweit, Flöz Dickebank (1974/1974; Zentral Film Berlin).

34 Stadt Gelsenkirchen, Kongreß zur Erhaltung von Arbeitersiedlungen 1976. Gelsenkirchen 1976.

35 Theo Helm, Bonifacius-Siedlung, Am Sammelband 8 a, 45 309 Essen.

36 Zu den Aktiven zählt eine eine 91jährige Berg-
manns-Witwe – die älteste Hausbesetzerin der BRD.
– Film von Klaus Helle: Auguststraße. Au-
guststraßen-Lied von Werner Worschech. – M. C.
Glasmeier, Gegen Lebensqualität & Co. Die Miete-
rinitiative der Auguststraße, Gelsenkirchen: Der Architekt 7/8, 1981.
37 Stadterneuerung in Moers, Sanierung der Bergar-
beitersiedlung Meerbeck-Hochstraß. Moers 1989.
38 Christine Balzer, Quartiersbezogene Bürgerinitiativen in Bergarbeitersiedlungen. Diplom-Arbeit.
Dortmund 1983.
39 Anne Mauthe/Bernd Segin/Klaus Selle (Hg.), Ausverkauf von Bergmannswohnungen. Gespräche
über ein heißes Eisen. Eine Dokumentation zur Privatisierung von Bergarbeitersiedlungen im Ruhrgebiet. Mülheim/Ruhr 1983, 128. Universität Dortmund, Abteilung Raumplanung, Zechensiedlung
Selm-Beifang. Bilanz der Privatisierung. Ab-
schlußbericht. Dortmund 1978.
40 Tilo Cramm, Minister Stein & Fürst Hardenberg. 2
Bände. Dortmund/Essen 1990/1993. Westfälisches
Industriemuseum, Minister Stein, Dortmunds letzte Zeche. Ausstellungskatalog. Dortmund 1988.
41 Renate Kastorff-Viehmann (Federführung)/Ralf
Ebert/Martina Foltys-Banning/Ursula v. Petz/Man-
fred Walz, Denkmalpflegeplan Dortmund Nord
Teilbereich Eving. 2 Bände. Dortmund 1992. Zu
Eving siehe auch: „Leben mit Gneisenau, hundert
Jahre ...“ Eine Zeche zwischen Dortmund und Lünen. Ausstellung der VHS. Essen 1986.
42 Vorher lediglich in den Niederlanden.
43 Daniela Reinsch, Fünf Architekten und ein Pfarrer;
Klaus D. Hildmann, Das Dorf – eine Lebensge-
meinschaft; Sebastian Reudecke, Die Selbecker Mi-
schung: Bauwelt 43/1993, 2317/2331.
44 Siehe dazu: Klaus Novy/Bodo Hombach/Frank
Karthäus/Ulrich Bimberg/Arno Mersmann/Albert
Schepers (Hg.), Anders leben. Geschichte und Zukunft der Genossenschaftskultur. Beispiele aus
Nordrhein-Westfalen. Berlin/Bonn 1985, 134/135.
Richard Bödeker/Heinz Döhmen/Wolfgang Mei-
senheimer/Werner Ruhnau/Mirko Schulz/ Hanns
Uelner, Werkbundsiedlung Ruhrgebiet. In: Manfred
Hegger/Wolfgang Pohl/Stephan Reiss-Schmidt, Vitale Architektur. Traditionen, Projekte, Tendenzen
einer Kultur des gewöhnlichen Bauens. Braunschweig 1988, 175/177.
45 Siehe dazu auch: Peter Zlonicky, Die Brache als
Chance: Werk. Bauen + Wohnen 1/2/1991, 28/33.
46 Louis Le Roy, Natur ausschalten – Natur einschal-
ten. Stuttgart 1978.
47 Grüne Mitte Oberhausen. Kurzfassung. Oberhausen 1987.
48 Auf den Skandal weisen hin: Franz-Josef Brügge-
meier/Thomas Rommelspacher, Blauer Himmel
über der Ruhr. Geschichte der Umwelt im Ruhrgebiet 1840-1990. Essen 1992.
49 IBA-Daten nach: IBA Emscher Park (Sabine Ra-
domski/Gerd Seltmann/Marion Zerressen), Katalog
zum Stand der Projekte. Frühjahr 1993. Gelsenkirchen 1993.
50 Die Denkmalpflege Westfalen krisitiert, daß Colani
den oberen Teil des Zechen-Turmes (eingetragenes
Baudenkmal) absägen darf, um dort sein 22 m breites ›Colani-Ei‹ anzubringen. Eine andere Lösung sei
möglich gewesen.
51 Kläre Kupitz/Peter Rauwerda, Wattenscheider Zechen und Bergleute. Bochum-Wattenscheid 1983.
Den Zechen-Turm entwarfen Schupp/ Kremmer
um 1935 für Zollverein 4 in Essen. Er wurde um

1960 nach Wattenscheid transloziert.
52 Siehe dazu: Roland Günter/Janne Günter, Elemente
sozialer Architektur und ihre Gebrauchswerte. In:
Michael Andritzky/Gert Selle (Hg), Lernbereich
Wohnen. Reinbeck. 1979, Band 2, S. 10/44.
53 Siehe dazu: Roland Günter, Kulturelle Stadtutopien.
Essen 1991, 164/166.
54 Miete nach der Modernisierung 1983: 4.50 DM/m^2.
55 Öko-Siedlungen sind der Beginn einer neuen Phase
des Siedlungs-Baues als Gegenbewegung gegen
dichtes Bauen. Denn entgegen dem Urteil auf den
ersten Blick ist Tatsache: Je höher die Dichte, desto
weniger ökologisch kann gebaut werden. Daher gilt
für sämtliche IBA-Projekte die Vorgabe: kein Wohnungsbau über 0,5 GFZ (Geschoßflächen-Zahl).
Maßnahmen: Kein Keller, der zu teuer ist und das
Boden-Profil zerstört, dafür ein Nebenhaus oder
Speicher, und keine Garage (30 Prozent weniger
Baukosten). Keine Erschließungs-Straße, die breiter
als 2,50 m ist. Und eine geschwindigkeits-verrin-
gernde Gestaltung.
56 Damit wird die Finanz-Schwäche der Kommune
umgangen.
57 Die Fahrt auf den Werksbahn-Geleisen kostet 20
DM. 1993 sind alle Fahrten ausverkauft – insgesamt
120. Für 30 Tage ist der ›Rheingold‹-Zug ausgeliehen. Er fährt 2 1/2 Stunden lang durch die Hinterhöfe des Reviers – ein Ereignis.

Industrie als Verbund-System

1 Günter Mertins, Die kulturlandschaftliche Entwicklung im westlichen Ruhrgebiet. Dissertation.
Gießen 1964. Zur Industrie-Geschichte vor allem:
Wolfgang Köllmann/Hermann Korte/Dietmar Pet-
zina/Wolfhard Webe (Hg.), Das Ruhrgebiet im Industriezeitalter. 2 Bände, Düsseldorf 1990.
2 Walter Buschmann (Hg.), Koks, Gas, Kohlechemie.
Geschichte und gegenständliche Überlieferung der
Kohleveredelung. Essen 1993. Renate Kastorff-Viehmann, Die Kokerei Hansa in Dortmund-Huckarde
als Denkmal: Technische Kulturdenkmale 26/1993,
7/13 (eine von 17 Kokereien zwischen 1926 bis
1930, 1928 für die Vereinigten Stahlwerke (Helmuth
von Stegemann, nach 1929 Fritz Schupp).
3 Erste Zentralkokerei 1922/1923 durch Umbau der
August Thyssen-Kokerei in Duisburg-Hamborn.
4 Modell im Volksmuseum Eisenheim in Oberhausen-Osterfeld (Berliner Straße).
5 Peter Schmidtmann, Blickpunkt Gasometer. Nachwort: Daniel Stemmrich. Rheinisches Industriemuseum. Köln 1992. Wegen Kriegs-Schäden 1947/1949
Blech für Blech abgetragen und wiederaufgebaut.
1988 stillgelegt.
6 Emile Zola beschreibt dies am Beispiel eines Hüttenwerkes in seinem Buch ›Arbeit‹ (1900).
7 Zur Kohle siehe: Rolf Gephart, Die Zechen des
Ruhrgebietes in ihrer landschaftlichen Erscheinung
und Auswirkung. Dissertation Münster 1936. Bochum 1937. Gerhard Gebhardt, Ruhrbergbau. Essen
1957. Ruhrbergbau. Geschichte, Aufbau und Verflechtung seiner Gesellschaften und Organisationen
... zusammengestellt und bearbeitet von Gerhard
Gebhard. Essen (Glückauf) 1957. Paul Wiel, Wirtschaftsgeschichte des Ruhrgebietes. Essen 1970.
Wilhelm Hermann/Gertrude Hermann, Die alten
Zechen an der Ruhr. (Langewiesche-Königstein)
Königstein/Taunus 1981. Hans-Werner Wehling,
Victoria Mathias 1840-1990. Essen 1990. Zum Blick
von unten: Otto Faust, Vom Bremsjungen zum Be-

triebsinspektor. Ein Leben im Ruhrbergbau (1867-1914). Essen 1989.

8 Zuerst 1798 auf der Saline Königsborn bei Unna. Im Bergbau zuerst 1799 in der Zeche Vollmond in Langendreer (Bochum).

9 Rudolf Müller, Malakow-Türme auf den Schachtanlagen des Ruhrgebietes, ein Überblick über ihre Entwicklung und den Stand ihrer Erhaltung: Burgen und Schlösser 1/1962, 27/32.

10 Diese englische Form entsteht seit 1864 in England und gelangt von dort nach Frankreich, Belgien, Saar- und Ruhr-Gebiet. 1868 entwickelt C. Erdmann die Sonderform des Tomson-Bocks. Der Bergwerks-Direktor E. Tomson verbreitet sie um 1900. So gelangt sie auch in die Zeche Gneisenau. Wirtschaftlich unterlegen, wird diese Sonderform nach 1918 nicht mehr gebaut.

11 1908 Radbod-Katastrophe in Hamm: ein Gemisch von Methan-Gas und Luft wird durch einen Funken zur Explosion gebracht. 348 Tote durch ›schlagende Wetter‹.

12 Otto Hue, Die Bergarbeiter. Historische Darstellung der Bergarbeiterverhältnisse von der ältesten bis in die neueste Zeit. 2 Bände. Stuttgart 1910/1913 (Neudruck Bonn 1980). – Franz Josef Brüggemeier, Leben vor Ort. Ruhrbergleute und Ruhrbergbau 1889-1919. München 2. Auflage 1984. – Gabriele Unverferth/Evelyn Kroker, Der Arbeitsplatz des Bergmanns in historischen Bildern und Dokumenten. Bochum (Deutsches Bergbau Museum) 1979. – Bergarbeiter. (Katalog zur Ausstellung zur Geschichte der organisierten Bergarbeiterbewegung in Deutschland. Bochum (IGBE, Bergbau-Museum) 1969.

13 Wilhelm Busch, F. Schupp, M. Kremmer, Bergbauarchitektur 1919-1974. Köln 1980, 82, Abb. 109/110.

14 Zuerst auf dem Klenze-Schacht der Grube Hausham

15 Gründe: Schwierigkeiten bei Reparaturen und Wartung.

16 Der Ortsteil Butendorf ist dichtestes Bergsenkungs-Gebiet von Gladbeck. Neue Häuser werden oft auf Beton-Platten errichtet. Dann brechen sie nicht auseinander, sondern können lediglich in Schräglage geraten.

17 Das größte Unglück im Bergbau geschah 1906 in Courrières in Nordfrankreich. Bei einer Serien von Gas-Explosionen und Bränden kamen über 1.200 Bergleute ums Leben. Zu Hilfe eilte der Rettungs-Mannschaft der Zeche Hibernia in Herne.

18 Nach Stillegung der Zeche Katernberg 1993 verfügt die Ruhrkohle AG nur noch über drei Kokereien: Hassel, Prosper und Kaiserstuhl in Dortmund.

19 Martin Litzinger, Region im Wandel. Die Geschichte des Raumes Bergkamen 1890-1991. Bergkamen 1991, 48, Abb. S. 49.

20 Manfred Rasch, Nebenproduktanlagen der Kokereien und Kohlechemie im rheinisch-westfälischen Industriegebiet bis zum Ende des Zweiten Weltkrieges. In: Walter Buschmann (Hg.), Koks, Gas, Kohlechemie. Geschichte und gegenständliche Überlieferung der Kohleveredelung. Essen 1993, 31/51.

21 Manfred Rasch, Geschichte des Kaiser Wilhelm-Instituts für Kohlenforschung 1913-1943. Weinheim 1989.

22 1913 entwickelt der Chemiker Friedrich Bergius in Essen ein Verfahren, um Kohle zu Benzin zu verflüssigen. 1931 erhält er dafür den Nobel-Preis. 1925 Fischer Tropsch-Synthese.

23 Siehe auch Walter Buschmann, Gegenständliche

Zeugnisse der Steinkohlenverkokung in Deutschland. In: Buschmann, 1993, 60/62 und Abb. (Zeichnungen zur Kokerei Nordstern).

24 Jürgen Lodemann, Siegfried. Die deutsche Geschichte. Im eintausendfünfhundertsten Jahr der Ermordung ihres Helden nach den ältesten Dokumenten erzählt. Stuttgart/Wien 1986, 37/38.

25 Otto Johannssen, Geschichte des Eisens. Düsseldorf 1924. Verein deutscher Eisenhüttenleute (Hg.), Gemeinfaßliche Darstellung des Eisenhüttenwesens. 10. Auflage 1918.

26 Alfred Krupp stellt erst sehr spät den ersten Akademiker ein, teils auch aus Furcht vor Betriebs-Spionage.

27 Gesellschaft für Industriegeschichte, Nordpark Duisburg. Duisburg 1989.

28 1895 erster Hochofen-Gasmotor und 1898 erste Großgas-Maschine in Hörde (Dortmund).

29 Horst Mönnich, Aufbruch ins Revier, Aufbruch nach Europa. Hoesch 1871-1971. München 1971.

30 Andreas Marco Ballestrem, Es begann im Dreiländereck. Das Stammwerk der GHH – Die Wiege der Ruhrindustrie. Tübingen o. J. (1970). Erich Maschke, Es entsteht ein Konzern. Paul Reusch und die GHH. Tübingen 1969.

31 Wolfgang Ebert, Landschaftspark Duisburg-Nord. Industriegeschichtlicher Führer. Duisburg 2. Auflage 1991.

32 Heinrich Eversberg, Das mittelalterliche Hattingen. Hattingen 1985.

33 Paul von Mottoni, Ansicht der Hermannshütte bei Hörde (um 1860) (Thomas Schilp, Zeit-Räume. Aus der Geschichte einer Stadt. Ausstellung und Dokumentation zur Geschichte der Stadt Dortmund und neuen Rathaus. Dortmund 1989., Abb. 107).

34 Werks-Ansicht 1895 (Thomas Schilp, Zeit-Räume. Aus der Geschichte einer Stadt. Ausstellung und Dokumentation zur Geschichte der Stadt Dortmund und neuen Rathaus. Dortmund 1989, 109).

35 Walter Buschmann, Gußstahlfabrik Fried. Krupp GmbH. In: Walter Buschmann (Hg.), Eisen und Stahl. Texte und Bilder zu einem Leitsektor menschlicher Abeit und dessen Überlieferung. Essen 1989, 109/129.

36 Leben und Werk einer der führenden liberalen Politiker. W. Köllmann, Friedrich Harkort. Düsseldorf 1964. Ellen Soeding, Die Harkorts. 2 Bände. Münster 1957. Aus dem Werk geht die Demag hervor (1910).

37 Geschichte des Dorfes, der Burg und der Freiheit. Wetter als Beitrag zur Geschichte der Grafschaft Mark. Hagen 1856.

38 Wolfgang Richter/Jürgen Zänker, Der Bürgertraum vom Adelsschloß. Aristokratische Bauformen im 19. und 20. Jahrhundert. Reinbek 1988.

39 Beispiele außerhalb des Ruhrgebietes: 1855 Ravensberger Spinnerei in Bielefeld. Auch Kasernen: Arsenal in Wien (seit 1849, von Sicardsburg, van der Nüll, Hansen).

40 Im Volksmund benannt nach Fort Malakoff der uneinnehmbar erscheinenden Festung Sewastopol. Französisches Militär erstürmt sie (1855) und entscheidet dadurch den Krim-Krieg.

41 Stahl und Eisen, 1882, Nr. 8, 349.

42 Kurz nach 1850 entstanden. 1873 erwirbt die Berliner Diskontogesellschaft die Zeche und gibt ihr den Namen ihres Direktors.

43 Imme Matzanke, Der Bergbau im Ruhrgebiet. Überlegungen zur Erhaltungen seiner Denkmäler. (Landschaftsverband Westfalen-Lippe) Münster 1986, 72 ff., mit Abb. des Stendaler Tor-Gebäudes.

Die Anlage steht vielleicht auch im Zusammenhang mit dem Besuch von Kaiser Wilhelm II., der 1899 bei der Einweihung des Schiffs-Hebewerkes Henrichenburg auch zur Zeche Hansemann kam.

44 1966 Stillegung. Abriß-Drohung. 1969 unter Denkmalschutz.

45 Jörn Christiansen in: Tatort Fabrik. Köln 1989, 51/54.

46 Zur Biografie siehe Wilhelm Busch, F. Schupp, M. Kremmer, Bergbauarchitektur 1919-1974. Köln 1980, 57/58.

47 Busch, 1980, 58.

48 Busch, 64, Abb. 75/81, 82/92. Fritz Schupp/Martin Kremmer/Ernst Völker, Architekt gegen oder und Ingenieur. Berlin o. J. (1929).

49 Wolfgang Ruppert, Die Fabrik. München 1983, 8.

50 Die höfische Gesellschaft. Neuwied 1969, 239.

51 Zitiert von Knut Borchard, Der Unternehmerhaushalt als Wirtschaftsbetrieb. In: Tilmann Buddensieg (Hg.), Villa Hügel. Berlin 1984, 16.

52 Helmut Weber, Walter Gropius und das Faguswerk. München 1961, 27/28.

53 Siegfried Giedion, Raum, Zeit, Architektur. Zürich 1976, 305.

54 Walter Gropius. Die Entwicklung moderner Industriebaukunst. In: Jahrbuch des Deutschen Werkbundes. Jena 1913, 6.

55 Siehe dazu auch Robert Hauer: ... der Aufenthalt in schönen Räumen übt auf die Leistungsfähigkeit der Arbeiter eine entschieden günstige Wirkung aus" (Der Fabrikbau nach neuzeitlichen Grundsätzen). Leipzig 1922, 54).

56 Siegfried Gnichwitz, Kunst geht in die Fabrik. Dokumentation eines Experimentes. Recklinghausen 1987. Ruhnau steht auch in engem Zusammenhang mit Theorie und Praxis von Hugo Kükelhaus.

57 Werner Ruhnau: „Eine ökologische Idee zu Feinklimatisierung, die nicht realisiert wurde: Die Luft sollte durch ein riesiges Kiesbett, das als Erd-Filter wirkt, angesaugt werden. Tagsüber erwärmt es sich, nachts kühlt es aus. Aber unten ist es warm. Aufgrund der Tiefe des Erd-Filters, der eine Speicher-Fähigkeit besitzt, hat die Luft stets 14 bis 15 Grad Wärme, wenn sie in den Saug-Kanal kommt. Sie muß nur noch um weitere drei Grad erwärmt werden. Außerdem erhält man bereits 50 Prozent von den 60 bis 70 Prozent Luft-Feuchtigkeit, die man braucht. Ein einfacher Vorgang."

58 Ergebnis einer Untersuchung: Ulrich Oevermann, Soziologischer Kommentar zu einem Versuch, Kunst in die industrielle Arbeitswelt zu integrieren. In: Karl Götze/Theo Drießen von der Lieck/Werner Rudolf Vogt, Karl Ludwig Schweisfurth ... auf dem Wege – auf der Suche. Herten 1980. Äußerungen von Betriebs-Angehörigen in: Gnichwitz, 1987, 108/10. – Karl Ludwig Schweisfurth verkauft später die Firma an den Nestle Konzern. Zu Nestle gehören die Marken HERTA, Artland und Dörffler. Nestle wird auch Eigentümer der Kunstwerke.

59 Vergleiche Würth-Fabrik in Künzelsau. Müller/Djordjevic-Müller (Stuttgart) bauten. Der Betrieb habe auf die Frage nach dem Sinn des Lebens zu antworten. Der Betrieb muß Heimat und Geborgenheit bieten. „Wir machen mehr als wir müßten, weils halt Spaß macht." Im Bürotrakt integriert: ein Kunstmuseum und ein Museum für Schrauben und Gewinde als eine Konzertsaal. – Der Medizin-Konzern Braun in Melsungen (Nordhessen) ließ sich von James Stirling eine Fabrik entwerfen. Der Stuhl-Produzent Wilkhahn in Bad Münder beschäftigte Frei Otto mit Zelt-Konstruktionen.

Infrastrukturen

1 Ernst Schröder, Neue Beiträge zur Biographie Ernst Zweigerts: Beiträge zu Stadt und Stift Essen 93/1978, 217 ff.

2 Rolf Ostendorf, Die Geschichte der Eisenbahndirektion Essen. Stuttgart 1983.

3 Die Sozialdemokratie legt sich zunächst lange ausschließlich auf eine staatsbezogene Politik fest. Ihr Interesse an den Kommunen entsteht erst 1891. Im Erfurter Programm wird es kurz thematisiert als ›Selbstbestimmung und Selbstverwaltung des Volkes in Reich, Staat, Provinz und Gemeinde." Erst der revisionistische Flügel mit Eduard Bernstein und Hugo Lindemann wendet sich dem Thema ›Kommunalsozialismus‹ und ›Munizipalsozialismus‹ zu. Er fordert die Demokratisierung des Wahlrechts, die Erweiterung des Enteignungsrechtes der Gemeinden, die Unabhängigkeit der kommunalen Verwaltung vom Staat und die Erweiterung der kommunalen Eigenwirtschaft. – Adelheid von Saldern, SPD und Kommunalpolitik im Deutschen Kaiserreich: Archiv für Kommunalwissenschaft 23/1984, 193 ff.

4 Siehe dazu: Heinrich Heffter, Die deutsche Selbstverwaltung im 19. Jahrhundert. Stuttgart 1950. Wolfgang Hofmann, Zwischen Rathaus und Reichskanzlei. Die Oberbürgermeister in der Kommunal- und Staatspolitik des Deutschen Reiches 1890-1933. Stuttgart 1974.

5 Die „Schädlichkeit der Politisierung" behauptet: Richard R. Rive, Erinnerungen eines Oberbürgermeisters. Berlin 1946 (1899 Stadtrat in Breslau, 1905 Oberbürgermeister in Halle, von Haus aus konservativ, arbeitet er aber im Problem für den Anschluß einer rückständigen Arbeiter-Stadt in die Industrie-Gesellschaft).

6 Die frühe Infrastruktur ist eine private: die Eisen-Bahn als Bahn aus Eisen. Vorform ist 1787 der Rauendahler Kohlenweg (Witten-Bommern-Rauendahl): in Form von einfachen Holzlauf-Stegen. 1830 legt Friedrich Harkort von seinem Himmelsfürster Erbstollen bei Kupferdreh (Essen) eine Pferde-Schleppbahn zur Ruhr an.

7 Zur Schnelligkeit der Städte-Verbindungen siehe den Fahrplan der Köln-Mindener Eisenbahn.

8 Levin Schücking, Eine Eisenbahnfahrt von Minden nach Köln. Minden 1987, 88 (zuerst: Von Minden nach Köln. Leipzig 1856).

9 1825 erste Eisenbahn-Strecke in England.

10 F. W. Kind, Entwicklung und Ausdehnung der Eisenbahngesellschaften im niederrheinisch-westfälischen Kohlengebiet. 1908.

11 Levin Schücking, Eine Eisenbahnfahrt von Minden nach Köln. Minden 1987, 118/119.

12 Siehe dazu Ulrich Krings, Hochbauten der Eisenbahn im Rheinland zwischen 1837 und 1914. In: Kurt Düwell/Wolfgang Köllmann (Hg.), Zur Geschichte von Wissenschaft, Kunst und Bildung an Rhein und Ruhr. Wuppertal 1985, 256/270 (Oberhausen, Duisburg, Essen).

13 Siehe: Rolf Ostendorf, Die Geschichte der Eisenbahndirektion Essen. Stuttgart 1983.

14 Rolf Ostendorf, Die Geschichte der Eisenbahndirektion Essen. Stuttgart 1983.

15 Walter Schönenberg, Museumseisenbahn in Hamm. Hamm 1987.

16 Harald Vogelsang, Die Fahrzeuge und Anlagen des Eisenbahnmuseums Bochum-Dahlhausen. Bochum 7. Auflage 1988.

17 1795 Pferde-Straßenbahn in London, 1850 in New

York, 1854 in Paris, 1865 in Berlin und in Wien. 1878 stellen Siemens & Halske in der Berliner Gewerbe-Austellung die „Bahn ohne Dampf und Pferde" vor. 1881 erster öffentlicher Verkehr. 1881 elektrische Straßenbahn in Berlin, 1897 in Wien. Die U-Bahnen 1900 in Paris und in 1902 in Berlin laufen mit elektrischer Energie. Siemens & Halske stellen auch elektrische Gruben-Bahnen her: im Jahr der ersten Tram 1881 in Zankerode/Sachsen und dann in Beuthen. Sie ersetzen die Gruben-Pferde.

18 A. Günther, Die kommunalen Straßenbahnen Deutschlands. Jena 1913. G. Wolff, Deutsche Klein- und Privatbahnen. 6 Bände. Gifhorn 1972/1978. W. Hendlmeier, Handbuch der deutschen Straßenbahngeschichte. München 1981. Hundert Jahre Essen auf Draht – die Straßenbahn. Essen 1993.

19 Minister für Wirtschaft, Mittelstand und Verkehr des Landes NW (Hg.), Stadtbahn Ruhr. Düsseldorf 1969. Bochumer Querschnitte. Düsseldorf 1989 (Stadt-Bahn-Bau).

20 Zur Ruhrschiffahrt: Gustav Adolf Wüstefeld, Frühe Stätten des Ruhrbergbaues. Wetter/Wengern 1975, 38/43.

21 Der Geheime Baurat Hartwig ist einer der wichtigen Brückenbau-Entwerfer (u. a. 1864 Paffendorfer Brücke bei Koblenz). Ausführung: Kölnische Maschinen-Fabrik. Gesamtlänge mit Viadukt rund 800 m.

22 Zur Glättung der Wege siehe: Wolfgang Schivelbusch, Geschichte der Eisenbahnreise. Zur Industrialisierung von Raum und Zeit im 19. Jahrhundert. München 1977.

23 Philipp Stein, 100 Jahre GHH-Brückenbau. Oberhausen 1951, 89, Abb. 29.

24 Franz Haniel, [Auto-] Biographie, niedergeschrieben von 1858-1862. Kassel 1966. Bodo Herzog/Klaus Matteier, Franz Haniel 1779-1868. Bonn 1979. H. J. Joest, Pionier im Ruhrrevier. Stuttgart 1982.

25 74 Jahre Dortmunder Hafen 2899-2974. Dortmund 1974. Der Dortmunder Hafen. Dortmund o.J.

26 Regierungs- und Baurath Mathies, Der Hafen von Dortmund. Denkschrift. Dortmund 1899. Festschrift zur Eröffnung des Dortmund-Ems-Kanals. 1899.

27 Otto Most (Hg.), Die deutsche Binnenschiffahrt. Bad Godesberg 2. Auflage 1964 (mit Bibliografie). A. Schmitz, Der Einfluß der Nordwanderung des Ruhrkohlenbergbaus auf die industrielle Standortstruktur und den Wasserstraßenverkehr. Göttingen 1966. F. W. Achilles, Hafenstandorte und Hafenfunktionen im Rhein-Ruhrgebiet. Paderborn 1967.

28 Levin Schücking, Eine Eisenbahnfahrt von Minden nach Köln. Minden 1987, 110/111.

29 Bericht über die Verwaltung und den Stand der Gemeinde=Angelegenheiten des Amtes Buer pro 1894/95. O.O. und J., 62.

30 Von der Landgemeinde zur Großstadt. Verwaltungsbericht der Stadt Buer 1911/1921. o.O. und J., 34/35.

31 Nach Friedhelm Glinka/Berthold Vatteroth, Stadtchronik. 1.400 Daten zur Stadtgeschichte. Schriftenreihe des Stadtarchivs Herten. Herten 1992.

32 Zu den Autobahnen: G. Fritz, Straßen und Bauten Adolf Hitlers. Berlin 1939. F. Todt (Hg.), Die Straßen Adolf Hitlers. Berlin 1939. Peter Reichel, Der schöne Schein des Dritten Reiches. Faszination und Gewalt des Faschismus. München/Wien 1991.

33 Der Emscher Schnellweg ist eine der teuersten Autobahnen. 50 km kosten rund 600 Mio. DM. Zwischen Bottrop und Herne müssen 616 Leitungen

verlegt werden. Die Straßentrasse ist seit 1926 freigehalten.

34 1993 sind es vor allem 360 Galvaniken und 340 Eisen-Beizereien (mit Säure).

35 1848 erstes zentrales Wasserwerk auf dem Kontinent bei Hamburg. 1853 zentrale Wasser-Versorgung in Berlin. 1853 beschließt die Essener Stadtverordneten-Versammlung die erste Wassergewinnungs-Anlage im Ruhr-Tal (1864 in Betrieb). 1866 legt die ›Royal Commission‹ ihren ersten Bericht über die Abwasser-Verhältnisse vor. 1867 Wasserwerk Witten. 1869 baut Danzig die ersten Abwasser-Rieselfelder in Deutschland. 1870 erscheint die erste Zeitschrift für Trinkwasser- und Abwasser-Fragen: ›Gas- und Wasserfach‹. 1871 Wasserwerk Mülheim. 1879 preussisches Gesetz zur Bildung von Wassergenossenschaften.

36 1913-1988. 75 Jahre Ruhrverband Ruhrtalsperrenverein Im Dienst für die Ruhr. o.O. (Essen) 1988. Otto Intze, Entwicklung des Talsperrenbaues in Rheinland und Westfalen von 1889-1903. Aachen 1903.

37 1901/1905 Henne-Talsperre (1955 erneuert). 1902/1904 Fürwigge-Talsperre (Verse) bei Meinerzhage. 1904 Gloer-Talsperre bei Hagen-Breckerfeld. 1904 Hasperbach-Talsperre bei Gevelsberg. 1904 Ennepe-Talsperre. 1908/1913 Möhne-Talsperre (1943 Katastrophe durch englisches Bombardement, 1.200 Tote). 1909/1912 Lister-Talsperre. 1926/1934 Sorpe-Talsperre. 1930/1951 Verse-Talsperre. 1951/1955 Henne-Talsperre. 1957/1965 Bigge-Talsperre.

38 Bernhard und Hilla Becher, Die Architektur der Förder- und Wassertürme. Heinrich Schönberg/Jan Werth: Die technische Entwicklung. München 1971. Mit genauen technischen Erklärungen.

39 Günter v. Roden, Geschichte der Stadt Duisburg. Duisburg 1974, II, 23.

40 In Marl sinkt später eine Straße ›Auf der Höhe‹, unter der 40 m Kohle abgebaut wird, um 24 m. Die Post (1927) in Gelsenkirchen-Buer (Königswiese) ist wie in Amsterdam auf Eichen-Pfählen gegründet.

41 50 Jahre Emschergenossenschaft. Essen 1956. Nach 1960 werden alle großen Flüsse „getarnte Abwasserkanäle" (Brüggemeier/Rommelspacher), der Rhein gesamteuropäisch. Siehe auch: Hubert Kurowski, Die Emscher. Essen 1993

42 Heimatbuch 75 Jahre Oberhausen. Oberhausen 1937, 173.

43 Katalog: Drittes Jahrbuch der Stadt Bottrop. 1923/24-194/25. Bottrop 1927, 86, 90. – Drittes Jahrbuch der Stadt Bottrop. 1925/26-1926/27. Bottrop 1930,79/83.

44 Dieter Londong, Wasserbau – keine Architektur?: Der Architekt 8/1993, 440/447, Abb. S. 445.

45 Meilensteine der Umgestaltung von Wasserläufen im Emschergebiet. Emschergenossenschaft Essen. Essen 1989. Rahmenkonzept zum ökologischen Umbau des Emscher-Systems. Emschergenossenschaft Essen, Essen 1991.

46 Rheinisch-Westfälische Wasserwerksgesellschaft mbH, 75 Jahre Wasserversorgung 1912-1987. o.O. und J. (Mülheim 1987).

47 Alfred Günther, Ehemaliger Wasserturm und ehemaliges Abwasser-Pumpwerk in Dortmund. In: Claus-Peter Echter (Hg.), Ingenieur- und Industriebauten des 19. und frühen 20. Jahrhunderts. Nutzung und Denkmalpflege. (difu) Berlin 1985, 102/109.

48 Günter v. Roden, Geschichte der Stadt Duisburg. Duisburg Band II 1974, 128.

49 Will Quadflieg, Wir spielen immer. Erinnerungen. Frankfurt 1979, 24.
50 Gerd Spelsberg, Rauchplage. Hundert Jahre Saurer Regen. Aachen 1984. F. J. Brüggemeier/Th. Rommelspacher, Umwelt. In: W. Köllmann u. a. (Hg.), Das Ruhrgebiet im Industriezeitalter. Geschichte und Entwicklung. 2 Bände. Düsseldorf 1990, Band 2, 510/559. Franz-Josef Brüggemeier, Kokereien und Umwelt. In: Walter Buschmann (Hg.), Koks, Gas, Kohlechemie. Geschichte und gegenständliche Überlieferung der Kohleveredelung. Essen 1993. Franz-Josef Brüggemeier, Blauer Himmel über der Ruhr. Geschichte der Umwelt im Ruhrgebiet 1840-1990. Essen 1992.
51 Tschernobyl zählen das Wald-Sterben, Tschernobyl (26. April 1986), Brand der Sandoz in Basel (1. November 1986).
52 Joschka Fischer, Der Umbau der Industriegesellschaft. Frankfurt 1989.
53 Imme Wittkamp, Der Seilnetzkühlturm des Kernkraftwerkes Hamm-Uentrop-Schmehausen: Technische Kulturdenkmäler 24/1992, 2/6. Das Denkmalamt Westfalen versucht, die Konstruktion (1973/1974 von Leonhard/Andrä/Schlaich, unter dem Einfluß von Frei Otto und Behnischs Münchner Olympia-Dach) unter Schutz stellen zu lassen, aber der Minister versagt die Genehmigung, auch um eine gescheiterte Energie-Politik vergessen zu machen.
54 Das Steinkohlen-Bergwerk nahe der City (mit weithin sichtbarer Dachgestaltung der Aufbereitungs-Anlage von Dieter Magnus) versorgt mehrere tausend Wohnungen mit Wärme.
55 Siehe auch: Helmuth Croon/Kurt Utermann, Zeche und Gemeinde. Untersuchungen über den Strukturwandel einer Zechengemeinde im nördlichen Ruhrgebiet. Tübingen 1958.
56 Peter Schaaf, Ruhrbergbau und Sozialdemokratie. Die Energiepolitik der Großen Koalition 1966-1969. Marburg 1978.
57 Man vergleiche den heutigen Zustand mit der Schilderung von Egon Erwin Kisch in den 20er Jahren.
58 Werner Durth/Helga Grebing/Peter Lörincz, Industrielandschaft. Das Bochum-Projekt. Bochum 1991/1992.
59 Mit der Hilfe der Rheinisch-Westfälischen Bank für Grundbesitz in Essen hatten um 1900 die Industrie-Unternehmen des Reviers immensen Grund-Besitz erworben, oft viele Bauern-Höfe in einem Ort.
60 Siehe dazu: Gutachten der Stadt Bochum (Stadtarchiv Bochum).
61 1960 legt Bochum 100 Millionen Mark für Straßenbau und Erschließung auf den Tisch. 1972 hat Opel 19.000 Beschäftigte.
62 Das Preußische Berggesetz von 1865 und das Enteignungsgesetz von 1874 begünstigen die Enteignung von landwirtschaftlichen Flächen zugunsten des Bergbaus, auch in der Bergschadens-Frage. 1914 besitzt die Industrie 18 Prozent des Bodens in der Region (Hamborn: 58,3 Prozent; Gelsenkirchen: 37,7; Bottrop: 32,2; Essen: 24,6) (Brüggemeier/Rommelspacher, 1992, 79. Zechen erwerben Land, um nichtgenehme Bebauungen zu verhindern. Die Industrie kann durch Gesetz 1922 vereinfacht enteignen lassen. Sie läßt Flächen brach liegen. Der SVR erkennt den Primat der Montan-Industrie an.
63 Siehe dazu WBZ-Mitteilungen 12/1992, 3/7.
64 Friedrich Kassebeer, 30mal Nordrhein-Westfalen. München 1972, 187.
65 Jürgen Friedrich/Hartmut Häußermann/Walter Sie-

bel (Hg.), Süd-Nord-Gefälle in der Bundesrepublik? Opladen 1986.
66 Das Problem wird auch an einer anderen Stelle blockiert. Tatsächlich werden im Struktur-Wandel innerhalb der neuen Investitionen in großen Bereichen weniger qualifizierte Arbeits-Plätze angeboten, zum Beispiel im Sektor Handel. Daher trauen sich die Gewerkschaften nicht, das heiße Eisen anzufassen. Sie haben Angst, mißverstanden zu werden.
67 Siehe dazu: Anne Mauthe/Bernd Segin/Klaus Selle (Hg.), Ausverkauf von Bergmannswohnungen. Gespräche über ein heißes Eisen. Eine Dokumentation zur Privatisierung von Bergarbeitersiedlungen im Ruhrgebiet. Mülheim/Ruhr 1983.
68 Wichtigstes Quellenwerk für die Fülle der abgerissenen Bauten des 19. Jh.: Carl Koschwitz, Die Hochbauten auf den Steinkohlenzechen des Ruhrgebiets. Dissertation Berlin 1928. Essen 1930. Wichtigstes Abbildungs-Quellen-Werk für die Fülle der abgerissenen Bauten.
69 Im Auftrag des Ministers für Stadtentwicklung, Wohnen und Verkehr des Landes NRW wurde 1985 ein Verzeichnis der denkmalwerten Zeugen des Bergbaus im Ruhrgebiet fertiggestellt (ohne Stätten des frühen Bergbaus). – Matzanke/Lubahn/Lubert, 1986.
70 Heiderose Kilper, Das Politikmodell IBA Emscher Park. Erfahrungen mit der Implementation der ›Arbeiten im Park‹-Projekte. Wissenschaftszentrum Nordrhein-Westfalen. Gelsenkirchen 1992.
71 Z.B. erhielt die Erbin Gräfin Anita Amelia Thyssen de Zichy allein im Jahr 1972 für ihre 250 Mio. DM Aktien rund 35 Mio. DM Dividende (14 Prozent) nach Buenos Aires. Weitaus wichtiger aber sind die Re-Investitionen, die in anderen Regionen und Ländern gemacht werden.
72 Erinnerung an einen Satz des SZ-Korrespondenten Friedrich Kassebeer 1972: „Das Ruhrgebiet ist ein Spielball politischer Mächte geblieben ... Die Konzernherren nutzten ten politischen Einfluß für ihre Unternehmen, nicht für die Region" (Friedrich Kassebeer, 30mal Nordrhein-Westfalen. München 1972, 187).
73 Emscher Park Information Nr. 24, 1992, I.
74 Das nachdenklichste und wichtigste Statement der Selbstreflexion: Karl Ganser/Walter Siebel/Thomas Sieverts, Die Planungsstrategie der IBA Emscher Park. Eine Annäherung: Raumplanung 61, 1993, 114/199.
75 Ganser/Siebel/Sieverts, 1993, 114.

Leben in der Region

1 Hans Nokielski, Räumliches Verhalten und Stadtteilidentität. In: Herbert Kühr/Karl Rohe (Hg.), Politik und Gesellschaft im Ruhrgebiet. Sozialwissenschaftliche Studien zur Stadt- und Regionalpolitik. Meisenheim 1978, 219/235.
2 Hilmar Hoffmann, Das Taubenbuch. Frankfurt 1982
3 Seit 1971 gibt es in Hildesheim die Gruppe ›Kontakt-Kunst‹. Künstler arbeiten den öffentlichen Raum in offenen Ateliers und in Diskussion mit der Bevölkerung. H. Weipert, Der Taubenkasper. Stadtteilkulturarbeit in einer Bergmannssiedlung. In: F. G. Vahle (Hg.), Beiträge zur Theorie und Praxis der Freizeitpädagogik. Hildesheim 1983.
4 Hans-Werner Kalkmann, Der Taubenkasper. Kulturamt Unna. Unna 1983.
5 Am 5. 2. 1993.

6 Günter v. Roden, Geschichte der Stadt Duisburg. II, Duisburg 1974, 118.
7 Gisela Framke, Das Fahrrad in den Lüften. In: Gisela Framke (Hg.), 8 Stunden sind kein Tag. Freizeit und Vergnügen in Dortmund 1870-1939. Heidelberg o. J. (1992), 27/41.
8 Zur Pädagogik der Freizeit-Parks: Wolfgang Nahrstedt, Freizeitpädagogik in der nachindustriellen Gesellschaft. Neuwied 1974, 146/166. – Zum Landschafts-Park siehe auch: A. Hoffmann, Der Landschaftsgarten. Hamburg 1963. W. Rossow, Die Veränderung des Landschaftbegriffes in zwei Jahrhunderten. München 1975.
9 1874 führt der Turnlehrer Konrad Koch am Braunschweiger Gymnasium Martino-Catharineum ein – als ein ›spielerisches Disziplinierungs-Konzept‹ gegen wilde Trinksitten, die Oberschüler den studentischen Corps nachmachen. Die Turner verachten die Fußballer. Ältester deutscher Verein: FC Germania 1888 Berlin. Einige Vertreter des Hohenzollern-Kaiserhauses führen den Sport zu gesellschaftlicher Anerkennung. Siegfried Gehrmann, Dokumentation zur Geschichte der Fußballvereine Hamborns, Gelsenkirchen und Essen 1900-1940. Standort, Mannschaftsstärke, Sozialprofil. Essen 1987. Siegfried Gehrmann, Fußball – Vereine – Politik. Zur Sportgeschichte des Reviers. 1900-1940. Essen 1988 (wichtigste Untersuchung, mit umfangreichem Literatur-Verzeichnis). Rudolf Lindner/Heinrich Theodor Breuer, „Sind doch nicht alle Beckenbauers." Zur Sozialgeschichte des Fußballs im Ruhrgebiet. Frankfurt 1979. Projektgruppe der Fachhochschule Bielefeld, Wer macht Schalke kaputt? Berlin 1974 (zur Stadtsanierung). Uwe Bornemeier (Hg.), Lob der Bundesliga. Essen 1988 (u. a. mit einem Essay des Ruhrbischofs Franz Hengsbach). Theo Pointner, Tore, Punkte, Doppelmord. Dortmund 1992. Ruhr-Fußball-Krimi. Festschriften der Fußball-Vereine.
10 Gehrmann, 1988, 42 ff.
11 Gehrmann, 1988, 49, 50.
12 1955 Deutscher Meister mit 4:3 über den 1. FC Kaiserslautern.
13 Fußball war in England von 1872 bis 1883 von Universitäts-Teams beherrscht, dann kam eine Mannschaft von Arbeiter-Sportlern ins Endspiel und siegt: Blackburn Olympics.
14 Fritz Wildung, Arbeitersport. Berlin o. J. (1929). H. Wagner, Sport und Arbeitersport. Berlin 1931. H. Ueberhorst, Frisch, frei, stark und neu. Die Arbeitersportbewegung in Deutschland 1893-1933. Düsseldorf 1973. Heinz Timmermann, Geschichte und Struktur der Arbeitersportbewegung 1893-1933. Ahrensburg 1973.
15 Zitiert von Gehrmann, 1988, 200.
16 Gehrmann, 1988, 95.
17 70 Jahre FC Gelsenkirchen-Schalke, 1904-1974. Gelsenkirchen-Buer o. J.
18 Kurt Otto, Übung, Training, Wettkampf. Leipzig 1938.
19 Lindner/Breuer, 1979, 51.
20 Siehe dazu: Hans Dieter Baroth, „Jungens, Euch gehört der Himmel!" Die Geschichte der Oberliga West 1947-1963. Essen 1988. Siehe auch: Hans Dieter Baroth, Des deutschen Fußballs wilde Jahre. Essen 1991. Ulrich Homann/Ernst Thoman, Als die Ente Amok lief. Geschichten aus der Fußball-Bundesliga 1963-1974. Essen 1989.
21 Baroth, 1988, 131.
22 Interview in: Lindner/Breuer, 1979, 12/17. In England sind solche Arbeiter-Vereine Manchester United, West Ham United, Arsenal London.
23 Gehrmann, 1988, 63.
24 Siehe dazu Gehrmann, 1988, 110/111. Zur Kampfbahn Rote Erde in Dortmund siehe Max Ostrop, Deutschlands Kampfbahnen. Berlin 1928, 45 f. (zitiert von Gehrmann).
25 Stadionverwaltung Gelsenkirchen (Hg.), Parkstadion Gelsenkirchen. Gelsenkirchen 1973.
26 Siehe auch: Jürgen Reulecke, Veredelung der Volkserholung‹ und ›edle Geselligkeit‹. Sozialreformerische Bestrebungen zur Gestaltung der arbeitsfreien Zeit im Kaiserreich. In: Gerhard Huck (Hg.), Sozialgeschichte der Freizeit. Wuppertal 1980, 14/160. Gerhard Huck (Hg.), Sozialgeschichte der Freizeit. Untersuchungen zum Wandel der Alltagskultur in Deutschland. Wuppertal 1980 Gisela Framke (Hg.), 8 Stunden sind kein Tag. Freizeit und Vergnügen in Dortmund 1870-1939. Heidelberg o. J. (1992).
27 Siehe dazu: Jürgen Reulecke, Die Anfänge des Erholungsurlaubs für Arbeiter: Gewerkschaftliche Monatshefte 11/1980, 716/726. Jürgen Reulecke, Vom blauen Montag zum Arbeiterurlaub: Archiv für Sozialgeschichte 16, 1976, 205/248.
28 von Roden II, 1974, 36.
29 Renate Kastorff-Viehmann (Federführung)/ Ralf Ebert/Martina Foltys-Banning/Ursula v. Petz/Manfred Walz, Denkmalpflegeplan Dortmund Nord Teilbereich Eving. 2 Bände. Dortmund 1992, 93/119. Klaus Tenfelde, Das Fest der Bergleute. Studien zur Geselligkeit der Arbeiterschaft während der Industrialisierung am Beispiel des deutschen Bergbaus. In: Gerhard A. Ritter, Arbeiterkultur. Königstein 1929, 208/245. Franz Dröge/Thomas Krämer-Badoni, Die Kneipe. Zur Soziologie einer Kulturform. Frankfurt 1983.
30 Lisa Kosok/Mathilde Jamin (Hg.), Viel Vergnügen. Öffentliche Lustbarkeiten im Ruhrgebiet der Jahrhundertwende. o.O. (Essen) 1992. Siehe auch: Florian Dering, Volksbelustigungen. Nördlingen 1986.
31 von Roden II, 1974, 99/100.
32 Annette Krus-Bonazza, „Gewaltige Volksmassen zogen gestern zum Viehmarkt. Die Dortmunder Ostermesse und Herbstkirmes. In: Gisela Framke (Hg.), 8 Stunden sind kein Tag. Freizeit und Vergnügen in Dortmund 1870 bis 1939. Heidelberg o.J. (1992), 113/125.
33 Elisabeth Kosok, Arbeiterfreizeit und Arbeiterkultur im Ruhrgebiet. Erscheinungsformen und Wandlungsprozesse 1850-1914. Dissertation. Bochum 1989. Lisa Kosok/Mathilde Jamin (Hg.), Viel Vergnügen. Öffentliche Lustbarkeiten im Ruhrgebiet der Jahrhundertwende. o.O. (Essen) 1992.
34 Kosok/Jamin, 1992.
35 Lisa Kosok, Die anderen Gründerjahre. In: Lisa Kosok/Mathilde Jamin (Hg.), Viel Vergnügen. Öffentliche Lustbarkeiten im Ruhrgebiet der Jahrhundertwende. o.O. (Essen) 1992, 2282/283.
36 Deutscher Brauerbund (Hg.), Vom Hahn zum Glas. o.O. und o. J.
37 Novy/Hombach, 1985, 28/29. 1925 Volkshaus Heidekrug in Dortmund-Wellinghofen (Kirchhörderstraße 41; abgerissen (Novy/Mersmann/ Hombach, 1989, 300). Volks- und Gewerkschafts-Haus (1930) der Volkshaus GmbH (1925) in Dortmund (Kampstraße 88/94; zerstört; Novy/Mersmann/Hombach, 1991, 305/306).
38 Peter Döring, Das ›Schwert‹ im Klassenkampf. In: In: Gisela Framke (Hg.), 8 Stunden sind kein Tag. Freizeit und Vergnügen in Dortmund 1870 bis 1939. Heidelberg o. J. (1992), 174 ff.

39 Novy/Mersmann/Hombach, 1991, 387/388.

40 Novy/Mersmann/Hombach, 1991, 384.

41 Wolfgang Jäger, Texte von Wolfgang Jäger und Klaus Tenfelde, Bildgeschichte der deutschen Bergarbeiterbewegung. München 1989, Abb. S. 60/61.

42 Novy/Mersmann/Hombach, 1991, 349, Abb. (in den 70er Jahren verkauft).

43 Roland Günter, Das Volkshaus [Eisenheim in Oberhausen]. In: Alltag 2. Jahrbuch der sozialdokumentarischen Fotografie. Hamburg 1980, S. 152/159.

44 Außerhalb des Reviers gehören dazu: die Ravensberger Spinnerei in Bielefeld, die Alte Weberei in Gütersloh, die Feuerwache in Köln, die Werkstatt in Düsseldorf.

45 Irmgard Bernrieder, Alte Fabriken werden Kulturstätten. Das Neue entsteht im Alten. In: Peter Grafe/Bodo Hombach/Reinhard Grätz (Hg.), Der Lokomotive in voller Fahrt die Räder wechseln. Geschichte und Geschichten aus Nordrhein-Westfalen. Berlin/Bonn 1987, 264/271.

46 Ludger Claßen/Heinz-Hermann Krüger/Werner Thole (Hg.), In Zechen, Bahnhöfen und Lagerhallen. Zwischen Politik und Kommerz – Soziokulturelle Zentren in Nordrhein-Westfalen. Essen1989. Bürgerhäuser für morgen. Zentren des sozialen, kulturellen und ökologischen Innovationen. Ein Ideenbuch. Beispielsammlung zukünftiger Aufgabenfelder für Bürgerhäuser. Dortmund 1992.

47 Bürgerhäuser für morgen. Zentren des sozialen, kulturellen und ökologischen Innovationen. Ein Ideenbuch. Beispielsammlung zukünftiger Aufgabenfelder für Bürgerhäuser. Dortmund 1992.

48 Nordstadt Bilder. Tagung 1989. Hagen 1990. Stadt Dortmund, Kulturbüro (Hg.), Nordstadtbilder. Stadterneuerung und künstlerische Medien. Projektdokumentation. Redaktion: Ralf Ebert/Ralf Jäger. Essen 1989.

49 Manfred Bourree, Zielpunkte – Kulturatlas Ruhrgebiet. Gelsenkirchen 1993.

50 Roland Günter, Vom Schwimmbad zum Theater. Oder: Lehrstück über die Fähigkeit, in neuen Denkebenen kulturelle Politik zu machen: Kulturpolitische Mitteilungen (Kulturpolitische Gesellschaft) Nr. 34 III/1986, 29/31.

51 Ähnliches gilt auch für andere Beamten-Stellen.

52 Zu Gymnasium und Oberrealschule in Bochum zwischen 1875 und 1910 siehe Crew, 1980, 105/107.

53 Siehe dazu: Christiane Schiersmann, Die Provinzial-Gewerbeschulen in den rheinische und westfälischen Provinzen Preußens im 19. Jahrhundert. Klaus Kümmel, Gewerbelehrerausbildung in Rheinland-Westfalen von der Jahrhundertwende bis zur Gegenwart. Klaus Harney, Strukturen der Berufsbildung im 19. Jahrhundert am Beispiel der Gutehoffnungshütte Oberhausen. Alle in: Kurt Düwel/Wolfgang Köllmann (Hg.), Zur Geschichte von Wissenschaft, Kunst und Bildung an Rhein und Ruhr. Wuppertal 1985.

54 Hand Magoley/Norbert Wörner, Dortmund. Architektur im Ruhrgebiet. o.O., 1982, Nr. 103, Abb.

55 Siehe dazu: Karl Schick, Geschichte der Erwachsenenschulen. In: Franz Pöggeler, Geschichter der Erwachsenenbildung. Stuttgart Band 4, 1975, 155/187.

56 KVR – Siehe auch die unveröffentlichte Studie der Sozialforschungsstelle Dortmund für die Stadt Oberhausen.

57 Von der Landgemeinde zur Großstadt. Verwaltungsbericht der Stadt Buer 1911/1921. o.O. und J., 57.

58 Unter einer bestimmten Einwohner-Zahl gibt es die Verpflichtung, die VHS in einem Zweckverband zu betreiben.

59 Manfred Dammeyer, In: Hans Boldt (Hg), NRW und der Bund. Stuttgart 1990.

60 Auch nach der ›Deckelung des Haushaltes‹ zahlt NRW 1993 mit 211 Mio. DM immer noch mehr als alle anderen Bundesländer zusammen.

61 Mit Adolf-Grimme-Preise für Fernseh-Sendungen und Projekt NETZWERK Medien-Bildung-Kultur.

62 Der katholische Geistliche Heinrich Brauns (1868-1939) war Reichstags-Abgeordneter des Zentrum und von 1920 bis 1928 Reichs-Arbeitsminister.

63 W. Ring, Geschicht der Universität Duisburg. Duisburg 1920. Günter von Roden, Die Duisburger Universität (1652) 1655-1818. Duisburger Forschungen, Band 12. Duisburg 1964.

64 Kurt Joos, der erste Leiter, emigriert 1934 nach England, weil er sich von seinem jüdischen Pianisten nicht trennen will.

65 Bei der Hochschul-Reform 1972 (Gesamthochschule Essen) bleibt sie selbständig.

66 Eine Übersicht über die Standorte gibt: Studs! Hochschul-Guide Rhein-Ruhr. Düsseldorf 1993. Dort auch Adressen von Bibliotheken.

67 Sorgfältige und umfangreiche Kritik: Planungsgruppe M. Einsele, Gladbeck, Projektgruppe P 6 Universität Dortmund, Verfasser: Bosshard, Einsele, Grüneke, Stierand, Neue Universitäten im Ruhrgebiet: Baumeister 8/1971, 927/935.

68 Kunibert Wachter/Peter Zlonicky, Die zweite Gründerzeit der Universität Dortmund: Bauwelt 36/1986 (Stadtbauwelt 91), 1379/1384 (Neugestaltung des Campus, Renaturierung, Rückbau von überausgelegten Verkehrs-Anlagen (Teilstück einer Stadt-Autobahn), Landschafts-Park, Permakultur-Park; Technologie-Gebiet für Existenz-Gründer).

Die Museum-Ketten

1 Das Kapitel Infrastruktur Museen verdankt seine Daten vor allem den beiden wichtigen Untersuchungen: Heinrich Theodor Grütter (Hg.), Museumshandbuch Ruhrgebiet. Die historischen Museen. Essen 1989. Heinrich Theodor Grütter (Hg.), Museumshandbuch Ruhrgebiet. Die Kunstmuseen und Galerien. Essen 1993. Siehe auch: Werner Stradthoff, Architekturdenkmal oder Zweckbau? Fragen an die großen Museums-Neubauten der jüngsten Jahre. In: Lothar Romain/Hartwig Suhrbier (Hg.), Tausend Blumen. Kulturlandschaft Nordrhein-Westfalen. Wuppertal 1984, 148/ 164. Michael Fehr (Hg.), Imitationen. Das Museum als Ort des Als – Ob. Köln 1991. Siehe auch: Wolfgang Zacharias (Hg.), Zeitphänomen Musealisierung. Essen 1990. Bernd Faulenbach/Franz-Josef Jelich (Hg.), Probleme der Musealisierung der doppelten deutschen Nachkriegsgeschichte. Essen 1993.

2 Avantgarden: Universität Tübingen (Bausinger) und Universität Frankfurt (Greverus). Hinzu kommen Reformer in der Kunstgeschichte.

3 Wolfgang Schneider/Rainer Weichelt, Museum der Stadt Gladbeck. Gladbeck 1990.

4 Erich Püschel, Die medizinhistorische Sammlung der Ruhr-Universität: Jahrbuch der Ruhr-Universität Bochum 1986, 87/96.

5 Johannes Volker Wagner, Ein Archiv auf dem Weg zum Historischen Museum: Der Archivar 40, 1987, Nr. 2, 187/196.

6 Siehe dazu und zu weiteren Fragen der Reform des Museumswesens: Enno Neumann, Vom Trümmerfeld ins Wirtschaftswunderland. Bochum 1945-1955: Zur Dramaturgie einer Ausstellung unter dem

Einfluß von Syberberg und Tabori [häufig Regisseur im Theater Bochum]. In: Jörn Rüsen/Wolfgang Ernst/Heinrich Theodor Grütter (Hg.), Geschichte sehen. Zur Ästhetik historischer Museen. Pfaffenweiler 1988, 145/156. Michael Fehr/Stefan Grohé/ Anne Krefting (Hg.), Geschichte – Bild – Museum. Köln 1989.

7 Gemeinde Schermbeck (Hg.), Baudenkmal Niederrheinisches Hallenhaus, Steintorstraße 17. Schermbeck 1987. Karl-Heinz Hohmann, Gemeinde Schermbeck an der Lippe. Neuß 1987.

8 Ulrike Evers, Schloß Lembeck als Beitrag zur Schloßbaukunst in Westfalen. o.O. 1981. Eberhard G. Neumann, Schloß Lembeck. München/Berlin 7. Auflage 1986.

9 Heinrich Lührig, Wanne-Eickel. Herne 1984.

10 Stadt Waltrop (Hg.), Waltrop. Gestern und Heute. Waltrop 1989.

11 Adolf Reiß/Wingolf Lehnemann, Lünen. Kleine Geschichte der Stadt Lünen. Lünen 1979.

12 Altes Amtshaus Karl Pollender-Stadtmuseum Werne. Museumsführer. Werne 1984.

13 Wilhelm Bleicher, Museum Hohenlimburg. Hagen 1980. Stephan Schölzel (Hg.), Museum Hohenlimburg. Stadt- und Territorialgeschichte (Hohen-)Limburgs. Hohenlimburg 1986.

14 Wie das alles angefangen hat. 1886-1976. Neunzig Jahre Verein für Orts- und Heimatkunde in der Grafschaft Mark zu Witten und Märkisches Museum der Stadt Witten. Witten o.J. (1976).

15 Herbert Zink, Das Städtische Gustav Lübcke-Museum in Hamm. Hamm 1981. Burckhard Richter, Städtisches Gustav Lübcke-Museum Hamm, 1886-1986. Hamm 1986.

16 Peter Berghaus, Die Münzen von Dortmund. Dortmund 1978. Winfried Zacharias, Dortmunder Geld im Spiegel der deutschen Zeitgeschichte seit 1871. Dortmund 1981.

17 Museum für Kunst und Kulturgeschichte der Stadt Dortmund (Hg.), Der Beruf der Jungfrau oder Henriette Davidis und bürgerliches Frauenverständnis im 19. Jahrhundert. Dortmund 1988.

18 Stadtarchiv Dortmund (Hg.), Widerstand und Verfolgung 1933-1945. Ausstellungskatalog. Dortmund 1981.

19 Museum für Kunst und Kulturgeschichte Dortmund (Hg.), 75 Jahre Westfälisches Schulmuseum Dortmund 1910-1985. Dortmund 1985.

20 Das Gebäude dient in der Nachkriegs-Zeit als ›Haus Industrieform‹ für Ausstellugen zu Design-Themen.

21 1959 neue Synagoge und Gemeinde-Zentrum (Dieter Knoblauch/Heinz Heise) in Essen-Ost (Ruhrallee/Sedanstraße).

22 In Essen gibt es vor 1933 rund 5.000 jüdische Mitbürger.

23 Heinrich Eversberg, Das mittelalterliche Hattingen. Hattingen 1985.

24 Ikonen-Museum. Kunstsammlung der Stadt Recklinghausen. Recklinghausen 5. Auflage 1976.

25 Leonhard Küppers/Paul Mikat, Der Essener Münsterschatz. Essen 1966. Alfred Pothmann, Die Schatzkammer des Essener Münsters. München 1988.

26 Viktor H. Elbern, Die Schatzkammer der Probsteikirche St. Ludgerus in Werden. Essen 1984.

27 Elbern, 1984.

28 Zur Entwicklungs-Geschichte der Kunstmuseen siehe: Grütter, 1993.

29 Angelika Mertmann, Bilanz – Deutsche Kunst aus Ost und West 1945-1990 aus Sammlungsbeständen der Städtischen Galerie Schloß Oberhausen und des Ludwig-Instituts Oberhausen. Katalog. Oberhausen 1991.

30 1979 erste Überlegungen, 1984 erstes Konzept zum Rheinlandtag in Oberhausen.

31 Die Landesregierung trägt 90 Prozent der Bau-Kosten, die Landschaftsverbände 10 Prozent sowie die anschließenden laufenden Kosten.

32 Barbara Wandelt, Die Tüshaus-Mühle. Technische Kulturdenkmale in Westfalen, Heft 7. Münster 1987.

33 Westfälisches Freilichtmuseum Hagen. Braunschweig 1980. Zeitschrift ›Technische Kultur Denkmale‹, Hagen 1, 1966 ff. W. Claas, Technische Kulturdenkmale im Bereich der ehemaligen Grafschaft Mark. Hagen 3. Auflage 1988.

34 Walter Sölter, Die Essener Wasserhämmer. Köln 1978.

35 Das einzige Schau-Bergwerk im Ruhrgebiet ist von 1931 bis zum Abriß 1960 die Zeche Oberhausen (1856) in Oberhausen (siebte Sohle in 609 m Tiefe).

36 Deutsches Bergbau-Museum Bochum. Braunschweig 1978. Montanhistorische Zeitschrift ›Der Anschnitt‹, seit 1949. Publikation-Reihe.

37 Franz Haniel, [Auto-] Biographie. Niedergeschrieben von 1858-1862. Kassel 1966. Bodo Herzog/Klaus Matteier, Franz Haniel 1779-1868. Bonn 1979. H. J. Joest, Pionier im Ruhrgebiet. Stuttgart 1982.

38 Horst Mönnich, Aufbruch ins Revier, Aufbruch nach Europa. Hoesch 1871-1971. München 1971.

39 Museum der Deutschen Binnenschiffahrt Duisburg-Ruhrort. Braunschweig o. J. Zeitschrift ›Mitteilungen aus dem Museum der Deutschen Binnenschiffahrt, 1981 ff.

40 Dortmunder Hafen und Eisenbahn AG (Hg.), 75 Jahre Dortmunder Hafen 1899-1974. Dortmund 1974. Dortmunder Stadtwerke AG (Hg.), Der Dortmunder Hafen. Dortmund o.J.

41 Walter Schönenberg; Museumseisenbahn in Hamm. Hamm 1987.

42 Deutscher Brauerbund (Hg.), Vom Hahn zum Glas. o.O. und o.J.

43 Thomas Parent, Die Umwandlung der Zeche Zollern II/IV zum Industriemuseum. In: Johannes Biecker/Walter Buschmann (Hg.), Bergbauarchitektur. Bochum 1986. Ilse Telsemeyer, Das Westfälische Industriemuseum in Dortmund: Praxis Geschichte, 1/1988, 44/47.

44 Bernd Becher/Hilla Becher/Hans Günther Conrad/Eberhard Neumann, Zeche Zollern II. München 1977. Transloziert: Deutsches Förder-Gerüst von Zeche Friedrich der Große in Herne-Horsthausen.

45 Tatort Fabrik. Das Rheinische Industriemuseum im Aufbau. Köln 1989.

Die kommunale Theater-Kette

46 Zur Theatergeschichte siehe: Bericht über die Verwaltung der Stadt Gelsenkirchen in der Zeit von 1903 bis 1920. Gelsenkirchen 1921, 95/96. Matthias Uecker, Glanz und Elend eines Großbetriebs – das Gladbecker Theater von 1921 bis 1933: Beiträge zur Gladbecker Geschichte 3/1991, 51/77. Dietmar N. Schmidt, Das Theater von Alvar Aalto in Essen. o.O. (Essen) 1988.

47 Zur frühen Theatergeschichte in einer jungen Industrie-Stadt: Hans-Jörg Loskill, Oberhausens Thea-

tergeschichte. Vom Konzessions- zum Subventions-Theater 1851-1920. Oberhausen 1973. W. Lange, Theater in Oberhausen 1911-60. Oberhausen 1960. Theodor Döring, Die Geschichte des Essener Theaters von den Anfängen bis 1982. In: Beiträge zur Geschichte von Stadt und Stift Essen, Band 49, Essen 1931 (Dissertation). F. Feldens, 75 Jahre Städtische Bühnen Essen 1892-1967. Essen 1967. H. Schaffner/H. Redottée, Duisburger Theatergeschichte. In: Duisburger Forschungen, Band 7, Duisburg 1963. A. Mämpel, Das Dortmunder Theater. 2 Bände. Dortmund 1935, 1936.

48 H. Jahn/J. Loskill, Musiktheater. Bühnen in Gelsenkirchen. Gelsenkirchen 1979.

49 Levin Schücking, Eine Eisenbahnfahrt von Minden nach Köln. Minden 1987, 127.

Medien und Künste

50 Paul Hofmann, Auf der Suche nach den Anfängen der Kinematographie im rheinisch-westfälischen Industriegebiet. In: Lisa Kosok/Mathilde Jamin (Hg.), Viel Vergnügen. Öffentliche Lustbarkeiten im Ruhrgebiet der Jahrhundertwende. o.O. (Essen) 1992, 218/265.

51 Josef Katzmarz, Kinovergnügen von anno dazumal. In: Kurt Dzikus, 100 Jahre Auguststraße. Eine Erler Straße feiert Geburtstag: Beiträge zur Stadt-Geschichte, Verein für Orts- und Heimatkunde Gelsenkirchen-Buer XV, 1989, 251/256. Friedrich W. Lantermann, Essener Filmtheater, von den Anfängen bis zum Jahre 1939: Beiträge zur Geschichte von Stadt und Stift Essen 104, 1991/1992, 123/235. Paul Hofmann, Auf der Suche nach den Anfängen der Kinemathographie im rheinisch-westfälischen

Industriegebiet. In: Viel Vergnügen. Öffentliche Lustbarkeiten im Ruhrgebiet der Jahrhundertwende. Ausstellungskatalog des Ruhrlandmuseums. Essen 1992. Wolfgang Börstinghaus/Martin Jacobs/Uwe Penckert/Ernst Schreckenberg, Frühes Kino in Dortmund. In: Gisela Framke (Hg.), 8 Stunden sind kein Tag. Freizeit und Vergnügen in Dortmund 1870 bis 1939. Heidelberg o.J. (1992), 68/80.

53 Horst-Diether Kalbfleisch, Filmeinrichtungen im Ruhrgebiet. In: Roland Günter/Paul Hofmann/Janne Günter, Das Ruhrgebiet im Film. 2 Bände. Oberhausen 1978, II, 717/730.

54 Günter/Hofmann/Günter, 1978. Die Erfahrungen, die Paul Hofmann beim Zeigen von Teilen der Film-Retrospektive mit alten Leuten in Duisburg macht, zeigt das Buch ›... und vor allen Dingen, dat is wahr‹ (Duisburg 1979).

55 Die Schleswig-Holstein-Kinemathek arbeitet mit biografischer Orientierung.

56 Kunst der 60er Jahre in Gelsenkirchen. Sondernummer zur Ausstellung. In: Kunstverein Gelsenkirchen Mitteilungen. o.O. und J. (1988), 4. Daten-Übersicht 1960/1970: S. 8/12.

57 50 Jahre Halfmannshof. Dokumentation. Gelsenkirchen 1981.

58 B1. Städtische Galerie Schloß Oberhausen. Katalog. o.O. (Oberhausen) 1969.

59 Pressespiegel, Stadtmusik Jazzfest Unna 1982. Kulturamt Unna 1982.

60 Zur Ideen-Welt der Kulturellen Stadtbauhütte Unna siehe: Roland Günter, Kulturelle Stadtutopien. Essen 1992.

61 Siehe auch: Thomas Parent (Text)/Thomas Stachelhaus (Fotos), Kirchen im Ruhrrevier. 1850-1935. Münster 1993.

62 Siehe dazu auch: Rudolf Schwarz, Vom Bau der Kirche. Würzburg 1938/Heidelberg 1947.

Schaltanlagen-Gebäude des VEW-Kraftwerks (1927/1928) in Dortmund (Weißenburger Straße).

Verzeichnis der Orts-Hinweise

Ortsverzeichnis

Bildnachweise

Fotografien

Wilhelm Busch: 190, 211, 221.
Roland Göhre: Titel-Fotos, 22, 24, 34, 36, 60, 64, 71, 79, 84, 85, 93, 112, 116, 118, 119, 122 rechts, 123 rechts, 125 oben, 125 unten, 126, 127, 148, 169 oben, 173, 184, 186, 188, 191, 204, 209, 212, 231, 234, 238, 243 oben, 243, darunter, 243 halbunten, 243 unten, 243 rechts, 247 unten links, 247 rechts, 250, 281, 295, 296, 308, 309, 316, 317, 320 links, 321, 324, 356, 359, 360, 363, 367, 371 links, 372, 377, 380, 395, 397, 403, 404 oben, 404 unten, 418, 429, 434 oben rechts, 434 unten rechts, 437, 447, 478 unten.
Dieter Grundmann: 443, 444.
Roland Günter: 142, 275, alle acht 276, alle acht 277, 326 rechts, 346 unten rechts.
Wolfgang Kunz: 442.
Hermann Lersch: 323.
Rudolf Majer-Finkes: 432.
Günter Mowe: 94 unten, 111, 128, 137 oben, 137 unten, 208 links, 208 rechts, 288, 330 oben rechts, 331 oben links, 331 unten rechts, 332 links, 332 oben rechts, 332 oben links, 335 links, 335 rechts, 336, 344 alle vier, 345 alle vier, 348, 371 rechts, 376, 387, 391, 400, 406 oben.

Thomas Stachelhaus: 169 unten.
IBA-Archiv: 219 links, 219 rechts, 266, 300, 302, 309, 312, 425 rechts. Manfred Vollmer: 218, 318 links, 320 rechts, 346 oben rechts, 373, 374. Peter Liedke: 308. Georg Anschütz: 393. Thomas Brenner: 313. Jörg Winde: 264.
Landeskonservator Rheinland, Manfred Steinhoff: 220 unten, 226, 375.
Landeskonservator Westfalen, Arnulf Brückner (VEW Dortmund): 472
MAN/GHH-Archiv Oberhausen-Sterkrade: 339, 340.
Stadtarchiv Gladbeck: 229 links, 229 rechts.
Postkarten-Archiv des Westfälischen Industriemuseums in Dortmund-Bövinghausen (Thomas Parent): 55, 128, 147, 158, 170, 186 unten, 187 oben, 337, 377 rechts, 478.

Zeichnungen

Walter Buschmann: 329 alle.
Martin Einsele: 95, 260, 261.
Niklas Fritschi: 139, 140.
Tina Günter: 283.

Alle anderen Abbildungen: Archiv des Autors.

Klartext. Der Verlag im Ruhrgebiet

Waltraud Bierwirth / Otto König (Hg.)

Schmelzpunkte
Stahl: Krise und Widerstand im Revier
246 S., zahlr. Abb., broschiert,
ISBN 3-88474-331-7

Holger Jenrich

Schauplatz Revier
Blicke ins pralle Leben
160 S., zahlr. Abb., broschiert,
ISBN 3-88474-170-5

Thomas Kirfel

Der Niederrhein im Griff
Ein Reise- und Freizeitführer
ca. 176 S., zahlr. Abb., broschiert,
ISBN 3-88474-239-6

Kommunalverband Ruhrgebiet (Hg.)

Standorte
Jahrbuch Ruhrgebiet 1994/95
ca. 256 S., zahlr. Abb., broschiert,
ISBN 3-88474-250-7

Rolf Kreibich / Arno S. Schmid / Walter Siebel /
Thomas Sieverts / Peter Zlonicky (Hg.)

Bauplatz Zukunft
Dispute über die Entwicklung von Industrieregionen
304 S., broschiert,
ISBN 3-88474-213-2

Heinz Weischer

Noch 'n Pilsken, Gerd!
Ein vergnügliches Hamm-Heessener Lesebuch
mit einem Wörterbuch der Ruhrgebietssprache
232 S., Festeinband,
ISBN 3-88474-100-4

SPORT

Hans Dieter Baroth

„Jungens, Euch gehört der Himmel"
Die Geschichte der Oberliga West 1947-1963
144 S., zahlr. Abb., Großformat, Festeinband,
ISBN 3-88474-332-5

H. Landefeld / A. Nöllenheidt (Hg.)

„Helmut, erzähl' mich dat Tor!"
Neue Geschichten und Porträts
aus der Oberliga West 1947 – 1963
156 S., zahlr. Abb., Großformat, Festeinband,
ISBN 3-88474-043-1

GESCHICHTE

W. Abelshauser / R. Himmelmann (Hg.)

Revolution in Rheinland und Westfalen
Quellen zu Wirtschaft, Gesellschaft und Politik 1918 – 1923
322 S., zahlr. Abb., Festeinband,
ISBN 3-88474-129-2

IN VORBEREITUNG:
Jan-Pieter Barbian / Ludger Heid (Hg.)

Zwischen Gestern und Morgen
Kriegsende und Wiederaufbau im Ruhrgebiet
ca. 200 Seiten, broschiert,
ISBN 3-88474-284-1

Hermann Bogdal

Rote Fahnen im Vest
Band 2: Die Niederschlagung des Kapp-Putsches
166 S., broschiert,
ISBN 3-88474-102-0

NEUAUFLAGE IN VORBEREITUNG:
Günter Brakelmann / Traugott Jähnichen

Kirche im Ruhrgebiet
Ein Lese- und Bilder-Buch zur Geschichte der Kirche
im Ruhrgebiet von 1945 bis heute
408 S., zahlr. Abb., broschiert,
ISBN 3-88474-363-5

Franz Brüggemeier / Thomas Rommelspacher

Blauer Himmel über der Ruhr
Geschichte der Umwelt im Ruhrgebiet 1840 – 1990
240 S., zahlr. Abb., broschiert,
ISBN 3-88474-364-3

Evangelische Kirche von Westfalen (Hg.)

Gottes Häuser
Kirche in der Stadt
88 S., 55 Fotos, broschiert
ISBN 3-88474-360-0

B. Faulenbach / G. Högl / K. Rudolph (Hg.)

Vom Außenposten zur Hochburg der Sozialdemokratie
Der SPD-Bezirk Westliches Westfalen 1893– 1993
336 S., zahlr. z.T. farb. Abb., Festeinband,
ISBN 3-88474-069-5

Bernd Faulenbach / Günter Högl (Hg.)

Eine Partei in ihrer Region
Zur Geschichte der SPD im Westlichen Westfalen
228 S., zahlr. Abb., Großformat, Festeinband,
ISBN 3-88474-126-8

Klartext. Der Verlag im Ruhrgebiet

Otto Faust

Vom Bremsjungen zum Betriebsinspektor
Ein Leben im Ruhrbergbau (1867 – 1914)
Herausgegeben und eingeleitet von Anselm Faust
208 S., broschiert,
ISBN 3-88474-335-X

Ludger Fittkau / Angelika Schlüter (Hg.)

Ruhrkampf 1920
Die vergessene Revolution
Ein politischer Reiseführer mit einem Vorwort
von Erhard Lucas
240 S., zahlr. Abb., broschiert,
ISBN 3-88474-256-6

Peter Friedemann / Uwe Schledorn (Hg.)

Aktiv gegen Rechts
Der Rote Kämpfer –
Marxistische Arbeiterzeitung 1930 – 1931
304 S., broschiert,
ISBN 3-88474-033-4

Hein Hoebink (Hg.)

Staat und Wirtschaft an Rhein und Ruhr 1816 – 1991
175 Jahre Regierungsbezirk Düsseldorf
306 S., Festeinband,
ISBN 3-88474-010-5

Hein Hoebink

Mehr Raum – mehr Macht
Preußische Kommunalpolitik und Raumplanung
im rheinisch-westfälischen Industriegebiet 1900 – 1933
420 S., zahlr. Abb., broschiert,
ISBN 3-88474-135-7

Anton Klein / Fritz Labudat

Überleben und Widerstehen
Nationalsozialismus, Krieg und Nachkrieg
in den Tagebüchern von Sozialdemokraten
148 S., broschiert
ISBN 3-88474-110-1

Norbert Kozicki

Aufbruch im Revier
1968 und die Folgen
176 S., zahlr. Abb., broschiert,
ISBN 3-88474-063-6

Hubert Kurowski

Die Emscher
Geschichte und Geschichten einer Flußlandschaft
192 S., zahlr. Abb., broschiert,
ISBN 3-88474-045-8

Hubert Kurowski

„Im Westen geht's mir gut"
Lesebilderbuch zum Alltag im Ruhrgebiet
um die Jahrhundertwende
144 S., zahlr. Abb., Großformat, broschiert,
ISBN 3-88474-212-4

Heinz-Jürgen Priamus / Ralf Himmelmann (Hg.)

Stadt und Region – Region und Stadt
Stadtgeschichte – Urbanisierungsgeschichte
– Regionalgeschichte
192 S., broschiert,
ISBN 3-88474-083-0

IN VORBEREITUNG:
Dietmar Simon

Arbeiterbewegung in der Provinz
Soziale Konflikte und sozialistische Politik
in Lüdenscheid im 19. und 20. Jahrhundert
ca. 580 S., Festeinband,
ISBN 3-88474-282-5

Stefan Schulz / Irmgard Müller

Medizin im Museum
Jahrbuch der Medizinhistorischen Sammlung der RUB,
Band 1/1993
128 S., zahlr. z.T. farb. Abb., broschiert,
ISBN 3-88474-073-3

Stefan Schulz / Irmgard Müller

Medizin im Museum
Jahrbuch der Medizinhistorischen Sammlung der RUB,
Band 2/1995
128 S., zahlr. z.T. farb. Abb., broschiert,
ISBN 3-88474-243-4

INDUSTRIEGESCHICHTE

Hans Dieter Baroth

Unsere letzten Zechen
Ein Bildband mit literarischen Texten
aus fünf Jahrhunderten
144 S., zahlr. farb. Abb., Festeinband,
ISBN 3-88474-359-7

Else Beitz

„Das wird gewaltig ziehen und Früchte tragen!"
Industriepädagogik in den Großbetrieben
des 19. Jahrhunderts bis zum Ersten Weltkrieg
dargestellt am Beispiel der Firma Friedrich Krupp
236 S., zahlr. Abb., Festeinband,
ISBN 3-88474-215-9

Klartext. Der Verlag im Ruhrgebiet

Walter Buschmann (Hg.)

Koks, Gas, Kohlechemie

Geschichte und gegenständliche Überlieferung der
Kohleveredelung
120 S., zahlr. Abb., Großformat, broschiert,
ISBN 3-88474-028-8

IN VORBEREITUNG:
Heimat- und Bürgerverein (Hg.)

Sie lebten von Kohle und Stahl

Die Geschichte des Wattenscheider Bergbaus
ca. 180 Seiten, broschiert,
ISBN 3-88474-281-7

Michael Funk

Friedrich Borchard
und die Glasfabrik Porta Westfalica

Regionale Unternehmensgeschichte
im Spiegel einer Biographie
Hrsg. im Auftrag des Landschaftsverbandes Westfalen-Lippe,
Westfälisches Industriemuseum, Quellen und Studien Band 4
46 S., zahlr. Abb.,
ISBN 3-88474-607-3

Christian Kleinschmidt

Rationalisierung als
Unternehmensstrategie

Die Eisen- und Stahlindustrie des Ruhrgebiets
zwischen Jahrhundertwende und Weltwirtschaftskrise
384 S., zahlr. Tab. u. Schaubilder, broschiert,
ISBN 3-88474-065-2

A. Lassotta / H. Röver / A. Schultes / V. Steinborn (Hg.)

„Streik – Crimmitschau 1903
– Bocholt 1913"

Ein Lesebuch zu den Arbeitskämpfen
in der Crimmitschauer und Bocholter Textilindustrie
Schriftenreihe des Landschaftsverbandes Westfalen-Lippe /
Westfälisches Industriemuseum, Band 13
136 S., Großformat, broschiert,
ISBN 3-88474-077-6

Minister Stein / Fürst Hardenberg

Die Geschichte des letzten Dortmunder Bergwerks,
Teil I: 1855 – 1918
Bearbeitet von Tilo Cramm,
Schriftenreihe des Landschaftsverbandes Westfalen-Lippe /
Westfälisches Industriemuseum, Band 10
164 S., zahlr. Abb., Großformat, broschiert,
ISBN 3-88474-153-5

Minister Stein / Fürst Hardenberg

Die Geschichte des letzten Dortmunder Bergwerks,
Teil II: 1918 – 1987
Bearbeitet von Tilo Cramm,

Schriftenreihe des Landschaftsverbandes Westfalen-Lippe /
Westfälisches Industriemuseum, Band 12
256 S., zahlr. Abb., Großformat, broschiert,
ISBN 3-88474-157-8

Gloria Müller

Strukturwandel und Arbeitnehmerrechte

Die wirtschaftliche Mitbestimmung
in der Eisen- und Stahlindustrie 1945 – 1975
460 S., broschiert,
ISBN 3-88474-161-6

Thomas Parent / Thomas Stachelhaus

Stadtlandschaft Ruhrrevier

Bilder und Texte zur Verstädterung einer Region
unter Einfluß von Kohle und Stahl
152 S., 134 farb. Fotos, broschiert,
ISBN 3-88474-164-0

Ursula Rombeck-Jaschinski

Nordrhein-Westfalen, die Ruhr
und Europa

Förderalismus und Europapolitik 1945 – 1955
186 S., broschiert,
ISBN 3-88474-354-6

Martin Rosswog

Schichtaufnahmen

Erinnerungen an die Zeche Zollern II/IV
Schriftenreihe des Landschaftsverbandes Westfalen-Lippe /
Westfälisches Industriemuseum, Band 14
264 S., zahlr. Abb., Großformat, broschiert,
ISBN 3-88474-099-7

Anke Schiller-Mertens

Frauen vor Ort

Lebenserfahrungen von Bergarbeiterfrauen
128 S., zahlr. Abb., Großformat, broschiert,
ISBN 3-88474-149-7

Rainer Schulze (Hg.)

Industrieregionen im Umbruch

Historische Voraussetzungen und Verlaufsmuster
des regionalen Strukturwandels im europäischen Vergleich
456 S., broschiert
ISBN 3-88474-031-8

Detlev Vonde

Revier der großen Dörfer

Industrialisierung und Stadtentwicklung im Ruhrgebiet
264 S., broschiert
ISBN 3-88474-123-3

Klartext. Der Verlag im Ruhrgebiet

Michael Zimmermann

Schachtanlage und Zechenkolonie
Leben, Arbeit und Politik in einer Arbeitersiedlung
1880 – 1980
298 S., zahlr. Abb., broschiert,
ISBN 3-88474-119-5

KULTUR / KULTURGESCHICHTE

F. Bajohr / H. Behrens-Cobet / E. Schmidt

Freie Schulen
Eine vergessene Bildungsalternative
158 S., broschiert,
ISBN 3-88474-111-X

Werner Bußkamp / Eckart Pankoke u.a.

Innovationsmanagement und Organisationskultur
Chancen innovativer Industriekultur im Ruhrgebiet
216 S., broschiert,
ISBN 3-88474-072-5

Ludger Claßen / Heinz-Hermann Krüger / Werner Thole (Hg.)

In Zechen, Bahnhöfen und Lagerhallen
Zwischen Politik und Kommerz –
Soziokulturelle Zentren in Nordrhein-Westfalen
224 S., broschiert,
ISBN 3-88474-442-9

K. Ehlich / W. Elmer / R. Noltenius (Hg.)

Sprache und Literatur an der Ruhr
Redaktion: Stephan Schlickau
246 S., broschiert,
ISBN 3-88474-252-3

Feuer und Flamme – 200 Jahre Ruhrgebiet
Eine Ausstellung im Gasometer Oberhausen
Herausgegeben von U. Borsdorf, F.-J. Brüggemeier,
G. Korff und J. Steiner
344 S., mehr als 300 Abb., Großformat, Festeinband,
ISBN 3-88474-214-0

Feuer & Flamme
Eindrücke einer Ausstellung im Gasometer Oberhausen
1994/95
Herausgegeben von U. Borsdorf, F.-J. Brüggemeier,
G. Korff und J. Steiner
76 Seiten, zahlr. farb. Abb., Festeinband, Großformat,
ISBN 3-88474-266-3

D. Hallenberger / D. van Laak / E. Schütz (Hg.)

Das Ruhrgebiet in der Literatur
Annotierte Bibliographie zur Literatur des Ruhrgebiets
von den Anfängen bis 1961
104 S., Festeinband,
ISBN 3-88474-343-0

Rocktheater N8chtschicht

Club der doofen Dichter
140 S., zahlr. Abb., broschiert,
ISBN 3-88474-457-7

Erhard Schütz / Jochen Vogt (Hg.)

Der Scheinwerfer
Ein Forum der Neuen Sachlichkeit 1927 – 1933
400 S., broschiert,
ISBN 3-88474-320-1

Georg Schwarz

Kohlenpott 1931
220 S., broschiert,
ISBN 3-88474-316-3

Sekretariat für gemeinsame Kulturarbeit in NRW (Hg.)

Jüdische Geschichte und Kultur in NRW
Ein Handbuch – zusammengestellt von Benno Reicher
282 S., broschiert,
ISBN 3-88474-350-3

Sekretariat für gemeinsame Kulturarbeit in NRW (Hg.)

4. Autoren-Reader
Schreiben / Lesen / Hören – Namen / Rezensionen / Werke
136 S., zahlr. Abb., broschiert,
ISBN 3-88474-246-9

Stadt Schwerte (Hg.)

Frieden in der Stadt
Stadt – Kultur – Frieden
224 S., zahlr. Abb., broschiert,
ISBN 3-88474-440-2

Stadt Unna (Hg.)

Neues aus der Provinz
Kulturarbeit in Klein- und Mittelstädten
240 S., broschiert,
ISBN 3-88474-447-X

Peter von Zahn

Schwarze Sphinx
Bericht von Rhein und Ruhr 1949
112 S., broschiert,
ISBN 3-88474-322-8